KB161480

마하트마 간디(1869~1948)

사바르마티 아슈람 1915년 간디는 스물다섯 명의 제자들과 함께 사티아그라하 아슈라마를 세우고, 1917년 사바르마티 강 근처 새로운 터로 옮겨 영국으로부터 비폭력 독립을 이끌어냈다.

델리 비를라 하우스 간디의 후원자였던 비를라의 저택으로 기념관 정원 맨 아래의 작은 기념관에 마하트마 간디의 삶을 담은 프레스코화가 있다.

힌두교의 주요 수행인 요가로 명상하는 시바

간디 동상 간디 스므리티 박물관(비를라 하우스)

1897년 성 바울 성당 앞에서 즉위 60주년 기념식을 거행하는 빅토리아 여왕 존 찰턴, 1899.
당시 인도는 3세기 전부터 대영제국이 누리는 영화와 상업적 특권의 근거지가 되고 있었다.

**인디고 의무** 1917년 간디는 아메다비드에서 비하르 구릉까지 횡단하며 인디고 재배 상황과 영국 지주들의 소작인 착취 문제를 인식하고 소작민 권리를 보호하는 사티아그라하 투쟁에 성공했다.

**잘리안왈라 바그 사건** 1919년 4월 13일 간디는 비폭력 불복종 저항 운동인 사티아그라하 운동으로 암리차르의 잘리안왈라 바그 공원에서 대규모 집회를 열었다. 영국군은 군중을 향해 경고도 없이 기관총을 난사하여 379명이 죽고 1137명이 부상했다.

〈르 프티 주르날〉 굶주린 인도인들 1897. 7. 2일자
생산성이 좋지 않은 흑인보다 훌륭한 노예였던 인도인은 절약하고 끈기있게 일했으며, 5년간 소작지에서 고용되었다.

간디와 카스투르바이 봄베이, 1915.
간디는 드디어 진정한 고향, 영국 황실의 지배에서 해방되기만을 바라는 조국으로 돌아왔다.

큰 재판 1922년 간디는 〈영 인디아〉에 발표한 세 편의 논문으로 인해 편집·발행인 샹칼랄 반케르와 함께 기소, 구자라트 주 아흐메다바드 순회법정에서 재판이 열려 스스로를 변호했다. 간디는 자신의 직업을 '사바르마티의 아슈라마에 사는 농민 겸 실 잣는 일'이라 말해 농민들의 긍지를 북돋았다.

소금 행진 1930년 간디는 제자 79명과 함께 인도 서부 380km 단디 해변 행진을 시작했다. 영국이 부과한 소금세에 항의하기 위한 비폭력 행진 행렬이 날이 갈수록 늘어 2, 3km가 넘었다.

1930년 무렵의 간디 간디는 인도 전체를 번개처럼 장악했다. 그는 '허리에 짧은 옷을 두르고 흰 무명 숄로 몸을 감싼 미소짓는 노인'이라는 전설이 되어버린 이미지로 수백만의 군중을 압도했다.

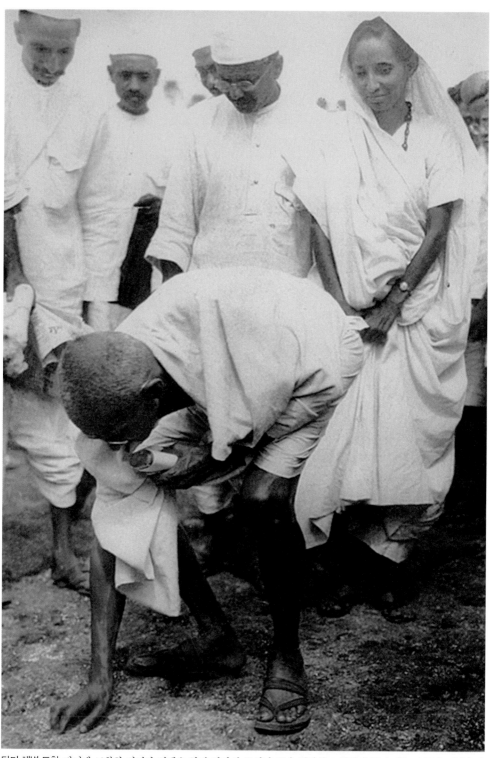

**단디 해변 도착** 단디에 도착한 간디와 일행은 함께 바다에 들어가 몸을 정화하고 해변에 굳어 있는 소금을 집어올려 소금세법 불복종 행동을 시작했다. 나이두 여사는 큰소리로 '법률 타파하자!' 외치며 간디를 축복했다.

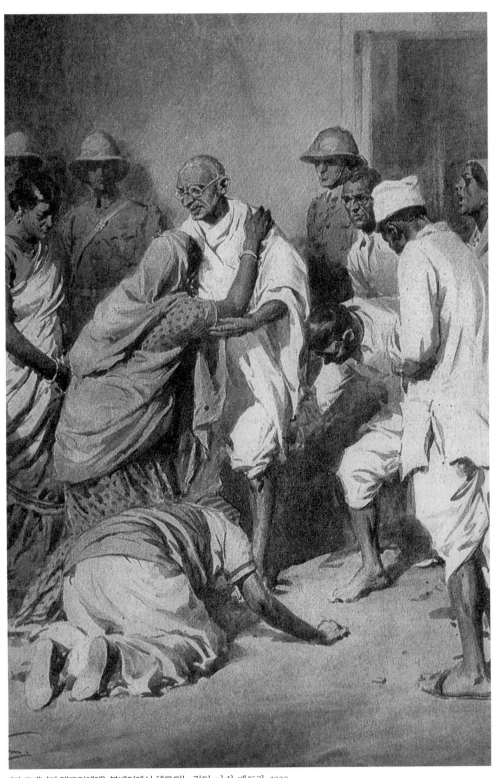

〈라 도메니카 델코리에레〉 봄베이에서 체포되는 간디 아쉴 벨트람. 1930.

1947년의 간디와 두 증손녀

간디 저널 간디는 1925~29년 자서전을 〈나바지반〉지에 게재하고 영어로 옮겨 〈영 인디아〉지에 연재했다.

간디 기념비 간디는 기도하러 단상에 올라갈 때 모여있던 사람을 비집고 나온 힌두교 광신자 나투람 고드세의 총 세 발에 의해 죽었다. 간디의 암살 장소를 기리는 이 기념비는 비를라 하우스 박물관에 있다.

〈가장 위대한 순교자들〉 비폭력주의 성자 간디가 저녁기도 자리에서 폭력주의자의 흉탄에 쓰러졌다.

이슬람 난민 1947. 9 역사상 최대의 집단이주가 시작되었다. 1천2백만 피란민이 마을과 집을 떠나 새 조국으로 출발했다. 이슬람교도들은 인도를 버리고 파키스탄으로 갔다. 새 이슬람국가의 힌두교도들은 인도로 갔다.

World Book 99

Mohandas Karamcand Gandhi

SATYANA PRAYOGO ATHVA ATMAKATHA

# 간디자서전

M.K. 간디/박석일 옮김

동서문화사

디자인 : 동서랑 미술팀

# 간디자서전
## 차례

머리말

## 간디의 생애와 사상

### I. 간디의 생애

### II. 간디의 사상

## 일러두기

• 본서는 《자서전》 구자라트어 원본의 완역이다. 원본은 Mohandas Karamchand Gandhi, prayogo athva. Amdavad, Navajivan Prakashan Mandir, 1969 〔◎19d27〕

• 인명, 지명 등은 구자라트어의 음에서 한글로 옮겼는데 관례에 따른 것도 있다.
(예) 지나(Jhina) → 진나(Jinnah), 암다바드(Amdavad) → 아마다바드(Ahmadabad), 루피야 (rupiya) → 루피(rupee) 등.

• 원어를 알파벳으로 표시할 때 발음구별부호는 원칙적으로 사용하지 않았다.

• 부인을 의미하는 바이는 한글 표기로 위와 같이 구별했다.

• 본문 중의 〔 〕안은 독자의 이해편의를 위해 역자가 보완한 것.

• 역주는 최소한으로 하고 각부 말미에 실었다. 역주에서의 부호인 〔히〕는 힌디어, 〔원〕은 원본의 각주, 〔전〕은 전집본의 각주.

• 간디 연보를 권말에 실었다.

# 머리말

나는 동지들의 간절한 권유로 자서전을 쓰기로 했다. 그러나 풀스캡*¹지(紙)에 첫 장을 채 끝내기도 전에 뭄바이에서 폭동이 일어났다.*² 그래서 나는 시작한 일을 중도에 그쳐야만 했다. 그 뒤에도 잇따른 사건에 휘말려 결국 나는 예라브다 감옥에 투옥되고 말았다.*³ 그곳에는 제람다스도 있었다. 그는 나에게 다른 모든 일을 제쳐두고 먼저 자서전을 완성해야 한다고 했다. 그러나 나는 이미 연구 계획이 잡혀 있어서 그것이 끝날 때까지 다른 일은 할 수 없다고 말했다. 만일 내가 모든 시간을 예라브다에서 보낼 수 있었다면 틀림없이 그곳에서 자서전 집필을 마칠 수 있었을 것이다. 하지만 연구가 끝나려면 아직 1년 더 있어야 했다. 그 전에 다시 자서전을 시작하는 것은 아무래도 불가능했기 때문에 원고에는 먼지만 쌓여갔다. 그러자 스와미 아난드가 다시 권해왔다. 다행히 그때는 《남아프리카에서의 사티아그라하(진리파악)의 역사》를 완성한 때여서 나는 다시 자서전을 쓸 생각이 들었다. 스와미의 요청은 내가 자서전을 모두 완성한 다음 책으로 간행하라는 것이었다. 나에게는 그렇게 많은 시간이 없었다. 한편 무언가 쓰기로 약속되어 있는 〈나바지반〉*⁴지(誌)에 쓰는 것도 괜찮으리라는 생각이 들었다. 이를 스와미가 받아들여서 나는 다시 자서전을 쓸 기회를 얻게 되었다.

이 일을 결심하자 한 경건한 동료가, 내가 침묵을 지키는 월요일*⁵에 다음과 같은 말을 살며시 들려주었다.

"그대는 왜 자서전을 쓰려고 하는가? 이것은 서양의 관습이다. 동양에서 자서전을 쓴 사람을 나는 모른다. 게다가 무엇을 쓸 것인가? 오늘 그대가 원칙으로 믿고 있는 것을 내일 믿을 수 없게 된다면? 원칙에 따라서 오늘 그대가 하고 있는 활동을 나중에 변경하게 된다면? 많은 사람들이 그대가 쓴 것을 믿고 자신의 행위를 규제하고 있는데, 그 사람들이 잘못된 길로 인도된다면? 그러므로 이 시점에서는, 신중하게 자서전 같은 것은 쓰지 않는 것이 좋지 않을까?"

이 말은 내 마음에 영향을 주었다. 그러나 나는 자서전이란 구실로 내가 행한 많은 진리 실험 이야기를 쓰려고 하는 것이다. 나의 생애는 그 실험과 깊은 연관이 있으므로, 이야기가 경력과도 같다. 그러나 만일 페이지마다 실험이 전해져 온다 해도 나는 걱정하지 않는다. 모든 실험 내용이 국민 앞에 제시되기만 하면 그것은 유익한 것이 되리라 나는 믿고 있다—그렇지 않다면 이것은 나의 미망(迷妄)이라고 말해주기 바란다. 정치분야에서의 나의 실험은 지금 인도뿐 아니라, 조금은 문명적인 세계에도 알려져 있다. 이 가치는 나의 마음속에서는 최소한의 것이다.

그렇기 때문에 이 실험에 비하면 내가 받은 '마하트마'*⁶란 칭호의 가치는 보잘것없다. 이 칭호는 때때로 나에게 심한 고통을 안겨준다. 이 칭호를 한 순간이라도 기뻐했던 기억은 없다. 하지만 나만이 알 수가 있고, 거기에서 정치분야에 발을 들일 힘을 낳게 한 정신적 실험에 대해서 말하는 것이 좋으리라 생각되는 것은 물론 사실이다. 그러나 만일 그것이 진정한 정신적 실험이라면 자화자찬할 여지가 없다. 겸허함이 늘어날 뿐이다. 계속 사고하며 과거의 생애로 눈을 돌릴수록 나는 자신의 하찮음을 확실하게 느낄 수가 있다. 내가 해야 할 일, 30년간 내가 설레는 마음으로 되풀이해 온 일, 그것은 자아성찰이고 신과의 대면이며 해탈(解脫)*⁷이다. 나의 활동은 모두, 바로 그 시점에서 이루어지고 있다. 나의 모든 저술은 그 시점에서 이루어졌으며, 정치분야로 내가 뛰어든 것도 바로 그 시점에 지배되기 때문이다.

그러나 어느 한 사람이 할 수 있는 일은 누구나 할 수 있다는 나의 의견에는 변함이 없다. 그렇기 때문에 나의 실험은 사적으로 이루어진 것이 아니다. 그 실험을 모든 사람이 볼 수 있도록 해도 실험의 정신성이 감소한다고는 생각되지 않는다. 마음만이 알고 있고 마음속에 포괄되어 있는 것이 조금 있음은 확실하지만, 그와 같은 것을 전하는 것은 나의 능력을 초월한다. 나의 실험에서 정신성이란 의미는 도덕적이라는 것이다. 종교는 즉 정신의 견지에서 지켜진 도덕이다. 그러므로 아이, 청년, 노인이 〔종교에 대해서〕 실제로 판단하고 또 판단할 수 있는 것만을 이 이야기에서 다룰 수 있다. 만일 그와 같은 이야기를 내가 객관적으로 자만하지 않고 쓸 수 있다면, 실험을 하는 다른 사람들이 이 이야기에서 몇 가지 자료를 얻을 수 있을 것이다.

이 실험에 대해서 나는 어떤 형태로든 완전무결성을 주장하지 않는다. 과학자가 자신의 실험을 엄밀한 방법에 따라서 숙고해 면밀하게 행하고, 그래도 실험에서 나온 결과를 최종적인 것으로 삼지는 않는, 또는 그 결과가 올바르다는 것에 의문을 갖지는 않아도 객관적이길 바라는 것처럼, 자신의 실험에 대해서 나도 그렇게 주장한다. 나는 많은 자기검증을 해왔고, 하나하나의 감정을 검사하고 분석도 한다. 그러나 거기에서 나온 결론이 모든 사람에게 최종적인 것이다, 이것이 올바르다, 또는 이것이야말로 올바르다는 주장을 나는 어느 때도 하고 싶지 않다. 내가 보는 바로는 이것이 올바르고 지금은 최종적인 것으로 생각된다고 확실하게 주장한다. 만일 그와 같이 생각하지 않는다면 나는 이 결론에 의거해 어떤 운동도 시작해서는 안 된다. 그러나 나는 한 걸음 한 걸음마다 보고 있는 것을, 받아들여야 하는 것과 버려야 하는 것의 둘로 나누고 있다. 그리고 받아들여야 한다고 이해하는 것에 따라서 행동하고 있다.

그것에 따르는 행동이 나에게, 즉 나의 이성과 마음에 만족을 주는 한, 나는 그 행동의 좋은 결과에 대해 확고한 신념을 가져야만 한다. 만일 단순히 원리, 즉 철학적 이치만을 말하는 것이라면 나는 이 자서전을 써서는 안 된다. 그러나 그 원리에 의거해 이루어진 활동의 역사야말로 전해야 하기 때문에, 나는 그 시도에 '진리에 대한 실험'이란 제목을 붙였다. 여기에 진리와는 다르게 이해되고 있는 비폭력*8 브라마차리아*9 등의 법칙에 대한 실험도 포함된다. 그러나 나의 마음에는 진리야말로 지상(至上)의 것이다. 그리고 진리에는 수많은 것이 포함된다. 이 진리는 외적인―언어상의―진리는 아니다. 그와 같은 진리는 말 그대로 관념상의 진리이다. 이 진리는 단순히 우리들의 관념상 진리가 아니라 무제약·영원한 진리, 즉 최고신 그 자체이다.

최고신의 해석은 수없이 많다. 그것은 최고신이 현시(顯示)한 모습을 헤아릴 수 없기 때문이다. 이 현시가 나를 경탄하게 한다. 이것이 나를 순간 매료도 한다. 그러나 나라는 신봉자는 진리라는 최고신의 것이다. 이것이 유일한 진리이다. 다른 모든 것은 허망이다. 그 진리를 얻지는 못했지만 나는 그 진리의 탐구자이다. 이 탐구를 위해 가장 소중한 것을 자진해서 포기할 생각이고, 이 탐구라는 공희(供犧)*10에 이 몸까지도 바칠 준비와 힘이 있다고 나는 믿는다. 그러나 이 진리를 대면할 때까지는, 내 안의 혼이 진리로 삼는 관념상의 진리를 나의 버팀목으로 하고 나의 등대로 삼아 그것에 매달려 나는 나의 인생을 보낸다.

이 길은 칼날 위를 걷는 것처럼 험난하지만 나에게는 가장 쉬운 일로 생각된다. 이 길을 걸으면 나의 무서운 과오도 하찮게 여겨진다. 왜냐하면 그런 잘못을 저질렀음에도 나는 살아있으며, 내가 이해하는 바로는 전진하고 있기 때문이다. 아득히 먼 곳에서 순수진리—신—를 엿보고 있다. 진리만이 있고, 이 밖에 다른 아무것도 이 세계에는 없다. 이와 같은 나의 신념은 날로 강해지고 있다. 이 신념이 어떻게 강해졌는지를 나의 세계, 즉 〈나바지반〉지 등의 독자가 알고 나의 실험에 가담해 나와 함께 진리를 엿보고 싶다면 부디 그렇게 해주기 바란다. 그리고 내가 할 수 있는 일은 소년도 할 수 있다고 내가 더욱더 믿게 된 데는 강력한 이유가 있다. 진리탐구의 수단은 곤란하면 곤란할수록 쉬운 것이다.

이 수단은 거만한 사람에게는 불가능하게 보이고, 천진난만한 소년에게는 전적으로 쉽게 생각된다. 진리탐구자는 티끌보다도 아래에 있어야만 한다. 전 세계가 티끌을 짓밟지만, 진리신봉자는 티끌에 짓밟힐 정도로 하찮은 존재가 되지 않는 한 절대진리를 엿보는 것조차 불가능하다. 이것은 바시슈타와 바슈바미트라의 대화[11]에 확실하게 언급되어 있다. 그리스도교와 이슬람교도 이것을 증명하고 있다.

내가 쓰려는 연재[12]에서 만일 독자가 거만함을 느꼈다면 탐구에 잘못이 있는 것이고, 내가 엿본 것은 신기루로 생각해야만 한다. 나 같은 사람 대부분이 비록 망하는 일이 있어도 진리가 승리하도록, 하찮은 사람을 측정하기 위해 결코 진리의 척도가 짧아지는 일이 없기를.

누구나가 내가 쓴 것을 권위 있는 것으로 여기지 않기를 바라고 소망한다. 연재된 실험은 하나의 예로서, 모든 사람이 실험을 각자의 능력으로 생각하는 것에 따라서 행하기만을 소망한다. 이 한정된 범위 내에서의 자서전 연재에서 상당한 것을 얻을 수 있으리라 나는 믿는다. 그것은 말해야만 할 것을 아무것도 숨기려 하지 않기 때문이다. 나는 나의 과오나 죄를 독자에게 모두 전할 수 있으리라 기대한다. 나는 진리의 과학적 실험에 대해서 말하고 싶은 것이지, 내가 얼마나 훌륭한가를 말할 생각은 털끝만치도 없다. 나 자신을 측정하고 싶다는 척도, 우리 모두가 자기 자신을 측정해야 한다고 생각하는

데, 그 척도에 따르면 나는 분명 이러할 것이다.

나처럼 사악하고 악한이며 호색한 자가 어디에 있을까?
몸을 내려준 자를 잊었구나.
이토록 배은망덕한 나.*13

이것은 전면적으로 확신을 가지고 말할 수 있는 것으로, 내가 자신의 호흡의 주인, 자신에게 소금을 준다고 간주하는 것에서 아직도 먼 곳에 있기 때문이다. 이것이 나를 매순간 괴롭히고 있다. 그 이유가 자신의 정욕임은 알고 있다. 그러나 아직도 제거하지 못하고 있다.

그러나 지금은 여기까지. 서문에서 실험이야기로 접어들 수는 없다. 그것은 이야기의 장에서 하겠다.

사바르마티의 아슈라마*14에서
사무와트력 1982년 마그사르월 백반월 제11일*15

모한다스 카람찬드 간디

〈주〉

*1 풀스캡(foolscap). 인쇄에서 평판(平版)의 크기를 규정한 영국 표준규격의 하나. 인도에서는 노트북용 필기 용지의 의미로 사용되고 있다. 지난 세대 사람들은 이 용지를 클립보드에 끼워서 사용하였다.

*2 1921년 11월 17일, 힌두교도와 이슬람교도 사이에서 일어난 종파대립 폭동을 말한다.

*3 1922년 3월 10일 밤, 아마다바드에서 체포되어 같은 달 18일, 6년의 금고형이 선고되고 21일 수감되었다. 석방은 1924년 2월 5일.

*4 〈나바지반〉(Navajivan) : 1919년 10월 7일 창간한 구자라트어 주간지. 《자서전》은 이 잡지에 연재되었다.

*5 월요일 : 매주 월요일, 간디는 필담으로 용건을 마치게 했었다.

*6 마하트마(Mahatma) : '위대한 혼'. 위인, 성자에게 붙여진다. 이를테면 부처, 예수, 간디 등.

*7 모크샤(moksha) : 글자의 뜻은 해방. 생사를 되풀이하는 윤회에서 해방되는 것, 해탈.

*8 아힘사(ahimsa) : 비살생, 비폭력.

＊9 브라마차리아(brahmacharya) : 신 브라마에게로 이끄는 행위. 특히 성에 관한 것에 대한 자제.

＊10 야그나(yagna) : 〔히〕야갸(yagya), 〔사〕야지나(yagina), '공희(供犧)'신에게 기원하고 산 제물을 바치는 공희에 따라서 신앙을 지키기 위해 몸을 바치는 것.

＊11 대화 : 발미키《라마야나》의 '유소편'에 있다. 브라만의 성선(聖仙) 바시슈타의 암소, 난디니를 빼앗으려고 한 크샤트리아의 강력한 왕 비슈바미트라는 패퇴한다. 비슈바미트라는 크샤트리아의 힘, 즉 무력보다 정신력이 뛰어나다는 것을 비로서 알았다.

＊12 연재 : 1925년 11월 29일부터 1929년 2월 3일.

＊13 나처럼……배은망덕한 나 : 15~16세기의 힌두어시인 술다스의 시구. 술다스는 크리슈나신 찬가의 영창자. 대표작《술사갈》(술의 바다).

＊14 아슈라마(ashrama) : 종교수행의 장, 암자, 수도장을 의미하는데, 간디에게 있어서는 서약을 해 규칙을 지키고 노동에 의한 자급자족을 지향하는 공동체.

＊15 사무와트력……제11일 : 사무와트력에서 56 내지 57을 빼면 서력. 마그살 달은 11월 중순에서 2월 중순. 백반월은 새달에서 만월까지의 15일. 서력 1925년 11월 26일.

# 제1부

## 1 탄생

간디 집안은 향신료를 거래하는 상인계급(bania caste)이었다. 그러나 나의 할아버지로부터 시작해 3대에 걸쳐서 카티아와르 주 여러 왕국들의 총리를 지냈다. 할아버지 우탐찬드 간디, 통칭 오타 간디는 완고한 사람이었던 것 같다. 정치적 내분 때문에 포르반다르*¹를 떠나 주나가르 왕국에 봉사하게 되었다. 그는 왕에게 왼손으로 살람의 예*²를 표했다. 누군가가 이 명백히 무례한 행동의 이유를 따지자 "오른손은 포르반다르에게 바쳤습니다."라고 대답했다.

오타 간디는 아내가 먼저 세상을 뜨자 재혼했다. 첫 번째 결혼에서 네 아들을, 그리고 재혼에서 두 아들을 얻었다. 어릴 적을 회상해보아도 숙부들을 이복형제라고 생각한 적은 없다. 다섯째가 카람찬드, 통칭 카바 간디, 막내가 툴시다스 간디. 두 형제는 교대로 포르반다르 총리를 역임했다. 카바 간디, 그가 나의 아버지이다. 포르반다르 총리에서 물러난 뒤, 라자스타니크 코트[라지코트]의 위원을 지냈다. [현재는 없지만 그 당시 수장과 일족간의 분쟁을 해결하는 강력한 기관이었다.] 뒤에 짧은 기간 라지코트 반카네르의 디반*³직을 지냈다. 죽을 때에는 라지코트 왕국의 은급수령자였다.

카바 간디 또한 아내들이 매번 사망했기 때문에 잇따라 네 번 결혼을 했다. 처음 두 아내와의 사이에 두 딸, 마지막 아내 푸틀리바이와의 사이에 딸 하나와 세 아들을 두었다. 그 중 막내가 나다.

아버지는 가족을 사랑했으며 정직하고 용감하고 관대했지만 화를 잘 내는 사람이었다. 어느 정도 성욕도 강했을 것이다. 마지막 결혼은 40세가 지나서 하였다. 집안이나 밖에서 아버지에 대한 정평은, 뇌물을 받지 않기 때문에 공정한 판결을 한다는 것이었다. 왕국에 충성을 다하고 있었다. 어느 날, 영국인 고관이 라지코트의 왕을 모욕했고, 이에 대해 아버지는 항의했다. 영국인은 화를 내며 카바 간디에게 사죄하라고 했다. 아버지는 이를 거부했다. 그 때문에 서너 시간 유치장에 들어가 있어야 했으나, 그래도 아버지는 태도를 바꾸지 않았기 때문에 결국 그 고관은 석방을 명했다.

아버지는 재산을 모으는 데 욕심이 전혀 없었기 때문에, 우리 형제에게 남긴 유산은 보잘것없었다.

아버지가 받은 교육은 오직 체험에 의한 것뿐이었다. 오늘날 구자라트어 초등학교 5년생*⁴ 정도의 교육을 받았다고나 할까. 역사와 지리에 대한 지식은 전혀 없었다. 그래도 실무능력은 높아서, 복잡한 문제처리와 몇천의 사람들을 능숙하게 부릴 수 있었다. 종교에 대한 지식은 없는 거나 다름없을 정도였다. 수많은 힌두교도가 사원에 참배하거나 카타*⁵를 들음으로써 쉽게 익히는 정도의 종교적인 지식은 지니고 있었다. 만년에는 가족과도 친한, 학식이 있는 브라만*⁶의 조언으로 《기타》*⁷ 낭송을 시작했다. 매일 아침 예배 때 2, 3의 슐로카*⁸를 큰 소리로 읽었다.

어머니는 현명한 여성이었다는 인상이 남아있으며, 몹시 경건했다. 아침 예배를 마치기 전에 식사를 하는 일은 결코 없었다. 언제나 하벨리*⁹에 다니고 있었다. 철이 들 무렵부터 어머니가 차투르마스*¹⁰의 단식을 하지 않았던 기억이 없다. 아무리 힘든 단식이라도 시작했으면 끝까지 해냈다. 몸이 아파도 결코 중단하는 일이 없었다. 찬드라얀*¹¹의 단식을 했을 때의 일을 기억한다. 단식기간 중에 어머니는 병에 걸렸어도 단식을 멈추지 않았다. 차투르마스 기간 중 하루 한 끼는, 어머니에게 극히 당연한 일이었다. 그러나 이것으로 만족하지 않고, 어느 해의 차투르마스에는 이틀에 한 끼로 정했다. 두세 번 잇달아 식사를 거르는 일은 어머니에게 당연한 일이었다. 어느 해의 차투르마스에는 해님에게 절을 한 다음 식사를 하기로 맹세를 했다. 이 기간 중, 우리는 언제 해가 떠오르는지, 언제 어머니가 식사를 할 수 있는지 알리고자 구름을 보고 있었다. 우기에 해를 보기 힘든 것은 다들 잘 알고 있을 것이다. 우리는 해를 보면 말했다.

"엄마, 엄마, 해가 보였어."

어머니가 서둘러오면 해는 숨어버리는 것이다.

"괜찮아. 오늘은 식사하지 말라는 뜻이야."

이렇게 중얼거리고 집안으로 들어가 가사를 돌보던 나날을 나는 기억한다.

어머니는 세상일을 소상하게 알고 있었고 왕실의 일도 모두 알고 있었다. 후궁에서는 어머니의 지혜를 높이 사고 있었다. 나는 어린애였기 때문에 어머니는 가끔 성으로 데리고 가주었다. '바마 사헤브*12'와 어머니의 대화 몇 가지를 나는 지금도 기억하고 있을 정도이다.

이런 부모님의 집에서 사무와트력(曆) 1925년 바다르보월 흑반월 제12일*13, 즉 서력 1869년 10월 2일에 포르반다르, 즉 수다마푸리에서 나는 태어났다.

어릴 적에는 포르반다르에서 지냈다. 어느 학교에 들어간 것을 기억한다. 나는 간신히 구구단을 조금 외웠다. 그리고 그 무렵에 다른 학생들과 함께 선생의 욕을 한 기억만이 남아 있다. 이런 일들로 추측해 보건대 머리가 나빴던 것 같다. 기억력은 우리 어린이들이 자주 부르던 가사인 설구이 파파드*14와 같은 것이었을 것이다. 이 구절을 여기에 쓰지 않을 수 없다.

파파드 설구이, ☐ 해치워라 ☐ 한 사람당 하나씩 파파드구이.

첫 번째 공백에는 선생의 이름이 있었다. 공백을 메우고 싶지는 않다. 두 번째의 공백에는 욕설이 있었다. 이것 역시 메울 필요도 없다.

## 2 소년시절

포르반다르에서 아버지가 라자스타니크 코트의 위원이 되어 라지코트로 갔을 때 내 나이는 일곱 살쯤이었을 것이다. 나는 마을 초등학교에 입학했다. 나는 이 학교에 다녔을 때의 일을 잘 기억하고 있다. 선생님의 성함이나 집도 기억하고 있다. 포르반다르와 마찬가지로 이곳에서의 공부에 대해서도 특별히 이야기할 게 없다. 나는 가까스로 보통 정도의 학생이었던 것 같다. 마을 초등학교에서 도시의 초등학교로, 그곳에서 고등학교로 진학할 때까지 열두 해가 지나갔다. 그때까지 한 번도 선생님을 속인 기억도 없고 친구를 만든 기억도 없다. 나는 몹시 부끄러움을 잘 타는 소년이었다. 학교에서는 수업과 교과서만이 내 상대였다. 수업 종이 울릴 때 학교에 도착해서 수업이 끝나면 도망치듯이 집으로 돌아왔다. '도망치듯이'란 말을 굳이 쓴 이유는, 아무하고도 대화를 하고 싶지 않았기 때문이다. '누군가가 나를 놀리거나 하면 어떻게 하나?' 그렇게 지레 겁을 먹고 있었기 때문이었다.

고등학교 첫 해 시험 때의 사건은 이야기할 만한 가치가 있다. 장학관 길스 씨가 시찰을 위해 학교에 왔다. 그는 1학년 아이들에게 5개의 단어를 쓰게 했다. 5개 가운데 하나가 'Kettle' 이었다. 나는 철자를 틀리고 말았다. 선생님은 구두 코로 나에게 주의를 시키려고 했지만 나는 그것을 눈치채지 못했다. 선생님이 앞 학생의 석판을 보고 철자를 고치라는 줄은 생각도 못했다. 선생님은 우리들이 부정행위를 하지 않도록 감독을 하고 있다고 생각했기 때문이다. 철자는 모두가 맞고 나만이 바보가 됐다. 선생님은 나중에 나의 어리석음을 깨우쳐 주려고 이야기를 해주었지만, 그 설득은 나의 마음에 아무런 영향도 주지 않았다. 남의 답을 요령 있게 베끼는 따위의 일은 도저히 배울 수가 없었다.

그래도 선생님을 존경하는 마음이 덜해지는 일은 결코 없었다. 손윗사람의 결점을 보지 않는다는 장점은 나에게 천부적인 것이었다. 나중에 이 선생님의 다른 단점도 알게 되었지만 선생님을 존경하는 마음에 변함은 없었다. 손윗사람의 명령은 따라야만 하는 거라고 나는 알고 있었다. 손윗사람의 말대로 하고, 무슨 일이건 책을 잡아서는 안 된다고 말이다.

나는 이 시기의 사건을 두 가지 더 기억에 담고 있다. 나에게는 일반적으로 교과서 이외에 책을 읽는 취미는 없었다. 선생님의 질책은 견딜 수 없고 또 그를 속이고 싶지 않았으므로, 나는 교과서를 암기해야 했다. 그런데 싫증이 나버려 암기는 중도에 그치고 말았다. 이런 상태로 다른 무언가를 읽을 생각이 어찌 들겠는가? 그러나 아버지가 사오신 책 한 권이 눈에 띄었다. 그것은 《희곡 슈라반의 효성》*15이었다. 읽고 싶다는 생각에 열중해서 읽었다. 이 무렵 요지경*16 장수가 집집마다 순회하고 있었다. 슈라반이 멜대의 양쪽 바구니에 부모님을 앉히고 순례여행을 떠나는 광경을 본 적도 있었다. 양쪽 모두 나에게 깊은 인상을 주었다. 나도 슈라반처럼 되어야 한다고 마음속으로 결심했다. 슈라반이 죽을 때 그 부모의 비탄에 빠진 모습을 지금도 기억하고 있다. 그 심금을 울리는 가락을 하르모니암*17으로 연주하는 것도 습득하였다. 내가 하르모니암을 연주하길 좋아해서 아버지가 사주신 것이었다.

이 무렵 어느 극단이 이곳을 방문했다. 보러 가도 좋다는 허락을 받았다.

하리슈찬드라의 이야기*18였다. 이 연극은 전혀 지루하지가 않아서 몇 번이고 다시 보고 싶었다. 그러나 누가 몇 번이고 보게 해줄 것인가. 그래도 마음속으로 이 연극을 몇백 번이나 공연했는지 모른다. 하리슈찬드라가 꿈에도 보였다. '왜 모두가 하리슈찬드라처럼 거짓말을 하지 않는 사람이 되지 못할까?' 나는 이런 생각에 사로잡혀 있었다. 하리슈찬드라에게 덮친 것과 같은 재난을 당하는 것과 진리를 지키는 것, 이것이야말로 진정한 진리이며, 연극에서 묘사하는 것과 같은 재난이 하리슈찬드라 위에 진짜로 덮쳤다고 나는 생각하게 되었다. 하리슈찬드라의 불행을 보고, 그 생각이 떠오른 나는 울음을 터뜨렸다. 오늘날 하리슈찬드라는 역사상의 인물이 아니라고 머리로는 이해하고 있다. 그래도 나의 마음에는 오늘날에도 하리슈찬드라와 슈라반이 살아있다. 생각하건대, 지금도 이 두 희곡을 읽으면 나의 눈에서는 눈물이 흐를 것이다.

### 3 유아결혼

이 장을 쓰지 않으면 좋겠다고 생각했다. 이 때문에 얼마나 많은 고뇌에 시달렸는지 모른다. 그러나 진리의 신봉자로 자처하는 이상 그것은 피할 수 없다.

나는 13세의 나이에 결혼했다고 쓰면서 마음이 아팠다. 오늘날 내 앞에 12, 3세의 소년들이 있다. 그 소년들을 보고 나의 결혼을 떠올리면, 나 자신에게 연민을 느끼고 나와 입장이 다른 소년들을 축복해주고 싶은 것이다. 나는 13세에 하게 된 나의 결혼을 지지하는 도덕적 관념 따위는 전혀 없다.

독자 여러분, 내가 약혼에 대한 것을 쓰고 있다고 오해하지 말기 바란다. 카티아와르 지방에서는 결혼은 결혼이지 약혼이 아니다. 약혼은 아이들을 결혼시키기 위해 양쪽 집안 부모들 사이에서 나누는 약속이며, 이 약혼은 깨질 수도 있다. 약혼기간 중에 만일 소년이 사망하더라도, 소녀는 과부가 되지는 않는다. 약혼 중, 소년소녀 사이에는 아무런 관계도 없다. 두 사람 모두 약혼에 대한 것을 모른다. 나의 경우에는 잇따라 세 번 약혼했다. 세 번의 약혼이 언제 있었는지도 나는 전혀 모른다. 두 소녀가 잇따라 죽었다는 말을 듣고 세 번 약혼한 것을 알게 되었다. 세 번째 약혼은 일곱 살쯤이었던 것으로 기억이 희미하게 있다. 그러나 약혼 때에 무언가 말을 들은 기억은 없다. 결혼에는 신랑 신부가 있어야 하고 의식도 있다. 내가 쓰고 있는 것은 결혼에 대해서이며 그것은 확실하게 기억하고 있다.

알고 있는 바와 같이 우리는 삼형제였다. 맏형은 이미 결혼했었다. 둘째형은 나보다 두세 살 연상이었다. 집안의 어른들은 둘째형, 숙부의 막내아들이고 나보다 확실히 한두 살 연상인 아버지 쪽의 사촌형, 그리고 나까지 세 쌍의 결혼식을 한 번에 올리기로 결정했다. 우리들을 위해 그렇게 한 것은 아니었다. 우리의 의향과는 전혀 상관이 없다. 단지 어른들의 편리와 비용 때문이었다.

힌두교도*19 사회에서는 결혼이라는 것이 그렇게 간단하지 않다. 신랑신부의 부모는 결혼을 위해 일체를 희생한다. 파산할 정도로 돈을 쓰고 시간을 낭비한다. 몇 개월 전부터 준비가 시작되어 의복을 맞추고, 장신구를 갖추고, 회식을 위한 예산을 세우며, 요리의 가짓수를 겨루게 된다. 여성들은 목소리가 좋건 나쁘건 큰 목소리로 노래를 불러 목이 잠겨 앓을 정도로 이웃에 불편을 끼친다. 가엾은 이웃들은 언젠가 자기 차례가 되면 이 같은 일을 모두 할 것이므로 소란스러움, 남긴 음식, 쓰레기 등 모든 것을 말없이 견뎌낸다.

이처럼 골치 아픈 일을 세 번 하는 대신 한 번에 끝내버릴 수 있다면 얼마나 좋은가? 성대한 식을 적은 비용으로 올릴 수 있다. 결혼식 세 번에 들 비용을 단 한 번으로 줄일 수 있기 때문이다. 아버지와 숙부는 노령이었다. 우리는 막내였기 때문에, 결혼을 시켜서 기쁨을 맛보고 싶다는 마음이 강하게 작용했을 것이다. 이와 같은 생각에서 세 쌍의 동시결혼식이 정해졌다. 이 때문에 여러 가지 준비와 재료 조달 등이 몇 개월 전부터 시작되었던 것이다.

우리들 형제는, 다양한 준비로 미루어 결혼식이 거행되는 것을 알았다. 그때 내 마음에, 좋은 옷을 걸치고 악대가 연주하는 가운데 행렬을 할 때 말을 타고, 맛있는 요리를 먹고, 한 미지의 소녀와 함께 노는 소망 외에 무언가 특별한 일이 있었는지는 기억에 없다. 성욕은 나중 일이었다. 어떻게 성욕에 눈을 뜨게 되었는지에 대해서 말할 수는 있지만 독자 여러분, 그와 같은 호기심을 갖지 말기 바란다. 나의 이 창피함에 막을 내리고 싶다. 이야기 해야 할 것은 모두 뒷장에서 이야기할 생각이다. 그러나 이 문제를 상세하게 이야기하는 것은 내가 이 이야기를 집필할 때 중심과제로 삼은 것과 그다지 관계가 없는 것이다.

우리 두 형제는 라지코트에서 포르반다르로 끌려왔다. 그곳에서 할디를 바르는 의식*20 등이 있었다. 이 모든 것은 재미있지만 생략하는 것이 좋을 것 같다.

아버지는 디반직에 있었지만 결국은 궁정에 봉사하는 몸이었고, 게다가 신임이 두터워 더욱 자유롭지 못한 몸이었다. 왕은 마지막까지 아버지를 놓아주지 않았다. 결국 놓아주어 특별한 우편마차를 준비하고, 식이 거행되기 이틀 전에 출발하게 하였다. 그러나 신은 무언가 다른 일을 생각했던 것 같다. 라지코트에서 포르반다르는 60코스*21이다. 소달구지로는 5일간의 노정인데 아버지는 3일만에 도착했다. 그러나 마지막으로 갈아탄 곳에서 마차가 뒤집어지고 말았다. 아버지는 상당한 중상이었다. 팔에도, 등에도 붕대를 감았다. 아버지와 우리들은 결혼에 대한 기쁨이 줄어들었지만, 식은 거행되었다. 정해진 길일(吉日)*22을 어떻게 변경할 수 있으랴? 나는 결혼에 대한 어린애다운 기쁨으로 아버지의 고통을 잊고 말았다.

부모님에게 효도했던 것은 사실이지만 성욕에도 사로잡혀 있었다. 여기에서 말하는 성욕이란 감각기관의 쾌감이 아니라 단순한 교접이다. 부모님에 대한 효행을 위해서는 모든 쾌락을 포기해야 한다는 것을 나중에야 깨달았다. 내가 이 욕망 때문에 벌을 받아야만 한다는 듯이, 내 생애에 어떤 사건이 일어났고 그것이 지금까지도 나의 마음을 괴롭히고 있다. 니슈쿨라난드*23는 이렇게 노래했다.

욕심에서 벗어나지 않으면 포기는 지속하지 않는다.
아무리 온갖 노력을 다해도,

이 노래를 부르거나 들으면 언제나 그 불행하고 쓰라린 사건이 떠올라 나를 부끄럽게 한다.

아버지는 쾌활하게 보이도록 애쓰고 육체적 고통을 견디면서 예식에 끝까지 참석했다. 아버지가 어떤 장면에서 어느 곳에 앉아 있었는지 모두 고스란히 기억하고 있다. 지금 유아결혼이야기를 쓰면서 당시 아버지의 행위를 비판하고 있지만, 그때는 결혼식이 즐겁고 아버지가 하는 일은 당연하다는 생각을 하고 있었다. 그때 내가 어찌 무슨 비판 따위를 할 수 있었겠는가? 그래서 그때의 기억이 선명하다.

제단에 앉아 사프타파디*24를 하고 칸사르*25를 먹고 아내의 입에 넣어주었다. 그리고 신랑신부는 그때부터 함께 지내게 된다. 이 첫날밤! 아무것도 모르는 두 아이가 미지의 세계로 뛰어든 것이다. 형수는 내가 첫날밤에 어떻게 해야 하는지를 가르쳐주었다. 아내에게는 누가 가르쳐주었는지를 물었는지 기억이 나지 않는다. 이제는 물을 수 있지만 묻고 싶지도 않다. 나의 느낌으로는 우리 두 사람은 서로 떨고 있었다고만 알아주기 바란다. 우리는 서로 부끄러워하고 있었다. 이야기를 어떻게 할 것인지, 무엇을 할 것인지, 그것을 내가 어찌 알까? 받은 가르침이 도움이 될까? 그러나 과연 그런 일에 가르침이 필요할까? 삼스카르*26가 강력한 곳에서는 가르침이란 모두 거짓이 된다. 차츰 서로 알게 되고 입을 열기 시작했다. 우리 두 사람의 나이는 같았지만, 나는 남편의 권위를 내세우게 되었다.

## 4 남편이라는 것

내가 결혼했던 그 무렵, 1파이스*27인지 1파이*28인지 그것도 잘 기억나지 않지만 소책자가 간행되고 있었다. 부부애라든가, 절약, 유아결혼 등의 문제를 다루고 있었다. 몇 권이고 손에 들어오는 대로 다 읽어서, 읽은 것 가운데 마음에 들지 않으면 잊어버리고 마음에 들면 실행에 옮기는 것이 나의 버릇이었다. 한 아내를 지키는 것이 남편의 의무란 것을 읽고 마음에 들었다. 진리를 좋아한 점도 있지만 아내를 배신할 수 없었다. 다른 여성과 관계를 가져서는 안 된다는 것도 역설되어 있었다. 사실, 어린 나이로 한 아내를 지키는 맹세를 깰 가능성은 전혀 없었다.

그러나 이와 같은 생각이 나쁜 결과를 가져왔다. 만일 내가 아내를 지켜야만 한다면 아내도 또한 남편을 지켜야 한다는 생각에 나는 질투심 많은 남편이 되었다. '지켜야 한다'에서 '지키게 해야 한다'는 생각에 이르렀다. 그리고 만일 지키게 해야 한다면 나는 아내를 감시해야 하는 것이다. 나에게는 아내의 정조를 의심할 아무런 이유도 없었다. 그러나 질투라는 것에 이유가 있으랴? 아내가 어디로 가는지 나는 늘 알아야 했다. 그렇기에 내 허가 없이 아내는 어디에도 갈 수 없다. 이것이 우리들 사이의 불행한 다툼의 원인이 되었다. 허가 없이 어디에도 갈 수 없다면 일종의 감금상태가 된다. 그러나 아내인 카스투르바는 이와 같은 감금상태를 참을 수 있는 사람이 아니었다. 가고 싶은 곳에는 나에게 묻지도 않고 나섰다. 내가 압력을 가하면 가할수록 아내는 자유롭게 행동을 했고 나는 더욱 더 분노했다. 이 일로 인해 두 아이 사이에는 말을 하지 않는 것이 당연한 일이 되버렸다. 카스투르바가 자유롭게 행동한 것은 죄가 없다고 생각한다. 마음에 거리낌이 없는 소녀가 참배를 가거나 남을 만나러 갈 때에 압력이 가해지면 어떻게 견뎌낼 수 있을까? 만일 내가 아내에게 압력을 가한다면 아내도 나에게 압력을 가할 수 있다. ─이것은 이제야 이해가 된 것이고, 그때 나는 부권을 확립해야만 했다.

우리의 가정생활에 감미로움이 전혀 없었다고는 단정하지 말기 바란다. 나의 편협한 태도의 뿌리는 애정에 있었다. 나는 아내를 이상적인 여성으로 만들고 싶었다. 아내가 순결해지고, 순결한 채로 있을 수 있게 내가 배우는 것을 배우고, 내가 읽는 것을 읽고, 그리고 우리 두 사람이 서로 하나가 되어 있기를 나는 바랐다.

카스투르바에게 이런 마음이 있었는지 나는 모른다. 아내는 글을 몰랐다. 성격은 온순하고 자유롭고 부지런하며, 나에 대해서는 말수가 적은 소녀였다. 그녀는 글을 읽지 못하는 것에 불만은 없었다. 내가 배우고 자기도 배우면 좋겠다는 아내의 의향을 어릴 적에 나는 전혀 몰랐다. 이런 점에서도 나의 마음이 일방적이었던 것을 인정한다. 성의 쾌락은 한 여성에게만 쏟아붓고 있었기에 그 쾌락의 반응을 바란 것이다. 일방적인 애정일지라도 전체적으로 보면 불행하지는 않았다.

나는 아내와의 성에 집착해 있었다. 학교에 있어도 그런 생각만 해서 언제 밤이 되는지, 언제 우리가 만날 수 있는지만 신경을 썼다. 헤어져 있는 상태는 견딜 수 없었다. 나는 하찮은 잡담을 해 가며 밤늦도록 카스투르바를 재우지 않았다. 만일 내가 이 집착과 함께 의무에도 충실하지 않았다면, 병에 걸려 죽었거나 이 세상에서 하는 일 없이 살아가고 있었을 거라고 생각한다. 날이 밝으면 곧 아침의 일과를 시작해야 하고, 아무도 기만하지 않는다는 사고방식 덕분에 나는 많은 위기에서 벗어났다.

이미 말했듯이 카스투르바는 글을 읽지 못했다. 나는 아내를 가르칠 생각은 많았지만, 나의 성욕이 가르치게 두지 않았다. 나는 억지로라도 가르쳐야 했지만 그것도 밤에 둘만 있게 된 뒤에야 가능한 일이다. 손윗사람 앞에서 나는 아내 쪽을 볼 수 없다. 더더구나 말은 할 수도 없다. 그 무렵 카티아와르 지방에서는 파르다*²⁹로 얼굴을 가리는 불필요하고 야만적인 관습이 있었는데, 이것은 오늘날에도 상당히 많이 남아있다. 이 때문에 환경이 내가 가르치기에 적합하지 않았다. 그래서 어린 시절에 가르치려고 몇 번이나 노력을 했지만 거의 모두 실패한 것을 인정하지 않을 수 없다. 내가 애욕의 잠에서 깨어났을 때에는 공적인 생활에 뛰어든 뒤였기 때문에 많은 시간을 쪼갤 수 있는 입장이 아니었다. 가정교사를 붙여서 가르치려는 나의 노력도 허사가 되었다. 그 결과 오늘날 카스투르바는 가까스로 편지를 쓰고 쉬운 구자라트어를 이해할 정도이다. 만일 나의 사랑이 성욕으로 더러워져 있지 않았다면 오늘날 아내는 학식 있는 여성이 되었을 것이다. 배우는 것에 열심이 아니었던 것을 나는 극복할 수 있었을 것이다. 순수한 애정에 불가능한 것은 아무것도 없다는 것을 나는 알고 있기 때문이다.

이처럼 아내에 대한 성욕에 집착하고 있었음에도 불구하고 내가 어느 정도 구원 받을 수 있었던 이유 중 하나는 이미 말했다. 또 다른 이유도 기록할 만한 가치가 있다. 수많은 체험에 의거해, 그 사람의 한결같은 마음이 사실이라면 신이 수호해 준다는 결론에 도달할 수 있었다. 힌두교도 사회에서 유아결혼은 치명적인 관습이지만, 한편으로는 얼마간 구원이 되는 관습도 있다. 부모는 어린 부부를 오랫동안 함께 두지는 않는다. 어린 아내는 절반 이상은 친정에서 지낸다. 이것은 우리의 경우도 그랬다. 즉 13세에서 19세까지 사이에 합계 3년 이상은 함께 있지 않았다. 6, 8개월간 함께 있으면 친정나들이를 간다. 그 무렵 나는 이 친정나들이가 불쾌했는데, 우리 두 사람은 그 때문에 구원을 받은 것이다. 그리고 18세 되던 해 나는 영국으로 갔다. 이로 인한 장기간의 이별도 우리에게는 좋았다. 영국에서 귀국한 뒤에 우리는 6개월 정도 함께 있었을까? 내가 라지코트와 뭄바이를 늘 왕복했기 때문이었다. 그러는 사이에 남아프리카로부터 초청을 받았다. 그때 나는 이미 각성해있었다.

### 5 고등학교에서

이미 썼듯이 결혼했을 때 나는 고등학교에 재학 중이었다. 그 무렵 우리 세 형제는 같은 학교에 다니고 있었다. 큰형은 상급학년에 있고, 나와 함께

식을 올린 둘째형은 나보다 한 학년 위에 있었다. 결혼 결과 우리 두 사람은 1년 낙제를 하고 말았다. 형에게는 더욱 나쁜 결과가 되었다. 결혼 후, 학업을 계속할 수 없게 된 것이다. 얼마나 많은 젊은이들이 이와 같은 바람직하지 못한 결과에 직면해야 했는지 모른다. 이는 신만이 안다. 학업과 결혼, 양자는 힌두교도의 사회에서만 양립할 수 있다.

나는 학업을 계속하고 있었다. 고등학교에서 나는 성적이 나쁜 학생 축에 끼어있지는 않았다. 선생님들로부터는 언제나 좋은 평가를 받았다. 매년 부모 앞으로 학업에 대한 것과 똑같이 품행에 대한 성적표가 보내졌는데 품행, 학업의 주의사항은 하나도 없었다. 2년차부터는 상도 받고, 5년차, 6년차에서는 각각 매월 4루피, 10루피의 장학금도 받았다. 우수하다기보다는 운이 좋았던 것이다. 이 장학금은 모든 학생의 것은 아니고 소라트지방에서 우수한 학생에게 주어지는 것이었다. 4, 50명으로 이루어진 학급 중, 그 무렵 소라트의 학생은 몇 사람 되지 않았다.

내가 우수하다고 생각한 적은 없었기 때문에 상이라든가 장학금을 받게 되어 놀랐다. 그러나 품행에 대해서는 상당히 신경을 쓰고 있었다. 품행에 관해서 조금만 잘못해도 울음을 터뜨리곤 했다. 선생님이 꾸짖을 만한 일은 스스로 하지 않으려고 하지만, 그래도 선생님이 그렇게 생각하면 나는 견딜 수 없었다. 한 번 매를 맞은 기억이 있는데, 매를 맞은 아픔보다도 벌을 받는 자가 된 것이 몹시 슬펐다. 나는 크게 울었다. 이것은 1년차인가 2년차 때였다. 두 번째는 7년차 때이다. 그 무렵 도랍지 에둘지 기미 씨가 교장이었다. 그는 교칙을 확실하게 지키게 하고, 체계적으로 수업을 하며, 가르치는 방법이 좋았기 때문에 학생들 사이에서 인기가 있었다. 그는 고학년 학생들에게 크리켓을 필수로 하게 했는데, 나는 이것이 싫었다. 필수가 되기 이전에는 운동이나 크리켓, 축구를 한 적이 없었다. 그 이유는 부끄러움을 잘 타는 나의 성격 탓이다. 지금 생각해보면 싫다는 것은 나의 잘못이었다. 학업과 운동은 아무 관계도 없다는 잘못된 생각을 그 무렵 나는 하고 있었다. 나중에 납득하게 되었으며, 학업에서 운동, 즉 체육은 정신교육과 동등해야 한다고 생각하고 있다.

운동에 참가하지 않았다고 건강이 나빠지지는 않았다. 그 이유는 책에서 산책을 권유하는 것을 읽었기 때문이다. 덕분에 고학년이 된 뒤부터 산책을 하는 습관이 몸에 배어 지금까지 이어지고 있다. 산책도 운동이다. 이 때문에 나의 몸은 비교적 튼튼해졌다.

운동이 싫은 두 번째 이유는 아버지를 간병하고 싶다는 갈망이었다. 학교가 끝나면 바로 귀가해 아버지를 돌보았다. 운동이 필수가 되면 아버지 간병을 할 수 없었으므로 나는 운동면제를 신청했다. 그러나 기미 교장이 면제해 줄 리가 없었다. 어느 토요일의 일이었다. 수업은 오전 중이고 저녁 4시에 운동때문에 학교에 가기로 되어 있었다. 나는 시계를 가지고 있지 않았다. 하늘은 구름으로 뒤덮여 있었기 때문에 시간을 짐작할 수 없었다. 나는 구름에 속고 만 것이다. 운동을 위해 등교하자 모두가 돌아간 뒤였다. 이튿날 기미 선생님이 출석부를 점검하니 나는 결석으로 되어 있었다. 이유를 물어 사실대로 말했으나 선생님은 거짓을 말한다며 1아노*30인가 2아나(액수는 정확하게 기억하고 있지 않다)의 벌금을 부과했다. 나는 거짓말쟁이가 됐다! 몹시 슬펐다. 나는 거짓말쟁이가 아니라는 것을 증명할 아무런 방법도 없었으므로 체념하고 울었다. 진실을 말하는 자, 올바른 일을 하는 자는 멍청해서는 안 된다는 걸 깨달았다. 학교생활에서 이와 같은 실패는 처음이자 마지막이었다. 결국 벌금은 면제받았던 것을 희미하게 기억한다.

운동은 면제를 받았다. 방과 후 내가 간병을 해주길 바란다고 아버지가 교장선생님 앞으로 편지를 썼기 때문이다.

운동 대신에 산책은 계속해서 했다. 그리고 운동을 하지 않았던 잘못의 벌은 받지 않고 끝났지만, 또 다른 잘못의 벌은 오늘날에도 받고 있다. 학업에 글씨 연습은 필요치 않다고 왜 오해하고 말았는지 난 알 수가 없다. 영국으로 갈 때까지 나는 그렇게 생각했다. 나중에, 특히 남아프리카에서, 변호사들이나 남아프리카에서 태어나 교육을 받은 젊은이들의 진주알처럼 아름다운 필적을 보고 나는 많이 부끄러웠고 후회했다. 서투른 글씨는 어중간한 교육의 표시가 된다는 것을 알게 됐다. 나중에 노력했지만, 이미 굳어진 필체가 쉽게 고쳐질 리 없었다. 젊어서 업신여기던 것을 지금까지 못하고 있다. 청춘남녀들은 나의 예에서 교훈을 얻어, 단정한 필적은 학업에 불가결한 것임을 생각하기 바란다. 좋은 필적을 습득하기 위해서는 미술이 필요하다. 나의 의견으로는 아이들에게 맨 처음 그림 그리는 것을 가르쳐야 한다. 새나 사물 등을 보고 아이들이 기억해 쉽게 식별할 수 있게 되면 글씨 식별을 배우게 된다. 미술을 배워 그림을 그릴 수 있게 한 다음 글씨 쓰는 것을 배우면 글씨는 인쇄된 것처럼 아름다울 것이다.

이 시기의 학업에 대해서 두 가지 추억이 더 생각이 난다. 결혼 때문에 1년 낙제했다. 2년차 때 선생이 뒤처진 것을 만회하도록 일러주었는데, 그 무렵에는 근면한 학생들에게 월반 제도가 인정되고 있었다. 이 때문에 3년차에 6개월 재적하고, 여름 방학 전에 실시된 시험 뒤에 나는 4년차로 진급했다. 4년차에서는 몇 개의 과목이 영어로 이루어졌는데, 나는 전혀 따라가질 못했다. 기하 선생은 교수법이 능숙했는데도 나는 전혀 이해할 수 없었다. 절망하여 월반은 체념하고 3년차로 돌아가려고 생각했다. 그러나 그렇게 하면 나의 면목도 안 서고, 나의 근면함을 믿고 월반을 추천해준 선생님의 체면도 말이 아니게 된다. 그게 무서워 3년차로 돌아갈 생각은 버렸다. 그래서 노력을 계속해 유클리드의 제13정리까지 나아가자 기하는 가장 쉬운 과목임을 나는 문득 깨달았다. 오로지 머리만 쓰면 된다. 어려울 것이 없다. 그 뒤로 기하는 나에게 언제나 쉽고 흥미 있는 과목이 되었다.

기하에 비해 산스크리트어는 몹시 힘들었다. 기하에서는 암기할 것이 없었는데, 내가 보기에 산스크리트어는 모든 것이 암기였다. 이 과목도 4년차부터 시작되었는데, 6년차에서 나는 좌절했다. 산스크리트어 선생님은 엄한 분이었는데 학생들에게 더 많이 가르치려고 했다. 산스크리트어 반과 페르시아어 반 사이에 일종의 경쟁이 있었던 것이다. 페르시아어 선생님은 너그러운 분이었다. 학생들은 페르시아어가 쉽고 선생님도 대단히 좋으신 분이라고 말했다. 그분은 학생들이 할 수 있는 범위 이상으로 진도를 나아가지 않았다. 나도 감동해 어느 날 페르시아어 반에 출석했다. 산스크리트어 선생님은 유감스럽게 생각해 나를 불러 이렇게 말했다.

"네가 누구의 아들인지 생각해봐라. 자기 종교의 언어를 배우지 않으려는 게냐? 모르는 것이 있으면 나에게 말하거라. 나는 학생들 모두에게 훌륭한 산스크리트어를 가르치고 싶단다. 하다 보면 재밌어질 게다. 그렇게 빨리 체념해서는 안 돼. 다시 나의 수업에 출석하거라."

나는 부끄러웠다. 선생님의 마음을 저버릴 수 없었다. 오늘날 나는 크리슈나 샨카르 선생님에게 감사하고 있다. 요즘 나는 산스크리트어 문헌을 흥미 깊게 읽고 있는데, 그 무렵에 배운 것만이라도 배워두지 않았다면 그것조차도 못했을 것이다. 나는 산스크리트어를 더 배우지 않았던 것을 후회하고 있다. 나중에 이해하게 된 것이지만, 힌두교도의 아이는 누구나 산스크리트어를 학습해야 하기 때문이다.

이제야 생각난 것인데, 인도 고등학교의 교과 과정에 모국어 외에 국어인 힌디어, 산스크리트어, 페르시아어, 아라비아어, 영어가 있어야 한다. 언어의 가짓수를 두려워할 필요는 없다. 그 언어가 체계적으로 교육되고 전 과목의 영어에 의한 수업이라는 부담이 없다면 이 언어들을 배우는 것은 무거운 짐이 아니다. 그뿐 아니라 큰 기쁨이 된다. 하나의 언어를 과학적으로 습득하면 다른 언어의 습득은 쉬워진다. 실은 힌디어, 구자라트어, 산스크리트어는 하나의 언어로 생각할 수 있다. 마찬가지로 페르시아어, 아라비아어도 그렇다. 페르시아어는 산스크리트어와 유사하고 아랍어는 히브리어에 가까운데, 양자가 발전한 것은 이슬람 부흥 이후이므로 양자의 관계는 가깝다. 우르두어를 나는 다른 언어로 생각하지 않는다. 그것은 문법이 힌디어문법에 포함되기 때문이다. 우르두어의 어휘는 페르시아어, 아랍어의 것이다. 고도의 우르두어를 배우려는 사람이 아랍어, 페르시아어를 알아야 하는 것처럼, 고도의 구자라트어, 힌디어, 벵골어, 마라티어를 배우려는 사람은 산스크리트어를 배워야 한다.

### 6 비극—1

이미 말한 대로 고등학교에서 친구는 극히 적었다. 친구는 서로 다른 시기에 한 사람씩, 두 사람이 있었다. 첫 친구와의 관계는 오래가지 못했다. 내가 그 친구를 버린 것은 아니지만, 내가 또 다른 친구를 사귀게 되자 그 친구는 나를 버렸다. 두 번째 친구와의 교제는 내 생애에 걸친 고통으로 몇 년에 걸쳐서 지속되었다. 나는 이 교제를 계속함으로써 친구를 갱생시키려고 했다. 처음 이 친구와 친해진 것은 둘째형이었다. 그는 둘째형과 동급생이었다. 이 친구가 몇 가지 결점을 가진 것은 알고 있었지만 나는 친구의 충성심을 높이 사고 있었다. 어머니, 큰형과 아내는 이 교제를 못마땅하게 생각하고 있었다. 거만한 남편인 나는 아내의 경고 따위에 귀를 기울이지 않았다. 그러나 어머니의 말씀을 거스르는 일은 하지 않았고 큰형이 하는 말도 언제나 따랐다. 그래서 나는 세 사람을 이렇게 설득했다.

"친구의 결점을 저도 압니다. 하지만 어머니나 형님은 그의 장점을 모르십니다. 그는 저를 잘못된 길로 끌고 가지는 않을 것입니다. 그 이유는 제가 그를 갱생시키기 위해 친구로 있기 때문입니다. 확신하는데, 갱생을 하면 훌륭한 사람이 될 것입니다. 저에 대해서는 부디 안심하기 바랍니다."

이 말로 세 사람이 납득을 했는지는 알 수 없지만 나를 믿어주었고 내 생각대로 하게 해주었다.

그러나 내 생각이 틀렸다는 것을 나중에야 알았다. 갱생시키려는 사람과는 깊이 사귀면 안 된다. 갱생의 대상이 되는 자와의 우정은 성립하지 않는다. 우정에는 양자의 마음의 동화가 있는 법인데, 이와 같은 우정은 이 세상에서 흔한 것은 아니기 때문이다. 우정이 오래 지속하는 것이라면 같은 자질을 지닌 자끼리 걸맞은 것이다. 친구끼리는 서로 영향을 준다. 그러므로 친구관계에서 상대를 갱생시킬 여지는 극히 적다. 내 생각에, 깊은 우정은 바람직한 것은 아니다. 그것은 타인의 결점을 순식간에 받아들이고 만다. 장점을 받아들이기 위해서는 노력이 필요하다. 혼과 신과의 교류를 소망하는 사람은 고독해야 한다. 어쩌면 전 세계를 상대해야 한다. 지금 말한 사고가 올바른지의 여부는 별개로 치더라도, 깊은 우정관계를 지속하려는 나의 시도는 실패로 끝났다.

이 친구와 교제하게 된 무렵 라지코트에서는 '개혁파'의 기세가 등등했다. 대부분의 힌두교도 선생님이 숨어서 육식을 하고 술을 마신다고 이 친구가 가르쳐주었다. 라지코트 밖의 유명인의 이름도 거론했다. 고등학교 학생 이름까지 몇 사람 나왔다. 나는 놀라기도 하고 슬프기도 했다. 내가 이유를 묻자 이렇게 말했다.

"우리는 육식을 하지 않잖아. 그렇기 때문에 힘이 없어 지배를 당하고 있는 거야. 영국인들이 우리를 지배하는 것은 육식을 하기 때문이야. 너도 잘 알다시피, 난 무척 건강하고 달리기도 엄청나게 빨라. 이건 육식을 한 덕분이야. 육식을 하는 자에게 부스럼은 생기지 않으며, 생긴다고 해도 곧 낫게돼. 우리 선생님들도 먹고 있어. 이렇게 유명한 분이 설마 효능을 생각하지 않고 먹겠어? 너도 먹어야 해. 먹어봐. 힘이 붙는 것을 알 수 있을 거야."

이것은 어느 날 하루에 다 한 말은 아니다. 많은 예를 들면서 이와 같은 이유를 몇 번이고 되풀이했다. 나의 둘째형은 이미 육식을 하고 있었으며 이 같은 주장을 지지하고 있었다. 형과 이 친구에 비하면 나는 몹시 말라 있었다. 두 사람의 몸은 훨씬 튼튼했고 나보다 체력이 월등했다. 두 사람은 또한 용감했다. 친구의 용감함은 나의 넋을 잃게 할 정도였다. 아무리 먼 거리라도 무척 빠른 속도로 지치지 않고 달려갔다. 멀리뛰기도 높이뛰기도 할 수 있었다. 체벌을 받아도 꾹 참고 견딜 수 있었고, 때때로 자기의 힘을 내 앞에서 자랑하기도 했다. 자신에게 없는 힘을 타인에게서 보면 놀라게 되는데, 나의 경우가 바로 그랬다. 놀라움은 망상으로 바뀌었다. 나에게는 달리거나 도약을 하는 힘이 거의 없었다. 나도 이 친구처럼 강해지면 얼마나 좋을까!

그 밖에도 나는 대단히 겁이 많았다. 도적, 망령, 요괴. 뱀 등이 두려웠다. 이 두려움이 나를 괴롭혀서, 밤에 어딘가로 혼자서 갈 용기가 나지 않았다. 어두운 곳에는 어디도 가지 못한다. 등불 없이 잠을 자는 것은 거의 무리이다. 만일 이쪽에서 망령, 요괴가 나타나고 저쪽에서는 도적, 다른 방향에서는 뱀이 나온다면 어쩐단 말인가! 그래서 등불을 켠 채 잤다. 조금 어른이 된 아내에게 나의 두려움을 말할 수는 없었다. 아내가 나보다는 용기가 있음을 알고 있었기 때문에 부끄럽다는 생각이 들었다. 내가 뱀을 두려워하는 걸 아내는 알지 못했다. 나의 이 나약함을 그 친구는 알고 있었다. 친구는 어둠에서도 혼자 갈 수 있고 살아있는 뱀도 손으로 잡을 수 있다고 나에게 말했다. 도적 따위는 무서워하지 않는다. 망령이나 요괴 따위는 믿지도 않는다. 이것은 모두 육식을 한 탓이라고 나를 설득했다.

그 무렵 학교에서는 나르마드*³¹의 다음의 시구를 노래했다.

영국인들은 지배하고 인도인은 억압을 당한다
인도인은 억압을 당한다, 양쪽의 몸을 보아라
놈들은 키가 6척, 혼자서 500명을 상대한다

이런 모든 것이 나의 마음에 영향을 미쳤다. 나는 마땅하다고 생각했다. 육식은 좋은 것이다. 육식에 의해 나는 강하고 용감해질 것이다. 모든 인도인이 육식을 하면 영국인을 물리칠 수 있다고 생각하게 되었다.

육식을 시작할 날이 정해졌다.

이 결정의 의미를 여러분은 이해할 수 없을 것이다. 간디 집안은 바이슈나바*32이고, 부모님은 대단히 열렬한 신도였다. 그분들은 늘 하벨리에 다니고 있었다. 몇 개의 사원은 간디 집안이 기증한 것이다. 게다가 구자라트에서는 자이나교*33의 세력이 압도적이다. 그래서 자이나교의 영향이 미치지 않는 곳이 없다. 그러므로 구자라트에서, 또 자이나교도와 바이슈나바 신도 사이에 존재하는 육식에 대한 저항과 금기는 인도는 물론 세계 어디에서도 볼 수 없을 정도로 강한 것이다. 이것이 나의 삼스카르이다.

나는 대단한 효자라서, 내가 육식을 한 것을 알면 부모님은 심장발작을 일으켜 죽을지도 모른다고 생각했다. 알고 있었건 모르고 있었건 아무튼 나는 진리를 섬기는 자였다. 육식을 하는 것은 부모를 기만하는 것이다. 그때 그것을 몰랐다고는 할 수 없다.

이런 상황에서 육식을 한다는 결의는 나에게 중대하고도 무서운 일이었다.

그러나 나는 개혁을 해야 했다. 좋아서 육식을 하는 것이 아니었다. 맛있다는 생각에 육식을 시작하려는 것이 아니었다. 나는 강하고 용기 있는 자가 되어야만 했고 다른 사람들에게도 그렇게 권할 생각이었다. 그리고 영국인들을 물리쳐 인도를 자유롭게 해야만 했다. '독립'이라는 말을 나는 그때까지 들은 적이 없었다. 이 개혁이라는 의욕으로 나는 정신을 잃고 있었다. 그리고 비밀을 지켜 부모님에게 행위를 숨기는 것은 진리에 어긋나지 않는다고 스스로를 설득하고 있었다.

## 7 비극—2

그날이 되었다. 나 자신의 상황을 모두 말하기는 어렵다. 한편에서는 개혁에 대한 의욕, 인생의 중대한 전환에 대한 이상한 마음, 다른 한편으로는 도둑질처럼 숨어서 한다는 부끄러운 마음, 이 가운데 어느 것이 더 컸는지는 기억에 없다. 우리는 강 쪽으로 인기척이 없는 곳을 찾아 나섰다. 꽤 멀리 가서 남의 눈에 띄지 않을 것 같은 모퉁이를 발견했다. 그리고 그곳에서 이제까지 본 적이 없었던 고기를 보았다! 빵집에서 구입한 식빵을 가지고 있었으나, 고기, 빵, 어느 것도 마음에 들지 않았다. 고기는 가죽 같다는 생각이 들어 먹을 수 없었다. 구역질이 났다. 먹는 것을 중단해야 했다.

그날 밤은 끔찍했다. 잠을 이룰 수가 없었다. 꿈속에서, 몸 안에 양이 살아서 울고 있는 듯했다. 나는 정신이 번쩍 들어 후회하며, 육식을 할 거라면 마음이 약해져서는 안 된다고 생각했다. 친구도 체념을 할 사람이 아니었다. 친구는 고기를 여러 가지 방법으로 조리하고 먹음직스럽게 담는 방법을 연구하여 고기라는 것을 숨기려 했다. 강가로 데리고 가는 대신에, 어느 요리사와 연락을 취해 은밀하게 왕국의 영빈관으로 데리고 갈 계획도 잡았다. 그곳의 의자나 테이블 등의 가구로 나를 유혹한 것이다. 나는 끌렸다. 식빵에 대한 혐오감은 없어지고 양에 대한 연민의 정도 잃었으며, 고기라고는 말할 수 없지만 고기를 사용한 요리를 맛있다고 느꼈다. 이렇게 해서 1년이 지나고, 이 사이에 대여섯 번 고기 요리를 먹었다. 영빈관이 언제나 이용할 수 있는 곳은 아니었고, 늘 맛있는 고기요리를 준비할 수 있는 것도 아니기 때문이다. 게다가 이런 요리에는 돈이 들었다. 나는 돈을 전혀 가지고 있지 않아서 낼 수가 없었다. 비용은 친구가 변통한 것이다. 어디에서 변통을 했는지 오늘에 이르기까지도 나는 모른다. 친구의 의도는 나에게 육식 습관을 붙이는—나를 타락시키는—것이었기 때문에 돈은 자신이 지불했다. 그러나 친구도 끝없이 돈이 나오는 금고를 가지고 있는 것은 아니기 때문에 이런 성찬은 가끔이었다.

이 같은 성찬일 때에는 집에서 식사를 못했다. 어머니께 식사를 하라는 말을 들으면 '오늘은 배가 고프지 않다'거나 '속이 안 좋다'는 식으로 변명을 해야 했다. 이렇게 말할 때마다 나는 커다란 충격을 받았다. 거짓말, 더구나 어머니 앞에서! 아들들이 육식을 하게 된 것을 알게 된다면 부모님에게는 날벼락일 것이다. 이런 생각이 늘 나를 괴롭혔다. 그래서 나는 결심했다. '고기를 먹는 것은 필요하다. 육식을 보급시켜서 인도를 개혁하자. 그러나 부모님을 기만하고 거짓말을 하는 것은 고기를 먹지 않는 것 이상으로 나쁘다. 그렇기 때문에 부모님이 살아계신 동안에는 고기를 먹어서는 안 된다. 부모님이 돌아가신 뒤 자유롭게 된 뒤에 당당하게 고기를 먹어야 한다. 그때까지 육식은 중단해야 한다.' 이 결의를 나는 그 친구에게 전하고 육식을 중단했다. 부모님은 두 아들이 육식을 했었던 것을 결코 알지 못했다.

부모님을 기만해서는 안 된다는 좋은 뜻에서 나는 육식을 중단했지만 그 친구와의 교제를 끊은 것은 아니었다. 나는 그 친구를 갱생시키려고 했는데 자신이 타락하고 말았다. 더구나 타락한 것을 깨닫지 못하고 있었다.

그 친구 때문에 나는 부도덕한 행위에 빠져들었다가 가까스로 벗어났다.

한번은 이 친구가 나를 창녀촌으로 데리고 갔다. 그곳에서 창녀의 방에 적당한 지시를 하고 나를 들여보냈다. 돈 같은 건 지불하지 않아도 됐다. 지불은 이미 끝났던 것이다. 나는 단순히 그 자리에 걸맞은 말을 하는 것만으로 충분했다.

나는 방에 들어가기는 했지만, 신이 구하려는 자는 타락하려고 해도 타락할 수 없었다. 그 방에서 나는 완전히 장님이 되었고 한 마디도 하지 못했다. 창피한 나머지 말없이 침대의 여자 곁에 앉았으나, 여전히 아무 말도 할 수가 없었다. 여자는 화가 나서 나에게 두세 마디 욕을 퍼붓고는 문 쪽을 가리켰다.

그때에는 불능의 낙인이라도 찍힌 것 같아, 대지가 갈라지면 그 속으로 뛰어들고 싶은 심정이었다. 그러나 이렇게 해서 피한 것을 나는 신의 도움이라고 언제나 믿고 있다. 이런 일이 이제까지의 생애에서 네 번 더 있었고, 그 대부분의 경우에서 우연히도 아무 어려움 없이 벗어났다. 도덕적으로 보면 이와 같은 경우에, 나는 타락한 것으로 봐야 한다. 왜냐하면 욕망을 느끼고 욕정에 사로잡혀 있었기 때문이다. 그러나 세속적인 입장에서 보면 욕정을 느끼면서도 직접적인 행위를 피한 자를 우리는 모면했다고 말한다. 그러므로 이 같은 경우에 나는 그 자리에서 벗어났다고 해야 한다. 더욱이 벗어나는 것이 개인에게, 또 그 사람과 접하는 사람들에게 대단히 유익한 행위일 때가 많다. 냉정해지면 그 행위에서 벗어나게 된 것을 신에게 감사하게 된다. 사람이 타락하지 않으려고 애쓰는데도 타락해 버리는 것을 우리는 경험하지만, 타락하려 하는데도 몇 가지 우연이 겹쳐져 모면하는 것도 경험이 가르쳐주는 부분이다. 이 모든 것에 사람의 노력이 어느 정도이며 신의 힘이 어느 정도인지, 또는 어떤 법칙에 지배되어 결국 사람은 타락하거나 모면하는지, 이 문제는 중대하다. 이것은 오늘날까지 해결되지 않았으며, 최종적 해결이 날 것인지의 여부를 말하기는 힘들다.

다시 하던 이야기로 돌아가자.

그 친구와의 교제는 바람직하지 않음을 나는 아직 깨닫지 못하고 있었다. 깨닫기 까지는 아직도 더 쓰라린 경험을 해야 했다. 상상조차 할 수 없는 친구의 죄상을 이 눈으로 보고서야 깨달았다. 그러나 나는 가능한 연대순으로 나의 체험을 쓰고 있기 때문에 다른 경험은 뒷장에서 등장한다.

이 시기의 일을 하나 이야기 해야겠다. 우리 부부 사이에서 의견이 갈라지거나 싸움이 될 때에, 그 원인은 이 친구와의 교제 때문이었다. 이미 말한 바와 같이 나는 애처가이자 의심이 많은 남편이기도 했는데, 나의 시기심을 부채질한 것이 이 친구였다. 왜냐하면 나는 친구의 말을 전혀 의심하지 않았기 때문이다. 이 친구의 말을 믿고 나는 아내를 얼마나 괴롭혔는지 모른다. 이 폭력 때문에 나는 자기 자신을 결코 용서하지 않았다. 이와 같은 고통은 힌두교도 여성만이 견딜 수 있는 것이다. 이 때문에 나는 여성을 언제나 인내력 그 자체로서 보고 있다. 고용인은 의심을 받으면 일을 그만 두고, 아들은 이와 같은 의심을 받으면 가출을 하며, 친구사이에서 의심이 생기면 우정은 끝난다. 그러나 아내는 남편이 의심을 품어도 꾹 참고 가만히 있을 뿐이다. 만일 남편이 아내를 의심하면 가련한 아내의 운명은 허무해진다. 아내는 어디로 가면 좋단 말인가? 고귀한 것으로 평가되는 카스트*³⁴의 힌두교도 여성은 법정에 이혼소송을 할 수 없다. 이러한 일방적인 재판이 있을 뿐인데, 그런 일반적인 처사를 내가 한 것이다. 이 괴로움은 결코 잊을 수 없다. 이 시기심의 뿌리가 단절된 것은 내가 비폭력을 깊이 알게 된 뒤부터였다. 즉, 브라마차리아의 훌륭함을 이해하여, 아내는 남편의 하녀가 아니라 동반자이고 반려이며 양자는 서로의 고락을 대등하게 나누어 갖고, 남편에게 허용되는 자유는 아내에게도 허용된다는 것을 안 뒤부터였다. 이 의혹의 시기를 떠올리면 자신의 어리석은 행동, 성욕으로 장님이 된 잔인함에 대해 분노를 느끼고 우정에 대한 자신의 그릇된 생각에 연민을 느낀다.

### 8 도둑질과 속죄

육식 이전의 시기에 범한 죄에 대해 말할 것이 아직 남아있다. 이와 같은 죄는 결혼하기 전이거나 결혼 직후의 것이다.

친척 한 사람과 함께 비디 담배*³⁵를 자주 피우게 되었다. 우리는 돈이 없었다. 두 사람 모두 담배를 피우는 것이 유익하다거나 냄새를 즐긴다는 생각을 했던 것은 아니다. 단순히 연기를 뿜어내는 것이 조금 재미있다는 생각이 들어서였다. 나의 큰아버지는 자주 비디 담배를 피우고 있었고, 큰아버지나 그 밖의 사람들이 연기를 내뿜는 것을 우리도 해보고 싶다는 마음이 생겼다. 수중에 돈이 없었으므로 큰아버지가 버린 꽁초를 훔쳤다.

그러나 꽁초는 언제나 구할 수 있는 것은 아니었으며, 꽁초로는 연기를 많이 뿜어낼 수 없었다. 그래서 고용인이 가지고 있는 서너 개의 동전 중에 하나 정도를 몰래 훔쳤다. 우리는 비디 담배를 살 수 있었으나 담뱃갑을 어디에 숨기느냐가 문제였다. 어른들 앞에서 피우지 못하는 것은 알고 있었다. 이럭저럭 두세 개를 훔쳐 몇 주일을 견뎌냈다. 그 무렵 어느 식물(그 이름은 잊었는데) 줄기가 비디 담배처럼 타들어가서 피울 수 있다는 말을 들은 우리는 그것을 손에 넣어 피우기 시작했다!

그러나 우리는 만족하지 않았다. 자유롭지 못한 것이 고통이 되기 시작했다. 어른들의 허락 없이는 아무것도 못하는 것이 고통이 된 것이다. 우리는 지겨워진 나머지 자살하기로 결정했다!

그러나 자살은 어떻게 해야 할까? 누가 독을 줄까? 다투라*36 열매를 먹으면 죽는다는 이야기를 듣고 우리는 숲으로 가서 열매를 따왔다. 자살은 저녁시간으로 정했다. 케다르지*37 사원*38의 등불에 기름*39을 바치고 참배를 한 뒤 인기척이 없는 장소를 찾아냈다. 그러나 독을 입에 넣을 용기가 나지 않았다. 만일 바로 죽지 못한다면 어떻게 될까? 죽어서 무슨 이득이 있을까? 자유롭지 않아도 참아볼까? 그래도 두서너 개의 열매를 먹었다. 그 이상 먹을 용기는 나지 않았다. 두 사람은 죽음이 두려워졌다. 람지*40 사원으로 가 참배를 하고 마음을 진정시켜 자살에 대한 것은 잊기로 결정했다.

자살을 생각하기는 쉽지만 시도하기는 어렵다는 것을 알았다. 그렇기 때문에 누군가가 자살하겠다고 위협해도 나는 그다지 흔들리지 않는다. 전혀 흔들리지 않는다고 해도 좋을 것이다.

자살을 꾀하려던 결과, 우리 두 사람은 비디 담배꽁초를 훔쳐 피우고 고용인의 돈을 훔쳐 비디 담배를 사서 피우던 것을 그만 두었다. 성인이 된 뒤에도 피우고 싶은 생각은 결코 없었다. 나는 여전히 흡연은 야만적이고 불결하며 유해한 것이라고 계속 생각하고 있다. 비디 담배가 세상에서 왜 이토록 애호되는지, 나는 전혀 이해하지 못하겠다. 열차 안에서 많은 사람이 담배를 피우고 있으면 앉아 있는 것조차 힘이 들고 숨이 막힐 것만 같다.

비디 담배 꽁초를 훔친 일과 이에 관련해서 고용인의 돈을 슬쩍한 것에 비하면, 내가 범한 또 다른 절도죄가 훨씬 무겁지 않을까 생각한다. 흡연 죄를 범했을 무렵, 나는 12, 3살이거나, 어쩌면 그보다도 어렸을 것이다. 또 다른 절도죄를 범했을 때는 15살이었던 것으로 기억한다. 나는 함께 육식을 하는 형의 금팔찌 일부를 훔쳤다. 형은 대략 25루피 정도의 빚을 지고 있었다. 우리 두 형제는 변제할 방법을 걱정하고 있었고, 형은 손목에 무거운 팔찌를 끼고 있었다. 거기에서 1톨로*⁴¹쯤 잘라내는 것은 어려운 일이 아니었다.

팔찌를 잘라 빚은 변제되었다. 나는 앞으로 결코 절도는 하지 않겠다고 결심했다. 아버지 앞에서 나의 죄를 인정해야만 한다고 생각했으나, 입이 떨어지지 않았다. 아버지의 회초리가 무서워서가 아니었다. 아버지가 우리들 형제 가운데 누군가를 때린 기억은 없다. 나는 아버지가 슬퍼한 나머지 자학을 하지는 않을까 두려웠다. 그러나 이런 위험을 무릅쓰고라도 죄를 인정해야 한다. 그렇게 하지 않으면 정화(淨化)는 없다고 생각했다.

마침내 편지를 써서 죄를 인정하고 용서를 구하자고 나는 결심했다. 편지에는 모든 죄를 인정하고 처벌을 달게 받겠다고 쓰고, 아버지 스스로 자책하시지 않기를 강하게 간청했다. 앞으로는 두 번 다시 이와 같은 죄를 범하지 않겠다고 맹세했다.

나는 떨리는 손으로 편지를 아버지에게 건네고 그 앞에 앉았다. 아버지는 치루(痔瘻)때문에 침대 위에 누워있었다. 그것은 보통 침대가 아닌 나무침대였다.

아버지는 편지를 읽었다. 눈에서 진주알 같은 눈물이 흘러내려 편지가 젖어버렸다. 아버지는 순간 눈을 감고 편지를 찢었다. 그러고는 편지를 읽기 위해 스스로 일으킨 몸을 다시 눕혔다.

나도 울었다. 아버지의 슬픔을 이해할 수 있었다. 만일 내가 화가였다면 그 광경을 완벽히 묘사했을 것이다. 지금도 그 광경이 눈에 선하다.

진주알이라는 이 사랑의 화살이 나를 찔러 나는 정화되었다. 이 사랑은 경험한 자만이 알 수 있다.

라마의 화살을 맞은 자만이 그 힘을 안다*⁴²

나에게는 이것이 비폭력 체험학습의 첫 장이었다. 그때에는 아버지의 사랑 이외에 아무것도 몰랐으나, 오늘날에는 이것을 순수한 비폭력이란 이름으로 인식할 수 있다. 이와 같은 비폭력이 보편적인 형태를 취할 때 그 어느 누가 감동하지 않는단 말인가? 이 같은 보편적 비폭력의 힘을 측정하는 것은 불가능하다.

이러한 온화한 용서는 아버지의 성품과 맞지 않는 것이었다. 아버지는 미친 듯이 격노해 다분히 자신의 머리를 짓찧을 거라고 생각하고 있었다. 그러나 아버지는 이렇게까지 무한한 평정을 유지했다. 생각하건대 죄를 솔직하게 인정한 것이 원인이었다. 고백해야 할 사람 앞에서 자발적으로 사심 없이 죄를 인정하고 두 번 다시 그와 같은 죄를 범하지 않겠다고 맹세한 자는 최고의 속죄를 한 것이다. 이제야 알았으나, 고백으로 아버지는 나의 장래를 걱정할 일이 없어져 크나큰 사랑은 더 한층 깊어지게 되었다.

### 9 아버지의 사망과 나의 수치 (羞恥)

이때 나는 16살이었다. 이미 말한 바와 같이 아버지는 치루 때문에 병상에 누워만 계셨다. 간호는 거의 어머니와, 예전부터 있었던 고용인과 내가 맡고 있었다. 나의 역할은 '간호'였다. 상처를 씻고 좌약을 넣고 연고를 바르거나 약을 먹여드리고, 집에서 약을 달일 때에는 그것을 준비하는 것이 주요한 역할이었다. 밤에 아버지의 다리를 주무르고, 이제 그만 쉬어도 좋다는 허락이 있거나 잠이 드시면 나도 자러 가는 것이 일과였다. 이 봉사를 나는 대단히 좋아하여 하루도 빠뜨린 기억이 없다. 고등학교 재학 중인 때였으므로 식사 후의 시간은 학교 공부를 하거나 아버지의 간호를 맡았다. 간호가 필요치 않다는 허가가 있거나 아버지의 기분이 좋은 날은 저녁에 산책을 나갔다.

이 해에 아내는 임신을 했다. 이제야 알게 된 일인데 이것은 이중의 수치였다. 첫째는 학기 중인데도 자제하지 못했다는 것이다. 둘째는 학교 공부를 자신의 본분으로 생각하고, 본분 이상으로 효도를 의무로 생각하고 있었으나―이에 관해서는 어린 시절부터 슈라반을 이상으로 삼고 있었을 정도였다―그럼에도 불구하고 성욕의 포로가 되고 만 것이었다. 즉, 매일 밤 아버지의 다리를 주무르고 있었으나, 동시에 마음은 침실 쪽으로 치닫고 있었던 것이다. 더구나 경전, 의학, 실용학에 의하면 아내와 성교를 해서는 안 되는 시기인데도 말이다. 다리를 주무르는 것이 끝나면 나는 기뻐서 어쩔 줄 몰라 하며 침실로 곧장 달려갔다.

아버지의 용태는 갈수록 나빠졌다. 바이드*43들은 자신들의 연고를 발라보았고, 하킴*44들은 자신들의 치료를 시도해 보았다. 동네 의사들의 민간치료약들도 사용했다. 영국인 의사가 외과수술이야말로 대증요법이라고 진단을 내렸다. 그러나 간디 집안과 친한 바이드가 끼어들어 고령인 아버지에게 외과수술 하는 것을 반대했다. 다양한 종류의 약품을 구입했으나 써보지도 못한 채 외과수술은 이루어지지 않았다. 바이드는 노련하고 유명한 분이었다. 만일 외과수술을 허용했더라면 상처는 치유되었을 것으로 생각한다. 수술은 그 무렵 뭄바이에서 저명했던 외과의사가 맡기로 했었다. 그러나 신은 다른 것을 바라고 있었다. 죽음이 임박해 있어 효과적인 조치를 취하지 못했다. 아버지는 수술을 받지 않고, 수술을 위해 구입한 약품들을 가지고 뭄바이에서 돌아왔다. 아버지는 더 이상의 삶에 대한 희망을 버리고 있었다. 완전히 쇠약해져, 몸을 씻는 것에서부터 대소변까지 침대에 누운 채 하게 되었다. 그러나 아버지는 마지막까지 스스로 하겠다고 주장했다. 몸을 청결히 하는 것은 바이슈나바의 엄격한 법도이다. 그러나 서양의학이 가르치는 바에 따르면 배뇨, 배변, 몸을 씻는 것 등, 모두가 침구 위에 누운 채 위생적으로 할 수 있어 환자는 고생하지 않아도 된다. 게다가 언제 보아도 시트는 청결했다. 이러한 청결함은 바이슈나바의 교리와 같다. 그러나 아버지는 스스로 용변을 보거나 몸을 씻기 위해 굳이 침대에서 내려오곤 했다. 나는 그 모습을 보고 경탄해 마음속으로 아버지를 찬미했다. 죽음을 앞둔 암흑의 밤이 다가왔다. 이때 작은아버지는 라지코트에 있었는데, 아버지의 용태 악화 소식을 듣고 찾아왔던 것으로 기억한다. 이 형제 사이에는 깊은 애정이 있었다. 작은아버지는 우리에게 쉬라고 말하고 온종일 아버지의 곁을 지켰다. 그 밤이 마지막이 되리라고는 아무도 생각하지 못했다. 물론 각오는 언제나 되어 있었다. 10시 반이나 11시쯤이었을까. 내가 아버지의 다리를 주무르고 있을 때 작은아버지가 나에게 말했다.

"그만 가거라. 내가 대신하마."

나는 기뻐서 침실로 달려갔다. 아내는 깊이 잠들어있었으나, 그대로 내버려둘 수 없었던 나는 아내를 깨웠다. 그때 고용인이 와서 문을 두드렸다. 나는 겁이 덜컥 났다. 혼란스러웠다. 고용인이 말했다.

"일어나십시오. 아버님께서 몹시 위독하십니다."

아버지가 위독한 것은 알고 있었기 때문에 여기에서 '몹시 위독하다'는 말의 특별한 의미를 이해한 나는 침대에서 바로 뛰어내렸다.

"사실을 말해. 어떻게 된 거지?"

"아버님께서 돌아가셨습니다."

후회한들 무슨 소용이 있을까? 나는 몹시 부끄럽고 슬펐다. 아버지의 방으로 달려갔다. 만일 성욕에 사로잡혀 눈이 멀지 않았더라면 임종을 지켜볼 수 있었을 텐데, 마지막까지 다리를 주물러드릴 수 있었을 텐데, 그리고 아버지는 내 팔에 안겨 숨을 거두셨을 텐데 라는 생각을 했다. 작은아버지의 입에서 듣는 처지가 되고 말았다.

"네 아버지는 우리를 남겨두고 가버렸다."

아버지께 극진했던 작은아버지는 마지막까지 봉사하는 명예를 얻었다. 아버지는 죽음을 깨닫고 있었다. 손짓으로 필기도구를 찾고 종이에 썼다. '준비하도록.' 이 말만을 쓰고, 손에 묶여있는 부적*45을 잘라버리고 금으로 된 칸티*46를 끊어버렸다. 그 순간 영혼은 날아갔다.

앞 장에서 자신의 부끄러움에 대해 언급했는데, 그것은 바로 이 부끄러움이다. 봉사하고 있을 때에도 성욕에 사로잡히다니! 이 검은 오점을 오늘에 이르기까지 떨쳐낼 수 없고 잊을 수도 없다. 나의 효심은 깊고 그것을 위해 무엇이건 버릴 수 있다고 늘 생각했으나, 봉사하고 있을 때에도 나의 마음은 성욕을 버리지 못했다. 이것은 그 봉사에 남겨진 용서할 수 없는 실수였다. 그렇기 때문에 자신을 아내만을 지키는 자로 여기면서도 성욕에 눈이 어두웠던 것이다. 이것에서 자유로워지는 데에는 오랜 시간이 걸렸으며, 그때까지 몇 번이고 시련을 견뎌야만 했다.

이런 나의 이중의 부끄러움에 대한 장을 마치기 전에 이 일도 말해 두겠다. 아내가 낳은 사내아이는 2, 3일 뒤에 죽고 말았다. 당연한 결과였다. 부모들이나 어린 부부들은 이 예에서 교훈을 얻기 바란다.

### 10 종교를 엿보다

예닐곱 살부터 열여섯 살까지 나는 학교에 다녔으나 종교교육은 전혀 받지 않았다. 선생님으로부터 자연스럽게 받았어야 할 것을 받지 못했다고 할 수 있다. 그래도 주위에서 무언가를 얻고 있었다. 여기서 종교의 의미를 넓게 이해해야 한다. 종교란 자아를 아는 것, 자아인식이다.

나는 바이슈나바 가문에서 태어났기 때문에 하벨리로 갈 기회는 많았다. 그러나 경외심은 생기지 않았다. 하벨리의 호화로움을 좋아할 수가 없었다. 하벨리에서의 부도덕한 이야기를 듣고 나는 하벨리에 무관심해진 것이다. 그곳에서는 아무것도 얻지 못했다.

그러나 하벨리에서 얻지 못했던 것을 나는 유모인 람바에게서 얻었다. 람바는 집에 오래전부터 있던 고용인이었다. 람바의 애정은 지금도 기억하고 있다. 내가 망령이나 요괴 따위를 무서워했다는 것은 앞에서 말했다. 공포에 대한 약은 라마나마*47를 외우는 것이라고 람바는 나에게 알기 쉽게 가르쳐 주었다. 나는 그 방법 자체보다 람바를 믿었기 때문에, 어릴 적에 망령이나 요괴 등의 공포에서 벗어나기 위해 라마나마를 외우기 시작했다. 오래 지속하지는 않았지만 어린 시절에 뿌려진 씨앗은 헛되지 않았다. 오늘날 라마나마는 나에게 절대적으로 확실한 힘이며, 그 근원은 람바바이가 뿌린 씨앗이라고 나는 믿는다.

이 무렵 《라마야나》(《툴시 라마야나》)의 신도인 아버지 쪽의 사촌형이 우리 두 형제에게 《람 라크샤》*48 낭송을 가르쳐주었다. 우리는 이것을 외워, 이른 아침 물로 몸을 씻은 뒤 낭송하는 것을 일과로 삼았다. 포르반다르에 있는 동안은 일과가 지켜졌다. 그러나 라지코트의 환경에서는 지켜지지 않았다. 특별한 신앙이 있어서 낭송했던 것은 아니었다. 사촌형을 존경했기 때문이며, 얼마간은 정확한 발음으로 《람 라크샤》를 낭송할 수 있다는 자랑에서였다.

내 마음에 깊은 영향을 준 것은 《라마야나》를 통해서 들은 것이었다. 아버지가 병을 앓는 동안 잠시 포르반다르에 갔다. 이곳에서 아버지는 라마사원에서 매일 밤 《라마야나》를 들었다. 낭송자는 라마찬드라의 독실한 신도, 빌레슈바의 라다 마하라지라는 학승(學僧)이었다. 전해지는 바에 따르면 라다 마하라지는 한센병*49에 걸렸으나 치료를 받지 않고, 빌레슈바의 마하데바*50에게 바쳐진 벨*51 잎을 환부에 대서 묶고 오직 라마나마를 외어 결국 한센병은 완치됐다는 것이다. 사실이건 아니건 이 이야기를 들은 우리는 사실로 믿었다. 라다 마하라지가 《라마야나》 이야기를 시작했을 때 몸에 한센병 흔적이 전혀 없었던 것은 사실이다. 라다 마하라지의 목소리는 훌륭해 2

행시, 4행시를 노래하고 해설을 했다. 자신도 정감에 젖어들고 청중도 넋을 잃게 만들었다. 이때 나의 나이는 13살쯤으로, 라다 마하라지의 이야기에 감명을 받았던 것으로 기억한다. 《라마야나》 이야기를 들었던 것이 내가 《라마야나》로 강하게 기울게 된 기초가 되었다. 오늘날 나는 툴시다스*52의 《라마야나》를 절대귀의(絕對歸依)*53 최고의 책으로 믿고 있다.

수개월 후 우리는 라지코트로 왔다. 그곳에는 《라마야나》 이야기는 없었다. 에카다시*54 날에는 《바가바트》*55를 읽었다. 나는 때때로 앉아서 듣고 있었는데 낭송자는 정감을 자아내지 못했다. 오늘에야 이해했는데, 《바가바트》는 낭송을 하면 신앙심이 생기는 책이다. 나는 구자라트어 번역본을 대단히 열심히 읽었다. 그런데 나의 21일간 단식*56 동안, 바라토브샨 판디트 마단 모한 말라비야지*57의 입에서 정통 산스크리트어의 일부를 들었을 때, 어릴 적에 말라비야지와 같은 바가바트 신도의 입으로 《바가바트》를 들었다면 《바가바트》에 대한 나의 애착은 깊어졌을 것이라는 생각이 들었다. 어릴 적에 몸에 밴 좋은 일이나 나쁜 일은 모두 뿌리가 깊다는 것을 크게 경험했기 때문에, 그 나이 때 뛰어난 서책 낭송을 많이 듣지 못했던 것을 지금도 유감으로 생각한다.

라지코트에서는 모든 종파에 대해서 편견을 갖지 않고 대하는 교육을 주위에서 받았으며, 힌두교의 각 종파를 존중하라고 배웠다. 그것은 부모님이 하벨리, 시바사원이나 라마사원에 갈 때에 우리들 형제를 데리고 가거나 또는 우리들 형제만 가게 했기 때문이다.

게다가 아버지가 계신 곳에는 자이나교도 지도자들이 언제나 찾아왔었다. 아버지는 물론 기부도 했으며 종교나 일상생활에 대한 대화를 나누었다. 아버지에게는 이슬람교도*58나 파르시교도*59 친구들도 있었다. 자신들의 종교에 대해서 이야기하는 것을 아버지는 흥미롭게 듣고 있었다. 나는 '간호담당'이었기 때문에 이런 화제일 때에 종종 곁에 있었다. 이러한 환경에서 모든 영향을 받은 결과, 온갖 종교에 대해 편견을 갖지 않고 대할 수 있게 되었다.

그리스도교만이 예외였다. 한 가지 이유에서 그리스도교는 좋아질 수가 없었다. 그 무렵 선교사가 고등학교 한 구석에서 설교를 하며 힌두교의 신들이나 신도들을 비난했었는데, 나는 그것을 견딜 수 없었다. 한 번 설교를 들었던 적도 있는데 두 번 다시 들을 생각이 들지 않았다. 그때쯤 어느 저명한 힌두교도가 그리스도교도가 되었다는 말을 들었다. 그 일은 마을에서 화제가 됐었는데, 입교할 때에 소고기를 먹이고 술을 마시게 했다는 것이다. 그리스도교도가 된 뒤 그 사람의 복장도 바뀌어, 그 형제는 양복을 입고 영국인이 쓰는 모자를 쓰고 다녔다. 이런 얘기를 들은 나는 고통을 느꼈다. 그 종교를 믿기 위해 소고기를 먹어야 하고, 술을 마셔야 하고, 자신의 복장까지 바꿔야만 하다니, 그것을 어떻게 종교라고 말할 수 있을까 하는 생각을 했다. 더욱이 그리스도교도가 된 그 사람은 선조의 종교, 관습은 물론 조국 인도를 비난하기까지 한다는 말을 들었다. 이런 모든 것으로 인해 그리스도교를 좋아할 수 없었다.

이렇게 다른 종교에 편견을 갖지 않고 대할 수 있게 되었다고는 하지만, 신의 존재를 믿었다고는 할 수 없다. 그 시절 아버지의 장서에서 《마누법전》*60의 구자라트어 번역본을 입수했다. 창세 설화 등을 읽었으나 믿어지지 않았다. 그뿐만 아니라 얼마간 무신론으로까지 기울게 되었다. 또 다른 아버지 쪽의 사촌형, 이분은 생존해 계신데, 나는 이 사촌형의 지성을 믿고 있었다. 나는 이 사촌형에게 나의 의문을 말해보았지만 해결이 되지 않았다. 사촌형은 나에게 이렇게 말했다.

"어른이 되면 이와 같은 의문에 대해서 스스로 답할 수 있게 된다. 어린이는 이런 질문을 해서는 안 돼."

나는 입을 다물고 말았다. 납득할 수 없었다. 《마누법전》의 먹을 수 있는 것과 먹어서는 안 되는 것을 다룬 장이나 다른 장에서도 나는 실제로 행해지는 것과는 반대의 모습들을 보았다. 이 의문에 대해서도 거의 같은 대답이었다. '언젠가는 알게 되도록 많이 배우고 많이 이해하자.' 이렇게 생각하고 마음을 납득시켰다.

이때 《마누법전》을 읽고 비살생을 배우지는 못했다. 고기를 먹는 것에 대해서는 이미 말했다. 육식은 《마누법전》에서 지지되고 있다. 뱀이나 빈대 등을 죽이는 것이 도리에 맞는 것도 알았다. 이 무렵 의무라고 생각해 빈대 등을 죽인 것을 기억하고 있다.

그러나 한 가지 일이 마음에 뿌리를 내렸다—이 세계의 기초는 도덕이다. 도덕은 진리에 포함되어 있으므로 진리를 탐구해야만 한다. 날이 갈수록 진리의 위광(威光)은 나에게 커다란 영향을 주게 되었다. 진리의 정의도 확대해 갔고 현재도 진행 중이다.

더욱이 도덕에 대한 6행시도 심금을 울렸다. '은혜를 베풂으로써 원수를 갚는다.' 이것이 인생의 모토가 되어 나를 지배했다. 보복을 해야 할 사람을 위해 기도하고 행동한다. 나는 이를 신봉하는 자가 되었고, 이를 위해 헤아릴 수 없을 정도의 실험을 시작했다. 이런 '나에게' 훌륭한 6행시란 이것이다.

물을 마시게 해주면 맛있는 식사를 대접하자.
찾아와서 고개를 숙이고 인사하면 오체투지(五體投地)의 예로 대하자.
동전 한푼을 금화로 갚아라.
네 목숨을 구해주면 너도 목숨을 바쳐라.
은혜를 갚아주면 마음과 말과 행동으로 10배로 갚자.
원수에게 은혜로 보답하는 사람의 삶이야말로 이 세상에서 진정으로 의미 있는 것.*61

## 11 영국으로 떠날 준비

1887년, 대학입학검정시험에 합격했다. 수험장이 아마다바드와 뭄바이 두 곳이라면, 가난한 카티아와르의 주민은 가깝고 돈이 안 드는 아마다바드를 택한다. 간디 집안은 인도처럼 가난했기 때문에 나도 그렇게 했다. 라지코트에서 아마다바드로, 이것이 내가 처음으로 혼자 떠난 여행이다.

합격하면 대학에서 공부하기를 어른들은 바라고 있었다. 대학은 뭄바이에도 있었고 바브나가르에도 있었다. 바브나가르에서는 뭄바이보다 돈이 덜들어, 바브나가르의 사말다스 대학에 가기로 정했다. 대학에서는 아무것도모르고 모두가 어렵게만 생각됐다. 교수들의 강의는 재미가 없고 이해도 안됐다. 나쁜 것은 교수들이 아니고 나의 학력부족이었다. 그 무렵 사말다스대학의 교수들은 일류로 알려져 있었다. 나는 1학기를 마치고 집으로 돌아왔다.

가족의 오랜 친구이자 고문으로 세상사에 정통한 브라만 마브지 다베가 있었다. 다베는 아버지의 죽음 뒤에도 가족과의 관계를 유지하고 있었다. 나의 방학 중에 다베는 우리 집을 찾아주었다. 어머니나 큰형과 이야기를 하면서 나의 학업에 대해서 물었다가 내가 사말다스 대학에 재적 중이라는 말을 듣고 이렇게 말했다.

"시대는 바뀌었습니다. 댁의 형제 가운데 누군가가 카바 간디의 지위를 이어받으려 한다면 학력 없이는 안 됩니다. 이 아이는 공부 중이므로, 그 지위를 이 아이가 물려받도록 해야 합니다. 학사가 되는 데 아직 4, 5년은 걸릴 것입니다. 그렇게 시간을 들여도 월 5, 60루피의 취직자리밖에 없을 것입니다. 총리직은 무리입니다. 학사가 된 뒤에 이 아이를 나의 아들처럼 법정변호사로 만들려면 몇 년이 더 걸립니다. 게다가 그때에는 총리직을 노리는 변호사가 많이 있을 것입니다. 이 아이를 영국으로 보내세요. 케발람(마브지 다베의 아들 이름)의 말에 따르면 영국에서의 학업은 쉽고, 3년간 배우면 돌아올 수 있습니다. 비용도 4, 5천 루피 이상 들지 않습니다. 영국에서 돌아온 새로운 법정변호사를 보십시오. 얼마나 호사스런 생활을 하고 있는지! 원한다면 당장이라도 총리에 오를 수 있습니다. 나의 조언은 금년 중에 모한다스를 영국으로 보내라는 것입니다. 영국에는 케발람의 친구가 몇 명 있습니다. 소개장을 써드리겠습니다. 그러면 이 아이는 영국에서 아무런 어려움도 없을 것입니다."

조시지(마브지 다베를 우리는 이렇게 불렀다)는 내 쪽을 보며 제안이 당연히 받아들여질 거라는 태도로 물었다.

"어떤가, 영국으로 가는 것이 좋은가, 그렇지 않으면 이곳에서 공부를 계속하는 것이 좋은가?"

내가 원하던 제안이나 마찬가지였다. 나는 대학에서의 공부에 완전히 겁을 먹고 있었다.

"영국으로 보내주신다면 대단히 고마운 일입니다. 대학에서 유급을 하지 않고 진급할 수 있으리라곤 생각되지 않지만, 의학을 배우게 보내주실 수 없겠습니까?"

형이 끼어들었다.

"아버지는 그것을 원하지 않으셨다. 네 얘기를 할 때면 말씀하셨다. 우리들 바이슈나바 신도는 메스를 사용하는 일을 해서는 안 된다. 아버지는 너를 변호사*62로 만들고 싶어 하셨다."

조시지가 말을 가로막았다.

"나는 간디 씨처럼 의사라는 직업을 싫어하지는 않습니다. 하지만 의사가 되면 총리는 될 수가 없습니다. 나는 총리나 그 이상이 되길 바라는 것입니다. 그렇게 되면 대가족을 부양할 수 있을 테니까요. 시대는 나날이 변하고 있고, 생활형편은 어려워질 뿐입니다. 그렇기 때문에 변호사가 되는 것이 현명합니다."

그리고 어머니에게 말했다.

"오늘은 이만 돌아갑니다. 제가 말씀드린 것을 생각해보십시오. 다음에 올 때에는 출발 준비 소식을 듣고 싶군요. 무언가 곤란한 일이라도 있으면 말씀해주십시오."

조시지는 돌아갔다. 나는 공중누각을 쌓기 시작했다.

큰형은 생각에 잠겼다. 돈은 어디에서 구할까? 게다가 나 같은 어린 청년을 혼자 그런 먼 곳에 보낼 수 있을까?

어머니는 어떻게 하면 좋을지 망설였다. 나와 헤어지는 것을 원치 않으셨다. 어머니는 우선 이렇게 말했다.

"가족의 가장 어른은 작은아버지다. 그러니 우선 작은아버지와 상담을 해야 한다. 좋다고 말씀하시면 그때 가서 생각하자."

형의 생각은 달랐다.

"간디 집안은 포르반다르 왕국에 공헌하고 있다. 렐리 씨는 행정관이야. 간디 집안에 대해서 호의를 품고 있고, 작은아버지를 특히 총애하고 있어. 왕국이 얼마간 지원을 해줄지도 몰라."

나는 모든 것이 마음에 들었다. 포르반다르로 출발하기로 결심했다. 그 무렵은 철도는 없고 소달구지가 다닐 뿐이어서 닷새가 걸렸다. 나는 대단한 겁쟁이였다고 이미 이야기했다. 그런데 이 때에는 겁쟁이가 아니었다. 영국으로 가고 싶다는 마음에 정신이 없었던 것이다. 도라지까지 소달구지를 타고, 그곳에서부터는 하루 빨리 도착하기 위해 낙타를 빌렸다. 낙타를 타는 것도 처음이었다.

포르반다르에 도착해 작은아버지에게 오체투지의 예를*63 드렸다. 모든 경위를 이야기하자 작은아버지는 잠시 생각한 다음 대답했다.

"영국에 가서 종교를 지킬 수 있을지는 알 수 없다. 들리는 바에 따르면 의심스럽다. 고명한 법정변호사들과 만나보면, 그들의  생활방식은 영국인들과 다를 바 없어. 식사에 아무런 제약도 없고 잎담배를 입에 문 채로 있으며, 복장도 살을 드러낸 채이다. 이런 것은 간디 집안에게는 걸맞지 않아. 하지만 너의 용기를 방해하고 싶지 않다. 나는 곧 성지순례 여행을 떠날 생각이야. 살 날은 얼마 남지 않았다. 죽을 날이 머지않은 내가 너에게 영국으로 가는—바다를 건너는—허가를 어떻게 해줄 수 있겠느냐? 하지만 방해는 하지 않을 생각이다. 사실상의 허가는 너의 어머니가 하는 것이니 어머니가 허락하면 부디 가기 바란다. 너를 막지 않는다고만 전해라. 나는 너를 축복하고 있다."

"그 이상의 것은 바라지 않습니다. 어머니를 설득하겠습니다. 그런데 렐리 씨 앞으로 소개장을 써주시겠습니까?"

작은아버지는 말했다.

"어떻게 쓸 수 있겠니? 하지만 렐리 씨는 좋은 분이다. 네가 편지에 간디 집안에 대한 것을 써라. 너를 틀림없이 만나 주실 거고, 좋다고 생각되면 지원도 해줄 거야."

작은아버지가 왜 소개장을 써주지 않았는지는 알 수 없다. 희미하게나마 짐작하자면, 아마 작은아버지는 영국으로 간다는 반종교적 행위에 직접 도움을 주는 게 겁이 난 것 같다.

나는 렐리 씨 앞으로 편지를 썼다. 그는 나를 자택으로 초대해 주었다. 나는 저택으로 통하는 계단을 올라가는 도중에 렐리 씨를 만났다. 그는 나에게 이렇게 말하고 그대로 가버렸다.

"학사가 되어라. 그리고 나를 만나도록. 지금은 아무런 지원도 할 수 없다."

나는 열심히 준비하고 많은 문장을 암기한 다음 찾아갔다. 깊게 상체를 구부리고 두 손을 위로 올려 인사를 했다. 그러나 나의 모든 노력은 허사가 되고 말았다!

나는 아내의 장신구가 떠올랐다. 큰형에게는 한없이 경외하는 마음을 안고 있었고 큰형의 관대함에는 한이 없었다. 나에 대한 애정은 아버지와도 같았다.

나는 포르반다르에 이별을 고하고 라지코트로 돌아가 모든 경위를 이야기했다. 그리고 조시지와 상담했다. 그는 빚을 내서라도 나를 보내라고 말했다. 나는 아내의 장신구를 팔자고 제안했으나, 그것은 기껏해야 2, 3000루피였다. 형은 어떻게든 자금을 조달할 결심을 했다.

어머니는 걱정이 되어 여러 곳에 물어보기 시작했다. 어떤 사람은 젊은이는 영국으로 가면 타락하고 만다, 육식을 하게 된다고 하고, 또 어떤 사람은 술 없이는 지낼 수 없다고도 말했다. 어머니는 하나하나 나에게 들려주었다. 나는 말했다.

"자기 아들을 못 믿으십니까? 결코 어머니를 속이거나 하지는 않습니다. 맹세컨대 이 세 가지를 피하겠습니다. 이 같은 위험이 있다면 왜 조시지가 보내려고 하겠습니까?"

어머니는 말했다.

"너를 믿는다. 하지만 먼 나라에서는 어떻게 될지 모르는 일이잖니? 어떻게 해야 좋을지 모르겠다. 베차르지 스와미에게 물어보자."

베차르지 스와미는 모드 바니아*⁶⁴ 출신의 자이나교 수도승이었다. 조시지처럼 가족의 고문이었다. 상담에 응한 그는 이렇게 말했다.

"이 아이에게 이 세 가지 맹세를 하게 합시다. 그렇게 하면 이 아이를 보내는 데 아무런 문제도 없습니다."

그에 따라 나는 고기, 술, 여성을 가까이하지 않겠다는 맹세를 했고 어머니는 허락했다.

고등학교에서 송별회가 열렸다. 라지코트의 한 청년이 영국으로 가는 것은 놀랄 만한 일이었다. 나는 인사말을 써 가서는 인사를 할 때 가까스로 읽었다. 머리가 어지럽고 몸이 떨렸던 것만을 기억한다.

어른들의 축복을 받으면서 뭄바이로 출발했다. 뭄바이는 처음이었다. 큰형이 함께 했다.

그러나 호사다마(好事多魔)라고나 할까. 나는 뭄바이항을 바로 떠나지는 못했다.

## 12 카스트로부터의 추방

어머니로부터 허락과 축복을 받고, 아내의 팔에 낳은 지 몇 달 안 된 사내아이를 맡기고 나는 뭄바이에 도착했다. 그러나 그곳의 지인들이 6, 7월에는 인도양에 태풍이 몰려오고, 이 아이에게는 첫 배 여행이니 디발리*⁶⁵ 축제

전인 11월에 출발시켜야 한다고 형을 설득했다. 게다가 누군가가 태풍으로 기선이 침몰한 이야기를 하자 형은 당황했다. 형은 이런 위험을 무릅쓰면서까지 바로 출발시키는 것은 그만두고, 나를 뭄바이의 친구 집에 맡긴 다음 자신의 직무를 수행하기 위해 라지코트로 돌아갔다. 형은 매부에게 돈을 맡기고, 몇몇 친구들에게 나를 보살펴달라고 부탁하고 떠났다. 뭄바이에서의 지루한 나날이 길게 이어졌다. 나는 영국으로 가는 꿈을 꾸곤 했다.

이럭저럭 지내는 가운데 카스트 사이에서 소동이 발생하여 회의가 소집되었다. 이제까지 모드 바니아는 한 사람도 영국에 간 적이 없었는데, 내가 가려 하니 심문을 해야 한다며 회의에 출석하라는 명령이 내려졌다. 나는 갔다. 갑자기 어디서 용기가 났는지 모르겠다. 출석에 대해 기죽지도 않았고 두려움도 없었다. 카스트의 우두머리는 먼 친척으로 아버지와는 사이가 좋았었다. 그가 말했다.

"카스트의 의견으로는, 영국에 가려고 생각한 것은 올바르지 않다. 우리의 종교는 바다를 건너는 것을 금지하고 있다. 더욱이 들리는 바에 따르면 영국에서는 종교를 지킬 수 없다. 영국인들과 식사를 함께 해야 하기 때문이다."

나는 대답했다.

"영국에 가는 것은 종교에 전혀 어긋나지 않는다고 생각합니다. 그곳에 가서 공부를 하기로 되어 있습니다. 게다가 우려하시는 것에 대해서는 가까이하지 않겠다고 어머니 앞에서 맹세했습니다."

"그러나 우리가 너에게 하려는 말은 그곳에서 종교를 지킬 수 없다는 말이다. 너의 아버지와 내가 어떤 사이였는지는 알고 있겠지? 내가 말하는 것을 들어야 한다."

"관계는 알고 있습니다. 당신은 제 어른이나 다름없습니다. 그러나 이 일에 대해서는 어찌할 도리가 없습니다. 영국으로 갈 결심을 바꿀 수는 없습니다. 아버지의 친구이자 고문인 학식 있는 브라만이 확신하였으므로, 제가 영국에 가는 것에는 아무런 죄도 없다고 생각합니다. 어머니와 큰형에게도 허락을 얻었습니다."

"그러면 카스트의 명령에 따를 수 없다는 거군?"

"어쩔 수 없습니다. 제 생각으로는 이 문제에 카스트가 간섭을 해서는 안 됩니다.”

이 대답에 우두머리는 크게 화를 내며 나에게 욕을 했다. 나는 차분하게 앉아 있었다. 카스트의 우두머리는 판결을 내렸다.

“이 소년은 오늘부터 카스트에서 추방된 자다. 이자를 돕거나 또는 배웅하는 자는 심문을 받고 1루피요*66 4아나의 벌금에 처한다.”

나에게 이 판결은 아무런 영향도 미치지 않았다. 나는 이 우두머리에게 이별을 고했다. 이 판결이 형에게 어떤 영향을 미칠까가 문제였다. 만일 두려워한다면 어찌할까? 다행히 형은 끄떡도 하지 않았다. 카스트의 결정에도 불구하고 영국으로 가는 것을 막지 않겠다고 형은 편지를 써서 보냈다.

이 사건 뒤에 나는 불안해졌다. 형에게 압력이 가해지면? 그리고 무언가 다른 장애가 생기면? 이런 걱정을 하면서 하루하루를 보내고 있을 때, 9월 4일에 출항하는 배로 주나가르의 어느 변호사가 법정변호사 자격을 취득하기 위해 영국으로 간다는 소식을 들었다. 나는 큰형이 나를 보살펴달라고 부탁했던 친구들을 만났다. 형의 친구들도 꼭 동행하라고 조언해주었다. 날짜는 다가오고 있었다. 나는 형에게 전보를 치고 출발 허락을 부탁했다. 형은 허락해주었다. 나는 매형에게 돈을 달라고 했으나 매형은 카스트로부터 추방되고 싶지는 않다며, 카스트의 명령에 대해서 이야기했다. 나는 가족과 친분이 있는 분을 찾아가 배삯 등 필요한 액수를 빌리고 나중에 형에게 받도록 부탁했다. 그분은 부탁을 받아주었을 뿐 아니라 격려까지 해주었다. 나는 감사하며 돈을 받고 표를 샀다.

나는 영국으로의 여행에 필요한 모든 짐을 준비해야 했다. 또 한 명의 경험이 있는 친구가 짐을 준비해주었다. 나는 모든 일이 낯설었다. 어느 것은 마음에 들었지만 어느 것은 전혀 마음에 들지 않았다. 넥타이는 나중에는 즐겨 맸으나 그때는 전혀 마음에 들지 않았다. 조끼는 꼴사나워 보였다. 그러나 영국에 가고 싶은 마음에 비하면 그런 것쯤은 아무것도 아니었다. 항해 중 먹을 식료품은 충분히 준비했다.

친구들은 트람바크라이 마줌다르(주나가르의 변호사 이름이었다)의 선실에 내가 있을 곳을 준비해주었고, 마줌다르에게 나를 부탁해주었다. 그분은 경험을 쌓은 중년의 신사였고, 나는 세상 일을 아무것도 모르는 18살의 청년이었다. 마줌다르는 친구들에게, 나에 대해서는 걱정하지 말라고 했다.

이리하여 1888년 9월 4일에 나는 뭄바이항을 뒤로 했다.

## 13 마침내 영국으로

나는 배멀미가 전혀 없었다. 그러나 날이 지남에 따라서 나는 점점 불안해졌다. 선원들과 이야기하는 것도 부끄러웠다. 영어로 이야기하는 것은 익숙하지 않았다. 마줌다르를 제외하고 2등선실의 승객은 모두 영국인이었으므로 나는 승객들과 말이 통하지 않았다. 승객들은 나와 대화를 하려고 하는데 나는 이해를 할 수 없었다. 알아도 어떻게 대답해야 할지 생각이 나질 않아서 이야기하기 전에 작문을 해봐야 했다. 포크와 스푼의 사용법도 몰랐다. 어느 요리에 고기가 들어있지 않은지 물어볼 용기도 없어서 식당에는 절대 가지 않고 선실에서만 먹었다. 사다 놓은 과자 같은 것이 있어서 그것으로 끼니를 해결했다. 마줌다르는 아무 거리낌없이 이야기를 나누며 갑판에도 자유롭게 돌아다녔다. 나는 온종일 선실에 틀어박혀 있었다. 갑판에 나오는 사람이 적을 때에는 가끔 그곳에 앉아 있었다. 모든 사람과 자유롭게 이야기하라고 마줌다르는 나에게 조언해 주었다. 변호사는 달변이어야 한다고도 했다. 변호사로서의 자신의 체험을 이야기하며, 영어는 우리말이 아니므로 틀리는 것은 당연한 일이니 기죽지 말고 말을 해야한다는 것이다. 그러나 나는 겁이 많아서 어쩔 수 없었다.

나를 딱하게 생각한 어느 분이 나에게 말을 걸어왔다. 그는 나보다 나이가 많았는데, 내가 무엇을 먹는지, 누구인지, 행선지는 어딘지, 왜 아무하고도 말을 하지 않는지를 물었다. 식당에 와 테이블에 자리를 잡으라고 조언해줬다. 내가 결코 고기는 먹지 않는다는 말을 듣고는 웃으며 딱하다는 듯 말했다.

"여기에서는 (포트사이트 도착까지는) 괜찮겠지만 비스케이 만으로 접어들면 생각을 바꿔야 해요. 영국은 너무 추워서 육식을 안 하면 견디기 힘들어요."

내가 말했다.

"들리는 바에 의하면 영국에서도 육식을 하지 않고 지낼 수 있답니다."

그분이 말했다.

"아닙니다. 지인 가운데 육식을 하지 않는 사람은 한 사람도 없습니다. 나는 술을 마십니다만, 마시라고 권하지는 않습니다. 하지만 고기는 먹어야 한다고 생각합니다."

내가 말했다.

"충고의 말씀 감사합니다. 그러나 고기를 먹지 않겠다고 어머니에게 맹세했기 때문에 고기는 먹을 수 없습니다. 만일 고기 없이 지낼 수 없다면 인도로 돌아갈 겁니다. 무슨 일이 있어도 고기는 먹지 않겠습니다."

배는 비스케이 만으로 접어들었다. 그곳에서도 고기가 필요하다거나 술이 필요하다고 생각되지는 않았다. 고기를 먹지 않았다는 증명서를 모으라는 말을 들었으므로 나는 이 영국인 친구에게 부탁했다. 그는 기꺼이 써주었다. 한동안은 증명서를 소중한 보배 다루듯 했다. 나중에 증명서는 고기를 먹어도 손에 넣을 수 있음을 알게 되었다. 그래서 증명서에 대한 그릇된 생각은 사라졌다. 만일 내가 말하는 것을 믿지 않는다면 증명서를 보인들 무슨 소용이 있겠는가?

힘들고 다양한 일을 겪으면서 배 여행을 마치고 사우샘프턴 항에 도착했다. 그날은 토요일이었던 것으로 기억한다. 배에서는 검은 신사복을 입고 있었다. 친구들이 나를 위해 흰색 플란넬 한 벌을 맞춰주었는데, 그 옷은 영국에서 하선할 때 입을 생각이었다. 흰 옷은 잘 어울린다고 생각했기 때문이다. 나는 그 옷을 입고 배에서 내렸다. 9월말이었다. 그런데 이런 복장은 나 한 사람뿐임을 알게 되었다. 짐과 열쇠는 그린들리 여행사의 대리인이 가져가버렸다. 다른 사람들과 똑같이 해야만 한다고 생각해 나도 열쇠도 건네주고 만 것이다!

나는 소개장 네 통을 가지고 있었다. 프란지반 메타 박사, 달파트람 슈클라, 왕자 란지트신지, 다다바이 나오로지*67 앞으로 된 소개장이다. 나는 사우샘프턴에서 메타 박사 앞으로 전보를 쳤다. 배 안에서 누군가가 빅토리아 호텔에 묵도록 조언해 주었다. 마줌다르와 나는 그 호텔로 갔다. 나는 흰색 복장 때문에 부끄러운 나머지 입을 닫고 있었다. 호텔에 도착하여 들으니, 내일은 일요일이므로 그린들리 대리점에서 월요일까지 짐이 도착하지 않는다는 것이었다. 나는 난처해졌다.

8시쯤 메타 박사는 호텔로 찾아왔다. 박사는 애정이 담긴 표정으로 놀려댔다. 무심결에 나는 메타 박사의 실크해트를 손에 들고 반대방향으로 쓰다 듣고 있었다. 털이 곤두서고 말았다. 박사는 그것을 보고 약간 화가 난 표정으로 얼른 나를 말렸다. 그러나 잘못은 이미 저질러졌다.

여기에서 유럽의 습관에 대한 나의 첫 수업이 시작되었다고 말할 수 있다. 메타 박사는 웃으면서 많은 일들을 설명해주었다. 타인의 물건에 손을 대서는 안 된다, 서로 아는 사이라 해도 인도에서처럼 질문해서는 안 된다, 이야기할 때 큰 소리로 해서는 안 된다, 인도에서는 영국인과 이야기할 때 '서(sir)'를 붙이는 습관이 있는데 여기에서는 불필요하다, '서(sir)'는 고용인이 주인 또는 상사에 대해서 사용할 뿐이다, 그리고 호텔에 묵으면 비용이 많이 드니 어딘가 가정에 하숙할 필요가 있다고 조언해주었다. 그 문제는 월요일까지 연기하기로 했다. 몇 가지 조언을 한 다음 메타 박사는 돌아갔다.

호텔에서 우리 두 사람은 당치도 않은 곳에 걸려들었다고 생각했다. 호텔은 비쌌다. 그런데 몰타에서 승선한 신디 출신의 사람은 런던 사정에 밝아, 우리를 위해 셋방을 찾아주겠다고 약속했다. 우리는 동의하여 월요일에 짐이 도착하자 곧바로 지불을 마치고, 그 신디 출신 형제가 준비해준 셋방에 들었다. 내 몫의 호텔청구서는 대략 3파운드였다고 기억한다. 나는 크게 놀랐다. 3파운드를 지불했는데 식사도 못하고 있었다. 호텔의 어느 요리도 입에 맞지 않았고, 다른 것을 주문하면 양쪽을 다 지불해야 했다. 내가 의지할 수 있는 것은 뭄바이에서 구입한 식료품뿐이었다고 해도 좋다.

그 방에서도 나는 마음이 안정되지 않았다. 인도가 계속 떠올랐고 어머니의 애정이 그리웠다. 밤이 되면 울음이 터졌다. 집에 대한 추억이 잇따라 엄습해 잠을 이룰 수 없었다. 이 슬픔을 누구에게도 말할 수 없었다. 얘기한들 무슨 소용이 있을까. 어떤 방법으로 누그러뜨려야 할지 스스로도 몰랐다. 이곳 사람들은 생활상도, 집도 기묘하다. 무엇을 이야기하고 무엇을 하는 것이 이곳의 예의에 어긋나는 것인지에 대한 지식도 미흡하고, 게다가 식사의 제약이 있어 음식들은 죄다 푸석푸석하고 맛이 없어 보였다. 이제 진퇴유곡(進退維谷)의 상태였다. 영국이 좋아지지 않았고 그렇다고 해서 귀국할 수도 없었다. 영국에 오면 3년간은 머물 결심을 했기 때문이다.

### 14 나의 선택

메타 박사는 월요일에 나를 만나기 위해 빅토리아 호텔로 갔다. 그러나 이미 우리는 이 호텔에서 떠난 뒤라 호텔에서 우리의 새로운 주소를 알아가지고 찾아왔다. 배에서 나는 어리석게도 백선(白癬)에 걸리고 말았다. 배에서는 바닷물로 몸을 씻어야 해서 비누가 거품이 일지 않았다. 나는 비누를 사용하는 것이 문명적이라고 생각했다. 그런데 비누로 몸이 깨끗해지기는커녕 끈적끈적해지고 말았다. 그리고 백선에 걸린 것이다. 박사에게 보여주자 바르라면서 초산을 주었다. 이 약은 나를 몹시 울렸다. 메타 박사는 내 거처를 이곳저곳 둘러보더니 고개를 가로저었다.

"이곳은 안 돼. 이 나라에서 공부하는 것보다 이곳에서의 생활이나 습관을 경험하는 것이 더욱 중요하네. 그러기 위해서는 가정집에서 생활하는 것이 좋아. 하지만 일단 조금 익숙해져야 하니까 누군가의 집에서 함께 살아보는 게 좋겠어. 그곳으로 데려다주겠네."

나는 감사하는 마음으로 제안을 받아들여 그 친구의 집으로 갔다. 그 친구는 크게 환영해 주었고 나를 친동생처럼 대해주었다. 그리고 영국의 습관을 가르쳐주었다. 영어로 이야기하는 습관을 조금씩 익혀준 것은 그 친구라고 말할 수 있다.

나의 식사가 큰 문제가 되었다. 소금, 향신료가 없는 야채요리는 먹을 수 없었다. 안주인은 나를 위한 요리 때문에 전전긍긍했다. 아침은 오트밀죽을 먹었다. 이것으로 배는 약간 채워졌지만 점심과 저녁은 언제나 공복이었다. 친구는 매일 고기를 먹으라고 설득했다. 나는 맹세를 이유로 입을 다물었다. 낮에는 고작 빵과 시금치와 잼만으로 지냈다. 저녁에도 이것뿐이었다. 빵도 더 달라는 것은 부끄러워서 2, 3조각밖에 먹지 않았다. 나는 대식가인데다 공복이 심해 많은 양의 식사를 필요로 했다. 게다가 점심과 저녁식사에 우유가 없었다. 나의 이런 모습을 보고 어느 날 친구는 화가 나서 말했다.

"만일 자네가 나의 친동생이었다면 돌려보냈을 텐데. 이곳 사정도 모르고 제대로 된 교육도 받지 못한 어머니 앞에서 한 서약이 무슨 가치가 있겠나? 그것은 서약이라고 할 수 없어. 자네에게 말하는데, 법률은 그것을 서약으로 인정하지 않아. 그런 서약에 매달려 있는 것은 완전한 미신이야. 게다가 그와 같은 미신에 매달려 있으면 이 나라에서 자네 나라로 아무것도 가져갈 수 없어. 고기를 먹은 적이 있다고 말했지? 맛있었다고도 말했지? 먹을 필요가 없는 곳에서는 먹었는데, 꼭 먹어야 하는 곳에서는 먹지 않기로 하다니 정말 놀랍군!"

그러나 나는 단호했다.

이러한 논쟁은 매일 되풀이됐다. 내 수중에 있는 것은 만병에 대처하는 유일한 약인 노(No)였다. 친구가 설득하면 할수록 나의 결의는 공고해졌다. 나는 매일 신에게 가호를 기원하고 가호를 받고 있었다. 신이 무엇인지 나는 모른다. 그러나 람바가 가르쳐준 신앙이 도움이 되었다.

어느 날 친구가 나에게 벤담이 쓴《공리론》1장을 읽게 했다. 나는 당황하고 말았다. 용어가 난해해 가까스로 이해할 수 있을 정도였다. 친구는 자세하게 설명을 해주기 시작했다. 나는 말했다.

"용서해주길 바라네. 이렇게 어려운 것은 잘 모르겠어. 고기를 먹어야만 하는 것은 인정하지만 내 서약을 깰 수는 없어. 이 일에 대해서 논의할 수는 없어. 논쟁에서 그대에게 이기지 못할 것은 확실하니까. 나를 어리석고 완고하다고 생각하겠지만 이 일에 대해서는 나를 용서해주게. 그대의 우정은 알고 있고 의도도 이해하고 있어. 그대는 나를 위해 기도하고 있는 더할 나위 없는 친구라고 믿고 있어. 그대가 안타까운 마음에서 강하게 말하는 것을 알지만 어쩔 수 없어. 서약은 깰 수 없어."

친구는 책을 접고 내 얼굴을 보면서 말했다.

"더 이상 논쟁은 하지 않겠네." 그러고는 입을 다물었다. 나는 기뻤다. 그 이후 친구는 논쟁을 중단했다.

그러나 나에 대한 친구의 걱정이 그치는 일은 없었다. 친구는 담배를 피웠고 술도 마셨다. 그러나 나에게 담배나 술을 권한 적은 결코 없다. 반대로 금하고 있었다. 육식을 하지 않아서 쇠약해지는 것이 아닐까, 영국에서 건강히 생활할 수 없는 건 아닐까 걱정을 해주었다.

이렇게 해서 한 달간, 신참으로서의 훈련을 받았다. 친구의 집은 리치몬드에 있었기 때문에, 런던으로 가는 것은 일주일에 한두 번이다. 메타 박사와 달파트람 슈클라 씨는 내가 이제 어느 가족과 살아야한다고 생각했다. 슈클라 씨는 웨스트 켄싱턴의 앵글로 인디언*68 가정을 찾아내 나를 들여보냈다. 여주인은 미망인이었다. 나는 육식을 거부하는 것을 이야기했다. 노부인은 나를 맡아주었고 나는 그곳에서 살게 되었다. 이곳에서도 나는 매일 공복으로 지내야 했다. 집에 과자 등의 식료품을 주문했지만 아직 도착하지 않았다. 모든 음식이 맛이 없었다. 노부인은 언제나 음식이 괜찮은지 물어봐 주었지만 어찌할 방법이 없었다. 더욱이 나는 부끄러움을 잘 탄다. 노부인에게는 두 딸이 있었다. 둘은 빵을 더 먹으라고 권해주었지만, 모두의 빵을 다 먹어도 내 배가 차지 않는다는 것을 몰랐다.

그러나 나는 깨닫기 시작했다. 아직 정식 공부는 시작되지 않았지만 신문을 읽을 수 있게 되었다. 이것은 슈클라 씨 덕분이었다. 인도에서는 신문을 읽은 적이 없었지만, 매일 계속 읽음으로써 신문을 읽는 취미를 붙일 수 있었다. 〈데일리 뉴스〉〈데일리 텔레그래프〉〈펠 멜 가제트〉 신문을 죽 훑어 봤는데 처음에는 한 시간 정도 걸렸다.

나는 산책을 시작했다. 채식 레스토랑을 찾아야 했기 때문이다. 런던 시내에는 그런 레스토랑이 분명히 있다고 하숙집 여주인도 말했다. 나는 매일 10마일에서 12마일을 걸어서 매우 평범한 레스토랑에 들어가 식빵을 배불리 먹었다. 그래도 흡족하지는 않았다. 이렇게 떠돌아다니던 어느 날, 파링던가에서 채식 레스토랑을 발견했다. 어린아이가 원하던 것을 손에 넣었을 때와 같은 기쁨을 느꼈다. 크게 기뻐하며 안으로 들어가려다, 진열장에 진열되어 있는 책을 발견했다. 그 중에서 솔트의 《채식주의의 호소》란 이름의 책을 발견했다. 1실링을 주고 산 후, 테이블에 자리를 잡았다. 영국에 와서 처음으로 배부르게 식사를 했다. 신이 나의 공복을 치유해준 것이다.

솔트의 책을 처음부터 끝까지 읽고 크게 감화를 받았다. 이 책을 읽은 날부터 자진해서, 즉 숙고한 결과 채식주의를 믿게 되었다. 어머니 앞에서 한 맹세가 나에게 각별한 기쁨을 안겨주었다. 이제까지는 모두가 육식을 하기를 바랐다. 처음에는 오직 진실을 지키기 위해, 나중에는 서약을 지키기 위해서만 고기를 거부했다. 그리고 장래에 언젠가는 자유롭고 떳떳하게 고기를 먹고 다른 사람들도 육식에 동참하기를 열망했다. 그런데 이제는 역으로 채식주의자가 되어, 다른 사람들도 채식주의자로 만들려는 소망이 나에게 생겼다.

## 15 '신사'의 복장

채식주의에 대한 나의 신앙은 날로 강해져갔다. 솔트의 책은 식사에 관한 책을 많이 읽고 싶다는 호기심을 강해지게 했다. 손에 넣을 수 있는 책은 모두 구입해 읽었다. 하워드 윌리엄스의 《식탁의 윤리》에서는 각 시대의 현자, 화신, 예언자들의 식사와 그에 대한 견해가 언급되어 있었다. 피타고라스, 예수 그리스도 등은 채식주의자였다는 것을 논증하고 있었다. 안나 킹스포드 박사의 《완전한 식사》도 매력적이었다. 한편 앨린슨 박사의 건강에 관한 논문도 도움이 되었다. 박사는 약 대신에 단순히 식사를 바꾸는 것만으로 환자를 치료하는 방법을 지지하고 있었다. 박사 자신도 채식주의자였고, 환자에게는 오직 채식만을 처방했다. 이런 문헌을 모두 읽은 결과, 나의 생활에서는 식사에 관한 다양한 실험이 중요한 위치를 차지하게 되었다. 당초 이와 같은 실험은 건강상의 시점이 주된 것이었지만 나중에는 종교적 시점이 가장 중요해졌다.

그런 동안에도 친구는 나를 계속 걱정해주었다. 나에 대한 우정에서, 고기를 먹지 않으면 쇠약해질 거라고 단정하고 있었다. 그뿐만이 아니다. 내가 영국인 사회에 동화되지 않으면 아무것도 배우지 못한 채 끝나고 만다고 말했다. 내가 채식주의에 관한 책을 탐독하고 있는 것도 알고 있었다. 이런 책을 읽다가는 나의 머리가 혼란해지는 것이 아닐까, 여러 가지 실험을 하는 사이에 나의 인생이 무의미해지는 것이 아닐까, 해야할 것을 잊는 것이 아닐까, 이상한 사람이 되버리는 것이 아닐까 친구는 우려한 것이다. 이러한 생각에 친구는 나를 갱생시킬 마지막 노력으로 나를 연극에 초대해 주었다. 극장에 가기 전에 홀본 레스토랑에서 식사를 하기로 되어 있었다. 이 레스토랑은 나에게 궁전과 같았다. 이런 레스토랑에 들어가는 것은 빅토리아 호텔 이래 처음이었다. 빅토리아 호텔에서의 경험은 하찮은 것이었다. 왜냐하면 나는 아무 생각없이 지냈기 때문이다. 친구가 나를 이 레스토랑에 데려간 것은, 조심스러워서 내가 어떤 질문도 못하게 하려는 생각에서였다. 몇백 명이나 되는 손님들 가운데 우리 두 사람은 하나의 테이블에 자리를 잡았다. 친구가 주문했다. 코스의 첫 번째 요리는 수프였다. 나는 곤혹스러워졌다. 친구에게 물을까 하다가 웨이터를 불렀다.

친구는 눈치를 채고 화가 나서 물었다.

"무슨 일이지?"

나는 조심조심 말했다.

"수프에 고기가 들어 있는지 묻고 싶은 걸세."

"그런 교양 없는 행동은 이런 레스토랑에선 통하지 않아. 자네 아직 시시한 소리를 할 거라면 이 레스토랑에서 나가 어딘가 값싼 식당에서 식사를 하게. 밖에서 날 기다려."

나는 이 말에 기뻐하며 자리에서 일어났다. 바로 가까운 곳에 채식 레스토랑이 한 집 있었는데 시간이 늦어 문이 닫혀 있었다. 어떻게 해야 좋을지 몰랐다. 속은 빈 채였다. 우리는 연극을 보러갔다. 친구는 레스토랑에서의 일에 대해 한마디도 하지 않았고 나도 할 말이 없었다.

이것이 우리들의 마지막 다툼이었다. 우리들의 관계는 끊어지지도 않았고 서먹해지지도 않았다. 나는 친구의 온갖 노력의 배후에 있는 우정을 간파하고 있었다. 이 때문에 생각이나 행동은 달랐음에도 불구하고 친구에 대한 나의 존경심은 더해져 갔다.

그러나 친구의 걱정은 없애주고 싶었다. 야만인인 채로 있어서는 안 된다. 신사로서 몸에 익혀야 하는 것을 받아들이자, 영국인 사회에 걸맞은 자가 되어 채식주의란 기묘함을 숨기자고 결심했다.

나는 '신사임'을 배우기 위해 자신의 능력을 초월하는 길을 택했다.

옷감은 영국제였지만 뭄바이에서 맞춘 것은 영국사회에 어울리지 않는다는 생각에, 군의 구매조합매점에서 양복을 맞추었다. 그 시절에는 대단한 고가였던 19실링짜리 실크해트를 썼다. 이것만으로 만족하지 않고, 멋쟁이들의 옷을 짓는 본드 가에서 10파운드나 들여서 야회복을 맞추었다. 사람이 좋고 왕처럼 인심이 후한 형에게 말해 회중시계용 이중 금줄을 주문했다. 기성 넥타이를 착용하는 것은 예의에 어긋나므로 넥타이 매는 방법을 익혔다. 인도에서 거울은 이발한 날에만 봤는데, 여기에서는 큰 거울 앞에 서서 단정하게 넥타이를 매고 머리 가르마를 타는 데 매일 10분 정도 낭비했다. 머리카락이 부드럽지 않아서, 가르마를 타려면 브러시로 매일 격투를 벌여야 했다. 실크해트를 쓰고 벗을 때 가르마를 타기 위해 손은 자연히 머리로 향했다. 모임에 참석했을 때도 가르마를 타는 동작을 계속하고 있었다.

그러나 이 정도 멋내기로는 충분하지 않았다. 세련된 복장만으로 신사가 될 수 있을까? 신사가 겸비한 몇 가지 외면적 특징을 나는 알게 되어 몸에 익히고 싶었다. 신사는 댄스를 알아야 하고 프랑스어를 확실하게 알아야 한다. 왜냐하면 프랑스어는 영국의 이웃나라 프랑스의 언어이고 더욱이 전 유럽의 공통어이기도 했기 때문이다. 게다가 나는 유럽을 여행하고 싶다는 소망도 있었다. 그리고 신사는 유창한 연설도 할 수 있어야만 한다. 나는 댄스를 배울 결심을 하고 댄스교실에 들었다. 한 학기분 교습료로 약 3파운드를 내고 3주간 여섯 번쯤 수업을 받았다. 다리가 리듬과 맞지 않는데 피아노는 계속 울렸다. 무엇을 의미하는지 전혀 알 수 없었다. '하나, 둘, 셋' 소리가 이어지는데, 간격을 취하기 위해 피아노가 울리는 것일까? 전혀 모르겠다. 어찌하면 좋을까? 그야말로 성자의 고양이 이야기가 되고 말았다. 쥐를 쫓기 위해 고양이를 키우고, 고양이에게 우유를 먹이기 위해 암소를 키우는 식으로 성자의 가족이 늘어난 것처럼, 나의 탐욕이라는 가족도 늘었다. 바이올린을 배울까, 그렇게 하면 선율과 리듬을 알 수 있을지도 모른다. 바이올린을 구입하는 데 3파운드를 희생하고 수업료도 납부했다. 연설을 배우기 위해 세 번째 교사의 자택을 찾아냈다. 선생에게 1기니의 사례를 보냈다. 벨의 웅변술 책을 사들였고 피트의 연설을 시작했다!

이 벨 씨가 나의 귀에 벨을 울려주었다. 나는 잠에서 깨어났다.

대체 나는 영국에서 평생 살 것도 아니면서 유창한 연설을 배워 무엇을 하겠다는 것일까? 댄스로 어떻게 신사가 될 수 있다는 것인가? 바이올린은 인도에서도 배울 수 있다. 나는 학생이다. 지식이라는 재산을 늘려 자기 직업에 관한 준비를 해야 한다. 자신의 선행으로 신사로 인정받는다면 그것으로 충분하다. 그렇지 않다면 이 소망은 버려야 한다.

이런 생각이 가득해서, 위에 말한 것과 같은 취지의 편지를 웅변 선생에게 보냈다. 선생으로부터는 2, 3과를 배웠을 뿐이었다. 댄스 선생에게도 똑같은 편지를 썼다. 바이올린 선생 집으로 바이올린을 가져가서 팔리는 값으로 팔아 달라고 맡겼다. 선생과는 친구 같은 관계가 되었다. 그래서 내가 빠져 있던 잘못된 생각에 대해서 이야기했다. 댄스 등의 그물에서 빠져나온 나의 이야기에 선생은 기뻐해주었다.

신사가 되려는 나의 이 열망은 약 석 달이나 계속되었다. 멋진 복장에 대해서는 여러 해에 걸쳐 이어졌다. 그러나 그 이후, 나는 학생이 되었다.

### 16 변화
댄스 같은 실험이 나의 방황의 시기를 보여준다고 생각하지 않기 바란다.

독자 여러분은 알고 있겠지만, 잘못된 생각을 하던 시기에도 어느 정도는 신중하게 생활하고 있었다. 지출은 확실히 기록하며 신경을 쓰고 있었다. 매달 15파운드 이상은 쓰지 않기로 정해놓았다. 교통비나 우편요금(신문대인 동화 서너 개)도 언제나 기록하고 있었고 자기 전에 수지를 맞춰 보았다. 이 습관은 나중까지 바뀌지 않았다. 공적인 생활에서 나는 몇십만 루피라는 돈을 다루었는데 확실하게 절약하며 운용할 수 있었다. 또 나의 지도하에 다양한 운동이 이루어져 왔으나 차입금에 의존하는 일은 결코 하지 않고, 늘 돈이 남았던 것은 이 습관 때문이었다고 생각한다. 만일 한 명 한 명의 청년이 약간의 금액이라도 수지를 확실하게 맞추면 나중에 나나 국민이 얻은 것과 똑같은 이익을 얻게 될 것이다.

일상 생활에서는 늘 절약하는 생활을 했기 때문에, 어느 정도의 지출이 필요한지 알고 있었다. 그래서 나는 지출을 반으로 줄일 생각을 했다. 지출을 조사하며 알게 된 것인데, 교통비에 상당한 액수가 들었다. 더욱이 가정집에 하숙하고 있기 때문에 매주 정기적인 지출이 있었다. 가족들을 밖에서 식사에 초대하는 예의를 지켜야 했고, 가족들과 때로는 파티에 가야 했다. 그래서 교통비가 들었다. 여성동반이라면 여성의 비용까지 부담해야 한다. 외출을 해서 식사 때 집에 오지 못하는 경우에도, 식사가 딸린 하숙비는 선불제라서 식사비가 이중으로 들었다. 이러한 지출, 그리고 단순한 체면을 위한 지출도 절약할 수 있음을 알게 되었다.

이제까지 가정집에 살고 있었으나 방을 빌려 나가 살기로 결정했다. 경험을 쌓기 위해 다니는 곳에 따라서 방을 옮기기로 결정한 것이다. 방은 다니는 곳까지 걸어서 30분 이내에 갈 수 있고 교통비가 들지 않는 장소를 택했다. 전에는 거기까지 왕복교통비를 지불해야 했었고 산책 시간도 따로 만들어야 했는데, 이제는 볼일을 보러 다니면서 산책도 할 수 있다. 이 때문에 매일 8마일에서 10마일 정도 쉽게 걸을 수 있었다. 특히 이 습관 덕분에 영국에서 병에 걸리지 않았던 것 같다. 몸이 상당히 튼튼해졌다. 나는 가정집을 나와 방 2개를 빌려 하나는 침실, 또 하나는 거실로 사용했다. 이 변화는 제2단계라고 말할 수 있다. 제3의 변화는 이제부터였다.

이렇게 해서 지출은 반이 되었다. 그러나 시간은? 법정변호사 시험을 위해 많이 공부할 필요는 없음을 알고 있었기 때문에 걱정은 하지 않았다. 그러나 영어가 미숙한 것은 고민거리였다. 학사가 된 다음에 오라는 렐리 씨의 말은 나의 마음을 찌르고 있었다. 법정변호사가 되는 것 이외에 무언가 다른 공부를 해야만 한다고 생각했다. 옥스퍼드, 케임브리지의 과정을 살펴보았다. 몇 명의 친구를 만나보고 알았으나 옥스퍼드, 케임브리지로 가면 비용이 많이 들고 시간도 길어진다. 나는 3년 이상 머무를 수 없었다. 한 친구가 말했다.

"다른 어려운 시험을 치를 바에는 런던의 대학입학시험에 합격하게. 상당히 노력해야 하지만 일반지식을 몸에 익힐 수 있고, 지출이 느는 일은 전혀 없어."

이 제안이 마음에 들었다. 그런데 수험요강을 보고 깜짝 놀랐다. 라틴어와 또 하나의 외국어가 필수이다! 라틴어는 어떻게 배우면 좋을까? 친구가 설득해주었다.

"변호사에게 라틴어는 대단히 유익하네. 라틴어를 아는 사람은 법률 이해가 쉬워지지. 게다가 로마법 시험문제의 한 문항은 라틴어뿐이고, 라틴어를 알게 됨으로써 영어를 마스터할 수 있다네."

나는 이 말에 동감했다. 아무리 어려워도 라틴어는 습득해야 한다. 시작한 프랑스어도 다 마쳐야 한다. 그래서 제2외국어는 프랑스어로 정했다. 시험 준비를 위한 사립학교가 있었기 때문에 그곳에 입학했다. 시험은 반년마다 있으나 나에게는 5개월밖에 남아있지 않았다. 이 공부는 나의 능력을 초과하고 있었다. 결과적으로 신사가 되는 대신에 극히 근면한 학생이 된 것이다. 시간표를 작성했다. 1분도 헛되이 하지 않았다. 그러나 나의 두뇌랄까 기억력은 다른 과목 이외에 라틴어와 프랑스어까지 준비가 가능한 것은 아니었다. 시험을 치렀다. 라틴어는 불합격이었다. 유감스러웠지만 좌절하지는 않았다. 라틴어에 흥미를 갖게 되었다. 프랑스어를 더욱 잘 하도록 노력하고 과학에서는 새로운 과목을 선택하려고 생각했다. 이제 와서 생각해보니 화학에는 크게 관심을 가져야만 했는데, 실험이 없었기 때문이었는지 화학에는 흥미가 없었다. 인도에서 이미 배웠기 때문에 런던의 대학입학시험에서 이 과목을 선택했던 것이다. 이번에는 빛과 열의 과목을 선택했다. 이 과목은 쉬운 것으로 알려졌는데 나에게도 쉽게 생각되었다.

수험준비와 동시에 생활을 검소하게 하는 노력을 시작했다. 아직 나의 생활은 우리 집안 형편에 걸맞지 않다고 생각했다. 형의 경제상태와 그러면서도 내게는 선선히 보내주는 돈을 생각하면 마음이 무거웠다. 매월 8파운드나 15파운드를 쓰는 사람들은 장학금을 받고 있었다. 나보다도 더욱 검소한 생활을 하고 있는 사람들도 보았다. 이런 고학생들과 마침 이런 때에 만나게된 것이다. 어느 학생은 런던 빈민가에서 한 주에 2실링인 작은 방에서 살며, 록하트의 값싼 코코아 가게에서 2페니짜리 코코아와 빵으로 식사를 대신하고 있었다. 그런 사람과 경쟁할 힘이 나에겐 없었지만, 방 둘 대신에 방하나로 줄이고 아침저녁은 직접 해 먹을 수 있다고 생각했다. 이렇게 하면 매월 4, 5파운드로 생활할 수 있다. 검소한 생활에 대한 책을 읽고 있었다. 방 두 개인 셋집에서 나와 한 주에 8실링인 방 하나를 빌렸다. 스토브를 사서 아침식사 준비를 시작했다. 소요시간은 기껏해야 20분 남짓했다. 오트밀죽을 만들고 코코아를 위한 물을 끓이는 데 시간은 얼마 걸리지 않았다. 낮에는 외식을 하고 저녁에는 또 코코아를 만들어 빵을 먹었다. 이렇게 해서 매일 1실링이나 1실링 3펜스 이내에 식비를 조달하는 것을 배웠다. 나에게 이 시기는 가장 공부를 잘 했던 시기이기도 했다. 생활을 검소하게 함으로써 시간이 생긴 것이다. 두 번째 시험을 치렀고 나는 합격했다.

검소한 삶 때문에 나의 생활이 무미건조해졌다고 생각하지 말기 바란다. 오히려 반대로, 그런 변화 덕분에 나의 내적·외적 상태는 조화를 이루었다. 집안 형편과 나의 생활이 일치한 것이다. 생활은 보다 뜻깊어졌고 나의 내적 기쁨은 끝이 없었다.

## 17 식사의 실험

삶을 깊이 살핌에 따라 내외양면으로 변화의 필요성을 느끼게 되었다. 생활과 지출이 바뀐 속도로, 아니 그 이상으로 급속하게 식사를 바꾸기 시작했다. 채식주의에 대한 영어 책에서 저자들은 실로 상세하게 고찰하고 있음을 알았다. 그들은 종교적·과학적·실제적·의학적 견지에서 채식주의를 검토하고 있었다. 인간은 동물계를 지배하고 있으나, 그것은 죽여서 먹거리로 삼기위해서가 아니고 보호하기 위해서라는 도덕적 견지였다. 다시 말해서 인간은 동물과 상호 부조를 통해 공생해야 한다는 것이다. 그리고 식사는 즐기기위해서가 아니라 살기 위한 것이라고 했다. 이 때문에 몇 명의 저자는 고기

뿐만 아니라 달걀이나 우유까지도 중단하도록 제안하고 실천하고 있었다. 과학적 견지에서, 또 인간의 신체구조에서 보면 인간은 식사를 조리할 필요가 없으며, 인간은 야생의 과일만을 먹기 위해 태어난 것이라는 결론에 도달한 것이다. 젖은 모유뿐이고, 유치가 자라면 씹어 먹는 것을 섭취해야 한다. 의학적 견지에서 향신료는 먹지 말아야 한다고 제안했다. 그리고 실제적, 즉 경제적 견지에서 최소의 지출로 해결되는 것은 채식뿐이라고 역설하고 있었다. 이 네 가지 견해는 나에게 영향을 주었다. 채식 레스토랑에서 이 네 가지 견해를 지닌 사람들과 만나게 되었다. 영국에는 채식주의협회가 있고 주간지도 간행되고 있었다. 나는 구독자가 되었고 협회에 입회했으며, 얼마 지나자 집행위원회 위원으로 선출되었다. 여기에서 채식주의자들 사이에 중심이 되는 사람들을 알게 되었고 다양한 실험으로 바빠졌다.

나는 집에서 과자나 향신료 등을 보내오고 있었는데 그것을 중단했다. 마음이 제2의 전환점을 돈 것이다. 그것으로 향신료에 대한 기호는 사라졌다. 리치몬드에서의 야채요리는 맛이 없다고 느껴졌는데 이제는 단순히 데친 것만이 맛있게 느껴졌다. 이러한 많은 경험에서, 미각의 진정한 장소는 혀가 아니고 마음임을 배웠다.

경제적 관점이 내 앞에 있었던 것은 확실하다. 그 무렵 차나 커피는 유해하다며 코코아를 지지하는 일파가 있었다. 몸을 유지하기 위해 필요한 것만이 섭취할 가치가 있다고 나는 이미 이해하고 있었다. 그 때문에 차와 커피를 중단하고 코코아를 주로 마시게 되었다.

레스토랑은 둘로 나뉘어져 있었다. 하나는 주문한 요리의 대금만을 지불하게 되어 있었다. 1회 식사는 1, 2실링이고 유복한 사람들이 이용한다. 또하나는 6페니의 정식으로 3가지 요리에 식빵이 한 조각 딸려나왔다. 많이 절약했던 시절은 6페니 쪽을 애용했다.

위에 말한 실험과 함께 부차적 실험도 활발하게 했다. 때로는 녹말 음식은 중단했고 때로는 식빵과 과일만 먹었으며, 때로는 치즈와 우유와 달걀만 먹은 적도 있다.

이 마지막 실험은 기술할 가치가 있다. 그것은 보름도 지속하지 못했다. 녹말기가 없는 식사를 지지하는 사람들은 달걀을 크게 칭찬하며 달걀은 고기가 아니라고 증명했다. 달걀을 먹음으로써 생물에게 고통을 주지 않는 것은 명백하다. 이 말에 속아, 어머니 앞에서 한 맹세의 서약이 있었음에도 불구하고 달걀을 먹었다. 그러나 나의 잘못된 생각은 순간이었다. 서약에 새로운 해석을 더할 권리 따위는 나에겐 없었다. 해석은 서약을 한 사람에게 인정받아야 한다. 고기를 먹지 않겠다고 서약시킨 어머니가 달걀을 인정할 리가 없다는 것을 나는 알고 있었다. 이 때문에 서약의 의미를 깨닫자 곧바로 달걀을 중단했고 실험도 중단했다.

이 의미는 미묘하게 고려해야만 한다. 영국에서 고기에 대한 세 가지 정의를 읽었다. 첫째 정의에 의하면 고기란 짐승·조류의 살이고, 그 정의를 하는 사람들은 고기는 먹지 않지만 생선은 먹는다. 달걀도 물론 먹고 있다. 둘째 정의에 따르면, 일반인이 생물로 알고 있는 것의 고기는 먹어서는 안 된다. 그러므로 생선은 중단해야 하지만 달걀은 허용하고 있다. 셋째 정의에서는, 생물로서 인정되는 것과 그것으로 만들어지는 것은 중단해야만 한다. 그러므로 달걀이나 우유조차도 중단해야 한다. 만일 셋째 정의 속에 첫째 정의를 받아들이면 생선도 먹을 수 있다. 그러나 지켜야만 하는 중요한 원칙에 따르면, 나에게는 어머니의 정의야말로 중요한 것임을 알고 있었다. 그래서 어머니 앞에서 한 서약을 지킨다면 달걀은 먹을 수 없으므로 중단했다. 이것은 나에게 골치 아픈 일이 되었다. 그것은 상세하게 조사하자 알게 된 것인데, 채식 레스토랑에서도 달걀을 사용해 많은 것이 만들어지고 있었기 때문이다. 즉 일일이 웨이터에게 확인해야 한다는 뜻이다. 대부분의 '푸딩'과 '케이크'에 달걀이 사용되고 있었기 때문이다. 이 때문에 일종의 골치 아픈 것에서 벗어나기도 했다. 소량의 매우 검소한 것만을 주문할 수 있게 되었기 때문이다. 한편으로 다소 괴롭기도 했다. 혀에 익숙해진 많은 것을 중단해야만 했기 때문이다. 그러나 이것은 일시적인 것이었다. 서약을 지킨다는 순수하고 섬세하며 영속하는 미각은 그런 일시적인 미각에 비하면 훨씬 바람직한 것으로 생각되었다.

그러나 진정한 시련은 이제부터였다. 그것은 다른 서원 때문이었다. 라마가 비호하는 자를 누가 해칠 수 있을까?

이 장을 마치기 전에 서약의 해석에 대해 몇 가지 말할 필요가 있다. 나의 서약은 어머니 앞에서 한 서약이었다. 세상의 많은 분쟁은 단순히 계약의 해석을 둘러싸고 생기는 것이다. 계약서가 아무리 명백한 언어로 씌어 있더라도 전문가는 확대해석을 한다. 이 일에 신사·비신사의 구별은 없다. 이해는 모든 사람을 장님으로 만든다. 왕자에서 백성에 이르기까지 모든 사람은 계약서의 조항을 자기에게 편리하도록 해석하여 세상, 자신들, 그리고 신까지도 기만하고 있다. 이렇게 해서 쌍방은 제각기 편리하게 생각되는 언어, 문장을 해석한다. 법률학에서는 이것을 양의성이라고 한다. 상대측이 이쪽의 해석을 진실로 인정하는 것이 황금률이다. 이쪽의 마음에 있는 것이 거짓 또는 불완전이라 해도 말이다. 제2의 황금률은 두 가지 해석이 있는 경우, 약한 입장의 해석이야말로 진실한 것으로 인정해야만 한다. 이 두 황금률을 포기함으로써 종종 분쟁이 발생하고 부정이 횡행한다. 이 부정의 근원은 비진리이다. 진리의 길을 걷는 자는 쉽게 왕도를 획득한다. 학문을 탐구할 필요는 없다. 어머니가 '고기'라고 한 말의 의미를 믿고, 그때 내가 이해한 것이야말로 나에게는 진리였다. 내가 자신의 많은 경험으로, 또는 학식에 취해 배우고 이해한 해석이 아니었다.

이때까지의 나의 실험은 경제적 및 건강상의 견지에서 한 것이었다. 영국 체재 중 이 같은 실험은 종교적인 형식을 취하고 있지 않았다. 종교적 견지에서의 나의 고된 실험은 남아프리카에서 이루어졌다. 그것은 뒷장에서 고찰할 것이다. 그러나 그 실험의 씨앗은 영국 체재 중에 뿌려졌다.

새로운 종교를 받아들인 사람의 종교 포교의 열정은 그 종교에서 낳고 자란 사람보다도 한층 격렬한 것이다. 채식주의, 이것은 영국의 새로운 종교였고 나에게도 마찬가지였다. 그것은 머리로 이해해서 육식의 옹호자가 된 뒤이고, 영국으로 가 채식주의의 도덕을 지적으로 이해해서 받아들인 것이다. 그러므로 나에게는 새로운 종교로 입신하는 것과 같은 것이었다. 그래서 개종자의 열정에 사로잡혔다. 이 때문에 나는 그 무렵 살고 있었던 지역에 채식주의 협회를 설립하기로 결심했다. 이 지역의 이름은 베이스워터였다. 그 지역에 사는 에드윈 아놀드에게 간청해 부회장에 취임하게 했다. 잡지 〈베지터리안〉의 주필인 올드필드 박사가 회장이 되고 나는 사무국장이 되었다. 이 협회는 한동안 지속되었으나 몇 달 뒤, 폐쇄되었다. 그것은 내가 일정기간마다 거주지를 옮겼기 때문이다. 그러나 이 보잘것없는 단기간의 경험에 의해, 단체를 설립하고 운영하는 얼마간의 체험을 했다.

## 18 수줍음—나의 방패

채식주의협회 집행위원으로 선출되어 매번 출석하고 있었지만 발언을 하려 해도 입이 열리지 않았다. 올드필드 박사가 내게 자주 말했다.

"나하고는 말을 잘 하는데 위원회에서는 도무지 입을 열려고 하지 않는군. 자네에게는 수벌이란 이름이 어울려."

나는 이 유머를 이해할 수 있었다. 일벌은 바쁘게 움직이는데, 수벌은 단지 먹기만 할 뿐 아무 일도 하지 않는다. 다른 위원들은 모두 발언을 하는데 나만 벙어리처럼 입을 다문 채 앉아있다. 발언할 의사가 없는 것은 아니었으나 무엇을 이야기해야 좋을지 몰랐다. 모든 위원은 나보다 아는 것이 많다고 생각했다. 게다가 어느 의제에 대해서 발언이 필요하다고 생각해 용기를 내려 하면 그 사이에 다른 의제로 넘어가고 마는 것이다.

이런 상태가 오랫동안 이어졌다. 그러는 동안에 위원회에 중대한 의제가 상정되었다. 출석하지 않는 건 부정을 허용하는 것처럼 여겨졌으며, 벙어리처럼 투표만 하고 잠자코 있는 것은 사내답지 않다고 생각되었다. 템스철공소의 경영자 힐스 씨가 협회장이었는데, 그는 완벽한 청교도였다. 협회는 그의 자금으로 운영되는거나 마찬가지였고, 위원회의 몇몇 위원은 그의 경제적 지원을 받고 있었다. 채식주의자로 유명한 앨린슨 박사도 위원이었다. 그 무렵 산아제한운동이 전개되고 있었다. 박사는 그 운동의 지지자로, 노동자들 사이에서 보급에 힘쓰고 있었다. 그런데 힐스 씨는 피임방법을 반도덕적인 것으로 생각했다. 그는 채식주의협회가 단순히 식사의 개선만을 위한 것이 아니고 도덕향상의 단체이기도 하다고 생각했다. 그러므로 앨린슨 박사와 같은 반사회적 사상의 소유자는 협회에 있어서는 안 된다는 것이 그의 의견이었다. 그래서 앨린슨 박사를 위원회에서 제명하는 제안이 제출되었다. 이 논의에 나는 관심을 가지고 있었다. 앨린슨 박사의 피임방법에 대한 사고는 무섭게 여겨졌고, 박사에게 반대한 힐스 씨의 의견은 순수하게 도덕적인 것으로 보였다. 나는 내심 그의 관대함을 존경하고 있었으나, 채식주의협회에서 도덕률을 인정하지 않는 사람을 반도덕적이라는 이유로 추방하는 것은 명백히 부당하다고 생각했다. 채식주의협회의 남녀관계에 대한 힐스 씨의 견해는 힐스 씨의 개인적인 생각이며, 협회의 취지와 방침과는 아무런 관계도 없었다. 협회의 목적은 채식주의를 보급하는 것이지 도덕향상이 아니다.

그렇기 때문에 도덕을 경시하는 다른 많은 사람들도 협회원이 될 수 있다는 것이 나의 의견이었다.

위원회에는 나와 같은 의견을 가진 다른 위원도 있었다. 그러나 나는 자신의 의견을 표명하고 싶다는 열의에 사로잡혔다. 그것을 어떻게 표명하면 좋을 지가 큰 문제였다. 발언을 할 용기는 없었기 때문에 내 의견을 써서 위원회에 제출하기로 결심했다. 그리고 쓴 것을 지참했으나 읽을 용기가 나지 않았다. 위원장은 다른 위원에게 읽게 했다. 앨린슨 박사 측은 패했다. 그렇게 첫 싸움에서 나는 패자 측에 붙었다. 그러나 그 입장은 올바른 것이라고 확신하고 있었기 때문에 크게 만족했다. 그 후, 위원회에 사표를 제출한 것 같다.

나의 수줍음은 영국 체재 중, 끝까지 변하지 않았다. 사람을 만나러 가도 먼저 온 손님이 5, 6명 있으면 벙어리처럼 입을 꾹 다물었다.

언젠가 벤트너에 간 적이 있었다. 마줌다르도 함께였다. 우리는 이곳의 어느 채식주의자의 집에 머물렀다. 《식탁의 윤리》의 저자가 이 항구도시에 살고 있어 방문했는데, 채식주의를 장려하기 위한 집회가 개최되어 집회에서 연설을 해달라고 우리를 초청했다. 우리는 승낙했다. 준비한 원고를 읽어도 상관없다는 것을 알고 있었다. 자신의 생각을 조리 있고 간결하게 표현하기 위해 많은 사람들이 준비한 원고를 읽는 것을 보았다. 그래서 원고를 준비했지만 연설을 할 용기가 없었다. 읽으려고 일어섰지만 읽을 수도 없었다. 눈앞이 캄캄하고 손발이 떨리기 시작했다. 양면쾌지 1페이지 분량의 원고를 마줌다르가 대신 읽었다. 마줌다르의 연설은 훌륭했고 청중은 큰 박수로 환영했다. 나는 부끄러움에 말도 하지 못하는 자신이 유감스러웠다.

영국을 떠나기 전에 사람들 앞에서 연설을 할 마지막 노력을 해야만 했다. 그러나 이번에도 나는 자신을 웃음거리로 만들었을 뿐이다. 영국을 떠나기 전에 채식주의자 친구들을 홀본 레스토랑으로 초대했다. 채식 레스토랑에는 채식요리가 있지만, 비채식 레스토랑에도 채식요리가 추가되면 좋겠다고 생각했다. 이런 생각에서 레스토랑 지배인과 함께 요리를 특별히 준비하고 친구들을 식사에 초대했다. 이 새로운 시도는 채식주의자들 사이에서 평판이 좋았다. 그런데 그만 실수를 저질렀다. 식사는 즐기기 위한 것이다. 그러나 서양에서는 만찬을 예술의 영역으로까지 높였다. 특별히 장식을 하고 의식을 진행한다. 음악이 연주되고 연설도 행해진다. 나의 조출한 모임에서도 이와 같은 모든 의식이 이루어졌다. 나의 연설 차례가 되어 일어섰다. 공들여 생각해서 연설을 준비했고 연설용 글을 몇 개 써두었다. 그런데 첫 문장 다음을 이을 수가 없었다. 나는 에디슨에 대해서 배우고 있을 때, 그의 부끄러움을 잘 타는 기질에 대해서 읽은 적이 있었다. 에디슨은 하원에서의 첫 연설에서 '내가 이해하기에'를 세 번 되풀이했다고 한다. 그러고는 그 뒤를 잇지 못했다. '이해하다'를 의미하는 영어단어 conceive에는 '임신하다'의 의미도 있다. 그러자 익살맞은 어느 의원이 말했다.

"이 분은 세 번이나 임신을 했는데 아무것도 낳지 못했습니다!"

나는 이 일화를 떠올리며 이걸로 간결하고 익살 섞인 연설을 할 생각이었다. 그래서 연설은 이 일화에서부터 시작했다. 그런데 말이 막히고 만 것이다. 생각하고 있었던 걸 모두 잊어버렸다. 익살스럽고 의미 깊은 연설을 하려다 자신을 웃음거리로 만들고 말았다. 마지막으로 "여러분, 제 초대에 응해주시어 감사합니다." 이 말만 하고 앉아야 했다!

이 부끄러움을 잘 타는 기질은 남아프리카에서 극복했다. 완전히 극복했다고는 지금도 단언할 수 없다. 이야기할 때는 생각부터 해야 한다. 처음 만나는 사람들 앞에서 이야기할 땐 주눅이 들어버린다. 이야기하지 않아도 될 일이면 반드시 피한다. 친구들 사이에서 어떤 특별한 말을 할 수 있거나 그런 기분이 들었던 적이 있었냐 하면, 오늘날에도 그런 적은 없었다.

이 부끄러움을 잘 타는 기질 탓에 실수를 저지르고 말았으나 손해는 보지 않았다. 이제야 깨달았지만 이득을 보았다. 이야기할 때의 머뭇거림은 처음엔 나에게 고통이었으나 이제는 마음이 편했다. 커다란 이익이라고 한다면 말의 절약을 습득한 것이다. 자신의 사고를 제어하는 버릇이 자연히 몸에 배었다. 나는 자신에게 입으로 또는 펜으로, 생각하지 않거나 헤아림 없이 어떤 말도 결코 한 적이 없다고 증명할 수 있다. 연설이나 종이에 쓴 것, 어느 하나에 대해서도 부끄럽다거나 후회해야 했던 일은 기억에 없다. 나는 많은 위기에서 벗어났고 많은 시간을 절약하는 이득을 보았다.

경험이 나에게 이렇게도 가르쳐주었다. 진리에 대한 신봉자로서 침묵을 지키는 것은 바람직한 일이다. 인간은 의식적·무의식적으로 종종 과장을 한다. 또 말해야 할 것을 숨기거나 또는 화법을 바꾼다. 이 같은 위험에서 벗어나기 위해서라도 과묵함이 필요하다. 말이 적은 사람은 생각 없이 말하지 않고 자신의 한마디 한마디를 측정한다. 인간은 종종 발언하고 싶은 생각에 서두른다. '나에게도 발언권을'이라는 취지의 발언 허가를 요구하는 메모를 의장이 접수하지 않는 회의가 있을까? 그리고 발언이 허가되면 발언시간 연장을 요구한다. 그리고 끝내는 허가 없이 발언을 계속한다. 이러한 모든 사람들의 발언에서 생기는 이익 같은 건 이 세상에 전혀 없다. 그만큼 시간낭비일 뿐이다. 그러므로 수줍음은 처음에 나에게 고통을 주었지만 오늘날 그것을 떠올리면 기쁨을 느낀다. 이 수줍음은 나의 방패였다. 그것으로 나는 성장하는 이익을 얻었고 진리를 신봉하는 데 도움을 받았다.

## 19 비진리라는 독

40년 전, 영국으로 가는 인도인 학생은 오늘날에 비하면 숫자가 적었다. 기혼자임에도 불구하고 독신행세를 하는 것이 유학생 사이에서는 관습처럼 되어 있었다. 영국에서는 고등학생이나 대학생은 기혼자가 아니다. 기혼자에게 학생생활은 힘들기 때문이다. 고대 인도에서 학생은 브라마차리*69로 여겨졌다. 유아결혼 제도는 새로운 시대에 정착한 것이며, 영국에는 유아결혼 같은 제도는 전혀 없다고 해도 좋다. 그렇기 때문에 인도의 젊은이들은 자신이 기혼자임을 인정하는 것을 부끄럽게 여겼다. 결혼한 것을 숨기는 또하나의 이유는 이렇다. 결혼한 것이 알려지면 하숙하는 가정의 젊은 처녀들과 산책을 하거나 대화를 할 기회를 잃기 때문이다. 이 대화는 순수한 것이며, 부모들은 이와 같은 교제를 권장하기도 했다. 영국에서 젊은 남녀의 교제는 필요한 것으로 여긴다. 왜냐하면 영국 젊은이들은 반려자를 스스로 선택해야 하기 때문이다. 그렇기 때문에 영국에서 자연스럽게 여기는 관계를, 인도의 젊은이가 영국에 도착해 바로 맺으려고 하면 무서운 결과를 낳는다. 몇 번이나 이런 일이 있었다. 그럼에도 불구하고 이 매력적인 환력(幻力)*70의 올가미에 우리 젊은이들이 걸려들었다. 우리 젊은이들은 영국 여성들과의 교제에서 진리에 위반하는 행위를 택했는데, 그것은 영국인이 보기에 죄가 없는 것일지라도 우리에게는 멀리해야 하는 것이다. 이 올가미에 나도 걸려들고 말았다. 결혼해서 5, 6년, 더구나 한 사내아이의 아버지임에도 불구하고 독신으로 행세하길 주저하지 않았던 것이다. 하지만 그것은 아주 잠깐이었고, 나의 내성적인 성격과 침묵이 나를 구해 주었다. 나는 말도 잘 못했기 때문에, 나와 이야기하거나 함께 산책에 나설 한가한 아가씨는 없었다.

나는 내성적인데다 겁도 많았다. 벤트너에서는 어느 집에 머물고 있었는데, 가정집에 처녀가 있으면 예의상 나와 같은 손님을 산책에 데리고 나가준다. 내가 머물고 있던 집의 아가씨도 벤트너 주변의 아름다운 구릉지대로 나를 데리고 가주었다. 나의 걸음걸이는 느리지는 않지만 아가씨가 나 이상으로 빠른 걸음이었기에 뒤를 쫓아 다리를 질질 끌듯이 가야만 했다. 아가씨는 걸으면서 쉴 새 없이 떠들었다. 나는 "네"라든가 "아니오"로 대답할 뿐이었다. "대단히 멋진 조망이군요"가 고작이고 그 이상은 말하지 않았다. 아가씨는 날아갈 듯이 계속 걷고 나는 언제 집에 돌아갈 수 있을지를 생각했다. 그래도 '자, 이제 돌아갑시다' 하고 말할 용기가 없었다. 그러는 동안에 우리는 어느 언덕의 정상에 다다랐다. 어떻게 내려가면 좋을까? 굽이 높은 구두를 신고 있는 이 20세인가 25세의 아가씨는 전광석화처럼 순식간에 아래까지 내려가고 말았다. 그런데 매우 수줍은 나는 경사면을 어떻게 내려가면 좋을까 계속 생각하고 있었다. 아가씨는 밑에 서서 웃으며 나를 격려했다. "가서 손을 빌려줄까요?"라고도 말했다. 그럴 수는 없다. 가까스로 발을 딛고 때로는 웅크리고 앉으면서 아래로 내려왔다. 아가씨는 놀려대면서 "잘 하셨어요."라고 말해 나를 더욱 부끄럽게 했다. 이런 놀림으로 나를 부끄럽게 할 자격이 아가씨에게는 있었다.

그러나 어떻게 매번 이런 식으로 모면할 수 있을까? 비진리라는 독을, 신은 나의 내부에서 제거하길 바라고 있었다. 브라이튼도 벤트너처럼 해안에 있는 피서지였다. 나는 한 번 그곳을 방문한 적이 있었다. 내가 묵은 호텔에는 남편을 잃은 중산층 노부인이 머물고 있었다. 영국에서 1년째가 되던 때였으니, 벤트너보다 전의 일이다. 이곳의 호텔 메뉴는 프랑스어로 씌어 있어서 읽을 수가 없었다. 나는 노부인의 테이블에 동석했는데, 노부인은 내가 외국인이고 곤란해 하는 것을 알고 말을 걸어주었다.

"외국 분 같은데, 무언가 곤란하신 것 같군요. 아직 아무것도 주문하지 않으시고."

나는 메뉴판을 보다가 웨이터에게 물어보려던 참이었다. 그래서 친절한 부인에게 감사를 표했다.

"메뉴를 읽지 못합니다. 나는 채식주의자이기 때문에 이 중에서 어느 것이 괜찮은지 알아야 합니다."

그 부인이 말했다.

"그러면 도와드리죠. 메뉴를 설명할게요. 당신이 먹을 수 있는 것을 가르쳐 드릴 수 있을 거예요."

나는 고맙다는 인사를 했다. 우리의 만남은 이렇게 시작되어 영국 체재 중, 귀국한 뒤에도 여러 해에 걸쳐서 관계는 이어졌다. 부인은 런던의 주소를 나에게 건네고 일요일마다 식사에 초대해주었다. 다른 기회에도 자택에 나를 초대해주었다. 애써 나의 내성적인 부분을 없애주려고 젊은 여성들을 소개해 이야기를 나누도록 권해주었다. 노부인은 자신과 동거하고 있던 여성과는 많이 이야기를 나누도록 권하고 때로는 우리 둘만 있게 했다.

처음엔 이런 것이 번거로웠다. 무슨 이야기를 해야 좋을지 생각이 나질 않았다. 재미있는 이야기가 가능할까? 노부인은 나를 훈련시키려 했고 나도 이윽고 훈련을 받기 시작했다. 매주 일요일이 기다려지게 되었다. 동거하는 여성과 대화하는 것을 바람직하게 생각하게 되었다.

노부인도 나를 계속 격려하며, 동거하는 여성과 나와의 교제에 관심을 가졌다. 노부인은 우리 두 사람이 잘 되기를 소망했을 것이다.

어떻게 하면 좋을까? 이 선량한 부인에게 내가 결혼한 것을 얘기했더라면 좋았을 것을. 그랬다면 내가 결혼하길 바라지도 않았을 텐데. 아직 늦지 않았다. 사실을 말하자. 그러면 위기에서 벗어날 수 있다. 이렇게 생각해 편지를 썼다.

'우리가 브라이튼에서 만난 뒤부터 당신은 나에게 애정을 베풀어주셨습니다. 어머니가 아들을 대하듯이 당신은 나를 배려해주셨습니다. 당신은 내가 결혼해야 한다고 생각하고 젊은 여성들을 소개해주셨습니다. 이 같은 관계가 깊어지기 전에, 나는 당신의 애정을 받기에 걸맞지 않다고 말씀드려야만 합니다. 내가 당신의 집을 방문하게 되었을 때 나는 이미 결혼했음을 말해야 했습니다. 인도의 학생은 결혼을 했어도 이 나라에서는 아닌 척하는 것을 나는 알고 있습니다. 그래서 나도 이 관습에 따랐습니다. 그러나 이제는 결혼했다는 것을 숨겨선 안 된다고 생각합니다. 어릴 적 결혼해 나에게는 아들 하나가 있다는 것도 말해야만 합니다. 당신에게 숨겼던 것을 대단히 유감으로 생각합니다. 그러나 신은 진실을 말할 용기를 주셨습니다. 그것을 나는 기쁘게 생각합니다. 나를 용서해주시겠습니까? 당신께서 소개해주신 여성에게 무례한 행동을 하지 않았다는 것을 믿어주시길 바랍니다. 이와 같은 행동을 해서는 안 된다고 충분히 주의하고 있습니다. 당신은 내가 누군가와 맺어지길 바라고 있습니다. 당신의 마음속에서 이 일이 더 진전되지 않도록 하기 위해서도 나는 당신 앞에서 진실을 말해야만 합니다.

　이 편지를 받으시고 내가 당신 집에 드나들기에 걸맞지 않다고 생각하신다 해도 괜찮습니다. 당신의 애정에 변함없이 감사하고 있습니다. 당신이 나를 버리지 않으신다면 그 기쁨은 이루 말할 수 없을 것입니다. 여전히 제가 집에 드나들기에 합당한 자로 생각하신다면 당신의 애정의 표시로 이해하고 그 애정에 걸맞은 자가 되도록 계속 노력하겠습니다.'

이 편지를 단숨에 써내려갔다고 독자는 생각하지 말기 바란다. 도대체 몇 통이나 초고를 썼는지 모를 정도이다. 그러나 이 편지를 보내니 무거운 짐을 내려놓은 것 같았다.

그리고 바로 그 미망인의 답장이 왔다.

　'마음의 문을 열고 쓰신 편지 잘 받았습니다. 우리 두 사람은 기쁘게 생각합니다. 많이 웃었습니다. 당신이 속인 것은 용서할 수 있는 일입니다. 하지만 당신이 자신의 얘기를 해주어서 기뻤습니다. 나의 초대는 변함이 없습니다. 다음 일요일에도 우리는 기다리고 있겠습니다. 당신의 유아결혼에 대해서 듣고 싶으며 당신을 조금 놀려주는 즐거움을 기대하겠습니다. 우리의 우정에 변함이 없음을 믿어주기 바랍니다.'

이렇게 해서 나는, 나의 마음에 파고든 비진리란 독을 밖으로 끄집어냈고, 그 뒤로는 나의 결혼에 대해 이야기하는 것을 주저하지 않았다.

## 20 여러 종교에 대한 이해
영국에 온 지 1년 정도 지났을 무렵, 두 명의 신지주의자(神智主義者)[71]

를 알게 되었다. 두 사람은 친형제이고 독신이었다. 그들은 나에게 《기타》에 대한 이야기를 했다. 두 사람은 에드윈 아놀드 번역의 《기타》를 읽고 있었는데, 함께 산스크리트어로 읽자고 나에게 권했다. 나는 부끄러워서 할 말을 잃었다. 왜냐하면 《기타》를 산스크리트어나 구자라트어로 읽은 적이 없었기 때문이다. 나는 할 수 없이 이렇게 말했다.

"나는 《기타》를 읽은 적이 없지만 당신들과 《기타》를 함께 읽고 싶소. 나의 산스크리트어 학습은 없는 것이나 다름없지만, 번역에 오류가 있다면 정정할 정도로는 이해할 수 있을 것이오."

이렇게 해서 두 형제와 함께 나는 《기타》를 읽기 시작했다. 제2장 끝의 슐로카,

사람이 감각기관의 대상을 생각할 때,
그런 것들에 대한 집착이 그에게 생긴다.
집착에서 욕망이 생기고 욕망에서 분노가 생긴다.
분노에서 그릇된 생각이 생기고
그릇된 생각에서 기억의 혼란이 생긴다.
기억의 혼란에서 지성의 상실이 생기고
지성의 상실로 사람은 파멸한다.*72

이 슐로카는 나의 마음에 깊은 영향을 주어, 지금도 나의 귀에 울리고 있다. 《바가바드기타》는 그때 나에겐 훌륭한 책으로 생각되었다. 그 생각은 차츰 강해져 오늘날에는 최고의 철학서로 생각하고 있다. 실의에 빠졌을 때 이 책이 나를 얼마나 구해주었는지 모른다. 나는 《기타》의 거의 모든 영어 번역을 다 읽었는데, 에드윈 아놀드 번역이 가장 뛰어났다. 이 번역서에서는 원본의 내용이 잘 전해져 있어 번역처럼 생각되지 않았다. 다만 내가 《바가바드기타》의 연구를 했다고는 할 수 없다. 곁에 두어야 할 책이 된 것은 몇 년이나 뒤의 일이다.

두 형제는 아놀드의 《아시아의 빛》을 읽도록 권해주었다. 그때까지 에드윈 아놀드에 대해서는 《기타》의 번역자로 알았을 뿐이었다. 나는 《아시아의 빛》을 《바가바드기타》 이상으로 흥미 깊게 읽었다. 책을 한 번 손에 드니 내려

놓을 수가 없었다.

두 형제는 어느 날, 나를 블라바츠키 집회소에도 데리고 갔다. 그곳에서 블라바츠키 부인과 애니 베전트*73 부인을 만나게 해주었다. 베전트 부인은 그 무렵 신지주의협회에 가입한지 얼마 되지 않았는데, 이 일은 신문에서 화제가 되고 있어 나는 관심을 가지고 읽었다. 이 형제는 신지주의협회에 들어오도록 권해주었으나 나는 조심스럽게 거부했다.

"종교에 대한 나의 지식은 백지에 가깝습니다. 그러므로 어느 종파에도 들어가고 싶지 않습니다."

이 형제들의 권고로 블라바츠키 부인의 《신지학에 대한 열쇠》를 읽은 것 같다. 읽은 다음 힌두교 책을 읽고 싶다는 생각이 들었다. 힌두교는 미신투성이라고 인도에서 선교사들에게 들은 말은 마음에서 사라져버렸다.

이 무렵 어느 채식 레스토랑에서 맨체스터의 선한 그리스도교도를 만났다. 이 사람은 나에게 그리스도교에 대한 이야기를 했고 나는 라지코트에서의 추억을 들려주었다. 이 사람은 아쉬워했다.

"나는 채식주의자입니다. 음주도 하지 않습니다. 그러나 많은 그리스도교 신자가 음주와 육식을 하는 것은 사실입니다. 그리스도교에서는 그렇게 하는 것을 의무로 하고 있지 않습니다. 성서를 읽어보길 권합니다."

나는 승낙했다. 그는 성서를 나에게 주었다. 이 사람은 성서를 판매하고 있었던 것으로 기억한다. 지도, 목차 등이 붙은 성서를 나에게 팔았다. 나는 성서를 읽기 시작했다. 그러나 《구약성서》는 읽지 않았다. 창세기 다음은 읽고 있으면 졸음이 왔다. 다른 장은 '성서를 읽었습니다'라고 말하기 위해서 흥미도 없이 이해도 못한 채 억지로 읽었던 것을 기억한다. '민수기'를 읽으면서 싫증이 나고 말았다.

그러나 《신약성서》가 되자 다른 영향을 받게 되었다. 예수의 '산상수훈'은 나에게 대단히 좋은 영향을 주었다. 나는 확실하게 마음에 담아두고 《기타》와 비교해 보았다. '속옷을 빼앗으려는 자에게 겉옷까지도 내주라' '네 오른쪽 뺨을 때리거든 왼쪽 뺨도 대주라' 이를 읽고 나는 한없는 기쁨을 느꼈다. 샤말바트의 6행시를 떠올렸다. 나의 어린 마음은 《기타》와 아놀드의 《아시아의 빛》, 그리고 예수의 말을 동일한 것으로 간주했다. 바로 자기희생에 종교가 있다는 것이 마음에 들었던 것이다.

이 독서로 다른 종교 창시자의 생애에 대해서 읽고 싶다고 생각했다. 어느 친구가 칼라일의 《영웅과 영웅숭배》를 읽도록 권해주었다. 예언자 무하마드에 대해서 읽고 예언자의 위대함, 용맹함, 엄격한 생활을 알게 되었다.

종교에 대해서 그 이상 알 수는 없었다. 수험참고서 이외의 책을 읽을 시간을 만들지 못했기 때문이다. 그러나 종교에 관한 책을 읽어야 한다, 모든 주요한 종교에 대해서 알아야겠다고 결심했다.

무신론에 대해서 아무것도 모르고 있을 수 있을까? 브래들로[74]의 이름은 모든 인도인이 알고 있다. 브래들로는 무신론자로 알려져 있다. 그래서 브래들로에 대한 책을 한 권 읽었다. 책 이름은 기억하지 못한다. 아무런 영향도 받지 않았다. 무신론이라는 사하라 사막을 나는 이미 건너고 있었다. 베전트 부인의 명성은 그 무렵에도 대단한 것이었다. 부인은 무신론자에서 유신론자가 되었다. 이 일도 무신론에 대해서 나를 무관심하게 만들었다. 나는 베전트 부인의 책 《나는 어떻게 신지주의자가 되었는가》를 읽고 있었다. 마침 그 무렵 브래들로가 서거했다. 워킹 묘지에서 장례식이 거행되었다. 나도 참석했는데, 런던에 거주하는 인도인은 모두 온 듯했다. 돌아오는 길에 우리 모두는 어느 역에서 기차를 기다리고 있었다. 그곳에서 한 호전적인 무신론자가 목사들 중 한 명에게 논쟁을 걸었다.

"그런데 신은 존재한다고 말씀하셨죠?"

그 선한 사람은 조용히 대답했다.

"네, 그렇습니다."

그 사내는 웃었다. 마치 목사에게 결정타를 가하듯이 말했다.

"그래요? 당신도 지구의 원둘레가 2만 8000마일임을 인정하시죠?"

"물론이죠."

"그럼 말씀해보세요. 신의 키는 얼마나 됩니까? 신은 어디에 살고 있습니까?"

"우리가 믿으면 신은 우리 두 사람 마음 속에 살고 있습니다."

"가서 아이들이나 속이세요, 아이들을."

이렇게 말하고 그 무신론자는 주변에 있는 사람들 쪽을 의기양양한 승리자의 얼굴로 바라보았다. 목사는 입을 다문 채로 있었다.

이 대화로 인해서 무신론에 대한 나의 불쾌감은 커졌다.

## 21 '힘없는 자의 힘은 신 라마'*75

힌두교와 세계 여러 종교에 대해서 얼마간 알게 되었으나, 그 지식만으로는 인간을 구제하는 데 충분하지 않다. 위기일 때 인간은 구원자에 대해서 깨닫지도 못하고 알지도 못한다. 무신론자는 구제되면 우연히 구제된 것이라고 말하고, 유신론자는 이와 같은 때 신이 구제해주었다고 말할 것이다. 구제된 뒤, 여러 종교에 대해 배움으로 인한 자제에 의해 신이 마음속에 나타났다고 짐작하는 것이다. 그 사람에게는 그렇게 짐작할 자격이 있다. 그러나 구제되었을 때는 자제가 구제한 것인지 그렇지 않으면 누군가가 구제했는지 모른다. 자기가 자랑하던 자제력이 마구 짓밟히는 것을 경험하지 않은 자가 있을까? 이렇게 했을 때 종교에 대한 지식은 천박한 것처럼 생각된다.

종교에 대한 단순한 지식이 전혀 소용없음을 영국 체재 중에 나는 경험했다. 전에도 나는 이와 같은 위기에서 벗어났는데, 그때 나는 어렸기 때문에 어떻게 구제되었는지 말할 수 없다.

그런데 지금은 20살이 되었고 결혼생활에 대한 경험이 쌓였다.

영국 체재의 마지막 해였던 것으로 기억하는 1890년*76, 포츠머스에서 채식주의자 대회가 개최되었다. 나와 한 인도인 친구가 초대되었다. 우리 두 사람은 도착해서는 어느 부인 집에 머물렀다.

포츠머스는 항만노동자의 도시로 알려져 있다. 품행이 좋지 않은 여성들의 집이 많았다. 여성들은 창녀는 아니었으나 행실이 바르지 못했다. 이 중 한 집에 우리가 머물렀다. 준비위원회가 일부러 이런 집으로 정한 것은 아니었다. 다만 포츠머스와 같은 항구도시에서 여행자가 숙박할 곳을 찾을 때 어느 집이 좋고 어느 집이 좋지 않다는 구별은 하기가 힘들다.

밤이 되어 집회에서 돌아온 우리는 식사 후, 트럼프 놀이를 하게 되었다. 영국에서는 점잖은 집안에서도 이렇게 손님과 주부가 트럼프를 하면서 스스럼없는 농담을 주고받는다. 그런데 여기에서는 상스런 농담이 시작된 것이다. 나의 동료가 이런 화제에 뛰어난 줄은 몰랐다. 나도 재미 있어져 이야기에 끼어들었다. 그리고 말에서 행위로 옮기려 하고 있었다. 트럼프 판은 치워져 있었다. 그러나 나의 선한 친구 마음에 라마가 깃들었다. 그가 말했다.

"자네가 말세의 행동을 하다니! 자네는 이런 짓을 해서는 안 되네. 당장 여기서 나가게."

정신이 든 나는 부끄러워졌다. 마음 속으로는 이 친구에게 감사했다. 어머니 앞에서 한 맹세를 떠올렸다. 나는 거기서 도망쳐 내 방으로 떨면서 들어갔다. 심장은 두근거리고 있었다. 사냥꾼의 손에서 벗어난 사냥감과 다름없는 상태였다.

아내 이외의 여성을 보고 성욕에 사로잡혀 희롱할 생각을 가졌던 것은 이것이 처음이었던 것으로 기억한다. 그날 밤 나는 잠을 이루지 못했다. 여러 가지 상념이 나를 엄습했다. 집을 나갈까? 도망을 갈까? 나는 지금 어디에 있는 것일까? 정신차리지 못했으면 어떻게 되었을까? 나는 주의 깊게 행동할 결심을 했다. 집을 나가선 안 된다, 그러나 포츠머스를 어떻게든 빨리 떠나야 한다고 생각했다. 대회는 2일 이상 개최되지는 않았다. 그래서 이튿날 포츠머스를 출발한 것으로 기억한다. 나의 동료는 포츠머스에 며칠 더 머물렀다.

종교란 무엇이며 신은 무엇인지, 내 마음에 어떻게 작용하고 있는지, 나는 그 무렵 전혀 알지 못했다. 일반적으로 보아 그때 신이 나를 구해주었다고 이해했다. 여러 분야에서 이와 같은 경험을 했다. '신이 구해주었다'는 말의 의미를 오늘날 더욱 잘 이해하게 되었다. 그러나 동시에 이 말의 가치를 아직 평가하지 못하는 것도 알고 있다. 경험에 의해서만 평가할 수 있는 것이다. 몇 가지 정신적 영역과 변호활동, 정치분야에서, '신은 나를 구해주었다'고 말할 수 있다. 나는 이런 일도 경험했다. 온갖 소망을 잃고 팔짱을 끼고 보고만 있을 때 어디선가 구원의 손길을 내미는 것이다. 찬가·숭배·기도는 미신이 아니다. 미신이기는커녕 우리들의 식사, 일상적인 움직임이 진실인 것처럼, 그 이상으로 진실인 것이다. 이것이야말로 진실이고 다른 것은 모두 거짓이라고 해도 과장이 아니다.

이와 같은 숭배, 이와 같은 기도는 단순한 유희가 아니다. 근원은 목이 아니고 마음인 것이다. 그렇기 때문에 우리가 마음의 청아함에 도달해 마음의 금선(琴線)을 조율하면 거기에서 나오는 음은 하늘로 향한다. 혀는 필요치 않다. 이것은 선천적으로 대단한 것이다. 성욕이라는 오탁(汚濁)을 정화하기 위한 진심어린 숭배야말로 만능약임을 나는 믿어 의심치 않는다. 그러나 그 은총을 위해서 우리는 겸허해야만 한다.

## 22 나라얀 헴찬드라*77

이 무렵 나라얀 헴찬드라가 영국에 와 있었다. 작가로서의 그의 명성을 나도 듣고 있었다. 전 영국 인도인협회의 매닝 씨 집에서 그를 만났다. 매닝 씨는 내가 모두와 스스럼없이 지내지 못하는 것을 알고 있었다. 방문을 해도 나는 언제나 말없이 있었고, 누군가가 물으면 그제서야 겨우 대답을 했다.

매닝 씨가 나를 나라얀 헴찬드라에게 소개해주었다.

나라얀 헴찬드라는 영어를 못했다. 복장은 기묘해서, 후줄근한 바지에 때 묻은 옷깃의 갈색 상의를 입고 있었다. 넥타이와 컬러는 하지 않았다. 웃옷은 파르시식이었는데 볼품이 없다. 머리에는 장식 술이 달려있는 털실로 짠 모자를 쓰고 긴 수염을 기르고 있었다.

몸이 말라서 소년 같았다. 마마를 앓은 자국이 있는 얼굴은 둥근 편이다. 코는 높지도 않고 낮지도 않다. 수염에 손을 대고 있었다.

정장을 한 사람들 사이에 있는 나라얀 헴찬드라는 기묘하면서도 다른 사람들과는 다르게 보였다.

"선생님 말씀 많이 들었습니다. 쓰신 책도 몇 권 읽었습니다. 제 집에 와 주실 수 없겠습니까?"

나라얀 헴찬드라의 목소리는 굵은 편이었다. 그는 미소를 지으면서 말했다.

"어디에 사십니까?"

"스토어 가입니다."

"그렇다면 이웃이군요. 저는 영어를 배워야 합니다. 가르쳐주시겠습니까?"

나는 대답했다.

"조금이라도 도움이 된다면 기쁘게 생각합니다. 열심히 노력하겠습니다. 원하신다면 제가 당신이 계신 곳으로 가도록 하겠습니다."

"아닙니다, 제가 가겠습니다. 교과서를 가지고 있으니까 그것을 가지고 가겠습니다."

우리는 시간을 정했고 강한 애정의 유대가 맺어졌다.

나라얀 헴찬드라는 문법을 전혀 몰랐다. '말'을 동사로, '달리다'를 명사로 알았다. 이런 재미있는 예를 몇 개나 기억하고 있다. 그러나 나라얀 헴찬드라는 나에게서 철저하게 배우려는 사람이었다. 문법에 대한 극히 당연한 나의 지식에 감탄하는 사람이 아니었다. 문법을 모르는 것을 부끄럽게 생각하지도 않았다.

"나는 당신처럼 학교에서 공부한 것이 아니오. [전혀 거리낌 없이 나라얀 헴찬드라는 말했다.] 자기의 생각을 표현하는 데 문법이 필요하다고는 생각하지 않았소. 벵골어를 아시오? 나는 알고 있소. 벵골을 여행했다오. 마하르시 데벤드라나트 타고르의 저서들을 구자라트 민중에게 전한 것은 나요. 나는 구자라트 민중에게 다른 나라 언어로 된 번역물을 내놓고 싶소. 번역을 할 때 문법에 얽매이지 않고 의역도 서슴지 않소. 내 뒤에 다른 사람들이 번역을 더 잘 하면 되지. [그러나 문법의 도움 없이 한 것에 나는 만족하고 있소.] 문법은 모르지만 마라티어를 알고 힌디어도 알고 있소. 영어도 알게 되었소. 나에게는 어휘가 필요하오. 단순히 영어만으로 만족한다고는 생각하지 마시오. 프랑스로 가서 프랑스어도 배워야 하오. 프랑스문학은 방대하다고 알고 있소. 가능하면 독일에도 가서 독일어를 배울 거요."

나라얀 헴찬드라의 말은 이런 식이었다. 여행하며 언어를 배우고자 하는 소망이 끝이 없었다.

"그러면 미국에도 물론 가시겠군요."

"물론이오. 그 신세계를 보지 않고 어찌 귀국할 수 있겠소?"

"하지만 그렇게나 많은 돈이 어디서?"

"돈 따위가 무슨 문제라고? 당신처럼 사치스런 생활을 해야만 하오? 식비에 어느 정도 쓰죠? 의복비에는 얼마나? 나는 저서로 버는 약간의 수입과 친구들의 지원으로 충분하오. 나는 어디에나 3등차로 간다오. 미국에는 갑판에 타고 갈 생각이오."

나라얀 헴찬드라의 검소함은 독특했다. 솔직함도 마찬가지였다. 뽐내거나 하는 모습은 털끝만치도 없었다. 그러나 작가로서의 자신의 능력을 과신하고 있었다.

우리는 매일 만났다. 사고방식이나 생활방식에 공통한 점이 많았다. 두 사람 모두 채식주의자였기에 점심을 종종 함께 했다. 내가 1주일에 17실링으로 살며 자취를 하던 시기였다. 때로는 내가 찾아가고 때로는 그가 찾아왔다. 나는 영국식 요리를 만들었으나 나라얀 헴찬드라는 인도식이 아니면 만족해하지 않았다. 달(dal)수프는 빼놓지 않았다. 내가 당근 등의 야채수프를 만들면 나를 측은하게 여기며 어디선가 멍콩*⁷⁸을 찾아왔다. 어느 날은 나를 위해 멍콩을 조리해 와서 아주 맛있게 먹었다. 이렇게 해서 우리의 교제는 더욱 친밀해졌다. 나는 내가 만든 것을 주고 나라얀 헴찬드라도 자기의 요리를 나에게 맛보게 해주었다.

그 무렵 매닝 추기경의 이름이 사람들 입에 오르고 있었다. 조선소노동자들의 파업이 존 번즈와 매닝 추기경의 노력으로 조기에 해결된 것이다. 매닝 추기경의 검소함에 대해서 디즈레일리가 쓴 것을 나는 나라얀 헴찬드라에게 들려주었다.

"그렇다면 그 성인을 만나봐야겠군요."

"대단한 분이신데 어떻게 만나시려고요?"

"내 말대로 하세요. 내 이름으로 편지를 써서 내가 작가라고 소개하세요. 당신의 선행에 대해서 감사의 뜻을 표하고 싶어 뵙고 싶다고 쓰세요. 영어를 못해 당신을 통역으로 데리고 간다는 말도 쓰세요."

나는 그의 말대로 편지를 썼다. 2, 3일 지나자 매닝 추기경의 답장이 왔다. 만날 날짜가 지정되어 있었다.

우리는 떠났다. 나는 관습에 따라서 방문용 복장을 했다. 그러나 나라얀 헴찬드라의 복장은 평소 그대로였다. 그 웃옷, 그 바지, 나는 놀려댔다. 그러자 나의 농담을 일축하며 말했다.

"당신들 신사는 모두 겁쟁이요. 위인은 사람의 복장을 보지 않고 사람의 마음을 보는 법이오."

우리는 추기경의 저택으로 들어갔다. 마치 궁전 같았다. 우리가 앉자 바로 마르고 키가 큰 노인이 들어왔다. 우리 두 사람과 악수하고 나라얀 헴찬드라를 환영했다.

"나는 당신의 시간을 빼앗지 않겠습니다. 나는 당신에 대해서 들었습니다. 파업에서 당신께서 하신 일에 감사하고 있습니다. 세계의 성인들을 뵙기로 나는 정했고, 그래서 당신께 폐를 끼쳤습니다." 나라얀 헴찬드라는 나에게 통역을 하라고 말했다.

"당신이 와주신 것을 기쁘게 생각합니다. 이곳에서 머무는 동안 평안하기를, 이곳 사람들과 서로 알고 지내게 되길 희망합니다. 신이 당신을 축복하시길." 이렇게 말하고 추기경은 일어섰다.

언젠가 나라얀 헴찬드라는 도티*79, 쿠르타*80 차림으로 찾아왔다. 하숙집의 선량한 여주인은 문을 열었다가 나라얀 헴찬드라를 보고는 놀라고 말했다. 내 방으로 와 (내가 계속 하숙집을 바꿨던 것을 독자는 기억하고 있을 것이다) 말했다.

"어떤 이상한 사람이 당신을 만나러 왔어요."

내가 문으로 나가보니 나라얀 헴찬드라가 서있는 것이 아닌가. 나는 깜짝 놀랐다. 그러나 나라얀 헴찬드라는 얼굴에 여느 때와 다름없이 웃음을 띠고 있었다.

"아이들이 장난질을 하거나 놀리지는 않았습니까?"

"내 뒤를 쫓아왔지요. 내가 개의치 않았기 때문에 그대로 가버렸소."

나라얀 헴찬드라는 영국에 몇 개월 머문 뒤 파리로 갔다. 그곳에서 프랑스어 공부를 시작했고 프랑스어 작품을 번역하기 시작했다. 약간의 프랑스어 실력을 가진 내게 번역을 봐달라고 부탁했다. 그런데 그것은 번역이 아니라 단순한 의역이었다.

드디어 나라얀 헴찬드라는 미국에 건너갈 뜻을 이루었다. 가까스로 3등표를 손에 넣을 수가 있었다. 미국에 도티, 쿠르타의 모습으로 상륙했기 때문에 '적합하지 않은 복장'이란 죄로 체포되었다. 나중에 석방된 것으로 기억하고 있다.

### 23 만국박람회

1890년 파리에서 만국박람회가 개최되었다. 나는 박람회 준비에 대해서 신문에서 읽고 있었다. 원래 파리를 구경하고 싶다는 소망이 강했기 때문에 박람회를 보러 가면 일석이조라고 생각했다. 박람회에서 본 에펠탑의 매력은 대단했다. 이 탑은 철제만으로 만들어져 있다. 높이가 1000피트인데, 이 탑이 세워지기 전에 높이 1000피트의 건조물은 세울 수 없다고 사람들은 생각했었다. 박람회에서는 그 밖에도 볼거리가 많이 있었다.

파리에 채식 레스토랑이 있다는 것은 이미 알고 있었기 때문에 방 하나를 예약했다. 절약해서 여행하며 파리에 도착했다. 7일간 머물며 봐야할 곳은 모두 돌아다니면서 보았다. 파리와 박람회의 가이드북과 지도를 샀다. 그 지도를 보며 장소를 찾고 중요한 곳을 구경했다.

박람회의 장대함과 다양함 외에는 기억에 남아있지 않다. 에펠탑에는 두세 번 올라가서 잘 기억하고 있다. 1층에는 레스토랑도 있었다. 이렇게 높은 곳에서 식사를 해봤다는 얘기를 하기 위해 나는 7실링 반이나 들여 식사를 했다.

파리의 오래된 성당을 기억한다. 외부의 웅장함과 내부의 정적은 잊을 수 없다. 노트르담성당의 조각과 그림은 지금도 기억하고 있다. 거액의 비용을 투자해 지상의 것으로는 생각되지 않는 이런 성당을 건립한 사람들의 마음 속에 신에 대한 사랑이 있었을 거라고 생각했다.

파리의 패션, 자유분방함과 향락에 대해서는 익히 알고 있었고 골목마다 그 증거를 볼 수 있었다. 그러나 대성당은 향락과는 전혀 다른 것으로 보였다. 안에 들어가면 밖의 시끄러움은 잊어 버린다. 사람들의 태도도 바뀌어서 예의바르게 대한다. 내부는 정적이다. 동정녀 마리아상 앞에서 누군가 계속 기도를 하고 있다. 이 모든 것은 미신이 아니다. 진심어린 감정의 표출인 것이다. 그때 나는 감명을 받았고 그 기분은 고조되어 갔다. 동정녀 마리아상 앞에 무릎을 꿇고 기도하는 신자는 대리석상에 비는 것이 아니라, 마리아상 속에 있는 자신이 상상한 힘에 빌었던 것이다. 그러므로 신자들은 신의 위엄을 손상하는 것이 아니라 높이고 있었다. 나의 마음에 준 영향에 대해서 오늘날에도 희미하게나마 기억하고 있다.

에펠탑에 대해서 할 말이 하나 있다. 에펠탑이 현재 무엇에 사용되는지 모른다. 그러나 박람회에 간 뒤에 박람회에 대해서 쓰인 것을 읽었다. 칭찬도 있었고 비난도 있었다. 주로 비난한 사람은 톨스토이였던 것으로 기억한다. 에펠탑은 인간의 어리석은 행위의 표상이지 뛰어난 지혜의 결과가 아니라고 하며 이렇게 역설했다. 이 세상 몇 종류의 중독 가운데 담배 중독이 가장 나쁘다. 나쁜 짓을 하려는 용기는 술을 마셔도 낼 수 없는 것인데 담배를 피움으로써 내는 것이다. 음주로 사람은 미치광이가 되지만 흡연자의 두뇌에는 연기가 퍼져 공중누각을 만들어낸다. 에펠탑은 이런 중독의 결과라고 톨스토이는 자신의 의견을 말했다.

에펠탑에는 어떤 아름다움도 없다. 탑 때문에 박람회의 훌륭함이 증대했다고도 말할 수 없다. 탑은 하나의 새로운 것, 거대한 것이다. 그렇기 때문에 몇만이란 사람들이 구경을 위해 올라간 것이다. 탑은 박람회의 하나의 장난감이었다. 장난감에 정신이 팔려 있을 때에는 우리도 유아이다. 이를 이 탑은 충분히 증명한다. 탑을 평가해본다면 장난감으로서의 효용이 인정될 것이다.

### 24 법정변호사가 되었다―그러나 앞날은?

나는 법정변호사가 되려는 목적 때문에 영국으로 간 것인데 그 목적에 대해서 이제까지 언급을 하지 않았다. 이제 그 일에 대해서 얘기할 때가 되었다.

법정변호사가 되기 위해 두 가지 조건이 필요했다. 첫째는 '학기를 마칠 것', 즉 학기에 출석하는 것이고, 둘째는 법률시험을 치르는 것이다. 1년은 4학기이다. 그러므로 12학기를 출석해야 한다. 학기에 출석하는 것은 '만찬에 나가는 것'을 의미한다. 즉 학기마다 보통 24번의 만찬이 있고, 그 가운데 6번을 참석하게 되어 있다. 그 모임에서는 식사를 해야만 한다는 규정은 없다. 그러나 정각에 출석해 모임이 끝날 때까지는 앉아 있어야 한다. 일반적으로는 모두 식사를 한다. 식사에는 고급요리와 고급술이 나온다. 물론 회비는 지불해야 한다. 금액은 2.5에서 3.5실링, 즉 2, 3루피의 지출이다. 영국에서는 이 금액을 대단히 싸다고 여긴다. 왜냐하면 레스토랑에서 식사를 하면 술값만으로 이 정도는 들기 때문이다. 식대보다 술값이 많이 든다. 인도인인 우리들에게는―이른바 '신사'가 아닌 이상―이것은 놀랄 만한 일이다. 나는 영국에 가서 이 사실을 알고 대단히 충격을 받았다. 술을 마시기 위해 왜 이토록 돈을 낭비하는지 이해할 수 없었지만 나중에는 나도 이해하는 것을 배웠다. 만찬에서 처음에는 아무것도 먹지 않았다. 내가 먹을 수 있는 것이라고는 빵과 삶은 감자와 양배추뿐이었기 때문이다. 처음에는 그것도 마음에 안 들어 먹지 않았다. 나중에 맛보게 되자 다른 것도 먹을 용기가 생겼다.

학생용 식사와 '평의원'(법학원의 장로들)을 위한 성찬이 별도로 준비되어 있다. 파르시교도인 학생이 함께 있었는데 채식주의자였다. 우리 두 사람은 채식 선전을 위해, 평의원의 음식 중에서 채식주의자가 먹을 수 있는 음식을 요구했다. 요구는 받아들여져서 평의원 식탁의 과일과 다른 야채요리가 우리 식탁으로 왔다.

술은 나에게 필요없었는데, 4인 1조의 식탁에 술이 두 병 딸려 나왔다. 나는 마시지 않아 나머지 셋이서 술을 다 마실 수 있기 때문에 여기저기서 나를 데려가려 했다. 이 밖에 각 학기마다 특별만찬이 있다. 그날에는 포트와인이나 셰리 외에 샴페인이 한 병 곁들여진다. 샴페인은 특별한 술이었다. 그래서 이 특별한 만찬일에는 나의 몸값이 올라, 꼭 참석해달라는 부탁을 받곤 했다. 이 만찬이 법정변호사가 되는 데 도움이 되는지를 그때 나는 이해할 수 없었고 나중에도 그랬다. 만찬에 출석하는 학생들이 적어서 평의원들과 학생들이 대화를 하고 발표도 하던 시절이 있었다. 그때 학생들은 매너를 익힐 수 있었다. 좋건 싫건 일종의 예절을 배우고 연설 능력을 높이고 있었던 것이다. 그러나 나 때에는 이런 일이 모두 불가능했다. 평의원들은 멀리 떨어져 앉아있다. 이 오랜 관습은 후대로 접어들면서 아무런 의미도 없어졌다. 그럼에도 불구하고 전통을 애호하는 보수적인 영국에서는 이것을 여전히 고수하고 있다.

법률공부는 쉬웠다. 법정변호사들은 농담으로 '만찬법정변호사'로 불릴 정도였다. 시험의 가치는 거의 없다는 것을 모두가 알고 있었다. 나 때에는 시험이 두 번뿐이었다. 로마법과 보통법 두 개뿐이고 더구나 출제되는 시험용 교과서는 지정되어 있었다. 그러나 교과서를 읽는 사람은 아무도 없었다. 로마법에 대해서 쓴 요약노트를 손에 넣어 보름 만에 그것을 읽고 합격한 사람들을 보았다. 영국 보통법에 대해서도 마찬가지다. 요약노트를 두세 달 읽고 수험준비를 하는 학생들까지 보았다. 시험문제는 쉽고 시험관은 관대했다. 로마법에서는 95~98%가 합격하고 최종시험에서는 75% 이상 합격했다. 그래서 불합격될 우려가 거의 없었다. 게다가 시험은 1년에 1번이 아니고 4번이나 있다. 이렇게 무난한 시험을 아무도 짐으로 생각하지 않았다.

그런데 나는 시험을 짐으로 여겼다. 나는 교과서를 확실하게 읽지 않으면 사기행위라고 생각했다. 그래서 교과서를 사서 갖추는 데 상당한 지출을 했다. 나는 로마법을 라틴어로 읽을 결심을 했다. 런던의 대학입학검정시험에서 라틴어를 배웠기 때문이다. 그것이 여기에서 도움이 되었다. 라틴어 공부는 헛되지 않는다. 남아프리카에서는 로마법계 네덜란드법이 보통법으로 되어 있다. 그것을 이해하는 데 《유스티니아누스법전》 연구가 많은 도움이 되었다.

보통법의 연구는 고된 노력으로 마치는 데 9개월이 걸렸다. 그것은 브룸의 《보통법》이라는, 두텁지만 대단히 흥미 깊은 책을 다 읽는 데 상당한 시간이 걸렸기 때문이다. 스넬의 《형평법》을 재미있게 읽었지만 이해하기가 어려웠다. 화이트와 튜더의 《지도적 판례집》에서 소송을 재미있게 읽었고 지식도 얻었다. 윌리엄스와 에드워드의 《부동산법》, 굿이브의 《동산법》을 재미있게 읽을 수 있었다. 윌리엄스의 책은 소설 같았다. 읽으면서 지루함이 전혀 없었다. 법률서 가운데서 이만큼 재미있었던 것은 귀국 후 읽은 메인의 《힌두법》이었다. 그러나 인도의 법률에 대해서는 이 장에서 언급하지 않겠다.

시험에 합격했다. 1891년 6월 10일, 나는 법정변호사가 되었다. 6월 11일, 2.5실링을 지불하고 영국 고등재판소에 등록했다. 그리고 6월 12일 인도를 향해 출발했다.

그러나 나의 실망과 공포에는 끝이 없었다. 법률은 확실하게 배웠지만 변호사로서 활동할 수 있는 그 어떤 것도 배우지 않았음을 느끼고 있었다.

이 고뇌에 대한 이야기에는 다른 장이 필요하다.


### 25 나의 고뇌

법정변호사로 불리는 것은 쉬웠지만 법정변호사 일은 힘들었다. 법률은 배웠지만 변호사 일은 배우지 못했다. 몇 가지 법률 격언을 읽고 마음에 들었지만 이 일에 법률 격언을 어떻게 적용해야 하는지 몰랐다. '자기의 재산을 사용할 때는 타인의 재산을 침해하지 않도록 운용하라'―이것은 격언 중 하나인데, 변호사직에 종사하면서 의뢰인의 소송에 이 법률 격언을 어떻게 적용할지 이해하지 못했다. 이 법률 격언이 적용된 소송 기록을 읽었지만 적용할 방법을 몰랐다.

그뿐 아니라, 배웠던 법률 중에는 인도 법률의 이름조차 없었다. 힌두법과 이슬람법이 어떤 것인지도 몰랐다. 소송장의 작성방법도 배우지 않았다. 나는 매우 고민했다. 페로제샤 메타*⁸¹의 이름은 듣고 있었다. 법정에서는 사자처럼 포효(咆哮)한다고 했다. 그는 그것을 영국에서 어떻게 배운 것일까? 그와 같은 재능은 평생을 걸쳐도 습득할 수 있는 것이 아니다. 그건 그렇다 치더라도, 변호사로서 생계를 꾸려나가는 능력에 대해서 내 마음에 커다란 의문이 생겼다.

이 고민은 법률을 공부하기 시작했을 때부터 계속 느끼고 있었다. 나의 고민을 몇몇 친구에게 이야기하자, 친구들은 다다바이에게 상담하라고 조언해주었다. 앞에서 얘기한 것처럼 나는 다다바이 앞으로 쓴 소개장을 가지고 있었다. 이 소개장을 사용한 것은 상당히 나중이었다. 그때까지 나는 이처럼 훌륭한 분을 만나러 갈 자격이 나에게 있을까, 생각했다. 어딘가에서 연설이 있으면 나는 달려가 한 구석에 앉아서 눈과 귀를 만족시키고 돌아오곤 했다. 다다바이는 학생들과 가까이 접촉하기 위해 협회를 설립했다. 나는 그곳에 계속 다니고 있었다. 학생들에 대한 다다바이의 배려를 보고, 또 다다바이에 대한 학생들의 경의를 보면서 나는 기쁨을 느꼈다. 그리고 드디어 소개장을 건넬 용기를 냈다. 다다바이는 말했다.

　"만나고 싶거나 상담하고 싶을 때, 언제든지 오게."

　그러나 나는 결코 폐를 끼치지는 않았다. 중대한 어려움이 있는 경우를 제외하고 시간을 쪼개달라는 것은 죄악처럼 생각되었기 때문이다. 그렇기 때문에 친구의 조언처럼 다다바이에게 고민거리를 상담할 용기가 나지 않았다.

　이 친구였는지 다른 친구였는지 확실치는 않은데, 프레데릭 핀커트 씨를 만나도록 권해주었다. 그는 보수당 사람이었지만 인도인에 대한 애정은 순수하고 공정함 그 자체였다. 많은 학생이 그에게 상담을 했다. 그래서 나는 편지를 써 면회시간을 요청했고 그가 시간을 내주어 나는 그를 만났다. 이 면회는 결코 잊을 수 없다. 그는 친구처럼 만나주었다. 나의 고민을 웃어 넘겼다.

　"모두가 페로제샤 메타처럼 되어야 한다고 생각하나? 페로제샤 메타나 바드루딘 탸브지 같은 사람은 한둘 뿐이네. 보통 변호사가 되는 데 그 정도의 재능은 필요치 않다고 생각하게. 변호사일은 정직함과 열성이면 충분히 할 수 있어. 소송이 모두 복잡하게 얽힌 것만은 아닐세. 그런데 자네의 독서량은 어떤가?"

　내가 읽은 책에 대해 이야기하자 다소 실망한 듯했다. 그러나 그 낙담은 순간이었다. 곧 얼굴에 미소가 번지며 이렇게 말했다.

　"그대의 고뇌는 알겠네. 일반분야에 대한 자네의 독서량은 극히 적어. 그대는 세상일을 모르는데 그래서는 변호사일은 해나갈 수 없어. 자네는 인도

의 역사에 대해서도 읽지 않았네. 변호사는 사람의 성품에 대해 알아야 하
네. 표정을 보고 인물을 간파할 수 있어야 해. 더욱이 인도인이라면 누구나
인도의 역사를 알아야지. 이것은 변호사일과는 관계 없지만 알고 있어야 하
는 지식이야. 자네는 케이와 몰슨이 쓴, 1857년 반란에 대한 책을 읽지 않
은 것 같군. 그것은 곧 읽어야 해. 그리고 책 두 권을 적어줄테니 인간을 파
악하기 위해 꼭 읽기 바라네." 그는 레베이터와 셈멜페니크의 인상학에 관한
책 두 권의 이름을 적어 주었다.

나는 이 노령의 친구에게 대단히 감사했다. 곁에 있는 것만으로도 나의 두
려움은 순식간에 사라졌다. 그러나 밖으로 나오자 곧바로 다시 고민하기 시
작했다. 표정을 보고 사람을 간파한다는 말을 되풀이하며 2권의 책에 대해
서 생각하면서 집에 도착했다. 이튿날, 레베이터의 책을 샀다. 셈멜페니크의
책은 그 서점에는 없었다. 레베이터의 책을 읽어 보았는데 이것은 스넬의
《형평법(衡平法)》보다 더 난해하고 재미가 없었다. 셰익스피어의 인상학 연
구도 해보았다. 그러나 런던 거리를 걷는 셰익스피어들을 감별하는 능력은
익히지 못했다.

레베이터로부터는 아무런 지식도 얻을 수 없었다. 핀커트 씨의 조언에서
얻은 직접적인 이익은 적었지만 그의 애정이라는 커다란 이익을 얻었다. 상
냥하고 관대한 표정을 잊을 수 없다. 변호사일을 하려면 페로제샤 메타와 같
은 명민함이나 기억력 따위는 필요치 않다, 정직함과 열성만으로 충분히 해
나갈 수 있다는 그의 말을 나는 믿었다. 이 두 가지에는 상당히 자신이 있었
기 때문에 조금 희망이 생겼다.

케이와 몰슨의 책은 영국에서 읽지 못했다. 그러나 기회가 있으면 읽으려
고 결심했던 소망을 남아프리카에서 이루었다.

이렇게 실망 속에 얼마간의 희망을 안고 기선 아삼 호에서 설레는 발걸음
으로 뭄바이 만에 내렸다. 항만 안쪽은 파도가 거칠어서 소형 증기선을 타고
부두에 닿았다.

〈주〉

*1 포르반다르(Porbandar) : '흰 항구'를 의미한다. 사우라시트라(카티아와르) 중앙부에
　위치하고 아라비아 해를 바라본다. 북방에는 크리슈나신과 연관이 있는 드와르카, 남

방에는 바다에 접해 솜나트사원, 동방에는 바다르 강, 크리슈나신의 학우인 스다마의 도시이기도 하다. 1827년, 포르반다르 왕국의 인구는 7만 2000.

*2 살람(salam) : 악수(額手)의 예. 상체를 앞으로 구부리고 오른손을 이마에 가까이 대고 하는 이슬람교도의 인사.

*3 디반(divan) : 카티아와르 왕국에서의 직책명. 직무는 민사사건의 조정, 조세징수, 국경선획정, 치수공사의 감독 등이다.

*4 구자라트어 초등학교 5년생 : 그 무렵 초등학교는 5년제이며, 구자라트어의 읽기와 쓰기, 산수를 가르쳤다.

*5 카타(katha) : 이야기를 의미하는데 여기에서는 종교적 이야기.

*6 브라만(Brahman) 바라문. 카스트, 즉 정복자·피정복자의 피부인 바르나(Varna, 색)로 신분, 계급, 종성(種姓)을 의미하는 제도이고 제1위. 종교적·사회적 의무는 성전, 전통적 학문을 배워 후대에 전하는 것이다. 여기에서는 마부지 다베, 통칭, 마부지 조시를 가리킨다.

*7 《기타(Gita)》: 서사시 《마하바라타》의 일부, 종교철학적 시편인 《바가바드기타》(Bhagavadgita), 생략해서 《기타》. 간디는 때때로 지(ji……)를 붙여서 존경하고 있다.

*8 슐로카(shloka) : 송(頌). 8음절씩 4행의 시구절.

*9 하벨리(haveli) : 고층. 견고한 대저택을 의미하는데 여기에서는 바이슈나바 사원.

*10 차투르마스(chaturmas) : 글자의 뜻은 4개월. 우기의 4개월간 소원을 내걸고 단식, 반단식을 한다.

*11 찬드라얀(chandrayan) : 단식의 일종. 달의 차고 기울음에 따라서 식사의 양을 증감한다.

*12 바마 사헤브(Bama saheb) : 왕의 어머니.

*13 바다르보월(月) : 흑반월 제12일 바다르보월은 8월 중순에서 9월 중순. 흑반월은 만월의 이튿날부터 새 달까지의 15일.

*14 파파드(papad) 파파르(papar). 콩을 빻아서 향신료, 소금을 넣고 물을 부어 충분히 시간을 들여서 반죽을 하고, 밀대로 얇고 둥글게 늘여서 그늘에 말린다. 양면을 굽거나 기름에 튀겨 식사 전후에 먹는다. 소화에 좋다고 한다. 덜 익은 것은 먹을 수 없다.

*15 《희곡 슈라반의 부모효도》(Shravan pitri Bhakti natak) : 《라마야나》에 있는 신화. 부모효도의 슈라반은 멜대의 양끝에 큰 바구니를 달고 장님인 부모를 앉혀 어깨에 메고 성지순례 여행에 나선다. 밤에 목이 마른 부모를 위해 숲속의 못으로 물을 길러 간다. 물을 긷는 소리를 사슴이 물을 마시는 소리로 생각해 다샤라타왕은 화살을 쏜다. 슈라반은 숨을 거두기 전에, 부모에게 물을 갖다 주라고 부탁을 한다. 고백을 하는 다샤라타왕에게 아버지는 저주를 한다. 그대도 언젠가는 아들과의 이별로 죽는다고.

*16 요지경. 그림을 구경거리로 한 길거리 흥행.

*17 하르모니암 : 상자형 아코디온 모양의 악기.

*18 하리슈찬드라의 이야기. 하리슈찬드라 왕은 비슈바미트라에게 왕국을 기증하는 꿈을 꾼다. 그러자 현실로 비슈바미트라가 나타나 요구한다. 하리슈찬드라는 모든 영토와 국고를 기증하고 왕비와 왕자를 동반해 베나레스로 향한다. 비슈바미트라는 나타나서 사례를 강요하고, 왕은 왕비와 왕자를 브라만에게 팔고 자기 자신을 화장터의 우두머리에게 팔아 사례를 지불한다. 어느 날, 뱀에 물려죽은 아들을 안고 아내가 화장터로 찾아온다. 하리슈찬드라는 의무로서 죽은 자의 의복을 요구해야만 한다. 이 이야기는 신들이 내린 시련을 보여준다. 희곡, 영화의 소재가 되고 있다.

*19 힌두교도(Hindu) : Hindu는 본래 스인두(인더스) 강에서 동쪽 사람들을 의미한다.

*20 할디(haldi)를 바르는 의식. 소맥분에 울금과 기름을 넣고 잘 반죽해 비누모양으로 한 것인데 온몸에 바른다. 이 뒤에는 집에서 나갈 수 없다.

*21 코스(kos) : 거리단위. 2.5킬로에서 3킬로.

*22 길상(吉祥)일 때(muhurt) 점성술로 산출한다. 48분간에 해당한다.

*23 니슈쿨라난드(Nishkulanand) : 19세기, 스와미 나라얀파인 구자라트어 시인. 시 3000 구를 남겼다.

*24 사프타파디(saptapadi) : 신랑과 신부가 함께 일곱 걸음을 걷고 일곱 가지 맹세를 한다.

*25 칸사르(kansar) : 보리를 눋게 한 것을 기로 볶아 설탕과 말린 과일을 넣은 과자.

*26 삼스카르(samskar) : 과거의 세계에서 물려받은 것.

*27 파이스(paiso) : 〔히〕파이사(paisa). 화폐단위에서는 4파이사에 1아노.

*28 파이(pai) : 3파이가 1파이스에 해당한다.

*29 파르다(parda) : 커튼에서 바뀌어 여성격리. 가족 이외의 남성에게 얼굴을 보이지 않는다.

*30 아노(ano) : 〔히〕아나(ana). 화폐단위. 구단위에서는 1루피의 16분의 1. 4파이사에 해당한다. 아나는 복수형.

*31 나르마드(Narmad) : 나르마다샨카르(Narmadashankar). 나르마드는 통칭. 19세기, 구자라트어의 문인. 뭄바이에서 영어교육을 받고 교직에 오르지만 문필생활에 전념한다. 계몽활동을 했다.

*32 바이슈나바(Vaishnav) : 비슈누파 신도.

*33 자이나교(Jaina) : 불타의 동시대인 마하비라(Mahavira, 위대한 용자)가 개조(開祖). 비살생을 준수한다.

*34 카스트 : 포르투갈어인 카스타(casta, 혈통)에서 온 말. 구자라트어 나트/그나티/니야티(nat/gnati/nyati)는 '서로 알고 지내는 사회집단'을 의미한다. 힌디어인 자티(jati)

'태생이 같은 집단'과 같다. 본서에서는 카스트로 번역한다.

＊35 비디(bidi) 담배 : 텐두나무의 담배를 말아 실로 묶은 것. 종이로 만 담배보다 값이 싸다.

＊36 다투라(dhatura) : 흰독말풀. 입과 씨앗에 향정신성물질이 포함되어 있다. 많이 먹으면 발광하는 것으로 알려져 있다.

＊37 지(ji) : '……씨' 인물만이 아니고 종교시설, 성지 등에도 붙여진다.

＊38 케다르지(Kedarji) 사원 : 케다르는 시바의 링가. 시바사원.

＊39 기유(油)(ghi) : 버터의 수분을 제거한 것. 고형상. 열을 가하면 녹아 액상이 된다.

＊40 람지(Ramji) : 라마의 사원

＊41 톨로(tolo) : 〔히〕톨라(tola). 귀금속의 중량단위. 1톨로는 약 10그램.

＊42 라마의……안다 : 나르시 메타(Narsi Maheta)의 시구. 메타는 15세기 구자라트어 시인. 크리슈나신에 대한 신앙을 시로 표현했다. '바이슈나바 신도란 타인의 아픔을 아는 자를 말한다'는 메타의 작품이고 간디는 이를 선호하고 있었다.

＊43 바이드(vaid) : 〔히〕바이디야 (vaidya). 인도전통의학 아유르 베다의 의사.

＊44 하킴(hakim) : 그리스, 사라센의학의 의사.

＊45 부적(madaliyun) : 왼팔에 맨다.

＊46 칸티(Kanthi) : 바이슈나브신도가 목에 거는 작은 염주.

＊47 라마나마(Ramanama) : 라마 신의 이름.

＊48 람 라크샤(Ram Raksha) : 라마 찬가. 라마는 온갖 재난으로부터 지켜주는 것으로 여겨진다.

＊49 한센병(kodh) : 〔전〕구자라트어로는 '백피(白皮), 백납'을 의미할 때가 있다.

＊50 마하데바(Mahadeva) : 신. 시바신.

＊51 벨(bel) : 벨 나무의 잎. 잎의 모양이 시바신의 삼차(三叉)의 극(戟)을 닮아 거룩한 것으로서 시바신에게 바쳐진다.

＊52 툴시다스(Tulsidas) : 16～17세기의 힌디어 시인. 라마신에 대한 절대귀의를 역설한다. 대표작 《람 차리트마나스》(Ram charit manas 람 행위의 호수). 통칭 《툴시라마야나》.

＊53 바크티마르 (bhakti marg) : 최고 인격신에 대한 절대귀의와 신애에 의한 길.

＊54 에카다시(Ekadashi) : 대음월배반월(大陰月白半月), 흑반월 제11일. 소원을 내걸고 단식을 한다.

＊55 《바가바트》(Bhagavat) 《바가바타 푸라나》(Bhagavata purana). 12편 312장 1만 8천 슐로카로 이루어지고 비슈누신과 그 화신을 이야기한다. 크리슈나의 유소기를 다룬 제10편은 잘 알려져 있다.

＊56 단식 기간은 1924년 9월 17일부터 10월 8일.

＊57 말라비야 마단 모한(Malaviya Madan Mohan)：1861~1946. 변호사, 정치가. 1916
    년, 베나레스 힌두대학을 개설. 바르트부샨 (Bharatbhushan, 인도의 장식)·판디트
    (Pandit, 브라만에 대한 경칭).
＊58 이슬람교도(Musalman)：무하마드(마호메트)가 창시한 이슬람교의 신도.
＊59 파르시교도(Parsi)：8세기, 이슬람교도에게 쫓겨 뭄바이 북방으로 온 조로아스터교도.
＊60 《마누법전》(manusmriti, Manava Dharmashstra)：관행, 선례, 베다의 교설에 의거해 편
    찬된 법전.
＊61 물을 ……의미 있는 것：샤말바트(Shamalbhatt)의 6행시. 샤말바트는 18세기의 구자라
    트어 시인. 학식, 시재에 뛰어나고 다작. 실천도덕을 역설한 6행시는 잘 알려져 있다.
＊62 바킬(vakil)：원래는 대표, 사자를 의미했는데 오늘날에는 변호사를 말한다.
＊63 오체투지(五體投地)의 예(dandvat, sashtang)：엎드려서 이마, 눈, 손, 가슴, 다리,
    정강이, 마음과 음성으로 하는 예. 가지런히 모은 두 손은 상대를 향하고 몸은 꼿꼿
    이 한다.
＊64 모드 바니아(Mode baniyo)：현재의 바로다현 모델룬 마을을 부조의 땅으로 하는 교
    역, 상업, 금융업에 종사하는 카스트. 그 구성원인 간디 집안은 이 카스트에 속했다.
＊65 디발리(Divali)：카르타크월(10월 중순에서 11월 중순)의 새 달. 축제는 저녁부터 모
    든 집에 등불이 켜지고 부의 여신 라크슈미를 예배한다.
＊66 루피요(rupiyo)：[히]루피야(rupya). 통화단위. 구 단위에서는 1루피요=16아나=64
    파이사. 본래 은화를 의미한다.
＊67 나오로지 다다바이(Naoroji Dadabhai)：1825~1917. 뭄바이의 엘핀 스톤 컬리지 졸
    업. 모교에서 인도인으로는 최초의 수학·물리학 교수. 1855년, 영국으로 건너가 영국
    통치하의 인도의 부의 유출을 호소했다. 귀국 후, 인도국민회의창설에 참가. 의장을
    세 번 지냈다. 영국 하원의원에 선출된 최초의 인도인이기도 하다.
＊68 앵글로 인디언(Anglo Indian)：아버지 또는 부계 쪽의 선조가 유럽인(주로 영국인)인
    인도인.
＊69 브라마차리(Brahmachari)：브라마차리아를 준수하는 사람, 학생.
＊70 마야(maya) 환력(幻力). 사람을 현혹하는 힘.
＊71 신지주의자(Theosophist)：러시아인 여성 영능자 브라바츠키와 미국인 올코트 대령에
    의해서 1875년에 협회가 설립되고 1879년에 카르카타에 지부를 두었다. 이 협회원은
    접신론자(接神論者)로도 알려져 있다. 인도사상이나 불교의 업, 윤회사상 등으로부터
    의 영향을 엿볼 수 있다.
＊72 사람이 ……파멸한다：《기타》 II-62~63.
＊73 베전트, 애니(Besant, Annie)：1847~1933. 1893년 인도로 갔다. 1898년 베나레스에
    서 센트럴 힌두 컬리지 설립. 1916년 틸라크와 함께 자치연맹 결성. 1917년 인도국민

회의 의장.

*74 브래들로(Bradlaugh) : 1833~91. 영국의 사회개혁가. 이코노클래스트(Iconoclast)란
   필명으로 자유사상을 고취. 하원의원에 선출되었는데, 성서에 대한 선서를 거부하여
   의회에서 추방되었다.

*75 힘없는 자의 힘은 신 라마(nilbal ke bal Rama) : 술다스의 찬가인 리플레인. '라마,
   힘없는 자에게 도움, 약한 자의 힘'

*76 1890년 〔전〕1891년이어야 한다.

*77 나라얀 헴찬드라(Narayan Hemchandra) : 〔전〕간디는 그를 예언자 무하마드의 전기작
   가라고 했다.

*78 멍(mung)콩 : 쪼갠 콩, 멍은 소화에 좋다고 알려져 있다.

*79 도티(dhoti) : 힌두교도의 남성이 착용하는, 허리에 둘러 입는 짧은 옷.

*80 쿠르타 (kurta) : 낙낙한 긴 소매 셔츠, 옷자락은 무릎까지 올 정도로 길다.

*81 메타 페로제샤 메르완지(Mehta Phirozsha Merwanji) : 1845~1915. 저명한 법률가,
   정치가. 영국에서 법률을 배우고 귀국 후, 뭄바이주립 법참사회 멤버. 인도국민회의
   창설에 참가. 의장을 두 번 지냈다.

# 제2부

## 1 레이찬드바이[*1]

앞 장에서 나는 뭄바이 만이 어수선했다는 말을 했다. 그것은 6, 7월의 인도양에서는 놀랄 만한 일이 아니다. 바다는 아덴에서부터 계속 거칠어지고 있었다. 선객은 모두 뱃멀미를 하고 나만 멀쩡해서, 태풍을 보기 위해 갑판 위에 계속 서 있다가 옷이 젖기도 했다. 식사 때는 나와 한두 명만이 오트밀 죽이 든 접시를 무릎에 안고 먹었다. 그렇게라도 하지 않으면 죽이 쏟아질 정도의 날씨였다!

바깥 세계의 태풍은 내 마음속 태풍의 상징이었다. 거친 태풍에도 불구하고 나는 평정을 유지할 수 있었던 것처럼, 마음속의 태풍에 대해서도 동일하다고 말할 수 있을 것 같았다. 카스트에 대한 문제도 물론 있었다. 직업에 대한 걱정에 대해서는 이미 얘기했다. 이 밖에 개혁자로서 몇 가지 개혁에 대해 생각하며 걱정도 하고 있었다. 그런데 생각지도 않았던 일이 발생하고 말았다.

나는 어머니를 만나고 싶은 생각에 안절부절 못하고 있었다. 소형 증기선이 부두에 닿자 형이 마중을 나와 있었다. 형은 메타 박사와 그의 형과는 이미 알고 지내는 사이가 되었다. 메타 박사는 자기 집에 머물도록 열심히 권하며 나를 자택으로 데리고 갔다. 이렇게 해서 영국에서 맺어진 관계는 인도에서도 이어져 더욱 공고하게 양가를 결부시킨 것이다.

어머니가 돌아가신 줄은 전혀 모르고 있었다. (나를 마중하며 품에 꼭 안아줄 것으로 생각했었다.) 집에 도착한 다음 알려주고 목욕을 하라고 했다. 돌아가셨다는 소식은 영국에서 받을 수도 있었다. 그러나 외국 땅에서 어렵게 공부하는 내 의지가 흔들리지 않도록, 뭄바이에 도착할 때까지 알리지 않기로 형은 결정했던 것이다. 나는 슬픈 나머지 커튼을 내리고 싶었다. 아버지의 죽음으로 받은 충격에 비해 어머니가 돌아가셨다는 소식은 그 이상의 것이었다. 나의 수많은 소망은 물거품이 되고 말았다. 돌아가셨다는 소식을 들었을 때 심하게 울지는 않았던 것으로 기억한다. 눈물을 참을 수가 있었던 것이다. 마치 어머니의 죽음이 없었던 것처럼 나는 일상생활을 시작했다.

메타 박사는 자택에서 다양한 사람들을 소개해주었는데, 그 가운데 한 사람에 대해 말해야겠다. 박사의 형인 레바샨카르 자그지반은 나의 평생지기가 되었다. 그러나 내가 이야기하려는 사람은 시인 레이찬드, 또 다른 이름은 라지찬드라이다. 박사의 형의 사위가 된다. 레바샨카르 자그지반상회의 공동출자자이며 실질적인 경영자였다. 그 무렵 스물다섯도 안 된 나이였다. 그래도 첫 대면에서 이 사람은 인격자이고 학식을 갖춘 사람임을 알 수 있었다. 샤타바다니*²로 여겨지고 있었다. 그의 기억력을 시험해보라는 메타 박사의 말을 듣고, 나는 내가 아는 말을 다 끄집어냈다. 시인은 내가 말한 어휘를 그 순서대로 반복했다! 이 능력은 부러웠으나 매료되지는 않았다. 내가 매료된 것은 더 뒤에 알게 된 것들로, 힌두교경전에 대한 광범위한 학식, 순수한 인격과 자아성찰에 대한 격렬한 열의였다. 나중에 알게 되었으나, 이 자아성찰이야말로 그의 삶의 목적이었다.

웃고 장난치는 가운데서도 신의 모습을 볼 수 있다면
내 인생은 축복받은 것이다
무크타난드의 주인은 신
신이야말로 내 목숨을 부지해주는 참된 끈이시다

그는 이 무크타난드*³의 시구를 언제나 입에 달고 살았고 마음에도 새겨넣었던 것이다.

레이찬드바이는 몇천, 몇만이란 금액을 다루고 있었고, 다이아나 진주의 감정을 하고 상업상 복잡한 문제도 해결했다. 그러나 그것은 그의 관심사가 아니었다. 그의 관심, 삶의 목적은 자아성찰—신을 보는 것—이었다. 주위에는 다른 것이 있건 없건, 종교서적과 일기장이 반드시 있었다. 사업 이야기가 끝나기 무섭게 종교서적과 일기장이 펼쳐졌다. 그의 어록선집이 간행되었는데 그 대부분이 일기장에서 수록된 것들이다. 몇십, 몇백만의 상거래 이야기를 하고 곧바로 자기인식에 대한 심원한 일들을 쓰는 사람은, 단순한 상인이 아니라 순수하게 진리를 탐구하는 사람이다. 나는 이 사람에 대해 몇 번이나 이렇게 느꼈다. 나는 그가 멍하게 있는 것을 본 적이 없다. 아무런 이해관계도 없었는데 나는 이 사람과 대단히 가까이 하게 된 것이다. 그때 나는 일개 햇병아리 법정변호사였다. 그래도 점포에 가면 언제나 그는 종교 이외의 것은 화제로 삼지 않았다. 그때 나는 자신이 나아갈 방향을 명확히 하지 못하고 있었고 언제나 종교논의에 관심을 가졌다고도 말할 수 없으나, 레이찬드바이의 종교이야기에는 관심을 가지고 듣고 있었다. 그 뒤 나는 종교계의 많은 지도자들을 접하고 각 종파의 지도자들을 만나도록 힘쓰게 되었다. 그러나 레이찬드바이가 나에게 준 영향을 다른 누구도 줄 수는 없었다. 그가 하는 많은 말이 내 마음에 직접 들어오는 것이었다. 이 사람의 머리가 좋은 것을 존경하고 있었고 정직함에 대해서도 마찬가지였다. 그러므로 이 사람은 나를 고의로 잘못된 길로 이끄는 일은 없으며, 그저 마음에 있는 것을 말하는 것임을 알고 있었다. 이 때문에, 정신적 위기에 빠졌을 때에는 이 사람의 비호를 요청했다.

레이찬드바이를 이토록 존경하고 있었음에도 불구하고 나는 그에게 구루*4로서의 지위를 부여할 수는 없었다. 스승의 탐구는 오늘날에도 이어지고 있다.

힌두교는 스승의 지위에 중요성을 부여하고 있는데 나는 그것을 믿고 있다. '스승 없이 지식은 없다', 이 말에는 상당한 진실성이 있다. 문자를 가르치는 것은 불완전한 교사도 할 수 있으나 자아성찰은 할 수 없다. 스승의 지위는 완전한 진리탐구자에게만 부여되는 것이다. 스승의 탐구에야말로 성공이 숨겨져 있다. 왜냐하면 제자는 그 능력에 따라서 스승을 얻기 때문이다. 이 의미는, 능력 획득을 위해 구도자는 저마다 온갖 노력을 할 자격이 있다는 것이다. 이 노력의 성과는 신의 손 안에 맡겨져 있다.

결국 나는 레이찬드바이를 내 마음의 주인으로 삼을 수는 없었지만, 이 사람에게 의지했다. 그것이 어떤 것이었는지를 우리는 이제부터 살펴보기로 한다. 여기서는 이렇게 말하는 것만으로 충분할 것이다. 나의 인생에 깊은 영향을 준 동시대인은 세 사람 있다. 레이찬드바이는 친근한 접촉으로, 톨스토이는 《천국은 그대들 가슴속에 있다》는 이름의 책으로, 러스킨은 《나중에 온 이 사람에게도》라는 이름의 책으로 나를 매료했다. 이것은 적절한 장에서 언급할 생각이다.

## 2 실세계로 접어들다

형은 나에게 대단한 기대를 걸고 있었다. 형은 부, 명성, 지위에 대한 강한 욕망을 지니고 있었다. 마음은 황제처럼 시원스럽고 관대함은 낭비에까지 이를 정도이다. 시원시원하고 인품이 좋아 누구하고도 곧 친해져서, 이와 같은 친구들의 도움으로 나에게 소송사건 의뢰가 들어오기를 기대했다. 형은 내가 크게 벌 것을 전제로 집의 지출을 늘리고 있었다. 내 변호사 일의 지반을 마련해 주려고 백방으로 힘을 썼다.

카스트 문제는 아직 그대로였다. 카스트는 두 파로 갈라졌고, 한 파는 나를 즉시 받아들였다. 다른 한 파는 강경하게 나를 받아들이지 않겠다고 했다. 받아들인 쪽을 만족시키기 위해 라지코트로 가기 전에 형은 나를 나시크로 데리고 갔다. 그곳의 성스러운 강에서 목욕을 시키고 라지코트에 닿자, 받아들인 쪽 사람들을 식사에 초대했다.

나는 이런 일에 관심이 없었다. 형의 나에 대한 애정은 깊은 것이었고, 나에게도 형을 경애하는 마음이 있었다. 그래서 형의 의향을 명령으로 받아들이고, 이해하지 못한 채 기계처럼 형을 따르고 있었다. 이것으로 카스트 문제는 해결되었다.

나는 나를 받아들이지 않으려는 또 하나의 파에 들어가려는 노력은 결코 하지 않았고, 카스트의 어느 장로에게도 분노를 느끼지는 않았다. 장로 중에는 나를 멸시하는 사람들도 있었다. 그런 사람들을 나는 겸손한 태도로 대했다. 카스트 추방에 관한 규정을 전면적으로 존중했던 것이다. 그 규정에 따라, 나는 아내의 친정이나 누이의 시집에서 물조차 마실 수 없었다. 가족들은 남몰래 마시게 하려고 했으나, 나의 마음은 공공연하게 할 수 없는 일을 숨어서 하는 것을 받아들이려 하지 않았다.

나의 이 태도로 인해 카스트 측으로부터 박해를 받은 기억은 없다. 그뿐만이 아니다. 오늘날에도 나는 카스트의 일부로부터 정식 추방된 자로 여겨지고 있으나 그래도 그 사람들로부터 존경과 관대한 대접을 받고 있다. 나의 운동을 지원도 해주고 있고, 그렇다고 해서 내가 카스트를 위해 무언가 하리라고는 기대조차 하지 않는다. 이 기분 좋은 결과는 내가 보복을 하지 않았기 때문이라고 생각한다. 만일 내가 카스트에 들어가기 위해 소란을 피웠다면, 더욱 분파가 생기도록 일을 꾸몄다면, 카스트 사람들을 도발하고 공격했었다면, 틀림없이 나는 보복당했을 것이다. 내가 영국에서 돌아와 이 문제에 거리를 두고 소용돌이 속에 휩쓸리는 것을 피하게 된 대신에, 소란의 올가미에 걸려들어 허위의 당사자가 되어 있었을 것이다.

아내와의 관계는 아직 소망한 대로 되어 있지 않았다. 영국에 가서도 아직 질투심 많은 성격을 버리지 못하고 있었다. 온갖 것에 대한 질투심과 시기심은 변함이 없었으므로, 나는 자신의 소망을 채울 수는 없었다. 아내는 문자를 배워야 했으므로, 나는 직접 가르치려고 생각했다. 그런데 성격이 그렇게 시키지 않았다. 이 약점에 대한 분노를 아내에게 터뜨리곤 했다. 언젠가 이런 일이 있었다. 아내를 친정으로 돌려보낸 것이다. 호되게 괴롭힌 뒤에 다시 데려왔다. 나중에 깨달았지만 그것은 나의 무지 이외에 아무것도 아니었다.

나는 아이들의 교육도 개혁을 할 생각이었다. 형에게는 아들이 있었다. 나도 아들 하나를 남겨두고 영국에 가 있었다. 그 아이는 4살이 되어갔다. 나는 아이들에게 운동을 시켜 튼튼하게 키워서 언제나 곁에 둘 생각을 하고 있었다. 형도 같은 마음이었다. 이것은 얼마간 성공을 거둘 수가 있었다. 아이들과 함께 있는 것이 무척 마음에 들었다. 아이들과 농담을 하며 놀아주는 버릇은 지금도 변함이 없다. 그때부터 나는 아이들의 교육담당은 잘 할 수 있으리라 생각했다.

식사에 대해서도 개혁의 필요성은 명확했다. 집에서는 차와 커피를 마실 수 있었다. 형은 동생이 영국에서 귀국하기 전에 집에 영국의 분위기를 들여야 한다고 생각한 것이다. 그래서 도자기로 된 다기, 차 등, 전에는 집에서 단순히 약용으로서 또는 '신사' 손님들을 위해 쓰였던 것이 이제는 가족 모두를 위해 쓰이게 되었다. 이와 같은 분위기 속에 나는 자신의 '개혁'안을 가지고 도착한 것이다. 식사 때 오트밀죽이 나오고 차, 커피 대신에 코코아가 나왔다. 그러나 이 변화는 명목만의 것이고 차, 커피에 코코아가 추가된 것이다. 구두와 양말은 이미 들어와 있었다. 내가 서양식 옷으로 집안의 분위기를 확 바꿔놓았기 때문이다!

이렇게 해서 지출은 많아졌다. 새로운 것이 늘었다. 집에 흰 코끼리를 매어두게 되었다. 그러나 그 경비는 어디에서 가져오면 좋을까? 라지코트에서 바로 변호사 일을 시작하면 웃음거리가 된다. 라지코트에서 합격한 변호사와 대등하게 겨룰 만한 지식은 가지고 있지 않다. 게다가 현지 변호사의 10배의 변호료를 받기를 바랐으니 어떤 어리석은 의뢰인이 나에게 의뢰를 할까? 누군가 이런 어리석은 자를 발견했다고 해도, 무지한데다가 분수도 모르는 행위와 배신행위를 거듭하고 있는 나에게 부채를 더욱 늘리는 일이 가능할까?

친구들은 뭄바이로 가서 한동안 고등재판소에서 변호사 경험을 쌓고 인도의 법률을 연구해 어떤 소송이라도 맡을 수 있도록 노력해야 한다고 조언해 주었다. 나는 뭄바이로 출발했다.

집을 장만하고 요리사를 고용했다. 요리사는 나처럼 무능했다. 브라만이었는데, 나는 이 요리사를 고용인 다루듯 한 적이 없다. 〔가족의 일원으로서 대우했다.〕 이 브라만은 몸에 물은 끼얹지만 씻으려고는 하지 않는다. 자노이*⁵는 더럽혀진 채이다. 힌두교 경전의 공부와는 담을 쌓고 있었다. 더 좋은 요리사를 어디서 데려오면 좋을까? "이보게, 라비샨카르(요리사의 이름은 라비샨카르였다), 자네는 요리엔 소질이 없군. 그런데 산드야*⁶ 같은 건 어떤가?"

"뭐라고 할까요, 쟁기가 산드야이고 호미가 산드야입니다. 나는 그런 브라만입니다. 당신께서 어떻게든 보살펴주시면 살아갈 수 있겠지만, 그렇지 않으면 시골로 돌아갈 겁니다. 논밭이 있습니다."

나는 납득했다. 나는 라비샨카르의 교사가 되어야 한다. 시간은 충분히 있었다. 스토브를 하나 마련하여, 요리의 반은 라비샨카르가 만들고 반은 내가 했다. 영국의 채식요리 실험을 여기서 시작했다. 〔라비샨카르와 함께 식사를 하게 되었다.〕 나 자신은 같은 카스트 일원끼리의 식사라고 여기지 않았고 라비샨카르도 고집하지 않았기 때문에 우리는 원만하게 해나갔다. 단 하나, 조건이랄까 재난이랄까, 라비샨카르는 더러움을 멀리할 것, 취사장을 청결하게 할 것에 대해서 맹세해야만 했다.

그러나 4, 5개월 이상 뭄바이에 있을 수는 없었다. 지출은 쌓이고 수입은 전혀 없었기 때문이다.

이렇게 해서 나는 실세계에 들어갔다. 바로 법정변호사 일에 싫증을 느꼈다. 허식이 많고 유능함은 적다. 하지만 책임감이 나를 짓누르고 있었다.

## 3 첫 소송

뭄바이에서는 법률을 공부하는 한편, 비르찬드 간디와 함께 식사실험을 시작했다. 형은 내가 맡을 소송사건을 찾으려 애를 썼다.

법률공부의 진도는 아주 더디었다. 민사소송법이 아무래도 이해가 되지 않는다. 증거법의 공부는 순조로웠다. 비르찬드 간디는 사무변호사가 될 준비를 하고 있었으므로 변호사들에 대해서 이것저것 들려주었다.

"페로제샤의 명민함의 이유는 법률에 관한 깊은 지식이야. 증거법은 암기하고 있고, 32조의 하나하나의 소송에 대해서 알고 있어. 바드루딘 탸브지의 명민함에는 비록 판사라도 그 앞에 나오면 눈이 어두워지지. 법정에서의 변론은 비길 데가 없어."

대법률가에 대한 이야기를 듣고 있으면 나는 동요하고 만다.

"법정변호사가 5년이건 7년이건, 법정에서 구두가 닳도록 일한다고 해도 놀랄 일은 아니네. 그렇기 때문에 나는 사무변호사가 되기로 한 것일세. 대체로 3년 정도에 이럭저럭 지출을 감당할 수 있을 만큼 벌면 크게 성공한 것으로 생각해야지."

매달 지출은 늘어갈 뿐이었다. 밖에는 법정변호사의 간판을 내걸고 집에서는 변호사업의 준비를 하다니! 나의 마음은 이 두 가지를 조정할 수 없었기에 마음을 집중해 법률공부를 하지 못했다. 증거법에 대해서 조금 관심이 생기면 곧바로 썼다. 메인의 《힌두법》을 흥미 깊게 읽었으나 소송을 맡을 용기는 나지 않았다. 이 고민을 누구에게 터놓으면 좋을까? 나의 상태는 갓 시집을 온 신부 같았다!

그러는 동안에 마미바이의 사건의뢰를 받았다. 소액사건 재판소에서 다루는 것이었다. '중개인에게 수수료를 지불해야 한다!' 나는 깨끗이 거절했다.

"매월 3, 4000루피를 버는 그 유명한 형사소송의 아무개 씨도 수수료를 지불하고 있다."

"왜 그 사람과 경쟁해야만 합니까? 나에겐 월 300루피의 수입이 있으면 충분합니다. 아버지도 그 이상의 수입이 없었잖습니까?"

"하지만 아버지의 시대는 끝나고 말았다. 뭄바이에서의 지출은 많아. 현실에 입각해서 생각해야지."

나는 태도를 바꾸지 않았다. 수수료는 지불하지 않았다. 그래도 의뢰는 있어서, 변호사료 30루피를 받고 간단한 소송을 맡았다. 재판은 한 달 이상 걸리는 것은 아니었다.

처음으로 소액사건재판소에 들어갔다. 나는 피고 측 변호인이었기 때문에 원고 측 증인에게 심문을 하게 되어 있었다. 일어서자 다리가 떨리고 머리는 어지러웠다. 법정이 빙빙 돌고 있는 것처럼 느껴졌다. 무엇을 물어야 할지 아무것도 머리에 떠오르지 않았다. 판사는 웃었을 것이다. 변호사들은 재미있어 했을 것이다. 눈앞이 캄캄해져 아무것도 보이지 않았다!

나는 자리에 앉았다. 그리고 중개인에게 말했다.

"도저히 안 되겠습니다. 파텔에게 맡겨주십시오. 저에게 지불한 변호료를 받아주십시오."

파텔에게 그날의 변호료 51루피를 지불하고 변호인으로 삼았다. 파텔에게 그 사건은 애들 장난이나 다름없는 것이었다.

나는 도망치듯 그 자리에서 떠났다. 의뢰인이 승소했는지 패소했는지도 기억나지 않는다. 나는 몹시 부끄러웠다. 완전히 용기가 나기 전에는 소송은 맡지 않겠다고 결심했다. 그리고 남아프리카로 갈 때까지 법정에는 결코 나가지 않았다. 내 결심이 떳떳했던 것은 아니다. 패소하기 위해 나에게 의뢰할 사람이 있을까? 내가 결심을 하지 않아도, 법정에 나와 달라고 나에게 의뢰를 할 사람은 없었던 것이다.

또 한 건 의뢰를 받기로 되어 있었다. 이 소송에서는 소장을 위한 서류를 작성하기로 되어 있었다. 어느 가난한 이슬람교도의 토지가 포르반다르에서 몰수되었다. 나의 아버지의 이름을 알고, 그 아들이며 법정변호사인 나를 찾아온 것이다. 이 건은 약하다고 생각했지만, 소송을 위한 서류작성만 맡았다. 인쇄료는 의뢰인 부담이다. 나는 서류를 작성하여 친구들에게 보여주었다. 합격이었다. 소장을 위한 서류작성은 할 수 있다고 얼마간 자신이 생겼다. 사실 소장을 위한 서류작성에만 적합했던 것이다.

일감*7은 늘었다. 그러나 무료로 소장을 위한 서류작성을 생업으로 하면 일은 있겠지만 생활을 꾸려갈 수 있을까?

교직이었다면 틀림없이 할 수 있을 것 같았다. 영어는 꽤 공부했으므로,

어느 고등학교의 대학입학 검정시험반을 맡을 수 있다면 해보자고 생각했다. 지출의 손실을 어느 정도 메울 수 있을지도 모른다!

신문의 구인광고를 보았다. '영어교사 구함. 하루 1시간. 월급 75루피.' 어느 유명한 고등학교에서 낸 광고였다. 응모하고 면접에 응했다. 의욕에 넘쳐 나섰지만, 대학졸업자가 아닌 것을 알자 교장은 유감스럽다며 거절했다.

"저는 런던의 대학입학검정시험에 합격했습니다. 라틴어가 제2외국어였습니다."

"그렇지만 우리는 대학졸업자가 필요합니다."

어쩔 수 없이 단념했다. 용기가 꺾였다. 형도 걱정했다. 뭄바이에 더 머무는 것은 의미가 없다고 우리 두 사람은 생각했다. 나는 라지코트에 정착해야 한다. 형 또한 변호사였으므로 소장을 위한 서류작성 등의 일을 나에게 돌릴 수 있다. 게다가 라지코트에 집이 있었기 때문에, 뭄바이에서의 지출을 덜어냄으로써 크게 절약이 된다. 나는 이 제안에 찬성이었다. 집을 처분하고 약 6개월의 뭄바이 생활을 정리했다.

뭄바이에 머무는 동안 나는 매일 고등재판소에 다녔다. 그곳에서 무언가 배웠다고는 말할 수 없다. 배울 만한 이해력이 없었던 것이다. 때로는 소송을 이해하지 못해 관심이 없으면 졸고 말았다. 졸고 있는 사람은 나 말고도 몇몇 있었기 때문에 부끄럽다는 생각은 그나마 덜했다. 고등재판소에 앉아서 조는 것은 예삿일이라는 것을 알게 되자 부끄러운 생각은 없어졌다.

만일 지금도 나처럼 소송의뢰가 없는 법정변호사가 있다면 그 사람들을 위해 나의 작은 경험을 여기에 적겠다.

집은 기르가움에 있었지만 승합마차에는 거의 타지 않았다. 시영 전차에 타는 일도 없었다. 기르가움에서 고등재판소까지 거의 매일 걸어다녔다. 편도 45분이다. 돌아올 때도 반드시 걸어왔다. 햇볕이 뜨거워도 견디는 버릇을 익혔다. 이렇게 해서 나는 상당한 돈을 절약했다. 뭄바이에서 친구들은 병에 걸려 있었으나 나는 하루도 병으로 누운 기억이 없다. 벌이를 시작한 뒤에도 변함없이 사무소까지 걸어다니는 습관이 이어졌다. 이 습관으로 오늘에 이르기까지 덕을 보고 있다.

## 4 첫 충격

실망을 안고 뭄바이에서 라지코트로 돌아왔다. 사무소를 개설하고 어떻게 든 시작을 했다. 소장을 위한 서류작성을 맡게 되어 매월 평균 300루피의 수입이 있었다. 이 일을 맡게 된 것은 나의 능력이 아니고 형의 연줄 덕분이 었다. 형의 파트너인 변호사는 크게 번성하고 있어서, 매우 중요하거나 중요 하게 여겨지는 의뢰가 있으면 베테랑 법정변호사에게 가고, 가난한 의뢰인 의 것은 내게로 왔다.

뭄바이에서는 수수료를 지불하지 않기로 굳게 마음 먹었었는데, 라지코트 에서는 지킬 수 없었다고 해도 좋을 것이다. 양자의 차이에 대한 설명을 들 었는데 그것은 이렇다. 뭄바이에서는 단순히 중개인에게 지불해야 했지만 라지코트에서는 변호사에게 지불해야 하는 것이다. 뭄바이처럼 라지코트에 서도 모든 법정변호사는 예외 없이 일정액의 수수료를 지불한다고 했다. 형 의 설명에 대꾸할 말도 없었다.

"너도 알듯이 나는 다른 변호사의 파트너다. 우리에게 오는 소송 가운데 너에게 돌릴 수 있는 것은 돌리고 싶단다. 한데 만일 네가 나의 파트너에게 수수료를 지불하지 않으면 나의 입장은 어떻게 되겠니? 나와 너는 함께 살 고 있다. 그렇기 때문에 너의 변호사료는 나에게 들어오게 된다. 하지만 나 의 파트너는 어떻게 되니? 만일 그 소송을 다른 누군가에게 돌리면 변호사 료의 일부는 수수료로서 들어온다는 말이다."

나는 납득당하고 말았다. 법정변호사업을 할 바에는, 수수료를 지불하지 않겠다고 고집해서는 안 된다고 깨달은 것이다. 나는 내 마음을 설득했다. 정확히 말하자면 기만한 것이다. 그러나 이것을 제외하고 다른 어느 건에 관 해서도 수수료를 지불한 기억은 없다.

나의 경제적 상태는 좋아졌다. 하지만 이 무렵 나는 생애 첫 충격을 받았 다. 영국인 관리는 어떤 자들인지 듣고는 있었으나, 그것을 이 눈으로 볼 기 회를 이제야 갖게 된 것이다.

포르반다르의 라나 사헤브가 즉위하기 전에 형은 그 비서이고 상담역이었 다. 그때 형은 잘못된 조언을 했다는 비난을 받았었다. 그 무렵의 정치주재 관에게 진정이 들어와, 주재관은 형에 대한 나쁜 인상을 갖게 되었다. 나는 이 주재관을 영국에서 만났었다. 영국에서 나하고는 가깝게 지냈다고 할 수 있다. 형은 내가 이 친분을 이용해 주재관에게 한마디 해서, 형에 대한 인상을 좋게 바꾸어주기를 바라고 있었다. 나는 전혀 마음에 들지 않았다. 영국에서의 사소한 친분을 이용해서는 안 된다. 만일 정말 형에게 잘못이 있다면 나의 조언이 무슨 소용이 있겠는가? 잘못한 일이 없다면 정식으로 이의를 제기하거나 무고함을 믿고 당당하게 있으면 된다. 이 주장을 형은 이해하지 못했다.

"너는 카티아와르가 어떤 곳인지 모른다. 또 세속의 일을 전혀 모르고 있어. 여기에서는 모든 일이 연줄로 움직인다. 친분이 있는 영국인 관리에게 몇 마디 조언만 하면 되는데 겁을 먹다니, 나를 위해 그 정도 일도 못 해준단 말이냐."

형의 의향을 거부할 수는 없었다. 내 뜻과는 달랐지만 나는 나섰다. 관리에게 갈 아무런 자격도 없었고, 만나러 가면 자존심 상할 일을 겪을 것은 뻔했다. 그래도 면회시간을 신청하고 시간이 주어져 면회를 갔다. 나는 옛날에 만났던 일을 이야기했다. 그러나 곧 알게 된 것인데, 영국과 카티아와르에서는 차이가 있었다. 지금 자리에 앉아있는 관리와 휴가에서 돌아온 관리와의 사이에는 차이가 있었다. 관리는 만난 것을 인정했으나 훨씬 오만해져 있었다.

"친분을 이용하기 위해 온 것은 아니겠지?"

그 오만함이 나에게는 그렇게 보였다. 그리고 그 사람의 눈빛을 읽은 것이다. 이것을 알면서 나는 이야기를 시작했다. 관리는 짜증을 냈다.

"당신 형은 모사꾼이오. 당신 이야기를 더는 듣고 싶지 않소. 시간이 없소. 하고 싶은 말이 있다면 정식으로 신청을 하라고 당신 형에게 전하시오."

이 대답은 충분했고 당연하기도 했다. 그러나 이기심이란 것은 사람의 눈을 멀게 하기도 한다. 나는 이야기를 중단하지 않았다. 관리는 일어섰다.

"자, 이만 돌아가시오."

"하지만 제 말을 끝까지 들어주십시오."

내가 말했다.

관리는 크게 짜증을 냈다.

"경비원, 이 사람을 출입구로 안내하게."

"알겠습니다."

대답하면서 경비원이 달려왔다. 나는 아직 말을 하고 있었다. 경비원은 내게 폭력을 가하며 문밖으로 끌어냈다.

관리는 떠나고 경비원의 모습도 사라졌다. 나는 그 자리에서 떠났으나 분노로 몸 둘 바를 몰랐다. 곧바로 편지 한 통을 써 보냈다. '당신은 나를 모욕하고 경비원을 시켜 공격했소. 사죄하지 않으면 명예훼손으로 법적 대응하겠소.' 곧 말을 탄 사자가 답장을 가지고 왔다. 내용은 다음과 같았다.

'당신은 나에게 무례한 행동을 했소. 가라고 해도 가지 않았소. 나는 경비원에게 출입구로 안내하라고 했소. 경비원이 말했음에도 불구하고 그대는 집무실에서 나가지 않았고, 경비원은 당신을 집무실에서 내보내기 위해 실력행사를 한 것이오. 소송하고 싶거든 어디 마음대로 해보시오.'

이 편지를 주머니에 넣고 고개를 떨군 채 집으로 돌아왔다. 형에게 경위를 모두 이야기했다. 형은 슬퍼했다. 그러나 형은 나를 위로할 입장이었을까? 나는 변호사동료에게 이야기했다. 그 무렵 페로제샤 메타 경이 소송 때문에 라지코트에 와 있었다. 나 같은 신참 법정변호사가 어떻게 만날 수 있겠는가? 그러나 그를 초청한 변호사를 통해서 조언을 청했다. 대답은 이랬다. '간디에게 전하시오. 그런 경험은 모든 변호사, 법정변호사가 겪었을 것이오. 그대는 신참이오. 영국에서의 환상에서 아직 깨어나지 못한 것 같구려. 그대는 영국관리가 어떤 자들인지 모르고 있소. 만일 그대가 평온하게 살 생각이라면, 조금이라도 돈을 벌 생각이라면 받은 편지는 찢어 버리시오. 받은 모욕을 견디시오. 명예훼손 소송을 제기해도 소용 없고 그대 신세만 망치게 될 것이오. 그대는 아직 인생을 더 경험해야 하오.'

이 교훈은 쓰디쓴 독약처럼 생각되었다. 그러나 나는 그 쓴 것을 마셔야만 했다. 모욕을 잊을 수는 없다. 그러나 내게 득이 되도록 변화시켰다. '두 번 다시 그런 상황에 나 자신을 두지 않을 것이며, 앞으로 그와 같은 조언은 절대 하지 않겠다.' 이 결심을 나는 결코 깨지 않았다. 이 충격이 내 인생의 방향을 바꾼 것이다.

## 5 남아프리카를 향한 준비

내가 관리에게 간 것은 분명 실수였다. 그러나 관리의 성급함, 노여움, 난폭함에 비하면 나의 잘못은 사소한 것이었다. 실수의 벌은 경비원이 손으로 밀어낸 것은 아니었다. 나는 겨우 5분도 앉아있지 않았는데 나의 이야기를 참지 못한 것이다. 예의바르게 돌아가 달라고 말할 수도 있었다. 그러나 권력의 오만에는 끝이 없었다. 나중에 알았으나, 이 관리에게는 인내라는 것이 털끝만치도 없었던 것이다. 면회온 사람을 모욕하는 것은 극히 흔한 일이었다. 찾아온 사람의 입에서 자신의 의지에 반하는 말이 나오면 화를 내는 것이다.

내가 하는 일의 대부분은 그 관리의 법정에서 이루어진다. 나는 아첨을 하지 못했다. 그 관리에게 부당하게 비위를 맞추고 싶지는 않았다. 명예훼손으로 고발하겠다고 말해놓고는 그대로 두거나 아무것도 쓰지 않는 것은 마음에 들지 않았다.

이 동안에 나는 카티아와르의 음모를 조금 경험했다. 카티아와르는 여러 개의 작은 번왕국으로 이루어진 나라이다. 여기에는 관리가 많이 있었다. 번왕국 사이에서 음모가 이루어지고 지위획득을 위한 계략들을 짜낸다. 군주들은 추종자에게 귀를 기울이고 그 말에 따른다. 영국인 관리들의 경비원에게까지 아첨을 한다. 시라스테다르*8라고 하면 주인인 영국인 관리 이상이다. 왜냐하면 시라스테다르야말로 영국인 관리의 눈이고, 귀이고, 통역이기 때문이다. 시라스테다르의 의향이 바로 법률이다. 시라스테다르의 수입은 영국인 관리의 수입보다 많은 것으로 알려졌다. 틀림없이 과장도 있겠지만 시라스테다르의 얼마 안 되는 급료에 비하면 그 씀씀이는 확실히 컸다.

이 분위기는 나에게 독처럼 느껴졌다. 자신의 자유를 어떻게 지켜 낼 것인가가 고민거리였다.

나는 의기소침했다. 형은 내가 풀이 죽어 있는 것을 보았다. 어딘가에 직장을 얻을까? 그렇게 하면 음모에 휩쓸리지 않아도 된다. 그러나 계략 없이 왕국의 직무나 판사의 지위를 얻을 수는 없다.

변호사로서 살아가는 데 그 관리와의 다툼이 장애가 되고 있었다. 포르반다르는 왕자가 미성년자이므로 영국의 행정관리 아래에 있었다. 왕자를 위해 권한을 획득할 노력이 필요했다. 메르*9 사람들에게는 지나친 토지세가 부과되고 있었고, 그 건에 대해서 행정관을 만나야 했다. 행정관은 인도인이었는데, 오만함에서는 영국인 이상이었다. 유능한 사람이었으나 그 유능함이 농민에게 도움이 되지는 않아 보였다. 왕자는 몇 가지 권한을 더 얻었다. 메르 사람들은 아무것도 얻지 못했다고 해야 할 것이다. 메르 사람들의 문제에 대해서 조사가 완전하게 이루어졌다고는 느끼지 않았다.

그렇기 때문에 여기에서도 나는 조금 실망을 했다. 정의는 이루어지지 않았다고 느꼈다. 정의를 실현할 수단이 없었던 것이다. 고작 할 수 있는 일이라고는 정치주재관이나 지사에게 호소하는 것뿐이었다. 그러면 그들은 이렇게 말한다. '본 건에 대해서는 간섭할 수 없다.' 이와 같은 결정이 법률이나 법규에 근거를 두고 있다면 아직 기대할 수 있겠으나, 여기에서는 영국인의 의향이 법률인 것이다.

나는 격분했다.

이러는 동안 형에게 포르반다르의 메만*¹⁰ 상사로부터 초청이 있었다. 편지의 내용은 이러했다.

'우리는 남아프리카에서 사업을 하는 규모가 큰 회사입니다. 우리의 큰 재판이 진행 중인데 소송액은 4만 파운드입니다. 재판은 장기에 걸쳐 있습니다. 우리는 유능한 변호사, 법정변호사를 거느리고 있습니다. 만일 당신이 동생을 보내주신다면 동생은 우리를 도와주게 될 것이고 우리도 동생을 지원할 수 있습니다. 동생은 우리의 재판을 변호사에게 잘 설명할 수 있습니다. 이 밖에 동생은 새로운 나라를 보고 많은 새로운 사람들을 알게 될 것입니다.'

형은 나에게 이 일을 이야기했다. 나는 이와 같은 것이 의미하는 모든 것을 이해하지는 못했다. 단순히 변호사에게 설명만 하면 되는 것인지, 법정에도 나가야만 하는 것인지 몰랐던 것이다. 그래도 나는 마음이 끌렸다.

형은 〔상회의 경영자〕 다다 압둘라의 파트너인 고(故) 셰드 압둘 카림 자베리에게 소개해주었다. 그는 나에게 말했다.

"그렇게 힘든 일은 아닙니다. 유력한 백인들과 친분이 있는데, 당신도 그들과 친분을 가질 수 있습니다. 우리 상회에도 도움이 되어 주십시오. 영어로 된 편지왕래가 많으니, 편지 작성과 해석에도 도움이 되어 주십시오. 그리고 우리의 저택에 머물러주십시오. 지출의 부담은 없습니다."

내가 물었다.

"근무기간은 어느 정도가 될까요? 그리고 급여는 얼마나 됩니까?"

"1년 이상은 안 될 것입니다. 1등 왕복여비, 주거, 식비 외에 105파운드를 지불합니다."

이것은 변호사의 일이라곤 말할 수 없다. 상사근무이다. 그러나 어떻게든 인도를 떠나고 싶었다. 새로운 나라를 볼 수 있고 새로운 경험을 쌓을 수 있다. 105파운드를 형님에게 송금할 수 있으므로 조금은 가계에 도움이 된다. 이런 생각으로, 급여에 대해서는 교섭을 하지 않고 셰드 압둘 카림의 제의를 받아들였다. 남아프리카로 진출하기로 했다.

## 6 나탈에 도착하다

영국에 갈 때에는 이별의 고통을 느꼈는데 남아프리카로 갈 때에는 그렇지 않았다. 어머니는 이미 이 세상에 안 계시다. 나는 세계와 여행에 대해 경험이 있었다. 라지코트, 뭄바이 사이는 늘 왕복하고 있었다. 그러므로 이번에는 아내와의 헤어짐만이 괴로웠다. 영국에서 돌아온 뒤 사내아이가 또 하나 태어났다. 우리들 사이의 사랑은 아직 성욕에 지배되고 있었으나 차차 순화되어 갔다. 영국에서 돌아온 뒤 우리 부부는 오랫동안 함께 있을 수 없었다. 게다가 나의 교사로서의 능력이 어땠는지는 별개로 나는 아내의 부족한 점을 얼마간 바로잡을 수 있었다. 그 개량을 유지하기 위해서라도 우리 두 사람은 함께 살 필요를 느꼈다. 그러나 아프리카는 나를 유혹했다. 그것이 이별을 견딜 수 있게 했다.

"1년 후에는 만날 수 있으니까."

이렇게 말해 아내를 달래고 나는 라지코트를 떠나 뭄바이에 도착했다.

나는 다다 압둘라의 뭄바이대리점을 통해서 승선권을 구입하기로 되어 있었다. 그런데 선실에 빈 자리가 없었다. 만일 이 배를 놓치면 한 달 동안 뭄바이에서 다음 편을 기다려야 했다. 대리점에서는 말했다.

"온갖 수단을 다 써보았지만 승선권을 구하지 못했습니다. 갑판승객으로 가주실 수 없을까요? 식사는 담화실에서 준비하겠습니다."

그 무렵 나는 언제나 1등으로 여행을 하고 있었다. 어떻게 법정변호사가 갑판승객이 될 수 있겠는가? 나는 갑판승객으로 가는 것을 거부했다. 나는 대리점을 의심했다. 1등승선권을 입수하지 못하는 것은 이상하다고 생각했다. 그래서 대리점의 양해를 얻어 직접 승선권을 입수하려고 노력했다. 기선으로 가서 사무장을 만났다. 사무장은 솔직하게 대답했다.

"이런 승객초과는 이제까지 없었습니다. 이 기선으로 모잠비크 총독이 갑니다. 그래서 모든 선실이 꽉 찼습니다."

"그래도 어떻게 좀 편의를 봐주실 수 없겠습니까?"

사무장은 나를 보고는 웃으며 말했다.

"방법이 하나 있습니다. 내 방에 남은 침대가 있습니다. 승객에게는 제공하지 않는 것인데, 당신께 특별히 드리지요."

나는 기뻤고 사무장에게 감사했다. 셰드에게 이야기를 하고 승선권을 구입했다. 1893년 4월, 나는 의욕이 충만한 가운데 운을 시험하기 위해 남아프리카로 떠났다.

첫 기항지는 라무였다. 거기까지 약 13일이 걸렸다. 항해 중 선장과 완전히 친해져 있었다. 선장은 체스가 취미였는데, 아직은 초보자였다. 자기보다 약한 상대가 필요했기 때문에 나를 체스로 끌어들인 것이다. 나는 이제까지 체스를 본 적은 없었으나 많이 듣고는 있었다. 체스 애호가는 특히 두뇌를 사용한다는 것이었다. 선장은 가르쳐주겠다고 했다. 나는 참을성이 있었으므로, 선장의 좋은 제자가 되었다. 나는 계속 졌다. 그러자 선장의 가르치려는 열의는 더욱더 고조되었다. 나는 체스가 마음에 들었다. 그러나 내 취미는 배를 내려서까지 계속되지는 않았다. 나의 힘은 킹, 퀸 등의 진행방법을 아는 것 이상으로 진전이 없었던 것이다.

라무 만으로 접어들자 기선은 3, 4시간 정박하게 되어 있었다. 나는 항구를 구경하기 위해 하선했다. 선장도 하선했는데, 그는 나에게 이렇게 말했다.

"이 만은 간만의 차가 심하므로 속는 수가 있어요. 빨리 돌아오시오."

마을은 보잘것없이 작았다. 우체국에 가자 인도인 직원의 모습이 보였다. 나는 직원들과 반갑게 이야기를 주고받았다. 아프리카사람들을 만나 그 생활상에 흥미를 느꼈다. 그렇게 둘러보는 사이에 시간이 지나고 말았다. 갑판승객들도 있어 서로 친분을 맺었다. 갑판승객들은 하선해서 취사를 하고 느긋하게 식사를 하고 있었다. [그러나 사람들이 기선으로 돌아가려고 준비를 하는 것이 보였다.] 나는 갑판승객들과 함께 배에 탔다. 만 안은 만조였다. 배에 승객이 지나치게 많았던 것이다. 물살이 세서 배의 로프를 기선의 사다리에 맬 수가 없었다. 배는 사다리 곁에 닿자마자 곧 떨어지고 마는 것이다. 출항하는 기적이 울렸다. 나는 당황하고 말았다. 선장은 브리지에서 보고 있다가 출항을 5분 늦추었다. 기선 옆에 보트가 있었다. 어느 친구가 10루피를 지불해 나를 위해 보트를 고용해 주었다. 나는 그 배에서 보트로 옮겼다. 사다리는 이미 끌어올려져 있었기 때문에 나는 로프로 끌어올려졌다. 기선은 출항했다. 배의 승객들은 뇌둔 채 간 것이다. 선장이 경고한 의미를 그제야 알 수 있었다.

라무에서 몸바사, 그리고 잔지바르에 도착했다. 잔지바르에는 상당기간 머물기로 되어 있었다. 8일이나 10일간이다. 잔지바르에서 기선을 갈아타기로 되어 있었던 것이다.

선장의 애정에는 한이 없었다. 이 애정이 나에게 반대의 결과를 가져왔다. 선장은 구경을 가자고 했다. 한 영국인 친구도 함께 가기로 해서, 우리 세 사람은 선장의 보트에 올랐다. 나는 구경의 비밀을 전혀 모르고 있었다. 이와 같은 일에 내가 완전히 무지하다는 것을 선장이 알 턱이 없었다. 우리는 흑인여성의 거주구에 도착했다. 한 유객(誘客)꾼이 우리를 안내했고, 우리는 각자 작은 방으로 들어갔다. 그러나 나는 창피한 나머지 말없이 앉은 채로 있었다. 그 불쌍한 상대여성의 마음에 어떤 생각이 떠올랐을까. 그것은 그 여성만이 알 것이다. 선장이 나에게 말을 걸었다. 나는 재빨리 방에서 나왔다. 처음에는 몹시 창피했다. 그러나 이와 같은 일은 어쩔 수 없는 일이었기 때문에 창피한 생각은 순식간에 사라졌다. 그 자매를 보고 성욕을 전혀 느끼지 않았던 것을 신에게 감사했다. 작은 방에 들어가는 것을 거부할 용기를 내지 못했던 자신의 무력함에는 혐오감을 느꼈다.

이것은 나의 인생에서 이와 같은 일의 세 번째 시련이었다. 얼마나 많은 젊은이들이 처음에는 죄도 없는데 거짓 수치심 때문에 악에 빠져들었을까. 나는 자력으로 벗어난 것이 아니다. 만일 작은 방에 들어가는 것을 확실하게 거부했었다면 자력으로 벗어났다고 말할 수 있을 것이다. 나를 지킬 수 있었던 것은 바로 신의 은총이라고 생각한다. 그러나 이 사건으로 신에 대한 신앙은 점점 더 강해졌고, 거짓 수치심을 버릴 용기도 얼마간 배웠다.

잔지바르에 일주일 동안 머물러야 했기에 집을 빌렸다. 마음껏 돌아다니면서 거리를 구경했다. 잔지바르의 풍부한 녹음은 마라발 해안을 보고 상상할 수 있다. 그곳의 거목과 큰 과실 등을 보고 나는 놀랄 뿐이었다.

잔지바르에서 모잠비크, 그곳에서 5월 말경 나탈에 도착했다.

## 7 몇 가지 체험

나탈의 항구는 더반으로 불리지만 나탈 항이라는 이름으로도 알려져 있다. 압둘라 셰드가 마중 나와 있었다. 기선이 부두에 닿자 나탈인들이 친구를 맞이하기 위해 승선했다. 그때 여기에서 인도인은 존중받지 못함을 알았다. 나는 압둘라 셰드를 알고 있는 사람들의 행동에서도 일종의 난폭함을 간파했다. 그것은 나의 마음을 괴롭혔다. 압둘라 셰드는 이 난폭함을 견뎌냈다. 익숙해졌던 것이다. 사람들은 나에게 호기심어린 눈길을 보내고 있었다. 복장 때문에 다른 인도인과는 달라 보였던 것이다. 그때 나는 프록코트 차림에 머리에는 벵골 스타일의 터번을 두르고 있었다.

압둘라 셰드는 나를 집으로 데리고 가 자신의 옆방을 나에게 주었다. 압둘라 셰드와 나는 서로에 대해 잘 알지 못했다. 그는 자기 형이 나에게 맡긴 편지를 읽더니 동요했다. 형이 자기 집에 흰 코끼리 한 마리를 매어 놓은 것이라고 생각했기 때문이다. 나의 신사다운 복장이[유럽인의 복장처럼]돈이 드는 것으로 생각한 것이다. 그때 나에게 이렇다 할 일은 없었다. 재판은 트란스발에서 행해지고 있었다. 나를 즉시 트란스발에 파견한다고 해도 크게 달라질 것이 없었다. 그 밖에도 나의 능력이나 성의를 어디까지 신용할 수 있었을까? 프리토리아에서 나와 함께 있을 수는 없다. 피고는 프리토리아에 살고 있었는데, 피고가 음흉한 속셈을 가지고 나를 매수하려 든다면 어떻게 될까? 만일 소송을 나에게 맡기지 않으면 상회에서의 사무를 봐야 하는데, 그 일은 사무원들 쪽이 나보다 훨씬 잘 할 것이다. 사무원이 잘못하면 질책할 수 있다. 그러나 내가 잘못을 범한다면? 일이란 소송이거나 상회에서의 사무이다. 이 두 가지 이외에 달리 할 일은 없다. 그렇기 때문에 소송을 맡기지 않으면 나를 식객으로 다루게 되는 것이다.

압둘라 셰드는 학력이 없었으나 경험에서 얻은 지식은 대단한 것이었다. 두뇌는 명석하고 자신도 그것을 의식하고 있었다. 일상의 연습으로 대화에 필요한 만큼의 영어지식은 습득하고 있었으며, 이 영어 실력으로 모든 일을 처리하고 있었다. 은행 지배인들과 대화하고, 유럽 상인들과 거래하고, 고문 변호사들에게 문제를 설명한다. 인도인들은 압둘라 셰드를 대단히 존경하고 있었다. 그 무렵 압둘라 셰드의 상회는 인도인 상회 중에서 가장 큰 것 가운데 하나였다. 이와 같은 온갖 유리한 점을 지니고 있으면서 압둘라 셰드에게는 꼭 하나 불리한 점이 있었는데, 그것은 의심이 많다는 것이었다.

압둘라 셰드는 이슬람교를 자랑으로 여겼으며 이슬람철학이야기를 좋아했다. 아랍어는 몰랐지만, 그래도 성전《코란》과 일반적인 이슬람교 종교문헌에는 정통해 있었다. 비유이야기는 암기하고 있었을 정도이다. 그와 함께 지내면서 나는 이슬람교에 대한 실제적인 지식을 얻었다. 우리는 서로를 잘 알게 된 뒤부터 수많은 종교논의를 벌였던 것이다.

셰드는 이튿날인가 3일째에 나를 더반 재판소로 데리고 가 몇 사람에게 소개해주었다. 법정 내에서는 자기 변호사 옆자리에 나를 앉게 했다. 현의 행정장관은 나를 몇 번이고 보다가 나에게 터번을 벗으라고 말했다. 나는 거부하고 법정을 나섰다.

나는 여기에서도 싸울 운명이었던 것이다.

터번을 벗는 이유를 압둘라 셰드는 설명해주었다. 이슬람교도의 복장을 한 사람은 이슬람교도 스타일의 터번을 할 수가 있다. 그러나 다른 인도인은 법정 내에 발을 들여놓으면 곧바로 터번을 벗어야 했다.

이 미묘한 차별을 설명하기 위해 몇 가지 사실을 써야겠다.

2, 3일 만에 알게 된 것인데, 인도인은 제각기 집단을 형성해 살고 있었다. 하나는 이슬람교도 상인으로, 자신들을 '아랍'이라고 불렀다. 둘째는 힌두교도이거나, 파르시교도 사무원들이다. 다른 힌두교도들은 이도저도 아닌 어정쩡한 상태여서 어떤 자는 '아랍'으로 들어가 있었다. 파르시교도는 자신들을 페르시아인이라고 말했다. 상업 외에 이 셋째 집단은 서로 얼마간의 관계를 확실히 가지고 있었다. 넷째 집단은 타밀, 텔루구와 북인도의 기르미티야와 기르미트에서 해방된 인도인들이다. 기르미트의 의미는 계약 즉 '어그리먼트'이고 그 무렵, 이에 따라서 가난한 인도인이 5년간 계약노동을 하기 위해 나탈에 가있었다. 기르미트는 '어그리먼트'가 변형된 형태이다. 그리고 이 말에서 기르미티야라는 용어가 만들어진 것이다. 다른 집단은 이 집단과는 단순히 노동이라는 관점에서만 연관을 지니고 있었다. 이 기르미티야를 영국인들은 '쿨리*[11]'라는 명칭으로 식별하고 있다. 기르미티야의 수가 많기 때문에 다른 인도인들까지도 '쿨리'라고 부른다. '쿨리' 대신에 '새미*[12]'라고 부르기도 한다. '새미'는 많은 타밀 인명에 붙는 접미사이다. 새미란 바로 스와미*[13]이며, 스와미의 의미는 주인이다. 그래서 어느 인도인이 새미라는

말에 참지 못해, 조금이라도 용기가 있으면 자기를 새미라고 말하는 영국인을 향해 말했던 것이다.

"당신은 나를 새미라고 말하는데 새미의 의미를 알고 하는 말인가? 나는 당신의 주인은 아니다."

이를 듣고 부끄러워하는 사람이 있는가 하면, 화를 내고 더 욕설을 퍼붓는 자, 때리려고 덤벼드는 자도 있었을 정도이다. 그것은 영국인이 보기에 '새미'라는 말이 경멸하는 말이었기 때문이다. 주인이란 의미로 해석하는 것은 영국인을 모욕하는 것과 같았던 것이다.

그래서 나는 '쿨리 법정변호사'로 불리고 있었다. 상인은 '쿨리 상인'으로 불린다. 쿨리의 본래 의미인 노동자는 잊혀지고, 모든 인도인에 대한 일반적인 호칭이 되었다. 이슬람교도인 상인은 이 말에 분노해 이렇게 말했다.

"나는 쿨리가 아니다. 나는 아랍인이다." 또는 "나는 상인이다."

어느 정도 예의를 아는 영국인이면 이를 듣고 용서를 청했다.

이와 같은 상황 속에서 터번을 착용하는 문제가 중대해졌다. 터번을 벗는 의미는 굴욕에 견디는 것이다. 나는 인도의 터번은 그만 두고 영국 모자를 쓰자고 생각했다. 그렇게 하면, 모자를 벗는 것은 굴욕이 되지 않으므로 골치아픈 일에서 벗어날 수 있다.

그러나 압둘라 셰드는 나의 제안이 마음에 들지 않았다.

"만일 당신이 지금 그런 식으로 바꾸면 터무니없는 일이 벌어집니다. 터번을 하고 싶은 사람들의 입장이 곤란해집니다. 게다가 당신에게는 터번이 어울립니다. 당신이 영국 모자를 쓰면 급사들에게 가르침을 받을 겁니다."

이 말에는 세간의 일을 분별하는 지혜가 있고 애국심이 있었다. 또 편협함도 얼마간 있었다. 세간의 일을 아는 지혜는 명백하다. 애국심이 없으면 터번을 주장하는 일은 있을 수 없다. 편협함이 없으면 '급사'라는 비평은 불가능하다. 기르미티야의 인도인은 힌두교도, 이슬람교도, 그리스도교도로 나뉘어 있었다. 기르미티야의 인도인이 그리스도교로 개종하면 그 아이들은 그리스도교도이다. 1893년에도 그리스도교도는 많이 있었는데, 모두 영국 복장을 하고, 상당수가 호텔, 레스토랑에서 일해 생계를 꾸리고 있었다. 압둘라 셰드의 말 가운데 있는 영국 모자의 비평은 이와 같은 사람들을 염두에 둔 것이다. 비평의 근저에는, 호텔이나 레스토랑에서 '급사'를 하는 것은 하찮은 일이라는 사고가 있었던 것이다. 오늘날에도 이 차별은 많은 사람들의 마음에 뿌리를 내리고 있다.

압둘라 셰드의 주장은 당연하다고 생각했다. 이 터번 건을 둘러싸고 나는 나 자신과 터번을 옹호하기 위해 신문에 투서를 했다. 신문에서 나의 터번이 크게 다루어졌다. '환영받지 못하는 방문자'라는 제목으로 나의 일이 화제가 되었다. 3, 4일이 지나자, 나는 갑자기 남아프리카에서 유명해져버렸다. 어떤 사람은 나를 지지하고, 어떤 사람은 나를 주제넘은 자라고 크게 비난했다.

나는 터번을 거의 끝까지 착용했다. 언제부터 터번을 하지 않게 되었는지에 대해서는 나중에 보기로 하자.

### 8 프리토리아로 가는 도중에

더반에 거주하는 그리스도교도인 인도인들과도 나는 곧 접촉하게 되었다. 더반 재판소의 법정 통역인 폴은 로마가톨릭교도였다. 폴과 친분을 맺고, 프로테스탄트 미션의 교원인 수반 고드프리와도 친분을 맺었다. 그의 아들인 제임스 고드프리는 남아프리카 인도인 대표단의 일원으로서 지난해 인도를 방문했다. 같은 시기에 파르시 루스탐지와 알게 되고, 아담지 미얀칸과 알고 지내는 사이가 되었다. 이 형제들은 모두 용무 외에는 이제까지 서로 만나는 일이 없었다가 나중에 서로 친해진 것이다.

이렇게 해서 내가 사람들과 알게 되었을 때 상회의 변호사로부터 편지가 왔다. 재판준비를 해야 하니 압둘라 셰드 자신이 프리토리아로 가든가, 사람을 보내야 한다는 것이었다.

압둘라 셰드는 나에게 이 편지를 읽게 하고 물었다.

"프리토리아에 가주시겠습니까?"

나는 말했다.

"소송에 대해서 설명해주시면 무언가 대답을 드릴 수 있을 것입니다. 그곳에 가서 무엇을 해야 하는지 아직 모릅니다."

압둘라 셰드는 사무원들에게 소송에 대해서 설명하라고 말했다.

나는 하나에서부터 시작해야 한다는 것을 알았다. 잔지바르에 상륙했을 때 재판소에 견학을 갔다. 파르시교도인 변호사가 증인심문에서 채무자와 채권자에 대해서 질문하고 있었다. 나는 채무자와 채권자에 대해서 이해하지 못하고 있었다. 부기는 고등학교에서 전혀 배우지 않았고 영국에서도 배우지 않았기 때문이다.

소송문제의 소재는 장부에 있음을 알았다. 부기 지식을 가지고 있는 자만이 이해할 수 있고 설명할 수 있는 것이다. 사무원이 채무와 채권의 설명을 계속하자 나는 혼란에 빠졌다. 나는 P노트의 의미를 모른다. 사전에 이런 단어는 없다. 사무원에게 무지함을 고백하자 가르쳐준 것인데, P노트란 약속어음을 말한다. 나는 부기 책을 사서 읽은 뒤에야 약간 자신이 생겼고 문제를 이해할 수 있었다. 압둘라 셰드는 장부에 기록하는 법을 몰랐으나, 실무상의 지식이 풍부했기 때문에 장부의 복잡한 문제를 순식간에 풀 수 있었다. 나는 전했다.

"프리토리아로 가겠습니다."

"어디에 머물 생각이십니까?"

"당신께서 말씀하시는 곳에."

"그러면 제 변호사에게 편지를 쓰겠습니다. 당신이 머물 곳을 정해줄 것입니다. 프리토리아에 있는 메만의 친구들에게도 편지를 쓰겠습니다. 그러나 그곳에 당신이 머무는 것은 권할 수 없습니다. 프리토리아에서 재판 상대는 대단한 영향력을 지니고 있습니다. 당신 앞으로 보낸 나의 편지를 그곳에서 상대방의 누군가가 읽게 된다면 재판에 불리해집니다. 상대방과의 연관이 적으면 적을수록 좋습니다."

"당신의 변호사가 지정해주는 곳에 머물거나 어딘가 다른 집을 찾을테니 부디 걱정 마세요. 당신의 개인적인 일은 일체 새어나가지 않게 하겠습니다. 하지만 나는 모든 사람들과 사귈 생각입니다. 상대방과도 친해져서 가능하면 소송을 화해로 이끌도록 힘쓸 생각입니다. 결국 테브 셰드는 당신의 친척이 아닙니까?"

소송 상대인 테브 하지 칸 무하마드는 압둘라 셰드의 가까운 친척이었다. 나의 말에 압둘라 셰드가 약간 놀라는 것을 보았다. 그러나 내가 더반에 도착한지 벌써 6, 7일이 지나고 있었다. 우리는 서로를 알고 이해하기 시작했다. 이제 나는 더 이상 '흰 코끼리'가 아니었다. 그는 말했다.

"타협이 가능하다면 더할 나위 없이 좋겠지요. 하지만 우리는 친척입니다. 그렇기 때문에 서로를 잘 알고 있습니다. 테브 셰드는 바로 승낙할 사내가 아닙니다. 우리가 부주의하게 호의를 보이면 이쪽의 속셈을 파헤쳐 올가미를 씌울지도 모릅니다. 그러므로 무엇을 하건 주의해야 합니다."

"부디 걱정 마세요. 재판 이야기는 테브 셰드에게도, 다른 누구에게도 말할 필요가 없다고 생각합니다. 다만 나는 이것만 말할 생각입니다. 당신들 쌍방이 다툼을 해결하면 변호사들에게 돈을 낭비하지 않고 끝납니다."

7일째인가 8일째에 나는 더반을 출발했다. 나를 위해 1등표를 구해주었다. 침구를 사용하려면 별도로 5실링을 더 내야 했다. 압둘라 셰드는 침구권을 사도록 권해주었으나 나는 고집스럽고 오만하게도, 또 5실링을 절약할 생각으로 침구권 사는 것을 거절했다.

압둘라 셰드는 나에게 경고했다.

"아시겠습니까. 이 나라는 인도와 다릅니다. 신의 가호로 돈에는 부족함이 없습니다. 돈을 쓰는 데 너무 인색하지 마십시오. 필요한 편의는 누려주십시오."

나는 감사를 표하고 걱정하지 마시라고 했다.

기차는 나탈의 수도 마리츠버그에 밤 9시쯤 도착했다. 보통 이곳에서 침구가 준비된다. 종업원이 와서 물었다.

"침구는 필요 없으십니까?"

내가 말했다.

"내 침구를 가지고 있습니다."

종업원은 가버렸다. 이러는 사이 한 승객이 들어와 내 쪽을 보았다. 피부색이 다른 것을 보고 당황하더니 밖으로 나가 두 역무원을 데리고 왔다. 아무도 나에게 말을 하지 않았다. 마지막으로 또다른 역무원이 와서 나에게 말했다.

"이쪽으로 와. 너는 화차로 가는 거다."

"1등 승차권을 가지고 있습니다."

"승차권 따위는 아무 상관 없어. 다시 한 번 말하겠다. 화차로 가."

"잘 들어요. 나는 더반에서부터 이 차량에 탔고 이 차량으로 갈 생각이오."

"안 돼. 내려야 해. 내리지 않으면 경관이 끌어 내릴거야."

"경관이 끌어내릴지언정 내 발로는 내리지 않겠소."

경관이 와서 나의 손을 잡고 떠밀듯이 끌어내렸다. 나의 짐도 내렸다. 나는 다른 차량으로 옮기는 것을 거부했고 기차는 떠났다. 나는 대합실에 앉아 손가방을 옆에 두었다. 다른 짐은 내게 없었다. 철도관계자가 어딘가에 보관한 것이다.

계절은 겨울이었다. 남아프리카의 해발이 높은 지방은 기후가 몹시 냉혹하다. 마리츠버그는 높은 지방에 있어서 추위는 몹시 혹독했다. 외투는 짐 안에 있었으나, 가져다 달라고 할 용기는 나지 않았다. 또 모욕을 당할까 두려웠다. 나는 추위에 몹시 떨었다. 대합실은 등불 하나 켜 있지 않았다. 한밤중쯤에 한 승객이 다가왔다. 무언가 말을 걸고 싶은 표정이었으나 나는 입을 열 기분이 아니었다.

나는 자신의 의무에 대해서 생각했다.

"자신의 권리를 위해 싸울 것인가, 아니면 이대로 되돌아갈 것인가. 아니다, 굴욕을 당해도 견디고 프리토리아에 도착하여 재판을 마치고 인도로 귀국해야 한다. 재판을 중도에 포기하고 도망가는 것은 사내답지 않다. 내가 당한 고난은 표면적인 것이다. 깊게 뿌리내린 업병(業病)의 징후인 것이다. 이 업병은 인종편견이다. 만일 나에게 이 뿌리 깊은 병을 제거할 힘이 있다면 그 힘을 행사해야 한다. 행사하면서 모든 고난을 스스로 견뎌내야 한다. 인종편견을 없애는 관점에서 고난에 항거해야 한다."

이렇게 결의하고 다음 열차로 어떻게든 프리토리아로 가기로 했다.

이른 아침 나는 총지배인 앞으로 장문의 항의전보를 쳤다. 다다 압둘라에게도 알렸다. 압둘라 셰드는 곧바로 총지배인을 만났다. 총지배인은 부하들의 행위를 변호했지만, 나를 무사히 목적지까지 보내주도록 역장에게 지시했다고 전했다. 압둘라 셰드는 마리츠버그의 힌두교도 상인들에게도 나를 돌봐주라는 전보를 쳤다. 다른 역에도 똑같은 전보를 쳤다. 그래서 상인들이 나를 만나기 위해 역으로 왔다. 상인들은 자신들이 당한 고난의 이야기를 들려주었다. 당신이 당한 고난은 놀랄 일도 아니라는 말도 했다. 1등이나 2등으로 인도인이 여행을 하면 역무원이나 승객으로부터 방해를 받는다. 이와 같은 얘기를 듣는 사이에 하루가 지났다. 밤이 되자 열차는 도착했다. 나를 위한 좌석이 준비되어 있었다. 더반에서 거부한 침구권을 마리츠버그에서 샀다. 열차는 나를 찰스타운으로 데려다주었다.

## 9 거듭되는 고난

아침에 기차는 찰스타운에 도착했다. 그 무렵 찰스타운에서 요하네스버그까지 열차는 개통해 있지 않았다. 역마차로 도중에 하룻밤, 스탠더턴에 묵어야 한다. 나는 역마차 표를 가지고 있었다. 하루 늦게 도착했으나 무효가 되어 있지는 않았다. 게다가 압둘라 셰드는 역마차회사의 찰스타운 대리점에 전보를 쳐주었다. 그러나 역마차 측은 나를 떼어놓을 구실을 찾아야 했기에, 나를 완전히 타관사람으로 생각하고 말했다.

"당신의 표는 무효가 되었습니다."

나는 적절한 대답을 했다. 표가 무효가 되었다고 나에게 말하는 이유는 다른 데 있었던 것이다. 승객은 모두 마차 안에 앉게 되어 있다. 그러나 나는 '쿨리'로 헤아려져 타관사람으로 간주되었다. 백인승객들 옆에 나를 앉히지 말아야겠다는 것이 역마차 측의 의향이었다. 마차 밖, 즉 마부자리 좌우에는 벤치가 있었다. 그 중 하나에 역마차회사의 백인 차장이 앉게 되어 있었다. 이 사내가 안에 앉고 나를 마부 옆 벤치에 앉혔다. 정말로 심한 모욕이라고 생각했으나, 꾹 참고 이 모욕에 견디기로 했다. 억지로 안에 앉을 수 있는 상황은 아니었던 것이다. 만일 다투면 역마차는 떠나버리고 또 하루를 헛되이 하고 만다. 그리고 다음날 어떻게 될 것인지는 신만이 안다. 그러므로 현명하게 판단해서 밖에 앉았다. 그러나 속은 부글부글 끓고 있었다.

3시쯤 역마차는 파르데코프에 도착했다. 이번에는 그 백인차장이 내가 앉아 있는 자리에 앉고 싶어했다. 담배를 피우고 싶었거나, 바깥 공기를 쐬고 싶었을 것이다. 그래서 마부자리 옆에 있던 더러운 마대를 들어 발판 위에 펴고 나에게 말했다.

"새미, 여기에 앉아, 내가 마부 옆에 앉는다."

이 모욕에 견디는 것은 불가능했다. 그래서 두려워하면서도 말했다.

"당신은 나를 이곳에 앉혔고 나는 이 굴욕에 견디었소. 나의 좌석은 차내에 있는데 당신이 안으로 들어가고 나를 이곳에 앉혔으면서 이제는 당신이 밖에 앉으려고 하오. 담배가 피우고 싶어서 나를 발밑에 앉히려는 것이오. 나는 안으로 들어가겠소. 당신 발밑에는 앉지 않겠소."

참다못해 이렇게 말하자 주먹이 비오듯 나를 엄습했다. 그 백인은 내 팔을 잡고 밑으로 끌어내리려고 했다. 마부자리에는 놋쇠로 된 손잡이가 있었다. 나는 망령처럼 그 손잡이를 잡고 손목이 빠지는 한이 있어도 놓치지 않겠다고 결심했다. 내가 심한 처사를 당하는 것을 백인 승객들은 보고만 있었다. 그 백인은 온갖 욕설을 퍼붓고, 나를 끌어내리려고 마구 주먹을 휘둘렀다. 그러나 나는 신음 하나 내지 않았다. 그 사내는 힘이 세고 나에겐 힘이 없다. 승객가운데 몇 사람이 나를 동정하여 말했다.

"이봐요, 가엾은 사내를 그 자리에 앉게 놔둬요. 때리지 마시오. 그 사내의 말은 사실이오. 그렇게 안 된다면 차내의 우리들 옆에 앉게 해줘요."

그 백인은 말했다.

"절대로 안 됩니다."

그러나 얼마간 창피했던지 내 팔을 놔주고 두세 마디 더러운 말을 내뱉었다. 그리고 다른 한쪽에 앉아있었던 호텐토트의 고용인을 자기 발밑에 앉게 하고 자기는 벤치에 앉았다. 다른 승객들은 마차 안으로 들어갔다. 호각이 울리고 마차는 출발했다. 나의 가슴은 두근거리고 있었다. 살아서 목적지에 닿을 수 있을지 불안했던 것이다. 그 백인은 나를 계속 노려보고 손가락질을 하면서 무언가 투덜대고 있었다.

"각오하고 있어. 스탠더턴에 닿으면 따끔한 맛을 보여주지."

나는 벙어리처럼 입을 다문 채로 있었다. 신의 가호를 빌었다.

밤이 되어 스탠더턴에 도착했다. 몇 사람의 인도인 얼굴을 보았다. 조금은 마음이 놓였다. 아래로 내려가자 곧바로 인도인들이 말했다.

"우리는 당신을 이사 셰드의 점포로 안내하기 위해 기다리고 있었습니다. 다다 압둘라의 전보를 받았습니다."

나는 정말로 기뻤고 함께 셰드 이사 하지 수마르의 점포로 갔다. 점포에서는 셰드와 사무원들에게 둘러싸였다. 나는 내가 당한 고난에 대해 이야기해주었다. 모두가 안타까워했고, 자신들의 쓰라린 체험을 이야기해 나를 위로해주었다. 나는 역마차회사의 대리점에 내가 받은 부당한 처사에 대해 알려야겠다고 생각하여 대리점에 편지를 썼다. 그 백인이 나를 위협한 것에 대해 언급하고 내일 아침 역마차 출발 시에 다른 승객들 옆, 차내에 좌석을 준비해줄 보증을 요구했다. 대리점은 나에게 메시지를 보냈다.

"스탠더턴에서 대형역마차가 운행합니다. 마부 등은 교대하여, 당신이 항의한 차장은 내일 승차하지 않습니다. 다른 승객들 옆에 좌석이 준비됩니다."

이 메시지로 조금은 안심했다. 나를 때린 그 백인에 대해 소송을 제기할 생각은 없었으므로 구타사건은 이것으로 마무리되었다. 아침에 이사 셰드의 사무원들이 나를 역마차까지 데려다주었다. 합당한 좌석이 주어졌고, 아무런 괴롭힘도 없이 그날 밤 요하네스버그에 도착했다.

스탠더턴은 작은 마을이고 요하네스버그는 대도시이다. 압둘라 셰드는 그곳에도 전보를 쳐주었다. 셰드는 또 무하마드 카삼 카므루딘의 점포 주소를 나에게 건네주었다. 전보를 받고 사무원이 역까지 마중을 나와 있었는데, 나는 찾지 못했고 사무원도 나를 알아보지 못했다. 나는 기억하고 있던 호텔 이름 두세 개를 떠올렸다. 합승마차에 올라 그랜드 내셔널 호텔에 가도록 마부에게 말했다. 호텔에 닿자 지배인에게 가서 방을 요구했다. 지배인은 순간 나를 바라보더니, "유감입니다만 방이 다 찼습니다." 정중하게 말하며 나를 돌려보냈다.

그래서 나는 무하마드 카삼 카므루딘의 점포로 데려다 달라고 마부에게 말했다. 압둘 가니 셰드는 점포에서 나를 기다리고 있다가 환영해주었다. 호텔에서 있었던 이야기를 하자 크게 껄껄 웃으며 말했다.

"애당초 우릴 호텔에 묵게 해줄 줄 아셨습니까?"

"왜 묵지 못하게 합니까?"

"그것은 한동안 머물면 차차 아시게 됩니다. 이 나라에 살 수 있는 것은 우리들뿐입니다. 왜냐하면 우리는 돈을 벌어야 하기 때문입니다. 그렇기 때문에 온갖 굴욕을 참으며 사는 것입니다."

이렇게 말하고 트란스발 인도인의 고난의 역사를 들려주었다.

이 압둘 가니 셰드에 대해서 앞으로 더 소개하게 될 것이다. 셰드는 말했다.

"이 나라는 당신 같은 사람들을 위한 것이 아닙니다. 아시겠습니까? 내일 당신은 프리토리아로 가게 됩니다. 그곳에는 3등으로밖에 갈 수 없습니다. 트란스발에서는 나탈보다도 심합니다. 이곳에서 우리는 1등이나 2등표는 살 수 없습니다."

내가 말했다.

"당신들은 1등이나 2등표를 구할 노력을 하지 않았겠지요."

압둘 가니 셰드가 말했다.

"편지 교환은 했습니다. 그렇지만 1등이나 2등에 승차하고 싶어하는 사람들이 몇이나 될까요?"

나는 철도법규집을 모아서 읽고 또 읽었다. 맹점이 있었다. 트란스발의 기본이 되는 제정법의 조문은 엄밀하지 않았다. 철도법규집은 더 말할 나위도 없지 않은가?

나는 셰드에게 말했다.

"1등으로 가겠습니다. 그렇게 못한다면, 프리토리아는 여기서 3마일이니 마차를 고용해서 가겠습니다."

압둘 가니 셰드는 마차로 갈 경우 경비와 소요시간이 더 든다는 것을 일깨워주었으나, 1등으로 가겠다는 나의 생각에는 찬성해주었다. 나는 역장에게 편지를 보냈다. 편지에는 내가 법정변호사이며 언제나 1등으로 여행하고 있음을 알렸다. 즉시 프리토리아에 도착해야 하는 필요성에 대해서도 역장의 주의를 환기했다. 회신을 기다릴 만한 시간이 없어 회답을 얻기 위해 직접 역으로 갈 것이므로, 1등표 발권을 기대한다고 썼다. 이렇게 한 것은 내 마음에 약간의 계책이 있어서였다. 서면에 의한 역장의 회답은 부정적일 것이다. 게다가 쿨리 법정변호사가 어떤 것인지 역장은 상상조차 못할 것이다. 그래서 만일 내가 완벽한 신사의 복장으로 역장 앞에 서서 얘기하면 이해하고 발권해줄 것이라고 생각한 것이다. 그래서 프록코트에 넥타이로 정장을 하고 역으로 갔다. 1기니 금화를 꺼내 역장 앞에 놓고 1등표를 요구했다.

역장이 말했다.

"나에게 편지를 보낸 것은 당신입니까?"

"그렇습니다. 표를 내주시면 감사하겠습니다. 오늘 프리토리아에 도착해야 합니다."

역장은 웃었다. 동정해준 것이다. 그리고 이렇게 말했다.

"나는 트란스발 사람이 아니라 네덜란드인입니다. 당신의 마음은 충분히 이해하며 동정하고 있습니다. 표는 내드리겠습니다만 조건이 하나 있습니다. 만일 도중에 차장이 당신을 하차시키거나 3등에 앉게 하면 나를 끌어들이지는 마십시오. 즉, 철도회사를 고소하지는 마십시오. 당신의 여행이 무사하길 바랍니다. 당신은 신사입니다. 나는 압니다."

역장은 표를 내주었다. 나는 역장의 호의에 감사하고 고소는 하지 않기로 약속했다. 압둘 가니 셰드는 전송을 위해 와 있었다. 이 자초지종을 보고 놀라면서도 기뻐했다. 그러나 나에게 주의를 주었다.

"당신이 프리토리아에 무사히 도착하면 뗏목이 무사히 대안에 닿은 것으로 생각하십시오. 차장이 당신을 1등에 앉지 못하게 할까 걱정입니다. 앉게 했다고 해도 다른 승객이 앉지 못하게 할 겁니다."

1등 찻간에 앉았다. 열차는 출발했다. 저미스턴에 닿자 차장이 검표를 왔다. 나를 보자 불쾌한 표정을 지으며 손가락으로 가리키면서 말했다.

"3등으로 가."

나는 1등차표를 보여주었다. 차장이 말했다.

"그런 건 아무래도 상관없어. 3등으로 가."

이 찻간에는 영국인 승객 한 사람뿐이었다. 승객이 그 차장을 꾸짖었다.

"왜 이 신사를 괴롭히는 거요? 이분이 1등차표를 가진 게 안 보여요? 이분이 함께 앉아도 나는 아무렇지도 않소."

이렇게 말한 다음 승객은 내 쪽을 보았다.

"안심하고 그대로 앉아 계세요."

차장은 투덜거렸다.

"당신이 쿨리와 함께 앉길 원하신다면 저는 상관하지 않겠습니다."

차장은 가버리고 말았다.

밤 8시쯤 열차는 프리토리아에 도착했다.


## 10 프리토리아에서의 첫날

프리토리아역에서는 다다 압둘라 셰드의 변호사로부터 누군가가 마중을 나올 것으로 기대했다. 인도인이 마중 나오지 않을 것은 알고 있었다. 인도인의 집에는 숙박하지 않기로 한 약속에 구속되어 있었기 때문이었다. 변호사는 역으로 마중을 보내지 않았다. 나중에 알게 된 것인데, 내가 도착한 날은 일요일이었기 때문에 폐를 끼치게 되어 변호사는 마중 나갈 사람을 보낼 수 없었던 것이다. 나는 불안해졌다. 어디로 가면 좋을까 고민했다. 어느 호텔도 받아주지 않을 거라고 우려했던 것이다. 1893년의 프리토리아역과

1914년의 프리토리아역은 전혀 다르다. 촉광이 낮은 전구가 켜 있고 하차객도 많지는 않았다. 모든 하차객이 개찰구를 빠져나가 내가 마지막이 되었다. 개찰담당자의 손이 좀 비면 표를 건네자, 만일 개찰담당자가 작은 호텔이나 여관을 가르쳐주면 그곳으로 가자, 그렇지 않으면 역에서 하룻밤을 보내자고 생각했다. 겨우 이것만을 묻는 데도 마음이 내키지 않았다. 모욕당할 우려가 있었기 때문이다.

역에는 인기척이 없어졌다. 나는 개찰구에 표를 건네고 물었다. 정중하게 대답해주었으나 나에겐 별 도움이 되지 않았다. 개찰계 옆에 서 있던 미국인 흑인신사가 나에게 말을 걸어주었다.

"이곳에는 처음이시고 아는 분도 없는 것 같군요. 함께 가신다면 작은 호텔로 안내하겠습니다. 경영자는 미국인입니다. 내가 잘 아는 사람인데, 당신을 묵게 해줄 겁니다."

나는 약간 의심을 했으나 신사에게 감사하고 함께 가기로 했다. 그 신사는 나를 존스톤 패밀리호텔로 데리고 갔다. 우선 존스톤 씨를 한 쪽으로 데리고 가 조금 이야기를 했다. 존스톤 씨는 하룻밤 묵는 것을 허락했다. 그것도 식사는 방으로 보낸다는 조건이었다.

존스톤 씨는 말했다.

"믿어주셨으면 하는데, 제 마음에는 인종차별이 전혀 없습니다. 그러나 이곳의 손님은 모두 백인입니다. 식당에서 당신께 식사를 대접하면 다른 손님들은 기분이 상해 호텔을 나가고 말 것입니다."

나는 대답했다.

"하룻밤 묵게 해주시는 당신의 호의에 감사합니다. 이 나라의 사정을 조금은 알기에 당신의 어려운 입장은 이해합니다. 부디 식사는 방으로 날라다 주십시오. 내일까지는 숙박할 곳을 준비할 수 있을 것입니다."

방으로 안내되어 들어갔다. 혼자가 되어 식사를 기다리면서 이런저런 생각에 잠겼다. 이 호텔에 묵는 손님은 많지 않았다. 얼마 지나자 식사를 나르는 급사가 아니고 존스톤 씨가 왔다.

"방으로 식사를 나르겠다고 했지만 부끄럽다는 생각이 들었습니다. 그래서 머물고 계신 손님들에게 당신에 대한 이야기를 하고 의향을 여쭤보았더니, 당신이 식당에서 식사를 하셔도 전혀 상관이 없다는 것입니다. 머물고 싶은 만큼 계셔도 이의가 없다는군요. 그러므로 괜찮으시다면 식당으로 오십시오. 그리고 원하시는 대로 이 호텔에 계십시오."

나는 존스톤 씨의 호의에 감사했고, 식당으로 가 안심하고 식사를 했다.

이튿날 아침 사무변호사의 집으로 갔다. 이름은 A.W. 베이커였다. 압둘라 셰드가 그에 대해서 조금은 이야기해 주었으므로 첫 대면에서 놀랄 일은 아무것도 없었다. 그는 나를 친절하게 맞아주었다. 나에게 몇 가지 질문을 해서 대답을 했다. 그가 말했다.

"당신이 이곳에서 법정변호인으로서 해줄 일은 없습니다. 이 재판을 위해서 매우 유능한 법정변호사를 고용하고 있습니다. 그러나 재판이 오래 걸려 문제가 복잡하게 얽혀 있습니다. 그러므로 필요로 하는 사실 등을 입수하는 일을 당신이 해주길 바랍니다. 그러나 이런 일에는 이점이 확실히 있습니다. 의뢰인과의 서신왕래가 용이해지고, 사실에 대해서 알고 싶은 것은 당신을 통해서 입수할 수 있기 때문입니다. 당신을 위한 집은 아직 찾지 않았습니다. 당신을 만난 다음 찾으려고 생각했습니다. 이곳에서는 인종차별이 심해 집을 찾는 것이 쉽지가 않습니다. 그러나 나는 한 여성을 알고 있습니다. 경제적으로 어려운 빵집 부인인데, 당신을 하숙시키면 살림에 도움이 되므로 승낙할 것입니다. 자, 가십시오."

이렇게 말하고 베이커 씨는 나를 데리고 갔다. 그 여성을 한쪽으로 데리고 가 잠시 이야기를 했다. 부인은 나를 하숙자로서 받아들일 것을 승낙했다. 방세는 일주일에 35실링으로 결정되었다.

베이커 씨는 변호사인데 평신도 설교사이기도 했다. 현재도 건재하다. 현재는 목사로서 일하며 변호사업은 그만 두었다. 경제적으로는 유복하다. 오늘날까지 나와 서신왕래를 하고 있는데 서신의 테마는 단 하나이다. 다양한 방법, 관점에서 그리스도교의 우월성을 역설하는 것이다. 그리스도를 신의 유일한 아들이자 구세주로 인정하지 않고는 영원한 평안은 있을 수 없다고 주장하고 있다.

첫 대면에서 베이커 씨는 종교에 대한 나의 태도를 알고 말았다. 나는 이렇게 말했던 것이다.

"나는 태어날 때부터 힌두교도지만 이 종교에 대한 지식은 적습니다. 내가 어디에 있는지, 무엇을 믿고 있는지, 무엇을 믿어야 하는지, 아무것도 모릅니다. 자신의 종교에 대해서 진지하게 배울 생각으로 있고, 다른 종교에 대해서도 가능한 한 배울 생각입니다."

이 말을 듣자 베이커 씨는 대단히 기뻐하며 이렇게 말했다.

"나는 남아프리카 제너럴 미션의 이사로 있습니다. 사재를 털어 교회를 건립했고 때때로 그곳에서 설교를 하고 있습니다. 나는 인종차별을 인정하지 않습니다. 나와 함께 활동하는 동료가 몇 명 있는데, 우리는 매일 1시에 몇 분 동안 모여 영혼의 평안함과 깨달음을 기도합니다. 집회에 당신이 참가해주신다면 기쁘겠습니다. 당신을 동료들에게 소개하겠습니다. 당신을 만나면 모두가 기뻐할 것입니다. 당신도 이 동료들과의 교분을 기쁘게 생각하리라 믿습니다. 당신에게 종교서적을 몇 권 드리지요. 그러나 진정한 책은 《성서》입니다. 반드시 읽기를 권합니다."

나는 베이커 씨에게 감사인사를 하고 가능한 한 매일 1시, 기도식에 참석할 것을 승낙했다.

"그러면 내일 1시, 이곳으로 오십시오. 함께 기도식에 가십시다."

우리는 헤어졌다. 많이 생각할 틈은 아직 없었다. 존스톤 씨의 호텔로 가 정산을 마치고, 새로운 하숙으로 가 그곳에서 점심식사를 했다. 여주인은 좋은 여성이었다. 나를 위해 채식요리를 준비해주었다. 이 가족과 나는 곧 스스럼없는 사이가 되었다. 점심을 마친 뒤, 다다 압둘라가 소개장을 써준 친구를 만나러갔다. 이 사람과도 알고 지내는 사이가 되었다. 인도사람들의 고난 이야기를 이 사람을 통해 알게 되었다. 자택에 머물도록 열심히 권해주기도 했으나, 나는 고맙다는 인사를 하고 하숙은 이미 정했다고 말했다. 그는 필요한 것이 있으면 무엇이건 말하라고도 해주었다.

저녁이 되었다. 식사를 마치고 내 방으로 돌아와서는 생각에 잠겼다. 내가 당장 해야 할 일은 없음을 알고 압둘라 셰드에게 이것을 알렸다. 베이커 씨와의 친교는 어떤 의미가 있을까? 그의 같은 신자들로부터 무엇을 얻을 수 있을까? 그리스도교 연구는 어디까지 해야 할까? 힌두교 문헌을 어디서 입수해야 할까? 힌두교를 이해함이 없이 그리스도교의 본질을 어떻게 이해할 수 있을까? ─결론에 도달했다. 손에 들어오는 것은 무엇이건 공평한 마음으로 읽기로 하자. 베이커 씨 친구들에게는 신이 이끌어주었을 때 대답하자. 자신의 종교를 완전히 이해하기 전에 다른 종교를 받아들여서는 안 된다. 이렇게 생각하면서 나는 잠에 빠져들었다.

## 11 그리스도교인들과의 접촉

이튿날 1시 나는 베이커 씨의 기도식에 갔다. 그곳에서 해리스 양, 갭 양, 코츠 씨 등에게 소개되었다. 모두가 무릎을 꿇고 기도했고 나도 무릎을 꿇었다. 기도에서는 각자가 생각한 것을 신에게 소망한다. 오늘을 평안하게 지낼 수 있기를, 신이 우리 마음의 문을 열어주시길, 등등이다. 나를 위해서도 기도했다.

"우리들 사이에 새로운 형제가 와 있습니다. 주여, 형제를 이끌어주십시오. 우리에게 주셨던 평안함을 이 형제에게도 주십시오. 우리를 구원해주셨던 것처럼 이 형제도 구원해주십시오. 이 모든 것을 주님의 이름으로 기원합니다."

이 기도식에 찬미가는 없었다. 사람들은 무언가 한 가지 소원을 하고 흩어진다. 모두에게 점심식사 때이므로, 다 같이 이렇게 기도하고 각자 점심식사를 하러 간다. 기도식은 5분이상 걸리지는 않았다.

해리스 양과 갭 양은 중년의 미혼여성이고 코츠 씨는 퀘이커교도였다. 두 여성은 함께 살고 있어서, 두 사람은 매주 일요일 4시에 차를 마시는 자택으로 초대해주었다. 코츠 씨와 일요일마다 만나 일주일치 종교일지를 보여주어야 한다. 어떤 책을 읽고 어떤 감명을 받았는지를 화제로 삼았다. 두 여성은 자신들의 훌륭한 체험과 영원한 안식에 대해서 이야기했다.

코츠 씨는 솔직하고 몸이 튼튼한 퀘이커교도였다. 그 사람과는 친밀한 관계가 되었다. 우리는 자주 함께 산책했고, 그는 나를 다른 그리스도교도의 집에도 데리고 가주었다.

코츠 씨는 나에게 많은 책을 주었다. 나에 대해 알게 됨에 따라 그가 좋다고 생각하는 책을 계속 준 것이다. 나는 그가 준 책을 정성껏 읽었다. 우리는 또 책에 대한 것을 화제로 삼기도 했다.

1893년에는 이와 같은 책을 많이 읽었다. 책 이름을 모두 기억하고 있지는 않지만 시티 템플의 파커 박사의 《주석》, 피어슨의 《수많은 참된 증거》, 버틀러의 《유추(類推)》 등이 있었다. 이 가운데 어느 책은 이해할 수 없었고, 흥미 깊은 것이 있는가 하면, 하찮은 것도 있었다. 이 모든 것을 나는 코츠 씨에게 이야기했다. 《수많은 참된 증거》의 의미는 절대로 오류가 없는 수많은 증거, 즉 성서에서 저자가 이해한 종교를 지지하는 증거이다. 이 책에서는 아무런 감명도 받지 못했다. 파커의 《주석》은 도덕향상을 의도한 것으로 간주되었다. 그러나 이 책은 현행 그리스도교 신앙에 의문을 품은 자에게 도움이 되는 것은 아니었다. 버틀러의 《유추》는 대단히 심원하고 난해한 것으로 여겨졌다. 예닐곱 번은 읽어야 했다. 이 책은 무신론자를 유신론자로 바꾸기 위해 쓰인 것으로 생각되었으며, 신의 존재에 대해서 기술된 논거는 나에게 아무런 도움도 되지 못했다. 왜냐하면 이 시기에 나는 무신론을 믿지 않았기 때문이다. 예수가 신의 유일한 현신이라는 것, 또 예수가 인간과 신의 중개자라는 것에 대한 논의가 기술되어 있으나 나는 전혀 감화되지 않았다.

그러나 코츠 씨는 체념하고 마는 사람은 아니었다. 나에 대한 애정은 끝이 없었던 것이다. 내가 목에 걸고 있는 바이슈나바의 칸티를 보고 미신처럼 생각한 모양이다.

"이런 미신은 당신 같은 사람에게는 어울리지 않습니다. 자, 이리 주세요. 끊어버립시다."

"이 칸티는 끊을 수 없습니다. 어머니의 선물입니다."

"믿는 것입니까?"

"나는 깊은 의미는 모릅니다. 이것을 하지 않으면 불행해진다고는 생각하지 않습니다만, 어머니가 애정을 담아 나에게 달아준 이 칸티를 이유 없이 버릴 수는 없습니다. 시간이 지나면 닳아서 끊어질 것입니다. 그렇게 되면 새로운 것을 찾아서 달 생각은 없습니다. 그러나 이 칸티는 끊을 수 없습니다."

코츠 씨는 나의 이 주장을 이해하지 못했다. 그 이유는 나의 종교에 대해 불신감을 지니고 있었기 때문이다. 그는 나를 무지라는 우물에서 구출하려고 했던 것이다. 다른 종교에 얼마간 진리가 있어도 완전한 진리라는 그리스도교를 받아들이지 않고 구원은 없으며, 예수의 중개 없이 죄는 씻어지지 않으며 온갖 선행은 무의미하다고 나에게 전하고 싶었던 것이다. 코츠 씨는 책을 소개해준 것처럼, 경건한 그리스도교도라고 생각하는 사람들을 소개해주었다.

그들 가운데 한 가족은, 그리스도교의 한 파인 플리머스 동포교회파에 속해 있었다. 코츠 씨가 소개해준 많은 사람들은 훌륭했으며, 신을 두려워하는 사람들처럼 생각되었다. 그 가족의 한 형제가 나에게 이런 말을 했다.

"당신은 우리 종교의 훌륭함을 이해하지 못했습니다. 당신의 이야기로 알 수 있는데, 순간순간 당신은 자신의 과오에 대해 생각하고 과오를 바로잡아야 합니다. 바로잡지 않으면 후회하게 됩니다. 속죄해야 합니다. 이렇게 해서 언제 구원을 받겠습니까? 평안함을 얻을 리가 없습니다. 우리가 죄인임을 당신은 인정하겠죠. 자, 우리 신앙의 완벽함을 보십시오. 우리가 아무리 노력해도 헛수고입니다. 그래도 구원은 필요합니다. 죄의 무거운 짐에서 어떻게 벗어나면 좋을까요? 예수께 죄의 무거운 짐을 지우는 수밖에 없습니다. 예수는 신의 유일한 죄 없는 아들입니다. 신의 은총은 신을 믿는 자의 죄를 씻어주는 것입니다. 신의 관대함에는 끝이 없습니다. 우리는 예수의 속죄를 받아들였으므로, 우리의 죄는 우리에게 붙지 않습니다. 인간은 죄를 범하는 법입니다. 이 세상에서 어찌 죄를 범하지 않을 수 있습니까? 그렇기 때문에 예수는 온 세상의 죄를 한 번에 보상해버렸습니다. 예수의 위대한 희생을 받아들이려는 사람은 그렇게 함으로써 평안함을 얻을 수가 있습니다. 당신의 동요와 우리의 평안함에는 얼마나 큰 차이가 있습니까?"

이 주장은 전혀 이해할 수가 없었다. 나는 겸손하게 이렇게 대답했다.

"그리스도교에서 이 주장이 받아들여지고 있다면 그리스도교는 나에게 도움이 되지 않습니다. 죄의 결과로 구원받고 싶지는 않습니다. 죄를 범하려는 마음, 죄스러운 행위로부터 구원받고 싶습니다. 구원받을 때까지 평안함을 얻지 못해도 좋습니다."

플리머스 동포는 말했다.

"분명히 말하지만 당신의 노력은 헛된 것입니다. 내가 말한 것을 다시 한 번 생각해 보세요."

그리고 이 형제는 말한 대로 행동함으로써 보여주었다. 일부러 부도덕한 일을 해보인 것이다.

그러나 모든 그리스도교도가 이 같은 견해를 가지고 있는 것은 아니다. 플리머스 동포와 알고 지내기 전부터 그것은 알고 있었다. 코츠 씨 자신이 죄를 두려워하면서 사는 사람이었고 마음은 순결했으며 자기정화의 가능성을 믿고 있었다. 앞서 말한 두 자매들도 같았다. 내가 손에 넣는 책의 대부분은 신앙심으로 가득 찬 것이었다. 그러므로 플리머스 동포와의 교유를 코츠 씨는 깊이 걱정하고 있었으나 나는 그 걱정을 없애주었다. 한 플리머스 동포의 왜곡된 해석에 의해서 그리스도교에 대해서 잘못된 견해를 갖는 일은 없을 거라고 나는 확실히 약속했다. 나에게 있어서 어려움은 《성서》와, 《성서》의 고정화된 해석을 둘러싼 것이었다.

## 12 인도인들과의 교분

그리스도교도들과의 관계에 대해서 더 쓰기 전에 그 무렵의 다른 체험에 대해서 언급하겠다.

셰드 테브 하지 칸 무하마드는 나탈에서의 다다 압둘라와 같은 입장에 있었다. 그가 없으면 프리토리아에서 어떤 공공행사도 불가능하다. 그와 나는 첫 주에 알고 지내는 사이가 되었다. 나는 프리토리아의 모든 인도인을 만나겠다는 나의 생각을 전했다. 인도인이 놓여있는 현실을 조사할 의향을 표명하고 협력을 요청했다. 그는 흔쾌히 승낙했다.

나의 첫걸음은 모든 인도인을 초청해 집회를 열고, 모두에게 현실을 그림에 그린 것처럼 제시하는 일이었다. 집회는 셰드 하지 무하마드 하지 주삽의 집에서 열렸다. 나는 그 앞으로 된 소개장을 가지고 있었다. 이 집회에는 메만 상인들이 주로 참가했고 힌두교도도 몇 사람 있었다. 프리토리아에 사는 힌두교도는 적었다.

이것은 내 생애의 첫 연설이라고 할 수 있다. 나는 상당한 준비를 했다. 나는 진리에 대해서 이야기하기로 되어 있었다. 상업에서 진리는 통하지 않는다고 이제까지 상인들의 입에서 듣고 있었다. 그 무렵 나는 이것을 인정하지 않았고 오늘날에도 그렇다. 장사와 진리는 합치할 수 없다고 말하는 상인 친구는 오늘날에도 있다. 그는 장사를 실무라고 말하고 진리를 종교라고 말하며, 실무와 종교는 별개라고 주장한다. 실무에 순수진리는 통용할 수 없다, 가능한 범위에서만 진리는 이야기된다고 믿는 것이다. 나는 연설에서 이와 같은 것에 단호하게 반대했다. 상인들에게 이중의 의무를 상기시켰다. 외국에 오면 상인들의 책임은 인도에 있을 때보다 무거워진다. 그것은 한 줌의 인도인들의 생활태도로 인도의 몇천만, 몇억의 사람들이 측정되기 때문이다.

영국인들의 생활태도와 비교하면 우리의 생활태도는 불결하다. 이것을 나는 이미 알았고, 이 일에 대해서도 사람들의 주의를 환기했다.

신앙 면에서의 힌두교도, 이슬람교도, 파르시교도, 그리스도교도, 또는 구자라트, 마드라스, 펀자브, 신드, 카치, 수르트 따위의 출신지 차이는 잊으라고 강조했다.

마지막으로 협회를 설립해, 인도인들이 당하고 있는 재난을 제거하고 곤란한 입장을 호소하기 위해 관계당국과 만나 청원서를 보내야 한다고 제안했다. 그리고 나 자신은 시간이 허용하는 한, 무급으로 일할 생각이라고 전했다.

집회에서의 나의 연설이 좋은 영향을 준 것을 알았다.

연설 뒤에 논의가 이루어졌고, 몇 사람이 사실에 대한 정보를 제공해 달라고 말했다. 용기가 났다. 이 집회에서 영어를 아는 사람이 적다는 것을 알았다. 외국에서는 영어 지식이 있는 편이 좋다는 생각에, 시간에 여유가 있는 사람은 배우도록 권했다. 나이가 든 뒤에도 배우면 좋다고 말하고, 실제로 배운 사람들의 예를 들었다. 그 클래스가 개설되어 몇 명이라도 배울 사람이 있으면 내가 가르치는 것을 맡겠다고도 말했다. 클래스는 개설되지 않았으나, 세 사람이 자기들의 편의에 맞추어서 자택에서 배울 수 있다면 배우겠다고 말했다. 두 사람은 이슬람교도로, 한 사람은 이발사, 한 사람은 사무원이었고 또 한 사람은 힌두교도인 소매상이었다. 나는 세 사람의 편의를 받아들였다. 가르치는 실력에 대해서는 전혀 자신이 없는 것은 아니었다. 학생들은 지쳤을지 몰라도 나는 지치지 않았다. 학생들의 집으로 가면 지금은 시간이 없다고 할 때도 때로는 있었다. 그러나 나는 참았다. 세 사람 가운데 누구 한 사람 영어를 깊이 공부할 마음이 있는 것은 아니었다. 그러나 두 사람은 약 8개월만에 숙달했다고 말할 수 있다. 장부 기록과 일반적인 편지쓰기를 배웠다. 이발사는 손님과 대화할 만큼만 영어를 배우기로 되어 있었다. 두 사람은 자신의 공부로 확실한 벌이를 할 수 있을 만큼의 힘을 얻었다.

집회 결과에 나는 만족했다. 이 같은 모임을 매달, 또는 매주 개최하기로 결정이 났다. 거의 정기적으로 모임은 개최되어 의견교환이 이루어졌다. 결과적으로 나와 면식이 없거나 내가 그 가정 사정을 모르는 인도인은 프리토리아에 한 사람도 없게 되었다. 인도인들의 상태에 대해서 이와 같은 지식을 얻은 결과, 나는 프리토리아 영국주재관의 면식을 얻고 싶다는 생각을 하게 되었다. 나는 야고보 드 웨트 씨를 만났다. 그는 인도인들을 동정하고 있었다. 영향력을 행사할 입장에는 있지 않으나 가능한 한 돕겠으니 만나고 싶을 때에는 언제라도 오라고 했다. 나는 철도당국자와 서면으로 교섭을 개시했다. 철도법규에 따르면 인도인이 1, 2등으로 여행하는 것을 저지할 수는 없다고 제기했다. 결과적으로, 적절한 복장을 한 인도인에게 1, 2등 표를 발권하겠다는 서면을 받았다. 이에 따라서 완벽한 편의가 제공되는 것은 아니다. 누가 적절한 복장을 하고 있는지는 역장이 판단할 일이기 때문이다.

영국주재관은 나에게 인도인 문제를 다룬 몇 가지 서류를 보여주었다. 테브 셰드로부터 들었는데, 오렌지자유국과 트란스발에서 인도인은 무참하게도 추방되었다는 것이었다. 요컨대 나는 트란스발과 오렌지자유국 인도인의 경제적, 사회적 그리고 정치적 상태에 대한 깊은 연구를 프리토리아에서 할 수 있었던 것이다. 이 연구가 장래 나에게 더할 나위 없이 도움이 되리라고는 전혀 생각지 못했다. 1년 후, 또는 재판이 끝나면 돌아가기로 되어 있었기 때문이다.

그러나 신은 그 전에 무언가 다른 일을 생각하고 있었다.

## 13 쿨리신세 체험

트란스발과 오렌지자유국 인도인들의 상태에 대해서 모든 것을 묘사할 수는 없다. 알고 싶은 사람은 《남아프리카에서의 사티아그라하의 역사》를 읽어야 한다. 그러나 윤곽을 표시해 줄 필요는 있다.

오렌지자유국에서는 1888년인가 그 이전에 법률이 제정되어 인도인들의 모든 권리가 박탈되었다. 인도인들은 호텔의 급사 같은 노동에 종사하는 수밖에 없었다. 인도인 상인들은 명목뿐인 보상금을 받고 추방당했다. 인도인 상인들은 청원서를 보냈으나 그 목소리에 귀를 기울이는 자가 있었을까?

트란스발에서는 1885년에 가혹한 법률이 성립했다. 1886년에 다소 개정되었지만, 그 결과 모든 인도인은 입국세로서 3파운드를 납부해야만 했다. 지정 지역에서만 토지를 소유할 수 있었는데 실제로는 소유권이 부여되지 않았다. 선거권은 없었다. 이것은 특히 아시아인에게 적용되는 법률이다. 이 밖에 흑인에게 적용되는 법률도 아시아인에게 적용된다. 그것에 따르면 인도인은 보도를 걸을 수 없고, 밤 9시 이후에는 허가증 없이는 외출할 수 없다. 이 마지막 법규의 집행은 인도인에 대해서 다소 유연했다. 아랍인으로 간주되는 자는 특혜대우로서 이 법률에서 제외된다. 즉 이와 같은 면제는 경관의 자의(恣意)에 맡겨져 있다.

이 두 법규가 나 자신에게 어떻게 영향을 미치는지 체험해야 했다. 나는 밤이면 코츠 씨와 함께 종종 산책을 했다. 귀가하면 10시쯤 된다. 그래서 경관이 나를 체포한다면? 나 이상으로 코츠 씨는 두려워하고 있었다. 그는 흑인 고용인들에게는 허가증을 주고 있다. 그러나 나에게야 어떻게 내줄 수 있을까? 허가증을 고용인에게 내줄 자격은 주인에게 있었다. 내가 받고 싶어 하고 그가 자진해서 주려고 해도 허가증은 내줄 수 없다. 왜냐하면 그것은 사기행위로 간주되기 때문이다.

그래서 코츠 씨였는지 그의 친구였는지, 둘 중 한 사람이 나를 주 검사 크라우제 박사에게 데리고 갔다. 거기서 우리가 같은 법학원 출신의 법정변호사임을 알았다.

"밤 9시 이후에 외출을 하기 위해서는 허가증을 받아야만 되다니, 견디기 어려운 일이라고 생각합니다."

박사는 나에게 동정을 표시했다. 그리고 허가증을 내주는 대신에 한 통의 편지를 주었다. 내용은 언제, 어디에 가더라도 경관은 간섭을 해서는 안 된다는 것이었다. 언제나 이 편지를 가지고 산책을 했다. 편지를 사용해야 할 상황을 겪지는 않았지만, 그것은 단순한 우연으로 보아야 한다.

크라우제 박사는 나를 자택으로 초대해주었다. 우리 사이에 우정이 싹텄다고 해도 좋다. 나는 때때로 박사를 방문했고, 박사를 통해 박사의 저명한 형님과의 면식을 얻었다. 그는 요하네스버그의 검찰관으로 임명되어 있었다. 그는 보어전쟁 때 영국인 장교 살해음모를 꾸몄다고 해서 군사재판에 회부되어 7년의 금고형을 받았다. 법학원 평의원들은 그의 자격을 박탈했다. 그러나 그는 전쟁이 끝나자 석방되어 명예를 회복하고 트란스발 재판소에 등록해 변호사업에 종사하게 되었다. 이와 같은 관계는 나중에 나의 공적인 활동에 유익했다. 내가 행한 몇 가지 공적인 활동은 두 사람 덕분에 용이해진 것이다.

보도를 걷는 문제는 나에게 있어서 얼마간 심각한 결과를 가져왔다. 나는 언제나 대통령거리를 지나 광장으로 산책을 나갔는데, 이 지역에 크뤼거 대통령의 사저가 있었다. 허식이 없는 간소한 집으로 사방에 정원도 없었다. 주위의 다른 집과 아무런 차이가 없어 보였다. 프리토리아에서 부호들의 수많은 저택은 대통령의 사저에 비하면 훨씬 크고 호화로우며 넓은 정원이 있었다. 대통령의 검소함은 잘 알려져 있었다. 사저 정면을 경비하는 경관을 보고 정부 요직에 있는 사람의 집임을 알 수 있다. 나는 경관 바로 옆을 거의 언제나 걸어 다녔으나 경관은 나에게 아무 말도 하지 않았다. 경관은 때때로 교대한다. 어느 날의 일이다. 한 경관이 경고도 하지 않고 보도에서 내리라는 말도 없이 나를 발로 차 보도에서 내려가게 했다. 나는 너무나 당황했다. 발로 찬 이유를 묻기 전에, 그때 마침 말을 타고 지나치던 코츠 씨가 말을 걸었다.

"간디, 나는 모두 목격했소. 재판을 건다면 내가 증언하겠소. 당신이 이런 폭행을 당하다니 유감으로 생각하오."

"유감으로 생각하실 것 없습니다. 딱한 경관이 무엇을 알 수 있겠습니까? 그에게 피부가 검은 자는 다 똑같아 보일 겁니다. 흑인들을 이렇게 보도에서 밀치곤 하겠지요. 그래서 나도 차 버린 것입니다. 나 자신에 관한 일로는 결코 법정에 가지 않겠다고 결심했습니다. 그러므로 재판에 걸어서는 안 됩니다."

"당신다운 말만 하는군요. 하지만 다시 한 번 생각해봐요. 이런 사내는 따끔한 맛을 보여주어야 하오."

이렇게 말하고 코츠 씨는 그 경관을 꾸짖었다. 경관은 네덜란드인이었다. 두 사람은 네덜란드어로 대화했기 때문에 난 전혀 알아듣지 못했다. 경관은 나에게 용서를 빌었으나 나는 이미 그를 용서하고 있었다.

그러나 그 이후로 이 길을 걷는 것을 중단했다. 다른 경관들이 이 사건을 모르고 또다시 발로 찰 지도 몰랐다. 그래서 나는 다른 길로 산책했다.

이 사건은 재류 인도인에 대한 나의 마음을 더욱 날카롭게 했다. 이 법규에 대해서 영국인 주재관과 논의를 해, 필요하다면 옳고 그름을 가리기 위해 소송을 제기할 것을 인도인들에게 이야기했다.

이렇게 해서 나는 인도인들이 놓인 비참한 상태에 대해서 읽고 듣고 체험하며 연구했다. 그리고 자존심을 지키려는 인도인에게 있어서 남아프리카는 적합한 나라가 아님을 알았다. 이 상태를 어떻게 바꿀 수 있을까 하는 생각에 마음을 완전히 사로잡혔다. 그러나 나의 주된 의무는 다다 압둘라의 재판에 전력을 집중하는 것이었다.

## 14 재판 준비

프리토리아에서의 1년은 나의 생애에 있어서 귀중한 것이었다. 공적인 활동을 하는 자신의 실력에 대해서 다소 가늠하게 된 것도 이 땅에서였다. 공적인 활동을 배울 기회도 이곳에서 얻었다. 나의 종교심은 자연히 날카로워졌다. 진정한 변호사업도 이곳에서 배웠다고 말할 수 있다. 신참 법정변호사가 노련한 법정변호사의 사무소에서 배우는 것을 나는 이곳에서 배울 수가 있었다. 변호사로서 자신이 전적으로 무능하지는 않다는 자신감이 붙은 것도 이 땅이었다. 변호사가 될 열쇠를 이 땅에서 손에 넣은 것이다.

다다 압둘라의 소송은 결코 작지 않았다. 4만 파운드, 즉 60만 루피가 걸려 있었다. 소송은 거래에 연관된 것으로 장부상의 복잡한 문제가 얽혀있었다. 소송의 주지는 약속어음과, 약속어음을 발행한다는 약속을 이행시키는 데 있었다. 피고 측의 주장은, 약속어음은 속아서 발행되었으며 그것에 대한 보상이 이루어지지 않고 있다는 것이었다. 사실관계와 법이 복잡하게 얽혀 미로가 되어 있었고 장부상의 복잡한 문제도 얽혀 있었다.

쌍방은 유능한 사무변호사, 법정변호사를 고용하고 있었다. 그러므로 나는 양쪽 변호사 업무를 경험하는 좋은 기회를 얻게 되었다. 원고 측 소송을 사무변호사를 위해 준비하고 사실을 수집하는 모든 책무를 내가 맡았다. 그 가운데서 사무변호사가 어느 만큼을 채용하고, 사무변호사가 준비한 것에서 어느 만큼을 법정변호사가 사용하는지를 볼 수가 있었다. 이 소송 준비로 나의 파악력과 정리력을 헤아릴 수 있었던 것이다.

나는 소송에 전적으로 관심을 갖게 되어 준비에 몰두했다. 앞뒤의 모든 서류를 다 읽었다. 의뢰인의 나에 대한 신뢰와 명민함에는 한이 없었다. 그 때문에 나의 일은 대단히 용이해졌다. 나는 상세하고 꼼꼼하게 장부를 조사했다. 대부분의 편지는 구자라트어로 씌어 있어 번역도 내가 해야 했는데 그 덕분에 번역력이 생겼다.

나는 열심히 일했다. 이미 기술한 바와 같이 종교논의나 공적인 활동에도 크게 관심을 가지고 있어 시간을 할애하고 있었다. 그러나 나에게 있어서 그 것은 2차적인 것이었고 재판의 준비를 우선시했다. 준비를 위해 법률서나 다른 문헌에 손을 대야 할 때는 언제나 가장 먼저 끝내 놓았다. 결과적으로 소송의 사실관계에 완전히 통달하게 되었다. 원고나 피고인조차 모르는 사 실들을 알았다. 그것은 내 수중에 쌍방의 서류와 편지가 있었기 때문이다.

나는 핀커트 씨의 말을 떠올렸다. 그 말을 나중에 남아프리카의 저명한 법 정변호사 레오널드 씨가 어느 기회에 강하게 지지한 적이 있었다. 핀커트 씨 의 말은 '법의 4분의 3이 사실'이라는 것이다. 이런 일이 있었다. 어느 소송 에서, 공정하게 말하면 의뢰인이 유리했으나 법은 그에게 불리해 보였다. 나 는 실망하여 레오널드 씨의 도움을 얻기 위해 달려갔다. 사실의 관점에서 이 소송은 의뢰인이 유리하다고 그도 생각했다. 그는 말했다.

"간디, 나는 한 가지를 배웠소. 만일 우리가 사실을 정확하게 파악하면 법 률은 자연히 우리 편이 되오. 먼저 이 소송의 사실을 이해해야 하지 않겠 소?"

이렇게 말하고 그는 나에게 다시 한 번 이해한 뒤에 만나자고 제안해주었 다. 그 사실을 재차 검증하고 숙고하자, 나는 사실을 다른 형태로 이해하게 되었다. 남아프리카에서 있었던, 그 사실과 연관이 있는 어느 오래된 소송까 지도 알게 되어 나는 크게 기뻐하며 레오널드 씨에게 갔다. 그는 기뻐하며 이렇게 말했다.

"그렇군, 이 소송은 반드시 이길 것이오. 어느 판사가 이 소송을 심리할지 주의해야겠소."

다다 압둘라의 소송준비를 하고 있을 때 사실의 중요성에 대해서 나는 이 렇게까지 인식하지는 못했다. 사실의 의미란 진실한 것이다. 진실한 것을 고 집하면 법률은 자연히 우리를 도우러 온다.

소송의 종결에서 알게 된 것인데, 의뢰인이 크게 유리했다. 법률은 그를 도와야 한다.

그러나 재판을 함으로써 친척이자, 같은 도시 출신인 쌍방이 파멸하고 말 것은 알고 있었다. 재판이 언제 끝나게 될지는 아무도 장담할 수 없다. 재판 이 계속되면 언제까지라도 연장될 수 있다. 오래 끌면 원고와 피고 어느 쪽에도 이익이 되지는 않는다. 그러므로 재판이 빨리 끝나기를 소송 당사자들은 바랐던 것이다.

나는 테브 셰드에게 청원하여, 쌍방에서 해결하도록 조언을 했다. 변호사를 만나도록 제안한 것이다. 양쪽 모두가 신뢰할 수 있는 인물을 조정인으로 선택하면 문제는 순식간에 해결될지도 모른다. 소송 비용은 계속 쌓여만 가서, 큰 상인인 그들도 휘청거릴 정도였다. 쌍방은 재판에 마음을 썩이고 있었기 때문에 어느 쪽이나 안심하고 다른 일을 할 수 없을 정도였다. 이러고 있는 사이에 서로의 적개심도 더욱더 강해져 갔다. 나는 변호사라는 직업을 혐오하게 되었다. 양쪽의 변호사들은 제각기 의뢰인을 이기게 하기 위해 법률의 미로를 찾아내야만 한다. 이 재판에서 비로소 알게 된 것인데, 승소인은 결코 소송비용을 전액 받을 수 있는 것은 아니다. 패소인으로부터 받는 금액에도 한도액이 있고, 더욱이 의뢰인과 변호사 사이에 한도액이 있다. 이와 같은 모든 것을 나는 견딜 수 없었다. 나의 임무는 친척 사이인 두 사람을 화해시켜 우호를 맺게 하는 일이라고 느꼈다. 나는 화해에 전력을 다했다. 테브 셰드는 승낙해주었다. 결국 조정인이 임명되고 심리가 이루어졌다. 다다 압둘라가 이겼다.

그러나 이것만으로 나는 만족하지 않았다. 조정인의 재결에 따르게 되면 테브 하지 칸 무하마드는 이 정도의 금액을 일시에 지불할 수 없었다. 남아프리카에 거주하는 포르반다르 출신의 메만 사이에는, 설사 스스로 목숨을 끊을 망정 파산선언은 하지 않는다는 상호 불문율이 있었다. 테브 셰드는 3만 7천 파운드와 소송비용을 한 번에 지불할 수 없었다. 하지만 그는 자신이 지불할 금액을 한 푼이라도 깎아달라는 요구 따위는 하지 않았으며, 파산선언을 할 생각도 없었다. 남겨진 길은 하나였다.

다다 압둘라가 장기간의 분할지불을 인정하는 것이다. 다다 압둘라는 관대함을 표시해 장기간의 분할지불을 인정했다. 조정인을 지명하는 데 나는 대단히 애를 먹었는데, 그 이상으로 이 장기지불기간을 결정하는 데 애를 먹어야 했다. 쌍방은 기뻐했다. 양쪽 모두 명성을 얻은 것이다. 나의 만족에는 한이 없었다. 나는 변호사로서의 진정한 임무를 배웠다. 인간의 좋은 면을 찾아내는 것을 배웠고 인간의 마음속에 들어가는 것을 배웠다. 나는 깨달았다. 변호사의 의무는 쌍방 사이의 골을 메우는 일인 것이다. 이 가르침은 나의 마음에 확실하게 뿌리를 내렸다. 20년간 변호사업을 하며, 대부분의 시간은 사무소에 앉아 수백 개 사건을 화해로 이끄는 일로 보냈다. 화해시킴으로써 잃은 것은 아무것도 없다. 내가 돈을 잃었다고는 할 수 없으며, 혼은 전혀 잃지 않았다.

## 15 종교적 갈등

이제는 다시 그리스도교도인 친구들과의 접촉에 대한 이야기로 넘어간다.

베이커 씨는 나의 장래에 대해 더욱더 신경을 쓰고 있었다. 그는 나를 웰링턴대회로 데리고 갔다. 프로테스탄트인 그리스도교도 사이에서는 수년마다 종교에 대한 각성과 자기정화를 위한 특별한 노력이 기울여지고 있다. 이것은 종교재현, 또는 종교부흥이라고 이름붙여져 있다. 이 같은 대회가 웰링턴에서 개최된 것이다. 의장은 현지의 저명하고 경건한 목사 앤드루 머리였다. 이 대회에서의 각성, 참가자의 종교적 정열과 순수함은 내 마음에 깊은 인상을 주어 내가 그리스도교도가 되지 않을 수 없을 거라고 베이커 씨는 기대했던 것이다.

그렇긴 해도 베이커 씨가 마지막으로 기댈 곳은 기도가 지닌 힘이었다. 그는 기도를 대단히 믿었다. 진심으로 올리는 기도를 신은 반드시 들어주신다고 확신했다. 기도에 의해서 멀러(어느 유명하고 경건한 그리스도교도) 같은 사람들이 일상생활을 영위하는, 그 몇 가지 예도 나에게 자주 들려주었다. 기도의 훌륭함에 대해서 그가 말하는 모든 이야기를 나는 중립적인 입장에서 들었다. 그리스도교도가 된다는 내적인 반향이 생기면 나에게는 그리스도교를 받아들이는 것에 아무런 장애도 없다고 그는 말한 적이 있었다. 그렇게 확약을 하는 데 아무런 머뭇거림도 없었다. 내 안의 반향을 따르는 것은 이보다 수년 전에 배웠다. 그것을 따르는 것에 나는 기쁨을 느꼈고, 내 안의 반향에 거스르는 것은 나에게 있어서 곤란이고 고통을 주는 것이었다.

우리는 웰링턴으로 갔다. 나처럼 '거무스레한 동료'를 데리고 가는 것은 베이커 씨에게 부담이 되었다. 몇 번이고 나 때문에 번거로운 일을 당해야만 했다. 우리는 도중에 숙박하기로 되어 있었다. 베이커 씨 파는 일요일에 여행을 하지 않기로 되어 있었기 때문이다. 그런데 일요일이 걸리고 말았다. 도중에도, 역의 호텔에서도 우리는 거부당했다. 호텔 지배인은 베이커 씨와 말다툼을 한 뒤에 나를 받아들이기는 했으나, 식당에서 식사하는 것은 거부했다. 그러나 베이커 씨는 깨끗이 굴복하고 말 사람이 아니다. 호텔숙박객의 권리를 양보하지 않았다. 그러나 나는 그의 곤란한 처지를 이해할 수 있었다. 웰링턴에서도 그와 나는 함께 숙박을 했는데, 거기에서도 그는 약간 골치 아픈 일에 부딪쳐야 했다. 나에 대한 호의에서 숨기려고 했지만, 그래도 나는 알고 있었다.

대회에는 경건한 그리스도교도들이 모여들었다. 사람들의 신앙을 보고 나는 기뻐졌다. 나는 머리 씨를 만났다. 몇몇 사람이 나를 위해 기도하고 있는 것을 알았다. 몇 가지 찬미가는 매우 감미롭게 느껴졌다.

대회는 3일간 이어졌다. 나는 대회참가자의 종교심을 이해할 수 있었고 칭찬할 수도 있었다. 그러나 그리스도교도가 되어야만 천국에 갈 수 있다거나 구원을 받는다고는 생각되지 않았다. 이것을 선량한 그리스도교인 친구들에게 이야기한 결과 상처를 주고 말았으나 어쩔 수 없었다.

나의 곤란은 뿌리 깊은 것이었다. '예수 그리스도만이 신의 유일한 아들이다. 예수 그리스도를 믿는 자는 구원을 받는다.' 이것은 이해가 되지 않았다. 만일 신에게 아들들이 있다면 우리 모두가 신의 아들이다. 만일 예수가 신이나 다름없다면 바로 신 그 자체이다. 그렇다면 인간은 모두 신이나 다름없고 신이 될 수 있는 것이다. 예수의 죽음에 의해서, 또 피에 의해서 온 세상의 죄가 씻긴다, 이것을 문자 그대로 진실로 인정하는 것은 머리로는 할 수 없는 일이다. 비유로서 진실성이 있다고 해도 그렇다. 이 밖에 그리스도교도가 믿는 것에 따르면 인간에게만 혼이 있고 다른 생물에게는 없으며, 몸이 망해 버리면 모든 것이 망하는 것이지만, 내가 믿는 바로는 반대였다. 나는 예수를 자기희생을 한 사람, 위대한 혼, 신성한 교사로서 받아들일 수가 있었으나, 지고(至高)한 사람으로서 받아들이기는 불가능했다. 예수의 죽음에 의해서 세계는 하나의 위대한 예(例)를 얻었다. 그러나 예수의 죽음에 무언가 심오한 기적적인 영향력이 있었다고는 진심으로 받아들일 수가 없었다. 그리스도교도들의 깨끗한 생활에서 다른 종교 신봉자들의 생활에서는 볼 수 없는 것을 나는 발견하지 못했다. 그리스도교도들의 회개와 같은 것을 나는 다른 종교 신자들의 생활에서도 보았다. 교리의 견지에서도 그리스도교의 교리에 무언가 세속을 초월한 것은 발견하지 못했다. 자기희생의 견지에서는 힌두교도의 자기희생 쪽이 높게 생각되었다. 그리스도교를 나는 완벽한 지상(至上)의 종교로 인정할 수 없었다.

이 마음의 갈등을 나는 기회를 얻어 그리스도교도인 친구들 앞에 내보였다. 친구들은 나를 만족시킬 만한 대답을 하지 못했다.

그러나 그리스도교를 받아들일 수 없었던 것처럼 힌두교의 완벽함, 즉 지고성에 대해서도 그 무렵에는 정해지지 않은 채였다. 힌두교의 여러 가지 결함이 내 눈앞에 떠올랐다. 불가촉제(不可觸制)가 힌두교의 일부라면 그것은 썩어빠진 후대에 결부된 부분 같았다. 많은 종교와 카스트의 존재는 이해할 수 없었다. 《베다》만이 신에 의해 만들어졌다고 하는 의미는 무엇인가? 만일 《베다》가 신에 의해 만들어진 것이라면 《성서》나 《코란》은 왜 그렇지 않은가?

그리스도교도 사람들이 나를 감화하려고 노력했던 것처럼 이슬람교도 친구들도 노력을 계속했다. 압둘라 셰드는 이슬람교를 연구하도록 권유하며 이슬람교의 좋은 점에 대해 계속 이야기했다.

나는 나의 곤란한 문제를 레이찬드바이에게 써 보냈다. 인도의 다른 종교학자들과도 서신왕래를 시작해 회답을 받았다. 레이찬드바이의 편지에서는 평안함을 느꼈다. 그는 나에게, 성급하게 서두르지 말고 힌두교에 대해서 깊이 연구하도록 조언해주었다. 그 중 한 문장은 다음과 같았다.

"공평한 마음으로 생각해본 결과, 힌두교에 있는 미세하고 심원한 사상, 자아성찰, 자비는 다른 종교에는 없다는 확신을 갖게 되었습니다."

나는 세일의 《성전 코란》을 읽었다. 그 밖에 몇 권의 이슬람교 관계 책도 입수했다. 영국의 그리스도교도 친구들과 서신왕래를 시작했는데 그들 가운데 한 사람이 에드워드 메이틀랜드 씨를 소개해주었다. 그분하고도 서신왕래를 시작했다. 그는 안나 킹스포드와 공저인 《완전한 길》이란 책을 보내주었다. 현행 그리스도교를 비판하는 책이었다. 그는 《성서의 새로운 해석》이란 책도 보내 주었다. 이 두 책은 마음에 들었고, 이 책들에 의해서 힌두교의 사상을 지지하게 되었다. 톨스토이의 《천국은 그대 가슴속에 있다》는 나를 압도했으며 깊은 영향을 주었다. 이 책의 자유로운 사고방식, 깊은 윤리관, 진리를 마주하자 코츠 씨에게 받은 모든 책은 무미건조한 것처럼 생각되었다. 이렇게 해서 나의 연구는 그리스도교도 친구들이 기대했던 것과는 반대 방향으로 나를 이끌었다. 에드워드 메이틀랜드 씨와의 서신왕래는 상당히 오랜 기간에 걸쳐서 이어졌고, 시인 레이찬드바이와는 마지막까지 계속되었다. 시인은 여러 권의 책을 나를 위해 보내주었고, 나는 그것들을 다 읽었다. 보내온 책 가운데에는 《판치카란》, 《마니라트나말라》, 《요가바시시타》의 '무무크슈'장, 하리바드라 수리의 《6파철학 강요》 등이 있었다.

이렇게 해서 나는 그리스도교도인 친구가 생각한 길을 택하지 않았는데, 그럼에도 불구하고 이 교제가 종교에 대한 탐구심을 눈뜨게 해주었다. 이 때문에 친구들에게는 오래도록 감사했다. 이 관계는 결코 잊을 수 없을 것이다. 이렇게 기분 좋은 신성한 관계는 세월이 지날수록 더욱더 강해질 뿐 약해지는 일은 없었다.

## 16 어느 누가 알까, 내일의 일을?

세상 일은 한치 앞도 모른다.
마음이여, 이를 깨달으라! 어느 누가 알까, 내일의 일을?

재판이 끝나자 내가 프리토리아에 머물 이유는 아무것도 없었다. 나는 더반으로 돌아가 귀국할 준비를 했다. 압둘라 셰드가 나에게 경의를 표함이 없이 귀국시킬 리는 없었다. 그는 나를 위해 시든햄에서 연회를 열어주었다. 이 모임은 종일 이어졌다.

내 옆에 신문 서너 부가 있었는데, 나는 그것들을 읽다가 어느 신문 구석에 작은 기사를 보았다. 표제는 '인디언 프랜차이즈', 그 의미는 인도인의 선거권이었다. 기사의 내용은 나탈 입법의회 의원선거권을 인도인이 가지고 있는데 이를 박탈하자는 것이었다. 이에 관한 법안이 입법의회에서 심의되고 있었는데, 나는 이 법안에 대해 전혀 몰랐다. 회식참가자 가운데 인도인의 선거권을 박탈하는 법안에 대해 아는 이는 한 명도 없었다.

나는 압둘라 셰드에게 물었다. 대답은 이랬다.

"그런 것을 우리가 어떻게 알겠습니까? 상업상으로 위험한 사태가 되면 아는 거죠. 오렌지자유국에서 우리 사업은 송두리째 망했습니다. 그때 우리는 굉장히 노력했습니다. 그러나 우리는 불구자나 마찬가지입니다. 신문은 봅니다. 하지만 시장 상황을 이해할 수 있을 뿐입니다. 법률 따위는 모릅니다. 우리의 눈이 되고 귀가 되는 것은 백인 변호사들입니다."

"이 땅에서 태어나 영어를 배운 인도인 젊은이들이 우리 곁에 많이 있지 않습니까. 젊은이들은 무엇을 하고 있는 것입니까?"

나는 이렇게 물었다.

압둘라 셰드는 이마에 손을 대고 말했다.

"형제, 그 사람들로부터 무엇을 얻을 수 있다는 것입니까? 그 딱한 사람들이 이 일로 무엇을 안다는 것입니까? 우리에게 가까이 다가오려고도 하지 않습니다. 사실은 우리도 그 사람들을 모릅니다. 그들은 그리스도교도이므로 목사들이 말하는 대로 따를 뿐입니다. 목사들은 백인이니 정부에 종속하지요!"

나의 눈이 번쩍 뜨였다. 이 계층을 나의 것으로 해야 한다. 그리스도교의 의미는 바로 이런 것인가? 젊은이들은 그리스도교도이므로 인도인이 아니게 된 것인가? 외국인이 되고 만 것인가?

그러나 나는 귀국하기로 되어 있었기 때문에 이런 생각은 말하지 않았다. 다만 압둘라 셰드에게 물었다.

"그러나 이 법안이 만일 이대로 통과되면 당신들에게 당치도 않은 일이 될 것입니다. 이 법안은 인도인 거주인구를 소멸시키려는 첫걸음입니다. 우리들 자존심의 침해입니다."

"그럴지도 모르죠. 그러나 당신에게 '파렌차이즈'의 역사를 들려드릴까요 (이와 같이 인도인들 사이에서 영어의 많은 단어가 형태를 바꾸어 정착하고 있었다. '선거권'이라고 해도 아무도 모른다). 우리는 아무것도 모릅니다. 그렇지만 우리의 유명한 사무변호사 한 사람이 에스콤 씨인 것은 알고 있겠죠? 그 사람은 정말 잘 싸우는 사람입니다. 그 사람과 이곳 항만기사와의 사이에 심한 다툼이 계속되고 있어서, 에스콤 씨가 입법의회에 가는 데 이 다툼이 장애가 되고 있었습니다. 그는 우리에게 사정을 설명하고 호소했고, 그가 말하는 대로 우리는 선거인명부에 등록하고 모두가 그에게 투표했습니다. 우리가 자신들의 투표가치를 왜 당신처럼 평가하지 않았는지 이제는 아실 겁니다. 그러나 당신의 뜻을 이제는 잘 알겠습니다. 부디 조언을 해주시겠습니까?"

다른 손님들은 우리가 주고받는 이야기를 열심히 듣고 있었다. 그 가운데 한 사람이 말했다.

"확실하게 말씀을 드려도 되겠습니까? 만일 당신이 기선에 오르지 않고 한 달 정도 머물러주신다면 당신이 말하는 대로 우리는 싸우겠습니다."

다른 모두가 일제히 동조했다.

"맞습니다. 압둘라 셰드, 간디 씨를 만류하십시오."

압둘라 셰드는 만만치 않은 사람이었다. 이렇게 말한 것이다.

"나는 이제 간디 씨를 만류할 입장에 있지 않습니다. 저나 여러분이나 똑같습니다. 하지만 여러분의 말은 지당합니다. 우리 모두 함께 만류하지 않겠습니까? 그런데 이분은 법정변호사입니다. 이분에 대한 보수는 어떻게 하면 좋을까요?"

나는 괴로움을 느꼈다. 그래서 압둘라 셰드의 말을 가로막고 말했다.

"압둘라 셰드, 이 일에 나의 보수는 문제가 되지 않습니다. 공적인 활동에 보수라니. 여기에 머문다면 봉사원의 한 사람으로서 머물게 될 것입니다. 나는 이분들을 잘은 모릅니다. 하지만 이분들 모두가 적극적으로 활동할 것으로 당신이 믿는다면 나는 한 달 동안 이곳에 머물겠습니다. 당신이 나에게 아무것도 지불하지 않아도 좋지만, 그래도 이와 같은 활동은 돈 없이는 할 수 없습니다. 전보도 쳐야 하고 책자도 인쇄해야 합니다. 교통비도 듭니다. 현지 변호사의 조언도 들어야 할 거고, 나는 이곳의 법률을 모르니 법률서도 살펴보아야 할 겁니다. 이 밖에도 이와 같은 활동은 혼자 힘으로 할 수 있는 것이 아닙니다. 많은 사람들이 참가해야 합니다."

많은 목소리가 동시에 들렸다.

"고맙습니다. 돈은 모일 겁니다. 활동할 사람도 많이 있습니다. 당신이 머무는 것을 승낙한 것만으로 충분합니다."

송별회가 아닌 집행위원회가 되고 말았다. 식사를 빨리 마치고 집으로 돌아가자고 나는 제안했다. 마음속에서 투쟁의 윤곽은 짜여 있었다. 선거권자가 어느 정도 있는지도 물었다. 나는 한 달 더 머물기로 결정했다.

이렇게 해서 신은 남아프리카에 내가 정주할 기초를 다져주었다. 그리고 자존심을 지키는 싸움의 씨앗이 뿌려졌다.

## 17 나탈에 머물다

1893년 셰드 하지 무하마드 하지 다다는 나탈의 인도인 사회에서 첫째로 꼽히는 지도자였다. 자산에서는 셰드 압둘라 하지 아담이 유력자였으나, 그도, 다른 사람들도 공적인 활동에서는 셰드 하지 무하마드를 전면에 내세웠다. 그래서 그를 의장으로 하고 압둘라 셰드의 집에서 집회가 열렸다. 선거 법안에 반대할 것을 결의하고, 운동원의 이름을 등록했다. 이 집회에는 나탈에서 태어난 인도인, 즉 대부분 그리스도교도인 젊은이들이 모였다. 더반 재판소의 법정통역인 폴 씨와 미션스쿨의 교장인 수반 고드프리 씨도 출석하고 있었다. 그들의 감화로 그리스도교도 계층의 젊은이들이 상당수 참가한 것이다. 모두가 운동원으로 참가했다. 물론 상인들이 태반이었다. 특기해야 할 이름은 셰드 다우드 무하마드, 무하마드 카삼 카므루딘, 셰드 아담지 미얀칸, A. 콜란다벨루 필라이, C. 라츠히람, 랑가사미 파리아치, 아마드 지바 등이었다. 파르시 루스탐지도 물론 있었다. 사무원층으로는 파르시 마네크지, 조시, 나르시람 등, 다다 압둘라 상회 같은 대상회에 근무하는 사람들이 있었다. 이와 같은 모든 사람들은 자신이 공적인 활동에 참가하고 있다는 것에 놀랐다. 이와 같이 공적인 활동에 초청되어 참가하는 것은 처음이었기 때문이다. 눈앞에 다가온 위기에 신분 차이, 지위 차이, 경영자, 고용인, 힌두교, 이슬람교, 파르시교, 그리스도교, 구자라트, 마드라스, 신드 등의 출신 차별은 완전히 없어졌다. 모두가 인도의 자녀이며, 봉사자였다.

법안심의의 두 번째 독회가 끝났을 때였거나 아니면 시작하기 직전이었다. 그때 입법의회에서의 논의에 이와 같은 논평이 있었다. 이와 같이 엄격한 법안에 대해서 인도인 사회에서 아무런 반대가 없는 것은 인도인 사회의 무관심과 선거권행사의 자격이 결여된 증거라는 것이었다.

나는 실상을 집회에서 설명했다. 우선 입법의회 의장 앞으로 법안심의를 연기하도록 전보를 쳤다. 똑같은 취지의 전보가 수상 존 로빈슨 경과 다다 압둘라의 친구인 에스콤 씨에게 보내졌다. 의장으로부터는 법안심의를 2일간 연기한다는 회신이 있었다. 우리는 모두 기뻐했다.

청원서가 준비되었다. 사본을 3부 보내기로 되어 있었다. 또 각 신문사를 위해 사본을 준비하게 되어 있었다. 청원서에 가능한 한 많은 서명을 받도록 사본은 하룻밤 안에 만들어야 했다. 교육받은 운동원과 다른 사람들은 거의 밤을 꼬박 새웠다. 그 가운데 글씨를 잘 쓰는 아서라는 노인이 있었다. 그는 깨끗한 글씨로 청원서 사본을 작성했다. 다른 사람들이 그 사본을 만들었다. 한 사람이 읽으면 다섯 사람이 그것을 베꼈다. 이렇게 해서 한 번에 사본 5통이 준비된다. 상인 운동원들은 각자의 마차로, 또는 자기부담으로 마차를 고용해 서명을 모으러 떠났다.

청원서는 발송되어 여러 신문에 게재되었다. 청원서에 대한 호의적인 논평이 이루어져 입법의회에서도 반응이 있었다. 청원서에 기술된 논거에 반론하는 답변이 이루어졌는데, 답변자 측에도 근거가 약해 보였다. 그러나 법안은 통과하고 말았다.

이와 같은 결과가 되리라고는 모두가 알고 있었다. 그러나 인도사회에 새로운 생명을 불어넣었다. 우리는 인도인이다. 단순히 상업상의 권리를 위해서만이 아니라 인도인 사회의 여러 권리를 위해서도 싸우는 것은 의무라고 모두가 이해한 것이다.

그 무렵 리폰 경이 식민지 담당장관이었다. 장문의 청원서를 대신 앞으로 보내기로 결정되었다. 이 청원서에 가능한 한 많은 서명을 받기로 했다. 서명을 모으는 것은 하루에 되는 일이 아니다. 운동원이 임명되었고, 전원이 서명을 받는 책무를 맡았다.

나는 청원서 기초에 온 힘을 기울였다. 입수한 문헌자료는 모두 읽었다. 인도에서 우리는 일종의 선거권을 행사하고 있다. 원칙상의 논점과, 나탈에서의 인도인 인구는 적지만 선거권을 유지하는 것은 합당하다는 것, 이 두 가지 점을 청원서의 중심으로 했다.

청원서에 1만 명의 서명을 받았다. 2주 만에 청원서를 보낼 만큼의 서명을 받은 것이다. 독자는 이 기간 내에 나탈에서 1만 명의 서명을 받은 것을 대수롭지 않은 일로 생각하지 말기 바란다. 서명은 나탈 전체에서 받기로 되어 있었다. 사람들에게 이와 같은 활동은 미지의 일이었다. 서명하는 사람이 무슨 일로 서명하는지 이해할 때까지는 서명은 받지 않기로 정해져 있었다. 그러므로 특별히 유능한 운동원을 보내야만 서명을 받을 수 있었다. 마을은 멀리 떨어져 있었기 때문에 모든 운동원이 열심히 활동을 해야만 비로소 일을 신속하게 진행할 수 있다. 그리고 사실이 그랬다. 모두가 열심히 활동했다. 운동원 가운데서 셰드 다우드 무하마드, 파르시 루스탐지, 아담지 미얀칸, 아마드 지바의 모습은 지금까지도 내 눈에 선하다. 이 사람들은 많은 사람들의 서명을 받아왔다. 다우드 셰드는 자가용 마차로 종일 돌아다녔다. 모두들 푼돈조차 청구하지 않았다.

다다 압둘라의 집은 순례자의 숙소나 운동사무소가 되어 있었다. 교육을 받은 동료들이 언제나 내 주위에 대기하고 있었다. 이 사람들과 다른 사람들의 식사는 다다 압둘라의 집에서 준비되었다. 이렇게 모두가 엄청난 지출을 부담했다.

청원서는 보내졌고 그 사본이 1,000부 인쇄되었다. 그 청원서가 인도의 공적인 사람들에게 나탈의 일을 처음으로 알렸다. 내가 아는 모든 신문과 공적인 지도자 앞으로 청원서 사본을 보냈다.

〈타임스 오브 인디아〉는 사설에서 인도인들의 요구를 강하게 지지했다. 영국에도 모든 정당 지도자들에게 청원서 사본이 보내졌다. 런던 〈타임스〉의 지지를 얻었다. 법안이 승인되지 않을거라는 기대를 갖게 되었다.

이제 나탈을 떠날 수 있는 상황이 아니었다. 사람들은 사방에서 나를 둘러싸고 나탈에 머물도록 끈질기게 권유했다. 나는 자신이 안고 있는 곤란한 문제를 이야기했다. 공공의 돈으로 생활을 해서는 안 된다고 결심하고 있었다. 별도로 집을 마련할 필요성도 느끼고 있었다. 더구나 좋은 주택지에 마련해야 한다고 그때는 생각했다.

다른 법정변호사들처럼 생활함으로써 인도인과 그 사회의 지위가 높아질거라고 생각한 것이다. 이런 집은 연간 300파운드의 지출 없이는 유지할 수 없다고 생각했다. 이만큼의 변호사보수의 보증이 있으면 살 수 있다고 생각하고 사람들에게 이 사실을 전했다. 동료들의 주장은 이랬다.

"그 정도의 금액은 공적인 활동비로서 받아주십시오. 그 정도 모으는 것은 우리에게는 쉬운 일입니다. 별도의 변호사보수가 있으면 그것은 당신의 것입니다."

"그와 같은 돈은 받을 수 없습니다. 나의 공적인 활동이 그만한 가치가 있다고는 생각지 않습니다. 공적인 활동으로 변호활동을 할 수는 없습니다. 나는 여러분이 활동해주길 바라는 것입니다. 이를 위한 자금을 어찌 받을 수 있겠습니까? 게다가 여러분에게 공적인 운동을 위한 자금을 제공받아야 합니다. 만일 나 자신을 위해 돈을 받으면 여러분에게 많은 액수의 자금제공을 받는 데 망설이게 될 것입니다. 결국 우리의 배는 앞으로 나아가지 않게 됩니다. 인도인 사회에 매년 300파운드 이상이나 자금제공을 받게 됩니다."

"그러나 우리는 당신의 인품을 잘 알고 있습니다. 당신은 자신을 위해 돈을 요구할 분이 절대 아니니 당신의 생활비는 우리가 부담해야 합니다!"

"여러분의 애정과 지금의 열의가 그렇게 말하게 하는 것입니다. 이 열의와 애정이 언제까지나 이어질 거라고 어떻게 장담할 수 있겠습니까? 그리고 기회가 있으면 나는 여러분의 친구이자 봉사자로서 때로는 심한 말을 해야만 할 때도 있을 것입니다. 그와 같은 때에도 여러분의 애정을 계속해서 받을 수 있을지, 그것은 신만이 아는 일입니다. 사실 나는 공적인 봉사를 위해 돈을 받아서는 안 됩니다. 여러분 모두가 변호와 법률에 관한 일을 나에게 맡긴다고 약속해주신다면 그것만으로 나에게는 충분합니다. 어쩌면 이것만으로도 여러분에게 부담이 될 것입니다. 나는 백인 법정변호사가 아닙니다. 법정이 나에게 어떻게 대응할지 나도 알 수 없습니다. 변호사업이 가능할지조차 모릅니다. 그러므로 변호사 보수를 먼저 지급하는 것도 여러분에게는 위험을 무릅쓰는 것이 됩니다. 그래도 만일 여러분이 나에게 변호사보수를 지불해준다면 나의 공적인 봉사를 위한 것으로 알겠습니다."

이 같은 대화의 결과 약 20명의 상인이 연간계약을 했다. 그 밖에 다다 압둘라는 인도로 돌아갈 때 나에게 주기로 했던 선물 대신에 필요한 가구를 구입해주었다. 그렇게 나는 나탈에 자리를 잡게 되었다.

### 18 인종차별

재판소의 상징은 천칭(天秤)이다. 눈이 멀었으나, 공정하고 현명한 노파가 그 천칭을 손에 들고 있다. 신이 노파의 눈을 멀게 했다. 사람의 얼굴을 보고 재판하지 말고, 본질적 가치를 보고 재판하라는 뜻이다. 이에 반해서 나탈 변호사회는 나탈 최고재판소로 하여금 사람의 얼굴을 보고 재판하게 하려고 했다. 그러나 최고재판소는 이 기회에 상징의 명예를 지켰다.

나는 변호사 등록증을 취득해야 했다. 나는 뭄바이 고등재판소의 증명서를 가지고 있었고, 영국의 증명서는 뭄바이 고등재판소에 맡겨져 있었다. 등록신청서에 인물증명서를 두 통 첨부하게 되어 있었는데, 백인의 것이면 더 좋을 거란 생각이 들었다. 그래서 압둘라 셰드를 통해 알게 된 저명한 백인

상인 두 사람에게 인물증명서를 써달라고 부탁했다. 신청서는 제3자인 변호사를 통해서 송부하게 되어 있다. 일반규정에서는 신청서를 법무총재가 수수료 없이 법정에 제출하게 되어 있는데, 에스콤 씨가 법무총재였다. 그가 압둘라 셰드의 변호사임을 알고 있었기에 나는 그와 면담을 했고, 그는 나의 신청서제출을 쾌히 승낙해주었다.

이러고 있는 동안 갑자기 변호사회의 통고를 받았다. 통고에서는 나의 등록에 대한 반대가 표명되어 있었다. 이유의 하나로, 등록신청을 할 때 증명서 원본이 첨부되어 있지 않은 것이 지적되어 있었다. 그러나 반대의 주된 이유는 이랬다. 변호사등록규정을 만들 때 유색인종이 등록신청을 하는 일은 있을 수 없는 일로 보았을 것이다. 나탈은 백인들의 모험적인 사업활동을 위해 생긴 것이다. 그렇기 때문에 백인이 지배적이어야만 한다. 만일 유색인종의 변호사등록을 인정하게 되면 백인들의 지배력을 차츰 잃게 되어 백인들을 지키는 벽은 무너지고 만다.

이 반대를 지지하기 위해 변호사회는 저명한 변호사 한 사람을 임명했다. 이 변호사도 다다 압둘라와 관계가 있었기에 그는 다다 압둘라를 통해 나를 불렀다. 나하고는 선입관 없이 대화를 나누었다. 나의 경력을 물었고 나는 이에 대답을 했다. 그 뒤에 이렇게 말했다.

"나로서는 당신에게 반대할 이유가 없습니다. 혹시 당신이 이곳에서 태어난 사기꾼이 아닌가 우려했던 것입니다. 게다가 당신은 증명서 원본을 가지고 있지 않아서 나의 의심은 더욱 강해졌던 것입니다. 타인의 증명서를 악용하는 사람들도 있습니다. 당신은 백인이 쓴 인물증명서를 제출했지만 나에게는 아무런 가치도 없습니다. 두 사람은 당신에 대해 잘 알고 있습니까? 당신을 언제부터 알고 있습니까?"

"그러나 이곳 분들은 나에게는 모두 처음 대하는 분들입니다. 압둘라 셰드도 나를 이곳에서 알았습니다."

나는 말참견을 했다.

"좋습니다. 그러나 다다 압둘라는 당신 마을 출신이고 당신의 아버지는 그곳의 총리였지 않습니까? 그렇기 때문에 당신의 가족을 아는 것이겠지요. 당신이 압둘라 셰드의 선서 공술서를 제출하면 나에게는 아무런 이의도 없습니다. 당신의 등록에 반대할 수 없다고 변호사회에 통지할 생각입니다."

나는 분노를 느꼈다. 하지만 그 분노를 억제했다. 문득 생각한 것이다. 만일 내가 압둘라 셰드의 인물증명서를 제출했었다면 무시하고 백인들의 인물증명서를 요구했을 것이다. 게다가 나의 태생과 변호사로서의 능력에 어떤 관계가 있는 것일까? 만일 내가 품행이 나쁘다거나 가난한 부모의 자식이었다면, 자격심사 때 내가 불리해지도록 그것을 이용하지 않았을까? 그러나 이와 같은 생각을 꾹 누르고 대답했다.

"이러한 모든 사실을 요구할 권한이 변호사회에 있다고 인정할 수는 없지만, 당신이 바라는 것과 같은 선서공술서를 받도록 하겠습니다."

압둘라 셰드의 선서공술서가 준비되었고 나는 그것을 변호사에게 건넸다. 변호사는 만족의 뜻을 표했다. 그러나 변호사회는 그렇지 않았다. 나의 등록에 반대해 재판소에 고소했다. 최고재판소는 에스콤 씨를 불러낼 것도 없이 고소를 각하했다. 재판소장관은 말했다.

"신청인이 증명서 원본을 첨부하지 않았다는 이의제기에 근거는 없다. 만일 신청인이 거짓 선서공술을 했다면 기소될 것이고, 유죄가 되면 변호사명부에서 삭제될 것이다. 법률에는 인종차별이 없다. 재판소에는 간디 씨의 등록을 저지할 권한이 없으므로 간디 씨의 신청은 수리된다. 간디 씨, 선서를 하시오."

나는 일어섰고 서기관장 앞에서 선서를 했다. 선서가 끝나자 곧바로 재판장은 말했다.

"이제 당신은 터번을 벗어야 하오. 변호사로서 재판소에서의 변호사복장 규정을 지키는 것은 당신에게도 필요하오!"

나는 자신의 한계를 알았다. 더반의 지방 행정장관 법정에서는 착용을 고집하던 터번을 여기에서 벗은 것이다. 벗는 것에 반대하는 이유는 분명 있었다. 그러나 나는 앞으로 중대한 싸움을 앞두고 있었다. 터번을 계속 착용하겠다는 고집으로 앞으로의 전술을 소모시켜서는 안 되었다. 터번을 고집하면 앞으로의 싸움에 손실이 될지도 모른다.

압둘라 셰드와 다른 친구들은 나의 타협(또는 무력?)이 마음에 들지 않았다. 변호사로서도 터번의 착용을 주장해야 한다고 생각했기 때문이다. 나는 설득하려고 했다. '로마에 가면 로마법을 따르라'는 속담의 의미를 설명했다.

"인도에서 터번을 벗으라고 영국관리나 재판관이 강요하면 거기에 대해서 반항할 수 있습니다. 그러나 나탈과 같은 나라에서, 그리고 이곳 법정에 등록한 자의 일원으로서 법정의 관습에 반대하는 것은 적절치 않다고 생각합니다."

이 주장과 이와 비슷한 다른 주장으로 나는 친구들을 어느 정도 진정시켰으나, 하나의 것을 다른 상황에서, 또 다른 시점에서 보는 것의 적절함을 이 기회에 만족할 때까지 납득시켰는지는 알 수 없다. 그러나 나의 반평생에 주장과 고집, 그리고 비주장과 비고집은 언제나 동시 진행이었다. 사티아그라하에서는 주장과 고집이 불가결하다. 이것을 나는 나중에 몇 번이나 경험했다. 이 타협적인 경향 때문에 나는 몇 번이나 생명의 위기에 직면하여 친구들의 불만을 사야 했던 것이다. 그러나 진리는 금강석처럼 단단하고 연꽃처럼 부드러운 법이다.

변호사회의 반대는 남아프리카에서 나를 위한 두 번째 선전을 해주었다. 대다수 신문은 나의 등록에 대한 반대를 비난하고 변호사들의 질투를 문책했다. 이 선전광고로 나의 활동은 어느 정도 용이해졌다.

### 19 나탈 인도인회의

변호사업은 나에게 있어 늘 부차적인 것이었다. 나탈거주를 의의 있는 것으로 하기 위해서는 공적인 활동에 몰입해야 했다. 인도인 선거권 박탈법안에 반대해 단순히 청원서만 보내고 손을 놓고 있을 수는 없었다. 그것에 관한 운동을 지속시킴으로써 식민지담당 국무대신에게 강한 인상을 주는 것이 중요했다. 이를 위해 하나의 단체를 설립하는 것이 필요하다고 느꼈다. 그래서 압둘라 셰드에게 상담하여 다른 동료들을 만났고, 우리는 하나의 공공단체를 설립하기로 결심했다.

단체명을 붙일 때는 약간 궁지에 몰렸다. 이 단체를 어느 특정당파와 결부시켜서는 안 된다. 국민회의라는 명칭은 보수당 측에 호감을 주지 못할 것을 알았다. 그러나 국민회의는 인도의 생명이었다. 국민회의의 세력은 증대해야 한다. 그 명칭을 숨기거나 채용할 때 겁을 먹는 것은 사내답지 않은 일 같았다. 그래서 나는 충분히 설명을 하고 단체의 명칭을 '국민회의'로 할 것을 제안했다. 이렇게 해서 1894년 5월 22일 '나탈 인도인회의'가 탄생했다.

다다 압둘라 상회의 2층은 만원이었다. 참가자는 이 단체를 열렬히 환영했다. 회칙은 간단하게 정해졌으나 회비는 상당한 금액으로 정해졌다. 매달 적어도 5실링을 납입하는 자가 회원이 될 수 있다. 가능한 많은 금액을 납입하도록 유복한 상인들을 설득했다. 압둘라 셰드는 한 달에 2파운드를 자청했다. 다른 두 사람도 같은 액수를 내겠다고 했다. 내는 것에 인색해서는 안 된다고 생각해 나는 1파운드를 신고했다. 이것은 나에게 약간 부담스러운 금액이었으나, 어떻게든 생활을 할 수 있다면 나에게 있어서 매달 1파운드는 그다지 부담이 되지 않을 것으로 생각했다. 신의 도움으로 변호사업은 궤도에 올라 있었던 것이다. 1파운드 납입자의 수는 상당히 많았고, 10실링 납입자는 더욱 많았다. 이 밖에도 비회원의 기부신청이 있으면 받아들이기로 했다.

경험으로 안 일인데, 재촉 없이는 아무도 회비를 납입하려고 하지 않는다. 더반 밖에 거주하고 있는 사람들에게 몇 번이나 다니는 것도 불가능하다. 처음의 열의는 바로 식어버려서, 더반 시내에서도 몇 번이고 가야 겨우 회비를 거둘 수 있었다. 나는 사무국장이었고 회비를 납부하도록 하는 것이 나의 책무였다. 변호사 사무소의 사무원에게 거의 종일 회비 거두는 일을 시키고 있었는데 사무원들도 지쳐버렸다. 그래서 회비는 월회비가 아니고 연회비로 해야 한다고 생각했다. 회의가 소집되었다. 전원의 제안을 받아들여 연회비 최저 3파운드로 정해졌다. 회비를 걷는 일이 쉬워졌다.

내가 처음부터 배운 것인데, 공적인 활동은 결코 빚을 내서 해서는 안 된다. 설사 사람들의 다른 활동에 대해서는 신용을 하더라도 돈 약속은 신용할 수 없다. 신고한 금액을 지불할 의무를 사람들은 확실하게 지키지 않음을 나는 알고 있었다. 나탈의 인도인들도 예외는 아니었다. 그래서 '나탈 인도인 회의'는 결코 빚을 내서 활동하지는 않았다.

회원을 모집하는 일에 동료들은 한없는 정열을 보여주었다. 그 일에 동료들은 관심을 갖게 된 것이다. 귀중한 경험을 했다. 많은 사람들이 기꺼이 이름을 등록하고 곧바로 금액을 지불했다. 멀리 떨어진 마을의 경우는 조금 곤란했다. 공적인 활동이란 무엇인지 사람들은 이해하지 못했다. 여러 곳에서 사람들은 우리를 초대하고 유력한 상인의 집에 숙박준비를 해주었다. 그러나 이와 같은 여행의 어느 장소에서, 처음부터 나는 곤란에 직면해야 했다.

그곳에서 6파운드를 받기로 했는데 그 상인은 3파운드 이상은 내려고 하지 않았다. 만일 우리가 그 금액만 받으면 다른 사람들에게도 많이 받을 수 없다. 숙박처는 그 상인의 집이었다. 우리 모두는 배가 고팠다. 그러나 회비를 받지 못하고 있는데 어떻게 식사를 할 수 있을까? 우리는 이 형제에게 호소했다. 그러나 단호하게 태도를 바꾸지 않는다. 마을의 다른 상인들도 그를 설득했다. 그러는 동안 하룻밤이 지났다. 많은 동료들은 분노했다. 그러나 누구도 예의는 잃지 않았다. 아침에 그 형제는 태도를 누그러뜨려 6파운드를 지불하고 우리에게 식사를 대접했다. 이 사건은 통가트에서 있었던 일이다. 이 영향은 북해안의 스탠저와 내륙부 찰스타운까지 미쳤다. 회비를 걷는 우리의 활동은 용이해졌다.

그러나 돈을 걷는 것만이 목적은 아니었다. 필요 이상의 돈을 갖지 않는다는 원리도 나는 이미 터득하고 있었다.

회합은 매주나 매월, 필요에 따라서 개최된다. 지난 모임의 의사록이 낭독되고 다양한 논의가 이루어진다. 논의를 하는 것이나 간결하게 대화를 하는 것에 모두가 익숙하지 않았다. 일어서서 이야기하는 것을 무서워했다. 회합의 규칙이 설명되고 모두가 그것에 따랐다. 이 일에서 생기는 이익을 자연히 알게 된 것이다. 이제까지 공중 앞에서 이야기하는 것에 익숙하지 않았던 사람들이 공적인 활동에 대해서 이야기하고 생각하게 되었다.

공적인 활동을 함으로써 사소한 지출이 거액의 경비가 된다는 것도 나는 알았다. 처음에는 영수증조차 인쇄하지 않기로 했다. 내 사무실에 등사판이 있었기 때문에 영수증과 보고서는 그것으로 찍어냈다. 회원이 증대하고 활동이 활발해진 단계에서 영수증 등을 인쇄하기로 했다. 이와 같은 절약은 모든 단체에 필요한 것이다. 그렇지만 그와 같은 일이 언제나 실행되지 않고 있는 것도 우리는 알고 있다. 그렇기 때문에, 이 갓 태어난 작은 단체의 창설기에 대해서 기술하는 것이 적절하다고 나는 생각한 것이다.

사람들은 영수증 따위는 문제도 삼지 않았으나 그래도 강하게 요구해 영수증을 받았다. 이렇게 처음부터 잔돈에 이르기까지 회계는 확실하게 했다. 1894년도의 정확한 회계장부가 오늘날에도 나탈 인도회의 사무소에 있을 것이다. 상세하게 기록된 회계부는 그 단체의 자랑이다. 그것이 없으면 그 단체는 부패한 것이 되고 평판을 잃는다. 확실한 수지(收支) 없이 순수진리를 지키는 것은 불가능하다.

회의의 둘째 분야는 식민지에서 태어나 자라고 교육을 받는 인도인들에게 봉사하는 것이었다. 이를 위해 '식민지 출생 인도인 교육협회'를 설립했다. 청년들이 협회의 주요 회원이었기에 회비는 아주 적었다. 이 협회에 의해 회원들에게 문제가 되는 사항을 알고, 회원들의 사고력이 높아져 인도 상인들과의 관계가 공고해지고 회원들도 사회봉사의 기회를 얻는다. 이 협회는 웅변회와 같은 것이었다. 정례회가 개최되어 회원들은 다양한 주제에 대해서 연설하고 보고한다. 이를 위해 작은 독서실도 마련되었다.

회의의 셋째 분야는 대외활동이다. 남아프리카 거주 영국인들 사이에서와 마찬가지로 밖으로 영국 본국과 인도에서 나탈의 실상을 알리는 활동이었다. 이를 위해 나는 두 권의 책자를 썼다. 첫 번째는 《남아프리카에 거주하는 모든 영국인에 대한 호소》다. 책자에서는 자료와 함께 나탈거주 인도인들의 현황을 소개했다. 또 하나는 《인도인 공민권, 호소》로, 인도인 선거권의 역사를 자료와 함께 제출했다. 나는 이 두 책자를 위해 대대적으로 조사연구를 했다. 조사연구와 노력은 보람이 있어서, 2권은 크게 선전이 되었다. 이 활동으로 인해서 남아프리카에서 인도인 친구들이 생기고, 영국과 인도의 모든 정당으로부터 지원을 받아 활동의 방향이 확실해졌다.

### 20 발라순다람

진정한 소망은 반드시 성취된다. 이것이 나에게 들어맞는 것을 몇 번이고 보아왔다. 사람들, 즉 가난한 사람에게 봉사하고 싶다는 강한 소망이 나와 가난한 사람들을 언제나 뜻하지 않게 결부시켰던 것이다.

나탈 인도회의에는 식민지 태생의 인도인들과 사무원계층이 참가했으나 노동자나 계약노동자계급 사람들은 참가하지 않았다. 회의는 노동자와 계약노동자의 것이 되지는 않았던 것이다. 그들은 회비를 낼 돈이 없어, 회원이 되어 회의를 자기의 것으로 할 수가 없었다. 회의가 노동자와 계약노동자에게 봉사할 때 비로소 회의에 친밀감이 생기는 것이다. 이 같은 기회는 자연스럽게 찾아왔다. 나도 회의도 마음의 준비가 되어 있지 않았을 때였다. 그것은 내가 변호사업을 시작한지 겨우 2, 3개월이 지난 무렵이고 회의도 발족한 직후였다. 어느 날 발라순다람이란 이름의 마드라스 출신 인도인이 두건을 손에 들고 울면서 내 앞에 섰다. 옷은 갈기갈기 찢어져서 벌벌 떨고 있었다. 앞니 두 개가 부러져 입에서는 피가 흐르고 있었다. 주인이 심하게 때린 것이다. 나는 타밀어를 아는 사무원을 통해서 사정을 알았다. 발라순다람은 어느 유명한 백인 밑에서 일하고 있었는데, 주인이 무슨 이유인지 화가 나서 자제를 하지 못하고 발라순다람을 심하게 때렸고 결과적으로 발라순다람의 두 앞니가 부러진 것이다.

나는 사무원을 붙여서 의사에게로 보냈다. 그 무렵 의사는 백인뿐이었다. 나는 진단서를 필요로 했다. 진단서를 손에 들고 발라순다람을 그 지방 행정장관에게로 데려가 발라순다람의 선서공술서를 제출했다. 행정장관은 이를 읽고 분노해, 고용주에 대해 소환장을 발부하도록 지시했다.

나의 의도는 고용주를 처벌하려는 것이 아니었다. 발라순다람을 고용주의 손에서 해방시키는 것이었다. 나는 계약노동자에 관한 법규를 상세하게 검토했다. 만일 일반고용인이 그만 두면 고용주는 고용인에 대해서 민사소송을 제기할 수 있으나 형사소송을 제기할 수는 없다. 계약노동자와 일반고용인은 대단한 차이가 있었다. 특별한 차이란, 만일 계약노동자가 고용주 밑을 떠나면 형법상의 죄인이 되어 금고형에 처해지는 것이다. 그렇기 때문에 윌리엄 헌터 경은 계약노동을 노예제도나 다름없다고 했다. 계약노동자는 노예와 똑같이 고용주의 재산 취급을 당한다. 발라순다람을 구하는 데에는 두 가지 방법이 있을 뿐이었다. 계약노동자들을 위해 임명된 관리, 법적으로는 계약노동자 보호관이 계약을 파기하거나 타인의 명의로 하는 것, 그렇지 않으면 고용주 자신이 계약을 파기하는 것이다. 나는 고용주를 만나 말했다.

"나는 당신을 처벌하고 싶은 생각이 없습니다. 이 사내가 심하게 폭행당한 것은 당신도 알고 있습니다. 이 사내의 계약을 타인 명의로 하도록 승낙해주신다면 아무 말도 하지 않겠습니다."

고용주도 이를 바라고 있었다. 그런 다음 나는 보호관을 만났다. 보호관도 동의했으나, 발라순다람을 위해 새로운 고용주를 찾아낸다는 조건을 붙였다.

나는 새로운 영국인 고용주를 찾아내야 했다. 인도인들에게는 계약노동자 고용이 허용되지 않았다. 영국인 지인은 아직 많지는 않은데, 나는 그 가운데 한 사람을 만났다. 고맙게도 그는 발라순다람의 고용을 승낙해주었다.

나는 후의에 감사했다. 행정장관은 고용주를 유죄로 하고 발라순다람의 고용명의변경을 인정했다.

발라순다람 사건은 계약노동자 사이에 퍼졌다. 그리고 나는 계약노동자의 친구가 되었다. 나는 기쁘게 생각했다. 사무소에는 계약노동자들이 쉴 새 없이 찾아오게 되었다. 나는 계약노동자들의 실상을 잘 알게 된 것이다.

발라순다람 사건은 마드라스 지방에까지 알려졌다. 마드라스의 여러 지방 사람들이 계약노동을 하고 있었는데, 이 사람들에게 계약노동자들이 이 일을 알린 것이다. 사건은 중요한 것은 아니었지만, 계약노동자들을 위해 공공연하게 활동하는 사람이 나타난 것에 사람들은 놀랐다. 이 일로 인해 계약노동자들은 안심했다.

발라순다람이 두건을 벗어 손에 들고 나에게 찾아왔다고 이미 썼다. 이것은 대단히 슬픈 일이다. 우리의 치욕으로 가득 찬 것이다. 내가 터번을 벗은 이야기는 이미 아는 대로이다. 계약노동자 및 사정을 모르는 인도인은 어느 백인의 집이건 들어가기 전에 경의를 표해 머리에 쓴 것을 벗어야 했다. 그것이 모자이건, 터번이건, 두건이건 말이다. 두 손을 모아 인사하는 것으론 충분하지 않다. 나에게 올 때에도 그렇게 해야 한다고 발라순다람은 생각했던 것이다. 내 앞에 선 발라순다람의 광경은 나에게 있어서는 첫 경험이었다. 나는 부끄러움을 느껴, 발라순다람에게 두건을 감으라고 말했다. 그는 몹시 주저하면서도 두건을 감았는데, 그 모습에서 나는 기쁨을 간파할 수 있었다. 타인을 모멸함으로써 자기가 우월하다고 어찌 생각할 수 있을까? 이 의문은 오늘에 이르기까지 풀지 못했다.

### 21 3파운드의 세금

발라순다람 사건은 나를 인도인 계약노동자들과 결부시켰다. 그러나 계약노동자에게 과세를 하려는 움직임이 있어, 나는 계약노동자들의 상태에 대해서 깊이 연구해야 했다.

1894년 나탈 정부는 계약노동자인 인도인들에게 연간 25파운드, 즉 375루피를 과세하는 법안을 준비했다. 나는 이 법안을 읽고 너무나 놀랐다. 나는 회의에 자문을 구했고, 회의는 이 건에 대해서 반대운동을 결의했다.

이 세금의 진실을 조금 설명하겠다.

1860년대에 나탈 거주 백인들은 이 땅이 사탕수수 재배에 적합할 것으로 생각해 노동자를 찾기 시작했다. 노동자가 없으면 사탕수수 재배와 설탕 생산은 할 수 없다. 나탈의 흑인들은 이 노동을 할 수 없었다. 그래서 나탈 거주 백인들은 인도정부와 협의해 인도인 노동자를 나탈에 보내는 허가를 얻어냈다. 5년간은 노동을 해야만 하는 구속, 5년 후에는 자유롭게 되어 나탈 거주허가, 이런 식으로 권유한 것이다. 토지소유권도 부여되었다. 인도인 노동자가 5년의 계약을 마치고 경작에 종사하여 노동의 성과를 나탈에 주기를 그때 백인들은 바란 것이다.

인도인 노동자는 기대 이상의 것을 주었다. 인도의 다양한 종류의 품질 좋은 야채를 많이 재배했다. 또한, 나탈에서 전에 재배되었던 야채의 값을 끌어내렸고 인도에서 망고를 가지고 와 재배했다. 뿐만 아니라 농업과 함께 상업도 시작한 것이다. 집을 짓기 위해 토지를 구입했다. 그리고 대부분의 사람들은 노동자가 아니고 토지소유자, 집주인이 되었다. 이렇게 노동자에서 토지가옥 소유자가 되자 뒤를 이어 상인들도 찾아왔다. 셰드 아부바카르 아모드는 상인들 가운데서 가장 빨리 찾아온 사람이었다. 그는 크게 사업을 발전시켰다.

백인상인들은 공황상태에 빠졌다. 처음에 인도인 노동자를 환영했을 때에는 인도인의 사업 재능은 예상하지 못했기 때문이다. 인도인 노동자가 농민으로서 자유로워지는 것까지는 그 무렵 백인들에게 아무런 이의도 없었다. 그러나 상업에서 경쟁자가 된다는 것은 백인들에게는 견딜 수 없는 일이었다.

이것이 인도인들에 대한 반대의 근본 원인이다.

여기에 다른 것이 더욱 추가되었다. 우리의 다른 생활양식, 우리의 검소함, 적은 이익으로 만족하는 것, 위생이나 공중위생에 대해서 무관심한 것, 가옥이나 주변청소를 게을리 하는 일, 가옥의 수리보수에 돈을 아끼는 일, 우리의 다양한 종교—이와 같은 모든 것이 반대를 부추기는 결과가 되었다.

그 반대가 선거권박탈, 그리고 계약노동자에 대한 과세로 드러난 것이다. 법안은 별개로 해도, 인도인에 대한 다양한 괴롭힘은 이미 시작되고 있었다.

우선 첫 제안은, 계약이 종료되기 전에 강제적으로 인도에 송환하여 인도에서 계약기간이 종료되도록 하는 것이었다. 그러나 이 제안을 인도정부가 받아들일 리가 없다. 그래서 아래와 같은 제안이 이루어졌다.

1 계약기간이 종료하면 계약노동자는 인도로 귀국할 것, 또는
2 2년마다 계약을 갱신하고, 그 경우 급료를 얼마간 인상할 것.
3 만일 귀국하지 않고 계약갱신을 하지 않을 경우, 연간 25파운드의 세금을 납부할 것.

이 제안을 받아들이도록 하기 위해 헨리 빈즈 경과 메이슨 씨의 사절단이 인도에 파견되었다. 엘긴 경이 인도 총독이었다. 총독은 25파운드의 세금은 승인하지 않았다. 그러나 인도인 개개인으로부터 3파운드의 세금을 징수하는 허가를 내주었다. 총독은 중대한 과오를 범했다고 나는 그때 생각했고 현재도 그렇게 생각한다. 인가할 때 총독은 인도의 이익을 전혀 고려하지 않았기 때문이다. 나탈의 백인들을 위해 이와 같은 편의를 도모하는 일이 총독의 임무는 아니었다. 3, 4년 후, 이 세금은 노동자의 아내, 16세 이상의 남자, 13세 이상의 여자로부터도 징수하도록 정해졌다. 이렇게 해서 부부와 두 아이의 가족, 남편의 벌이가 기껏 월 14실링인 가족으로부터 1년에 12파운드, 즉 180루피의 세금을 징수한다. 이는 극히 흉악한 것이다. 이렇게 경제상태가 가난한 사람들로부터 이처럼 무거운 세금을 징수하는 곳은 전 세계 어디를 보아도 없었다.

이 세금에 반대하여 격렬한 투쟁이 시작되었다. 만일 나탈 인도인회의에서 전혀 말이 없었다면 아마도 인도 총독은 25파운드의 세금도 인가했을지 모른다. 25파운드에서 3파운드가 된 것도 회의의 운동 때문이란 것은 충분히 있을 수 있는 일이다. 그러나 이렇게 생각함으로써 나는 과오를 범하고 있는지도 모른다. 인도정부는 25파운드의 세금을 처음부터 거부했었는지도 모르기 때문이다. 회의가 반대하지 않아도 인도정부는 3파운드의 세금만 인가했었을지도 모를 일이다. 그래도 인도의 이익은 분명 손상되었다. 총독은 인도의 이익을 보호하는 자로서 이와 같은 비인간적인 세금을 결코 받아들여서는 안 되었다.

25파운드에서 3파운드(375루피에서 45루피)로 되었다고 해서 회의가 어떤 명예를 얻은 것은 아니다. 계약노동자의 이익을 완전히 지켜내지 못했던

것을 회의는 유감으로 생각하고 있었다. 3파운드의 세금은 언젠가 폐지되어야 한다는 결의를 회의는 결코 잊지 않았다. 그러나 이 결의를 수행하는 데는 20년이나 걸리고 말았다. 투쟁에는 나탈뿐만 아니라 전 남아프리카의 인도인이 참가해야만 했다. 투쟁에 고칼레*¹⁴는 중개자가 되어야 했다. 계약노동자인 인도인들은 투쟁에 전면적으로 가담했다. 이 때문에 누군가는 총탄을 맞고 죽어야만 했으며, 1만 명 이상의 인도인이 투옥되었다.

그러나 마지막에는 진리가 승리했다. 인도인들의 수난에 진리가 표출된 것이다. 이 때문에 꺾이지 않는 신념, 위대한 인내, 끊임없이 지속되는 활동이 필요했다. 만일 인도인 사회가 체념해버렸다면, 회의가 투쟁을 잊고 말았다면, 세금을 어쩔 수 없는 것으로 굴복하고 말았다면, 증오스러운 이 세금은 오늘날까지 계약노동자인 인도인으로부터 징수되었을 것이고 이 치욕을 남아프리카의 인도인들뿐만 아니라 전체 인도가 받았을 것이다.

## 22 종교연구

이와 같이 만일 내가 인도인 사회에 대한 봉사에 몰입했다면 그 이유는 자아성찰에 대한 소망이었다. 나는 오직 봉사에 의해서만 신을 알 수 있다고 믿고 봉사라는 종교를 받아들였다. 나는 인도에 봉사하고 있었다. 그것은 그 봉사를 갑자기 손에 넣었기 때문이다. 그 봉사는 나의 뜻에 맞았다. 그 봉사를 찾기 위해 어디든 가지 않아도 된 것이다. 나는 해외여행을 하기 위해, 카티아와르의 음모에서 벗어나기 위해, 벌이를 위해, 남아프리카로 갔다. 그런데 신을 탐구하게 되었다. 그것은 자아성찰에 힘쓴 데 따른 것이다. 그리스도교도 형제들은 나의 탐구심을 대단히 날카롭게 했다. 그 탐구심은 도저히 누그러질 수 있는 것이 아니었다. 나는 평안함을 느끼고 싶었으나 그리스도교도인 형제자매는 나를 놓아두지 않았다. 더반의 스펜서 월턴 씨가 나를 찾아냈다. 그는 남아프리카 제너럴 미션의 장로였다. 나는 그의 가족이나 다름없게 되었다. 이 관계의 근원은 프리토리아에서의 그리스도교도들과의 접촉이었다. 월턴 씨의 생활태도는 다른 사람들과는 달랐다. 그가 나에게 그리스도교도가 되라고 말했는지는 기억에 없으나, 자신의 생활을 내 앞에 드러냈다. 자신의 일상생활 모두를 나에게 보여준 것이다. 부인은 대단히 겸허하고 유능한 분이었다.

이 부부의 태도는 대단히 마음에 들었다. 우리는 서로 근본적 차이를 알고 있었다. 이 차이는 논의해서 해소되는 것이 아니다. 관용, 인내, 진리가 있는 곳에서는 차이 또한 유익한 것이 된다. 이 부부의 겸허함, 근면함, 일에 대해 헌신하는 모습이 완전히 마음에 들었다. 그래서 우리는 종종 만났다.

이 관계가 나를 눈뜨게 했다. 종교서를 읽는 시간이 프리토리아에서는 있었는데 지금은 불가능했다. 그러나 조금이라도 시간이 생기면 독서에 충당했다. 나는 서신왕래를 계속하고 있었다. 레이찬드바이는 나를 지도해주고 있었다. 나르마다샨카르의 《다르마 비차르》를 보내 주었는데 그 서문은 나에게 도움이 되었다. 나르마다샨카르의 향락적 생활에 대해서 들은 적이 있다. 서문에는 생애에 발생한 변화에 대해서 언급이 되어 있었다. 그것은 종교연구에 의해서 생긴 것이었으며, 그것이 나를 매혹했다. 이런 이유로 이 책에 대해서 나의 마음에 경외심이 생겼다. 나는 주의 깊게 다 읽었다. 막스 뮐러의 《인도─우리에게 무엇을 가르칠 수 있을까?》라는 책도 대단히 흥미 깊게 읽었다. 신지협회에서 간행된 《우파니샤드》의 번역판을 읽었다. 나는 힌두교에 대해서 더욱더 경의를 표하게 되었다. 힌두교의 장점을 이해하기 시작한 것이다. 그러나 나는 다른 종교에 대해서도 가볍게 여길 생각은 들지 않았다. 워싱턴 어빙 작 《무하마드전》과 칼라일의 《무하마드 예찬》을 읽었다. 예언자 무하마드에 대해 경외하는 마음이 커졌다. 《차라투스트라는 이렇게 말했다》라는 책도 읽었다.

이렇게 해서 나는 다양한 종교에 대해서 얼마간의 지식을 얻었다. 자기관찰은 진전이 있었다. 읽어서 마음에 든 것은 실행하도록 하는 습관을 확실하게 몸에 익혔다. 그래서 힌두교 조식법(調息法) 몇 가지를 책의 도움으로 이해할 수 있는 범위 내에서 하기 시작했다. 그러나 잘 되지 않아, 앞으로 나아갈 수 없었다. 인도로 돌아가면 선생의 지도를 받아 연습할 생각이었다. 그러나 그 생각은 실현하지 못했다.

톨스토이 저작에 더욱 열중했다. 《요약복음서》, 《무엇을 할 것인가》등의 책에 깊이 감동했다. 세상에 대한 사랑은 사람을 어디까지 이끌 수 있는지, 나는 더욱 잘 이해할 수 있게 되었다.

바로 이러한 때에 또 다른 그리스도교도 가족과 관계를 갖게 되었다. 가족의 부탁으로 일요일마다, 웨슬리안 교회에 다니기 시작했다. 저녁식사도 가족과 함께 해야 한다. 웨슬리안 교회에서는 좋은 영향을 받지 못했다. 그곳에서의 설교는 무미건조하게 느껴졌고, 모인 신도들에게서 경건한 감정은 볼 수 없었다. 이 11시부터의 집회는 신도들이 아니고, 얼마간은 기분전환, 얼마간은 습관에서 온 속세사람들의 모임처럼 생각되었다. 때때로 심한 졸음이 엄습했다. 부끄러웠다. 그런데 주위에서도 누군가가 졸고 있는 것을 보면 부끄럽다는 마음은 약간 가벼워진다. 이와 같은 상태는 기분 좋게 생각되지 않았고, 결국 교회에 다니는 것을 그만 두고 말았다.

일요일마다 초대받던 가정으로부터 출입을 금지당한 셈이 되었다. 여주인은 순진하고 선량하지만 마음이 좁은 사람처럼 느껴졌다. 매번 무언가 종교상의 일이 화제에 올랐다. 그 무렵 나는 집에서 《아시아의 빛》을 읽고 있었다. 우리는 예수 그리스도와 석가의 생애를 비교했다. 내가 말했다.

"보십시오, 부처님의 자비를. 인류를 초월해 다른 생물에게까지 미치고 있습니다. 부처님의 어깨에서 놀고 있는 새끼양의 그림이 눈앞에 나타나면 당신의 마음은 애정으로 넘치지 않습니까? 생물에 대한 이와 같은 애정을 나는 예수 그리스도의 생애에서 보지 못했습니다."

자매의 마음에 상처를 입힌 것을 나는 알았다. 나는 이야기를 계속할 수 없었다. 우리는 식당으로 들어갔다. 다섯 살 정도의 명랑한 소년도 함께 했다. 아이가 함께라면 다른 무엇이 필요할까? 아이와 나는 완전히 친해졌다. 나는 아이의 접시에 든 고기요리를 놀리며, 내 접시의 장식이 된 사과를 칭찬했다. 천진한 아이는 완전히 감동하여 자기도 사과만 먹겠다고 고집을 부렸다.

가엾은 아이 어머니는 상처를 입고 말았다.

나는 퍼뜩 깨닫고 입을 다물었다. 그리고 화제를 바꾸었다.

다음 주, 조심해서 가기는 했으나 발이 무거웠다. 내 쪽에서 가는 것을 그만 두어야 하는지 고민되었다. 그만 두는 것이 좋겠다고는 생각되지 않았다. 그러나 그 선량한 자매는 곤란한 문제를 해결해주었다.

"간디 씨. 언짢게 생각하지 마세요. 그러나 말씀드려야만 하겠어요. 당신을 알게 된 뒤로 아이가 영향을 받기 시작했어요. 이제는 매일 고기먹는 것을 싫어해요. 당신 얘기를 꺼내며 과일을 달라고 조르지 뭐예요. 아이가 육식을 하지 않으면 설사 병에는 걸리지 않는다고 해도 허약해지고 말아요. 제가 어떻게 참을 수 있겠어요? 당신이 화제로 삼는 것은 어른들 사이에서는 좋지만 아이들에게는 나쁜 영향을 미쳐요."

"○○부인, 미안합니다. 어머니인 당신의 마음은 이해합니다. 나에게도 아이들이 있습니다. 이 곤란한 문제는 쉽게 해결됩니다. 내가 무엇을 먹고 무엇을 먹지 않는지를 직접 보는 것이, 이야기를 듣는 것보다 아이에게 더 큰 영향을 미치겠지요. 그러므로 앞으로는 일요일마다 부인 댁에 오지 않는 것이 좋을 것 같습니다. 우리의 우정에 아무런 문제도 없을 것입니다."

"감사합니다."

자매는 기쁘게 대답했다.


### 23 집을 장만하다

집을 장만하는 것은 나에게 있어서 첫 경험은 아니었으나, 나탈에서 집을 장만하는 것은 뭄바이와 영국에서 했던 것과는 또 달랐다. 나탈에서는 단순히 체면을 위해 경비를 지불했던 것이다. 나탈에서는 인도인 법정변호사로서, 또 인도인의 대표로서 지출을 해야만 한다고 생각했다. 그래서 좋은 주택지에 좋은 가옥을 빌리고 고급가구를 준비했다. 식사는 검소했지만 영국인 친구들과 인도인 동료들을 초대해야 했으므로, 자연히 지출도 많아졌다.

고용인은 어디서나 부족했다. 누군가를 고용하는 일에 대해 나는 아무것도 몰랐다.

동료 한 사람과 함께 살고 있었기에 요리사를 한 사람 고용했는데, 그와는 가족처럼 지냈다. 사무소에서 사무원을 고용하고 있었는데, 얼마 뒤 그 사람도 동거하게 했다.

이 실험은 상당히 성공적이었다고 생각하지만 꽤나 쓰라린 경험도 했다.

이 동료는 대단히 머리가 좋은 사람이었다. 내가 이해하는 바로는 충실했다. 그러나 나는 인물을 간파하지 못했다. 내가 집에 불러들인 사무원에 대해서 동료의 마음에 질투심이 생긴 것이다. 그는 내가 사무원을 의심하도록 책략을 꾸몄다. 이 사무원은 자존심이 강한 사람이었기 때문에, 나에게 계속 의심을 받자 집을 나가고 사무소도 그만 두고 말았다. 나는 고통스러웠다. 사무원에게 부당한 대접을 한 것이 아닌가 하는 생각이 나를 괴롭혔다.

그런 가운데, 고용한 요리사가 무언가의 이유로 다른 곳으로 가야만 했다.

본래 동료를 위해 고용한 사람이었으므로 대신 다른 요리사를 고용했다. 나중에 알게 된 일인데, 이 요리사는 직감력이 날카로워 사람을 간파하는 능력이 있었다. 그러나 나에게 있어서는 유용한 사람임을 알았다. 마치 내가 그 사람을 필요로 하고 있었던 것 같았다.

이 요리사를 고용한지 2, 3일 지났을까, 이 사이에 요리사는 내 집에서 내가 모르는 사이에 이루어지고 있는 나쁜 품행을 보고 만 것이다. 요리사는 나에게 경고할 결심을 했다. 내가 잘 믿고 잘 속는다는 정평이 사람들 사이에 있었다. 그렇기 때문에 이 요리사에게는 나의 집에서 이루어지는 좋지 않은 품행이 무섭게 생각된 것이다.

나는 점심식사를 위해 사무소에서 1시에 귀가를 하곤 했다. 12시쯤이었다. 이 요리사가 헐레벌떡 달려왔다.

"무언가 볼일이 없으시다면 곧바로 집으로 돌아와 주십시오."

"무슨 일인지 말을 하게. 이런 시간에 집에 돌아가 무엇을 봐야 한단 말인가?"

"가지 않으면 후회하십니다. 이 이상 말하고 싶지 않습니다."

결연한 태도에 나는 마음이 움직여, 사무원을 동반하고 집으로 갔다. 요리사가 선두에 섰다.

집에 닿자 요리사는 나를 2층으로 데리고 갔다. 그 동료의 방을 가리키며 말했다.

"방을 열고 직접 보십시오."

나는 그제서야 깨닫고 방을 노크했다.

대답이 없어 세게 두드렸다. 벽이 흔들릴 정도로 두드리자 문이 열렸다. 안에 한 창녀가 보였다. 내가 말했다.

"자매, 당신은 이곳에서 나가줘요. 그리고 다시는 이 집에 발을 들여놓지 말아요."

그리고 동료를 향해 말했다.

"오늘 이 시각부터 그대와 나는 모르는 사람이네. 완전히 속은 내가 바보였어. 나의 신뢰에 대해 이렇게 보답을 하다니."

동료는 화를 내며 나의 비밀을 폭로하겠다고 위협했다.

"나에게 숨길 일은 아무것도 없네. 내가 한 일을 무엇이던 말하게. 그러나 그대와 나의 관계는 끝이네."

동료는 더욱 화를 냈다. 나는 아래에 서 있는 사무원에게 말했다.

"가서 내가 보냈다고 경관에게 전하고 말하게. 함께 살고 있는 동료가 나를 속였고 나는 그를 집에서 내보내고 싶다, 그런데도 나가는 것을 거부하고 있으니 부디 경관을 보내 달라고."

죄에는 비참함이 있는 법이다. 내가 사무원에게 이렇게 말하자 곧 동료는 태도를 바꾸어 용서를 구했다. 경관을 부르지 말라고 애원했다. 바로 집에서 나갈 것을 승낙했다. 그리고 동료는 집에서 나갔다.

이 사건은 나의 인생에서 마침 적당한 때에 나에게 경고를 해준 것이다. 이 동료를 믿고 가까이 한 것은 분명 나에게 바람직하지 않은 것이었다. 그 것을 그때 비로소 확실하게 알았다. 이 동료를 집에 들인 것은 좋은 일을 위해 나쁜 수단을 택한 셈이었다. 검은 담쟁이넝쿨에 자스민을 기대한 것이다. 동료의 품행은 좋지 못했다. 그래도 나에게는 충실하다고 믿었다. 동료를 갱생시키려고 나 자신이 오물을 뒤집어쓴 것이다. 나를 걱정해주는 사람들의 충고를 무시하고 있었다. 잘못된 생각이 나를 완전히 장님으로 만들어버렸다.

만일 이 사건에서 내 눈이 떠지지 않았다면 진리를 몰랐을 것이다. 나는 내 온몸을 바칠 수는 있었겠지만 결코 그것을 수행하지는 못했을 것이고, 나의 봉사는 언제나 중도에 그치고 말았을 것이다. 나의 동료가 나의 향상을 저지했을 것이기 때문이다. 나의 많은 시간을 그 동료를 위해 할애해야만 했을 것이다. 그 동료에게는 나를 암흑 속에서 잘못된 길로 데리고 갈 힘이 있었다.

그러나 라마가 지키는 자를 누가 감히 해칠 수가 있을까? 나의 한결같은 마음은 순수했다. 그렇기 때문에 과오에도 불구하고 나는 구원을 받았다. 이 첫 경험이 나를 주의 깊게 만들었다.

이유는 모르지만 그 요리사를 신이 나에게 보내준 것이 아닐까! 그 요리사는 요리를 잘 못했기 때문에 내 집에는 있을 수 없었다. 그러나 그 요리사 외에 누가 나를 눈뜨게 해주었을까. 여자가 내 집에 온 것은 처음이 아니었다. 그러나 이 요리사만큼의 용기를 가진 사람은 없었다. 내가 동료를 전면적으로 신용한다는 것은 모두가 알고 있었던 것이다.

이토록 나에게 성의를 다 해준 요리사는 그날, 바로 떠나겠다며 이렇게 말했다.

"당신 집에 있을 수 없습니다. 당신은 남의 말에 너무 쉽게 넘어갑니다. 이곳에서 내가 할 일이 없습니다."

나는 굳이 붙잡지 않았다.

그제야 앞서 말한 사무원에게 의혹을 품게 한 것은 바로 그 동료였다는 것을 깨달았다. 나는 사무원이 당한 부당한 처우를 보상하려고 많이 애썼으나 완전히 만족시킬 수는 없었다. 나에게 있어서 이것은 치유할 수 없는 고통이다. 깨진 그릇을 아무리 완전하게 때우려고 해도 그것은 불가능하며 결코 원래 모습으로 되돌릴 수는 없다.

## 24 인도로 향해

벌써 나는 남아프리카에 3년이나 머물고 있었다. 사람들을 알게 되었고 사람들도 나를 알게 되었다. 1896년에 6개월간 귀국할 허가를 요청했다. 남아프리카에 장기간 머물게 될 것을 알았기 때문이다. 변호사 일은 잘 되어간다고 할 수 있었다. 공적인 활동에서 사람들은 나의 존재를 필요로 했고 나자신도 그것을 느꼈다. 그래서 귀국하여 가족들을 데리고 와 남아프리카에서 살 결심을 했다. 게다가 인도에 가면 공적인 활동도 가능함을 알았기 때문이다. 인도에서 여론을 환기하여 이곳의 인도인문제에도 관심을 갖게 할수 있다고 생각했다. 3파운드의 세금은 치유되지 않는 상처였다. 철폐되지 않는 한, 마음이 편해지는 일은 없다.

그러나 내가 인도에 가면 회의와 교육협회의 일을 누가 해줄까? 두 동료에게 눈이 갔다. 아담지 미얀칸과 파르시 루스탐지이다. 상인계층은 많은 활동가를 배출하고 있었다. 사무국장의 직무를 수행하고, 일상적으로 활동하고, 남아프리카 태생 인도인들의 마음을 사로잡는, 이 두 사람은 제1선에 세울 수 있는 사람들이었다. 사무국장에는 극히 보통의 영어지식이 필요했으므로, 이 두 사람 가운데 아담지 미얀칸을 사무국장 자리에 앉히도록 회의에 추천하여 승인을 받았다. 경험으로 안 것인데, 이 선택은 대단히 잘 한 것이었다. 열의, 관용, 대인관계가 좋은 것과 예의바름으로 셰드 아담지 미얀칸은 모든 사람을 만족시켰다. 사무국장 직무를 수행하는 데 변호사, 법정변호사, 또는 고학력의 영어를 배운 사람은 필요치 않다고 모두가 확신하게 되었다.

1896년 중반, 인도를 향해 기선 퐁골라 호로 출발했다. 기선은 캘커타 행이었다.

이 기선에는 승객이 많이*15 있었다. 그 가운데 영국인 고급선원 두 사람이 있었다. 나는 이 두 사람과 친해졌다. 한 사람과는 매일 체스를 하며 지냈다. 또 한 사람의 선의(船醫)는 나에게 타밀어 자습서를 주었다. 그래서 학습을 시작했다.

나탈에서 알게 된 것인데, 이슬람교도들과 더욱 밀접한 관계를 맺기 위해서는 우르두어를 배워야 한다. 마드라스 출신 인도인들과 똑같은 관계를 갖기 위해서는 타밀어를 학습해야 한다.

나와 함께 우르두어를 배우는 영국인 친구의 요청으로, 우르두어 공부를 위해 나는 갑판승객 가운데서 유능하고 훌륭한 서기 한 사람을 찾아냈다. 덕분에 우리의 학습은 순조롭게 이루어졌다. 영국인 고급선원의 기억력은 나보다 뛰어났다. 우르두문자 식별은 나에겐 어려웠는데, 이 사람은 한 번 단어를 보면 결코 잊어버리는 일이 없었다. 나는 열심히 노력했으나 그래도 이 사람을 따라붙지는 못했다.

타밀어 학습도 순조롭게 나아갔다. 학습에는 누구의 도움도 얻을 수 없었으나, 도움을 많이 필요로 하지 않는 방법으로 책은 쓰여 있었다.

이 학습은 인도에 도착한 뒤에도 계속할 수 있을 거라고 나는 기대했다. 그러나 그렇게는 되지 않았다. 1893년 이후 나의 독서와 연구는 주로 감옥 안에서 이루어졌다. 이 두 언어의 지식을 더욱 늘리기는 했는데 그것은 감옥에서이다. 타밀어는 남아프리카의 감옥에서, 우르두어는 예라브다에서. 다만 타밀어로 말하는 것은 배우지 못했다. 읽는 것은 확실하게 배웠는데, 학습부족 때문에 지금은 읽는 것도 가물가물하다. 타밀어나 텔루구어 학습부족의 불행은 오늘날에도 나를 괴롭히고 있다. 남아프리카 마드라스 출신 인도인들로부터는 온몸으로 애정을 받았다. 그것은 한순간도 잊을 수 없다. 타밀어, 텔루구어를 쓰는 사람을 만날 때마다 경건, 근면, 많은 사람들에게서 볼 수 있는 사사로움 없는 자기희생을 떠올리지 않을 수 없다. 이들 대부분이 문자를 모르고 있었다. 남성들과 똑같이 여성들도 그랬다. 남아프리카의 투쟁이야말로 문자를 모르는 전사들의 싸움이었다. 그것은 가난한 사람들의 투쟁이었다. 가난한 사람들이야말로 투쟁에 참가하고 있었던 것이다.

이 순진하고 선량한 인도인들의 마음을 사로잡는 데, 나에게 있어서 언어는 결코 장애가 되지 않았다. 사람들은 서투른 힌두스탄어와 영어를 할 수 있었으므로 우리는 마음을 소통할 수 있었다. 그러나 나는 이 애정의 보답으로서 타밀어, 텔루구어를 배우고 싶었다. 타밀어는 조금 배웠다. 인도에서 텔루구어를 배우려 노력했으나 초보에서 더는 나아가지 못했다.

나는 타밀어, 텔루구어를 배울 수가 없었다. 이제는 배울 수 없다고 생각한다. 그래서 드라비다어를 하는 사람들이 힌두스탄어를 배우길 기대한다. 남아프리카의 드라비다어 가능자, 마드라스 출신자는 힌디어를 확실히 웬만큼은 이야기할 수 있다. 골치 아픈 것은 영어로 교육을 받은 사람들이다. 영어의 지식이 우리가 자국어를 배우는 데 장애가 되는 것처럼 말이다.

화제가 벗어나고 말았다. 배 여행을 마치도록 하자.

아직 퐁골라 호 선장의 소개가 남아있다. 우리는 서로 친해졌다. 이 선량한 선장은 플리머스 동포교회파에 속해 있었다. 그래서 우리는 항해술 이야기보다는 종교이야기를 나누었다. 선장은 도덕과 신앙을 구별하고 있었다. 선장의 생각으로는, 성서의 가르침은 아이들 장난이었다. 성서의 훌륭함은 단순함에 있다는 것이다. 아이도 남녀도 모두가 예수와 예수의 희생을 믿으면 범한 죄는 씻어진다는 것이다. 이 플리머스 동포는 프리토리아에서의 플리머스 동포를 떠오르게 했다. 도덕을 지켜야만 하는 종교는 선장에게는 따분하게 생각된 것이다. 신앙과 종교이야기의 시작은 나의 채식주의였다. 왜 육식을 하지 않는가? 쇠고기에 어떤 결함이 있는가? 나무나 풀처럼 새나 짐승도 신이 인간의 식용과 쾌락을 위해 창조한 것이 아닌가? 이와 같은 물음은 종교이야기를 낳을 수밖에 없었다.

우리는 서로 상대를 설득할 수 없었다. 나는 종교와 도덕은 동의어라는 사고를 굽히지 않고, 선장은 자기의견의 올바름에 대해서 조금도 의심하지 않았다.

24일간의 쾌적한 배 여행은 끝났다. 후글리의 아름다움을 바라보면서 캘커타에 상륙했다. 그리고 나는 그날 뭄바이행 표를 샀다.

## 25 인도에서

캘커타에서 뭄바이로 가는 도중에 알라하바드(프라야그)가 있다. 기차는 알라하바드에 45분간 정차한다. 나는 이 동안에 도시를 한 바퀴 돌기로 했다. 약국에서 약도 사야 했다. 약제사는 잠이 덜 깬 얼굴로 나왔고, 조제에 완전히 시간이 걸리고 말았다. 역에 닿자 기차는 역을 막 떠난 참이었다. 선량한 역장은 나를 위해 열차를 1분간 더 기다리게 하고, 내가 돌아오지 않자 만일을 위해 짐을 내리게 하는 조치를 취해주었다.

나는 켈르네르 호텔에 투숙했다. 여기에서 일을 시작할 결심을 했다. 알라하바드의 신문 〈파이오니아〉의 소문은 듣고 있었다. 〈파이오니아〉는 대중의 소망과는 반대 입장을 취하고 있음을 알고 있었다. 그 무렵 체즈니 주니어가 편집장이었던 것으로 기억한다. 나는 모든 입장의 사람들과 만나고 지원을 받을 생각이었다. 그래서 면회를 하기 위해 체즈니 씨에게 편지를 썼다. 기차에 늦은 것을 쓰고 이튿날 알라하바드를 떠난다고 알렸다. 곧바로 그는 면회를 위해 나를 초청했다. 나는 기뻤다. 그는 나의 이야기를 주의 깊게 들어주었다. 무엇이건 써서 보내주면 바로 논평을 쓰겠다고 했다. 동시에 이렇게도 말했다.

"그러나 당신의 요구를 모두 받아들이겠다고는 할 수 없습니다. 우리는 식민지인들의 견해도 이해해야 하기 때문입니다."

나는 대답했다.

"이 문제를 검토하고 지면에서 다루어주기만 하면 충분합니다. 나는 진정한 공정함 이외에 아무것도 요구하지 않으며 소망도 하지 않습니다."

나머지 시간은 알라하바드의 멋진, 세 강의 합류지점인 트리베니*[16]를 감상하는 것과 눈앞에 가로놓인 일에 대해 생각하는 것으로 지냈다.

이 뜻하지 않은 면회가 나탈에서 나에게 가해지는 공격의 씨앗을 뿌린 것이다.

뭄바이에는 들르지 않고 곧바로 라지코트로 갔다. 거기서 한 권의 책자〔《남아프리카에서의 정세에 대해서》〕를 만들 준비를 했다. 집필과 인쇄에 약 한 달이 걸렸다. 표지가 녹색이었기 때문에 나중에 '녹색 책자'로 잘 알려졌다. 책자에서는 남아프리카 인도인들의 상태를 일부러 부드러운 말로 묘사했다. 이미 기술한 나탈에서 쓴 두 권의 책자에서보다 부드럽게 쓴 것이다.

그것은 작은 아픔이라도 멀리서 보면 크게 보이는 법이라고 알았기 때문이다.

녹색 책자는 1만부가 인쇄되었다. 인도 전역의 신문과 모든 입장의 유력자들에게 보냈다. 〈파이오니아〉지에 가장 빠르게 논평이 나왔다. 그 요약이 영국으로 보내졌다. 그리고 그 요약을 또 요약한 것이 로이터통신으로 나탈에 전해졌다. 로이터보도는 3줄이었다. 나탈에서의 인도인들에 대한 처우에 대해서 내가 묘사한 것을 축소한 것인데, 과장되어 있었으며 내가 쓴 것이 아니었다. 그것이 미친 영향에 대해서는 나중에 보기로 하자. 차츰 모든 주요 신문에서 이 문제를 상세하게 다루게 되었다.

이 책자를 우송하기 위한 포장을 준비시키는 것은 번거로운 일이었다. 돈을 내고 준비를 시키면 지출이 늘어나고 만다. 나는 쉬운 방법을 찾아냈다. 근처 소년들을 모두 모아서 학교 수업이 없는 이른 새벽의 2, 3시간 가운데 낼 수 있는 시간이 있으면 내라고 말했다. 소년들은 기뻐하며 도울 것을 승낙했다. 나는 이미 사용한 우표와 축복을 주기로 했다. 소년들은 놀면서 일을 해냈다. 이것은 어린아이들을 봉사원으로 하는 나의 첫 번째 실험이었다. 이 아이들 가운데 두 사람이 오늘날 나의 동료이다.

이 무렵 뭄바이에서 처음으로 페스트가 발생했다. 주위에 공황상태가 확산되고 있었다. 라지코트에도 확산될 우려가 있었다. 나는 위생부에서 일할 수 있겠다고 생각했다. 왕국에 봉사하겠다는 뜻의 편지를 썼다. 국가는 위원회를 설치하고 나도 위원에 임명되었다. 나는 화장실 청소를 강조했다. 온 시내를 빈틈없이 돌며 화장실검사를 하기로 위원회는 결정했다. 가난한 사람들은 화장실검사를 전혀 거부하지 않았으며, 거부는커녕 위원회가 지시한 개량 지시에 충실히 따랐다. 우리가 상류계급 집에 검사를 가면 몇 곳에서는 화장실검사의 허가조차 받지 못했다. 개량이란 말은 꺼낼 수도 없었다. 우리들의 일반적인 경험으로 볼 때 부유계급의 화장실은 다른 곳에 비해 훨씬 불결했다. 어둡고 악취가 나고 변기에는 오물이 쌓여있어 구더기가 우글우글했다. 매일 산 채로 지옥에 들어가는 듯한 상태였다. 우리가 제안한 개량은 아주 간단한 것이었다. 대변은 땅에 떨어뜨리지 말고 통 안에 볼 것, 소변도 지면에 흘리지 말고 통 안에 모을 것, 변기와 청소부가 들어가는 장소 사이의 벽을 제거하여 그로 인해 청소부가 고르게 충분히 청소를 할 수 있도록,

화장실을 좀 넓히고 통풍과 채광이 가능해지도록 하자는 것이었다. 상류계급 사람들은 이와 같은 제안을 받아들이는 데 크게 이의를 제기해 결국 실행하지 못했다.

위원회는 청소부의 취락에도 가기로 되어 있었다. 나와 함께 가려고 한 것은 위원 가운데 한 사람뿐이었다. 청소부의 취락에 가는 것은 화장실 검사를 위해서이다. 그러나 청소부의 취락을 보고 놀라고 또한 기쁨을 느꼈다. 생애 처음으로 그날 청소부의 취락을 보러 간 것이다. 청소부 형제자매들은 우리를 보고 놀랐다. 나는 화장실을 보고 싶다고 말했다. 사람들은 말했다.

"우리들에게 화장실이라뇨? 우리의 화장실은 숲 속입니다. 화장실은 당신 같은 신분이 높은 사람들에게나 있는 거죠."

"그러면 집안을 보여주실 수 있겠습니까?"

나는 물었다.

"어서 오십시오! 어디건 마음껏 보십시오. 우리들의 집은 이렇습니다."

나는 안으로 들어갔다. 집과 안뜰의 청소상태를 보고 기뻤다. 집 안은 모두 쇠똥으로 칠해져 있었고, 안뜰은 빗자루로 청소가 되어 있었다. 약간의 가구가 있었는데 모두 깨끗이 윤이 나도록 닦여 있었다. 그 지구에서 페스트가 발생할 우려는 없었다.

상류계급이 사는 지구의 한 화장실에 대해 언급하지 않을 수 없다. 어느 집에나 배수구가 있어 물도 흘려보내고 소변도 흘려보낸다. 그러므로 악취가 나지 않는 방은 없다. 어느 집 침실에서 배수구와 변소를 보았다. 집안의 오물이 배수구를 지나 아래로 흘러가는 것이다. 그 방은 서 있을 수 없을 정도였다. 그 집 사람들은 거기서 어떻게 잘 수 있을까? 그것은 독자가 상상하기 바란다.

위원회는 하벨리도 검사했다. 하벨리의 주지(住持)와 간디 집안은 좋은 관계에 있었다. 하벨리를 보여주기도 하고 가능한 모든 개량을 받아들였다. 음식찌꺼기나 파트라발(葉皿)은*17 모아지면 담 밖으로 내던졌다. 그래서 그 장소는 까마귀나 솔개가 모여드는 곳이 되었다. 주지는 자신은 그 장소를 지금까지 가 본 적이 없다고 했다. 화장실은 불결함 그 자체였다. 주지가 얼마나 개량을 했는지는 볼 수 없었다. 나는 불결함을 보고 유감스럽게 생각했다. 하벨리를 우리는 청결한 장소로 알고 있는데, 공중위생 규칙을 지킬 필요가 있다고 생각한다. 이 생각은 그때도 했었지만, 경전편자들은 내면과 외면의 청정을 크게 강조한다.

## 26 충성심과 간병

나는 스스로 영국 정체에 대한 순수한 충성심을 느끼고 있었다. 나 정도의 충성심을 가진 사람은 본 적이 없다. 이 충성심의 근본은 진리에 대한 본래의 사랑으로 볼 수가 있다. 충성심이나 다른 어떤 것을 연출하는 것은 나에게는 불가능했다. 나탈에서 어느 집회에 출석해도 영국 국가를 반드시 부른다. 나도 불러야한다고 느꼈다. 영국정치의 결점을 그 무렵 보았으나, 그럼에도 불구하고 전체적으로 보면 좋은 것으로 생각했다. 그때 영국통치와 통치자의 자세는 전체적으로 볼 때 민중을 지키는 것으로 여겼다.

남아프리카에서는 반대의 정책을 보았다. 인종차별이었다. 그래도 그 정책은 일시적이고 지역적인 것이라고 생각했다. 그런 이유로 충성심에서 영국인에게 지지 않으려고 노력했던 것이다. 열심히 노력해서 영국국가 '신이시여 여왕을 지켜주소서'의 선율을 외웠고, 국가를 집회에서 부르게 되면 나도 함께 불렀다. 호들갑스럽지 않고 과장이 없는 충성심을 표시하는 어떤 기회이건 있으면 참가했다.

이제까지 살면서 이 충성심을 이용한 적은 결코 없다. 이에 따라서 개인적인 이익을 도모하려고 생각한 일조차 없다. 충성심을 부채로 생각해 계속 변제해온 것이다.

인도로 귀국했을 때 빅토리아 여왕의 60주년 축전준비가 이루어지고 있었다. 라지코트에서도 위원회가 설치되었다. 위원으로 위촉이 되었고 나는 승낙했다. 그런데 위원회에는 위선의 분위기가 감돌았다. 과장이 대단히 많은 것을 보고 유감으로 생각했다. 위원회에 머물 것인가 그만 둘 것인가의 문제에 직면했을 때, 나는 결국 내가 해야 할 일을 수행하기로 결정했다.

제안의 하나는 식수를 하자는 것이었다. 여기에서 나는 위선을 느꼈다. 단지 영국인들을 기쁘게 하기 위해 식수를 하는 것으로 생각되었다. 식수는 누군가가 강요하는 것이 아니며, 하나의 제안에 지나지 않는다. 나무를 심으려면 정성을 담아서 해야지, 그렇지 않다면 심어서는 안 된다고 사람들을 설득하려고 했다. 내가 이렇게 말했을 때 사람들은 내 말을 웃어넘겼던 것으로 기억한다.

'신이시여, 여왕을 지켜주소서'를 우리집 아이들에게 가르쳤다. 사범학교 학생들에게 가르친 것도 기억한다. 60주년 축전의 때였는지, 에드워드 7세의 인도황제 대관식 때였는지 정확하게는 기억하지 못한다. 나중에 이 노래를 부르는 것이 마음에 걸리게 되었다. 비폭력에 대한 사고가 확고해짐에 따라서 나는 자신의 말과 생각에 더욱더 주의를 기울이게 되었다. 이 노래의 두 줄은 이렇다.

여왕의 적을 멸망시키시고
그들의 음모를 무찌르게 하소서

이 두 줄을 부르는 것이 마음에 걸렸다. 친구인 부스 박사에게 고민을 털어놓았다. 박사도 이 노래는 비폭력을 믿는 사람에게 걸맞지 않음을 인정했다. 적으로 지목된 사람들이 반드시 배신한다고 어떻게 단정할 수 있을까? 우리가 적으로 돌린 사람들이 나쁜 사람이라고 어떻게 말할 수 있을까? 신에게는 공정함이 요구되는 것이다. 부스 박사는 내 주장을 받아들였다. 박사는 자기 파에서 부르기 위해 새로운 노래를 만들었다. 부스 박사에 대해서는 뒷장에서 특별히 소개하기로 한다.

충성심과 마찬가지로 간호하는 소질이 나에게는 본래부터 있었다. 가족이건 타인이건 환자에게 봉사하길 나는 좋아했다. 라지코트에서 남아프리카의 일을 하는 동안에 뭄바이로 갔다. 주요 도시에서 집회를 열어 여론을 환기하고 싶다는 소망에서였다. 가장 먼저 라나데*18 판사를 만났다. 판사는 나의 이야기를 열심히 들어주고 페로제샤 메타 경을 만나도록 조언해주었다. 그 뒤에 바드루딘 탸브지 판사를 만났다. 판사도 내 얘기를 듣고 똑같은 조언을 하면서 이렇게 말했다.

"라나데 판사와 나는 당신을 그다지 지도할 수 없소. 우리의 입장은 잘 알고 있을 것이오. 공적인 운동에는 참가할 수 없소. 그러나 우리의 마음은 당신과 같소. 진정한 지도자는 페로제샤 경이오."

페로제샤 경과는 면회를 할 생각이었다. 두 스승의 입에서 페로제샤 경의 조언대로 하라는 말을 듣고, 페로제샤 경이 민중에 대해서 어느 정도의 영향력을 지니고 있는지 잘 알게 되었다.

나는 페로제샤 경을 만났다. 나는 경의 위엄에 압도당할 것을 각오하고 있었다. 경에게 붙여져 있는 칭호에 대해 들었기 때문이다. '뭄바이의 사자', '뭄바이의 무관의 제왕'과 만나게 된 것이다. 그러나 황제는 나를 두려움에 떨게 하지 않았다. 아버지가 장성한 아들을 만나듯이 친근하게 나를 만나주었다. 나는 사무소에서 만나기로 되어 있었는데 그곳에서는 제자들이 경을 둘러싸고 있었다. 와차가 있었고, 카마가 있었다. 경이 그들을 소개해 주었다. 와차의 이름은 이미 들은 바 있었다. 그는 경의 오른팔이었다. 예전에 비르찬드 간디가, 와차는 유능한 통계학자라고 알려 준 적이 있었다. 와차 씨는 말했다.

"간디, 또 만납시다."

이 소개와 인사는 2분도 걸리지 않았다. 페로제샤 경은 나의 이야기를 들어주었다. 나는 라나데, 탸브지 판사를 만난 것도 전했다. 경이 말했다.

"간디, 그대를 위해 대중집회를 열어 그대에게 협력해야겠소."

그런 다음 문시 씨 쪽을 향해 집회날짜를 결정하라고 말했다. 경은 날짜를 결정한 다음 나를 보내주며 집회 전날에 와서 만나도록 명했다. 나는 두려움 없이 마음속으로 미소를 지으면서 집으로 돌아갔다.

뭄바이에서 이 회견을 하는 사이, 뭄바이에 거주하는 매부를 만나러 갔다. 매부는 병을 앓고 있었고 경제상태도 나빠져 있었다. 누이 혼자 돌볼 만한 상황이 아니었다. 나는 함께 라지코트로 가자고 말했고 매부는 승낙했다. 두 사람을 데리고 라지코트에 도착했다. 병은 예상 이상으로 무거웠다. 나는 매부를 내 방에 눕게 하고 종일 곁에서 돌보았다. 밤에도 일어나 있어야 했다. 간병하면서 남아프리카의 일을 진행했다. 결국 매부는 세상을 떠났다. 그러나 마지막으로 봉사할 기회를 얻었다는 것이 나에게는 큰 위로가 되었다.

간병이라는 나의 취미는 나중에 넓은 형태를 취하게 되었다. 간병을 위해 자신의 직업을 소홀히 하고, 아내나 가족까지도 말려들게 할 정도가 되었다. 이 태도를 취미라고 말했는데, 이와 같은 일은 기쁨을 가져올 때에만 할 수 있음을 알게 되었기 때문이다. 억지로 한다거나, 겉치레만으로, 또는 세간의 이목에 신경을 써서 하는 봉사는 사람을 못쓰게 한다. 그와 같은 봉사를 하면서 사람은 소모되는 것이다. 기쁨이 없는 봉사는 봉사자에게 있어서 결실이 없는 것이고 봉사를 받는 자에게도 기분 좋은 것은 아니다. 기쁨이 있는 봉사 앞에서는 사치나 축재 따위는 하찮은 일로 생각된다.

### 27 뭄바이에서의 집회

매부가 사망한 이튿날, 뭄바이의 집회에 참석하기 위해 출발해야만 했다. 대중 집회에서의 연설에 대해서 생각할 만한 여유시간은 없었다. 오랫동안 잠도 안 자고 간병을 한 탓에 피로를 느꼈다. 목이 잠겨버렸다. 신이 어떻게든 해주실 거라고 생각하면서 뭄바이로 갔다. 연설 초고를 준비하는 일 따위는 꿈에도 생각하지 않았다.

집회 전날, 저녁 5시에 명령대로 페로제샤 경의 사무실로 출두했다.

"간디, 연설의 초고는 완성했소?"

경이 물었다.

"못했습니다. 초고 없이 이야기할 생각입니다."

조심조심 대답했다.

"뭄바이에서는 통하지 않소. 이곳에서는 보도가 잘 되지 않소. 집회에서 성과를 이끌어내려면 연설의 초고는 준비되어 있어야 하오. 새벽녘까지 인쇄가 되어야 하니, 초고는 오늘 밤 안에 쓸 수 있겠지?"

나는 당황하고 말았다. 그러나 써 보겠다고 했다.

"문시가 언제 받으러 가면 좋을까?"

뭄바이의 사자가 말했다.

"11시면 될 것 같습니다."

페로제샤 경은 문시 씨에게, 11시에 원고를 받아 새벽녘까지 인쇄를 마치도록 명하고 나를 보내주었다.

이튿날 집회에 갔다. 원고를 쓰도록 말해준 것이 얼마나 현명한 일이었는지 나는 실감할 수 있었다. 코와스지 제항기르 연구소의 강당에서 집회가 열렸다. 페로제샤 경이 연설하는 집회에서는 청중으로 가득 차 입추의 여지가 없다고 들었다. 이와 같은 집회에는 학생들이 특히 관심을 가지고 있었다.

이런 집회는 나에게는 첫 경험이었다. 나의 목소리는 아무도 알아듣지 못할 것만 같았다. 떨면서 원고를 읽기 시작했다. 페로제샤 경은 나를 계속 격려했다. "좀 더 큰 소리로!" 이렇게 계속 말해 주었으나 이 격려로 나의 목소리는 더욱 작아졌던 것 같다.

옛 친구 케샤브라오 데슈판데가 나를 도우려고 나왔다. 나는 원고를 건넸다. 그의 목소리는 대단히 좋았다. 그런데 청중은 귀를 기울이려 하지 않았다. "와차!" "와차!" 하는 소리로 강당은 떠나갈 듯 했다. 와차는 일어서서 데슈판데의 손에서 원고를 받아 들었다. 이것으로 나의 연설은 무사히 마치게 되었다. 회장은 조용해졌다. 청중은 처음부터 끝까지 연설에 귀를 기울였다. 관례에 따라 알맞은 대목에서는 "창피함을 알라!"는 외침이, 또 그럴 만한 대목에서는 박수소리가 계속 울렸다. 나는 마음이 흐뭇해졌다.

페로제샤 경은 연설에 흡족해했고, 나는 갠지스 강에서 목욕을 한 것 같은 만족감을 느꼈다.

이 집회의 결과, 데슈판데와 한 파르시교도가 몹시 감동했다. 두 사람 모두 나와 함께 남아프리카로 갈 결의를 표명했다. 파르시교도 쪽은 현재 정부 고관이므로 이름을 공개하는 것은 보류한다. 그런데 그 사람은 크루셋지 경의 설득으로 그 결의를 번복했다. 결의를 번복한 원인은 한 파르시교도 자매였다. 그는 결혼을 할 것인가, 그렇지 않으면 남아프리카로 갈 것인가 하는 문제를 놓고 결혼을 택한 것이다. 그러나 이 파르시교도 친구를 대신해서 파르시교도인 루스탐지가 보상을 해주었다. 파르시교도인 그 자매를 대신해 다른 파르시교도 자매들이 봉사원으로서 활동하며, 모든 것을 포기하고 오늘날 수직 목면포 보급에 힘쓰고 있다. 그래서 나는 이 부부를 용서했다. 데슈판데에게는 결혼이라는 유혹은 없었으나 남아프리카로 올 수는 없었다. 그 보상을 스스로 하고 있다. 남아프리카로 돌아가는 도중에 잔지바르에서 탸브지라는 분을 만났다. 그도 남아프리카로 온다는 기대를 갖게 했으나 오지 않았다. 그 첫값을 압바스 탸브지가 보상하고 있다. 그러나 법정변호사 친구들을 남아프리카로 데려가려는 나의 노력은 이렇게 결실을 보지 못했다.

여기에서 페스톤지 파드샤의 일이 상기된다. 영국에서부터 그와는 좋은 관계에 있었다. 페스톤지와는 런던의 어느 채식 레스토랑에서 처음으로 만났다. 그의 형 바르조르지는 '광기(狂氣) 있는 사람'으로서 유명하다는 것은 알고 있었다, 만난 적은 없지만 친구들의 말에 따르면 그는 기인이었다. 말을 동정해 승합마차에는 타지 않으며, 책도 많이 읽고 아는 것도 많지만 학위 따위는 취득하지 않는다. 자유분방한 성격의 소유자로 누구에게도 굴하는 일이 없다. 파르시교도이면서 채식주의자였던 것이다. 페스톤지는 형과 같은 인물은 아니었으나 두뇌의 명석함은 유명했다. 그에 대한 평판은 영국에도 전해져 있었다. 그러나 우리 사이 관계의 근원은 그의 채식주의였다. 그의 두뇌의 명석함은 나의 능력을 초월했다.

뭄바이에서 나는 페스톤지를 찾아냈다. 그는 뭄바이고등재판소 수석서기였다. 내가 만났을 때 그는 구자라트어 대사전 편찬에 매달려 있었다. 나는 남아프리카에서의 활동에 도움을 청할 생각으로 한 친구라도 놓치려고 하지 않았다. 페스톤지 파드샤는 나에게 남아프리카로 가지 말도록 충고하며 이렇게 말했다.

"내가 당신에게 어떤 도움을 줄 수 있겠습니까? 당신이 남아프리카로 돌아가는 것도 나는 마음에 들지 않습니다. 이곳 자신의 나라에서 해야 할 일이 적다는 것인가요? 자국어에 대한 봉사는 큰 사업이 아닙니까? 나는 과학관계 학술용어를 찾아야 합니다. 이 일도 한 분야에 지나지 않습니다. 인도의 빈곤에 대해서 생각해 보십시오. 남아프리카에서 우리의 동포가 고통을 당하고 있는 것은 확실합니다. 그러나 당신과 같은 사람이 운동의 희생이 되고 마는 것을 나는 참을 수 없습니다. 만일 우리가 이곳에서 권력을 장악하면 원조는 남아프리카로 자연히 도달합니다. 당신을 설득할 수는 없습니다. 그러나 당신과 같은 다른 봉사자들이 당신 뒤를 따르도록 하는 것에는 결코 협력하지 않겠습니다."

이런 그의 생각은 마음에 들지 않았다. 그러나 페스톤지 파드샤에 대한 존경심은 더욱 깊어갔다. 애국심과 언어에 대한 애정에 깊이 감동한 것이다. 이 일로 우리들 사이의 애정의 유대는 더욱 공고해졌다. 나는 그의 사물에 대한 견해를 충분히 이해했다. 그러나 남아프리카에서의 활동을 포기하는 대신에, 나는 그의 시점에서 보아도 더욱 활발하게 종사해야 한다고 생각했다. 애국심은 국가에 대한 봉사의 일부라도 가능한 한 가볍게 여겨서는 안 된다. 나에게는 《기타》의 이 슐로카가 준비되어 있었다.

자기의무의 수행은 불완전하다 해도, 잘 수행된 타자의 의무보다 낫다.
자기의무에 죽는 것은 행복하다. 타자의 의무를 행하는 것은 위험하다. [19]

## 28 푸나에서

페로제샤 메타 경은 그 뒤 나의 활동을 용이하게 해주었다. 나는 뭄바이에서 푸나로 갔다. 푸나에는 두 파가 있는 것을 알고 있었다. 나로서는 모든 사람들의 지원을 필요로 하고 있었다. 로카만야 틸라크[20]를 만났고 그가 말했다.

"모든 파로부터 지원을 추구하는 당신의 사고는 전적으로 옳소. 당신 문제에 의견의 차이는 있을 수 없소. 그러나 당신에게는 중립적인 입장에 있는 의장이 필요하오. 반다르카르[21] 교수를 만나시오. 그는 최근 어느 운동에도 참가하지 않고 있으나 이 운동에는 참가할지도 모르오. 면회 후의 결과는 알려주시오. 나는 당신을 전면적으로 지원하고 싶소. 고칼레 교수도 만나겠죠. 나에게 오고 싶을 때에는 서슴지 말고 오시오."

로카만야를 뵙는 것은 처음이었다. 그가 인기 있는 이유를 바로 이해할 수 있었다.

바로 고칼레를 찾아갔다. 교수는 퍼거슨 칼리지에 있었다. 몹시 친근하게 만나주고 나를 받아주었다. 교수하고도 첫 만남이었으나 우리는 전에 만난 것 같은 느낌이 들었다. 페로제샤는 히말라야처럼, 로카만야는 대해처럼, 고칼레는 갠지스 강처럼 느껴졌다. 갠지스 강에서는 목욕을 할 수 있다. 히말라야에는 오를 수 없다. 대해에서는 빠져 죽을 우려가 있다. 갠지스 강의 품 안에서는 물과 노닐 수가 있으며 작은 배를 빌려 뱃놀이도 할 수 있다. 고칼레는 상세하게 질문했다. 마치 학교에 입학할 때 학생이 질문받는 것 같았다. 교수는 누구를 어떻게 만날지를 가르쳐주었다. 나의 연설을 보여주라고 말했다. 그리고 칼리지를 안내해주고, 필요하면 또 오라고 말했다. 반다르카르 박사의 회답을 알려달라고 말하고 나를 보내주었다. 정치분야에서 고칼레는 살아 있을 때는 물론, 세상을 떠난 뒤 오늘날까지도 나의 마음을 사로잡고 있다. 그것은 다른 누구에게도 불가능한 일이다.

라마크리슈나 반다르카르는 아버지가 아들에게 대하듯이 나를 맞아주었다. 교수에게 간 것은 정오 시간이었다. 이런 시간에도 내가 움직이고 있었던 것이 이 석학에게 좋은 인상을 주었다. 그리고 중립적 입장의 의장을 맡아달라는 나의 소망을 듣고 "그렇고 말고, 그렇고 말고"란 말이 자연스럽게 교수의 입에서 나왔다.

이야기 끝에 말했다.

"누구에게 물어보아도 좋아요. 내가 최근 어느 정치활동에도 참가하지 않고 있다고 대답할 것이오. 그러나 나는 그대를 빈손으로 돌려보내고 싶지 않아요. 그대의 문제는 중대하고 그대의 노력은 칭찬할 만 하오. 집회참가는 거부할 수 없을 정도이오. 그대가 틸라크 씨와 고칼레 씨를 이미 만난 것은 잘한 일이오. 두 사람에게 두 파가 개최하는 집회에 참가하고, 의장의 임무를 맡겠다고 전하시오. 날짜에 대해서 물을 필요는 없소. 두 파에게 편리한 날짜로 맞추시오."

이렇게 말한 교수는 감사와 축복을 담아 나를 배웅해 주었다.

푸나의 학식 있고 공평무사한 이 단체는 아무런 허식도 없는 소박한 건물에서 집회를 열었다. 전면적으로 격려하고 크게 기뻐하며 나를 보내준 것이다.

그곳에서 마드라스로 갔다. 마드라스는 기쁨에 들떠 있었다. 발라순다람 사건이 대중집회에 깊은 영향을 준 것이다. 나에게 있어서 연설은 비교적 길어졌다. 전문이 인쇄되어 있었는데 청중은 한 마디 한 마디에 열심히 귀를 기울여주었다. 집회가 끝나자 사람들은 그 '녹색 책자'를 앞다투어 구매했다. 마드라스에서 개정증보를 하고 제2판으로 1만부를 인쇄했다. 많이 팔리기는 했는데 1만부나 인쇄할 필요는 없었음을 알았다. 사람들의 열의를 조금은 과대하게 예상한 것이다. 연설은 영어를 아는 사람들에게만 영향을 주었다. 마드라스 시 만으로 1만부를 인쇄할 필요는 없었던 것이다.

이곳에서 G. 파라메슈바란 필라이 씨로부터 최대한의 지원을 받았다. 그는 〈마드라스 스탠다드〉지의 편집장으로, 이 문제에 대해서 깊게 연구하고 있었다. 나를 편집장실로 종종 초대해 지도해주었다. 〈힌두〉지의 G. 스부라마니암 씨도 만났다. 그와 스부라마니암 박사도 전면적으로 동정을 표시해주었다. G. 파라메슈바란 필라이 씨는 지면을 마음껏 사용하게 해주었고, 나는 서슴지 않고 그것을 사용했다. 집회는 파차이아파 홀에서 개최되었다. 스부라마니암 박사가 의장을 맡았다.

마드라스에서는 모두와 영어로 이야기해야 했다. 그래도 많은 사람들로부터 애정과 격려를 받았기 때문에 집에 있는 것 같은 느낌이었다. 애정은 어떤 장애도 단절할 수 있다.

## 29 '바로 돌아오라'

마드라스에서 캘커타로 갔다. 캘커타에서는 여러 가지 어려움에 직면했다. 그레이트 이스턴 호텔에 투숙했다. 아는 사람은 아무도 없었다. 호텔에서 〈데일리 텔레그래프〉지의 지국장 엘러도르프 씨와 알고 지내는 사이가 되었다. 그는 벵골 클럽에 머물고 있어 클럽에 초대해주었다. 그때 클럽 응접실에 인도인을 초대해서는 안 된다는 것을 그는 몰랐다. 나중에 금지사항을 알게 되자 그는 자기 방으로 안내했다. 현지 영국인의 인도인에 대한 편견을 알고 그는 유감으로 생각했다. 응접실로 안내하지 못한 것에 대해서 나에게 사과했다.

'벵골의 신' 수렌드라나트 바네르지*22를 만날 생각이었다. 내가 면회했을 때 그는 다른 면회인들에게 둘러싸여 있었다. 그가 말했다.

"내 생각에 사람들은 당신의 활동에 관심을 갖지 않을 것입니다. 아시다시피 이곳 인도에서도 어려운 문제는 결코 적지 않습니다. 그래도 할 수 있는 일은 부디 하십시오. 이 활동에는 왕들의 지원이 필요해집니다. 브리티시 인도협회의 대표자들과 만나십시오. 퍄리모한 무카르지 왕과 타고르 왕도 만나십시오. 두 분 모두 개방적인 사고방식을 가진 분들로 공적인 활동에 많이 참가하고 있습니다."

두 사람을 만났는데 잘 되지 않았다. 양쪽 모두 냉랭한 태도로 말했다.

"캘커타에서 대중집회를 개최하는 것은 용이한 일이 아니다. 어떻게 성사되더라도 그것은 수렌드라나트 바네르지에게 달려있다."

어려움은 더해갈 뿐이었다. 〈암리타 바자르 패트리카〉지로 갔다. 그곳에서 나와 만난 사람은 나를 떠돌이 중쯤으로 단정했다. 〈방가바시〉지는 더욱 심했다. 편집장은 나를 한 시간이나 기다리게 하면서 다른 사람들과 이야기를 계속했다. 사람들의 출입은 끊이지 않았고 편집장은 내 쪽은 돌아보지도 않았다. 한 시간을 기다린 뒤에 말을 꺼내자 이렇게 말했다.

"이쪽이 얼마나 바쁜지 알고나 있습니까? 당신 같은 사람들이 늘 오고 있습니다. 돌아가는 것이 좋습니다. 당신 이야기를 들을 생각은 없습니다."

순간 고통을 느꼈으나, 편집장의 입장을 이해했다. '방가바시'의 명성은 일찍부터 알고 있었다. 편집장에게 사람들이 끊임없이 드나드는 것도 볼 수 있었다. 드나드는 사람들은 편집장과 알고 지내는 사이였다. 신문의 지면은 언제나 꽉 차있었다. 그 무렵 남아프리카는 거의 알려져 있지 않았고, 끊임없이 새로운 사람들이 고통을 호소해왔다. 사람들에게 있어서 자신의 고충은 중대한 문제이다. 편집장은 진정인에게 둘러싸여 있었던 것이다. 편집장이 모두를 위해 무슨 일을 한 것은 아니지만, 진정인이 보기에 편집장의 권한은 대단한 것이다. 그의 권한은 편집장실 문밖으로 나올 수 있는 것은 아니라는 것을 편집장 자신이 알고 있다고 해도 말이다.

나는 체념하지 않고 다른 편집장들과 면회를 계속했다. 여느 때와 다름없이 영국인들과도 만났다. 〈스테이츠맨〉과 〈잉글리시맨〉 두 신문은 남아프리카 문제의 중요성을 이해하고 있었다. 두 신문은 장문의 회견기사를 게재했다. 〈잉글리시맨〉의 편집장 손더스 씨는 나를 받아들여, 편집장실과 지면을 자유롭게 사용하도록 해주었다. 그의 논설〔교정쇄를 나에게 미리 보내주어〕정정삭제까지 허용해주었다. 우리는 애정으로 맺어졌다고 해도 과장은 아니다. 그는 가능한 한 돕겠다고 약속해주었고, 남아프리카로 돌아가도 편지를 계속 써달라고 말했다. 자신이 할 수 있는 일이 있으면 해주겠다고까지 약속을 해주고 이 약속을 그는 그대로 이행하여, 중병으로 쓰러질 때까지 나와 서신왕래를 했다. 나의 생애에는 이와 같이 뜻하지 않은 좋은 관계가 많이 맺어져 있었다. 손더스 씨가 나의 얘기에서 마음에 들어한 것은 과장이 없다는 것과 진실에 대한 한결같은 태도였다. 그는 나의 운동에 찬동하기 전에 속속들이 질문했다. 그래서 남아프리카 백인의 입장을 객관적으로 제시해 인도인의 입장과 비교하는 것에 아무런 미비점도 없다고 느낀 것이다.

경험이 나에게 가르쳐준 것인데, 상대를 공정하게 대해야만 우리는 공정함을 빨리 획득할 수 있다.

이렇게 생각지도 못했던 지원을 받고 캘커타에서도 대중집회 개최를 기대하게 되었다. 그때 더반으로부터 전보를 받았다.

'의회 1월에 개회, 곧 돌아오라.'

그래서 각 신문사에 편지를 써, 캘커타를 떠나 서둘러 돌아가야 된다는 것을 통지했다. 다다 압둘라의 뭄바이대리점에 전보를 치고 첫 배로 돌아갈 채비를 의뢰했다. 다다 압둘라는 기선 쿨랜드 호를 구입한 지 얼마 되지 않는데, 나와 가족을 무료로 그 배에 태워주겠다고 했다. 나는 그 제의를 감사히 받아들이기로 했다. 기선 쿨랜드 호로 아내, 두 아들, 고인이 된 매부의 외아들을 동반하고 두 번째로 남아프리카를 향해 출발했다. 이 기선과 함께 또 다른 기선 나데리 호도 더반을 향해 출항했다. 다다 압둘라상회는 이 기선회사의 대리점이었다. 기선 두 척에는 합쳐서 대략 800명의 인도인 승객이 있었고, 반수 이상이 트란스발로 향하는 중이었다.

〈주〉

*1 레이찬드(Mehta, Rajchandra Raojibhai/Raychand)∶ ?~1901. 사우라슈트라 태생의 자이나교 철학자, 시인.

*2 샤타바다니(shatavadhani)∶동시에 100가지 일을 암기하고 100가지 일을 처리하는 능력을 지닌 사람.

*3 무크타난드(Mukutanand)∶18~19세기, 스와미 나라얀 파인 구자라트어 시인. 지(知), 이세(離世)에 관한 시구 9000수를 남겼다.

*4 구루(Guru)∶신과 사람 사이에서 이끄는 스승.

*5 자노이(janoi)∶〔히〕자네우(janeu), '성뉴(聖紐)'. 힌두교도의 통과의례인 입문식 때 달게 되는 성스러운 끈.

*6 산드야(sandhya)∶이른 새벽, 낮, 저녁의 명상.

*7 일감∶〔전〕구자라트어판에서는 'udyoga(일, 노력)'으로 되어 있는데 'udvega(심로)'의 오식으로 생각된다.

*8 시라스테다르(shirastedar)∶수석사무관. 통역, 비서 일을 맡는다.

*9 메르(Mer)∶소라슈트라(카티아와르)에 정착해 있는 종족. 호전적이라고 알려져 있다.

*10 메만(Meman)∶수니파 이슬람교도. 신드에서 카치, 카티아와르로 이주하여 교역, 상업에 종사.

*11 쿨리(coolie)∶육체노동자

*12 새미(sami)∶swami에서 나온 호칭. 여기에서는 인도인에 대한 멸칭(蔑稱).

*13 스와미(svami/swami)∶타밀의 인명에서 종종 볼 수 있는 인도인의 호칭. 스와미는 주인이나 성자, 수도승에 대한 호칭.

*14 고칼레(Gokhale)∶고팔 크리슈나(Gopal Krishna), 1866~1915. 퍼거슨 대학 경제학 교수. 1905년 인도봉사자협회 설립. 같은 해, 인도국민회의 의장. 사심이 없는 애국자, 조정자로 일관했다.

*15 대세〔전〕〈나바지반〉(1926년 10월 24일호)에서는 승객이 적다고 되어 있다.

*16 트리베니(Triveni)∶갠지스 강, 야무나 강, 그리고 지하를 흐른다고 하는 보이지 않는 전설 속 사라스와티 강이 합류하는 곳.

*17 파트라발(patraval)∶엽명(葉皿). 파라슈, 마파나무 등의 잎을 이어서 합쳐 원형으로

만든 접시.

＊18 라나데 마하데브, 고빈드(Ranade, 마하데브, 고빈드). 1842~1901. 사회개혁가, 저 작가, 뭄바이고등재판소 판사. 인도국민회의 창설에 참가. 뭄바이대학 제1회 졸업생. 프랄타나사마지 설립자 중 한 사람이기도 하다.

＊19 자기의……위험이다《기타》Ⅲ-35.

＊20 틸라크, 발 강가다르(Tilak, Bal Gangadar)：1856~1920. 급진적 민족파 그룹의 지도 자. '독립은 민족의 타고난 권리'라고 역설한다. 1908년부터 6년간, 미얀마의 만달레 감옥으로 유형. 로카만야(Lokamanya, 사람들로부터 인정이 되었다)는 경칭.

＊21 반다르카르, 라마크리슈나 고팔(Bhandarkar, Ramakrishna Gopal)：1837~1925. 저명 한 동양학자. 교직, 연구, 저술을 하는 한편 사회개혁운동에 참가했다.

＊22 바네르지, 수렌드라나트(Banerji, Surendranath)：1848~1925. 1869년 인도문관시험에 합격, 1871년에 임관하였으나 인종차별(인도인을 배제하기 위해 연령제한이 19세로 낮추어졌다) 때문에 해고, 힘없는 동포를 구하는 임무에 진력. 인도국민회의 의장을 두 번 지냈다.

# 제3부

## 1 태풍이 오다

이것이 가족을 동반한 첫 배 여행이었다. 이제까지도 몇 번이나 썼지만 힌두교도 사회에서는 유아결혼 때문에, 또 중산계급에서는 남편의 대부분이 학식 있는 자인데 반해 아내의 대부분이 문자를 모르기 때문에 부부의 사회생활에는 격차가 생기고 만다. 따라서 남편은 아내의 교사가 되어야 한다. 나는 아내와 아이들의 복장, 식사, 언어 사용에 주의를 기울이고 예의범절을 가르쳐야 했다. 그 무렵의 일을 이것저것 떠올리면 지금은 웃음이 날 정도이다. 힌두교도의 아내는 남편에게 한결같이 봉사하는 것을 궁극의 의무로 믿었고, 힌두교도인 남편은 자기 자신을 아내의 신으로 믿고 있다. 그러므로 아내는 남편이 춤추게 하는 대로 춤을 추어야 한다.

그 무렵의 일인데, 나는 자신들이 세련되었다는 것을 보여주기 위해서는 외면적인 거동, 몸짓은 가능한 한 유럽인을 닮아야 한다고 믿고 있었다. 그렇게 하면 세간의 사람들은 감탄을 한다. 사람들이 감명을 받지 않으면 인도에 대한 봉사는 할 수 없다고 생각했다.

이 때문에 아내와 아이들의 복장은 내가 선택했다. 그들을 카티아와르의 바니아 족*1이라고 소개하고 싶지는 않았다. 파르시교도가 가장 세련되다고 여겨졌으므로, 유럽인의 복장을 모방하는 것이 어울리지 않을 경우에는 파르시교도의 복장으로 했다. 아내의 사리는 파르시교도 여성이 몸에 걸치는 것*2으로 했다. 아이들에게는 파르시식 저고리와 바지를 사주었다. 모두에게 구두와 양말이 필요했다. 아내도 아이들도 몇 달이 지나도 구두와 양말을 마음에 들어하지 않았다. 발끝이 닿거나, 양말에서 냄새가 나고, 발에 물집이 생기기 때문이다. 이와 같은 불만에 대한 대답은 준비되어 있었으나, 그 대답은 이치에 맞는다기보다는 강제적이었다. 그렇기 때문에 아내와 아이들은 새로운 복장을 어쩔 수 없이 받아들였다. 마찬가지로 어쩔 수 없이, 그 이상으로 싫어하면서도 식사에 나이프와 포크를 사용하기 시작했다. 나중에 이 문명의 증표에 대한 나의 착각이 풀리자 아내와 아이들은 다시 구두, 양말, 나이프, 포크 등을 사용하는 것을 중단했다. 처음에 이와 같은 변화는 고통을 가져오는 것이었으나, 마찬가지로 익숙해지고만 다음 중단하는 것도 힘든 일이었다. 그러나 이제야 알게 된 것인데, 우리는 모든 개량이라는 허물을 벗어 몸이 가벼워졌다.

이 기선에는 친척과 지인 몇 사람도 타고 있었다. 갑판승객들과도 친근하게 교제를 하고 있었다. 그것은 기선을 나의 의뢰인인 친구가 소유하고 있었기 때문이다. 그러므로 내 집과 같이 생각해 나는 어디건 자유롭게 출입했다.

기선은 도중에 기항을 하지 않고 나탈로 직행하기로 되어 있었다. 겨우 18일간의 배 여행이다. 그런데 도착 3, 4일전 대형 태풍이 발생했다. 우리가 나탈에 도착하자 바로 발생할 태풍을 경고라도 했던 것처럼! 이 남반구에서 12월은 하기와 우기에 해당하므로, 이 무렵 크고 작은 태풍이 발생한다. 이 태풍은 어마어마한 대형이라 승객이 완전히 당황해서 들썩일 정도로 길게 이어졌다.

그 광경은 전례가 없는 것이었다. 고난을 당하자 모두가 하나가 되어 진심으로 신에게 기도를 드렸다. 힌두교도도 이슬람교도도 모두 하나가 되어 신에게 기원했다. 소원을 비는 사람들도 있었다. 선장이 선객들 속에 들어가 안심하도록 말했다.

"이 태풍은 대단히 강력한 것이지만 나는 이보다도 더 강력한 태풍을 경험했습니다. 기선은 튼튼하므로 침몰하는 일은 없습니다."

선장은 이처럼 모두를 설득하려고 애썼으나, 다들 납득하지 않고 안심하지 않았다. 당장이라도 침몰할 것처럼 엄청난 소리가 들려왔으며, 배는 금세 뒤집힐 듯 크게 흔들렸다. 이제 아무도 갑판에 있을 수 없었다.

"이제는 신의 뜻에 맡기는 수밖에."

이 말밖에 들리지 않았다.

기억에 따르면 이런 상태로 하루가 경과한 것 같다. 드디어 구름 사이에서 태양이 모습을 드러냈다. 선장이 말했다.

"태풍은 지나갔습니다."

사람들의 표정에서 불안은 가셨다. 그러자 다시 신도 사라지고 말았다. 죽음의 공포를 잊자 곧바로 음악과 식사가 시작되었다. 환력(幻力)이라는 덮개가 또 펼쳐졌다. 사람들은 나마즈*³를 하고 종교찬가를 불렀으나 태풍 때 볼 수 있었던 그 진지함은 사라졌다.

그러나 이 태풍은 나를 선객들과 일체가 되게 해주었다. 나에게 태풍에 대한 두려움은 없었다. 있었다고 해도 적었다. 이와 같은 태풍을 이제까지도 경험했기 때문이다. 뱃멀미도 하지 않고 고통을 느낀 적도 없었다. 그러므로 두려움 없이 선객들 사이를 걸으면서 격려하고 선장의 예측을 전할 수 있었다. 이 애정의 유대는 나에게 있어서 대단히 유익한 것이 되었다.

12월 18일인가 19일, 배는 더반에 닻을 내렸다. 나데리 호도 같은 날 도착했다.

그러나 진짜 태풍을 만나는 것은 이제부터였다.


## 2 태풍

12월 18일쯤, 2척의 기선은 닻을 내렸다. 남아프리카의 항구에서는 선객의 검역이 철저하게 이루어진다. 항해 중에 선객이 전염병에 걸려 있으면 기선은 격리되어 일정한 검역을 거쳐야 한다. 우리가 출항했을 때 뭄바이에서 페스트가 발생했었기 때문에 검역에 걸릴 것을 우려하고 있었다. 항구에 닻을 내린 후, 기선은 우선 황색의 검역기를 게양해야 한다. 검역이 끝나고 의사가 증명한 뒤에 황색기는 내려진다. 그리고 선객의 친척 등의 승선이 허가된다.

이에 따라서 우리 기선에도 황색기가 게양되어 있었다. 의사가 승선하여 검사한 다음 5일간의 검역기간을 통고했다. 그것은 페스트균의 잠복기간이 23일간이기 때문이다. 그러므로 뭄바이를 출항해 23일이 경과할 때까지를 검역기간으로 한다고 명령한 것이다.

그러나 이 검역기간의 목적은 단순히 검역상의 이유에서만은 아니었다. 더반에 거주하는 백인시민들이 우리를 그대로 되돌려 보낼 운동을 하고 있었던 것도 이 명령의 원인이었다.

다다 압둘라로부터, 시중에서 이루어지고 있는 운동에 대한 소식이 나에게 전해졌다. 백인들은 잇따라 대집회를 열고 있었다. 다다 압둘라에게 협박장을 계속 보내고, 유혹까지 하고 있었다. 만일 다다 압둘라 상회가 두 척의 기선을 되돌려 보내면 백인들은 손해배상을 할 용의가 있다는 것이었다. 다다 압둘라는 누구의 협박에도 굴복하는 사람이 아니었다. 이때 셰드 압둘 카림 하지 아담이 상회에 있었다. 그는 어떤 손해를 입더라도 기선을 부두에 대 승객을 상륙시킨다는 맹세를 했었다. 내 앞으로 보내는 편지가 끊기는 일은 없었다. 다행스럽게도 이때 만수클랄 나자르 씨가 나를 만나기 위해 더반에 와 있었다. 그는 현명하고 용감한 사람이었고 인도인 사회에 좋은 조언을 해주었다. 또 변호사 로튼 씨도 그에 못지않게 용기 있는 사람이었다. 백인들의 언동을 비난하며, 이때 인도인 사회에 해준 조언은 단순히 보수를 받은 변호사로서가 아니라 한 사람의 진정한 친구로서 한 것이었다.

이렇게 해서 더반에서 결전이 시작되었다. 한쪽은 한줌의 가난한 인도인과 얼마 안 되는 영국인 친구들이고, 다른 쪽은 재력, 완력, 학력, 숫자에서 압도적인 영국인들이다. 강력한 대항전은 국가의 힘까지도 등에 업고 있었다. 왜냐하면 나탈정부는 백인들을 공공연하게 지지했기 때문이다. 해리 에스콤 씨는 각료이고 더구나 내각을 지배하는 인물이었는데 백인들의 집회에 공공연하게 참가하고 있었다.

즉, 검역기간은 단순히 검역상의 규칙을 위해서만은 아니었다는 것이다. 목적은 어떻게든 대리점, 또는 선객에 압력을 가해 우리를 되돌려 보내는데 있었다. 대리점은 협박을 받고 있었고, 다음에는 우리들에게도 협박이 가해졌다.

"만일 돌아가지 않으면 바다에 처넣겠다. 돌아간다면 돌아가는 배의 운임은 받을 수 있다."

나는 선객 사이를 돌아다니며 인내하도록 격려했다. 나데리 호의 선객들에게도 인내하라는 메시지를 보냈다. 선객들은 차분했다. 용기를 보여준 것이다.

선객들의 오락을 위해 기선에서는 유희와 게임이 준비되어 있었다. 크리스마스가 되었다. 선장은 1등 선객을 만찬회에 초대했다. 1등 선객은 주로 나와 나의 가족이었다. 만찬회 뒤에 나는 서양문명에 대해서 사람들에게 이야기해주었다. 이럴 때 심각한 발언은 하지 않는 법임을 알고는 있었지만 달리 할 말이 없었다. 나는 만찬회의 즐거운 분위기에 참여하고는 있었으나 마음은 더반 시내에서 벌어지고 있는 싸움에 가 있었다.

왜냐하면 이 공격의 진정한 목표는 나였기 때문이다. 나의 죄상은 두 가지였다.

1. 인도에서 나탈에 거주하는 백인들을 부당하게 비난했다.
2. 나탈을 인도인들로 가득 차게 하고 싶었다. 그래서 나탈에 거주시킬 인도인들을 쿨랜드 호와 나데리 호에 가득 싣고 왔다.

나는 나의 책임을 깨닫고 있었다. 나 때문에 다다 압둘라는 큰 손해를 입었고, 선객들의 생명은 위험했으며, 그리고 가족을 데리고 와 고난에 빠뜨렸다.

그러나 나 자신에 대해서 말하자면 무고했다. 누구에게도 나탈에 오도록 권유한 적은 없다. 나데리 호의 선객들은 알지도 못하며, 쿨랜드 호에서도 친척 두세 사람 외에는 몇백 명 선객들의 주소성명조차 모른다. 나탈의 영국인들에 대해서 나탈에서 하지 않은 말은 한 마디도 인도에서 하지 않았고, 한 말에 대해서는 충분한 증거를 가지고 있다.

나탈의 영국인은 문명의 산물이고, 대표이며, 더구나 옹호자이기 때문에 나는 그 문명에 대해서 유감으로 생각했다. 나는 그 일을 계속 생각하고 있었기 때문에 이 조촐한 모임에서 자신의 생각을 말한 것이다. 사람들은 참을성 있게 들어주었다. 내가 말한 것과 똑같은 기분으로 선장 등은 받아들여주었다. 내 이야기가 그것을 들은 사람의 생애에 어떤 변화와 영향을 미쳤는지는 알 수 없다. 그러나 이야기가 끝난 뒤에 선장이나 다른 고급선원들과 서양문명에 대해서 많은 의견교환이 있었다. 서양문명은 주로 폭력적이고 동양문명은 비폭력적이라고 나는 말했다. 질문자는 나를 나의 원리에 적용시켰다. 선장이었던 것으로 기억하는데 그는 나에게 이렇게 물었다.

"백인들이 당신을 협박하고 있는데, 협박대로 당신에게 위해를 가하면 자신의 비폭력 원리를 어떻게 고수하겠습니까?"

나는 대답했다.

"백인들을 용서하고 고소하지 않는 용기와 이성을 신이 부여할 거라고 생각합니다. 지금도 백인들에게 분노하고 있지 않습니다. 백인들의 무지와 편협함을 유감으로는 생각합니다. 내가 이해하는 바에 의하면 백인들은 자신들이 말하는 것과 행하는 것이 정당하다고 정말로 생각하는 것입니다. 그러므로 내가 분노할 이유는 없습니다.”

물은 사람은 웃었다. 아마도 내가 말한 것을 믿지 않았기 때문일 것이다.

이렇게 해서 우리들의 나날은 지나고 그것은 장기화되었다. 검역기간을 해제할 날짜는 마지막까지 정해지지 않았다. 항만당국자에게 문의하자 “이것은 권한 밖이다. 정부가 명령하면 당신들에게 하선허가를 내주겠다”고 말했다.

드디어 승객들과 나는 최후통첩을 받았다. 목숨을 건지고 싶거든 순순히 응하라고 협박을 받은 것이다. 우리는 나탈 항에 상륙할 권리에 대해서 쓰고, 어떤 위험이 있어도 이 권리를 지킬 결의를 선언했다.

최종적으로는 23일째, 즉 1897년 1월 13일에 검역기간은 해제되고 승객들은 하선허가를 받았다.


### 3 시련

기선은 부두에 닿았고 선객들은 하선했다. 그러나 나에게는 에스콤 씨로부터 선장에게 전해진 말이 있었다. ‘간디와 가족은 저녁에 하선시키도록. 간디에게 반대하는 백인들이 몹시 분노하고 있다. 생명이 위험하다. 항만국장인 타텀 씨가 저녁에 데리고 간다.’

선장은 이 전언을 나에게 알렸고 나는 그것에 따르기로 했다. 그런데 전언을 받고 30분도 채 지나기 전에 로튼 씨가 찾아와 선장을 만나 이렇게 말했다.

“간디 씨가 나와 함께 간다면 나는 책임을 지고 데려갈 생각입니다. 기선회사대리점의 변호사로서 말씀드립니다. 간디 씨에 대해서 당신은 전언을 받았지만 그것에 구애될 것은 없습니다.”

선장과 얘기를 한 뒤에 그는 나에게로 와 이렇게 말했다.

“무섭지 않으시다면 간디 부인과 아이들은 마차로 루스탐지 셰드의 집으로 가고, 당신과 나는 도보로 가는 게 어떻겠습니까? 어두워진 다음에 은밀하게 시내로 들어가다니, 전혀 마음에 내키지 않습니다. 당신의 몸에 손가락 하나도 대는 일은 없을 것으로 생각합니다. 지금은 모두가 평온하고 백인들은 해산했습니다. 아무튼 나의 의견은 당신이 은밀하게 시내로 들어와서는 안 된다는 것입니다."

나는 동의했다. 아내와 아이들은 마차에 타고 루스탐지 셰드의 집에 무사히 도착했다. 선장의 허가를 받아 나는 로튼 씨와 함께 하선했다. 루스탐지 셰드의 집까지는 대략 2마일 정도 되었다.

내가 하선하자 몇몇 젊은이가 나를 알아보고 "간디, 간디다!"라고 외치기 시작했다. 곧 몇 사람이 함께 외쳐댔다. 로튼 씨는 군중이 점점 불어날 것으로 판단해 인력거를 불렀다. 인력거에 타는 것은 결코 기분 좋은 일은 아니다. 인력거에 타는 나의 첫 체험이 될뻔했으나, 젊은이들은 보고만 있지 않았다. 인력거꾼을 위협했고 인력거꾼은 도망가버렸다.

우리는 앞으로 나아갔다. 사람들도 계속 불어나 상당한 군중이 되고 말았다. 군중은 맨 먼저 나를 로튼 씨에게서 떼놓았다. 그런 다음 나에게 작은 돌과 썩은 달걀을 던지기 시작했다. 어떤 자가 내 터번을 벗겨서 던져버렸다. 그리고 발로 차는 것이었다.

나는 정신이 아찔해서, 근처에 있는 집의 쇠창살을 잡고 숨을 쉬었다. 그곳에 서있는 것조차 불가능해졌다. 사람들은 나를 손바닥으로 때리기 시작했다.

그때 나를 알고 있는 경찰서장 부인이 지나치다가 나를 발견했다. 이 용감한 부인은 바로 곁으로 달려와, 햇볕도 없는데 양산을 펼쳐 내밀며 군중과 나 사이를 가로막았다. 이것으로 군중의 기세는 약간 꺾였다. 나에게 공격을 가하려면 알렉산더 부인을 밀어내야 했기 때문이다.

그러는 동안 내가 맞는 것을 보고 어느 인도인청년이 경찰서로 달려갔다. 알렉산더 서장은 나를 구출하기 위해 경관대를 보냈고, 그들은 곧 도착했다. 내가 가야 할 곳은 경찰서 부근을 지나게 되어 있었다. 서장은 경찰서로 피난하도록 조언했으나 나는 감사하면서 거절했다. 그리고 이렇게 말했다.

"자신들의 잘못을 깨달으면 조용해질 것입니다. 나는 백인들의 공정함을 믿고 있습니다."

경관대와 함께 나는 무사히 파르시교도인 루스탐지의 집에 도착했다. 등에 타박상을 입었고, 한 곳은 약간 출혈이 있었다. 배의 전속의사인 다디 바르조르 박사가 처치를 해주었다.

집 안은 조용했으나, 밖에서는 백인들이 집을 포위하고 있었다. 저녁이 되어 어두워지자, 밖에서 수천 수만의 사람들이 시끄럽게 떠들어댔다.

"간디를 내놓아라!"

상황을 고려해 알렉산더 서장은 현장에 도착해 있었다. 군중을 위협하는 것이 아니라 마음을 다른 데로 돌림으로써 사태를 수습하려 하고 있었다.

그래도 서장은 안심할 수 없어 나에게 다음과 같은 전언을 보냈다.

'친구의 집과 재산과 가족을 구할 생각이라면 내 말대로 이 집에서 은밀하게 빠져나가야 합니다.'

하루 동안에 모순되는 두 가지 일을 해야 할 상황에 직면한 것이다. 생명의 위험이 단순히 상상의 일로 생각될 때 공공연하게 나가자고 조언해주었다. 그리고 나는 그 조언을 받아들였다. 위험이 눈앞을 가로막자 또 다른 친구가 반대의 조언을 해주었다. 그리고 나는 그 조언도 받아들였다. 내가 생명의 위험을 두려워한 것인지, 친구의 생명과 재산의 위험을 두려워한 것인지, 가족 생명의 위기를 두려워한 것인지, 그렇지 않으면 3가지를 모두 두려워한 것인지 모르겠다. 용기 있게 하선한 일, 나중에 위험이 눈앞에 다가오자 은밀히 도망치는 일이 과연 적절한 일이었을까? 그러나 발생한 사건에 대해서 이렇게 논하는 것은 무익하다. 유익한 것은 발생한 것을 이해하고 거기에서 배울 점이 있으면 배우는 것이다. 어느 장면에서 누가 무엇을 할 것인지는 단정적으로 말할 수 없다. 사람의 외면적 행위로 그 사람의 자질이 시험되는데, 그것이 불완전한 억측에 지나지 않는 것도 우리는 알 수 있다.

어찌 되었든 나는 도망갈 준비를 하느라 내가 입은 상처 따위는 잊어버렸다. 나는 서장의 권유로 인도인 경관 옷을 몸에 걸쳤다. 머리 공격을 막기 위해 놋쇠로 된 접시를 놓고 그 위에 마드라스풍의 큰 두건을 붙들어 맸다. 젊은 비밀경찰 두 사람이 동행했다. 한 사람은 인도인 상인 복장을 하고 얼굴을 인도인 색으로 칠했다. 또 한 사람이 어떤 복장을 했는지는 잊어버렸다. 우리는 옆 골목을 지나 이웃점포로 가, 창고에 쌓여있는 마대를 어둠 속에서 넘으면서 점포의 문으로 나가 군중 속으로 끼어들어 앞으로 나아갔다. 골목 모퉁이에 마차가 기다리고 있다가, 피난하도록 서장이 조언을 해준 경찰서로 나를 태워다 주었다. 나는 알렉산더 서장과 두 비밀경찰관에게 감사했다.

이렇게 끌려갈 때 알렉산더 서장은 군중이 노래하는 대로 내버려두었다. 노래의 뜻은 이렇다.

자, 간디를 목매달자
암리*4의 그 나무에 목매달자

알렉산더 서장은 내가 무사히 경찰서에 도착한 소식을 듣자 군중을 향해 말했다.

"여러분이 노리는 사람은 이 점포에서 무사히 빠져나갔다. 이제는 집으로 돌아가라."

어느 군중은 분노하고 어느 군중은 웃었다. 많은 사람들이 믿으려고 하지 않았다.

그러자 알렉산더 서장은 이렇게 말했다.

"그러면 여러분은 대표를 임명하라. 대표를 집 안으로 안내하겠으니 찾아보기 바란다. 간디를 찾아내면 인도할 것이고, 찾아내지 못하면 해산해야 한다. 나는 여러분이 파르시교도인 루스탐지의 집에 불을 지르거나 간디의 아내와 아이들에게 위해를 가하지 않을 것으로 믿는다."

군중은 대표를 임명했다. 대표들은 수색을 한 뒤에 실망스런 보고를 했다. 모두가 알렉산더 서장의 현명함과 교묘함을 칭찬하고 그러나 마음속으로는 약간 분노를 느끼며 해산했다.

그 무렵의 식민지 장관은 체임벌린 씨였다. 그는 나에게 위해를 가한 자들을 기소하고 나에 대해서 공정한 조치를 취하도록 전보로 통고했다. 에스콤 씨는 나를 초대하여 내가 받은 위해에 대해서 유감의 뜻을 표하면서 말했다.

"당신의 몸에 조금이라도 위해를 가해서 내가 기뻐하는 일은 결코 있을 수 없음을 믿어주시기 바랍니다. 당신은 로튼 씨의 조언을 받아들여 바로 하선하는 용기를 보여주었습니다. 당신에게는 그렇게 할 권리가 있었습니다. 그러나 나의 조언을 받아들였다면 이 같은 불행한 사건은 발생하지 않았을 것입니다. 그리고 당신에게 위해를 가한 자들을 식별할 수 있다면 체포시켜 기소할 용의가 있습니다. 체임벌린 씨도 그걸 원하고 있습니다."

"아무도 고소하지 않겠습니다. 위해를 가한 자들 가운데 한두 사람은 식별할 수 있을지 모르지만 그 사람들을 처벌받게 해서 나에게 무슨 이득이 있겠습니까? 게다가 나는 위해를 가한 사람들을 죄인으로 인정하지 않습니다. 그 사람들은 내가 인도에서 과장된 말을 하고 나탈의 백인들을 나쁜 사람으로 만들었다고 주입받은 것입니다. 그렇게 생각해서 분노했다면 그것은 놀랄 일이 아닐 것입니다. 죄는 위에 있는 사람들에게 있습니다. 말하자면 당신의 죄로 여겨야 합니다. 당신은 사람들에게 올바른 길을 제시해 지도할 수 있었을 것입니다. 하지만 당신도 로이터통신을 정확하다고 간주하고 내가 과장한 것이 틀림없다고 상상한 것입니다. 나는 아무도 고소하지 않겠습니다. 사실이 명확해지고 사람들이 알게 되면 후회하겠지요."

"그러면 말씀하신 것을 서면으로 작성해주실 수 있겠습니까? 나는 체임벌린 씨에게 이와 같은 내용의 전보를 쳐야 합니다. 서둘러 써주시기를 바라지는 않겠습니다. 로튼 씨나 그 밖의 친구들과 상의해서 적절하다고 생각되는 것을 해주시기 바랍니다. 당신이 위해를 가한 사람을 고소하지 않는다면 나탈 전역의 치안확립에 크게 도움이 될 것이고 당신의 명성이 높아질 것은 확실합니다."

"이 문제에 대한 생각에 변함은 없습니다. 아무도 고소하지 않는 것은 결정난 것으로 생각해주십시오. 그러므로 이 자리에서 써서 건네고 싶습니다."

이렇게 말하고 나는 필요한 서면을 써서 건넸다.

### 4 평온

공격을 받은 이틀 뒤에 에스콤 씨를 만났으나, 나는 아직 경찰서에 있었다. 경호를 위해 경관 한두 명이 붙어 있었다. 에스콤 씨에게로 데려다주었는데 사실은 경호할 필요가 없었다.

내가 하선한 그날, 즉 황색기가 내려지자 곧바로 〈나탈 애드버타이저〉지 기자가 인터뷰를 하기 위해 왔다. 기자는 많은 질문을 하고 나는 그 질문에 대답하여, 나에 대한 비난에 하나하나 충분히 해명할 수가 있었다. 페로제샤 메타 경 덕택에 인도에서는 원고를 쓰지 않고 연설을 한 적은 없었고, 나는 모든 연설원고와 기사를 가지고 있었다. 그것을 모두 기자에게 넘겼다. 인도에서 한 연설 중 남아프리카에서 언급하지 않은 것을 말한 적은 단 한 번도 없으며, 오히려 남아프리카에서의 연설이 인도에서의 것보다 더욱 격렬했다

는 것을 증명해 보인 것이다. 쿨랜드 호와 나데리 호의 선객을 데려오는 데
전혀 관여하지 않은 것도 말했다. 거의 대부분이 오래 전부터의 거류민으로,
대부분 나탈에 거주하려는 게 아니고 트란스발로 가려는 사람들이었다. 그
무렵 나탈은 불경기였고 트란스발에서는 돈을 많이 벌 수 있었다. 이 때문에
대부분의 인도인은 트란스발 행을 택했다.

이 인터뷰와, 고소를 거부한 일이 큰 영향을 주어 백인들은 부끄러워할 정
도였다. 여러 신문은 나의 무고함을 증명하고, 소동을 일으킨 사람들을 비난
했다. 결과적으로 나는 이익만을 얻게 되었다. 이익이란 나의 활동에 있어서
의 이익이다. 이에 따라서 인도인 사회의 명예는 높아지고 나의 활동은 훨씬
용이해졌다.

사나흘 후에 내 집으로 돌아갔다. 그리고 며칠 뒤에는 완전히 안정을 되찾
아 일을 시작할 수 있었다. 이 사건으로 인해서 법률사무소에서는 의뢰도 늘
어났다.

이렇게 해서 인도인들의 위신은 높아졌으나 인도인들에 대한 백인들의 적
의도 늘었다. 인도인들에게는 단호하게 싸울 힘이 있다고 백인들은 믿게 되
었고, 동시에 백인들의 공포감도 증대한 것이다. 입법의회에 인도인들의 고
난을 더욱 크게 만들 두 법안이 상정되었다. 하나의 법안으로 인도상인은 상
업상 손해를 입게 되고, 또 다른 법안으로 인도인은 출입국에 엄격한 규제를
받게 된다. 다행히 선거권박탈법안 반대투쟁으로, 인도인에 대한 어떠한 법
안도 제정되어서는 안 된다고 결의하고 있었다. 즉, 법률에 인종차별이라든
가 민족차별은 있어서는 안 된다는 것이다. 위해서 말한 두 법안의 글귀를
보면 모든 인종·민족에게 적용되는 것처럼 생각되었지만, 진정한 목적은 단
순히 인도인 사회에 압력을 가하는 데 있었다.

두 법안은 나의 활동을 크게 증대시켰다. 인도인들을 크게 각성시킨 것이
다. 두 법안에 대해서는 인도인들에게 충분히 설명되었기 때문에 인도인이
라면 누구나 아무리 세밀한 것이라도 모르는 것이 없을 정도였다. 우리는 법
안의 번역도 인쇄했고 반대운동은 영국에까지 도달했다. 그러나 법안은 재
가되었다.

나는 대부분의 시간을 공적인 활동으로 보내게 되었다. 만스클랄 나자르
씨가 함께 했다. 그가 더반에 있는 것은 이미 말했다. 그가 공적인 활동에서

도움을 주었기 때문에 나의 부담은 조금 가벼워졌다.

내가 없는 동안에 셰드 아담지 미얀칸은 사무국장직을 훌륭하게 수행하고 있었다. 그는 회원을 늘려 나탈 인도인회의의 재정을 대략 1000파운드나 늘려놓았다. 인도인 여행자에 대한 공격과 위에서 언급한 두 법안이 각성을 촉구했는데, 이를 위해 나는 재원을 더욱 늘리는 데 노력하여 대략 5000파운드가 되었다. 나는 회의에 기금이 생기고 토지를 구입해 임대료가 들어오게 되면 회의는 경제적으로 걱정할 일이 없어질 거라고 욕심을 냈다. 공적인 단체에서 나의 첫 경험이었는데, 나의 생각을 동료들에게 제안했고 동료들은 찬성해주었다. 가옥을 구입하고 임대했다. 임대료로 회의의 월별 경비를 용이하게 충당할 수 있게 되었다. 재산은 신탁되었다. 그 재산은 오늘날까지 있지만 내부 다툼의 원인이 되고 말았다. 임대료는 지금 공탁되어 있다.

이 유감스러운 일은 내가 남아프리카를 떠난 뒤에 일어났다. 그러나 공적인 단체를 위해 기금을 마련해야 한다는 내 생각은 남아프리카를 떠나기 이미 바뀌어 있었다. 많은 공적인 단체를 설립하고 운영의 책임을 수행한 뒤, 나는 어느 공적인 단체도 기금에 의존해서는 안 된다고 굳게 결심했다. 그 속에는 단체의 도덕적 타락의 씨앗이 숨겨져 있다.

공적인 단체란 사람들의 승인과 사람들의 돈에 의해서 운영되는 단체이므로, 사람들의 지원이 없어졌을 때 이와 같은 단체에 존속할 자격은 없다. 기본재산에 의존해 운영되는 단체는 사람들의 의견에서 유리되고 말아 종종 사람들의 의향에 반하는 행위를 하는 것을 이제까지 많이 보아왔다. 인도에서 우리는 늘 이런 일을 경험했다. 수많은 종교적인 단체의 경리는 전혀 확실하지 않다. 재단의 이사가 주인이 되어 누구에 대해서도 책임을 지지 않는다. 공적인 단체는, 날마다 생산하고 소비하는 자연 같은 것이어야 한다. 이것에 나는 아무런 의심도 갖지 않는다. 사람들이 지원하려 하지 않는다면, 그 단체에는 공적인 단체로서 존속할 자격이 없다. 연회비야말로 그 단체에 대한 지지와 운영자들의 정직함에 대한 시련이다. 그래서 내 생각에는 모든 단체가 그 시련을 겪어야 한다.

내가 이렇게 씀으로써 무언가 오해가 있어서는 안 된다. 위에 말한 것은 건물 등을 필요로 하는 여러 단체에는 적용되지 않는다. 공적인 단체의 일상적인 지출이 사람들로부터 거두는 회비에 의존해야 한다는 것이다.

이런 생각은 남아프리카에서의 사티아그라하 투쟁 중 나날이 공고해졌다. 6년간에 걸친 그 위대한 투쟁에서는 몇십만 루피의 자금이 필요했으나, 그것은 기금 없이 행하여졌다. 내일 지출이 어떻게 될지조차 몰랐던 몇 가지 사례를 기억한다. 그러나 앞으로 이와 같은 문제에 언급할 예정이므로 여기에서는 기술하지 않기로 한다. 독자는 나의 이 의견을 지지하는 것을 이 이야기의 적절한 기회에 적절한 장면에서 읽게 될 것이다.

## 5 아이들의 교육

1897년 1월, 더반에 상륙했을 때 나는 세 아이를 데리고 있었다. 조카가 10살 정도, 장남이 9세, 차남은 5세. 이 아이들을 어디에서 교육시키면 좋을까?

아이들을 백인을 위한 학교에 보낼 수도 있었지만 그것은 단순한 특혜와 예외조치이다. 다른 모든 인도인 아이들은 그곳에서는 배울 수 없었다. 인도인 아이들을 가르치기 위한 그리스도교 미션스쿨이 있었으나 아이들을 그곳에 넣을 생각은 없었다. 그곳에서의 교육은 마음에 들지 않았다. 그곳에서는 구자라트어에 의한 교육을 받을 수 없었다. 교육은 영어로 이루어졌으며, 기껏해야 부정확한 타밀어나 힌디어가 조금 쓰일 뿐이었다. 게다가 그 밖에도 여러 가지 결함이 있어 나로서는 도저히 견딜 수 없었다.

나는 직접 가르치려고 조금은 노력했다. 그러나 그것은 극히 불규칙한 것일 수밖에 없었다. 내 뜻에 맞는 구자라트어 교사는 찾지 못했다.

나는 난처해졌다. 나의 뜻에 맞는 아이들 교육이 가능한 영어교사를 찾기 위해 구인광고를 냈다. 이렇게 해서 교사를 구하면 교육은 규칙적으로 할 수 있다. 나머지는 내가 가능한 한 가르치자고 생각했다. 영국인 부인을 월 7파운드에 고용해 어떻게든 진행하기로 했다.

아이들과는 구자라트어로만 이야기하여, 이것으로 아이들이 구자라트어를 조금이나마 배울 수 있도록 했다. 아이들을 인도로 보낼 생각은 없었다. 어린 아이들은 부모로부터 떨어져 살아서는 안 된다고 그 무렵에도 생각했다. 제대로 된 가정에서 아이들에게 자연히 몸에 붙는 교육은 기숙사에는 없기 때문이다. 그래서 아이들은 거의 모든 기간을 나와 함께 지냈다. 조카와 큰아들을 몇 달 동안 인도의 기숙사에 보내기는 했으나 곧 불러들였다. 그 뒤

큰아들은 좀더 크면 아마다바드의 고등학교에서 배우기 위해, 자기 의지로 남아프리카를 떠나 인도로 갔다. 조카는 내가 줄 수 있었던 교육에 만족하고 있었다고 생각한다. 그러나 한창 나이에 며칠 동안 앓고는 죽고 말았다. 다른 세 아이는 학교에 다니지 않았다. 남아프리카의 사티아그라하 투쟁 과정에 나는 학교를 개설했는데, 아이들은 그곳에서 약간 규칙적으로 공부를 했다.

나의 실험은 불완전한 것이었다. 나 스스로 아이들에게 시간을 선뜻 내주고 싶다고 생각할 정도는 안 되었던 것이다. 이 일과 피할 수 없는 상황 때문에, 내 뜻대로 아이들에게 문자에 의한 교육은 할 수 없었다. 이 일에 대해서 아이들은 다소나마 나에게 불만을 갖고 있었다. 아이들은 '학사' '수사'나 '대학입학자격자' 등을 대하면, 자기들이 학교에서 배우지 못한 데 대한 열등감을 느끼는 듯했다.

그럼에도 불구하고 나 자신의 의견은 이렇다. 아이들은 체험 지식을 얻었고, 부모와 함께 살면서 자립심의 실천과목을 배운 것이다. 만일 내가 어떻게든 학교에 넣기를 고집했더라면 그 모든 것을 얻을 수는 없었을 것이다. 오늘날 나는 아이들에 대해서 안심하고 있지도 못했을 것이다. 아이들이 나와 떨어져 영국이나 남아프리카에서 부자연스런 교육을 받았다면, 검소와 봉사정신을 배우지 못했을 것이다. 도리어 부자연스런 생활태도가 나의 활동에 장애가 되었을지도 모른다.

그러므로 아이들에게 바라던 만큼 문자에 의한 교육은 할 수 없었지만, 과거를 뒤돌아보아 생각하면 아이들을 위해 나의 의무를 다하지 못했다고는 생각하지 않으며 후회도 하지 않는다. 그뿐만 아니라 큰아들의 불행한 결말을 보면 그것은 나의 미숙한 이전 시절의 반향처럼 언제나 생각되었다. 나는 내가 모든 점에서 미숙했던 시절을 나를 잊은 시대, 향락의 시대로 생각하는데, 그 무렵 큰아들은 어렸기 때문에 그 시절의 기억이 큰아들에게는 계속 남은 것이다. 내가 나를 잊은 시절이었음을 큰아들이 어떻게 인정할까? 나의 각성의 시대였고, 그 뒤에 생긴 변화는 착오이고 그릇된 생각을 낳는 것이라고 어떻게 간주하지 않을 수 있을까? 그 무렵 나는 세간의 왕도를 걷고 있었기 때문에 안정되어 있었고, 뒤에 행한 변화는 나의 오만과 무지의 표시였다고 간주하지 않을 이유가 어디에 있을까? 아이들이 법정변호사 등의 자격을 취득한다면 무엇이 나쁘다는 것일까? 아이들의 날개를 자를 자격이 나에게 있을까? 학위를 취득하여 뜻대로 인생의 길을 선택할 수 있는 상황에 왜 아이들을 두지 않았는가? 이런 말을 얼마나 많은 친구들이 나에게 했는지 모른다.

이와 같은 주장에는 핵심을 찌르는 그 무엇도 발견되지 않는다. 나는 많은 학생들을 접하고 있다. 다른 아이들에게도 또 다른 실험을 하고, 또는 다른 사람의 실험을 도우며 그 결과도 보았다. 그 소년들과 나의 아이들은 오늘날 같은 또래이다. 그 소년들이 인간성에서 나의 아이들보다 뛰어나거나, 또는 나의 아이들이 그 소년들로부터 많은 것을 배울 수 있다고는 생각하지 않는다.

그래도 내 실험의 결론을 미래는 보여줄 수 있다. 여기에서 이 문제에 대해 이야기하는 이유는, 인류의 문명사를 연구하는 사람들이 가정교육과 학교교육의 차이와, 부모가 자기 인생에서 행한 개혁이 아이에게 주는 영향에 대해서 얼마간 추측할 수 있도록 하기 위해서이다.

이 밖에 이 장이 지향하는 목적의 하나는, 이 실험에 의해서 진리의 신봉자가 진리에 대한 신봉이 자신을 어디까지 이끄는지 알 수 있듯이, 독립에 대한 신봉자가 독립의 여신이 어떤 희생을 바라고 있는지를 알게 하는 것이다. 아이들의 보호자로서 만일 내가 자존심을 버렸었다면, 다른 인도인 아이들이 받을 수 없는 것을 내 자식들에게도 바라지 않는다는 사고를 지키지 않았다면 나는 반드시 내 아이들에게 문자에 의한 교육을 할 수가 있었다. 그러나 그 경우, 아이들이 배운 자립심과 자존심의 실천과목은 배우지 못했을 것이다. 독립과 문자에 의한 교육의 어느 한쪽을 택해야만 한다면, 독립은 문자에 의한 교육보다 1000배 이상 좋은 것은 아니라고 누가 말할 수 있을까?

1920년에 나는 독립에 있어서 해가 되는 학교, 대학을 그만 두라고 젊은 이들에게 호소했고, 독립을 위해 교육을 받지 않고 도로에서 돌을 깨는 작업을 하는 것이 예속하에서 교육을 받는 것보다 낫다고 말했다. 지금 젊은이들은 내가 말한 진리를 아마 이해할 수 있을 것이다.

## 6 봉사 정신
변호사업은 잘 되어가고 있었지만 그것으로 만족할 수는 없었다. 생활은 더욱 검소해야 한다, 몸을 사용하는 봉사활동을 해야 한다, 이와 같은 생각이 언제나 마음을 자극하고 있었다.

그런 가운데 어느 날 몸에 장애가 있는 한센병환자가 집으로 찾아왔다. 음식만 주고 돌려보낼 수가 없어서 작은 방에 묵게 했다. 상처를 치료하고 간병했다.

그러나 이와 같은 일은 오래 지속할 수가 없었다. 언제까지나 머물게 할 여유는 없었고 용기도 없었던 것이다. 그래서 연차계약노동자를 위해 운영되는 공립병원으로 보냈다.

그러나 이것으로 마음이 편해지지는 않았다. 이와 같이 무언가 간호하는 일을 언제나 지속할 수 있다면 얼마나 좋을까! 부스 박사는 성 에이든 미션의 책임자였다. 박사는 찾아오는 사람들에게 언제나 무료로 약을 주는 대단히 선량하고 자비심이 많은 분이었다. 파르시 루스탐지의 기부로 부스 박사의 감독하에 아주 작은 병원이 개설되었다. 나는 이 병원에서 간호사 일을 맡고 싶다는 강한 소망을 갖게 되었다. 병원에서 약을 내주는 한두 시간의 일이 있었다. 그 때문에 조제를 해 환자에게 건네는 사원이나 봉사자를 필요로 하고 있었다. 나는 이 일을 맡아 내 시간에서 이만큼의 시간을 내려고 결심했다. 변호사업무의 대부분은 사무소에서 조언을 하거나, 서면을 준비하거나, 중재를 하는 것이었다. 이와 같은 일은 나보다 나중에 더반으로 와 나와 동거하고 있는 칸 씨가 맡아주었기 때문에, 나는 이 작은 병원에서 일을 시작하게 되었다.

매일 오전 중에 다니기로 되어 있었다. 왕복과 병원에서의 일에 매일 대략 2시간이 걸렸다. 이 일로 약간은 평안함을 느꼈다. 나의 일은 환자의 용태를 이해하여 의사에게 설명하고, 의사가 처방한 약을 조제해 환자에게 건네는 일이었다. 이 일로 병을 앓고 있는 인도인들과 가깝게 접할 수 있게 되었다. 환자의 대부분이 타밀, 텔루구이거나 북인도 출신의 계약노동자였다.

이 경험은 그 뒤 나에게 대단히 유익했다. 보어전쟁 때 부상자의 간호에, 다른 환자들의 간호에 크게 도움이 된 것이다.

아이들 양육 문제는 시급했다. 남아프리카에서 또 두 사내아이가 태어났다. 이 아이들을 어떻게 키울 것인가, 이 문제의 해결에도 병원에서의 일이 대단히 도움이 되었다. 나의 자립심은 나를 냉혹하게 시험했고 오늘날에도 그렇다. 우리 부부는 출산은 산부인과에서 하기로 결정했다. 그래서 의사와 간호사에게 의뢰했는데, 그래도 만일 출산할 때 의사나 간호사가 없으면 나는 어떻게 하나? 간호사는 인도인이어야 한다. 그러나 훈련을 받은 간호사를 찾는 것은 인도에서도 어려운 일이다. 남아프리카에서는 더 말할 것도 없다. 그래서 나는 출산에 관한 것을 연구했다. 트리브반다스 박사의 《어머니에 대한 가르침》이란 책을 읽었다. 나는 이 책에 수정, 추가를 하면서 스스로 두 아이를 키웠다고도 말할 수 있다. 두 아이의 경우 간호사의 도움은 짧은 기간이었다. 2개월 이상은 도움을 청할 수 없었다. 그래도 아내를 돕기 위해, 아이들의 몸을 씻거나 하는 일은 주로 내가 했다.

막내의 출산 때에는 완전히 시험을 당했다. 아내의 진통이 갑자기 시작된 것이다. 의사는 병원을 비우고 있어서 조산원을 불러야 했다. 조산원이 곁에 있다고 해도 출산은 맡기지 않기로 했으므로 출산의 모든 것을 내 손으로 해야 했다. 다행히 출산에 대해서 《어머니에 대한 가르침》을 주의 깊게 읽었기 때문에 전혀 당황하지는 않았다.

아이들의 확실한 양육을 위해 부모가 함께 출산, 양육 등의 일반상식을 가져야 한다는 것을 깨달았다. 이 문제에 대한 주의 깊은 연구의 이익을 나는 매사에 느낀다. 내 아이들은 오늘날 남들처럼 건강한데, 만일 내가 이 문제에 대한 일반상식을 가지고 실천하지 않았다면 그렇게는 되지 않았을 것이다. 아이가 태어난 뒤 5년 동안은 교육이 필요 없다는 착각이 우리들 사이에 퍼져있다. 그러나 사실은 이 5년 동안에 아이가 받을 수 있는 것은 그 뒤에는 결코 받을 수 없는 것이다. 아이의 교육은 어머니의 태내에서 시작된다는 것을 나는 체험으로 말할 수 있다. 임신기간 어머니의 육체적, 정신적 상태의 영향이 아이에게 미친다. 임신기간 어머니의 기질, 식사, 생활태도의 선악의 결과를 이어받아 아이는 태어난다. 태어난 뒤에는 부모를 흉내 내기 시작한다. 스스로 힘이 없으므로 성장은 부모에게 의존한다.

이와 같은 것을 생각하는 현명한 부부는 부부관계를 성욕의 충족수단으로 삼지는 않을 것이고, 아이를 원할 때에 부부관계를 맺을 것이다. 성교의 쾌락은 별도로 하는 사고방식은 나에겐 무서운 무지로 생각된다. 세계의 존재는 생식행위에 의존하고 있다. 세계는 신이 유희하는 땅이고 신의 위광(威光)의 반영이다. 질서 있는 세계의 증가를 위해 생식행위가 창조된 것이다.

이것을 이해하는 사람은 어떻게든 성욕을 억제할 것이고, 성교의 쾌락의 결과로서 태어나는 아이의 신체적·심리적·정신적 보호를 위해 필요한 지식을 얻어 그 이익을 자손에게 줄 것이다.

## 7 브라마차리아—1

이제 브라마차리아에 대해서 생각할 때가 되었다. 일부일처혼의 맹세는 결혼했을 때부터 나의 마음을 차지하고 있었다. 아내에 대한 충성심은 나의 진리에 대한 맹세의 일부였다. 그러나 아내에 대해서도 브라마차리아를 지켜야 한다고 확실하게 인식한 것은 남아프리카에서였다. 어떤 기회에, 또는 어느 책의 영향으로 이 사고가 나의 마음에 싹텄는지 지금은 확실하게 떠오르지 않는다. 기억하는 것은 레이찬드바이의 영향이 주된 것이었다.

그와 나눈 대화를 기억한다. 언젠가 나는 글래드스톤 씨에 대한 부인의 애정을 칭찬하고 있었다. 어딘가에서 읽은 적이 있었는데, 하원의회에서도 부인은 차를 끓여 남편에게 마시게 했었다. 이것은 유명한 부부의 규칙적인 습관이었다. 나는 그 부분을 시인에게 읽어주고 그것에 대해서 부부애를 찬양한 것이다. 레이찬드바이는 말했다.

"그대에게는 어느 쪽이 중요하다고 생각하오? 글래드스톤 부인이 아내라는 것의 힘, 그렇지 않으면 그 헌신? 만일 그 부인이 글래드스톤의 누이였다면? 또 그에게 충실한 여자 하인이었다면, 그리고 부인과 똑같이 애정을 담아 차를 내왔다면? 이런 누이들이나 여자 고용인들의 예를 오늘날 우리는 만날 수 있지 않겠소? 더구나 여성 대신에 이와 같은 애정을 남성에게서도 보았다면, 기쁨과 함께 놀라움을 느끼지 않겠소? 내가 말한 것을 생각해보기 바라오."

레이찬드바이 자신도 기혼자였다. 그때 그의 말은 냉엄했던 것으로 기억한다. 그러나 이 말이 나를 자석처럼 끌어당기고 말았다. 사내 고용인의 이와 같은 충성심의 가치는 남편의 아내에 대한 헌신의 가치보다 1000배 이상으로 생각되었다. 부부는 일체이므로 부부 상호간의 애정은 놀랄 일도 아니다. 그러나 주인과 고용인 사이에서 이 같은 애정은 노력해서 배양해야 한다. 내가 보기에 나날이 시인의 말에 무게가 더해가는 것 같았다.

나는 아내와 어떤 관계를 가져야 하는가? 아내를 성교의 도구로 삼는 것에 아내에 대한 충성심이 있는 것일까? 내가 성욕에 지배되는 한 나의 충성심은 하찮은 것이 된다. 우리들의 부부관계에서 아내 쪽에서 먼저 유혹을 한 일은 결코 없었다. 그러므로 내가 원하면 브라마차리아는 지킬 수 있었다. 그러나 나의 무력 또는 집착심이 내가 그것을 지키지 못하게 했다.

나는 각성한 다음에도 두 번이나 실패하고 말았다. 노력은 했는데 안 되었다. 노력의 주목적이 고상하지 않았던 것이다. 주목적은 피임이었다. 이를 위한 외적 수단에 대해서 영국에서 읽은 적이 있었다. 앨린슨 박사의 피임수단 보급에 대해서는 채식에 대한 장에서 이미 언급했다. 그 영향을 일시적이지만 조금 받은 것이다. 그러나 힐스 씨가 반대하며 내적 수단—자기억제—을 지지하고 발언한 것이 나에게 커다란 영향을 주었다. 그리고 체험에 의해서 그것은 영속하는 것이 되었다. 그래서 아이는 필요치 않다고 깨닫자 곧바로 자기억제를 시작했다.

자기억제의 어려움은 끝이 없었다. 침대를 따로 쓰고, 밤에는 완전히 지쳐버린 뒤에 자기로 했다. 이와 같은 모든 노력의 결과를 곧바로 알 수는 없었다. 그러나 오늘날 과거를 뒤돌아보면 알 수 있는데, 이와 같은 모든 노력이 최종적인 힘을 부여한 것이다.

최종결정은 1906년에 내릴 수 있었다. 그때는 사티아그라하 투쟁은 시작되지 않았다. 꿈에도 생각하지 않았던 것이다. 보어전쟁 후, 나탈에서 줄루의 반란이 발생했다. 그때 나는 요하네스버그에서 변호사업을 하고 있었다. 그러나 이 반란 때에도 나탈 정부에 봉사해야 한다고 생각했다. 나는 봉사를 제의했고 받아들여졌으나 그것은 나중에 기술하기로 한다. 그러나 이 봉사에 관련해서 마음의 갈등이 생겨, 여느 때와 다름없이 나는 동료들에게 상담했다. 산아와 양육은 공적인 봉사활동과 상반되는 것으로 느낀 것이다. 이 반란 때문에 나는 요하네스버그의 집을 팔아야 했다. 나는 말끔하게 손질된 가옥과 구입한지 한 달도 채 안 된 가구를 포기하고 아내와 아이들을 피닉스 농원에 데려다 두었다. 나는 위생간호부대를 이끌고 출발했다. 고된 진군 도중에, 사람들에 대한 봉사에 몰입하려면 자손과 부에 대한 욕망은 버리고 바나프라스다*5의 의무를 수행해야만 한다는 것을 깨달았다.

반란은 1달 반만에 끝났다. 그러나 이 6주간은 나의 인생에서 매우 귀중한 시간이었다. 맹세의 중요성을 크게 이해했다. 맹세는 구속이 아니고 자유로의 문임을 안 것이다. 오늘날까지 자신의 노력에 의해서 당연히 올려야 할 성과가 오르지 않았던 것은 결의가 확고하지 않았기 때문이며, 자신의 힘을 믿지 않았기 때문이었다. 신의 은총을 믿지 않았기 때문이었다. 이 때문에 나의 마음은 많은 파도와 정욕에 농락된 채로 있었다. 맹세를 하지 않으면 인간은 잘못된 생각에 빠지는 것을 알았다. 맹세에 구속되는 것은 방탕에서 벗어나 일부일처혼의 맹세를 지키는 것과 같다.

"나는 노력을 믿는다. 맹세에 구속되지 않는다."

이 말은 무력함의 표시이고 미묘한 형태의 정욕이 숨겨져 있는 것이다. 포기해야만 할 일을 전면적으로 포기하는 데 무슨 손실이 있단 말인가? 나를 물려는 뱀은 단호하게 피해야 하는 것이지, 피하려고 노력하는 것 따위가 아니다. 단순히 노력에만 의존하고 있으면 죽음은 확실함을 알기 때문이다. 노력만으로는 뱀의 무서움을 확실하게 모르기 때문이다. 그와 같이 어느 것을 포기하려고 단순히 노력만 하는 것은 포기의 정당성에 대해서 우리가 명확하게 인식하지 않은 것이 된다.

"나의 생각이 나중에 바뀌면?"

이와 같이 의심하여 우리는 맹세하는 것을 종종 두려워한다. 이 생각에는 명확한 인식이 결여되어 있다. 그러므로 니슈쿨라난드는 말했다.

욕심을 버리지 않으면 포기는 지속하지 않는다.

어느 것에 대해 완전히 욕심을 버리고자 하면 그것에 대해서 맹세를 하는 것이 필연적이다.

### 8 브라마차리아—2

충분히 논의하고 깊이 생각한 뒤에 1906년 브라마차리아의 맹세를 했다. 맹세를 하기까지는 아내와 상담하지 않았다. 그러나 맹세를 할 때에 상담을 했고 아내 쪽에서도 반대는 없었다.

이 맹세는 나에게 있어서 대단히 곤란한 일이 되었다. 나의 힘이 부족했던 것이다. 정욕은 어떻게 억제되는 것일까? 아내와의 부부관계를 끊는 것은 이상하게 여겨졌다. 그래도 이것이야말로 내가 해야 할 일이라고 확실하게 이해할 수 있었다. 나의 의도는 순수했기에 신이 힘을 주실 거라 생각하고 뛰어든 것이다.

20년이나 지난 오늘날 이 맹세를 떠올리면서 나는 기쁨과 놀라움을 느낀다. 1901년부터 자제심은 강하게 지니고 있었고 자기억제도 하고 있었다. 그러나 자유와 기쁨을 1906년 이전에 느낀 기억은 없다. 그것은 그 무렵 나는 성욕에 사로잡혀 있었기 때문이다. 어느 때나 성욕에 지배를 받고 있었다. 그러나 이제는 성욕이 내 위에 덮치는 일은 불가능해졌다.

그리고 이제는 브라마차리아의 훌륭함을 더욱더 이해하게 되었다. 맹세는 피닉스에서 했다. 부상자 간호임무에서 해방되자 나는 피닉스로 갔다. 그곳에서 요하네스버그로 향하게 되어 있었다. 요하네스버그로 가자 한 달도 채 되기 전에 사티아그라하 투쟁이 개시되었다. 마치 브라마차리아의 맹세가 내게 사티아그라하 투쟁을 위한 각오를 하게 한 것처럼. 그러나 사티아그라하 투쟁에 대해서 나는 미리 아무런 구상도 하지 않았다. 투쟁은 갑자기 의지에 반해서 발생했다. 그러나 투쟁 이전의 나의 모든 행동—피닉스로 가는 것, 요하네스버그에서 많은 지출을 삭감하는 것, 최종적으로 브라마차리아의 맹세를 하는 것—이 바로 사티아그라하 투쟁의 준비였음을 알았다.

브라마차리아의 완전한 준수란 즉 브라마*6를 알현하는 것이다. 이 지식은 경전에서 얻은 것이 아니다. 이 의미는 자신의 체험에 의해서 얻은 것이다. 그것에 연관된 경전의 글귀는 나중에 읽었다. 브라마차리아에는 신체의 보호와 지성의 보호, 혼의 보호가 포함되어 있다. 맹세를 한 뒤에 이것을 날마다 더 많이 체험하게 되었다. 그렇게 해서 브라마차리아를 가혹한 고행으로 여기는 대신에 즐겁게 여기고 그것에 따라서 실행하려고 했다. 그러므로 브라마차리아의 다양한 특질이 끊임없이 새로운 것으로 보이게 되었다.

그러나 이와 같이 실행을 즐기고는 있었으나 곤란을 느끼지 않았다고는 생각하지 말기 바란다. 오늘날 나는 56세를 지나고 있지만, 여전히 맹세의 곤란은 느낀다. 그것은 칼날 위를 걷는 것과 같다고 더욱더 이해하게 되었다. 부단한 경계의 필요성을 느끼고 있는 것이다.

브라마차리아를 지켜야만 한다면 미각을 지배해야 한다. 나 스스로 체험한 일인데, 만일 미각을 이기면 브라마차리아를 지키는 것은 대단히 용이해진다. 이런 이유로, 이후의 식사에 관한 실험은 단순히 채식주의의 시점에서

가 아니고 브라마차리아의 시점에서 행해졌다. 실험해서 체험한 것인데, 식사는 양이 적고 검소해야 하며 향신료 없이 자연상태여야 한다. 6년간의 실험으로, 브라마차리의 식사로는 야생의 과실이 가장 좋다는 것을 알게 되었다. 남아프리카에서 말린 과일과 신선한 과실만으로 생활했을 때에는 정욕을 느끼지 않았는데, 식사를 바꾼 뒤로는 그렇지가 않다. 과실만일 때에는 브라마차리아는 자연스런 것이었다. 그러나 우유를 섭취하게 된 뒤부터는 곤란해졌다. 과실섭취에서 왜 우유를 섭취하게 되었는지는 적절한 장에서 언급할 생각이다. 브라마차리에게 있어서 우유섭취는 맹세를 지키는 데 장애가 되는 것은 분명하다. 브라마차리에 있어서 우유를 끊는 것이 바람직하다고는 생각하지 말기 바란다. 브라마차리아에 식사가 어느 정도의 영향을 미치는지에 대해서는 실험을 할 필요가 있다. 우유만큼 근력을 늘리고 소화가 잘 되는 과실 식품을 이제까지 본 적이 없다. 또 어느 바이드, 하킴, 서양 의사도 우유에 비할 만한 과실이나 곡물에 대한 지식을 가르쳐주지는 못했다. 그래서 나는 우유가 정욕을 낳는다는 것을 알면서도 우유를 끊으라는 조언을 아무에게도 하지 못한다.

외적 수단 가운데, 식사의 종류나 양의 제한이 필요한 것처럼 단식에 대해서도 이해해야 한다. 감각기관은 대단히 강력한 것으로 사방팔방, 위와 아래, 즉 10개 방향에서 포위함으로써 통제할 수 있는 것이다. 누구나 알지만, 식사 없이 감각기관은 기능하지 않는다. 그래서 감각기관을 억제하기 위해 자발적으로 행하여지는 단식은 목적달성에 크게 도움이 되며, 나는 이를 의심하지 않는다. 단식을 하면서도 실패하는 사람들이 있다. 그 이유는 이렇다. 단식이야말로 무엇이건 해준다는 단순한 생각으로 형식뿐인 단식을 하기 때문이다. 그리고 마음으로 56종류의 성찬*7을 계속 맛본다. 단식을 하는 동안, 단식이 끝나면 무엇을 먹을까, 이 같은 생각을 계속하는 것이다. 그래놓고선 미각기관을 억제할 수 없었다, 생식기관을 억제할 수 없었다고 고충을 말한다. 단식의 진정한 유효성은 인간의 마음과 육체의 억압을 함께 하는 데에 있다. 즉, 감각기관의 대상을 향락하는 집착을 마음에 낳게 해서는 안 된다는 것이다. 감각기관의 대상이 되는 뿌리는 마음에 있다. 단식 등의 수단은 크게 도움이 되지만, 그래도 그 도움은 비교적 적다. 인간은 단식을 하면서도 감각기관의 대상에 집착할 수 있다. 그러나 단식 없이 감각기관의 대상에 대한 집착심의 근절은 불가능하다. 그러므로 브라마차리아를 지키기 위해서 단식은 불가결한 부분이다.

브라마차리아에 노력하는 대부분의 사람들이 실패했는데, 그것은 식사나, 보거나 듣는 것에 대해서 브라마차리아를 지키지 않는 사람처럼 하고 싶다고 생각하면서 브라마차리아를 지키려 하기 때문이다. 이 노력은 여름에 겨울을 느끼려는 것이라고 말할 수 있다. 억압자와 방탕자, 쾌락주의자와 포기자와의 구별이 필요하다. 똑같아 보이지만, 그것은 표면만 본 것이다. 구별은 명확하게 해야 한다. 양자가 모두 눈을 사용한다. 브라마차리아는 신을 보고, 쾌락주의자는 연극이나 영화에 몰입한다. 양자 모두 귀를 사용한다. 그러나 한쪽은 신에 대한 찬가를 듣고 다른 한쪽은 향락적인 노래를 듣고 즐긴다. 양자 모두 밤에 깨어있다. 그러나 한쪽은 각성한 상태로 마음이란 사원에 있는 라마를 숭배하고 있고, 다른 한쪽은 가무에 열중해 밤을 지새우고 있다. 양자 모두 식사를 한다. 그러나 한쪽은 육체라는 성지를 유지할 만큼의 음식을 육체에 공급하는데, 다른 쪽은 미각을 위해 신체에 많은 음식을 쳐 넣어 몸을 악취로 가득 차게 한다. 이처럼 양자의 행위와 사고에는 차이가 있고, 이것은 날이 갈수록 증대하며 감소하는 일이 없다.

브라마차리아의 의미는 신체, 언어, 마음으로 모든 감각기관을 억제하는 것이다. 이 억제를 위해 앞서 말한 포기가 필요하다고 나는 매일 생각해왔고 오늘날에도 그렇다. 포기의 영역에 한계는 없다. 브라마차리아의 훌륭함에 아무런 한계도 없는 것처럼 말이다. 이와 같은 브라마차리아는 약간의 노력으로 성취되는 것은 아니다. 몇천만, 몇억의 사람들에게 영원히 이상으로서 남을 것이다. 왜냐하면 한결같이 노력하는 브라마차리는 자신의 결함을 끊임없이 볼 것이고, 자기 내부에 잠재한 정욕을 식별해 제거하는 노력을 끊임없이 하기 때문이다. 무의식중에 생각이 전혀 떠오르지 않을 정도로 사고를 억제하지 않는 한, 완전한 브라마차리아는 아니다. 생각 그 자체가 정욕이다. 생각을 지배하는 의미는 마음을 지배하는 것이다. 마음을 지배하는 것은 바람을 지배하는 것보다도 어렵다. 그럼에도 불구하고 만일 혼이 존재한다면 마음을 지배하는 것도 가능하다. 우리의 길에 여러 가지 어려움이 닥쳐와 장애가 된다. 이 일로 마음을 지배하는 것은 불가능하다고 누구도 생각하지 말기 바란다. 마음을 지배하는 것은 지고한 목표이다. 지고한 목표를 위해 최고의 노력이 필요하다고 해도 놀랄 것은 없다.

그러나 나는 인도로 귀국한 뒤, 이와 같은 브라마차리아는 단순히 노력만으로는 성취되지 않는다고 느꼈다. 그때까지 나는 망상에 사로잡혀 있었다. 과실을 먹음으로써 정욕은 근절되는 것으로 단정하고, 나에게는 이제 아무것도 할 일이 없다고 오만하게 생각했던 것이다.

그러나 이 생각에 대해서 기술하기에는 아직 이르다. 그때까지 이것만은 말해두겠다. 신과 만나기 위해 내가 해설한 브라마차리아를 지키고 싶어하는 사람들이 만일 자신의 노력과 함께 신을 믿고 있다면, 그 사람들에게 실망할 이유는 아무것도 없다.

> 단식을 하는 사람에게 감관의 대상은 소멸한다
> 맛을 제외하고 …… 최고의 존재를 볼 때
> 그에게는 맛 또한 소멸한다.[*8]

그러므로 혼을 추구하는 사람에게는 라마의 이름과 라마의 은총이야말로 궁극의 수단이고, 인도에서 나는 이것을 만났다.

## 9 검소한 생활

안락한 생활을 시작하기는 했으나 오래 지속시킬 수는 없었다. 가구와 세간을 마련했는데, 그에 대한 잘못된 생각을 내 마음에 낳게 되는 일은 결코 없었다. 그러므로 집을 장만하는 것과 동시에 지출을 경감하려고 했다. 세탁소에 대한 지출도 지나치게 많다고 생각했다. 게다가 세탁소는 정해진 시간에 세탁물을 전해주지 않아 2, 3다스의 와이셔츠와 같은 수의 칼라로도 부족했다. 칼라는 매일 바꾸고, 와이셔츠는 매일이 아니고 하루건너 바꾸었다. 이렇게 되면 지출은 이중이 된다. 그래서 세탁용구를 모두 갖추었다. 세탁법에 대한 책을 읽고 세탁을 배웠다. 아내에게도 가르쳤다. 일의 부담은 약간 커졌으나 새로운 일이므로 재미를 붙이게 된 것이다.

처음으로 내 손으로 세탁을 한 칼라를 잊을 수 없다. 풀을 너무 많이 먹이고 다리미의 열도 충분하지 않았다. 더욱이 칼라를 태울까봐 다리미를 세게 대지 않아, 칼라가 단단해지기는 했지만 풀이 여기저기로 흘러 떨어졌다.

이런 상태로 재판소에 갔다. 그곳에서 법정변호사들로부터 놀림을 당했다. 그러나 이와 같은 농담에 견딜 만한 힘은 당시에도 충분히 있었다.

"내 손으로 칼라를 처음 빨아서 칼라에서 풀이 떨어지는 걸세. 나는 아무렇지도 않고, 게다가 그대들 모두에게 웃음거리를 제공하고 있으니 잘된 일 아닌가."

"세탁소가 전혀 없었나?"

한 친구가 물었다.

"여기 세탁소에 대한 지출을 당해낼 수 없어. 칼라 값과 맞먹는 세탁비를 지출하면서까지 세탁소에 의존할 바에는 내 손으로 빠는 것이 좋을 것 같네."

나는 자립의 좋은 점에 대해서 친구들을 설득할 수는 없었다.

결국 나는 필요한 만큼의 세탁 기술을 습득하여, 집의 세탁물은 세탁소 것과 비교해 조금도 손색이 없었다. 칼라의 단단함과 반짝임은 세탁소의 것과 비교해서 떨어지지 않았다. 고칼레 씨가 남아프리카에 왔을 때, 그는 마하데오 고빈드 라나데 씨로부터 받은 목도리를 가지고 있었다. 그는 그것을 소중하게 여겨 특별한 기회에만 사용하고 있었다. 요하네스버그에서 그를 주빈으로 하는 만찬이 열렸다. 그때 그는 연설을 했는데, 그것은 남아프리카에서 그가 행한 것 가운데 가장 큰 연설이었다. 그는 그 목도리를 사용하려고 했다. 목도리에는 주름이 잡혀 있어 다리미질이 필요했다. 세탁소를 찾아내 바로 다리미질을 시키기는 불가능했다. 나는 내가 다려 보겠다고 했다.

"그대의 변론술은 인정하지. 하지만 이 목도리에 그대의 세탁기술을 사용하게 할 순 없네. 이 목도리를 늦게 하면 어떻게 하나? 이 목도리의 값어치를 알고 있나?"

이렇게 말하며 그는 선물의 유래를 기쁘게 들려주었다.

나는 다시 한 번 부탁하며 늦게 하지 않을 것을 보증했다. 그리고 그의 허락을 받아 목도리를 다렸고, 결국 그를 크게 만족시켰다. 기능증명서를 받은 셈이다. 세상이 증명서를 내주지 않아도 그것이 그리 대단한 일인가!

세탁소에 대한 의존에서 벗어난 것처럼, 이발사에 대한 의존에서도 벗어날 기회가 찾아왔다. 면도하는 법은 영국으로 가는 사람 모두가 습득한다. 그러나 이발하는 법을 습득한 사람은 내가 아는 한 없다. 나는 그것도 배워야 했다. 언젠가 프리토리아에서 영국인 이발소에 갔다. 이발사는 확실하게 거부하며 모멸적인 태도를 보였다. 나는 마음에 상처를 입었다. 상점가로 가 이발기구를 사 와서 거울 앞에 서서 이발을 했다. 이럭저럭 이발을 했으나 뒤는 제대로 할 수 없었다. 재판소에서는 큰 웃음거리가 되었다.

"자네 머리 위를 쥐가 기어 다녔나?"

"아니, 내 검은 머리에 어느 백인 이발사가 손을 대겠나? 그러니 어떤 식으로든 내 손으로 이발하는 편이 훨씬 낫네."

이 대답에 친구들은 놀라지 않았다. 사실 그 이발사에게는 아무런 죄도 없었다. 만일 검은 피부인 사람들의 이발을 하게 되면 매상은 오를 것이다. 우리도 높은 카스트의 힌두교도 이발사에게 불가촉천민(不可觸民)의 머리를 이발시키지는 않을 것이다. 남아프리카에서 한 번만이 아니고 몇 번이나 그 보복을 받았는데, 이것은 우리 허물의 결과로 간주했기 때문에 결코 노엽지는 않았다.

자립과 검소에 대한 나의 열중은 나중에 더욱 격렬해지는데, 그것에 대해서는 적절한 장에서 쓰기로 한다. 이 뿌리는 내 마음에 처음부터 있었다. 다만 꽃을 피우기 위해 물을 줄 필요가 있었다. 그리고 물은 갑자기 부어졌다.

## 10 보어전쟁

1897년부터 1899년까지의 많은 체험을 빼고 지금 보어전쟁*9에 대해서 언급하기로 한다. 이 전쟁이 시작되었을 때 나는 보어인들에게 전적으로 동정했다. 그러나 이와 같은 문제에 대해서 개인적 견해에 따라서 활동할 자격은 아직 없다고 생각했다. 《남아프리카에서의 사티아그라하의 역사》에서 이에 관한 마음의 갈등을 상세하게 언급했으므로 여기서 되풀이하고 싶지는 않다. 상세하게 알고 싶은 사람에게는 《역사》를 읽기를 권한다. 이 장에서는 이 말로 충분하다. 대영제국에 대한 충성심이 그 전쟁에 참가하도록 강제로 끌고 간 것이다. 대영제국의 신민으로서 권리를 요구하려면 제국방위에 협력하는 것은 의무라고 생각했다. 인도의 전면적 향상은 대영제국 안에 있으며 그것을 통해서만 가능하다는 것이 그 무렵 나의 의견이었다.

그래서 가능한 한 많은 동료를 모집해 많은 어려움에 견디면서 우리는 위생간호부대를 발족시켰다. 그때까지 인도인은 위험한 일을 하지 않으려고 한다는 것이 남아프리카 영국인들의 일반적인 견해였다. 인도인은 돈을 버는 것밖에 생각하지 않는다는 것이다. 그러므로 영국인 친구들은 나를 실망시키는 대답을 했다. 크게 격려해준 사람은 부스 박사뿐이었다. 박사는 우리에게 부상병 간호를 가르쳐주었다. 우리는 박사로부터 기능에 관한 증명서를 받았다. 로튼 씨와 에스콤 씨는 이 계획에 찬성해주었다. 마침내 전장에서의 봉사를 정부에 제의했다. 정부는 답장에서 감사의 뜻을 표했으나 현재 봉사를 필요로 하지 않는다고 통고했다.

그러나 나는 이와 같은 거부에 만족해 그대로 물러서지는 않았다. 부스 박사의 도움으로 박사와 함께 나탈의 대주교를 만났다. 우리들 부대에는 그리스도교도인 인도인이 많이 있었던 것이다. 대주교는 나의 제의를 크게 기뻐하며 힘을 보태줄 약속을 해주었다.

이 동안에 상황도 변화했다. 보어인들의 준비성, 견고함, 용감함 등이 예상했던 것 이상임이 밝혀진 것이다. 정부는 많은 지원병을 모집해야 했고 결국 우리의 제의는 받아들여졌다.

대략 병력 1,100명의 부대였다. 그 가운데 40명이 지휘관이었다. 계약노동에서 풀려난 약 300명의 인도인이 지원했다. 나머지는 계약노동자였다. 부스 박사도 함께 했다. 부대는 훌륭하게 임무를 수행했다. 부대는 화선(火線), 즉 공격의 최전선 밖에서 활동하기로 되어 있었고 적십자사*10의 보호를 받고 있었다. 그래도 위험할 때에는 화선 내에서 활동할 기회도 있어, 이와 같은 위험을 무릅쓰지 않도록 정부는 자발적으로 우리와 계약을 했다. 그러나 스피온 콥의 패배 후에 상황은 바뀌었다. 불러 장군은 메시지를 보내왔다. 당신들은 위험을 무릅쓰는 계약에 구속되지는 않지만, 그래도 위험을 무릅쓰고 부상장병을 전장에서 구출해 들것으로 운반해준다면 정부는 감사하겠다는 내용이었다. 우리는 위험을 무릅쓸 각오를 하고 있었다. 그래서 스피온 콥 전투 이후, 우리는 화선 내에서 임무를 수행했다.

종군 중에는 전원이 하루에 25마일을 걸어야 할 때가 몇 번이나 있었다. 언젠가는 부상병들을 들것에 싣고 같은 거리를 걸어야 했다. 그렇게 해서 운반한 부상장병 중에는 우드게이트 장군도 있었다.

6주 뒤 우리 부대는 해산했다. 스피온 콥과 발크란즈에서의 패배 이후, 영국군 사령관은 레이디스미스 등의 땅을 보어인들의 포위에서 즉시 탈환하려는 작전을 포기하고, 영국과 인도로부터의 대규모 지원군을 기다려 서서히 작전을 진행하려 했다.

우리의 작은 봉사는 그때 크게 칭찬받았다. 이 일로 인도인들의 명성이 높아졌다.

"결국 인도인은 제국의 아들이다"라는 내용의 노래가 불렸다. 불러 장군은 서훈보고에서 우리 부대의 활동을 칭찬했고, 지휘관들은 종군훈장도 받았다.

인도인사회는 더욱 결속했다. 나는 인도인 계약노동자들과 많이 접촉할 수가 있었다. 노동자들은 더욱 각성했다. 그리고 힌두교도, 이슬람교도, 그리스도교도, 마드라스, 구자라트, 신드 출신자, 모두가 인도인이다. 감정이 더욱 공고해졌다. 이제 인도인들의 고통은 제거되어야 한다고 모두가 믿었으며, 그때에는 백인들의 태도에서도 명확한 변화를 볼 수 있었다.

전쟁에서 백인들과 접촉한 것은 기분 좋은 일이었다. 우리는 몇천, 몇만의 영국병사와 함께 생활할 기회를 가졌다. 병사들은 우리를 친구로 대해주었고, 우리가 병사들에게 봉사하기 위해 와 있는 것을 알고 감사했다.

힘들 때 인간의 동정심이 어떻게 깊어지는지 그 좋은 추억 하나를 여기에서 말하겠다. 우리는 치블리 주둔지로 향하고 있었다. 여기에서 치명상을 입은, 로버트 경의 아들 로버트 중위를 운반할 영예를 우리 부대가 맡았다. 이튿날 햇살이 몹시 뜨거웠는데 우리는 행진을 하고 있었다. 모두가 목이 말랐다. 마침 도중에 작은 개울이 있었다. 누가 먼저 물을 마시면 좋을까? 먼저 영국군이 마시고 나중에 우리가 마실 생각이었다. 그러나 영국병사들은 우리를 보고 먼저 물을 마시라고 주장했다. 그리고 한동안 우리들 사이에서 '당신들 먼저, 우리는 나중에' 이 같은 기분 좋은 말다툼이 이어졌다.

## 11 청소운동과 기아의연금

사회 어느 부분에서도 쓰임새가 없는 것은 나에게 있어서 언제나 마음에 걸리는 일이었다. 사람들의 결함을 숨기고 변호하는 일, 또는 결함을 제거하지 않은 채 권리를 옹호하는 것은 나에게 있어서 언제나 마음에 내키지 않는 일이었다. 그래서 나는 남아프리카에 거주하던 초기에 남아프리카 거주 인도인들에게 향해진 하나의 비난, 그것은 얼마간 사실이었는데, 그것을 제거하는 활동에 대해서 생각했다. 인도인들에 대한 비난은 집을 청결하게 하지 않는다, 생활이 몹시 불결하다는 것이었다. 이 비난을 없애기 위해, 처음에는 인도인 중에서 유력자로 평가되는 사람들의 집에서 개선이 시작되었다. 그러나 모든 집을 순회하게 된 것은 더반에서 페스트발생 우려가 감지되었을 때부터이다. 순회는 시 당국자의 협력과 찬동을 얻고 있었다. 우리들의 도움으로 당국자들의 부담이 가벼워진 것이다. 인도인들은 심한 피해를 입지 않고 끝났다. 일반적으로 페스트 등 전염병이 발생하면 당국자는 당황하고 대책수단은 한도를 넘고 만다. 당국의 눈엣가시가 되는 사람들에 대한 압력은 견디기 어렵게 된다. 인도인 사회는 자진해서 엄격한 수단을 취함으로써 당국의 가혹한 조치를 면한 것이다.

얼마간 쓰라린 경험도 했다. 정부에 여러 가지 권리를 요구할 때에는 쉽사리 인도사회의 지원을 받을 수 있으나, 의무를 지키도록 할 때는 그 지원을 받기가 무척이나 힘들다는 것을 알게 되었다. 몇몇 곳에서는 모욕을 당하거나 은근히 무시당하기도 했다. 사람들은 오물청소를 몹시 싫어했다. 더구나 그 때문에 돈을 낸다는 건 말도 안 되는 일이었다. 사람들에게 어떤 활동이라도 시켜야 한다면 인내심이 강해야만 한다. 이 교훈을 나는 충분히 배웠다. 개혁을 서두르는 마음은 개혁자 특유의 것이다. 사회에서 개혁을 바라는 사람은 그 사회로부터의 반대, 거부, 나아가 생명의 위험까지도 각오해야 한다. 개혁자가 개혁으로 인정하는 것을 사회가 개악(改惡)으로 간주하는 일이 없을 거라고 말할 수 있을까? 개악이라고까지는 하지 않아도 무관심하지 않을 거라 말할 수 있을까?

이 운동의 결과, 인도인 사회는 집 청소의 중요함을 다소나마 받아들였다. 시 당국자의 나에 대한 평가는 높아졌다. 나의 활동은 단순히 불만을 호소하거나 권리를 요구하는 것만은 아니며, 불만 호소나 권리요구에 적극적인 것처럼 인도인 사회의 내부개혁에도 똑같은 의욕과 결의를 가지고 있다고 이해한 것이다.

그러나 아직 인도인 사회의 의식을 다른 방향으로 눈뜨게 하는 일이 남아 있었다. 식민지거주 인도인은 기회가 있으면, 인도에 대한 자신의 의무를 이해하고 수행해야 한다. 인도는 가난한 나라이다. 사람들은 다른 나라로 벌이를 나간다. 위기 때 인도는 벌이의 일부를 받아야 한다. 1897년 인도는 기근이 들고 1899년에는 대기근이 들었다. 두 번의 기근 때 남아프리카에서 상당액의 의연금이 보내졌다. 두 번째에는 첫 번째 기근 때 모인 의연금을 훨씬 웃도는 액수가 모금되었다. 우리는 영국인들에게도 지원을 요청했는데, 좋은 반응이 있었다. 인도인 계약노동자들도 응분의 기부를 했다.

이와 같이 두 번의 기근 때 시작된 제도는 지금까지도 이어진다. 인도에서 무언가 위기가 있으면 인도인들은 언제나 남아프리카에서 상당한 의연금을 보내고 있다.

이렇게 남아프리카의 인도인들에게 봉사하면서 나는 몇 가지 일을 예상외로 잇따라 배우고 있었다. 진리는 하나의 거대한 나무이다. 나무를 돌보는 데 따라서 많은 결실을 맺는다. 결실에는 끝이 없다. 우리가 진리 속으로 들어가면 갈수록 그곳에서 많은 보석을 손에 넣고 봉사할 기회를 갖는 것이다.

### 12 인도로

전쟁의 임무에서 해방되자 나는 나의 활동무대는 남아프리카가 아니고 인도라고 생각했다. 남아프리카에서는 얼마간의 봉사활동을 반드시 하기는 하지만 주된 일은 돈벌이가 되고 만다고 생각한 것이다.

인도의 친구들도 귀국을 종용했다. 인도로 돌아가면 더욱 도움이 될지도 모른다는 생각을 나도 했다. 나탈에는 칸 씨와 만수클랄 나자르 씨가 있었기 때문이다.

나는 동료들 앞에서 임무를 해제해달라고 요구했다. 그것은 가까스로 하나의 조건을 붙여 받아들여졌다. 조건이란, 인도로 돌아간 뒤 1년 이내에 남아프리카의 인도인 사회가 필요로 한다면 남아프리카로 돌아온다는 것이었다. 이 조건은 힘들게 느껴졌지만, 나는 사랑의 실에 묶여 있었던 것이다.

신은 사랑의 무명실로 나를 묶었다
실을 잡아당김에 따라서 나는 신의 것이 된다
나에게 사랑의 단검이 꽂혀있다

이 미라바이*¹¹ 의 비유는 다소나마 나에게 들어맞았다. 판차야트*¹² 도 최고신 그 자체이다. 친구들의 말은 거절할 수 없었다. 나는 약속하고 허가를 받았다.

이때 내가 밀접하게 관계를 가지고 있었던 것은 나탈뿐이었다고 말해야 할 것이다. 나탈의 인도인들은 나의 온몸에 사랑의 감로수를 부어주었다. 이르는 곳마다 감사장 증정식이 개최되었고 모든 곳에서 고가의 선물을 받았다.

1896년에 귀국했을 때에도 선물을 받았지만, 이번의 선물과 집회 광경에 나는 압도되고 말았다. 선물에는 금은이 있었고 다이아몬드도 있었다.

이와 같은 모든 물품을 받을 자격이 과연 나에게 있을까? 받는다면, 인도인 사회에 대한 봉사는 무보수로 하기로 한 내 마음은 어떻게 설득할 수 있을까? 의뢰인이 보내온 몇 가지를 제외하고 나머지 모두는 나의 공적인 활동 때문이었다. 게다가 내 마음에는 의뢰인들과 다른 동료들 사이에 아무런 구별도 없었다. 주된 의뢰인들 모두가 공적인 활동에서도 지원자였던 것이다.

게다가 선물에는 아내 카스투르바를 위한 50기니나 되는 목걸이가 있었다. 그러나 그 물품도 나의 봉사 때문에 받은 것이므로 그것을 별도로 할 수는 없었다.

주된 선물은 저녁에 받았다. 그날 밤은 미친 사람처럼 잠을 이루지 못하고 방 안을 돌아다녔으나 해결책은 아무것도 없었다. 값비싼 선물을 포기하는 것은 어려웠고, 곁에 두는 것은 더욱 어려웠다.

선물을 내가 가지면 아이들은 어떻게 되고, 아내는 어떻게 될까? 처자에 대한 교육은 봉사의 가르침이었다. 봉사에 대한 대가는 받아서는 안 된다고 언제나 역설했다. 나는 집에 값비싼 장신구 등을 두지 않았고, 생활은 더욱 더 검소해지고 있었다. 이와 같은 상태에서 금시계는 누가 사용하고 금줄과 다이아반지는 누가 몸에 지닐까? 나는 그 무렵에도 장신구 등에 대한 집착을 버리라고 타인에게 역설하고 있었는데, 지금 이 장신구나 보석을 어떻게 하면 좋을까?

이와 같은 것을 곁에 두어서는 안 된다는 결론에 도달했다. 파르시 루스탐지 등을 이 장신구류의 신탁수탁인으로 하고 편지 초고를 준비했다. 아침에 가족들과 상담해 나의 무거운 짐을 가볍게 하기로 했다.

아내를 설득하는 것은 어려울 줄 알고 있었으나 아이들을 설득하는 것은 조금도 어렵지 않을 거라고 믿었다. 아이들을 변호사로 삼자고 생각했다.

아이들은 곧 이해했다.

"우리는 장신구가 필요치 않아요. 모두 돌려보내야 해요. 앞으로 필요해지면 우리가 사면 되잖아요?"

나는 기뻤다.

"그럼, 어머니를 설득해주겠구나?"

"물론이죠, 우리의 역할인데. 어머니는 장신구를 달지 않잖아요. 우리를 위해 곁에 두려는 것인데, 우리는 필요치 않으니까 어머니가 고집할 이유가 없어요."

그러나 설득은 생각했던 것 이상으로 어려웠다.

"당신에겐 필요하지 않을 거예요. 아이들도 그렇겠죠. 아이들은 당신의 말에 따르니까. 하지만 내가 달고 다니지 않아도, 나의 며느리들은 어쩌죠? 며느리들에게 줄 수도 있잖아요? 게다가 내일 당장 우리에게 무슨 일이 있을지 누가 알아요? 이렇게 마음을 담아주신 것을 돌려보낼 수는 없어요."

아내의 말에는 눈물이 섞여 있었다. 그러나 나와 아이들은 굽히지 않았다. 나는 조용히 말했다.

"아이들 결혼 때까지 기다리기로 합시다. 어려서 결혼시켜야만 하겠소? 어른이 된 다음에 시킵시다. 그리고 우리가 장신구를 좋아하는 며느리를 찾아야만 하겠소? 또 설령 무언가 해 주어야 한다면, 내가 있지 않소?"

"당신에 대해서는 잘 알고 있어요. 나에게 장신구를 사주지 않은 당신이 며느리에게 무얼 사주시겠다는 거예요? 아이들에게 벌써부터 물욕을 버리게 하려는 것이죠. 이 장신구는 돌려줄 수 없어요. 게다가 내 목걸이에 당신이 무슨 권리가 있어요?"

"그렇지만 이 목걸이가 당신의 봉사로 받은 것이오? 그렇지 않으면 나의 봉사로 받은 것이오?"

"뭐라고 해도 당신의 봉사는 내 봉사도 되는 거예요. 당신은 나를 밤낮 부려먹지 않았나요? 이것은 봉사가 아닌가요? 나를 울리면서까지 아무나 집에 묵게 하고 봉사시키지 않았나요?"

이 모든 화살은 날카롭게 내게 꽂혔다. 그러나 나는 장신구는 돌려주기로 정했다. 가까스로 카스투르바의 동의를 얻어, 1896년과 1901년에 받은 선물을 돌려보냈다. 신탁으로 하여, 공적인 활동을 위해 개인 또는 신탁수탁인의 의향에 따라 사용한다는 조건하에 은행에 맡겼다. 이 장신구를 매각함으로써 나는 몇 번이나 활동자금을 모을 수가 있었다. 이것은 오늘날에도 긴급기금으로 남아 계속 불어나고 있다.

이 조치에 대해 나는 결코 후회하지 않았다. 세월이 지나자 카스투르바도 그것이 적절했다고 생각하게 되었다. 우리는 많은 유혹에서 벗어난 것이다.

공적인 활동을 하는 봉사원에게 개인적인 선물은 있을 수 없다는 것이 나의 의견이다.


## 13 인도에서

이런 경위로 인도를 향해 출발했다. 도중에 모리셔스 섬이 있어서 배는 그곳에 장기간 기항하기로 되어 있었다. 그래서 모리셔스에 상륙해 이곳 상황을 잘 알아보기로 했다. 나는 지사인 찰스 부르스 경의 저택에서 하룻밤을 지냈다.

인도에 도착해서 한동안은 여행으로 보냈다. 1901년의 국민회의 연차대회는 캘커타에서 개최되었고 딘쇼 와차가 의장이었다. 나는 대회에 가려고 생각했다. 연차대회는 나에게 있어서 첫 경험이었다.

나는 뭄바이에서 페로제샤 메타와 같은 기차로 갔다. 나는 그에게 남아프리카에 대해 이야기해주어야 했다. 그가 탄 객차는 특별객차였으므로, 나는 한 역만 동승할 허가를 얻었다. 그의 왕후와 같은 생활상은 알고 있었다. 나는 특별객차에 동승할 허가를 받은 역에서 승차했다. 그때 객차에는 딘쇼와 치만랄 세탈바드가 동승해 그와 정치에 대한 논의를 하고 있었다. 그는 나에게 말했다.

"간디, 자네를 위해 할 수 있는 일이 없는 것 같군. 자네가 말한다면 결의안은 통과시키겠지만, 이 인도에서 우리에게 무슨 권리가 있나. 우리가 정권을 잡지 않는 한, 식민지에서 그대들의 상황은 개선되지 않을 것이네."

나는 이 말을 듣고 깜짝 놀랐다. 치만랄 경은 동조했다. 딘쇼 경은 나를 동정하는 눈길로 봐주었다.

나는 설득하려고 했다. 그러나 나 같은 사람이 뭄바이의 무관의 제왕을 설득할 수 있을까? 연차대회에서 결의안을 제출하는 것만으로 만족하기로 했다.

"간디, 결의안을 써서 보여주시오!"

딘쇼 와차 경은 이렇게 말하며 나를 격려했다.

나는 감사했다. 기차가 다음 역에서 정차하자, 나는 달려서 내 차량으로 돌아왔다.

캘커타에 도착했다. 시민은 의장 등의 지도자들을 성대하게 맞이해 데리고 갔다. 나는 어느 봉사원에게 물었다.

"어디로 가면 되죠?"

봉사원은 나를 리폰 대학으로 데려다 주었다. 많은 대표자들이 묵고 있었다. 다행히 내가 묵는 곳에 로카만야 틸라크도 숙박하게 되었다. 로카만야는 하루 뒤에 도착한 것으로 기억한다. 로카만야가 있는 곳에는 작은 다르바르*¹³가 형성된다. 내가 화가였다면 로카만야가 앉아있었던 침대의 그림을 그릴 수 있었을 것이다. 그 장소, 로카만야와 모임을 지금도 확실하게 기억하고 있을 정도이다. 헤아릴 수 없을 만큼의 면회자 가운데 단 한 사람의 이름을 기억한다. ―〈암리타 바자로 패트리카〉지의 모티바브. 두 사람의 큰 웃음소리, 지배계급의 부정에 대한 대화는 결코 잊을 수 없다.

그러나 이곳의 운영상태에 대해서 조금 살펴보자.

봉사원들은 서로 충돌만 하고 있다. 일이 맡겨지면 자기는 하지 않고 바로 다른 봉사원에게 떠넘긴다. 두 번째 사람은 세 번째에게, 세 번째 사람은 또 다음 사람에게 넘기는 식이다. 딱한 대표자에게는 봉사원이 없는 거나 다름이 없다.

나는 많은 봉사원들과 친해져서, 남아프리카의 일을 살짝 얘기해 보았다. 내 말을 듣고 봉사원들은 조금 부끄러워했다. 나는 봉사의 비결을 설명하려 했고 그들도 조금은 이해를 해주었다.

그러나 봉사에 대한 관심은 버섯처럼 순식간에 퍼지는 것은 아니다. 봉사에는 의욕이 필요하고, 그 다음으로 훈련이다. 순진하고 선량한 봉사원들에게는 크게 의욕은 있었으나, 교육과 훈련은 어디서 받아야 할까? 연차대회는 해마다 3일간 개최되고 그 뒤로는 휴면이다. 매년 3일간의 교육으로 무엇을 얻겠다는 것인가.

대표자는 봉사원과 같다. 대표자도 똑같이 3일간의 교육을 받는다. 자기 일을 스스로 하지 않는다. 온갖 일을 명령하고 지시하며, "봉사원! 이것 가져와, 저것 가져와"를 연발하고 있다.

거룩한 시인 아코*[14]가 말하는 '불가촉(不可觸)'*[15]에 대해서도 충분히 체험했다. 불가촉을 인정하는 사람들이 많이 있었다. 드리비다의 취사장은 완전히 딴판이었다. 이 대표자들은 '시선의 더러움'*[16]도 인정하고 있었다. 대학 안뜰에는 멍석으로 둘러싸인 취사장이 만들어져 있었다. 질식할 정도의 연기. 식사는 모두 그 가운데서 하고 있었다. 취사장은 마치 금고처럼 사방이 닫혀 있었다.

바르나 다르마*[17] 하고는 반대로 생각되었다. 대회에 오는 대표자들이 이 정도로까지 불가촉을 지킨다면, 그들을 선출해 내보낸 주민들 사이에서는 그 정도가 얼마나 심할까? 이와 같이 삼률법(三率法)을 적용해서 얻은 답에 나는 깊은 한숨을 쉬었다.

비위생적인 것에는 끝이 없었다. 사방팔방이 물에 잠겨 있었다. 화장실이 지나치게 작은 것이다. 그 악취를 떠올리면 지금도 끔찍하다. 나는 봉사원에게 보여주고 확실하게 말했다.

"이것은 청소인이 할 일이오."

나는 빗자루를 찾았다. 봉사원은 아연해서 나의 얼굴을 보고만 있다. 나는 빗자루를 찾아내 화장실 청소를 했다. 그러나 이것은 나를 위한 것이다. 볼일을 보는 사람은 많고 화장실은 적었다. 용변을 볼 때마다 청소가 필요하다. 그때마다 내가 청소를 할 수는 없으므로 내 편의를 위해 청소하는 것으로 그쳤다. 내가 보기에 다른 사람들은 이 불결함에 신경 쓰지 않았다.

그러나 이것만이 아니었다. 밤에 어떤 자가 방 앞 베란다에 거리낌없이 용무를 보았다. 이른 아침 나는 봉사원들에게 오물을 보여주었다. 아무도 나서는 사람이 없었다. 청소를 하는 영예는 나만이 누렸다.

오늘날 이와 같은 일은 크게 개선되었으나, 무심한 대표자들은 아직 캠프의 이곳저곳에 배설을 해 더럽히고 청소원들은 청소할 생각을 하지 않는다.

나는 만일 이와 같은 비위생적인 상태에서 연차대회 회기가 연장된다면 반드시 전염병이 만연할거라 생각했다.

## 14 사무원과 베아라*[18]

연차대회 개최까지는 이틀이 남아있었다. 나는 경험을 위해 사무국에서 봉사할 것을 제의하려고 마음먹었다.

캘커타에 도착한 날에 몸을 씻은 다음 사무국으로 갔다. 부펜드라나트 바수 씨와 고살 씨가 간사였다. 나는 부펜드라 씨에게로 가 봉사를 제의했다. 그는 나를 보고 말했다.

"내쪽에는 할 일이 없지만 고살 씨가 당신에게 무언가 일감을 줄지도 모릅니다. 그분에게 가보시죠."

나는 고살 씨에게로 갔다. 그는 나를 뚫어지게 보더니 약간 웃음을 짓고 물었다.

"나에게는 사무원 일이 있는데 해보겠소?"

"물론 하겠습니다. 제가 할 수 있는 일이라면 무엇이건 하려고 찾아온 것입니다."

"젊은 사람이 정신이 제대로 되었군."

그러고는 곁에 서 있는 봉사원들 쪽을 보고 말했다.

"이 청년이 뭐라고 말했는지 방금 들었겠지?"

그런 다음 나를 향해서 말했다.

"그러면 여길 봐요. 이 산더미 같은 편지와 내 앞의 의자. 의자에 앉아요. 보는 바와 같이 나에게는 몇백 명의 면회인이 있소. 내가 직접 면회인을 만나거나, 도움이 안 되는 편지 발신인에게 회신을 써야만 하오. 그런데 편지쓰는 일을 시킬 만한 사무원이 없소. 이 많은 편지 가운데 도움이 되는 것은 거의 없소. 그러나 모두 훑어보고 수령통지가 적절하다면 보내기 바라오. 회신에 대해서 내게 물을 것이 있으면 언제든 물어보시오."

나는 이 신뢰에 완전히 흐뭇해지고 말았다.

고살 씨는 나를 몰랐다. 그는 나의 주소성명을 나중에 조사한 것이다. 산더미처럼 쌓인 편지를 정리하는 일은 매우 간단해서, 앞에 쌓인 것을 곧바로 처리했다. 고살 씨는 기뻐했다. 그는 대단히 바쁜 사람이라, 자기의 시간 대부분을 말하는 데 썼다. 나의 경력을 안 뒤에, 사무원 일을 시킨 것을 부끄럽게 생각했다. 나는 그를 안심시켰다.

"당신과 내가 비교가 됩니까? 당신은 국민회의의 오랜 봉사원으로 나에게는 아버지와도 같습니다. 나는 경험 없는 젊은이입니다. 당신은 이 일을 저에게 맡김으로써 은혜를 베풀어주셨습니다. 그것은 국민회의에서 활동하고 싶었던 내게 국민회의의 업무를 이해할 얻기 어려운 기회를 주셨기 때문입니다."

"사실 그것이야말로 진정한 정신이오. 그러나 요새 젊은이들은 이 정신을 인정하지 않아요. 물론 나는 국민회의를 발족할 때부터 알고 있소. 발족에는 흄 씨와 함께 나도 관여하고 있소."

고살 씨는 이렇게 말했다.

우리는 무척 가까운 사이가 되었다. 점심식사 때 그는 나와 자리를 함께했다. 고살 씨의 단추도 '베아라'가 달고 있었다. 이것을 보고 베아라의 일을 내가 대신했다. 그 일을 좋아했기 때문이다. 나에게는 연장자를 크게 경애하는 마음이 있었다. 내 마음을 알자 그는 자기 개인적인 일을 모두 나에게 맡기게 되었다. 내가 단추를 달고 있을 때 그는 미소를 짓고 있었다.

"국민회의 봉사자에게는 단추를 달 시간도 없소. 왜냐하면 그때도 일이 있으니까."

이 악의 없는 순수함에 웃음이 절로 났는데, 이와 같은 봉사에 대해서 싫은 마음은 전혀 들지 않았다. 그리고 내가 받은 이익, 그 가치는 헤아릴 수 없는 것이다.

며칠이 지나자 나는 국민회의의 운영에 대해서 알게 되었다. 많은 지도자들과 만났다. 고칼레, 수렌드라나트 바네르지 등의 전사들이 늘 드나들었다. 지도자들의 태도를 볼 수 있었고, 시간이 낭비되는 것도 보았으며, 영어가 압도적인 것도 보았다. 노력의 절약에 대해서는 거의 고려되지 않았다. 그래서 그때도 나는 유감으로 생각했다. 혼자서 할 수 있는 일을 몇 사람이 하는 것을 보았고, 대단히 중요한 일을 아무도 하지 않는 것도 보았다.

나의 마음은 이 모든 사태를 비판하고 있었다. 그러나 마음은 관대했기 때문에, 현재 행해지고 있는 일에 대해 이 이상의 개선은 불가능하다고 보고, 누구에게도 불쾌한 마음은 가질 수 없었다.

### 15 연차대회에서

연차대회가 개최되었다. 큰 천막의 장대한 광경, 줄지어 서 있는 봉사원들, 단상의 지도자들을 보고 나는 압도당했다. 이 대회에서 나의 위치를 알수 있을까 생각하니 불안해졌다.

의장의 연설은 한 권의 책 그 자체였다. 모두 읽을 수 있는 상황은 아니어서 몇 부분만을 읽었다.

그 뒤에 의사운영위원회가 선출되었다. 고칼레는 나를 위원회로 데리고 갔다.

페로제샤 경은 나의 결의안을 통과시키겠다고 말해주었는데, 의사운영위원회에서 누가 언제 제출할 것인지 생각하면서 나는 위원회에 앉아있었다. 하나하나의 결의안에는 모두 영어인 장황한 연설과 저명인들의 이름이 있었다. 이 큰 북소리 가운데서 작은 피리 같은 나의 가냘픈 목소리를 도대체 누가 들어줄 것인가? 밤이 깊어감에 따라서 나의 심장은 두근거렸다. 끝이 가까워질수록 결의안은 일사천리의 속도로 통과했던 기억이 난다. 위원들은 모두 서둘러 돌아가려 한다. 시각은 밤 11시를 가리키고 있는데 나에게는 말할 용기조차 없다. 나는 고칼레를 찾아갔다. 그는 나의 결의안을 살펴봐 주고 있었다.

나는 그의 의자 가까이 다가가 살며시 말했다.

"저를 위해 무언가 해주실 수 있겠습니까?"

그는 말했다.

"당신의 결의안을 잊지 않고 있소. 위원회의 성급함은 보는 바와 같소. 그러나 이 결의안은 잊지 않게 할 것이오."

"이제 다 끝이 났나요?"

페로제샤 경이 말했다.

"남아프리카 결의안이 아직 남아있습니다. 간디 씨는 계속 기다리고 있습니다."

고칼레가 발언을 했다.

"당신은 결의안을 읽어보았습니까?"

페로제샤 경이 물었다.

"물론입니다."

"그럼, 간디 씨, 읽어보시오."

나는 떨리는 목소리로 읽었다.

고칼레가 지지했다.

"전원일치로 통과."

모두가 일제히 말했다.

"간디, 당신에게 할당된 시간은 5분이오"라고 와차는 말했다.

이 광경에 나는 기뻐할 수 없었다. 누구도 결의안을 이해하려고는 하지 않고, 돌아가려고 서두르고 있었다. 고칼레가 결의안을 읽었다고 하니, 다른 사람들은 읽거나 들을 필요를 느끼지 않았던 것이다.

아침이 되었다.

나는 연설에 대해 걱정하고 있었다. 5분으로 무엇을 말할 수 있을까? 나는 충분히 준비했으나 적절한 말이 떠오르지 않았다. 쓴 원고를 읽는 일은 하지 않겠다고 결심하고 있었다. 남아프리카에서 습득한 연설 능력을 이곳에서 잃은 것 같은 생각이 들었다.

나의 결의안 차례가 되자 딘쇼 와차 경이 내 이름을 불렀다. 나는 일어섰으나 현기증이 났다. 이럭저럭 결의안을 다 읽었다. 어느 시인이 도항(渡航)과 배 여행을 찬미한 자작시를 인쇄해 대표자 전원에게 배포했었다. 나는 그 시를 낭독했다. 그리고 남아프리카에서의 몇 가지 어려운 점에 대해서 약간 이야기를 했다. 그러자 딘쇼 경의 벨이 울렸다. 아직 5분도 이야기하지 않았다고 생각했다. 이 벨은 제한시간 2분 전에 경고로서 울리는 것인데, 나는 그것을 모르고 있었다. 다른 많은 사람들이 30분, 45분을 이야기해도 벨은 울리지 않았었다. 나는 유감으로 생각했다. 벨이 울리자 바로 앉고 말았다. 그러나 그 시에 페로제샤 경에 대한 회답이 나와 있다고 그때 내 미숙한 머리는 단정했다.

결의안 통과에 무언가 문제는 없었을까? 그 무렵 청중과 대표자는 구별되어 있지 않았다. 결의안 반대 따위는 있을 수 없다. 전원이 거수를 하고 모든 결의안은 전원일치로 통과한다. 나의 결의안도 그렇게 통과했다. 그러므로 결의안의 중요성은 몰랐던 것이다. 그래도 국민회의에서 결의안이 통과한 것을 나는 몹시 기뻐했다. 국민회의의 승인은 전 인도의 승인이라고 아는 것은 누구에게나 충분하지 않을까?

## 16 커즌 경의 다르바르

연차대회는 끝났으나 나는 남아프리카의 활동을 위해 캘커타에 머물러 상공회의소 등의 단체를 방문해야 했다. 그래서 캘커타에는 한 달을 머물렀다.

이번에는 호텔에 투숙하지 않고, 소개로 '인디아 클럽'에 머물기로 했다. 이 클럽에는 유력한 인도인들이 묵고 있었다. 유력자들과 접촉해, 남아프리카에서의 활동에 관심을 갖게 할 수 있을지도 모른다는 욕심이 생겼다. 이 클럽에 가끔 고칼레가 당구를 치러 와있었는데, 내가 캘커타에 머물 예정임을 알고는 함께 클럽에 머물도록 초청해준 것이다. 나는 고맙게 받아들였다. 그러나 내 발로 가는 것은 적절하지 않다고 생각해 이틀 동안 기다리자 고칼레가 나를 클럽으로 데리고 갔다. 내가 염려하는 것을 보고 말했다.

"간디, 자네는 이 나라에 살아야 하니까 부끄러워해서는 안 돼. 가능한 한 많은 사람들과 접촉해야 하네. 나는 자네가 국민회의해서 활동해주길 바라네."

고칼레에 대해서 말하기 전에 '인디아 클럽'에서의 한 경험을 이야기하자.

이 시기에 커즌 경의 다르바르가 개최되었다. 참가하는 왕들이 이 클럽에 머물고 있었다. 클럽에서 왕들은 늘 멋진 벵골식 도티, 쿠르타, 차다르*¹⁹ 복장으로 지내고 있었다. 그런데 오늘은 왕들이 바지, 아치칸*²⁰, 칸사마*²¹ 같은 터번과 번쩍거리는 장화 차림이었다. 나는 슬퍼져서 이 변화의 이유를 물었다.

"우리의 괴로움은 우리만이 알고 있소. 재산과 칭호를 지키기 위해 견뎌야만 하는 모욕을 당신이 어떻게 알겠소?"

"그러나 이 급사와 같은 터번과 장화는 무엇 때문입니까?"

"우리와 급사들 사이에 무슨 차이가 있소? 저들이 우리의 급사라면, 우리는 커즌 경의 급사나 다름없소. 다르바르에 결석하면 벌을 받아야 하고, 평상시 복장으로 가면 위반이 되오. 그곳에 가도 커즌 경과 대화할 기회가 있는 줄 아시오? 결코 없소."

나는 이 솔직한 형제에게 동정을 느꼈다.

이와 비슷한 또 다른 다르바르가 떠오른다. 카시의 힌두대학 정초식(定礎式)이 하딩 경의 손으로 집행되었을 때 다르바르가 열렸다. 왕들이 참가했는데, 판디트 말라비야지가 나에게도 참석하도록 특별히 권해주어 나는 참석했다. 비단 파자마*²², 비단 아치칸, 목에는 다이아몬드와 진주목걸이! 팔에는 팔찌, 그리고 터번에는 다이아몬드와 진주 방울장식! 또 허리에는 손잡이가 금으로 된 칼을 차고 있었다. 누군가 가르쳐 주었는데, 이와 같은 것은 왕위의 표시가 아니고 예속의 표시였다. 이 사람들은 왜 이렇게 사내에게 걸맞지 않은 장신구를 자발적으로 몸에 달고 있는 것일까 하는 생각이 들었다. 그러나 이런 자리에는 소유하고 있는 모든 고가의 장신구를 몸에 달고 가는 것이 왕들에게 의무화되고 있었던 것이다. 왕들 가운데에는 이런 장신구를 다는 것을 혐오하는 자도 있었고, 그런 사람들은 이런 다르바르 자리 이외에 어디에서도 장신구를 달지 않는다는 것도 알았다. 이것이 어느 정도 진실인지 나는 모른다. 다른 기회에 몸에 달건 말건, 총독의 다르바르이건 다른 장소이건 여성들에게나 어울릴 장신구를 달고 가야만 하다니 대단히 괴로운 일이다. 재산과 권력과 위신은 사람에게 얼마나 많은 죄와 과실을 범하게 하는 것일까!

### 17 고칼레와 함께한 한 달—1

첫날부터 고칼레는 내가 손님이란 것을 느끼게 하지 않았다. 그는 나를 친동생처럼 대해주며, 내가 필요로 하는 모든 것을 알고 그에 따라 모든 조치를 취해주었다. 다행히도 내가 필요로 하는 것은 그리 많지 않았다. 모든 것을 스스로 해결하는 습관이 몸에 배어 있었기 때문에 남의 신세를 질 일은 얼마 없었다. 자립 습관, 청결한 복장, 근면과 규칙적인 생활이 그에게 깊은 인상을 주어, 그것을 그가 크게 칭찬하여 나는 당황하고 말 정도였다.

그가 나에게 숨긴 것이 있다고는 생각되지 않았다. 유력자가 찾아오면 누구에게나 나를 소개해주었다. 이렇게 알게 된 분들 가운데 지금도 내 눈에 가장 선하게 떠오르는 것은 레이 박사이다. 박사는 고칼레의 이웃에 살고 있었는데, 거의 매일 고칼레를 만나기 위해 찾아왔다.

"이분이 레이 교수시네. 매월 800루피의 수입이 있는데도, 자기가 쓸 40루피만을 남기고 나머지는 모두 공적인 활동을 위해 기부하고 계시지. 결혼은 하지 않았고 할 마음도 없네."

이 같은 말로 고칼레는 교수를 소개해주었다.

오늘날의 레이 박사와 그 무렵 레이 교수 사이에서 나는 차이를 거의 발견할 수 없다. 그 무렵의 복장은 오늘날에도 거의 그대로다. 물론 박사는 요즘에는 카디*23를 입고 있는데 그 무렵에 카디는 없었다. 인도방적공장에서 생산한 천이었을 것이다. 고칼레와 레이 교수의 대화를 듣고 있으면 지루하지가 않았다. 화제는 인도의 국익에 대한 것이거나 지적문제였다. 몇 가지 화제는 듣고 있으면 괴롭기도 했다. 그것은 지도자들에 대한 비판이었기 때문이다. 내가 위대한 전사로 알고 있던 이들이 하찮은 인물로 생각되었던 것이다.

고칼레의 일하는 모습을 보고 나는 기쁨을 느꼈고 가르침도 받았다. 그는 한순간도 시간을 낭비하지 않았다. 모든 교우관계는 인도를 위한 것으로만 느껴졌다. 모든 화제도 인도를 위한 것이었다. 이야기에 불성실, 오만, 허위는 일체 볼 수 없었다. 인도의 빈곤과 예속은 그를 언제나 괴롭혔다. 많은 사람들이 여러 가지 문제로 그의 관심을 이끌어내려고 찾아왔는데, 내방자들에 대한 대답은 한결같았다.

"당신이 그 일을 해주세요. 나에게 내 일을 하게 해주세요. 나는 인도의 독립을 달성해야 합니다. 독립을 달성하면 무언가 다음 일이 생각날지도 모릅니다. 하지만 지금은 이를 위해 나에게 한순간도 시간이 남아 있지 않습니다."

라나데에 대한 그의 숭배하는 마음은 말끝마다 볼 수 있었다.

"라나데는 이렇게 말씀하셨다."

이 말은 그의 대화에서 거의 '수타가 말하기를*24'과 같았다. 나의 체재 중의 일이었는데, 라나데 탄생제(또는 사망제였는지 정확하게 기억하지 못한다)가 있었다. 고칼레는 해마다 이를 축하하는 것 같았다. 그때 나 이외에 그의 친구들, 카다바테 교수와 그 밖의 분들이 있었다. 그는 탄생제를 축하하기 위해 그 사람들을 초대하고, 그 기회에 우리에게 라나데의 많은 추억을 들려주었다. 라나데, 텔랑*25, 만달리크*26의 비교도 했다. 그는 텔랑의 연설을 칭찬하고 개혁자로서 만달리크를 칭송했다. 만달리크가 의뢰인을 얼마나 배려했는지를 보여주는 예로, 한 이야기를 들려주었다.

한번은 만달리크가 그만 매일 타는 기차를 놓친 일이 있었다. 재판에 늦어 의뢰인이 패소하면 안 되므로, 그는 서둘러 특별객차를 준비해 법정으로 달려갔다는 것이다. 그리고 라나데의 다방면에 걸친 능력을 말하며, 그 무렵 지도자들 가운데서 라나데의 탁월함을 말해주었다. 라나데는 단순한 판사가 아니었다. 역사가이고, 경제학자이며, 개혁자였다. 판사임에도 불구하고 두려움 없이 국민회의 연차대회에 청중의 한 사람으로 출석하고 있었다. 이렇게 라나데의 명민함을 사람들은 확신했기 때문에 모두 라나데의 판결을 받아들였다고 말하는 고칼레의 기쁨에는 한이 없었다.

고칼레는 마차를 가지고 있었다. 나는 그에게 불평을 한 적이 있었다. 그가 놓인 입장을 이해하지 못했기 때문이다.

"당신은 왜 시내전차로 가지 못합니까? 지도자계급의 위엄이 손상되기 때문입니까?"

약간 상처입은 표정으로 그는 대답했다.

"자네까지 나를 이해하지 못했군. 중앙참사회로부터의 보수는 나를 위해서는 쓰지 않네. 자네가 시내전차를 타는 것을 보고 부럽게도 생각했지. 그러나 탈 수 없네. 자네도 나처럼 사람들에게 알려지면 시내전차를 타는 것이 불가능하지는 않더라도 곤란해질 걸세. 지도자가 하는 일을 모두 사치로 생각하다니, 당치도 않네. 그대의 검소한 생활은 좋아하네. 나도 가능한 한 검소하게 살려고 하지만, 나와 같은 자들에게 어느 정도의 지출은 피할 수 없음을 생각해주게."

이것으로 나의 불만 가운데 하나는 확실하게 해결되었다. 그러나 내가 말한 또 다른 불만에 그는 나를 만족시킬 만한 대답을 내놓지 못했다.

"그러나 당신은 산책도 제대로 하지 않습니다. 그러므로 병에 걸려도 놀랄 일이 아닙니다. 인도를 위한 활동 때문에 운동할 틈도 없다는 것입니까?"

"산책을 할 정도로 한가한 시간이 나에게 있을까?"

나는 고칼레를 존경하는 마음이 강했기 때문에 반론은 하지 않았다. 그의 대답에 만족하진 않았으나 나는 말없이 있었다. 아무리 할 일이 많아도 우리는 식사시간을 내듯이 운동하는 시간을 만들어내야 한다. 그 무렵 나는 그렇게 생각하고 있었고 오늘날에도 그렇다. 나의 좁은 소견으로는 그것이 인도에 더 봉사할 수 있는 길이다.

## 18 고칼레와 함께한 한 달—2

나는 고칼레의 비호하에 종일 집에서 지냈던 것은 아니다.

남아프리카의 그리스도교도 친구들에게, 인도의 그리스도교도들과 만나 그 사람들이 놓여있는 처지에 대해서 알아볼 생각이라고 말했다. 칼리차란 바네르지의 이름은 들은 적이 있는데, 그는 선두에 서서 국민회의 활동에 참가했었기 때문에 나는 그를 존경하고 있었다. 인도의 일반 그리스도교도는 국민회의, 힌두교도, 이슬람교도와는 떨어져 있었다. 그렇기 때문에 일반 그리스도교도들에 대한 불신의 마음은 칼리차란 바네르지에 대한 것은 아니었다. 나는 그와 만나는 일에 대해서 고칼레에게 의견을 물었다. 고칼레는 말했다.

"그를 만나서 무엇을 얻겠다는 건가? 그분은 대단히 좋은 분이지만 자네를 만족시키지 못할 걸세. 나는 그분을 잘 안다네. 그래도 가겠다면 가게."

나는 면회시간을 청했다. 그가 바로 시간을 내주어 나는 찾아갔다. 그의 집에서는 부인이 임종을 기다리고 있었다. 집은 검소했다. 연차대회에서는 양복 차림인 그를 보았는데 집에서는 벵골식 도티, 쿠르타 차림이었다. 그때 나는 파르시식 저고리와 바지차림이었는데, 그의 복장과 검소함이 대단히 마음에 들었다. 그의 시간을 빼앗는 일이 없도록 나는 곧바로 자신의 고민을 털어놓았다.

그는 나에게 물었다.

"우리가 죄를 짊어지고 태어나는 것을 믿습니까?"

"네, 믿습니다."

"그런데 이 원죄의 사면은 힌두교에는 없는데 그리스도교에는 있습니다."

그리고 그는 말을 이었다.

"죄의 보속은 죽음입니다. 성서는 말합니다. 이 죽음에서 벗어나는 길은 예수에게 몸을 맡기는 것이라고요."

나는 《바가바드기타》의 절대귀의(絶對歸依)를 언급했으나 별 도움이 되지 못했다. 나는 이 착한 사람의 선의에 감사했다. 나는 만족하지 못했지만 그래도 이 회견에서 이익을 얻었다.

이 한 달 동안에 나는 캘커타의 골목길을 하나하나 돌아다녔다. 대부분의 용무는 걸어다니며 마쳤다. 이 무렵 미테르 판사와 구르다스 바네르지 경을 만났다. 남아프리카에서의 활동에 이 사람들의 도움이 필요했기 때문이다. 이 무렵에 라자 퍄리모한 무카르지 경도 만났다.

칼리차란 바네르지는 나에게 칼리 사원에 대해 이야기해주었다. 나는 그 사원을 보고 싶다는 욕구가 생겼다. 사원에 대해서는 책으로 읽은 적이 있었다. 그래서 어느 날 사원으로 갔다. 미테르 판사의 저택은 같은 지역에 있었다. 그래서 판사를 만난 그날 칼리 사원으로 갔다. 도중에 양을 제물로 바치는 행렬이 길게 이어져 있었다. 사원으로 가는 골목으로 접어들자 바로 거지들 무리를 보았다. 그곳에는 수행자도 있었다. 그 무렵에도 나는 몸이 튼튼한 거지에게는 아무것도 주지 않기로 마음에 정하고 있었다. 거지들은 나를 에워쌌다.

대좌에 앉아있던 한 수행자가 나를 불러서 물었다.

"어디로 가는 길이오?"

나는 사실대로 말했다. 수행자는 나와 나의 동행에게 앉으라고 말했다. 우리는 앉았다.

내가 물었다.

"양을 제물로 바치는 것을 종교라고 믿습니까?"

수행자가 말했다.

"살아있는 것을 죽이는 것을 누가 종교라고 하겠소?"

"그러면 당신은 왜 이곳에서 사람들을 설득하지 않는 것입니까?"

"그건 내가 할 일이 아니오. 나는 이곳에서 신에게 예배를 드리는 것이오."

"그러나 예배를 드릴 다른 장소는 없었습니까?"

"어디에 앉건 같은 것이오. 사람들은 양떼와 같소. 위대한 자가 이끄는 곳으로 따르지. 그것이 우리 수행자에게 무슨 관계가 있소?"

나는 대화를 계속할 수 없었다. 사원으로 들어가니 피의 강이 흐르고 있었다. 참배할 기분은 사라지고 나는 놀라서 어찌할 바를 몰랐다. 그 광경은 지금도 잊지 못한다. 그날 벵골의 어느 모임에서 나를 초대했다. 그래서 나는 한 사람에게 이 잔인한 예배에 대해서 이야기했고 그 사람은 이렇게 말했다.

"사원에서 북소리가 요란하지 않습니까? 그 시끄러운 가운데서 어떻게 죽이건 양에게는 고통이 없을 겁니다."

그 사람의 사고를 나는 이해할 수 없었다. 양들이 말을 할 수 있다면 다르게 말할 것이라고 나는 그 사람에게 말했다. 이 잔인한 습관은 폐지되어야만 한다고 느꼈다. 불타의 이야기가 떠올랐다. 그러나 폐지시키는 것은 나의 역량을 벗어난 것임은 알고 있었다.

그때 나의 생각은 오늘날에도 변함이 없다. 내 생각에 양의 생명의 가치는 인간의 생명보다 작지 않다. 나는 인간의 몸을 유지하기 위해 양의 생명을 빼앗는 일은 결코 하지 않는다. 생물이 무력하면 무력할수록 인간의 잔인함에서 벗어나기 위해 더욱더 인간의 비호를 받을 권리가 있다고 믿는다. 그러나 그와 같은 능력이 결여되어 있기 때문에 인간은 비호하지 못하고 있는 것이다. 양들을 이 죄 많은 산 제물에서 지키기 위해 나는 지금보다 더 깊은 자기정화와 희생을 필요로 한다. 이제 나는 이 자기정화와 희생을 외치면서 죽어야만 한다고 생각한다. 이 잔인무도함에서 인간을 구하고 죄 없는 생물을 지키고 사원을 정화할 정신력을 지닌 위인, 또는 동정녀가 탄생하기를 나는 끊임없이 기원한다. 지식이 있고 지성이 있으며, 희생심을 지니고 감성이 풍부한 벵골이 이 살해를 어떻게 견디는 것일까?

## 19 고칼레와 함께한 한 달―3

어머니인 칼리여신을 위해 바치는 끔찍한 제물을 보고 나는 벵골의 생활에 대해 더 알고 싶은 생각이 들었다. 브라마 사마지*27에 대해서는 수많은 이야기를 읽거나 들었다. 프라타프 찬드라 마줌다르의 경력에 대해서도 조금은 알고 있었기에 그의 강연을 들으러 갔다. 그의 저서인 케샤브 찬드라 센*28의 전기를 구해 대단히 흥미롭게 읽었다. 사다란 브라마 사마지와 아디 브라마 사마지의 차이를 알 수 있었다. 판디트 시바나드 샤스트리*29를 뵙게 되었다. 시인 타고르의 아버지 마하르시 데벤드라나트 타고르를 만나기 위해 카다바테 교수와 방문했는데, 그 무렵 아무도 만나지 않는다고 해 뵙지 못했다. 저택 내에서 브라마 사마지의 모임에 초대되었기에 우리는 그곳으로 가 세련된 벵골음악을 들을 수 있었다. 나는 그때부터 벵골음악에 애착을 갖게 되었다.

브라마 사마지에 대해서 실컷 연구를 한 뒤, 스와미 비베카난다*30를 어찌 뵙지 않을 수 있을까? 나는 엄청난 의욕을 안고 벨루르 수도원까지 거의 도보로 갔다. 지금은 전부 걸었는지, 반뿐이었는지 확실하게 기억하지 못한다. 수도원의 정적은 대단히 마음에 들었다. 스와미는 병을 앓고 있어 면회를 할 수 없으며, 캘커타의 자택에 있다는 말을 듣고 맥이 풀렸다. 그래서 니베디타 여사의 주거를 조사해 초링기에 있는 궁전에서 뵙게 되었다. 여사의 호화로운 생활상에 현기증이 났다. 이야기를 해도 잘 맞지가 않았다. 이 일을 고칼레에게 이야기하자 그가 말했다.

"재주가 대단한 여성이라 자네와 맞지 않는 것은 이해할 수 있네."

여사를 그 뒤 다시 한 번 페스톤지 파드샤의 집에서 만났다. 여사가 페스톤지의 노모에게 설법을 하고 있을 때 나는 페스톤지의 집을 방문했다. 그곳에서 나는 통역을 했다. 뜻이 맞지 않는다고 해도 여사의 힌두교에 대한 애정이 넘칠 정도라는 것만은 이해할 수 있었다. 여사의 저작에 대해서는 나중에 알았다.

나는 하루를 둘로 나누고 있었다. 하나는 남아프리카에서의 활동에 관련해서 캘커타에 거주하는 지도자들과 만나고, 다른 하나는 캘커타의 종교적 시설이나 그 밖의 여러 공적 기관의 견학에 할당했다. 어느 날 물리크 박사의 의장 아래 열린 집회에서, 나는 보어전쟁에서 활동한 인도인 위생간호부대에 대해서 연설을 했다. 〈잉글리시맨〉지와의 면식은 이때에도 대단히 도움이 되었다. 손더스 씨는 그 무렵 병을 앓고 있었다. 1896년에 그에게서 도움을 받았는데 이때에도 똑같은 도움을 받은 것이다. 이 연설이 고칼레는 마음에 든 것 같다. 레이 박사가 내 연설을 칭찬하자 고칼레는 몹시 기뻐했다.

이렇게 고칼레의 비호 아래 벵골에서의 나의 활동은 대단히 쉬워졌다. 벵골의 유력한 가족에 대해 쉽게 알았고, 벵골과 나의 밀접한 관계가 성립됐다. 오래도록 기억될 이 달의 많은 추억은 생략할 수밖에 없다. 그 달에 나는 미얀마에도 다녀왔다. 그곳의 불교신자들과도 만났는데, 그 게으름을 보고 유감으로 생각했다. 황금의 파고다에 참배했다. 사원에 켜놓은 수많은 작은 촛불이 기분 좋게 생각되지는 않았다. 안쪽에 쥐가 돌아다니는 것을 보고 스와미 다야난드*31의 체험을 떠올렸다. 미얀마 여성들의 자립성과 의욕을 보고, 또 남성들의 게으름을 보고 여성들에게는 매력을 느꼈고 남성들에게는 유감을 느꼈다. 그때 뭄바이가 인도일 수 없는 것처럼 랑군은 미얀마가 아닌 것도 느꼈다. 우리가 인도에서 영국인 상인의 중개인이 되는 것처럼, 미얀마에서는 우리가 영국인들과 하나가 되어 미얀마인을 중개인으로 하고 있었다.

미얀마에서 돌아와 나는 고칼레에게 이별을 고했다. 그와의 이별은 나를 고통스럽게 했다. 벵골에서의, 사실을 말하면 캘커타에서의 나의 활동은 완전히 끝난 것이다.

나는 일을 시작하기 전에 3등차로 인도 내를 약간 여행하여 3등차 승객들과 낯을 익힐 생각이었다. 고칼레 앞에서 이런 생각을 이야기하자, 그는 처음에 웃어넘기고 말았다. 그러나 이 여행에 대한 나의 기대를 이야기하자 기꺼이 나의 계획을 허가해주었다. 나는 먼저 카시에 가려고 했다. 그곳으로 가 재주 있는 여성 애니 베전트를 만나고 싶었기 때문이다. 여사는 그 무렵 병석에 있었다.

이 여행을 위해 새로운 물품을 갖추었다. 놋그릇 도시락은 고칼레가 주었다. 그 도시락에 마가즈냐의 라두과자*32와 푸리*33를 채워주었다. 12안나로 캔버스 가방을 샀다. 차야(포르반다르 근교의 마을)산 울로 된 오버코트를 맞추었다. 가방에 이 오버코트, 타월, 크루타와 도티를 넣었다. 몸을 덮기 위해 모포 한 장을 챙기고 물통도 준비했다. 모든 준비가 끝나자 나는 출발했다.

고칼레와 레이 박사가 전송을 위해 역까지 나와 주었다. 나는 두 사람에게 나오지 말아달라고 부탁했으나 두 사람은 전송하겠다고 고집을 부렸다.

"자네가 1등으로 간다면 아마 전송하지 않았을 걸세. 하지만 지금은 전송을 해야겠네."

고칼레는 이렇게 말했다.

플랫폼으로 들어갈 때 아무도 고칼레를 말리지 않았다. 그는 비단 터번, 비단 도티와 상의 차림이었다. 레이 박사는 벵골식 복장이었다. 그래서 개찰원이 막아서자 고칼레가 말했다.

"나의 친구다."

그래서 레이 박사도 폼으로 들어갔다. 이렇게 해서 두 사람은 나를 전송해주었다.


## 20 카시에서

이 여행은 캘커타에서 라지코트까지였다. 카시, 아그라, 자이푸르, 파란푸르, 그리고 라지코트로 갈 예정이었다. 이만큼을 본 뒤에는 많은 시간을 낼 수 없었다. 각 장소에서 하루씩 머물렀으며, 파란푸르 이외에는 순례자처럼 순례숙소나 판다스*34의 집에 숙박했다. 지금도 기억하는데, 이 여행에 기차

운임까지 합계 31루피가 들었다. 3등차 여행에서도 거의 특급열차는 제외했다. 붐비고 있음을 알았기 때문이다. 요금이 보통열차의 3등요금보다 비싸다는 것도 문제였다.

3등차량의 불결함과 화장실 상태는 그 무렵도 오늘날과 같았다. 그러나 1등과 3등 설비의 차이는 요금 차이 이상이다. 3등 승객은 양, 염소나 마찬가지다. 설비라고는 명목뿐인 양, 염소용 차량인 것이다. 유럽에서 나는 주로 3등으로 여행을 했었는데, 경험을 위해 딱 한 번 1등으로 여행을 했다. 거기에서는 1등과 3등 사이에서 인도와 같은 차이를 볼 수 없었다. 남아프리카에서는 3등 승객 대부분이 흑인이다. 그러나 그곳의 3등에도 설비가 갖추어져 있다. 몇 개 주에서는 3등에 침대설비가 있고 좌석에 쿠션이 있다. 그리고 각 차량에서는 승객정원이 지켜지고 있다. 인도에서 3등에 승객정원이 지켜졌던 경험은 없다.

철도당국 측의 승객에 대한 배려가 없는 것에 더해, 제대로 된 승객에게는 다른 승객들의 나쁜 버릇이 3등 여행 자체를 형벌처럼 만들었다. 아무 곳에나 침을 뱉고 쓰레기를 버린다. 언제라도 비디 담배를 피우는 것, 판 탐바쿠*35를 씹는 것, 앉은 자리에서 토하는 것, 바닥에 먹다 남은 것을 흘리는 것, 큰 소리로 외치듯이 이야기를 하는 것, 옆자리 사람의 휴식을 배려하지 않는 것, 상스러운 말을 입에 올리는 것. 이것들은 이르는 곳마다 경험하는 것이다.

1902년의 3등차 여행 경험과 1915년부터 1919년에 걸쳐서 계속된 여행에서의 경험 사이에 커다란 차이를 발견하지 못했다. 이 무서운 병에 대처하는 유일한 방법은 내가 이해하는 바로는, 교육을 받은 사람들이 3등으로만 여행을 해야 한다는 것이다. 그리고 사람들의 나쁜 버릇을 고치려는 노력을 해야 한다. 이 밖에 항의를 계속해 철도당국자들을 곤혹스럽게 해야 한다. 자기를 위해, 편의를 도모하기 위해, 또는 손에 넣은 편의를 지키기 위해 뇌물을 주어서는 안 되고 불법행위를 하나라도 허용해서는 안 된다.

나의 경험으로는 이렇게 함으로써 상당히 개선된다. 몸이 안 좋아 1920년부터 3등 여행을 중단해야 했다. 이를 괴롭고 부끄러운 일로 언제나 생각한다. 게다가 3등승객의 고통을 덜어주는 운동이 진행되던 기회에 중단해야 했던 것이다. 철도나 선박에서 가난한 승객들이 당해야만 하는 여러 가지 불편, 승객들의 나쁜 버릇 때문에 더욱 고통이 더해지는 것, 교역에 관해서 외국무역에 정부가 주는 부당한 편의 등등이 오늘날 우리들 국민생활에 완전히 별개로 중대한 문제가 되고 있다. 이를 해결하는 데 현명하고 열의 있는 한두 사람이 매달린다 해도 충분하다고는 할 수 없다.

그러나 3등에서의 여행 이야기는 여기에서 그치고 카시에서의 경험에 대해서 말하기로 한다. 카시역에는 이른 아침에 하차했다. 판다의 집에 숙박할 생각이었다. 많은 브라만들이 나를 에워쌌다. 약간 청결하고 사람이 좋아 보이는 판다의 집을 택했다. 나의 선택이 옳았음을 알게 되었다. 브라만의 집 안뜰에는 암소가 매여 있었다. 2층에 방이 하나 있어서 그곳에 나는 머물렀다. 나는 예법에 따라서 목욕을 하고 싶다고 말했다. 그때까지 단식을 하기로 되어 있었다. 판다는 준비를 해주었다. 나는 1루피 4안나 이상의 다크시나*36는 지불할 수 없으므로 그것에 걸맞은 준비를 하도록 미리 말해두었다. 판다는 군말 없이 내가 원하는 것을 들어주었다.

"우리는 부자이건 가난한 사람이건, 모두에게 똑같은 예배를 시키고 있소. 다크시나는 손님의 의향과 재력에 달려 있소."

판다가 푸자 예법에 무언가 절차를 생략한 것 같지는 않았다. 대략 12시쯤에 예배를 마치고 카시 비슈바나드 사원에 참배를 갔다. 나는 그곳에서 본 것에 고통을 느꼈다.

1891년 뭄바이에서 변호사업을 하고 있을 때 한 번 프라르타나 사마지의 예배당에서 '카시 순례'라는 강연을 들은 적이 있었다. 그래서 약간의 실망은 미리 각오하고 있었다. 그러나 실제의 실망은 생각했던 것 이상이었다.

나는 좁고 구불구불한 골목길을 지나야 했다. 고요함 따위는 전혀 없다. 파리의 윙윙거리는 소리, 순례객과 상점주인의 소란스러움은 참기 어려웠다.

명상과 신에 대한 사색을 기대할 곳이 아니었다. 명상이 필요하다면 마음속으로 해야 했다. 나는 그런 경건한 자매들을 분명 보았다. 그녀들은 주위에서 무슨 일이 일어나는지 전혀 모르는 채 명상에 빠져 있었다. 그러나 이것을 사원 관계자의 공으로 돌릴 수는 없다. 사원 관계자들에게는 카시 비슈바나드 사원 주변에 고요하고 청정한 향기가 감돌도록 청결한 분위기를 외적·내적으로 자아내며 유지해야 할 의무가 있다. 그런데 이런 분위기 대신에, 교활한 장사꾼들이 새로운 종류의 과자나 장난감을 파는 시장을 보았다.

사원에 도착하자 문 앞에는 악취를 내뿜는 썩은 꽃이 있고 안은 아름다운 대리석 바닥이었다. 그러나 어느 미신에 빠진 신자가 루피은화를 끼워 넣어 바닥을 망쳐 놓았다. 은화는 더럽혀져 있었다.

즈나나 바피*37 가까이로 갔다. 이곳에서 나는 신을 찾았으나 발견하지 못했다. 이 일로 마음은 초조해졌다. 이 즈나나 바피 주변에서도 오물을 보았다. 다크시나를 공양할 마음이 들지 않았다. 그래서 정말로 1파이 화폐를 바쳤다. 그러자 판다는 격노하여 돈을 내던졌다. 두세 마디 욕설을 퍼부은 다음 이렇게 말했다.

"그런 식으로 모욕을 하면 지옥에 떨어진다."

나는 냉정하게 말했다.

"나의 운명은 정해진 대로일 것입니다. 그러나 심한 욕설은 당신에게 어울리지 않습니다. 이 파이를 받을 거면 받으십시오. 그렇지 않으면 이 파이를 잃게 됩니다."

"가라, 너의 파이 따위는 필요 없다."

이렇게 말하고 더욱 욕설을 퍼부었다. 나는 파이를 가지고 떠나려고 했다. 브라만은 파이화를 잃고 나는 챙겼다고 생각했다. 그러자 브라만이 나를 불러 말했다.

"그러면 두고 가라. 너처럼 되고 싶지는 않다. 받지 않으면 너에게 좋지 않다."

나는 말없이 파이를 주었다. 그리고 깊은 한숨을 쉬고 떠났다. 그 뒤, 두 번 카시 비슈바나드 사원을 참배했다. 그러나 그것도 '마하트마'가 된 뒤의 일이다. 그러므로 1902년과 같은 경험은 할 수 없었다. 나를 참배하려는 사람들이 어떻게 나에게 참배를 시켜주겠는가? 마하트마의 고통은 나와 같은 마하트마만이 안다. 불결함과 시끄러움은 전과 다름없었다.

신의 자비를 의심하는 자는 이러한 성지를 보아야 한다. 저 위대한 요가 행자는 자신의 이름으로 행하여지는 수많은 위선, 반종교적 행위, 기만 등을 참는 것일까? 그는 이렇게 말했다.

사람들이 어떤 방법으로 나에게 귀의(歸依)해도

나는 그것을 받아들여 그들을 사랑한다[*38].

즉 '자업자득'이다. 업은 아무도 피할 수 없다. 그렇다면 신이 사이에 끼어들 필요가 있을까? 그래서 신은 법을 정하고 자신은 뒤로 물러난 것이다.

이를 경험하고 나서 나는 베전트 부인을 뵙기 위해 갔다. 바로 어제 병상에서 일어난 것을 알았다. 이름을 전하자 부인은 곧 와주었다. 나는 단지 인사만 드리려 했으므로 이렇게 말했다.

"기분이 아직 개운치 않으신 것은 알고 있습니다. 단지 뵙기 위해 온 것입니다. 면회허가를 내주신 것만으로 저는 만족합니다. 이만 가보겠습니다."

이렇게 말하고 나는 물러나왔다.


## 21 뭄바이에 정착?

고칼레는 내가 뭄바이에 정착해 법정변호사업무를 시작하고 자기와 함께 공적인 봉사활동에 참가하길 강하게 원했다. 그 무렵, 공적인 봉사란 국민회의에 대한 봉사였다. 그에 의해서 설립된 단체 '인도봉사자협회'의 주된 활동은 국민회의 운영에 있었다.

나도 바로 그것을 원하고 있었다. 그러나 소송의뢰 건에 대해서는 자신이 없었다. 과거의 경험을 잊을 수 없었다. 인사치레로 하는 말은 독과도 같았다.

이 때문에 처음에는 라지코트에 있었다. 그곳에는 내가 일찍부터 신세를 졌고 나를 영국으로 보내준 케발람 마브지 다베가 있었다. 그는 나에게 3건의 소송을 맡겨주었다. 2건은 카티아와르의 사법관에 대한 상소였고, 다른 한 건은 잠나가르에서의 소송이었다. 이 소송은 중요한 것이어서, 나는 위험을 무릅쓰고 떠맡고 싶지는 않았다. 그러자 케발람은 말했다.

"패소가 된다면 패하는 것은 내가 아닌가? 자네는 할 수 있는 만큼만 해주면 돼. 나와 자네는 함께하니까."

이 소송에서 상대 측 변호인은 사마르트 씨였다. 나의 준비는 충분했다. 인도의 법률에 대해서 지식은 많이 없었지만 케발람은 이에 대해서 나에게 완전히 준비를 시켜주었다. 남아프리카로 가기 전 친구들은 나에게 이렇게 말해 주었다.

"페로제샤 메타 경은 증거법을 암기하고 있네. 이것이 경이 성공한 열쇠일세."

그것을 나는 기억하고, 남아프리카로 갈 때 인도증거법을 주해와 함께 다 읽었다. 이 밖에도 남아프리카에서의 경험이 나에게는 있었다.

우리는 승소했다. 이 일로 인해서 나에게는 자신이 생겼다. 2건의 상소에 대해서는 처음부터 아무런 걱정도 하지 않았다. 그렇기 때문에 뭄바이로 가는 데 아무런 지장도 없는 것처럼 느낀 것이다.

이 문제로 들어가기 전에, 영국인 관리의 경솔과 무지에 대한 경험을 잠깐 이야기하자. 사법관은 어딘가 한곳에 머물러 있지 않다. 사법관의 법정은 순회하고 있었다. 사법관이 가는 곳에는 변호사들이나 의뢰인들도 가게 되어 있었다. 변호사 수당은 중앙에서보다도 더욱 늘어난다. 그러므로 의뢰인이 부담할 비용은 2배가 된다. 그러나 사법관은 이와 같은 일을 전혀 배려하지 않았다.

이 상소의 심리는 베라발에서 이루어지게 되어 있었다. 그 무렵 그곳에서는 페스트가 맹위를 떨쳐 매일 50명의 환자가 발생한 것으로 기억한다. 그곳의 인구는 5,500명이었다. 마을은 거의 비어 있었다. 내가 숙박한 곳은 사람이 없는 순례숙박소였는데, 그곳은 마을에서 조금 떨어진 곳에 있었다. 그러면 의뢰인들은 어떻게 될까? 의뢰인이 가난한 자라면 신만이 버팀목이다.

내 앞으로 변호사친구들로부터 전보가 있었는데, 페스트 때문에 위험하므로 장소변경을 사법관에게 신청하라는 내용이었다. 신청을 하자 사법관은 나에게 물었다.

"당신은 두렵습니까?"

내가 말했다.

"내가 두려운 게 문제가 아닙니다. 내 일은 어떻게든 처리할 수 있습니다. 그러나 의뢰인들은 어떻게 되겠습니까?"

대답은 이랬다.

"페스트는 인도에 뿌리를 내리고 있습니다. 두려울 것이 무엇이 있습니까? 베라발의 기후는 참으로 좋습니다! (그는 마을에서 멀리 떨어진 해안의 궁전과 같은 천막에 살고 있었다) 사람들은 이렇게 집 밖에서 사는 것을 배워야 하오."

이런 철학을 앞에 두고 나에게 이 이상 무슨 할 말이 있을까? 사법관은 사무장에게 말했다.

"간디 씨가 말한 것을 고려해주시오. 그리고 변호사나 의뢰인들에게 매우 불편하다면 나에게 알려 주시오."

사법관은 정직하게 자신이 이해하는 바에 따라서 적절한 조치를 취한 것이다. 그러나 가난한 인도의 어려움을 어떻게 헤아릴 수 있단 말인가? 일개 사법관이 인도의 필요, 특성, 악폐, 전통습관을 어떻게 이해할 수 있겠는가? 15루피의 금화로 셈을 하던 자에게 잔돈인 동전으로 셈을 하게 한다면 바로 계산을 할 수 있을까? 선의가 있어도 코끼리가 개미를 배려할 수 없듯이, 코끼리처럼 많은 것을 필요로 하는 영국인은 개미처럼 필요한 것이 적은 인도인을 위해 배려하거나 법을 제정할 수는 없다.

그러면 이야기를 원점으로 되돌리자.

위에서 말한 바와 같이 성공한 뒤에도 나는 한동안 라지코트에 머물 생각이었다. 그러던 어느 날 케발람이 나를 찾아와 말했다.

"간디, 자네를 이곳에 있게 할 수는 없네. 자네는 뭄바이로 가야 해."

"그러나 그곳에서 나를 먹여줄 사람은 없습니다. 제가 쓸 돈을 대주시겠습니까?"

"아아, 내가 대주지. 자네를 대법정변호사로서 가끔 이곳으로 데리고 오겠네. 서면작성의 일은 자네에게 보내도록 하겠네. 법정변호사를 크게 키우는 것도, 아주 못쓰게 하는 것도 우리 사무변호사가 할 일이지. 자네는 자신의 능력을 잠나가르와 베라발에서 보여주지 않았나. 그렇기 때문에 나는 걱정하지 않는 걸세. 자네는 공적인 활동을 위해 태어났네. 그런 자네를 카티아와르에서 썩히지는 않겠네. 자, 언제 가겠나?"

"나탈에서 얼마간 돈이 올 겁니다. 돈이 오면 가겠습니다."

1, 2주 지나자 돈이 왔고 나는 뭄바이로 갔다. 페인·길버트·사야니 법률사무소에 방을 빌렸다. 이제 자리를 잡은 느낌이었다.

## 22 신앙의 시련

사무소를 빌리고는 곧바로 기르가움에 집을 빌렸다. 그러나 신은 나를 정착시켜주지 않았다. 집을 빌린 지 얼마 되지 않아 둘째 아들이 중병에 걸리고 말았다. 고열이 엄습해 와 열이 좀처럼 내려가지 않았다. 둘째 아들은 바르작거리며 괴로워하고 밤에는 착란징후도 보였다. 이 질환이 있기 전, 어릴 적에 천연두에도 걸린 적이 있다.

상담을 하자 의사가 말했다.

"이 아이에게는 약은 소용 없습니다. 아이에게 달걀과 치킨수프를 줄 필요가 있습니다."

마닐랄은 10살이었다. 나는 이 아이에게 의사를 물을 수 없었다. 나는 이 아이의 보호자이다. 결단은 내가 해야 했다. 의사는 대단히 선량한 파르시교도였다.

"선생님, 우리는 모두 채식을 하고 있습니다. 내 아이에게 달걀이나 치킨수프는 주고 싶지 않습니다. 달리 무언가 방법을 가르쳐주실 수 없겠습니까?"

"아드님의 생명은 위험합니다. 우유에 물을 섞어 줄 수 있지만 이것만으로는 영양이 충분하지 않습니다. 아시다시피 나는 많은 힌두교도 가정에 왕진을 갑니다. 그들은 약으로서 처방하는 것은 무엇이건 받아들이고 있습니다. 아드님에게 그토록 엄격하게 하시지 않는 편이 좋을 것 같습니다."

"당신의 말씀이 지당하십니다. 당신은 그렇게 말씀하셔야겠지요. 나의 책임은 대단히 무거운 것입니다. 아이가 컸다면 분명 아들의 의향을 알려 했을 것이고 아들이 바라는 것을 주었겠지만, 지금은 나만이 이 아이를 위해 결단을 내려야 합니다. 사람의 신앙은 이와 같은 때 시험당한다고 생각합니다. 그러나 올바르건 잘못이건 인간은 고기를 먹어서는 안 된다는 것을 신앙으로 믿고 있습니다. 생명을 유지하는 수단에도 한계가 있는 것입니다. 살기 위해서라도 우리가 해서는 안 될 일이 몇 가지 있습니다. 신앙의 규범이 나 자신이나 가족을 위해서 이와 같은 때에도 고기를 먹는 것을 막는 것입니다. 당신께서 말씀하시는 생명의 위험을 무릅쓸 수밖에 없습니다. 하나 소원이 있습니다. 당신의 처방은 따르지 않겠지만, 나는 이 아이를 청진하거나 맥을 짚어볼 수가 없습니다. 수료법(水療法)에 대해 조금 알고 있어서, 수료법을 생각하고 있습니다. 그러니 만일 당신께서 마닐랄의 용태를 왕진해주시거나 이 아이 몸의 변화에 대해서 나에게 가르쳐주신다면 고맙겠습니다."

선량한 의사는 나의 곤란한 입장을 이해하고, 내가 부탁한 대로 마닐랄의 왕진을 승낙해주었다.

마닐랄은 스스로 선택할 수 있는 상태는 아니었지만 그래도 의사와 주고받은 대화를 들려주고 의견을 말하라고 했다.

"제발 수료법으로 해주세요. 치킨수프나 달걀은 먹지 않을래요."

이 말에 나는 기뻤다. 물론 내가 이 아이에게 두 가지를 먹게 했다면 먹었을 것이지만.

나는 쿠네의 수료법을 알고 있었고 시험해본 적도 있었다. 아플 때에는 단식이 대단히 중요하다는 것도 알았다. 나는 마닐랄에게 쿠네의 방법에 따라서 반신욕을 하는 것부터 시작했다. 3분 이상 탕에 두지 않고, 3일간 물을 섞은 오렌지주스만 먹였다.

열은 내려가지 않았고 밤에는 헛소리를 했다. 열은 40도까지 올라가 있었다. 나는 당황스러웠다. 만일 아이를 잃게 된다면 세상은 나에 대해 뭐라고 말할까? 왜 다른 의사들에게 왕진을 받지 않았느냐? 바이드에게 왜 왕진을 받지 못했느냐? 지식이 없는 머리를 사용할 자격이 부모에게 있는 것일까?

한편으로는 이와 같은 생각이 떠올랐지만 다른 한편으로는 다음과 같은 생각도 떠올랐다.

"생명이 있는 자여! 자신을 위해 하는 것을 자식을 위해서 하면 최고신은 만족한다. 그대는 수료법을 믿고 약을 믿지 않는다. 의사는 환자에게도 생명을 주지 않는다. 의사도 실험을 하고 있다. 생명의 끄나풀은 신의 손안에 있다. 그대는 신의 이름을 외며 신을 믿고 자신의 길을 버리지 마라."

이런 갈등이 마음속에서 이어졌다. 밤이 되었다. 나는 마닐랄 곁에서 자고 있었다. 나는 일어나서 마닐랄의 열을 내려줄 생각으로 시트를 냉수에 적셔 짰다. 시트를 아이의 발에서 목까지 감고 위에 모포 두 장을 덮었다. 머리에는 젖은 수건을 댔다. 열 때문에 몸은 로티*<sup>39</sup>를 굽는 철판 같았다. 완전히 마르고 땀은 흘리지 않았다.

나는 완전히 지쳐버렸다. 마닐랄을 아내에게 맡기고, 원기를 회복시키고 안정을 취하기 위해 차우파티까지 반 시간쯤 산책했다. 밤 10시쯤이었을까, 사람들의 왕래는 뜸해지고 있었다. 나는 생각에 잠겨 거의 깨닫지 못했다. 신이시여! 이 신앙의 시련에 저의 면목을 세워주시길. 라마나마를 되뇌었다. 조금 돌아다닌 다음 두근거리는 가슴을 안고 집으로 돌아왔다. 집에 들어서자 바로 마닐랄은 나를 불렀다.

"아버지, 돌아오셨어요?"

"아아, 그래."

"날 여기서 내보내주세요. 타죽을 것 같아요."

"왜, 땀이 나느냐?"

"흠뻑 젖었어요. 어서 날 내보내주세요!"

나는 마닐랄의 이마를 보았다. 이마에 땀방울이 보였고, 열은 내려가 있었다. 나는 신의 은총이라고 생각했다.

"마닐랄, 이제 열은 없어진다. 좀 더 땀을 흘려야 하는데?"

"안 돼요! 이제 날 여기서 내보내주세요, 형님*40!"

나는 차분했다. 그래서 아이를 구슬려 몇 분을 보냈다. 이마에서는 땀이 비오듯 했다. 나는 시트를 풀어주고 몸을 닦아주었다. 아버지와 아들은 함께 숙면을 취했다.

아침에 마닐랄의 열은 내려가 있었다. 마닐랄은 우유와 물, 그리고 과즙만으로 40일을 지냈다. 나는 이제 두렵지 않았다. 열은 집요했으나 억누를 수 있었다. 지금 내 자식들 가운데서 마닐랄의 몸은 가장 튼튼하다.

마닐랄의 회복은 라마의 선물인지 아니면 수료법의, 우유와 물과 과즙의, 그렇지 않으면 간호의 선물인지 누구도 판단할 수 없다. 여러분이 저마다 믿는 바에 따라서 정해주기 바란다. 신이 나의 면목을 세워주었다고 여겼고 오늘날에도 그렇게 믿는다.


## 23 또 남아프리카로

마닐랄은 회복했지만 기르가움의 집은 살기에 적합하지 않다는 것을 알았다. 습기가 많고 채광도 충분하지 않았다. 그래서 레바샨카르 자그지반과 상의해, 우리 두 사람은 뭄바이 교외의 환기가 잘 되는 곳에 저택을 빌리기로 정했다. 나는 반드라, 산타 크루즈 등을 걸어 다녔다. 반드라에는 도살장이 있었다. 그래서 우리 둘 모두 반드라에 살 생각은 들지 않았다. 가트코파르는 바다에서 떨어져 있었다. 산타 크루즈에서 좋은 저택을 찾아 우리는 그곳에 살게 되었다. 위생상으로도 우리는 안전하다고 생각했다. 처치게이트로 가기 위해 1등 정기권을 구입했다. 1등에서는 종종 나 혼자였기 때문에 약간 우쭐했던 것을 기억한다. 몇 번이고 반드라에서 처치게이트로 가는 특별 열차를 타기 위해 산타 크루즈에서 반드라까지 걸어갔었다.

변호사업은 경제적으로 보아 내가 생각했던 것 이상으로 순조로웠다. 남아프리카에서의 의뢰인들이 무언가 일감을 주고 있어서 나의 지출은 쉽게 충당할 수 있었다.

고등재판소에서의 일은 아직 없었다. 그 무렵 모의법정이 개정되었기에 다니고 있었으나 참가할 용기는 없었다. 자미아트람 나나바이의 참가가 두드러졌던 것을 기억하고 있다. 다른 신임 법정변호사들처럼 고등재판소에서의 재판방청에 나도 다녔다. 그곳에서 알게 되는 것에 비하면, 시원한 바닷바람에 말뚝잠을 자는 것이 훨씬 즐거웠다. 다른 동료들도 말뚝잠을 자는 것을 보았기 때문에 부끄럽다는 생각은 없었다. 말뚝잠은 일종의 유행이었다.

나는 고등재판소 도서관을 이용했다. 그곳에서 몇 사람의 지인을 얻었다. 얼마 안 가서 나도 고등재판소에서 일을 할 거라고 생각했다.

이렇게 해서 한편으로는 직업에 어느 정도 안심하게 되었다.

다른 한편으로는, 고칼레의 시선이 나에게로 향해 있었다. 그는 일주일에 두세 번 나의 사무소로 찾아와 상황을 물었다. 때때로 친구들도 함께 왔다. 그는 자신의 활동방법을 나에게 알리려 했다.

그러나 자신의 장래에 대해서 내가 생각했던 것을 신은 아무것도 시켜주지 않으셨다.

내가 완전히 정착하기로 결심하고 안정을 느꼈을 때 남아프리카로부터 생각지 않은 전보가 전해졌다. '체임벌린 방문. 즉시 돌아오라.' 약속은 기억하고 있었다. 전보를 쳤다. '비용을 보내라, 곧 돌아감.' 곧 송금이 있었다. 나는 사무소를 닫고 출항했다.

적어도 1년은 걸릴 것으로 생각했기 때문에, 저택은 빌린 채로 두고 아내와 아이들은 그곳에 남겨두는 것이 바람직하다고 생각했다.

그 무렵 인도에서 아무런 벌이도 없는 청년은 용기만 있다면 해외로 나가는 편이 좋다고 믿었다. 그래서 나는 남아프리카에 청년 네댓 명을 동반하고 갔다. 그 가운데 마간랄 간디도 있었다.

간디 집안은 예나 지금이나 대가족이다. 자립을 바라는 자는 자립하라는 것이 나의 마음이다. 아버지는 많은 자들을 돌봐 주었는데 그것은 바로 왕국에서의 취직이었다. 이 취직자리에서 빠져나오는 편이 좋다고 나는 생각했다. 나는 취직 알선을 하지 못했다. 힘이 있다 해도 그럴 생각은 없었다. 청년들이나 다른 사람들도 자립하면 좋다는 것이 나의 의견이었다.

그러나 최종적으로는 나의 이상이 전진함에 따라서 (나는 그렇게 믿는다), 이 청년들의 이상까지도 바꾸려고 힘쓴 것이다. 청년들 가운데 마간랄 간디를 지도하는 것에는 크게 성공했다. 그러나 이 일에 대해서는 나중에 기술하기로 한다.

아내와 아이들과의 이별, 내 집에서 떠나는 일, 안정된 상태에서 불안정으로 접어드는 일, 이 모든 것에 순간 마음이 아팠다. 그러나 나는 불안정한 생활에 익숙해져 있었다. 이 세계에서 신이건, 또는 진리건, 그 밖의 어떤 것이건 안정되지 않은 곳에서 안정성을 생각하는 것이야말로 잘못이라고 생각한다. 우리들 주변에서 볼 수 있는 것, 발생하는 모든 것이 불안정하며, 순간이다. 여기에는 하나뿐인 최고의 존재가 분명 숨겨져 있다. 그것을 잠깐만이라도 볼 수 있게 되면, 그것에 대한 신앙이 불변의 것이 되면, 삶은 의미 있어진다. 그것을 탐구하는 것이야말로 최고의 선이다.

내가 더반에 하루라도 빨리 도착했다고는 말할 수 없다. 나를 위해 모든 일이 준비되어 있었다. 체임벌린 씨에게 대표단이 갈 날짜는 정해져 있었다. 그의 앞에서 낭독할 청원서를 내가 작성하고 대표단에 동행하기로 했다.


〈주〉

＊1 바뇨(Baniyo) : 〔히〕바니야(Baniya), 상인계급. 이 호칭은 계산이 빠르고 빈틈 없는 자를 의미한다.

＊2 파르시교도 여성이 몸에 다는 것. 파르시교도 여성의 사리 끝은 왼쪽 어깨로 돌린다. 블라우스의 옷자락은 손목까지. 힌두교도 여성은 오른쪽 어깨에.

＊3 나마즈(namaz) : 이슬람교도의 예배. 하루 5회.

＊4 암리(amli) : 〔히〕임리(imli). 타마린드 나무.

＊5 바나프라스다(vanprastha) : 4주기(住期)의 하나. 임주기(林住期). 4주기는 힌두교도의 라이프사이클에서 차례로 학생기, 가주기(家住期), 임주기, 유행기(遊行期). 50세가 되면 임주기이고, 25년간 숲에 산다.

＊6 브라마(Brahma) : 힌두교의 창조신.

＊7 56종류의 성찬(Chhappan bhog) : 크리슈나신에게 공양하는 56품의 과자 또는 요리.

보통 대단한 성찬을 뜻하기도 한다.

*8 단식의 ……소멸하는《기타》Ⅱ-59

*9 보어전쟁 : 1899~1902. 남아프리카에서의 영국과 네덜란드계 이민 보어인 사이의 전쟁. 보어인의 나라, 오렌지자유국과 트란스발공화국에 풍부한 금맥이 발견되었기 때문에 영국이 이를 빼앗으려고 한 것이 원인. 보어가 패퇴하여 1910년 케이프, 나탈, 트란스발, 오렌지자유국의 4주로 이루어지는 남아프리카공화국이 성립했다.

*10 적십자사 '레드크로스', 즉 적십자. 전쟁에서 간호를 하는 사람은 이 표시의 완장을 왼팔에 찬다. 적도 공격할 수 없는 규정이 있다.

*11 미라바이/미란바이(Mirabai/Mirabai) : 15~16세기 힌디어 여성 시인. 크리슈나신을 남편, 가장 사랑하는 사람으로서 이에 절대 귀의하는 영가를 남겼다.

*12 판차야트(panchayat) : 인도의 전통적 자치조직. 5명의 멤버로 구성되고 문제, 분쟁의 조정에 임한다. 여기에서는 친구들의 일을 비유해서 말한 것.

*13 다르바르(darbar) : 궁정. 영국 통치시절, 총독이나 왕에 대한 접견, 알현식. 위인에게 문안을 드리는 것.

*14 아코(Akho) : 17세기 구자라트어 시인. 기술이 뛰어난 금세공사. 세속을 떠나 베나레스에서 배우고 실천도덕, 교훈시를 많이 남겼다.

*15 불가촉(abhad-chhet) : 불가촉 피차별 카스트.

*16 시선의 더러움(drishti 애노) : 피차별 카스트.

*17 바르나 다르마(varna dharma) : 바르나(종성)의 각 카스트가 수행해야 할 종교적·사회적 의무.

*18 베아라 : 〔원〕영어 'bearer'가 변형된 형태. 종자, 몸종. 캘커타에서 이 용어는 가사 사용인의 의미로 사용되고 있다.

*19 차다르(chadar) : 시트 크기의 고급 천. 상반신을 낙낙하게 감싼다.

*20 아치칸(achkan) : 옷의 선 깃. 옷자락이 무릎 아래까지 내려오는 웃옷.

*21 칸사마(khansama) : 요리인, 급사. 여기에서는 급사.

*22 파자마(pajama) : pa(다리)에 jama(입는 것)를 의미한다. 낙낙한 긴 바지.

*23 카디(khadi) : 실을 손으로 짠 면포

*24 수타가 말하기를(suta uvacha) : 수타는《푸라나》이야기의 화자.《푸라나》에는 이 말이 정해진 문구로서 자주 사용된다.

*25 텔랑, 카시나트 트라얌바크(Telang, Kashinath Tryambak) : 1850~93. 뭄바이고등재판소 판사. 인도국민회의 설립에 참가. 뭄바이대학 최초의 인도인 총장.

*26 만달리크, 비슈바나트 나라얀(Mandalik, Vishvanath Narayan) : 1833~89. 저명한 변호사, 사회활동가.

*27 브라마 사마지(Brahma Samaj) : 라자 라모한 라이(Ray, Raja Rommohan, 1772~

1833)에 의해 1828년에 설립된 종교사회개혁단체.

＊28 셴 케샤브 찬드라(Sen, Keshv Chandra) : 1838~84. 1857년 브라마 사마지 입회.
1866년 탈회. 브라마 사마지 개혁을 추진. 1864년 뭄바이 방문을 기회로 1867년 프
랄타나 사마지가 설립되었다.

＊29 샤스트리 시바나드 (Shastri, Shivanath) : 1878년 브라마 사마지에 반대한다. 서더런
브라마 사마지를 설립.

＊30 비베카난다 스와미(Vivekananda, Swami) : 1863~1902. 스와미 라마크리슈나의 제자.
1897년 라마크리슈나 미션을 조직, 베단타철학의 해설자.

＊31 다야난드 사라스와티 스와미(Dayanand Saraswati, Swami) : 1824~83. 1875년 뭄바이
에 종교사회개혁단체, 알리야 사마지를 설립. 어려서 시바 대제의 단식과 철야를 했
을 때, 시바 린가에 쥐가 돌아다니는 것을 보고 우상숭배의 마음이 사라진 것으로 알
려져 있다.

＊32 마가즈냐의 라두과자(magajna ladu) : 〔히〕(besan ke ladu). 마가즈냐콩의 가루를 기
유로 잘 지져서 설탕을 넣고 식힌 뒤 경단으로 만든 것.

＊33 푸리(puri) : 밀가루를 물로 반죽해 손바닥 크기의 원형으로 늘인 다음 기름으로 튀긴
것.

＊34 판다(panda) : 성지안내 승려.

＊35 판 탐바쿠(pan tambaku) : 킨마 잎 뒤에 아선약, 소석회를 바르고 잘게 빻은 빈랑나
무의 열매나 향신료에 실담배를 넣어 삼각형으로 싼 것. 담배가 들어 있기 때문에 침
은 뱉는다.

＊36 다크시나(dakshina) : 종교적인 행사를 위해 브라만에게 지불하는 사례.

＊37 즈나나 바피(Jnana Vapi) : 〔히〕기얀 바피(Gyan Vapi), '지(知)의 연못'. 카시에 있는
유명한 성지. 비슈바나트 사원에 인접. 이 작은 연못에 갠지스 강이 흘러들어, 카스
트의 차별없이 누구나 마실 수 있다고 한다.

＊38 사람들이 ……사랑한다《기타》Ⅳ-11.

＊39 로티(roti) : 밀가루를 물로 반죽해 손바닥 크기의 원형으로 늘인 것을 둥근 철판에 구
운 것.

＊40 구자라트어에서는 '형님'이 아버지에 대한 친근한 호칭으로도 사용된다.

## 제4부

### 1 모든 노력은 허사가 되었는가?

체임벌린 씨는 남아프리카에서 3,500만 파운드를 받기 위해, 그리고 영국인들과 보어인들의 환심을 사기 위해 와있었다. 그러니 인도인 대표단이 받은 것은 냉담한 대답뿐이었다.

"아시다시피 자치식민지국에 대한 제국 정부의 지배력은 이름뿐입니다. 당신의 고생은 사실이겠지만, 제가 할 수 있는 것은 다 했습니다. 당신은 가능한 한 이곳 백인들의 비위를 맞추면서 살도록 하십시오."

대표자들은 대답을 듣고 낙담했다. 나도 실망했다. 그러나 '눈 떠보면 아침'이란 말이 있듯이, 다시 시작해야 한다는 생각에 동료들을 설득했다.

체임벌린 씨의 회답은 들리지 않았다. 부드럽게 돌려 말하는 대신 확실히 말했을 뿐이다. '검을 휘두르는 자를 따른다'는 법도를 조금 부드러운 말로 설명한 것이다.

그러나 우리에게는 검이 없었다. 우리는 검의 공격에 견딜 수 있는 신체도 겨우 갖게 되었을 뿐이다.

체임벌린 씨는 몇 주간 체재할 예정이었다. 남아프리카는 작은 주가 아니다. 하나의 나라이자 작은 대륙이다. 아프리카 대륙에는 많은 작은 대륙이 포함되어 있다. 코모린 항구에서 슈리나가르까지 1,900마일이라고 한다면 더반에서 케이프타운까지는 1,100마일 정도가 될 것이다. 이 작은 대륙을 체임벌린 씨는 태풍과 같은 속도로 방문하는 것이다. 그는 트란스발을 향해 출발했다. 나는 트란스발 인도인의 실정보고를 준비해서 그에게 제출해야 했다. 프리토리아에는 어떻게 가면 좋을까? 시간에 맞게 도착하기 위해 허가증을 받는 것은 우리가 할 수 있는 일이 아니었다.

전쟁 뒤, 트란스발은 황폐해 있었다. 음식도 없었고 의복도 없었다. 사람들이 떠나 닫힌 가게에 상품을 채우고 문을 열게 하려면 시간이 필요했다.

상품을 모으는 것과 동시에, 가재도구를 남기고 피난 간 사람들을 귀국시켜야만 하는 것이다. 이런 이유로 트란스발 주민은 허가증을 입수해야만 했다. 백인들은 신청하면 바로 받을 수 있었지만 인도인들에게는 보통 어려운 일이 아니었다.

전쟁 중, 인도와 실론에서 많은 관리와 병사들이 남아프리카에 와있었다. 정착하려는 사람들에게 편의를 봐주는 것이 영국 당국자들의 의무였다. 당국은 새로운 관리를 채용해야만 했다. 경험이 있는 관리는 바로 임용되었고 이 관리들의 영민한 머리가 새로운 부서를 만들어냈다. 그 부서의 개설은 실로 관리들의 계략이었다! 흑인들을 담당하는 부서는 이전부터 있는데 아시아인들을 담당하는 부서는 왜 없는가? 이 주장은 타당하게 받아들여졌다. 이 새로운 부서는 내가 남아프리카에 도착했을 때 이미 개설되어 있었고 점차 세력을 넓혀갔다. 피난민에게 귀국허가증을 교부하는 관리는 과연 피난민 전원에게 허가증을 내줄 수 있을까? 대체 아시아인에 대해서 무엇을 알고 있을까? '이 새로운 부서의 추천으로 아시아인에게 허가증이 발부되면 교부관리의 책임은 가벼워지고 의무의 부담도 경감된다.' 이런 주장을 하는 것이었다. 새로운 부서에서는 어느 정도의 업무와 돈이 필요했다. 업무가 없으면 이 부서는 필요가 없어질 것이고 결국 폐지될지도 모른다. 그래서 부서는 그 업무를 손쉽게 발견한 것이다.

인도인이 이 부서에 신청을 했지만 너무 오래 기다려야만 했기에, 트란스발에 가기를 원하는 많은 사람들은 중개인을 통하게 되었다. 이 업자들과 관리들 사이에서 가난한 인도인들은 몇천, 몇만 루피를 약탈당했다. 유력자의 영향력 없이는 허가증을 받을 수 없고, 많은 경우에는 영향력이 있어도 한 사람당 100파운드 정도는 써야만 한다고 했다. 허가증을 입수하는 길은 어디에 있는 것일까?

나는 예전부터 알던 더반 경찰서장에게 가서 말했다.

"허가증을 교부하는 관리를 나에게 소개해 주십시오. 허가증을 받고 싶습니다. 당신도 알듯이 나는 트란스발에서 거주한 적이 있습니다."

서장은 바로 모자를 쓰고 나를 데리고 밖으로 나갔다. 나는 허가증을 받았다. 열차 출발시간이 겨우 한 시간이나 남았을까? 짐은 미리 준비해 두었다. 나는 알렉산더 서장에게 감사를 전하고 프리토리아를 향해 출발했다.

여러 어려움에 대해서는 이미 짐작하고 있었다. 프리토리아에 도착하여 청원서를 작성했다. 더반에서는 대표자들의 이름을 물었는지 기억나지 않지만, 여기서는 새로운 부서가 활동하고 있었기 때문에 대표자들의 이름을 미리 물어보았다. 목적은 나를 대표단에서 떼어놓기 위함이었고, 이러한 사실을 프리토리아 주재 인도인들은 이미 다 알고 있었다.

괴롭지만 이 재밌는 이야기는 나중에 하기로 하자.

## 2 아시아 국(局)의 독단

새로운 부국의 관리들은 내가 어떻게 트란스발에 입국했는지 이해하지 못했다. 출입하는 인도인들을 붙잡고 물었으나 그 딱한 인도인들이 어떻게 알겠는가? 관리들은 내가 알고 지내던 연줄로 허가증 없이 입국했을 것이라고 추측했다. 만약 그렇다면 나는 체포된다.

큰 전쟁 후에는 언제나 그렇듯, 얼마동안 정부에는 특별한 권한이 부여된다. 남아프리카에서도 물론 그랬다. 치안유지를 위한 법령이 제정되었고 그 법령의 조항에는 허가증 없이 트란스발에 입국한 자를 체포, 구금할 수 있게 되어 있었다. 이 조항에 근거해 나의 체포가 협의되었다. 그러나 나에게 허가증을 제시하라고 요구할 용기는 아무도 없었다.

관리들은 더반에 전보를 보냈으나, 내가 허가증을 가지고 입국했다는 통지를 받고는 실망했다. 그러나 그들은 그 정도의 일로 포기하지는 않았다. 나는 트란스발에 무사히 도착했지만, 이 부국은 내가 체임벌린 씨를 만나지 못하도록 막는 데 성공했다.

그랬기 때문에 대표자들의 이름이 필요했다. 남아프리카에서는 인종차별을 가는 곳마다 겪어야 했지만 여기서는 인도인의 더러움과 계략의 악취가 났다. 남아프리카의 일반 관공서는 국민을 위해 일하고 있었다. 그렇기 때문에 관리들은 예의가 바르고 공손했다. 유색인종들도 그 혜택을 다소 받고 있었다. 그런데, 이와는 다른 아시아적 분위기가 들어오면서 아시아에서와 같은 독단, 계략 등의 모든 악제도 함께 들어왔다. 원래 남아프리카는 민주주의적이었는데, 아시아에서 잘못된 전제주의가 들어오고 말았다. 아시아에는 민주주의가 없고, 민중을 향해 권력이 마구 행사되고 있었던 것이다. 남아프리카에서는 백인들이 집을 마련해 정착했다. 그랬기 때문에 남아프리카의 국민으로 인정되었다. 그런데 아시아에서 온 독단적인 관리들이 한통속이 되어 인도인들의 상태를 호두까기 안의 스파리*¹처럼 만들고 말았다.

나도 이 권력을 제대로 경험했다. 우선 나는 이 아시아 국장으로부터 출두를 명받았다. 국장은 실론에서 온 사람이었다. 어쩌면 '출두를 명받았다'는 표현은 과장처럼 느껴질지도 모른다. 그래서 조금 더 정확히 설명하겠다. 내 앞으로 온 국장의 편지 같은 것은 없었다. 다만 그 국에 다른 인도인 지도자들이 자주 가야만 했다. 지도자들 중에는 셰드 테브 하지 칸 무하마드도 있었다. 그에게 국장은 물었다.

"간디가 누구요? 왜 온 것이오?"

"그분은 우리 고문입니다. 우리가 초대했습니다."

"그러면 우리는 여기에 왜 있는 거요? 우리는 당신들을 보호하기 위해 임명된 것이 아니오?"

테브 셰드는 이 공격을 되받아쳤다.

"당신은 분명 여기에 있습니다. 그러나 간디는 우리 쪽 사람입니다. 우리 말을 알고 우리를 이해합니다. 결국 당신은 공무원이니까요."

국장은 명령했다.

"간디를 내게 데리고 오시오."

테브 셰드와 나는 그에게 갔다. 그는 의자에 앉으라고도 하지 않았다. 우리는 계속 서 있었다.

"이곳에는 무슨 일로 오셨습니까?"

국장은 나를 마주 보고 물었다.

"동포들의 초대로 조언하기 위해 왔습니다."

"그러면 여기에 올 자격이 없다는 것을 몰랐습니까? 허가증이 있어도 그것은 실수로 교부된 것입니다. 당신을 이곳 주민으로 인정할 수 없습니다. 돌아가야만 합니다. 체임벌린 씨에게는 갈 수 없습니다. 우리 부국은 이곳 인도인들의 보호를 위해 특별히 개설된 것입니다. 그럼 돌아가시죠."

이렇게만 말하고 국장은 나를 돌려보냈다. 나에게 대답할 시간은 주지도 않았다. 국장은 다른 동료들을 붙잡고 위협했다. 나를 돌려보내라고 충고한 것이다. 동료들은 씁쓸한 마음으로 돌아왔다. 이처럼 우리가 풀어야 할 수수께끼가 예상치 못한 형태로 찾아왔다.

## 3 쓴잔을 삼키다

이 모욕에 나는 크게 상처를 받았다. 그러나 이전에도 이런 모욕들을 견뎌왔기 때문에 익숙했다. 그래서 모욕에 신경쓰지 말고 할 일을 생각해내서 냉정하게 그 일을 해가겠다고 결심했다.

나는 앞에서 말한 국장의 서명이 있는 편지를 받았다. 나와 체임벌린 씨는 더반에서 이미 만났기 때문에 내 이름은 대표단에서 빼야 한다고 쓰여 있었다.

동료들에게 이 편지는 견디기 어려운 것이었다. 대표단을 데리고 가는 것을 포기하자는 의견도 나왔다. 나는 동료들에게 우리 인도인 사회의 곤란한 입장을 알렸다.

"만약 당신들이 체임벌린 씨에게 가지 않는다면, 당국은 여기서 우리들이 아무런 어려움 없이 지내고 있다고 생각할 겁니다. 결국 해야 할 말은 서면으로 해야 합니다. 서면은 준비되어 있으니, 내가 읽던 다른 누가 읽던 상관없습니다. 체임벌린 씨가 우리와 토론을 하지는 않을 겁니다. 내가 받은 모욕을 우리는 참아야만 합니다."

이렇게 내가 이야기하자 테브 셰드가 갑자기 말했다.

"당신이 받은 모욕은 인도인 사회를 향한 것이 아닙니까? 당신은 우리의 대표입니다. 어떻게 그것을 잊겠습니까?"

나는 말했다.

"그건 맞습니다. 그러나 이러한 모욕을 인도인 사회도 참아야 합니다. 우리들에게 달리 어떤 방법이 있습니까?"

"설령 어떻게 된다한들 상관없지 않습니까? 그런데 무엇을 위해서 또다시 그런 모욕을 일부러 받아야만 합니까? 우리들에게 있어서 사태는 더욱 악화되기만 할 뿐 아닙니까? 우리에게 무슨 권리가 있다는 겁니까?"

테브 셰드는 말했다.

이런 노여움을 나는 바람직하다고 생각했지만 노여움을 표출해서는 안 된다는 것도 잘 알고 있었다. 나는 인도인 사회의 한계를 경험했기 때문에 동료들을 달랬다. 그리고 나 대신 인도인 법정변호사 조지 고드프리가 대표단을 인솔하도록 조언했다.

그래서 고드프리 씨가 대표단장이 되었다. 나에 대해 체임벌린 씨는 이렇게 언급했다.

"같은 사람 이야기만 계속 듣는 것보다, 새로운 사람의 의견도 들어보는 것이 보다 적절하지 않소?"

그는 이렇게 상처를 달래주려고 노력했다.

그러나 이 일로 인도인 사회와 나의 활동은 엄청나게 늘어났다. 끝이 보이지 않았다. 그래서 우리는 처음부터 다시 시작해야 했다.

"당신의 말을 듣고 인도인 사회는 전쟁에 참가했는데 결과는 고작 이거군요?"

이렇게 비아냥거리는 사람도 생겨났다. 내가 말했다.

"그 일에 대해서는 후회하지 않습니다. 그것은 정당한 일이었다고 지금도 믿고 있습니다. 우리들은 그렇게 해서 자신의 의무를 완수한 것입니다. 설령 그 결과를 볼 수 없다 해도 좋은 행동의 결과는 좋은 것이라고 확신합니다. 지나간 일을 생각하기보다 우리가 지금 해야 할 일을 생각하는 편이 훨씬 낫겠죠? 그러니까 그 일에 대해서 생각하지 말기로 합시다."

다른 사람들은 이것을 지지했다.

나는 말했다.

"실은 내가 초래한 임무는 이미 끝났습니다. 그러나 여러분이 귀국하라고 해도 나는 트란스발을 떠날 수 없습니다. 나의 활동은 나탈에서가 아니라 지금 여기서부터 시작해야 합니다. 일 년 이내에 귀국하겠다는 생각은 버리고 여기서 변호사 등록을 하겠습니다. 이 새로운 부국에 대항할 용기는 가지고 있습니다. 그에 대항하지 않는다면 인도인 사회는 약탈당하여 발 디딜 곳을 잃을 것이며 인도인 사회에의 모욕은 날로 심해질 것입니다. 체임벌린 씨가 나를 만나주지 않고 그 국장이 나에게 무례하게 군것은, 전체 인도인 사회에 대한 모욕에 비하면 아무것도 아닙니다. 우리들은 여기서 개처럼 사는 것을 결코 참아서는 안 됩니다."

이렇게 나는 이야기를 진행했다. 프리토리아와 요하네스버그 주재 인도인 지도자들과 협의한 결과, 요하네스버그에 사무소 개설을 결정했다.

트란스발에서의 등록에 대해 의심하는 시선은 분명히 있었지만 신청에 대해서 법률 사회는 반대하지 않았다. 최고 재판소는 신청을 수리했다.

인도인이 좋은 지역에 사무소를 빌리는 것도 참으로 어려운 일이었다. 그러나 리치 씨와 친해져서, 그가 잘 아는 부동산 중개업자의 소개로 좋은 지역에 사무소용 집을 빌렸다. 이렇게 나는 변호사 일을 시작했다.

### 4 더욱 커지는 약한 마음

트란스발에서 인도인 사회의 여러 권리를 위해 어떻게 싸워야 했는지, 그리고 아시아 국 관리들에게 어떻게 대처해야 했는지에 대해 이야기하기 전에, 내 생애의 또 하나의 부분에 시선을 돌려려 한다.

그때까지 나는 얼마간의 재산을 모으고 싶다는 염원을 가지고 있었다. 그것은 지상 목적과 이기심의 혼합이었다.

뭄바이에 사무실을 열었을 때 미국인 보험설계사 한 사람이 찾아왔었다. 그는 미남이었고 그와의 이야기는 마음 편했다. 그는 마치 친구처럼 나의 장래에 도움이 되는 이야기를 해주었다.

"미국에서 당신 정도 지위에 있는 사람들은 모두 생명보험에 가입합니다. 당신도 가입해서 장래에 대해 불안이 없도록 해야 합니다. 누구도 목숨을 보장할 수 없습니다. 미국에서는 생명보험 가입은 의무라고 생각합니다. 소액이라도 가입하실 수는 없습니까?"

나는 그때까지 남아프리카나 인도에서 많은 설계사들의 권유를 거절해 왔다. 보험이란 겁쟁이나 드는 것이고 그에 가입하는 것은 신에 대한 불신을 나타내는 것이라고 생각했기 때문이다. 그러나 이번에는 그 권유에 넘어가고 말았다. 그 설계사가 이야기를 할수록 눈앞에 아내와 아이들이 떠올랐기 때문이다.

"살아있는 자여, 너는 아내의 장신구를 거의 다 팔아버렸다. 만약 너의 신변에 무슨 일이 일어나면 아내와 아이들을 보살피는 부담은 저 가난한 형의 몫이다. 아버지를 대신해서 훌륭히 가장 역할을 한 형에게 무거운 짐이 또 지워질 것이다. 그것은 옳지 않다."

나의 마음은 이렇게 말하고 있었다. 나는 1만 루피의 보험에 가입했다.

그러나 남아프리카에서 변해버린 나의 입장은 생각까지 바꾸었다. 남아프리카에서는 새로운 재난에 처해서 이런저런 행동들을 했는데 그것은 신을 증인으로 하고 있었다. 나의 시간이 얼마나 더 남아프리카에서 사라질지 전혀 알 수 없었다. 인도에는 귀국할 수 없는 것이 아닐까 생각했을 정도이다.

아내와 아이들을 데려와야 한다, 별거를 계속해서는 안 된다, 아내와 아이들을 남아프리카에서 부양해야 한다. 이렇게 생각하니 그 보험 계약은 나를 괴롭히는 것이 되었다. 보험설계사의 그물에 걸려버린 나 자신이 부끄러웠다.

"만약 형이 아버지 대신이라면 동생의 미망인을 돌보는 일을 부담스러워하겠는가? 어째서 너는 그렇게 생각한 것인가? 네가 먼저 죽을 것이라는 생각은 어디서 나왔는가? 부양을 하는 것은 너도, 형도 아닌 신이시다. 보험에 들어 너는 아내와 아이들을 그에 의존하게 만들었다. 왜 아내와 아이들이 자립할 것이라는 생각은 하지 않았는가? 수많은 가난한 사람들의 자녀는 어쩌라는 것인가? 자신이 가난한 사람들과 똑같다는 것을 왜 인정하지 않는가?"

이러한 생각이 계속 이어졌다. 그러나 나는 그 생각을 바로 실천에 옮기지는 못했다. 첫 회 분의 보험금을 남아프리카에서 송금한 기억이 난다.

그러나 이러한 생각의 흐름에 외부로부터 자극이 있었다. 첫 번째 남아프리카 여행에서 그리스도교의 분위기를 접하고 종교에 대해 각성하게 된 것이다. 이번에는 신지학(神智學)의 분위기를 접했다. 리치 씨는 신지론자였다. 그는 나에게 요하네스버그의 협회를 소개해 주었다. 그러나 회원에 가입하지는 않았다. 신지학의 교의와 나의 의견에는 차이가 있었기 때문이다. 그래도 나는 거의 모든 회원들과 친해져서 매일 종교논의를 했다. 신지학 서적을 읽고 집회에서 이야기하는 기회도 자주 있었다. 신지학에서는 우애정신을 가르치고 촉진하는 것이 주된 목적이었다. 우리들은 이 주제를 가지고 많이 의논했다. 이 교의와 회원들의 행위에 어긋남이 발견되면 나는 그것을 비판했다. 이 비판은 나 자신에게 크게 영향을 미쳤다. 나는 자기반성을 시작했다.

## 5 자기반성의 결과

1893년에 그리스도교도 친구들과 친하게 지낼 때 나는 그저 배우는 입장이었다. 친구들은 성서의 가르침을 들려주고 설명하여 내가 그것을 받아들이도록 힘썼다. 나는 조심스럽게 공평한 입장에서 친구들의 가르침을 듣고 이해하려고 했다. 그래서 나는 가능한 한 힌두교를 연구하여 다른 종교들을 이해하고자 했다. 1903년에는 상황이 조금 변했다. 신지론자 친구들이 나를 입회시키고 싶어한 것은 분명했지만 그것은 힌두교도인 나에게서 무언가를 얻으려는 의도에서였다. 신지학 책에는 힌두교의 영향을 받은 내용이 상당히 있었기에 이 형제들은 내가 자신들을 위해 협력해주지 않을까 생각했던 것이다. 나는 산스크리트어 실력은 거의 없어, 힌두교 경전도 산스크리트어로 읽지 않았고 번역된 것을 아주 조금 읽었을 뿐이라고 설명했다. 그럼에도 불구하고 형제들은 삼스카라(업보)나 푸나르잔마(윤회)를 믿고 있었기에 나에게 조금이라도 도움을 얻을 것이라 생각했다. '이 없으면 잇몸'이란 말이 있듯이 내가 잇몸이 된 꼴이었다. 나는 어떤 이와는 스와미 비베카난다의 《라자요가》를, 또 다른 이와는 드비베디의 《라자요가》를 읽었다. 어떤 친구와는 《파탄잘리 요가철학》을 읽기도 했다. 많은 사람들과 함께 《바가바드기타》의 공부를 시작했다. '구도 모임'이라는 작은 모임도 만들어 정기적인 공부 모임을 시작했다. 나는 《기타》에 대해서는 애착과 경외의 마음을 가지고 있었다. 지금이야말로 《기타》의 깊은 세계에 빠져볼 필요가 있다고 생각했다. 번역서 한두 권을 가지고 있어, 번역서의 도움으로 원전의 산스크리트어를 이해하려고 노력했다. 그리고 한두 슐로카 정도는 항상 외우기로 마음먹었다.

나는 아침 이 닦을 때와 목욕하는 시간을 암기를 위해 사용했다. 이 닦기에 15분, 목욕에 20분이 걸린다. 이를 닦을 때는 영국식으로 선 채로 닦기 때문에, 정면의 벽에 《기타》의 슐로카를 써 붙여놓고 필요할 때마다 보았다. 그리고 외우기 위해 반복해서 소리 내어 읽었다. 외우기 시작한 슐로카는 목욕이 끝날 무렵이면 완전히 외워졌다. 어느 정도 시간이 지나면 전에 암기한 슐로카를 한 번 더 반복했다. 이렇게 해서 13장까지 암기한 기억이 있다. 그러나 점차 나의 일이 늘어나고 사티아그라하가 태어나자 이 아기의 양육에 대해서 생각하느라 시간이 없었다. 이것은 지금도 마찬가지이다.

이 《기타》를 읽은 것이 동료들에게 얼마나 영향을 주었는지는 그들 자신만이 알 일이지만, 나에게 있어서 이 책은 행동 지침이 되었다. 미지의 영어 단어의 나열이나 의미를 찾기 위해 영어사전을 펼치는 것처럼, 행동에 관한 여러 곤란과 문제를 나는 《기타》 안에서 해결하려고 했다. 아파리그라하, 사마바바*2 등의 단어가 나를 사로잡았다. 평등을 어떻게 발전시키면 좋을까? 어떻게 지키면 좋을까? 모욕을 주고 뇌물을 받는 관리들, 무조건 반대하는 어제까지의 동료 등등과 최대한 은혜를 베풀어주는 분들이 차이가 없다는 것은 어떻게 된 것인가? 무소유는 어떻게 지킬 수 있는가? 신체가 있다는 것은 소유가 아니란 말인가? 아내와 자식은 소유가 아니면 무엇인가? 꽉 채운 책장을 다 태워버려야 하는가? 집을 태워버리고 순례의 길에 올라야만 하는가? 집을 태우지 않는 순례란 있을 수 없다고 바로 답이 나왔다. 영국법이 도움을 주었다. 스넬 법칙의 논리가 생각난 것이다. 《기타》 학습의 결과, 특히 '신탁 수탁자'의 의미를 이해할 수 있었다. 법률학에 대한 존경의 마음이 깊어졌다. 법률학에서도 나는 종교를 보았다. 신탁을 받은 사람에게 수천억의 루피가 있어도 단 1루피도 그의 것이 아니며, 해탈을 염원하는 자는 신탁을 받은 자처럼 행해야 한다는 것을 나는 《기타》를 통해서 이해했다. 무소유자가 되기 위해서, 평등자가 되기 위해서, 마음을 고쳐야 한다는 사실이 등불처럼 확실히 보였다. 보험계약을 해약하기 위해 레바샨카르바이에게 편지를 보냈다. 조금이라도 돌려주면 받겠고 돌려주지 않는다면 지불한 금액은 없던 것으로 하겠다. 아이들과 아내는 우리들을 창조하신 분이 지켜줄 것이다. 이런 내용으로 썼다. 아버지나 다름없는 형에게도 편지를 썼다. '지금까지 모은 돈은 형님에게 드립니다. 이제 저에 대한 기대는 버려주세요. 앞으로 모으는 돈은 이곳의 인도인 사회를 위해서 쓰일 겁니다.'

이런 일을 형님이 곧바로 이해할 수 있도록 설명하는 것은 불가능했다. 처음에 형님은 엄하게 자신에 대한 나의 의무를 설명했다. 너는 아버지 이상으로 현명해져서는 안 된다, 아버지가 가족을 부양한 것처럼 너도 똑같이 해야만 한다, 등등. 나는 조심스럽게 답장을 썼다. 나는 아버지의 역할을 할 만큼 했으며, 가족이라는 말을 조금 넓은 의미로 생각해보면 나의 결단을 이해할 수 있을 것이라고 적었다.

형은 나에 대한 기대를 버리고 편지 왕래도 끊다시피 했다. 이 일로 나는 상처받았다. 그러나 내가 자신의 의무를 저버렸다고 생각하니 그것은 훨씬 더 슬픈 일이었다. 나는 작은 슬픔을 참았다. 그러나 형에 대한 나의 애정은 순결하고 강한 것이었고, 형의 슬픔도 나에 대한 사랑에서 나온 것이었다. 형은 나의 돈보다 나의 예의바른 태도를 원했던 것이다.

말년에 형은 이해해 주었다. 나의 행동은 의무를 올바르게 수행한 것임을 병상에 누운 형은 이해해 준 것이다. 지극히 감동스러운 형의 편지를 받았다. 아버지가 아들에게 용서를 구하듯이 형은 나에게 용서를 구했다. 형은 자신의 아이들을 나의 방식대로 양육하도록 부탁했다. 형은 나와 만나기를 무척이나 바랐다. 나는 언제든 남아프리카로 오시라는 전보를 보냈다. 그러나 우리 형제의 만남은 운명이 허락하지 않았다.

조카들에 대한 형의 희망도 이룰 수 없었다. 형은 인도에서 세상을 떠났다. 조카들은 윤회를 믿었고 그것은 변치 않았다. 그래서 그들을 내가 있는 곳으로 데려올 수 없었다. 그들 탓이 아니다. 타고난 성질을 누가 변하게 할 수 있으며, 굳게 믿고 있는 윤회를 누가 지울 수 있겠는가? 우리들의 피부양자나 동료들도, 우리처럼 변하고 발전하게 만들 수 있다고 생각했으나 그것은 나의 착각이었다.

부모의 책임이란 얼마나 무거운 것인가를 이 예를 통해 조금은 알게 되었다.

## 6 채식주의를 위한 희생

생활에 있어서 포기와 검소함이 늘고 종교적 각성이 커져감에 따라 채식주의와 그 보급에 대한 열의가 점점 높아지게 되었다. 나는 선전과 보급의 유일한 방법을 안다. 그것은 행동하는 것과, 그에 관심을 갖는 사람들과 대화하는 것이다.

요하네스버그에는 채식 레스토랑이 하나 있었다. 쿠네의 수료법을 믿는 독일인이 경영하는 곳이었다. 나는 그곳을 다니기 시작했고, 데려갈 수 있는 영국인 친구들을 모두 그곳으로 안내했다. 그러나 그 레스토랑은 오래가지 못할 것임을 알았다. 항상 돈에 쪼들리고 있었던 것이다. 나는 적당히 원조를 하였으나 결국 그 가게는 문을 닫았다. 조금 돈을 잃었으나 상관없다고 생각했다. 신지론자 중 많은 이들은 채식주의자였다. 이 협회에 한 의욕적인 여성이 대규모 레스토랑을 열었다. 이 여성은 예술 애호가였다. 선뜻 돈을 내놓았지만 경리에 관한 지식은 그다지 없었다. 교류관계가 넓은 사람이었기 때문에, 처음에는 조그맣게 시작하였지만 곧 넓은 장소를 사들여 확장하기로 결심했다. 그때 나에게 도움을 요청했으나 나는 그 여성의 경제 상태에 대해서는 전혀 몰랐다. 견적서는 잘 꾸려져 있다고 생각하였고 돈을 융통해 줄 수 있는 입장에 있었다. 많은 의뢰인들의 돈을 맡고 있었기 때문이다. 의뢰인 중 한 분의 허락을 받아, 맡아놓은 돈 중 약 1,000파운드를 그 여성에게 빌려주었다. 이 의뢰인은 마음이 넓은 사람으로 나를 신용하고 있었다. 처음에는 계약노동자로 여기에 온 사람이다. 의뢰인은 "바이(형제), 당신 좋을 대로 돈을 빌려주십시오. 난 아무것도 모릅니다. 내가 아는 것은 당신뿐입니다."

의뢰인의 이름은 바드리. 사티아그라하 투쟁에서 중요한 역할을 수행하느라 투옥된 적도 있는 사람이다. 이 허락만으로 나는 돈을 빌려주었다. 나는 2, 3개월이 지난 후 이 돈이 되돌아오지 않는 것을 알았다. 이렇게 큰돈을 그냥 앉아서 잃을 수는 없었다. 나에게는 그 돈을 쓸 다른 용도가 있었기 때문이다. 그러나 돈은 돌아오지 않았다. 나를 믿고 있는 바드리에게 어떻게 그 말을 할 수 있단 말인가? 바드리에게는 오직 나뿐이었다. 결국 그 금액은 내가 보상했다.

어느 의뢰인 친구에게 이 이야기를 하자 친구는 가볍게 나무라면서 나를 깨우쳐주었다.

"바이(남아프리카에서 나는 '무하마드'도 '바푸'*³도 아니었다. 의뢰인 친구들은 나를 '바이'라고 불렀다), 이것은 당신이 할 일이 아니에요. 우리들은 당신을 믿고 따르고 있습니다. 그 돈은 돌아오지 않았고 당신이 바드리를 구했죠. 그래서 당신의 돈을 잃게 되었어요. 이런 식으로 개혁활동을 위한 의뢰인들의 돈을 당신이 빌려주기 시작하면 의뢰인들은 파산하고 당신은 빈털터리가 될 것입니다. 그것은 당신의 공적인 활동에 손실이 됩니다."

다행스럽게도 이 친구는 지금도 살아있다. 남아프리카에서, 아니 다른 어디에서도 이 친구보다 순수한 사람은 본 적이 없다. 그는 누군가에 대해서 의심의 마음이 생기고 그 의심이 잘못된 것임을 알면 바로 그 사람에게 사죄하여 자신의 영혼을 정화시키는 사람이다. 이 의뢰인의 경고는 옳았다. 나는 바드리의 돈을 갚을 수 있었으나, 만약 그럴 능력이 없었다면 빚을 져야 했을 것이다. 내 생애 빚이라는 것은 져본 일도 없거니와 나는 항상 그것을 매우 싫어했다. 개혁을 위해서도 자신의 능력을 넘어선 일은 적절하지 않다는 것을 알았다. 이렇게 돈을 빌린 일로 《기타》의 공평무사한 행위라는 주요한 가르침을 가볍게 여겼다는 것도 깨달았다. 이 과오는 나에게 등대가 되었다.

채식주의 보급을 위해 이런 희생을 치르리라고는 전혀 상상도 못했다.

이 일은 나의 뜻에 어긋나는 공덕이 되었다.

### 7 흙과 물의 실험

생활이 검소해짐에 따라, 원래도 그랬지만 병 때문에 약을 사용하는 것이 점점 더 싫어졌다. 더반에서 개업했을 때 프란지반다스 메타 박사가 방문해주었다. 그 당시 나는 쇠약해져 가끔 염증이 생겼다. 그럴 때 그가 치료를 해주어 나는 편해질 수 있었다. 그 후 인도에 귀국할 때까지 이렇다할 병에 걸린 기억은 없다.

그러나 요하네스버그에서는 변비에 걸렸고 가끔 두통도 있었다. 나는 어떤 변비약을 사용하여 건강을 유지했다. 식사는 항상 소화가 잘 되는 것으로 하고 있었지만 그걸로 고통에서 완전히 해방되지는 못했다. '변비약에서 벗어날 수 있다면 정말 좋을 텐데'라고 항상 생각했다.

맨체스터에서 '아침 안 먹기 협회'가 설립되었다는 기사를 읽었다. 영국인들은 식사 횟수와 양이 많고 밤 12시까지 계속 먹은 다음에 의사를 찾아 돌아다닌다며, 이런 상황을 피하기 위해서는 아침을 걸러야 한다는 것이 이 협회의 주장이었다. 이 주장은 나에게 완전히는 아니지만 어느 정도 들어맞는다고 생각했다. 나는 하루 3번 배가 부르도록 먹었고 오후에는 차를 마시는 등, 결코 소식을 한다고는 할 수 없었다. 채식 요리로 향신료 없이 미각을 즐겁게 해주는 것은 뭐든 먹었다. 아침 6, 7시 전에 일어나는 일도 없었다. 그래서 아침을 거르면 분명 두통에서 헤어나지 못할 것이라 생각했다. 그러나 나는 아침을 거르기로 했다. 며칠 동안은 분명 힘들었지만 두통은 완전히 없어졌다. 이것으로 나의 식사는 필요 이상이었음을 알았다.

그러나 이러한 변화로 변비가 없어지지는 않았다. 그래서 나는 쿠네의 요탕요법(腰湯療法)을 써보았다. 조금 편해지기는 했으나 기대했던 변화는 일어나지 않았다. 이러는 동안에 그 독일인 레스토랑 사장이었는지 다른 친구였는지 잘 기억나진 않지만, 나에게 유스트의 《자연으로 돌아가라》라는 책을 주었다. 나는 그 책에서 흙 요법에 대해 읽었다. 저자는 말린 과일과 신선한 과실이야말로 인간에게 진정한 자연의 식사라는 의견을 크게 지지하고 있었다. 이때 바로 과일식을 시작하지는 않았지만 흙 요법은 바로 시작했다. 그 요법은 나에게 경이적인 영향을 주었다. 그 요법은 이런 것이었다. 밭의 깨끗한 적토나 흑토를 채취해 적당량을 냉수를 부어 이겨서, 깨끗한 얇은 천으로 싸서 배에 대고 붕대를 두른다. 이 습포를 잘 때 해서 아침이나 밤중에 눈이 떠지면 그것을 풀었다. 그렇게 했더니 변비가 사라졌다. 그 후 이 흙 요법을 친구들에게도 전파했는데 모두 효과를 보았던 것으로 기억한다.

인도에 귀국한 후에는 이런 요법에 대해서 자신을 잃었다. 요법을 시험하기 위해 한 곳에 안정할 기회가 없었기 때문이다. 그래도 흙, 물 요법에 대한 나의 신앙은 대체로 당시와 달라지지 않았다. 지금도 나는 흙 요법을 사용하고 기회가 있으면 친구들에게도 권한다. 나는 일생동안 두 번 큰 병에 걸렸다. 그럼에도 불구하고 인간은 약을 사용할 필요가 없다고 확신한다. 식사와 물과 흙 등 민간요법만으로도 1,000가지 중 999가지 병은 나을 수 있다.

사람들은 아플 때마다 의사들을 찾아, 신체에 이런저런 생약이나 화학약품을 채워 넣어 수명을 단축시킬 뿐만 아니라 자기 마음의 제어마저 잃는다. 결과적으로 인간은 인간다움을 잃어버리고 신체의 주인이 아닌 노예가 되어버린다.

나는 지금 이 원고를 병상에 누워서 쓰고 있다. 그러니 이러한 생각을 가볍게 여기지 않기를 바란다. 나는 내 병의 원인을 알고, 내 탓으로 병에 걸렸다는 것을 충분히 깨닫고 의식하고 있다. 계속 의식하기 때문에 나는 인내심을 버리지 않는 것이다. 나는 이 병을 신의 은총이라고 생각한다. 지금도 많은 약을 복용하라는 유혹을 피하고 있다. 나의 고집 때문에 많은 의사 친구들을 곤란하게 하고 있음을 잘 알지만, 친구들은 관대한 마음으로 나의 고집을 견디고 있다. 그렇다고 그들은 나를 모른 체하지는 않는다.

지금 나의 상태에 대해 주저리주저리 쓰고 있을 수는 없다. 우리들은 다시 1904, 5년경으로 돌아가야 한다.

단지 그 시대의 일을 생각하기에 앞서 독자에게 조금 경고해 둘 필요가 있다. 이것을 읽고 유스트의 책을 살 사람들은 저자의 모든 말을 《성경》처럼 믿지는 않길 바란다. 모든 책은 대부분 저자의 일방적인 시점으로 되어 있기 때문이다. 그러나 각각의 책은 적어도 7가지 시점에서 볼 수 있다. 그리고 각각의 시점에서 보면 그것은 틀린 것이 아니다. 그렇지만 결코 모든 시점이 다 일치할 수는 없다. 게다가 많은 책에는 판매나 명성에 대한 유혹이라는 결함도 있다. 그러니 지금 말한 책을 읽을 사람들은 그 점을 헤아리고 읽기 바란다. 몇 가지 체험을 해보려거든 경험자의 조언을 들어 보던가, 인내심 있게 조금 연습한 뒤에 체험에 들어가기 바란다.

## 8 하나의 경고

앞 장에서 흙 실험에 관해 썼는데, 마찬가지로 식사에 대한 실험도 했기 때문에 그에 관해 조금 적어두는 것이 좋을 듯하다. 다른 일들은 기회가 닿으면 그때 가서 이야기하기로 하겠다.

이번 장에서는 식사에 관한 실험과 그에 관한 생각을 상세하게 적을 수는 없다. 이것에 관해서는, 남아프리카에서 《건강에 관한 일반적 지식》*4이라는 제목의 책을 〈인디언 오피니언〉을 위해 썼는데 거기에 자세히 설명해 두었다. 이 책은 〈인디언 오피니언〉을 본 적도 없는 서구와 인도에 가장 잘 알려져 있는데 그 이유가 무엇인지 나는 지금까지도 알 수가 없다. 이 책은 〈인디언 오피니언〉 독자들을 위해 썼다. 이 책을 바탕으로 많은 형제자매들이 자신의 생활을 바꾸었다며 많은 편지를 보내왔기 때문에, 그에 관해 여기서 조금 적어둘 필요가 있다.

그러므로 이 책에 쓴 생각을 바꿀 필요는 없다고 생각하는데, 이는 나 자신의 행동에 있어서 중대한 변경을 했기 때문이다. 이러한 사실을 이 책을 읽는 독자들은 모른다. 그러나 여러분은 이 사실을 바로 알아야 할 필요가 있다.

나의 다른 책들과 마찬가지로 이 책을 쓰는 데는 종교 감정만이 있었다. 그리고 그것이야말로 지금도 나의 모든 활동 안에 있는 것이다. 그 책에 있는 몇 가지 생각을 나는 오늘날 실행할 수가 없다. 그것을 안타깝게 생각하고 부끄럽다고 느낀다.

나는 인간은 아기 때 어머니의 모유를 마시는 것 이외에 다른 젖은 필요 없다고 확신한다. 인간의 식사에는 야생의 신선한 또는 말린 과실 이외에는 필요 없다. 인간은 아몬드 등의 씨앗이나 포도 등의 과실에서 신체나 두뇌에 필요한 완전한 자양분을 섭취할 수 있다. 이러한 식사로 생활할 수 있는 자는 브라마차리아 등의 자기억제가 굉장히 쉬워진다. '사람은 먹는 대로 된다'는 말에는 진리가 담겨 있음을 나와 동료들은 체험했다.

그 건강에 관한 책에는 이러한 생각을 상세히 설명했다.

그러나 인도에서 자신의 실험을 완벽하게 시도할 수는 없었다. 케다에서 모병운동을 하면서 나는 나의 과실로 죽음의 문턱까지 다녀왔다. 나는 우유 없이 살아가기 위해서 많은 노력을 해 왔기에, 병마 앞에서도 우유를 대신할 음료에 대해 바이드, 의사, 화학자 등의 지인들에게 도움을 구했다. 어떤 사람은 멍콩 즙*5, 어떤 사람은 마후아*6 기름, 어떤 사람은 아몬드 즙*7을 추천해주었다. 그 모든 실험을 하면서 나는 기력을 완전히 소모해 버렸다. 그래서 침대에서 일어날 수가 없게 되었다.

바이드들은 차라카*8 등의 슐로카를 들려주었다. 병을 고치기 위해서라면 먹을 수 있는 것과 먹지 말아야 할 것의 구별을 하지 않아도 된다. 고기도 먹을 수 있다고 말했다. 이 바이드들은 우유를 먹지 않으려는 나를 도와주지 않았다. '비프 티'*9와 '브랜디'가 처방되었다. 그러나 우유와 물소 젖만은 마실 수 없었다. 내가 맹세를 할 때 내 앞에는 어머니 격인 암젖소와 암물소가 있었기 때문이다. 살고 싶다는 염원 때문에 스스로의 양심을 속였으나 맹세의 글자는 지켰다. 그리고 염소 젖을 마시기로 결정했다. 그래도 어미 염소의 젖을 마실 때 내 맹세의 정신은 죽어버린 것처럼 느껴졌다.

그러나 '로울라트 법안'에 대항해야 한다는 생각이 나를 잡고 놓아주지 않았다. 그 생각이 살고 싶다는 욕망을 유지시켜 주었다. 그리고 내가 내 인생의 위대한 실험이라고 믿었던 것을 중지시켰다.

식사와 영혼은 관계가 없다, 위에 들어가는 것이 아닌 영혼에서 나오는 말이 손과 실을 가져온다, 등등의 주장을 나는 알고 있다.

이 주장에는 부분적인 진실이 있다. 그러나 이러한 주장과 상관없이 나는 여기서 자신의 고집스런 결의를 표명한다. 신을 두려워하면서 살기를 원하는 사람, 신을 직접 보기를 원하는 사람, 그러한 구도자와 해탈을 원하는 사람에게 있어서 자신이 섭취할 음식에 대한 선택은 사고와 음성의 선택과 마찬가지로 필요한 일이다.

그러나 나 자신이 타락한 문제에서, 다른 사람들에게 나를 따르라고는 조언할 수 없고, 그뿐 아니라 그렇게 못하도록 할 것이다. 그래서 건강에 관한 나의 책을 믿고 실험하려는 모든 형제자매들에게 경고하고 싶다. 우유를 끊는 것이 굉장히 이익이 된다고 생각하거나, 경험이 풍부한 바이드나 의사가 우유를 끊으라고 조언했다면 마시지 말라. 그렇지 않고 단지 나의 책을 읽고 우유를 끊지는 않길 바란다. 지금까지 나의 경험이 가르친 바에 의하면, 위가 약한 사람이나 병져 누운 사람에게 있어서 우유처럼 부담없고 영양이 풍부한 음식은 없다. 그러니 그 책에서 말한 우유에 대한 것에 고집하지 않길 바란다. 이 책의 독자들에 대한 나의 부탁이자 조언이다.

이 장을 읽은 바이드나 의사, 하킴, 그 밖의 경험자가 우유 대신 그와 비슷한 영양을 가지고 있고 소화에 좋은 식물을, 책에서 읽은 것이 아니라 경험을 토대로 알고 있다면 부디 나에게 알려주어 은혜를 베풀기 바란다.

### 9 강자와의 어려운 싸움

이제 아시아 국 관리들을 보기로 하자.

아시아 국 관리의 최대 부서는 요하네스버그에 있었다. 그 부서에서 인도인, 중국인 등은 보호되기는커녕 먹이 취급당하는 것을 나는 보아왔다. 나에게는 매일같이 불평이 접수됐다.

"자격 있는 사람은 입국하지 못하고, 자격 없는 사람이 100파운드를 쓰면 입국할 수 있습니다. 이것을 당신이 바로잡지 않으면 대체 누가 한단 말입니까?"

나의 생각도 그와 같았다. 이 부패를 척결하지 않으면 내가 트란스발에 체재하는 의미가 없어진다.

나는 증거를 모으기 시작했다. 상당수의 증거가 모아지자 나는 경찰 장관에게 갔다. 장관은 자비와 정의감이 있는 사람이었다. 나의 이야기에 귀를 기울이고 참을성 있게 들어주었다. 그리고 증거를 제출하라고 말했다. 증인들을 직접 심문하기도 했다. 나는 장관을 믿게 되었다. 그러나 내가 알았듯이, 남아프리카에서는 백인 배심원에 의해서 백인 피고에게 유죄를 내리는 일이 어렵다는 것을 장관도 알고 있었다.

"그래도 우리는 노력하겠습니다. 이러한 범죄자는 배심원이 놓아줄 우려가 있다고 해서 체포하지 않는다는 것 또한 바르지 않습니다. 그러니 나는 체포할 것입니다. 체포하기 위해서는 어떠한 방법이라도 동원할 것을 당신에게 보장하겠습니다."

나는 장관의 노력을 믿었다. 다른 관리들에게도 부정에 대한 심증을 가지고 있었지만 그 증거가 약했다. 그러나 두 사람에 관해서는 의심의 여지가 없었다. 그 두 사람에게 체포명령이 떨어졌다.

나는 이런 나의 행동을 감추지 않았다. 거의 매일 장관에게 다니는 것을 많은 사람들이 보았다. 이 두 사람은 몇 사람의 정보통이 있었다. 그들은 나의 사무실을 감시하고 나의 왕래를 그 관리들에게 알렸다. 그 관리들의 악덕은 너무나도 심했기 때문에 그들을 위한 정보통은 많지 않았다. 만약 인도인들의 도움만큼 중국인들의 도움이 없었다면 이 관리들은 체포되지 않았을 것이다.

이 두 사람 중 한 사람은 도망쳤다. 그러나 장관은 도주범을 인도하라는 명령을 내려, 체포하여 송환하였다. 재판이 시작되었다. 발을 뺄 수 없을 증거도 제출하였다. 그리고 한 사람이 도망친 증거도 배심원들에게 제출하였다. 그럼에도 불구하고 두 사람은 무죄로 방면되었다!

나는 매우 실망했고 장관도 안타까워했다. 나는 변호사일이 싫어졌다. 범죄를 감추기 위해서 머리를 쓰는 것을 보고 머리라는 것이 역겹게 느껴졌다.

두 관리의 범죄는 만천하에 알려졌기 때문에, 무죄로 석방되었지만 정부는 이 두 사람을 해고하였다. 두 사람은 면직되어 아시아 국은 조금 깨끗해졌다. 인도인 사회는 이에 힘입어 용기도 생겼다.

이 일로 나의 명성은 높아지고 의뢰도 늘었다. 매일 징수되어 뇌물로 쓰이던 인도인 사회의 몇백, 몇천 파운드가 많이 절약되었다. 그러나 모두 절약되었다고는 할 수 없다. 부정한 관리는 여전히 뇌물을 받았다. 그러나 정직한 관리는 정직함을 지켰다.

관리들이 이처럼 악덕했음에도 불구하고 나에게는 개인적인 감정은 없었다. 관리들은 나의 이런 성격을 알고 있었다. 두 사람이 어려울 때 도울 기회가 있어서 나는 그들을 기꺼이 도왔다. 내가 반대하지 않으면 시청에 취직도 할 수 있었기에 그들의 친구들이 나를 만나러 왔다. 나는 두 사람의 취직을 도울 것을 약속했고 그 두 사람은 일자리도 얻었다.

이 일로 내 주변의 백인들은 나를 어려워하지 않게 되었다. 백인들의 부국과 나는 자주 싸워야만 했고 심한 말을 해야 했지만 그래도 백인들은 나와 좋은 관계를 유지했다. 이 같은 태도는 실로 나의 성격에 의한 것이었으나 그 무렵 나는 잘 몰랐다. 이러한 태도가 사티아그라하의 뿌리이며 비폭력의 특징적인 부분이라는 것도 나는 나중에 이해했다.

어떤 사람과 그 사람의 행위는 별개다. 좋은 행위는 존중받고 나쁜 행위는 비난받아야 마땅하다. 선행이건 악행이건 행위자에 대해서는 항상 존중과 자비를 가져야 한다. 이것을 이해하는 것은 쉽지만 실천하기는 어렵다. 그렇기 때문에 이 세상에는 암적인 요소가 만연해 있다.

진리탐구의 근원에 이러한 비폭력이 있다. 그것을 실천하지 않는 이상 진리와는 만날 수 없다고 끊임없이 생각해 왔다. 체제에 대항하는 것은 훌륭한 일이나, 체제의 지배자를 공격하는 것은 자신을 공격하는 것과 같다. 우리들 모두는 같은 붓으로 그려졌으며, 같은 창조주 브라마의 자식이기 때문이다. 지배자에게도 무한의 힘이 있다. 지배자를 경시하고 비난하는 것은 그 무한의 힘을 경시하는 것이다. 그렇게 하는 것은 지배자들과 마찬가지로 이 세상에 손실을 불러온다.

## 10 어느 정결한 추억과 속죄

나의 생애에는 이러한 사건들이 계속 일어났기 때문에, 여러 종교를 신봉하는 사람들이나 여러 사회와 깊은 관계를 갖고 있었다. 이 모든 경험 덕으로 나는 가족과 타인, 인도인과 외국인, 백인과 유색인, 힌두교도와 이슬람교도, 또는 그리스도교도, 유대교도 등을 전혀 차별하지 않을 수 있었다. 나의 마음은 이러한 차별을 식별하지 못했다고 할 수도 있다. 나는 이것을 자신의 미덕이라고는 생각하지 않는다. 왜냐하면 비폭력, 브라마차리아, 무소유 등의 기본 도덕을 성취하기 위해 노력하는 것, 그리고 그 노력이 아직 계속되고 있는 것을 완전히 의식하기 때문이다. 그와 마찬가지로 이러한 비차별을 지키기 위한 특별한 노력을 했다고는 생각하지 않는다.

더반에서 변호사 일을 할 때 나는 종종 직원들과 함께 살았다. 그들은 대부분 힌두교도와 그리스도교도였다. 또는 출신별로 말하면 구자라트 출신자와 마두라스 출신자였다. 직원들에 대해 차별하는 마음이 생긴 기억은 없다. 나는 직원들을 가족의 한 사람으로 생각했다. 그리고 만약 그에 대해서 아내가 불만을 토로하면 싸웠다. 직원 중 한 사람은 그리스도교도였고 부모는 판차마*[10] 출신이었다. 당시 우리 집은 서양식이었는데, 작은 방에는 배수구가 없었다. 그래서 각 방에는 배수구 대신 요강을 놓아두었다. 그 요강의 처리는 사용인이 아닌 우리 부부가 했다. 자신이 가족의 일원이라는 생각이 들자 직원들은 스스로 자기 요강을 처리했다. 판차마로 태어난 이 직원은 신참이 었다. 그러니 그의 변기는 우리가 치워야 했다. 그러나 아내는 다른 요강은 치우면서도 이 요강을 처리하는 일은 견딜 수 없어했다. 우리는 부부싸움을 했다. 내가 치우는 것도 아내는 견딜 수 없어했다. 눈에서는 진주 같은 눈물 을 흘리며, 손에는 요강을 들고 빨개진 눈으로 나를 욕하며 계단을 내려가는 카스투르바의 모습을 나는 지금도 선명하게 기억한다.

그러나 나는 애처가인 동시에 잔인한 남편이었다. 나는 자신을 아내의 선생 이라고 생각했다. 그래서 자신의 맹목적인 사랑에 이끌려 심하게 괴롭혔다.

그래서 그저 아내가 요강을 들고 가는 것만으로는 만족할 수 없었다. 웃으 면서 가지고 갔다면 만족했을 것이다. 그래서 나는 큰소리로 질책했다.

"이런 언쟁은 내 집에선 통용되지 않소."

나는 이성을 잃었다.

이 말은 카스투르바에게 화살이 되어 꽂혔다.

아내는 화를 냈다.

"그럼 자기 집안의 일은 스스로 하세요. 나는 나가겠어요."

나는 그 순간 신을 잊었고 자비란 한 방울도 남아 있지 않았다. 나는 아내 의 손을 잡았다. 계단 정면에는 출입문이 있었다. 나는 기댈 곳도 없는 가련 한 여인을 붙잡아 문까지 끌고 갔다. 아내를 내쫓으려고 문을 반쯤 열었을 때 카스투르바는 눈물을 흘리며 말했다.

"당신은 창피하지도 않은가 보네요. 그렇지만 난 창피해요. 조금은 창피 한 줄 좀 아세요. 내가 나가면 어디에 갈 곳이 있답니까? 여기에는 돌아갈 친정도 없어요. 나는 당신의 아내예요. 그래서 지금까지 당신의 질책을 견뎌 왔던 거고요. 그러니 창피한 줄 좀 아세요. 문을 닫으세요. 누가 보면 우리 둘 다 창피를 당할 거예요."

나는 그녀를 진짜로 내쫓을 생각이었지만 정말 창피한 생각이 들어 문을 닫았다. 우리들은 많은 싸움을 해왔다. 그러나 결과는 항상 같았다. 아내는 경이적인 인내심으로 견뎌왔던 것이다.

지금 나는 이 일을 공정하게 서술할 수 있다. 그것은 이 사건이 이미 지난 시절 일이기 때문이다. 지금의 나는 맹목적이고 어리석은 남편이 아니다. 아내의 교사도 아니다. 마음만 먹으면 지금의 카스투르바는 나를 위협할 수도 있다. 우리들은 지금은 의지할 수 있는 친구이며 서로 정욕을 잊고 살아가고 있다. 내가 아플 때 어떤 보상도 기대하지 않고 간호해 준 카스투르바는 봉사자이다.

앞에 말한 사건은 1898년에 일어난 일이다. 그때 브라마차리아를 지키는 일에 관해서 나는 아무것도 몰랐다. 그 당시 나와 아내는 서로에 대해 배우자이자 동행자이고 고락을 함께하는 동료라는 확실한 의식이 없었다. 나는 아내란 잠자리의 도구이고, 남편의 어떤 명령에도 순종하기 위해서 만들어진 것으로 여기고 행동했음을 깨달았다.

1900년부터 나의 생각에 중대한 변화가 생겨났다. 변화의 결과는 1906년에 얻었다. 그러나 그 결과는 적당한 부분에서 서술하기로 하겠다.

여기서는 이것을 알리는 것만으로 충분할 것이다. 내가 정욕을 잊고 살게 됨에 따라서 가족생활은 온화하고 맑고 행복해졌고 지금도 그렇다.

이 정결한 추억으로 우리를 이상적인 부부라거나 내 아내에게는 어떤 결점도 없다거나, 지금 우리의 이상은 같다고 생각하지 않길 바란다. 카스투르바에게 자신만의 이상이 있는지는 스스로도 잘 모를 것이다. 나의 여러 행위를 아내는 지금도 탐탁지 않게 생각할지도 모른다. 이 점에 관해 우리가 서로 얘기한 적은 없고 얘기한다고 해도 의미 없는 일이다. 아내의 부모님은 아내에게 교육의 기회를 주지 않았고, 나는 시간이 있을 때도 그녀를 가르치지 못했다. 그러나 아내에게는 큰 장점이 있다. 그것은 다른 많은 힌두교도 여성들도 가지고 있다. 스스로 나아갔던 마지못해 했건, 의식적이었건 무의식적이었건 아내는 나의 뒤를 좇는 것을 자기 인생의 의의라고 생각하고, 정결한 생애를 보내려는 나의 노력을 결코 말리려고 하지 않았다. 이러한 이유로 우리는, 지적 수준에선 상당히 차이가 있지만 우리의 인생은 만족스럽고 행복하게 향상되어 왔다고 생각한다.


## 11 영국인들과의 친밀한 접촉-1

이 장을 쓰기에 앞서 진리에 대한 여러 체험담이 어떻게 쓰이고 있는지 독자에게 알려야 할 기회가 왔다.

이 이야기를 쓰기 시작할 때 나는 아무런 계획도 없었다. 책이나 일기나 편지 등의 자료를 곁에 두고 지금까지 써 온 것이 아니다. 원고를 쓰는 날은 내 안에 계시는 신이 나를 인도해 주셔서 쓸 수 있었다. 내 마음의 움직임이 신의 뜻이었다고 말해도 될지는 나도 잘 모르겠다. 그러나 이 수년간에 걸쳐 나는 최고의 활동과 동시에 최악의 활동도 했는데, 살펴보면 활동은 모두 신의 뜻에 따랐다고 이야기해도 부적절하지는 않을 것 같다.

내 안에 계신 신을 나는 보지도 못했고 알지도 못한다. 나는 세상의 신을 향한 신앙을 나의 것으로 삼았다. 이 신앙은 어떻게 해도 없앨 수 없기 때문에 신앙으로써가 아니라 경험으로써 나는 인식한다. 그럼에도 불구하고 신앙을 이처럼 경험으로 인식하는 것도 진리에 대한 일종의 공격이기 때문에, 순수한 형태로 신앙을 특징짓는 말을 나는 몰랐다는 것이 더욱 적절할지도 모른다.

나는 이 글은 눈에 보이지 않는 신에 의해 쓰고 있다고 믿는다.

앞 장을 쓰기 시작했을 때 '영국인들의 소개'라는 제목을 붙였었다. 그러나 글을 써내려가면서, 영국인들을 소개하기 전에 맑은 추억에 대해 써야만 한다는 것을 깨달았다. 그렇게 나는 그 장을 이미 써버렸기 때문에 표제를 바꾸어야만 했다.

이 장을 쓸 때 새로운 딜레마가 생겼다. 영국인들을 소개하면서 무엇을 말해야 하는가, 무엇을 말하면 안 되는가가 중대한 문제가 되어버린 것이다. 관련된 것을 말하지 않으면 진리는 흐려진다. 그러나 이 이야기를 쓰는 자체가 혹시 적절치 않다고 한다면, 관련 있는지 없는지를 바로 결정하는 것은 어려워진다.

자서전의 역사로서의 불완전함과 여러 가지 곤란에 관해서 전에 읽은 적이 있는데 지금에서야 그 의미를 잘 이해하게 되었다. 진리를 향한 여러 가지 체험인 자서전에서, 기억하는 모든 것을 이야기하는 것은 아니라는 것을 나는 이미 안다. 진리를 보이기 위해서 내가 어느 정도 이야기 해야 하는지를 누가 알겠는가? 또는 '내 생애의 몇 가지 사건에 대해서 나에 의해 제시된' 일방적이고 불완전한 증거의 가치는 법정에서 어떻게 평가되겠는가? 만일 어떤 한가한 사람이 내가 이제까지 쓴 장에 대해 반대심문을 하려 든다면 얼마 만큼의 진실을 밝혀낼 수 있겠는가? 그리고 그 사람이 비판자의 시점에서 조사한다면 허점을 폭로하고 세간을 웃게 만들어 스스로 기쁨의 절정을 맞을지 모른다.

이처럼 생각하면, 순간, 이 장을 쓰는 것을 포기하는 편이 낫지 않을까 하는 생각이 든다. 그러나 이미 시작한 일은 도덕에 분명하게 반하지 않는 한 포기해서는 안 된다는 격언을 좇아, 신이 그만두라고 하실 때까지 계속 써야 한다는 결론에 도달했다.

이 이야기는 비판자들을 만족시키기 위해서 쓰는 것이 아니다. 이것도 진리의 여러 실험 중 하나이다. 그리고 동료들에게 조금이라도 격려가 되었으면 하는 마음에서 쓰는 것이기도 하다. 이 일을 시작한 것은 정말 동료들을 만족시키기 위해서이다. 스와미 아난드와 제람다스가 강하게 주장하지 않았다면 시작하지 않았을 것이다. 그래서 이것을 쓰는 데 결함이 있다면 이 두 사람은 연대책임을 져야 한다.

그럼 서두에 말한 주제로 들어가자. 인도인 직원이나 다른 사람들을 집에 가족의 일원으로 받아들인 것처럼 영국인들도 동거시켰다. 나의 방식은 함께 사는 모든 사람들에게 탐탁한 것은 아니었다. 그렇지만 나는 완고하게 영국인들을 함께 살도록 했다. 모든 사람이 함께 살도록 하는 데 있어서 나는 언제나 현명했다고는 할 수 없다. 인도인, 외국인 할 것 없이 몇 명인가의 관계에서 괴로운 경험도 했다. 그 경험에 대해 나는 후회하지 않는다. 친구들이 불편을 겪고 고생할 것을 알고 있음에도 불구하고 나는 이 버릇을 버리지 못했고 친구들은 관대하게 참아주었다. 새로운 사람들과의 관계가 친구들에게 고통을 가져다주게 되면 새로운 사람들을 야단쳤다. 나의 신념인데, 유신론자들은 자기 안에 계신 신을 모든 사람을 통해 보려 한다면 모든 사람들과 집착하지 않고 살아갈 힘이 있어야 한다. 그리고 그러한 힘은 미지의 기회가 계속해서 찾아오더라도 그것에서 도망치지 않고 새로운 관계에 있어서 애증으로부터 멀어짐으로써 함양된다.

그렇기 때문에 보어 전쟁이 시작되었을 때 집이 꽉 찼음에도 불구하고, 요하네스버그에서 온 영국인 두 명을 집에 숙박시켰다. 두 사람 모두 신지론자였다. 그 중 하나는 키친이란 사람인데, 그에 대해서는 나중에 더 말하기로 하자. 이 친구들의 동거도 아내를 울렸다. 아내의 인생에는 나 때문에 울 일이 많았다. 이는 가족처럼 아무런 거리감 없이 영국인을 동거시킨 첫 경험이었다. 영국에서 나는 분명 영국인들의 집에서 체류했다. 그러나 그때 나는 영국인들의 생활양식을 따랐었고 그들에게 나는 손님이었기 때문에 거의 호텔에 머무는 것과 다름이 없었다. 그러나 여기서는 반대였다. 이 친구들은 가족의 일원이므로 거의 인도인의 생활양식을 따랐다. 집의 외관이나 가구 등은 영국식이었지만 생활양식과 식사 등은 주로 인도식이었다. 이 친구들을 함께 살게 하는 일로 얼마간의 곤란한 문제가 일어나기도 했지만, 두 사람은 집의 다른 사람들과 완전히 융화되었다. 요하네스버그에서는 이 관계가 더반에서보다 더욱 진전되었다.

## 12 영국인들과의 친밀한 접촉―2

언젠가 요하네스버그의 나의 집에는 인도인 직원 4명이 있었다. 그 넷은 직원이라기보다 아들이라는 편이 나을지도 모른다. 타자기 없이는 안 되는 일이었다. 타자기에 대해 조금 아는 것은 나뿐이었기에 나는 그들 중 2명에게 타자를 가르치기로 했다. 그러나 영어를 잘 못했기 때문에 두 사람의 타자는 늘지 않았다. 게다가 경리를 해줄 사람도 필요했다. 나의 희망대로 나탈에서 사람을 불러올 수는 없었다. 허가증 없이는 어떤 인도인도 입국할 수 없었기 때문이다. 그리고 나는 나의 편의 때문에 관리들에게 잘 보이는 일은 할 수 없었다.

나는 곤란에 처해있었다. 일은 엄청나게 늘어났는데 아무리 노력을 해도 변호사 일과 공적인 활동을 제대로 해낼 수가 없었다.

영국인 직원을 구할 수만 있다면 바로 고용하고 싶었다. 그러나 유색인 밑에 백인이 취직을 하려 들까? 그것이 걱정이었다. 그러나 나는 노력해 보기로 했다. 타자기 업자와 조금 면식이 있었던 나는 타자기 업자에게 가서 유색인 밑에서 일하는 것을 꺼리지 않고 타자를 칠 수 있는 백인 형제든 자매든 구해달라고 말했다. 남아프리카에서는 속기나 타자를 하는 사람은 거의가 여성이다. 이 업자는 그렇게 하겠노라 약속해 주었다. 딕이라는 이름의 스코틀랜드 소녀를 찾았다. 그녀는 스코틀랜드에서 온 지 얼마 되지 않았다. 그녀는 제대로 된 일이라면 어디든 상관없이 바로 취직하고 싶어 했다. 그 업자는 그녀를 나에게 보냈다. 나는 한눈에 마음에 들었다.

그녀에게 물었다.

"인도인 밑에서 일하는 것이 전혀 신경 쓰이지 않습니까?"

그녀는 단호하게 대답했다.

"전혀 상관없습니다."

"월급은 얼마나 필요합니까?"

"17파운드 반이면 많다고 생각하시나요?"

"당신에게 바라는 일을 제대로 해줄 수 있다면 전혀 많다고 생각하지 않습니다. 언제부터 일할 수 있겠습니까?"

"원하신다면 지금 당장이라도요."

나는 무척 기뻤다. 그녀를 바로 내 앞에 앉히고 편지 대필을 시작했다.

그녀는 여직원이 아니라 내 친딸이나 여동생 자리를 너무나도 자연스럽게 곧바로 얻었다는 생각이 들었다. 나는 모든 일에 큰소리를 내지 않아도 되었다. 다행히 일에서도 잘못된 점을 발견할 수 없었다. 그때는 몇천, 몇만 파운드를 취급하고 있었기 때문에 경리도 보게 하였다. 나는 그녀를 완전히 신뢰하게 되었고, 그녀 역시 자신의 비밀까지도 말해줄 정도로 나를 신뢰하게 되었다. 그것은 정말 나에게는 큰 기쁨이었다. 그녀는 결혼 상대를 고를 때도 나에게 상담을 했다. 결혼식에서는 아버지를 대신하는 영광도 주었다. 딕 양은 맥도널드 부인이 되어 내 곁을 떠나야 했으나, 결혼 후에도 일이 바빠져 내가 그녀를 필요로 할 때에는 언제든 일을 해주러 왔다.

사무실에는 상근 속기사가 한 명 필요해졌으나 곧 구할 수 있었다. 그녀의 이름은 슐레진 양. 그녀를 내게 데리고 온 것은 칼렌바흐*¹¹ 씨였다. 그에 대해서는 나중에 이야기하겠다. 현재 그녀는 한 고등학교에서 교편을 잡고 있다. 그녀가 내게 왔을 때의 나이가 열일곱 살쯤이었다. 그녀의 몇 가지 특이함에는 칼렌바흐 씨도 나도 난처했었다. 그녀는 취직을 위해 왔던 것이 아니었다. 경험을 쌓기 위해서였다. 성격에는 인종차별이 전혀 없었으나, 누구에게나 조심하는 일이 없었고 누군가를 모욕하는 것도 꺼리지 않아 생각하는 것을 주저 없이 말했다. 이러한 성격 때문에 나는 자주 곤혹스러웠으나, 순수한 성격이 또 그 모든 곤혹을 씻어주었다. 영어도 나보다 잘 한다고 항상 생각했다. 이러한 이유와 성실함 때문에 그녀를 완전히 신뢰하여, 타자친 수많은 편지를 다시 확인도 안 하고 서명했었다.

슐레진 양의 자기희생은 끝이 없었다. 오랜 기간에 걸쳐 월급을 6파운드만 받았고, 마지막까지 10파운드 이상을 받기를 거부했다. 내가 더 주려고 하면 나에게 이렇게 말했다.

"난 월급을 받기 위해 여기 있는 것이 아닙니다. 당신과 함께 일하는 것이 좋습니다. 그리고 당신의 이상이 좋습니다. 그렇기 때문에 있는 것입니다."

쓸 곳이 있어서 나에게서 40파운드를 받아간 적이 있지만, 그것도 빌리는 것으로 하여 작년에 다 갚았다.

희생정신이 강한 만큼 용감하기도 했다. 수정처럼 맑고 크샤트리아*[12]도 부끄러워할 정도로 용감한 여성들과 만나는 행운을 지금까지도 누려왔지만 이 소녀도 그 중 한 명이었다. 지금은 중년의 미혼여성이다. 많은 인연 중 이 소녀와의 인연은 나에게 있어서 언제까지나 변하지 않는 정결한 추억으로 남을 것이다. 그렇기 때문에 내가 아는 일을 쓰지 않으면 진리를 거역하는 것이 될지도 모른다.

일에 있어서는 낮밤을 가리지 않았다. 어두운 한밤중에도 가야할 곳이 있으면 혼자서 갔고, 내가 누군가를 붙여주려고 하면 화를 냈다. 몇천, 몇만의 건장한 인도인들도 존경의 눈으로 보았고 이 여성이 하는 말을 따랐다. 우리 전원이 감옥에 투옥되어 밖에 누구 하나 책임질 사람이 없었을 때도 혼자서 모든 투쟁을 감당하였다. 몇십만 루피의 자금도, 모든 서신도, 〈인디언 오피니언〉까지도 처리해야 하는 상황이었지만 그래도 그녀는 지칠 줄 몰랐다.

나는 슐레진 양에 대해서 쓰는 일은 전혀 질리지 않지만, 고칼레가 한 말을 소개하는 것을 끝으로 이 장을 마치겠다.

고칼레는 나의 모든 동료들을 알고 있었다. 그리고 그는 대다수 사람들에 대해서 크게 만족스러워했다. 그에게는 모든 사람들에 대해 인물평을 하는 취미가 있었다. 그는 모든 인도인, 유럽인 동료들 중 슐레진 양을 가장 높게 평가했다.

"이토록 자기희생적이고 청순하며 무서움을 모르면서도 능력 있는 사람은 본 적이 없네. 내가 본 바로는 슐레진 양은 자네 동료들 중 맨 앞자리를 차지할 자격이 충분히 있네."


## 13 〈인디언 오피니언〉

다른 유럽인과의 깊은 유대관계에 대해서 써야할 것이 아직 남았지만 그 중 하나만 지금 소개하고 그보다 2, 3배 더 중요한 것을 먼저 써야겠다.

딕 양을 채용하고 나서도 나 혼자서 모든 일을 감당할 수는 없었다. 리치 씨에 대해서는 이미 얘기한 바 있는데 그와는 좋은 관계를 유지해 왔다. 그는 어떤 상점의 지배인이었는데, 나는 그에게 상점을 그만두고 내 밑에서 일해 달라고 제안했다. 그는 그 제안을 받아들여 사무실에 들어와 주었고, 나는 일에 대한 부담을 줄일 수 있었다.

그동안 마단지트 씨가 〈인디언 오피니언〉지의 발행을 생각하고 있었다. 그는 나의 조언과 협력을 원했다. 인쇄소는 그가 경영하고 있었다. 이 신문의 탄생은 1904년이었다. 만수클랄 나자르 씨가 편집장이 되었지만 실제 편집 책임은 나에게 있었다.

만수클랄 나자르 씨가 편집을 못 해서가 아니다. 그는 인도에서 많은 신문에 기고했었다. 그러나 그는 남아프리카의 복잡한 여러 문제에 관해서 독자적인 원고를 쓸 용기를 내지 못했다. 그는 나의 분별력을 과신하고 있었다. 다양한 문제에 대해 기사가 필요해지면 집필해서 보내도록 나에게 부담을 지웠다.

이 신문은 주간지였고 지금도 그렇다. 처음에는 구자라트어, 힌디어, 타밀어 그리고 영어로 발행했다. 그러나 타밀어와 힌디어 부문은 명목상 있을 뿐, 실제로는 인도인 사회를 위해 봉사하지 않는다는 것을 알았다. 사람들이 두 부문의 존속은 속임수라고 생각했기 때문에 이를 폐지하였고, 나는 그때서야 안심했다.

이 신문에 내가 돈을 출자하게 될 거라고는 상상도 못했지만, 만약 내가 돈을 내지 않으면 신문을 계속 발행하지 못한다는 것을 곧 알게 되었다. 나는 신문의 편집장은 아니었지만 인도인이나 백인들 모두 내가 신문기사에 대해 책임이 있다는 것을 알았다. 신문을 발행하지 않았다면 상관이 없었겠지만, 발행한 후 중단한다면 인도인 사회의 평가가 나빠질 것이고 인도인 사회에 손실을 미칠 것 같았다.

그리하여 나는 신문에 매월 75파운드라는 돈을 쏟아 붓게 되었고 결국 모아둔 돈을 모두 써버리는 사태에까지 이르렀다.

그러나 긴 세월이 지난 후 돌이켜보면 이 신문은 인도인 사회에 많은 기여를 했다. 처음부터 신문 발행으로 수익을 올릴 것이라고 생각한 사람은 아무도 없었다.

내가 신문에 관여했던 기간 동안 지면에 나타나는 변화는 내 인생의 변화를 나타냈다. 오늘날 〈영 인디아〉나 〈나바지반〉지가 내 인생 어떤 부분의 정수인 것처럼, 당시 〈인디언 오피니언〉지가 그러했다. 〈인디언 오피니언〉지에 매주 나는 심혈을 기울였고, 사티아그라하에 대해 인식하고 있던 것을 알리려고 노력했다. 투옥되어 있던 시기를 빼고 10년간, 즉 1914년까지의 호에서 내가 무언가를 쓰지 않았던 호는 하나도 없다. 여기에 한마디라도, 생각하지 않고 썼다거나 계획 없이 썼다거나, 누군가에게 아부하기 위해 썼다거나 고의로 과장해서 썼다거나 한 기억은 없다. 나에게 있어서 이 신문은 자기억제 훈련이 되었고, 동료들에게 있어서는 나의 생각을 알 수 있는 매개체가 되었다. 비판자들은 이 신문에서 비판할 대상을 거의 발견하지 못했다. 나는 신문의 기사가 비판자들의 펜을 억제시켰다는 것을 알고 있었다. 이 신문이 없었다면 사티아그라하 투쟁은 행해지지 못했을 것이다. 독자들은 이 신문을 통해 투쟁과 남아프리카 인도인들의 상태에 관해서 정확한 소식을 얻을 수 있었다.

이 신문을 시작하고 나는 이러저러한 인간의 성향에 관해서 많은 것을 알게 되었다. 편집자와 구독자 사이의 밀접하고 순수한 관계를 확립하고자 하는 생각에 독자들이 마음을 담아 보낸 편지가 산더미처럼 쌓였다. 호되고, 씁쓸하고, 기분 좋은 다양한 편지가 내 앞으로 보내져 왔다. 편지를 읽고 생각하고 그 속에서 독자들의 의견을 소화하여 답장을 보내는 그 일은 나에게는 최고의 교육이었다. 그로 인해 나는 인도인 사회의 화제나 의견을 마치 귀로 듣는 것처럼 느꼈다. 나는 편집자의 책임을 보다 잘 이해하게 되었다. 나는 인도인 사회 사람들에 대한 지도력을 확보했고 그로 인해 그 후에 일어날 투쟁에 대한 숭고한 힘을 얻었다.

신문은 봉사정신으로 발행해야 한다는 것을 나는 〈인디언 오피니언〉의 처음 한 달 동안의 업무를 통해 이해했다. 신문은 강력한 힘을 가지고 있다. 그러나 치수하지 않은 강은 마을을 홍수로 뒤덮고 작물을 못 쓰게 만드는 것처럼, 억제되지 않은 펜의 흐름도 파멸을 불러온다. 이 통제가 외부에 의한 것이라면 그것은 통제하지 않는 것 이상으로 유독한 것이 된다. 내부에 의한 억제만이 유익한 것이 될 수 있다.

이 생각이 올바르다면 세계의 신문들이 얼마나 합격점을 받을 수 있을까?

그러나 무익한 신문이라 한들 누가 막을 것이며 누가 어떤 신문을 무익한 것이라고 정할 수 있겠는가? 유익한 신문과 무익한 신문은 동시에 존속하는 것이다. 그 안에서 독자들은 스스로 선택해야만 한다.

### 14 '쿨리 거주지'는 데드바도인가?

인도에서는 우리들에게 최고로 봉사하여 주는 청소부, 데드*[13], 방기*[14] 등을 불가촉천민으로 취급하여 마을 밖에 격리시켰고, 구자라트어로 데드들의 부락을 '데드바도'*[15]라고 하며 그 이름을 입에 올리는 것조차 꺼려했다. 그와 마찬가지로 그리스도교 지배하의 유럽에선 유대인들을 한때 이렇게 취급했었다. 그리고 유대인들을 위한 데드바도도 만들어졌는데 그것이 게토였다. 그것은 불길한 이름으로 여겨졌다. 이와 마찬가지로 남아프리카에서 우리 인도인은 이 데드였다. 앤드루스*[16]의 자기희생과 사스트리*[17]의 마법의 지팡이로 우리들이 정화되어, 결과적으로 어떻게 인도인들이 데드가 아니라 문명인이 되었는지 그것을 지금부터 살펴보자.

힌두교도들처럼 유대교도들도 자신들만이 신에게 선택받은 사람들이라고 하며, 그 죄의 벌에 대해 기묘하고 부당한 형태로 받아들이고 있다. 거의 그런 식으로 힌두교도들도 자신들을 세련된 자나 아리아*[18]라고 하며, 자신들의 그 죄의 결과를 기묘하고 부당한 형태로 남아프리카 등의 식민지에까지 파급시켰다. 그리고 이웃 이슬람교도, 파르시교도 등을 피부색과 나라가 같다는 이유로 탄압했다.

요하네스버그의 거주지를 이 장의 제목으로 한 이유를 독자들은 이제 조금 이해했을 것이다. 우리들은 남아프리카에서 '쿨리'라는 이름으로 알려져 있다. 쿨리라는 말의 의미는 인도에서는 노동자라는 뜻이지만 남아프리카에서는 데드, 즉 불가촉천민이라는 굴욕적인 말로 쓰였다. 쿨리들이 살 곳이 정해져 있었고 그것은 '쿨리 거주지'라고 불렸다. 이 같은 인도인 거주지가 요하네스버그에 있었다. 다른 모든 지역에도 거주지가 만들어졌고 지금도 그것은 남아 있다. 그곳의 인도인들에게는 어떤 소유권도 없었으나, 요하네스버그의 거주지에만은 99년간의 소유권이 주어져 있었다. 그 때문에 이곳에 인도인 인구가 밀집했다. 그러나 인구가 늘어도 거주지는 넓혀주지 않았다. 거주지 내의 변소는 분명히 그런대로 청소가 되어 있었으나, 그 이외에는 시 당국으로부터 어떠한 배려도 받지 못했다. 그곳에 도로나 가로등이 없는 것은 물론이고, 사람들의 배설 등의 생활양식에 대해 그 누구도 신경 쓰지 않았다. 그곳에 거주하는 인도인들은 시의 청소나 위생 규칙을 알고 교육을 받은 지적인 인도인은 아니었다. 지적인 인도인이었다면 시 당국의 조력이나 생활양식의 감독을 필요로 하지도 않았을 것이다. 만약 황무지를 개척하여 먼지 속에서도 곡식을 만들어내는 것이 가능한 인도인들이 그곳에 정착했다면 거주지의 역사는 완전히 달라졌을 것이다. 이처럼 수많은 사람이 세계의 어딘가로 이민한 예를 본 적이 없다. 일반적으로 사람들은 돈을 벌기 위해, 또는 장사를 위해서 외국으로 간다. 인도에서는 주로 교육을 받지 못한 가난하고 불행한 노동자들이 밖으로 나갔다. 노동자들은 모든 일에 보호가 필요했다. 노동자들 다음으로 상인이나 다른 직업의 인도인들이 외국으로 나갔지만 그런 이들은 아주 적었다.

이러한 시 당국의 용서받지 못할 부주의와 인도인 주민들의 무지에 의해 거주지의 위생 상태는 정말 심각했다. 그것을 개선할 적당한 노력을 청소국은 조금도 하지 않았다. 그러나 그 부국은 그들의 잘못으로 생겨난 이러한 상황을 이유로 거주지를 철거하기로 결정을 내리고 토지 수용의 권한을 의회로부터 얻어냈다. 내가 요하네스버그에서 살았을 때의 상태는 이런 식이었다.

주민들은 자신의 토지에 대한 권리를 가지고 있었기 때문에 어느 정도의 보상을 받아야 했다. 보상액을 결정하기 위한 특별법정이 설치되었다. 시 당국이 내놓으려고 하는 액수를 만약 주민이 받아들이지 않으면 법정이 결정한 금액을 받게 된다. 만약 시 당국이 말한 액수보다 법정이 더 많은 금액을 판결내리면 주민의 변호사 비용은 시 당국이 지불한다는 규정이었다.

집주인들 대부분이 나를 변호사로 지정했다. 나는 이 일로 돈을 벌 생각은 없었다. 나는 의뢰인들에게 말했다.

"만약 당신들이 이긴다면 시에서 받는 비용만으로 나는 만족할 것입니다. 이기든 지든 나에게는 각 구획 당 10파운드씩 주시면 그것으로 충분합니다."

이 중 반을 가난한 사람들을 위한 병원을 건립하거나, 그러한 공공사업에 사용하기 위해 별도로 떼어두겠다는 의향을 나는 의뢰인들에게 전했다. 당연한 것이지만 모두들 무척 기뻐했다.

약 70건 중 진 것은 한 건뿐이었다. 그렇기 때문에 나의 보수는 상당한 액수가 되었다. 그러나 그때 〈인디언 오피니언〉의 요청에 의해 약 1만 6천 파운드의 수표가 〈인디언 오피니언〉으로 간 것을 나는 기억한다.

이 건을 위해 나는 정말 노력했다. 의뢰인들이 내 주변에 넘쳐났다. 의뢰인들 대부분은 북인도의 비하르나 남인도의 타밀, 텔루구 지방에서 처음에 계약노동자로 이곳에 와서 나중에 자유가 되어 자영업을 시작한 사람들이었다.

이 사람들은 자신들의 특별한 악조건을 없애기 위해, 인도인 상인 계층 단체와는 별도로 하나의 협회를 조직하였다. 협회에는 순수한 마음을 가진 관대한 심성의 인격자들도 많았다. 그 협회의 회장은 자이람싱 씨였다. 회장은 아니었지만 회장만큼 훌륭했던 또 한 사람의 이름은 바드리 씨였다. 두 분 다 지금은 이 세상에 안 계신다. 두 사람으로부터 나는 많은 원조를 받았다. 바드리 씨와는 굉장히 친했다. 그는 사티아그라하 투쟁에서 선두에 섰던 분이다. 이 두 사람과 다른 형제들을 통해서 나는 북, 남인도의 많은 인도인들과 깊은 관계를 갖게 되었다. 이들의 변호사라기보다 형제로서 우정을 나누었고 이들의 모든 고통을 잘 이해했다. 셰드 압둘라는 나를 '간디'라고 부르기를 거부했다. 그는 나를 '바이(형제)'라고 불렀고, 남아프리카에서는 그 이름이 마지막까지 계속되었다. 그러나 계약노동자에서 자유가 된 인도 사람들이 나를 '바이'라고 불러주었을 때 나는 특히 더 기분이 좋았다.

## 15 페스트-1

시는 이 거주지의 소유권을 수용하고서도 바로 인도인을 이주시키지는 않았다. 인도인들이 살 다른 적당한 곳을 생각해야 했는데, 그 장소를 시 당국은 결정하지 않았던 것이다. 그래서 인도인들은 그 불결한 거주지에서 계속 살고 있었다. 변화는 두 가지가 있었다. 인도인은 소유권자가 아니라 시 개량국의 셋방살이 신세가 되었다. 자발적인 것은 아니었지만 질병의 우려에 의해 청소를 시작했다. 그와 함께 불결함과 무질서는 나쁜 것이라는 인식이 생겼다.

이러한 상태가 계속되자 인도인들은 불안해했다. 그러는 사이에 갑자기 페스트가 발생했다. 이것은 폐(肺) 페스트였는데 이는 상당히 치명적인 것이었다.

그러나 다행스럽게도 페스트의 발원지가 이 거주지는 아니었다. 발원지는 요하네스버그 주변에 있는 많은 금광 중 하나였다. 그곳에서는 주로 흑인들이 일하고 있었다. 노동자들의 위생 책임은 백인 경영자들에게 있었다. 이 광산에 인도인도 있었는데, 그 중 23명이 어느 날 저녁 무서운 페스트에 희생되어 거주지의 자기 집에 돌아왔다.

이때 바이 마단지트가 〈인디언 오피니언〉의 구독자를 모집하고 구독료를 받기 위해 와있었다. 그는 거주지 내를 돌아다녔다. 그에게는 두려움을 모른다는 훌륭한 장점이 있었다. 그는 이 병자들을 보고 가슴이 아팠다. 그는 나에게 연필로 쓴 쪽지를 보냈다. 그 내용은 이러했다.

"이곳에 갑자기 페스트가 발생했습니다. 당신은 바로 와서 어떻게든 해야만 합니다. 그렇지 않으면 결과는 무시무시할 것입니다. 바로 와 주십시오."

마단지트는 한 빈집의 자물쇠를 부수고 들어가 그곳으로 이 환자들을 격리 수용했다. 나는 자전거를 타고 거주지로 달려갔다. 그곳에서 마을 사무장에게 사건을 상세히 알렸고 어떻게 빈집을 쓰게 됐는지를 알렸다.

윌리엄 고드프리 박사가 요하네스버그에 병원을 열고 있었는데 소식을 접하자 바로 달려와 주었다. 우리들은 환자들을 위해 의사, 간호사가 되었다. 그러나 23명의 환자들을 우리 3명이서 돌볼 수는 없었다.

순수한 의도가 있으면 위험에 대처할 봉사자와 수단은 나타난다는 나의 신념은 경험을 바탕으로 생긴 것이다. 나의 사무소에는 칼얀다스, 마네클랄과 그 밖에 인도인 2명이 있었다. 나머지 두 사람의 이름*19은 기억나지 않는다. 칼얀다스는 그의 아버지가 나에게 맡겼다. 칼얀다스처럼 다른 사람의 말을 잘 따르는 사람은 남아프리카에서는 좀처럼 찾기 힘들다. 다행히도 그는 당시 독신이었다. 그랬기 때문에 어떤 위험한 일이라도 그에게 맡기는 것을 나는 결코 주저하지 않았다. 또 한 사람인 마네클랄은 요하네스버그에서 찾아낸 사람이다. 그도 독신이었던 것으로 기억한다. 사무원이라고 불러도, 동료라고 불러도, 아들이라고 불러도 좋을 관계에 있던 이 4명을 희생하기로 결심했다. 칼얀다스는 물을 필요도 없었고, 다른 3명에게 물어보니 곧 시작하겠다고 했다.

"당신이 있는 곳에 저희도 있겠습니다."

이것이 사무원들의 간결하고 기분 좋은 대답이었다.

리치 씨에게는 대가족이 있었다. 그 자신은 이 일에 뛰어들 각오였으나 내가 말렸다. 그를 위험에 빠뜨릴 생각은 전혀 없었다. 내게는 그럴 용기가 없었다. 그러나 그는 외부의 모든 일을 해주었다.

그날 밤은 정말 두려웠다. 나는 많은 환자들을 돌본 적은 있으나, 페스트 환자들을 돌본 적은 없었다. 우리들의 두려움을 없앤 것은 고드프리 박사의 용기였다. 환자들을 충분히 간호할 수 있는 상황이 아니었다. 환자들에게 약을 주고 격려하고 물을 마시게 하고 환자들의 배설물 등을 처리하는 정도 이외에 달리 할 일이 없었다.

4명의 젊은이들이 두려움 없이 몸을 아끼지 않고 일하는 모습을 보면서 나는 한없이 기뻤다.

고드프리 박사나 마단지트의 용기는 이해할 수 있으나 이 젊은이들의 용기는 어디서 오는 것일까? 밤은 그런대로 넘겼다. 내가 기억하는 한에선 우리들은 그 밤, 어떤 환자도 잃지 않았다.

그러나 이 사건은 비통한 만큼 흥미있었고 내가 보는 관점에서는 종교적이기도 하다. 그런 이야기를 마저 하기 위해서는 두 장이 더 필요하다.

## 16 페스트-2

이처럼 빈집을 사용하여 환자들을 수용한 것에 대해 마을 사무장은 나에게 감사했다. 그리고 솔직히 인정했다.

"우리들은 이러한 상황에 발빠르게 대처할 수단을 가지고 있지 않습니다. 당신이 필요한 지원을 요구하세요. 시 참사회는 가능한 한 원조하겠습니다."

그러나 적절한 조치를 대비하고 있던 시 당국은 사태에 빠르게 대처했다.

다음날 나에게 빈 창고를 하나 내주면서 그곳으로 환자들을 옮기도록 통지하였다. 시 당국은 창고를 청소해놓지 않았다. 건물은 지저분하고 불결했다. 우리는 직접 청소했다. 침대 등은 관대한 인도인들의 원조로 모아 왔다. 그리고 그곳에 당장 야전병원을 설치하였다. 시 당국은 간호사 한 명을 파견하였고, 그녀와 함께 브랜디 몇 병과 환자들에게 필요한 다른 것들을 보내왔다. 이곳의 책임은 계속 고드프리 박사가 맡게 되었다.

간호사는 직접 그들을 만지려 하였으나 우리들은 간호사를 환자들과 절대

접촉하지 못하게 하였다. 선량한 성품의 부인이었는데, 간호사를 위험에 빠뜨리지 않기 위해 우리는 노력했다.

자주 환자들에게 브랜디를 주도록 지시를 받았다. 간호사는 감염을 방지하기 위해 우리들에게도 소량의 브랜디를 마시도록 하고 자신도 마셨다. 우리들 중 평소에 브랜디를 마시는 사람은 아무도 없었다. 나는 환자들에게도 브랜디를 주는 것이 좋다고 믿지 않았다. 고드프리 박사의 허락을 받고, 3명에게 브랜디를 먹이지 않고 흙 요법을 써보기로 했다. 이마와 가슴, 통증이 있는 곳에 흙 습포 실험을 했다. 이 3명 중 2명이 살아났다. 다른 환자 20여 명은 이 창고에서 모두 죽고 말았다.

시 당국의 특별한 준비가 계속되었다. 요하네스버그에서 7마일 떨어진 곳에 피접병원, 즉 전염병 환자를 위한 병원이 하나 있었다. 그곳에 텐트를 치고 이 3명의 환자를 옮겼다. 다른 페스트 환자가 생기면 환자를 그쪽에 수용하도록 조치했다. 우리들은 간호하는 일에서 해방되었다. 며칠 후 그 선량한 간호사가 감염되어 죽었다는 소식을 들었다. 환자들이 살아났고 우리들도 감염되지 않았는데 왜 그녀만 그렇게 되었는지 아무도 이유를 알 수 없다. 그러나 흙 요법에 관한 나의 신념과, 술을 약으로 사용하는 것에 대한 불신은 강해졌다. 나는 이 신념과 불신은 둘 다 근거가 없다고 여겨진다는 것을 안다. 그러나 내가 그때 받은, 그리고 지금까지도 남아 있는 인상은 지워지지 않는다.

이 페스트가 발생하고 바로, 거주지 접수 후에 심해진 시 당국의 태만과 시가 져야만 하는 페스트의 책임에 대해 나는 신문에 강경한 투서를 하였다. 그 투서가 나를 헨리 폴락*20 씨와 만나게 해주었다. 그리고 그 투서가 조셉 도크*21 씨와 만나는 원인 중 하나가 되었다.

앞 장에서 나는 어떤 채식 레스토랑에 다녔었다고 썼다. 거기서 나는 알버트 웨스트 씨를 만났다. 우리는 언제나 저녁에 이 레스토랑에서 만나 식사 후에 함께 산책했다. 그는 작은 인쇄소의 공동 경영자였다. 그는 신문에서 나의 페스트에 관한 기사를 읽었고, 식사 시간에 나의 모습이 레스토랑에서 보이지 않자 많이 걱정하고 있었다.

나와 동료 봉사자들은 페스트 기간 중에 식사량을 줄였다. 전부터 계속된 나의 습관인데, 전염병이 유행할 때는 위가 가벼울수록 좋다. 그렇기 때문에 나는 저녁식사를 하지 않았다. 점심에는 다른 손님을 각종 위험에서 멀리하기 위해 아무도 없는 시간에 가서 식사를 했다. 레스토랑 경영자와는 잘 아는 사이였다. 나는 페스트 환자들의 간호를 하고 있으니 다른 손님들과는 될 수 있는 한 접촉하고 싶지 않다고 얘기해 두었다.

이처럼 레스토랑에 나의 모습이 보이지 않자, 하루인가 이틀 뒤 아침 일찍 내가 외출 준비를 하고 있을 때 웨스트 씨가 내 방의 문을 두드렸다. 문을 열자 바로 웨스트 씨가 말했다.

"당신이 레스토랑에 보이지 않아 혹시 무슨 일이 생긴 것은 아닌지 걱정했습니다. 이 시간이라면 만날 수 있을 것 같아서 왔습니다. 내가 도울 일이 있다면 말씀해 주십시오. 나는 환자의 간호라도 할 생각입니다."

나는 웨스트 씨에게 감사했다. 1분 정도 생각했을까? 나는 곧 그에게 말했다.

"당신에게 절대 간호를 맡기지 않겠습니다. 다른 환자가 생기지 않는 한 우리의 일도 곧 끝납니다. 그러나 한 가지 해주실 일이 있습니다."

"어떤 일입니까?"

"더반에 가서 〈인디언 오피니언〉 인쇄소의 경영을 봐주시지 않겠습니까? 마단지트는 아직 여기서 할 일이 많습니다. 그곳에 누군가 가주어야 하는데, 당신이 가준다면 그쪽 분들의 걱정은 많이 줄어들 것입니다."

"나에게도 인쇄소가 있다는 것을 아시죠? 아마 갈 수 있을 것입니다. 최종 답변은 오늘 저녁에 드려도 되겠지요? 산책을 나가면 그때 이야기하기로 합시다."

나는 기뻤다. 그날 저녁 조금 더 이야기를 나누었다. 웨스트 씨에게 매월 10파운드의 월급과, 인쇄소에서 얼마간 이익이 나오면 그 일부를 나눠주기로 했다. 웨스트 씨는 월급 때문에 가는 것이 아니기 때문에 월급은 그에게 문제가 되지 않았다. 그는 자신이 경영하는 인쇄소의 월말 결제를 나에게 부탁하고 바로 다음날 밤 특급열차로 더반을 향해 떠났다. 그날부터 내가 남아프리카를 떠날 때까지 그는 나와 고락을 함께하는 동료가 되었다. 웨스트 씨는 영국 한 지방의 라운드라는 마을의 농가에서 태어났고 평범한 교육만을 받았다. 자신의 노동을 통해서 체험이라는 교육으로 자신을 길러낸, 순수하고 자제심 있고 신을 경외하는, 용감하고 타인을 생각하는 영국인이었다. 그와 그의 가족에 관해서는 더욱 알아야할 이야기가 남아 있으므로 다음 장에서 계속하겠다.

## 17 인도인 거주지의 홀리

환자들의 간호에서 동료들과 나는 해방되었지만 그래도 페스트 때문에 생겨난 다른 일들은 남아 있었다.

시 당국은 인도인 거주지의 상태에 대해서는 태만했지만 백인들의 위생에 관해서는 24시간 경계를 하고 있었다. 평소 백인들의 위생을 위해서라면 경비를 아끼지 않았고, 이번에도 페스트 유행을 저지하기 위해 돈을 물 쓰듯 썼다. 나는 시 당국의 인도인에 대한 많은 실책을 봐왔지만, 그럼에도 불구하고 백인들을 위한 조치에는 시 당국을 존경하지 않을 수 없었다. 그리고 시 당국의 이 눈물겨운 노력에 나는 가능한 한 협력했다. 내가 이 협력을 하지 않았다면 시 당국이 대처를 취하는 데 곤란했을 것이고, 어쩌면 무력을 사용했을지도 모를 일이다. 그들은 망설임 없이 실력을 행사하여 생각대로 일을 시행했을 것이다.

그러나 그러한 일은 일어나지 않았다. 인도인의 태도에 시 당국자들은 만족했다. 그리고 사후의 몇몇 조치들이 매우 쉬워졌다. 시 당국의 요구에 인도인들을 따르게 하는 데 나는 자신의 영향력을 사용했다. 이 모든 일을 하는 것은 인도인들에게 굉장히 곤혹스러운 일이었지만 내가 말하는 것을 거부한 사람은 없었다.

거주지 주변에 보초가 섰다. 허가 없이는 거주지에서 누구도 바깥으로 나갈 수 없었고 안으로 들어올 수도 없었다. 동료들과 나에게는 자유롭게 출입할 수 있는 허가증이 주어졌다. 요하네스버그에서 13마일 떨어진 공터에 텐트를 치고 거주지 주민 전원을 3주 동안 머물게 한 뒤, 그 사이에 거주지를 불태우려는 것이 시 당국의 의도였다. 텐트를 설치한다고 해도 새로 마을을 만들고 그곳으로 식량 등을 옮기는 데에만 며칠이 걸릴 것이므로, 그런 준비를 위해서 앞에 말한 것처럼 보초를 세웠다. 사람들은 굉장히 당황했으나 내가 함께 있는 것에 안심했다. 많은 가난한 사람들이 자신의 돈을 집에 파묻어 보관하고 있었다. 그들은 돈을 파내어 나에게 맡겼다. 사람들에게는 은행이 없었고 은행을 몰랐다. 내가 사람들의 은행이 되었다. 나는 갑자기 많은 돈이 생겼다. 내가 이런 일을 하는 데 수수료를 받을 수는 없었다. 은행 지배인과 나는 가까운 사이였기에, 나는 지배인에게 많은 돈을 맡겨야 할지도 모른다고 알렸다. 은행이란 원래 다량의 동화나 은화를 맡으려고 하지 않는다. 그리고 페스트 감염지역의 화폐를 행원들이 만지기 꺼려할 지도 모른다. 지배인은 나를 위해 모든 편의를 도모해 주었다. 결국 소독액으로 소독한 후에 화폐를 은행으로 보내기로 했다. 이렇게 해서 약 6만 파운드가 은행에 맡겨진 것으로 기억한다. 많은 돈을 가지고 있던 의뢰인들에게는 일정기간 이자가 붙는 적금에 가입할 것을 조언했다. 각각 다른 명의로 어느 정도의 액수가 맡겨졌다. 그 결과, 그 사람들 중 몇 사람은 은행에 돈을 맡기는 일에 익숙해졌다. 거주지 주민들은 클립스프루이트 농장이라는 이름의 요하네스버그 근교로 특별 열차를 이용해 이동했다. 그곳에서 주민들의 식사는 당국이 책임졌다. 이 텐트 마을의 풍경은 마치 군의 주둔지 같았다. 사람들은 이같은 생활에 익숙하지 않았기 때문에 정신적 고통과 기묘한 느낌에 사로잡혔지만, 특별히 이렇다 할 고생은 없었다. 나는 매일 한 번 자전거로 이곳에 갔다. 3주 동안 이렇게 격리된 생활을 하자 사람들의 건강상태는 눈에 띄게 호전되었다. 정신적인 고통은 24시간 안에 잊었다. 그래서 나중엔 즐겁게 살 수 있었다. 내가 가보면 언제나 사람들은 찬송가를 부르거나 운동경기에 열중하고 있었다.

나의 기억에 의하면, 거주민들이 떠난 다음날 거주지는 홀리*²²의 불로 태워졌다. 시 당국은 무엇 하나 남기지 않고 불태워버렸다. 이 기간에, 같은 이유로 시 당국은 시장의 건축용 목재를 태워버렸다. 약 1만 파운드의 손실이 났다. 시장에서 쥐의 사체가 발견되었기 때문이다. 이 때문에 철저한 조치가 취해졌다. 많은 비용이 지불되었지만 결과적으로 페스트는 창궐하지 않았다. 시는 페스트의 공포에서 벗어날 수 있었다.

### 18 책의 마술적 영향

이 페스트는 가난한 인도인들에 대한 나의 영향력과 일거리와 책임을 증가시켰다. 동시에 요하네스버그 사람들과의 면식도 넓어져 굉장히 가깝게 되었고 이 때문에도 나의 도덕적 책임은 무거워졌다.

웨스트 씨와 마찬가지로 폴락 씨와도 채식 레스토랑에서 알게 되었다. 어느 날, 나와 멀리 떨어진 테이블에서 한 젊은이가 식사를 하고 있었다. 그는 나를 만나고 싶다고 명함을 보내왔다. 나는 그를 나의 테이블로 초대하였다.

"저는 〈평론〉의 부편집장입니다. 페스트에 관한 당신의 투서를 읽고 만나뵙고 싶었습니다. 오늘에서야 그 기회를 얻게 되었군요."

폴락 씨의 순수한 마음에 나는 끌렸다. 그날 밤 우리들은 서로에 대해서 알게 되었고, 인생에 관한 우리들의 사고방식에 큰 공통점이 있다는 것을 알았다. 그는 소박한 생활을 좋아했다. 어떤 것을 머릿속에 받아들이면 그것을 실행에 옮기는 힘은 경이적이었다. 그는 자신의 생활 중 몇 가지를 완전히 바꾸어 놓았다.

〈인디언 오피니언〉의 지출은 계속 늘어만 가고 있었다. 웨스트 씨의 첫 보고는 나를 놀라게 만들었다. 그는 이렇게 썼다.

"당신이 말한 것 같은 이익이란 이 사업에는 없습니다. 장부는 제대로 정리되어 있지 않고 미회수금이 많습니다만 내용을 도무지 알 수가 없습니다. 대대적인 개혁이 필요합니다. 그렇지만 이 보고로 놀라지는 마십시오. 가능한 한 제대로 정리할 생각입니다. 이익이 없다고 이 일을 그만두지는 않습니다."

이익이 나오지 않는 것을 보고 일을 그만두려 했으면 그만 둘 수도 있었고, 그렇게 했어도 나는 그를 나무랄 수 없었다. 그뿐만이 아니다. 알아보지도 않고 이익이 나는 일처럼 말해 그곳에까지 보낸 나를 그는 비난할 자격이 있었다. 그럼에도 불구하고 그는 나를 전혀 탓하지 않았다. 그러나 이 새로운 사실을 안 것으로, 웨스트 씨가 보기에 나는 금방 남을 믿어버리는 사람으로 여겨질 것이라는 사실을 깨달았다. 마단지트 씨의 예상에 대해서 알아보지도 않고, 말한 그대로를 믿고 웨스트 씨에게 이익이 난다고 말했다. 공적인 활동을 하는 사람은 이처럼 무조건 남을 신용해 버리는 것이 아니라 스스로 조사한 것을 말해야만 한다고 생각한다. 진리의 신봉자는 매우 신중해야 한다. 전면적인 확신 없이는 누군가의 마음에 필요 이상의 영향을 주는 것도 진리를 더럽히는 일이 되기 때문이다. 이런 것을 알면서도 금방 신용하고 일을 떠맡는 나의 본성을 완전히 고치지 못한 것에 대해서는 가슴이 아프다. 그것은 능력 이상으로 일을 하려고 하는 야심 탓이라고 나는 본다. 이 야심 때문에 내가 고심해야 했던 것 이상으로 나의 동료들은 더욱 고심해야 했다.

웨스트 씨의 이 편지를 보고 나는 나탈을 향해서 출발했다. 폴락 씨는 나의 모든 것을 알고 있었기 때문에 역까지 배웅을 나와 주었다.

"이 책은 가는 도중에 읽을 만한 것입니다. 읽어보세요. 분명 마음에 드실 겁니다."

그렇게 말하고 러스킨의 《나중에 온 이 사람에게도》를 건네주었다.

이 책을 읽기 시작하자 도중에 놓을 수가 없었다. 책은 나를 재촉했다. 요하네스버그에서 나탈까지 24시간 정도의 여정이었다. 열차는 저녁에 더반에 도착했다. 도착 후 밤새 잠들 수 없었다. 나는 책에서 가르치는 생각을 실행하기로 결심했다.

이전에 나는 러스킨의 책을 한 권도 읽어본 적이 없었다. 학생 시절에는 교과서 이외의 책은 거의 읽지 않았다. 행동의 광장에 들어온 후엔 시간이 거의 없었다. 그렇기 때문에 지금도 나는 책에서 얻은 지식이 굉장히 적다. 우연히, 또는 억지로 지켜진 자제심 덕에 손실은 없었다고 생각한다. 그리고 읽은 얼마 안 되는 책을 잘 소화했다고 말할 수 있다. 그러한 책 중에 나의 생애에 중요한 창조적 변화를 곧 불러온 것은 이 책이었다. 그것을 나는 나중에 번역하여 《모든 이들의 복리》라는 이름으로 출판했다.

러스킨의 이 보석 같은 책으로 자신의 내부 깊숙이 채워져 있는 것의 확실한 반영을 보았다고 나는 믿고, 그런 이유로 이 책은 나를 지배하였다. 그리고 이 책의 생각을 나는 실행하였다. 우리들 내부에는 좋은 감정이 잠자고 있는데, 이것을 깨우는 힘을 가진 자는 시인이다. 모든 시인들이 모든 사람들에게 같은 영향을 미치는 것은 아니다. 이는 모든 사람들의 내부에 좋은 감정이 모두 똑같이 내재되어 있는 것이 아니기 때문이다.

《모든 이들의 복리》의 원리를 나는 이렇게 이해했다.

(1) 모든 사람의 선에 우리들의 선이 포함되어 있다.
(2) 변호사와 이발사의 일에 대한 가치는 똑같아야 한다. 왜냐하면 생계 수단의 권리는 모든 것에 있어서 평등하기 때문이다.
(3) 소박한 노동생활, 농민(과 수공업자)의 생활이야말로 진정한 생활이다.

(1)의 내용은 알고 있었다. (2)의 내용도 어렴풋이 알고 있었다. 그러나 (3)

의 내용은 그때까지 생각해 본 적이 없었다. (1)의 내용에 다른 두 내용이 포함되어 있다는 것을 《모든 이들의 복리》가 등불처럼 보여주었다. 아침이 되었다. 나는 이 세 가지를 실행에 옮기기 위해 노력하게 되었다.

## 19 피닉스의 설립

나는 웨스트 씨에게 우선 《모든 이들의 복리》가 나에게 미친 영향에 대해서 얘기하고 〈인디언 오피니언〉을 농장으로 옮겨야겠다고 제안했다. 그곳에서 모두 식비를 평등하게 받고 모두가 각자의 토지를 경작하고, 남은 시간에는 〈인디언 오피니언〉의 일을 하는 것이다. 웨스트 씨는 이 제안을 받아들였다. 한 사람당 식비는 최소 3파운드로 계산하였다. 인종차별은 없었다.

인쇄소에는 10명 정도의 종업원이 있었다. 황무지에서 사는 것이 직원들에게 적합한지 아닌지가 하나의 문제였다. 그리고 전원이 의식(衣食)에 필요한 것을 똑같이 받으려고 할지 어떨지가 또 다른 문제였다. 우리 두 사람은 이 계획에 참가할 수 없는 사람은 자신의 원래 월급을 받도록 결정하고, 점차 모두가 이주지 주민이 되는 것을 목표로 삼았다.

이런 생각에서 나는 종업원들을 불러놓고 이야기했다. 마단지트 씨는 그것을 받아들일 수 없었다. 그는 자신의 온 마음을 쏟아 부었던 일이 나의 어리석은 행동으로 한 달 안에 물거품이 되고 종업원들은 도망가, 〈인디언 오피니언〉과 인쇄소는 계속되지 못할 것이라고 생각했다.

나의 조카 차간랄 간디는 이 인쇄소에서 일하고 있었다. 나는 웨스트 씨와 함께 그에게도 이 이야기를 했다. 그는 가족을 부양하고 있었지만, 어릴 때부터 내 밑에서 교육을 받았기에 일하는 것을 선택했다. 나를 굉장히 믿었기 때문에 반문도 하지 않고 승낙했다. 그리고 오늘까지도 나와 함께 있다.

다음은 고빈다스와미라는 기계 기사였다. 그도 승낙해주었다. 그 외 다른 사람들은 이주지의 주민이 되지는 못했지만, 내가 인쇄소를 옮기면 그곳으로 오겠다고 승낙해 주었다.

이런 식으로 종업원들과 이야기하는 데 이틀 이상은 걸리지 않았다. 나는 곧 더반에서 가까운 역 주변의 한 필지를 구한다는 신문광고를 냈다. 피닉스에 있는 땅 이야기가 들어왔다. 웨스트 씨와 나는 땅을 보러 갔고, 7일 후에 20에이커의 땅을 구입했다. 그곳에는 작은 개울이 있었고 오렌지와 망고 나무가 몇 그루 있었다. 이웃에는 80에이커의 다른 필지가 있었고 그곳에는 많은 과실수와 집 한 채가 있었다. 그 토지도 얼마 후에 구입했다. 두 필지를 합쳐 1,000파운드를 지불했다.

셰드 파르시 루스탐지는 이런 모든 기획의 파트너였다. 그는 나의 계획을 마음에 들어 했다. 그의 창고에 함석판 등의 재료가 있어서 그것을 그는 무상으로 제공해주었다. 그것을 사용해 건축 작업이 시작되었다. 나와 함께 전쟁에 참가했던 몇 명의 인도인 목수와 석공이 작업에 참가해 주었다. 이 목수와 석공들의 도움으로 공장 건설 작업을 시작했다. 한 달 만에 공장 건물이 완성되었다. 그것은 길이 75피트, 폭 50피트의 건물이었다. 웨스트 씨와 몇몇 사람은 위험을 감수하고 목수나 석공들과 함께 잠을 잤다.

피닉스에는 풀이 무성했고 인가는 전혀 없었다. 그래서 뱀이 많아서 위험했다. 처음에는 텐트를 치고 모두 그곳에서 잤다.

주요 건물이 완성되자 일주일 안에 대부분의 짐이 우마차에 실려 피닉스로 운반되어 왔다. 더반과 피닉스 사이의 거리는 13마일*²³이었다. 피닉스는 역에서 2마일 반 정도 떨어져 있었다.

일주일 동안은 〈인디언 오피니언〉을 머큐리 인쇄소에서 인쇄해야 했다.

친척들이 나를 따라 남아프리카에 와서 장사를 하고 있었다. 나는 이 사람들을 내 의견에 동조시켜 피닉스로 오게 하는 노력을 시작했다. 이 사람들 모두 돈을 벌려고 남아프리카에 온 사람들이었으므로 설득하기 어려웠다. 그러나 몇 명은 나의 마음을 알아주었다. 오늘은 이 사람들 중 마간랄 간디를 소개하겠다. 왜냐하면 내 마음을 알아준 다른 사람들은 저마다 피닉스에 와서 머물다가 얼마 지나지 않아 다시 돈벌이를 위해 떠났기 때문이다. 마간랄 간디는 자신의 장사를 접고 나를 따라 이곳에 왔다. 그때부터 계속 함께 있다. 지적이고 자기희생적이고 한결같이 헌신적이기에, 나의 내적인 여러 가지 실험을 위한 초기의 동료들 중에서 오늘날 중요한 지위에 있다. 내가 본 바로는 독학의 달인으로 동료들 사이에서 비교할 수 없는 위치에 있다.

이렇게 해서 1904년 피닉스 이주지는 설립되었다. 그리고 여러 어려움에도 불구하고 피닉스 이주지와 〈인디언 오피니언〉은 모두 지금까지 계속되고 있다. 그러나 이 이주지 초기의 난관들과 그 변화, 거기에서의 희망과 실망에 대해 말하려면 다른 장이 필요하다.

## 20 첫날밤

피닉스에서 〈인디언 오피니언〉의 첫 호를 발행하는 일은 쉬운 일이 아니란 것을 알았다. 두 가지 예비책이 생각나지 않았다면 한 주를 휴간했거나 늦게 나왔을 것이다. 이 이주지에 엔진으로 움직이는 기계를 들여올 생각은 별로 없었다. 농업을 손으로 하는 처지에서 신문도 수동 기계로 낼 수 있다면 좋겠다고 생각했다. 그러나 그때는 그것이 불가능하다고 생각되어 오일 엔진을 들여왔다. 나는 이 오일 엔진이 고장났을 때를 대비해 다른 보조기구가 있는 편이 좋겠다고 웨스트 씨에게 제안했다. 그래서 수동으로 움직이는 바퀴를 준비해 그것으로 인쇄기를 돌리게 했다. 그때까지 신문의 크기는 일간지와 같았다. 큰 기계가 고장 나면 사이즈를 바로 바꿀 수 있는 설비가 이곳에는 없었다. 이러한 일로도 신문 발행이 정지될 수 있다. 그런 곤란한 일을 피하기 위해 크기를 일반 주간지 크기로 변경했다. 이걸로 고장 났을 때에는 작은 기계를 수동으로 움직여 인쇄할 수 있게 됐다.

피닉스에서 처음 〈인디언 오피니언〉을 발행하기 전날 밤에는 모두가 다소 늦게까지 깨어있었다. 종이를 자르는 작업에는 노인도 아이도 매달려 작업은 밤 10시, 12시쯤 끝났다. 그러나 그 첫날밤은 잊을 수 없는 밤이 되었다. 인쇄용지는 준비되었으나 인쇄기의 엔진이 움직이지 않았다! 엔진을 설치하여 움직이게 하기 위해 기사를 불러왔다. 기사와 웨스트 씨는 있는 힘을 다했지만 엔진은 움직이지 않았다. 모두들 걱정했다. 결국 웨스트 씨는 포기하고 눈에 눈물을 글썽이며 나에게 와서 이렇게 말했다.

"오늘은 더 이상 엔진이 움직이지 않을 것 같습니다. 이번 주는 기간 안에 발행할 수 없겠습니다."

"만약 그렇다면 어쩔 수 없죠. 그러나 눈물을 흘릴 필요는 없습니다. 아직 무언가 할 수 있는 일이 있다면 해 봅시다. 저 바퀴는 어떻게 되었나요?"

그렇게 말하면서 나는 위로했다.

웨스트 씨는 "바퀴를 움직일 사람이 어디 있단 말입니까? 우리들만으로는 바퀴를 움직일 수 없습니다. 저것을 돌리려면 4명씩 교대로 돌려야만 하는데 우리는 모두 지쳤습니다."

건축 작업이 아직 끝나지 않아서 목수들은 돌아가지 않고 인쇄소에서 자고 있었다. 나는 목수들을 가리키며 "그렇지만 저 목수들이 있잖습니까? 오늘밤은 우리 모두 철야를 합시다. 해야 할 일이 남아 있습니다."

"목수들을 깨워 도움을 청할 용기도 없을뿐더러, 지친 종업원들에게는 또 어떻게 이야기합니까?"

"그럼 내가 하죠."

나는 목수들을 깨워 그들에게 도움을 구했다. 내가 그들에게 애원할 필요는 없었다.

"이럴 때 당신에게 도움을 안 준다면 우리들이 인간이겠습니까? 당신은 쉬세요. 우리가 바퀴를 돌리겠습니다."

인쇄소 사람들은 벌써 준비하고 있었다.

웨스트 씨는 너무나 기뻐했다. 목수들은 바퀴를 돌리면서 찬송가를 불렀다. 바퀴를 돌리는 목수들 앞에 나는 서 있었다. 그리고 다른 모든 사람들도 교대 순서를 기다리며 서 있었다. 작업은 진전되었다.

아침 약 7시경이었다. 작업은 꽤 남아 있었다. 나는 웨스트 씨에게 말했다.

"이제 기사를 깨우지 않겠습니까? 햇빛 속에서 다시 해보면 엔진이 움직일지도 모르고, 그러면 이 일은 시간 안에 끝날지도 모릅니다."

웨스트 씨는 기사를 깨웠다. 그는 곧 일어나 기관실로 들어갔다. 작동을 시키자 바로 엔진이 움직였다. 인쇄소에는 함성이 울려 퍼졌다.

"이런 일이 어떻게 일어날 수 있죠? 밤엔 그렇게 온갖 노력을 해도 움직이지 않더니, 마치 무슨 고장이 있었냐는 듯 시동을 걸자 바로 움직이기 시작했습니다!"

웨스트 씨인지 기사인지 모르지만 누군가 대답했다.

"대답하기 어렵습니다만, 가끔 기계도 우리들처럼 휴식이 필요하다는 듯이 행동할 때가 있습니다."

이 엔진이 움직이지 않았던 것은 우리 모두에게 하나의 시련이었고, 마침 때맞춰 움직이기 시작한 것은 순수한 노동의 좋은 결과라고 나는 믿는다.

신문은 시간 안에 역에 도착했고 그제야 모두들 안심했다.

이처럼 포기하지 않았기 때문에 신문은 날짜에 맞춰 발행되었다. 그리고 피닉스에는 노동의 분위기가 생겼다. 이 이주지에서 엔진을 굳이 정지시키고 완고하게 수동으로만 일을 했던 시기도 있었다. 그때가 피닉스의 가장 도덕적인 시기였다고 나는 믿는다.

## 21 폴락 씨가 뛰어들다

피닉스 같은 이주지를 설립했음에도 불구하고 정작 나 자신은 그곳에서 잠깐밖에 살 수 없었기 때문에 언제나 안타깝게 생각했다. 설립했을 때는 나도 그곳에 정착하여 생계수단을 거기에서 얻고, 서서히 변호사도 그만두고 피닉스에 살면서 할 수 있는 봉사생활을 하려고 생각했다. 피닉스의 성공이야말로 봉사라고 생각했었다. 그러나 생각대로 실현되지는 않았다. 경험한 후에 알게 됐는데, 우리가 무언가를 원하여도 결과는 다른 것이 된다. 그러나 나는 동시에, 이것도 경험을 통해 알게 되었는데, 그것이 진리를 향한 구도라고 신봉하는 곳에선 설령 결과가 우리들의 생각을 따른 것이 아니거나, 예상 못한 결과가 되었어도 해가 되지는 않는다. 그리고 종종 생각했던 이상으로 훨씬 좋은 것이 되기도 한다. 피닉스에서는 생각도 못한 결과가 나왔다. 그리고 피닉스는 생각지도 못했던 형태를 취했는데, 그것이 보다 좋은 것이었을지에 대해서는 단언할 수 없으나 해가 아니었다는 것만큼은 단언할 수 있다.

우리는 모두 자신의 노동만으로 생활한다는 생각에서, 인쇄소 주위에 주민 한 명당 3에이커 씩 토지를 나누어 주었다. 이 가운데 나를 위해서도 한 구획이 측량되었다. 원래는 농민에게 어울리는 초가지붕에 진흙과 벽돌로 집을 짓고 싶었지만, 그것은 돈이 더 많이 들고 시간도 오래 걸린다. 때문에 우리들은 그 모든 구획에 모두의 뜻에 반해서 함석판으로 집을 지었다.

만수클랄 나자르 씨가 편집장이었으나 그는 이 계획에 참가하지 않았다. 집이 더반에 있었기 때문이다. 더반에는 〈인디언 오피니언〉의 작은 지국도 있었다.

식자를 하기 위해 월급을 지불하는 종업원들이 있었다. 신문 발행을 위해서는 식자 작업이 가장 시간이 걸리는 일이기는 했지만 쉬운 일이었기 때문에, 입주민 전원이 식자를 배워서 작업을 해야겠다는 생각을 했다. 그것을 잘 몰랐던 사람들도 자진해서 하려고 했다. 나는 이 작업에서 마지막까지 가장 둔하였고 마간랄 간디가 가장 잘했다. 나는 언제나 그 자신도 자신의 능력을 잘 몰랐다고 생각한다. 그는 인쇄소의 일을 그때까지 한 적이 없었지만 그럼에도 불구하고 유능한 식자공이 되었다. 속도에 있어서도 굉장히 숙달된 모습을 보였지만 그뿐만이 아니었다. 얼마 안 되는 기간에 인쇄소의 모든 작업을 완전히 습득하여 나를 놀라게 했다.

이 일은 아직 깨끗하게 정리되지 않았고 건물도 완성되지 않았지만, 이럭저럭 하는 사이에 이 새롭게 만든 가족을 두고 나는 요하네스버그로 도망쳤다. 그곳의 업무를 장기간 그대로 방치해 둘 수 있는 상황이 아니었다.

요하네스버그로 와서 폴락 씨에게 이 중요한 변화를 얘기했다. 자신이 건네준 책의 결과를 알고 그는 매우 기뻐했다.

"그렇다면 나도 그곳에서 무언가 도울 일이 없을까요?"

그는 열심히 물었다.

나는 말했다.

"물론 있죠. 원하신다면 이 계획에 참가도 할 수 있습니다."

"넣어 주신다면 기꺼이 들어가겠습니다."

그는 대답했다.

이 각오에 나는 마음이 들떴다. 폴락 씨는 〈평론〉사를 퇴직하기 위해서 경영자에게 한 달 전에 통고했다. 그리고 임기가 끝나자 피닉스에 왔다. 사람 좋은 성품으로 그는 모든 이의 마음을 빼앗았고 가족의 일원으로서 생활하게 되었다. 소박함이 몸에 배어 있었기 때문에 피닉스 생활은 조금도 놀라거나 곤란한 일 없이 자연스럽게 그의 뜻에 들어맞았다.

그러나 나는 오랜 기간에 걸쳐서 그를 그곳에 둘 수 없었다. 리치 씨가 영국에서 법률 공부를 하기로 결심하여, 내가 혼자서 사무소의 모든 업무를 할 수 있는 상황이 아니었다. 때문에 나는 폴락 씨에게 사무소에 와서 변호사 일을 도와달라고 제안했다. 그가 변호사가 되면 최종적으로 우리 둘은 피닉스에 정착하기로 결심했다.

이런 모든 생각이 실현된 것은 아니다. 그러나 폴락 씨의 성격은 순순한 편이라, 사람을 일단 믿으면 반론하지 않고 그 사람의 의향에 따르려고 노력해 왔다. 폴락 씨는 나에게 편지를 보내왔다.

"나는 이곳 생활이 좋습니다. 여기서 행복합니다. 우리는 이 거주지를 발전시킬 수 있습니다. 그러나 만약 내가 그곳에 가서 우리의 이상이 빨리 결실을 맺을 수 있다고 당신이 생각한다면 그곳에 가겠습니다."

나는 이 편지를 환영했다. 폴락 씨는 피닉스를 떠나서 요하네스버그로 왔다. 그리고 나의 사무실에서 변호사 서기를 맡아주었다.

마침 이 무렵 스코틀랜드 출신의 한 신지론자의 법률시험 준비를 돕고 있었는데 나는 그도 폴락 씨를 따르도록 초대했다. 그리고 그도 들어왔다. 그의 이름은 매클린타이어였다.

이처럼 피닉스의 이상을 빨리 실현시키려는 좋은 의도 때문에 나는 피닉스와는 상반된 생활에 점점 깊게 들어갔다. 만약 신의 뜻이 달리 있지 않았다면, 소박한 생활이라는 구실로 넓어져가는 어리석은 생각의 그물에 나 자신이 휘감겨버렸을 것이다.

나와 마찬가지로 나의 이상이 어떻게 지켜졌는지 그것은 우리들 중 누구도 상상하지 못했던 것이다. 그러나 그 사건에 도달하려면 아직 몇 장은 더 걸린다.


## 22 '그 사람을 라마가 지키신다'

서둘러 인도로 돌아간다거나 그곳에 가서 안주하겠다는 희망을 나는 이미 버렸다. 나는 아내에게는 1년만 참으라고 하고 남아프리카로 돌아왔었는데 그 1년이 지났다. 그러나 귀국은 멀었기 때문에 나는 아내와 아이들을 불러오기로 결심했다.

아내와 아이들이 내게로 왔다. 셋째아들 람다스도 왔다. 항해 중에 완전히 선장을 잘 따르게 되었다. 선장과 놀다가 팔이 골절되었으나 선장이 잘 돌봐주었고 선의(船醫)가 처치를 해주었다. 람다스가 요하네스버그에 도착했을 때 팔에는 부목을 대어 붕대를 감고 있었다. 선의는 집에 돌아가면 바로 의사에게 보이라고 조언해 주었다.

그러나 나는 이 무렵에 많은 흙 요법을 실험하고 있었기 때문에, 나라는 가짜 의사를 믿고 있던 의뢰인들에게도 나는 흙, 물 요법을 권하고 있었다. 어린 람다스에게 다른 어떤 치료 방법이 있었겠는가? 그때 람다스의 나이는 8살이었다.

"너의 상처를 아버지가 직접 치료하면 무섭지 않겠니?"

나는 이렇게 물었다. 람다스는 웃으면서 나에게 치료를 허락해주었다. 이 나이에 무엇이 최선이고 무엇이 그렇지 않은지 구분할 수는 없었겠지만, 진짜 의사와 가짜 의사의 구별 정도는 확실히 할 수 있었다. 그러나 그 아이는 나의 여러 실험에 대해서 알고 있었고 나를 믿었기 때문에 무서워하지 않았다.

나는 떨리는 손으로 조심조심 붕대를 풀고 상처를 소독했다. 그리고 깨끗한 흙 습포를 대고 붕대를 감았다. 한 달 만에 상처는 확실히 아물었다. 날이 갈수록 상처는 좋아졌다. 의사의 치료도 그 정도 걸릴 것이라고 선의가 말했었다.

이 가정 치료에 관한 신념과 그것을 실행에 옮기려는 용기는 점점 커졌다. 이 이후에 나는 실험의 영역을 크게 넓혔다. 상처, 열, 소화불량, 황달 등의 병에 대해서 흙, 물 요법과 단식 등을 남녀노소를 불문하고 실험했다. 거의 대부분 성공했다. 그렇지만 남아프리카에서 가졌던 용기는 인도에 가서 없어졌다. 경험상 이러한 실험에는 분명 위험도 따른다는 것을 알았기 때문이다.

이 실험에 관해서 이야기한 이유는 내 실험의 성공을 증명하기 위한 것이 아니다. 실험이 모두 완전하게 성공했다고는 주장할 수 없다. 의사도 그런 주장은 할 수 없다. 그러면 어떤 이유에서 말을 꺼냈는가, 그것은 새로운 미지의 실험을 하려고 하는 사람은 반드시 자기 자신을 대상으로 실험을 시작해야 한다고 말하기 위해서이다. 그렇게 하면 진리는 바로 나타난다. 그리고 그러한 실험을 하는 사람들을 신은 지켜주신다.

흙 요법의 위험은 유럽인들과 친하게 지내면서 알게 되었다. 단, 위험은 다른 종류의 것이었다. 그러나 그런 위험에 대해서는 나 자신도 생각해 본 적이 없었다.

나는 폴락 씨에게 함께 살자고 제안했다. 우리는 친형제처럼 함께 살았다. 폴락 씨는 벌써 몇 년 전에 결혼하기로 한 여성이 있었다. 두 사람은 때가 되면 결혼하기로 마음먹고 있었다. 폴락 씨는 얼마간의 돈을 모은 후 결혼하려고 했던 것으로 기억한다. 그는 러스킨의 독서에 대해서는 나보다 훨씬 광범위한 지식을 갖고 있었지만, 서구적인 환경에서 러스킨의 사상을 직접 실천하려는 생각은 못했다. 그래서 나는 말했다.

"이미 마음으로 맺어진 사람과 그저 돈 때문에 헤어져 있는 것을 참는 것은 좋지 않습니다. 당신의 생각대로라면 가난한 사람은 아무도 결혼할 수 없다는 것이 됩니다. 그리고 지금 당신은 나와 함께 살고 있지 않습니까? 그러니 생활비는 문제가 안 됩니다. 빨리 결혼하십시오. 나는 그것이 바람직하다고 생각합니다."

나는 폴락 씨에게 또다시 잔소리하지 않아도 되었다. 그는 나의 말을 바로 받아들였기 때문이다. 당시 장래의 폴락 부인은 영국에 있었다. 곧바로 편지 왕래가 시작되었다. 여인은 승낙했고 몇 개월 후 결혼하기 위해서 요하네스버그에 도착했다.

결혼을 위해 지출된 돈은 거의 없었다. 두 사람에게는 예복도 종교의식도 필요 없었다. 폴락 부인은 태어나면서부터 그리스도교도였고 폴락 씨는 유대인이었다. 이 두 사람의 공통 종교는 윤리 도덕이었다.

이 결혼에 대해서 한 가지 재밌는 사건을 소개하겠다. 트란스발에서는 백인의 혼인신고 담당관은 유색인종의 혼인신고를 받아주지 않는다. 이 결혼의 신랑 들러리는 나였다. 찾아보면 다른 백인 친구도 있었겠지만 폴락 씨는 그것을 원치 않았다. 그래서 우리 세 사람은 등록관에게 갔다. 그 등록관은 나를 보고는, 신랑 신부 모두 백인이라는 사실을 믿지 못하는 것 같았다. 그는 조사할 시간을 달라고 하였다. 그러나 다음날은 일요일이었고 그 다음날은 나탈의 축일이었다. 결혼을 위해 이곳까지 온 남녀의 혼인신고가 이렇게 연기되는 일은 참을 수가 없었다. 나는 지방 행정장관을 알고 있었다. 그 장관은 이 부국의 상사였기에 나는 이 부부를 데리고 그에게 갔다. 장관은 웃으면서 편지를 써주었다. 그래서 이들은 혼인신고를 할 수 있었다.

오늘날까지 조금이라도 면식 있는 백인 남성들이 나와 함께 생활해 왔다. 그런데 지금은 이 영국여성도 가족으로 들어왔다. 무엇으로든 언쟁이 있었던 날을 나는 기억해낼 수 없다. 그러나 여러 카스트와 여러 성격의 인도인들이 출입하고 있었고 내 아내는 아직 이런 경험이 적을 때였으므로, 두 사람 사이에 때로는 기분을 상하게 하는 일도 있었을 것이다. 그러나 한 가족 안에서 일어나는 그런 일에 비해서 인종도 핏줄도 다른 우리가족에게는 그런 일이 그렇게 많지 않았다. 같은 인종과 다른 인종이라는 감정은 우리들 마음에 일어나는 하나의 물결일 뿐이다. 우리들 모두는 한 가족이다.

여기서 웨스트 씨의 결혼도 축하하기로 하자. 나의 생애 중 이때는 브라마차리아에 관한 생각이 원숙하지 못했던 시기이다. 그랬기 때문에 나는 독신 친구들을 결혼시키려고 하였다. 나는 웨스트 씨에게, 부모님을 만나러 갈 때 될 수 있으면 결혼해서 부인과 함께 가라고 조언했다. 피닉스는 우리 모두의 집이 되었다. 그리고 모두가 농민이라고 생각했기 때문에, 결혼이나 자손이 늘어나는 것에 대해 걱정하지는 않았다.

웨스트 씨는 레이스터의 아름다운 아가씨와 결혼하여 그녀를 데리고 피닉스에 왔다. 레이스터는 제화산업이 번성한 곳이었기에 이 자매의 가족도 그곳에서 일했고, 웨스트 부인도 잠시 제화 공장에서 일한 적이 있었다. 앞에서 나는 이 부인을 아름답다고 했는데, 나는 그녀의 장점을 숭배하고 있으며 참된 아름다움은 이 장점에 있다고 생각한다. 웨스트 씨는 장모도 함께 모시고 왔다. 이 선량한 노부인은 지금도 살아계시며, 근면하고 쾌활한 성격으로 우리 모두를 부끄럽게 했다.

이 백인 친구들을 결혼시킨 것처럼 인도인 친구들에게도 가족을 만들도록 권했다. 그래서 인도인 가족 5, 6집이 살기 시작했고 피닉스는 작은 마을을 이루어갔다.


## 23 집에서의 변화와 아이들의 교육

더반에 마련한 집에서 몇 가지 개혁을 시행했었다. 생활비 지출은 많았지만 그래도 소박하게 살아왔다. 그러나 요하네스버그에서는 《모든 이들의 복리》의 사상이 더욱 많은 변화를 일으켰다.

법정변호사의 집에서 검소하게 할 수 있는 모든 것을 하려 했으나 그래도 몇 가지 가구나 조명 없이는 살아갈 수 없다. 참된 검소함은 마음가짐에 달려있다. 모든 일을 자신의 손으로 하려고 하는 마음이 강해져 아이들도 훈련시키기로 했다.

가게에서 빵을 사는 대신, 쿠네의 조리법을 따라 이스트 없이 빵을 직접 만들었다. 집에서 만드는 빵은 공장에서 만든 밀가루를 써서는 안 된다. 또한 나는 공장의 밀가루를 쓰지 않고 직접 빻은 밀을 쓰면 건강도 돈도 지킬 수 있을 거라고 생각했다. 그래서 7파운드를 투자해 수동 제분기를 샀다. 제분기의 원반은 무거웠다. 둘이서라면 쉽게 돌릴 수 있겠으나 혼자서는 까다로웠다. 그것을 돌리는 일은 주로 나와 폴락 씨와 아이들이 했다. 가끔씩 카스투르바도 도왔다. 그때까지는 요리 담당이었으나 폴락 부인이 온 뒤로는 가담하게 되었다. 이 운동이 아이들에게 굉장히 유익하다는 것을 알았다. 이 일도, 또 다른 일도 나는 아이들에게 억지로 시킨 적은 없지만 아이들은 재미있어하여 스스로 제분기를 돌리러 와주었다. 힘들어서 그만 두는 것은 자유였다. 그러나 어떤 이유인지 알 수 없으나 아이들은 나를 많이 도와주었다. 개중에는 게으른 아이들도 있었지만 거의 대부분의 아이들은 맡은 일을 즐겁게 했다. 나는 이 당시에 힘들다고 하는 아이를 본 기억이 없다.

우리 집에는 청소를 하는 도우미가 한 명, 가족처럼 함께 살고 있었다. 그의 일을 아이들은 전적으로 돕고 있었다. 화장실 청소나 거실을 닦는 일은 그 도우미에게 맡기지 않았다. 그런 기대도 하지 않았다. 그 일은 우리들 각자가 스스로 했다. 이로 인해 아이들은 저절로 훈련되었다. 결과적으로 우리 아이들 중 처음부터 화장실 청소를 싫어하는 녀석은 없었고 위생관념은 너무나 당연한 규칙으로 자연스럽게 배웠다. 요하네스버그에서는 누구 하나 병에 걸린 적이 없다. 그러나 환자가 생기면 아이들은 반드시 간호를 도우며 그 일을 즐겁게 하였다.

나는 아이들의 글공부에 관심이 없었던 것은 아니나 이를 망설임 없이 희생시킨 것은 사실이다. 그래서 이 부분에 대한 부족함을 아이들은 호소했다. 아이들은 때때로 불만을 표시했다. 이 부분에 있어서 어느 정도 나에게 잘못이 있었다는 것을 인정한다. 아이들에게 글을 통한 교육을 시키고 싶었고 노력도 했지만 이 교육에는 언제나 장해가 따랐다. 집에는 아이들의 공부를 위한 준비가 되어 있지 않았기 때문에 아이들을 사무실까지 함께 걸어서 데리고 다녔다. 사무소는 2마일 반 떨어져 있었기 때문에, 우리는 아침저녁 합쳐서 5마일의 운동을 한 것이다. 길을 걸으면서 무엇이든 가르쳐주려고 노력했으나 이것도 나와 함께 걷는 다른 사람이 없을 때의 이야기이다. 사무실에서 아이들은 의뢰인이나 직원들과 접하면서 무언가 읽을 것을 주면 읽거나, 여기저기 돌아다니고, 사올 물건이 있으면 상점가에 가서 사오곤 했다. 인도에 머물러 있던 큰아들 하릴랄을 제외한 나머지 아이들은 모두 이런 식으로 자랐다. 만약 내가 아이들에게 글자를 가르치기 위해 규칙적으로 하루에 한 시간이라도 할애를 할 수 있었다면 아이들은 이상적인 교육을 받았을 것이다. 그러나 나는 그렇게 하지 않았다. 나와 아이들은 이 일로 고통을 받았다. 큰아들은 자신의 고뇌를 몇 번이나 나에게 호소하고 신문에도 발표했으나, 다른 아이들은 나를 용서해 주었다. 나는 이 일을 후회하지 않는다. 후회하는 것이 있다면 내가 이상적인 아버지가 되지 못했다는 것뿐이다. 그러나 나의 의견은 이렇다. 아이들에게 글을 통한 교육을 시키지 않은 것은, 설령 무지하더라도 선의로 인정받는 봉사를 가르치기 위해서였다. 아이들의 인격형성을 위해 필요한 것은 다 했다고 생각한다. 그리고 그것은 모든 부모의 불가결한 의무라고 나는 믿는다. 나의 이러한 노력에도 불구하고 아이들의 인격에 결함이 있다면, 그것은 나의 보살핌에 부족함이 있었기 때문이 아니라 우리 부부의 결점이 반영된 것이라고 확신한다.

아이들은 부모의 용모를 닮듯이 장점과 단점도 물려받는다. 환경에 따라 다소 차이가 있는 것이 사실이지만 그러한 요인은 조상으로부터 계승된다는 것도 사실이다. 몇몇 아이들은 이런 단점을 물려받는 데서 자기 자신을 지킨다는 것도 안다. 그것은 영혼에 내재하는 속성으로 참으로 훌륭한 것이다.

폴락 씨와 나는 아이들의 영어 교육에 관해 몇 번이나 격렬하게 논쟁했다. 나는 자기 아이들에게 어릴 때부터 영어를 시키는 인도인 부모는 아이들과 인도에 반역하는 것이라고 정말로 믿고 있었다. 그에 의해 아이들은 자국의 종교적·사회적 유산에서 소외되어 그만큼 인도와 세계에 기여하지 못하는 사람이 된다는 신념에서, 나는 언제나 의도적으로 아이들과는 구자라트 어로만 말을 했다. 폴락 씨는 이것을 좋게 보지 않았다. 내가 아이들의 장래를 망친다는 것이 그의 주장이었다. 영어처럼 전 세계에 보급되어 있는 언어를 아이들이 어릴 때부터 습득한다면 이 세상의 생존 경쟁에서 하나의 큰 단계를 쉽게 뛰어 넘을 수가 있다고 그는 나에게 열의를 담아, 그리고 진심으로 설득했다. 나는 그의 주장을 받아들일 수 없었다. 나중에는 나의 주장을 그가 받아들였는지 아니면 나의 고집을 보고 입을 다물어 버렸는지 지금은 기억나지 않는다. 이 논쟁에서 약 20년이 흘렀다. 그래도 그 당시 나의 이런 생각은 경험을 통해 더욱 공고해졌다. 나의 아들들은 글자에 의한 교육은 충분히 받지 못했지만 그래도 모국어의 일반적인 지식은 쉽게 받아들일 수 있었고, 그로 인해 아들들과 인도에는 이익이 있었다. 아들들은 외국인처럼 되지 않았으면서도 자연히 2개국어를 하게 되었다. 많은 영국인 친구들과 접하고, 특히 영어를 쉽게 접할 수 있는 나라에 사는 것만으로 영어를 말하고 일반적인 것은 쓸 수 있게 되었기 때문이다.

## 24 줄루의 '반란'

집을 꾸미고 살게 된 후에도 정착은 나의 인생에 주어지지 않았다. 요하네스버그에서 자리를 잡았다고 느꼈을 때 생각지도 못한 일이 일어났다. 나탈에서 줄루의 반란이 일어났다는 뉴스를 읽은 것이다. 나는 줄루인들에게 아무런 반감도 없었다. 줄루인들은 인도인에게 무엇 하나 손해를 입힌 것이 없었다. 반란이란 표현의 타당성에 대해서도 나는 의문을 가지고 있었다. 그러나 나는 당시 대영제국을 세계에 안녕을 가져다주는 제국이라 믿었고 나의 충성심은 마음에서 우러나온 것이었다. 그러한 제국의 손실을 나는 바라지 않았다. 그를 위해 무력을 행사하는 것이 도덕적으로 바람직한지 아닌지는 나의 행동을 저지할 만한 것이 아니었다. 나탈에는, 그곳이 위험에 처할 때 방위를 위해 지원병으로 군대를 이루는 제도가 있었고 이때 모병이 행해졌다. 나는 지원병으로 이루어진 이 군대가 반란 진압을 위해 출동했다는 것을 읽었다.

나는 자신이 나탈의 주민이라 생각했고 나탈과 나의 관계는 밀접했다. 그래서 나는 총독원에, 필요하다면 부상자 간호를 할 인도인 부대를 인솔해서 봉사하러 가겠다고 편지를 보냈다. 총독의 답장은 바로 왔다. 나는 긍정적인 내용과 이렇게 빠른 답장을 예상하지 못했지만, 편지를 쓰기 전에 이미 손을 써 놓았다. 만약 총독이 제안을 받아들인다면 요하네스버그의 집을 정리하고, 폴락 씨는 다른 작은 집을 얻어 나가고 카스투르바는 피닉스로 가서 살기로 얘기가 되어 있었다. 이 계획을 카스투르바는 전적으로 지지해 주었다. 그때까지 나의 이러한 행동에 그녀가 한 번이라도 반대했던 기억은 없다. 총독의 답장을 받고, 바로 계약에 따라 한 달 전에 집주인에게 집을 비워주겠다고 통고했다. 가재도구 중 일부는 피닉스로 갔고 일부는 폴락 씨에게 주었다.

더반에 도착하여 나는 사람들에게 호소하였다. 대부대가 필요한 것은 아니었다. 나를 포함하여 24명이 응모하였다. 나 이외에 구자라트 출신자가 4명, 나머지는 마두라스 지방 출신의 전 계약노동자들이었고 파탄인이 한 명 있었다.

현행 제도 때문에, 또한 질서를 지키고 활동을 보다 원활하게 진행할 수 있도록 의무부장은 나에게 임시 특무상사라는 계급을 주었고 내가 뽑은 3명에게 중사, 또 한 명에게는 하사 계급을 주었다. 군복도 정부에서 지급되었다. 이 부대는 6주 동안 쉬지 않고 활동했다.

반란 현장에 도착하자 반란이라고 할 만한 것이 아무것도 없음을 알았다. 대항하고 있는 사람은 한 명도 없었다. 이것을 반란이라고 간주한 이유는 이랬다. 한 줄루 수장이 줄루인들에게 부과된 세금을 내지 말라고 말했고, 세금을 징수하러 간 한 군인을 살해했다는 것이다. 이유가 무엇이든 간에 나의 마음은 줄루인들에게 가 있었다. 본부에 도착하자 주로 줄루인 부상자들의 간호가 우리에게 할당되어서 나는 무척 기뻤다. 의무관은 우리를 환영하면서 이렇게 말했다.

"백인들은 누구 하나 이 부상자들을 거들떠보지도 않습니다. 나 혼자서 누구를 간호해야 합니까? 상처는 곪고 있습니다. 지금 당신이 도착한 것은 이 죄 없는 사람들에 대한 신의 은총이라고 생각합니다."

의무관은 우리에게 붕대, 소독약 등의 약품을 건넨 후 그 부상자들에게 데리고 갔다. 부상자들은 우리를 보고 기뻐했다. 백인 병사들은 철망 사이로 들여다보고는 우리에게 간호하지 말라고 말했으나 우리는 듣지 않았다. 그랬더니 그들은 화를 내며 줄루인들을 향해 온갖 욕설을 퍼부어 귀가 따가울 정도였다.

이 백인 병사들과도 나는 점차 서로에 대해 알아갔다. 그러자 병사들은 우리를 방해하지 않게 되었다. 이 군대에는 1896년 나를 심하게 적대시한 스파크스 대령과 와일리 대령이 있었다. 두 사람은 나의 행동에 경탄하고, 나를 특별히 초대해 감사를 전했다. 두 사람은 나를 맥켄지 장군에게 데려가 소개했다.

이 사람들 중 직업군인은 한 사람도 없었다. 와일리 대령은 유명한 변호사였다. 스파크스 대령은 도살장을 경영하고 있었고 맥켄지 장군은 나탈의 유명한 농장주였다. 이들은 모두 지원자들로 군사훈련과 경험을 쌓았다.

부상자들 간호가 우리들에게 맡겨졌으나 이 부상자들은 전투에서 부상을 당한 것이 아니었다. 부상자의 일부는 혐의를 뒤집어 쓴 죄수들이었다. 죄인들에게 장군은 태형을 내렸고, 그 상처를 치료하지 않아서 염증이 생긴 것이다. 부상자 중 다른 일부는 우호적인 줄루인들이었다. 이들은 우호 증표를 받았음에도 불구하고 병사들이 오해하여 공격했던 것이다.

나에게는 줄루인들 이외에 백인 병사들을 위해서도 조제·투약의 임무가 주어졌다. 부스 박사의 작은 병원에서 1년 동안 이런 일의 훈련을 받았었기 때문에 나에게는 쉬운 일이었다. 이 일로 나는 많은 백인들과 친해졌다.

그러나 전투에 쫓기는 군대는 한 곳에 주둔하고 있을 수는 없다. 위기의 소식이 오면 그곳으로 바로 출진한다. 대부분이 기병이었다. 우리 부대는 본부를 떠나 기병대 뒤를 들것을 들고 따라가야 했다. 하루에 40마일을 걷는 일도 2, 3차례 있었다. 여기에서도 우리들은 신의 뜻만을 받아들였다. 우호적인 줄루인들이 오해로 인해 부상을 당하면 들것으로 캠프까지 운반해 그곳에서 처치를 해주었다.

## 25 마음의 혼란

줄루의 '반란'에서 나는 많은 일을 경험하고 많은 일을 생각하게 되었다. 보어 전쟁에서는 줄루의 반란과 같은 전쟁의 무서움을 느끼지 못했다. 이곳에서는 전쟁이 아니라 인간사냥이 행해지는 것 같았다. 이것은 나만이 아니라, 얘기를 나누어본 다른 영국인도 느끼는 것이었다. 어느 날 이른 아침부터 군대는 한 부락에 진군해 마치 불꽃놀이를 하듯이 발포를 해댔다. 그 총성은 멀리 떨어진 내가 있는 곳까지 들렸다. 이 총성을 듣고 나서 이런 소용돌이 안에 있는 것이 굉장히 괴로워졌다. 그래도 나는 이 괴로운 일들을 참고 견뎠다. 나에게 주어진 임무는 그저 줄루인들에 대한 봉사였기 때문이다. 만약 우리가 참가하지 않았다면 다른 누구도 봉사하러 오지 않았을 것이라고 생각하면서 나는 마음을 달랬다.

그러나 그 외에도 생각하게 만드는 일들은 많았다. 이곳에는 부락이 많지 않았다. 구릉과 협곡 사이에 선량하고 소박하며 미개한 줄루인들의 작은 오두막을 빼면 아무것도 없었다. 그렇기 때문에 경치는 너무나 아름다웠다. 몇 마일에 걸쳐 인가가 없는 곳을 부상자를 들것에 싣고 도보로 행진하노라면 나는 이런저런 생각에 빠졌다.

이곳에서 나의 브라마차리아에 관한 생각이 성숙해졌고, 신을 만나기 위해서 브라마차리아가 꼭 필요한 것인지는 확실하지 않지만 봉사를 위해서는 필요하다는 것을 확실히 알았다. 이러한 종류의 봉사가 나의 역할로서 점점 늘어갔는데, 만약 내가 쾌락을 탐하여 자손을 늘리고 양육에 쫓기게 된다면 이렇게 전면적으로 봉사에 나서는 일은 불가능해질 것이라고 생각했다. 나는 두 마리 토끼를 쫓지 못한다. 만약 아내가 임신했다면 마음 편히 봉사에 뛰어들지 못했을 것이다. 브라마차리아를 지키지 않고 가족을 늘리는 것은 인도 사회를 향상시키기 위한 노력에 반하는 것이다. 결혼해서도 브라마차리아를 지키면 가족과 인도 사회를 위한 봉사가 동시에 이루어질 것이다. 나는 이러한 생각의 소용돌이 속에 빠져들었다. 또 브라마차리아에 대한 맹세를 세우려고 마음도 조급해졌다. 이러한 생각으로 나는 일종의 희열을 느꼈다. 나의 의욕은 높아졌다. 공상은 봉사의 영역을 굉장히 넓혀버렸다.

이 생각을 나는 은밀히 견고하게 만들었다. 그리고 신체를 단련했다. 그러는 동안 반란은 진압되었고 우리들의 임무도 끝날 것이라는 소문을 들었다. 다음날 우리들에게 귀가조치가 내려졌다. 그리고 며칠 후 봉사 대원들은 모두 각자 자신의 집으로 돌아갔다. 귀가하고 며칠이 지나서 총독으로부터 이제까지의 봉사에 대한 감사의 뜻이 담긴 편지를 받았다.

피닉스에 도착해 나는 브라마차리아에 관해 굉장한 열의를 담아서 차간랄, 마간랄, 웨스트 씨를 앞에 두고 이야기했다. 그들은 브라마차리아의 필요성을 받아들였다. 그러나 모두 브라마차리아를 지키기는 어렵다고 했다. 그래도 몇 사람은 용기를 내어 실행했고 또 몇 사람은 성공했다고 나는 믿는다.

나는 그로부터 일생동안 브라마차리아를 지키겠다고 맹세했다. 이 맹세의 중요성과 어려움을 그때는 완전히 이해하지 못했다. 나는 지금까지도 계속 그 어려움을 느끼고 있다. 그 중요함을 매일 점점 더 알아가고 있다. 브라마차리아가 없는 생활이란 나에겐 무미건조하고 짐승과 같은 것이라고 생각한다. 짐승이란 원래 자기억제를 모른다. 인간이 인간다울 수 있는 것은 자기 의지로 스스로를 억제하는 데 있다. 종교서적에서 볼 수 있는 브라마차리아에 대한 칭송을 처음에는 과장이라고 생각했다. 지금은 오히려 그 칭송은 타당하며 체험에 의해 쓰였다는 것을 매일매일 점점 더 확실하게 느낀다.

이러한 결과가 생겨나는 브라마차리아는 그렇게 쉬운 것이 아닐뿐더러 단순히 신체적인 것만도 아니다. 브라마차리아는 신체적 억제에서 시작하는데, 순수한 브라마차리아는 생각에 흐트러짐이 있어서는 안 된다. 완전한 브라마차리아에는 꿈속에서도 욕정이 생겨서는 안 된다. 욕정을 동반한 꿈이 나타나는 한 브라마차리아의 완성은 아직 불완전하다는 것을 알아야 한다.

나는 신체적 브라마차리아를 지키는 일에도 굉장한 고통을 견뎌야 했다. 나는 지금은 그 일에 대해 두려움을 없앴다고 말할 수 있다. 그러나 자신의 생각을 제어할 수 있는 힘은 아직까지도 얻지 못했다. 나의 노력이 부족했다고는 생각하지 않는다. 그러나 어디서부터, 그리고 어떻게 해야 우리가 원하지 않는 생각을 차단할 수 있는가에 대해서는 아직 이해하지 못했다. 생각을 저지하기 위한 열쇠를 인간이 가지고 있다는 것에는 의심의 여지가 없다. 그러나 이 열쇠는 각자가 자신을 위해 스스로 찾아야만 한다는 결론에는 도달했다. 위인들은 우리를 위해서 자신의 체험을 남겨주었으나 그것은 길을 안내해줄 뿐이다. 그것은 완전한 것이 아니다. 완전함, 이것은 신의 은총이 있어야만 하는 것으로, 그를 위해서 신도들은 고행을 통해 정화하고 우리를 깨끗하게 하는 라마나마 같은 만트라*24를 남겨준 것이다. 신을 향한 절대 귀의 없이는 생각에 대한 전면적인 승리는 얻을 수 없다. 이런 말을 모든 종교 서적에서 읽었고, 그 정당성을 나는 브라마차리아의 가장 미묘한 순서를 지키는 노력을 통해 느끼고 있다.

그러나 나의 힘든 투쟁의 역사에 대해서는 다음 장에서 다루기로 하고 이 장에서는 이것만 말해두자. 의욕에 사로잡혀 나는 처음에 맹세의 순서를 지키는 일은 쉬울 것이라고 생각했다. 나는 맹세와 동시에 한 가지 변화를 바로 행했다. 아내와 같은 침대에서 자는 일이나 둘만 있는 것을 금하기로 한 것이다. 이처럼 1900년부터 자발적으로 또는 어쩔 수 없이 브라마차리아를 나는 계속 지켜왔으나, 맹세를 하고 본격적으로 시작한 것은 1906년 중반부터였다.


## 26 사티아그라하의 발생

이처럼 일종의 자기정화를 했으나 그것은 마치 사티아그라하를 위해 한 것처럼 되었다. 그와 같은 하나의 사건이 요하네스버그에서 나를 기다리고 있었다. 브라마차리아 맹세를 하기까지, 내 인생의 모든 주요한 사건들은 나를 은밀히 진짜 사티아그라하로 이끌기 위해 준비되어 있었다는 것을 나는 이제서야 깨달았다.

'사티아그라하'란 말이 생겨나기 전에 그 운동은 시작되어 있었다. 그러나 그것이 시작되었을 때 그것이 무엇인지 나 자신도 인식하지 못했다. 그것을 구자라트인들은 모두 'passive resistance(수동적 저항)'라는 영어로 알았다. 백인들의 어떤 집회에 가서 알았는데, '수동적 저항'이란 좁은 의미로 해석되어 있고 약자의 무기로 여겨지고 있었다. 그러나 그것에는 미움도 있을 수 있고 최종적으로 폭력으로 바뀔 수 있기 때문에 나는 그 말을 사용하는 것에 반대해야 했다. 그리고 인도인들의 투쟁의 본질을 설명해야만 했다. 인도인들의 투쟁을 제대로 알리기 위해 새로운 말을 만들어 낼 필요가 있었다.

그러나 나는 그러한 말을 도저히 생각해낼 수 없었다. 그래서 그 말을 위해 이름뿐인 상을 설립해 〈인디언 오피니언〉 독자들에게 현상모집을 했다. 이 현상의 결과 sat + āgraha를 결합하여 'sadāgraha'라는 말을 마간랄 간디가 만들어서 보내주었다. 상은 그가 받았다. 그러나 나는 '사다그라하'*25라는 말을 더욱 확실히 하기 위해 'ya'라는 글자를 사이에 넣어 '사티아그라하(satyāgraha)'*26라는 말을 만들었다. 이 투쟁은 구자라트인들에게는 그 이름으로 알려지게 되었다.

이 투쟁의 역사는 남아프리카에서의 나의 생애, 특히 진리를 향해 다가가는 나의 여러 가지 실험의 역사라고 할 수 있다. 이 역사의 대부분을 예라브다 감옥에서 썼고, 나머지는 석방되고 나서 완성시켰다. 그 모든 것은 〈나바지반〉에 발표되었다. 그리고 나중에 《남아프리카에서의 사티아그라하의 역사》*27라는 제목의 서적으로 간행되었다. 그것은 발지 고빈드지 데사이 씨가 〈현대사상〉을 위해 영어로 번역했는데 나는 그것을 서둘러 간행하도록 하였다. 그것을 통해 남아프리카에서 행한 나의 최대의 실험을 알고 싶어 하는 모든 사람이 이해할 수 있도록 하기 위해서다. 《남아프리카에서의 사티아그라하의 역사》를 읽지 않은 구자라트인 독자에게 이 책을 읽기를 권한다.

다음 몇 장에서는 이 《남아프리카에서의 사티아그라하의 역사》에서 말한 주요부분을 제외한 남아프리카에서의 내 개인적인 몇몇 사건을 말할 생각이다. 그것이 끝나면 곧바로 독자들에게 인도에서의 실험에 대하여 소개하려고 한다. 그러니 다양한 실험에 대하여 연대순으로 알고 싶은 독자는 《남아프리카에서의 사티아그라하의 역사》를 구해 보는 것이 좋다.

## 27 식사에 관한 새로운 실험

브라마차리아를 마음과 말과 신체로 어떻게 지키는 것이 좋을지가 한 가지 걱정이었고, 사티아그라하 투쟁을 위해 어떻게 시간을 최대한 할애할까, 그리고 자기 정화를 위해서는 어떻게 하는 것이 좋을지가 또 한 가지 걱정이었다. 이러한 걱정이 나에게 식사를 억제하고 변화를 주도록 했다. 처음에는 주로 건강상의 이유에 의해서 변화를 시도했었지만 지금은 종교적 이유에서 변화를 주려 하고 있다.

그래서 단식과 소식이 보다 중요한 위치를 차지하게 되었다. 욕정을 가진 사람은 식욕도 꽤나 있는 법이다. 나의 상태도 바로 그러했다. 성적 기관과 마찬가지로 미각 기관도 통제하기 위해 많은 어려움에 부딪쳐야 했다. 지금도 이 두 가지에 완전히 승리했다고는 말할 수 없다. 나는 원래 대식가였다. 친구들은 나의 금욕을 인정해 주지만 나 자신은 결코 그렇게 생각하지 않았다. 나는 금욕을 배웠으나, 그것조차도 불가능했다면 짐승 이하로 추락해서 벌써 죽었을 것이다. 자신의 결점을 잘 알았기 때문에 나는 그것을 고치기 위해 굉장한 노력을 했다. 그래서 나는 지금까지 신체를 유지할 수 있었던 것이고 이 신체를 이용해 얼마간의 일을 성공적으로 해낼 수 있었다.

이러한 사실을 의식하고 뜻밖의 동료들과 접하게 되었기 때문에 나는 에카다시의 과일식과 단식을 시작했고 잔마슈타미*28 등 다른 단식일도 지키기로 했다. 나로서는 자기억제의 견지에서 시작한 과일식과 곡물식 사이의 커다란 차이를 알지 못했다. 우리는 곡물로서 알려져 있는 것을 먹고 있으나 그것을 과일식으로도 먹고 있다. 그리고 습관이 되면 그것을 더욱 맛보려 한다는 것을 알았다. 그렇기 때문에 단식일에는 단식 또는 1일 1식을 반드시 지키도록 하였다. 그 외에도 속죄 등의 기회가 있으면 또 단식을 하였다.

이 일에서 나는 다른 것도 체험했다. 신체가 더욱 청결해지면 미각은 더욱 둔해지고 공복은 더욱 늘어난다. 그리고 단식 등은 자기 억제의 수단이 되는 동시에 향락의 수단이 될 수도 있다는 것을 알았다. 다른 사람들도 나와 마찬가지의 체험을 하고 있었고 이는 많은 사람들에게 지지받고 있다. 나는 신체를 보다 좋게 하고 단련하려고 하였으나, 이제는 주목적이라고 하면 자기 억제를 성취하는 일─미각을 극복하는 것이었다. 그래서 나는 식사의 재료와 양에 변화를 주기 시작했다. 그러나 미각은 떨어지지 않았다. 내가 하나를 버리고 그 대신에 다른 것을 취하면 그것으로부터 또 다른 전혀 새로운 미각이 생겼다.

나의 이 실험에는 몇몇 동료가 함께했다. 그 중에도 헤르만 칼렌바흐 씨가 주된 인물이었다. 그에 대해서는 《남아프리카에서의 사티아그라하의 역사》에서 소개했으므로, 여기서 다시 하지는 않겠다. 그는 나의 단식이나 1일1식과 마찬가지로 다른 변화도 함께 체험했다. 투쟁이 고양되었을 때 나는 그의 집에서 함께 지내고 있었다. 우리 두 사람은 변화에 관해 토론하고 새로운 변화로부터 이전 식사의 맛 이상의 미각을 즐기고 있었다. 그때는 이러한 대화가 기분 좋게 느껴졌다. 이러한 생활에 부적절한 것은 없는 것 같았다. 그러나 그처럼 미각을 즐기는 일은 부적절하다는 것을 경험은 가르쳐 주었다. 즉 이런 것이다. 인간은 미각을 위해서만이 아니라 신체 유지를 위해서 먹는다. 각각의 감각기관이 신체를 위해, 신체를 통해 영혼을 보기 위해 기능할 때 미각은 제로가 되고 그때야말로 감각기관은 자연에 따르게 된다.

이러한 자연성을 얻기 위해서는 아무리 많은 실험을 해도 모자랄 지경이다. 그렇게 하기 위해 많은 신체를 희생시켜야만 한다고 해도 우리는 그것을 아끼지 말아야 한다. 오늘날 흐름은 반대이다. 없어질 육체를 꾸미기에 바쁘고, 수명을 늘리기 위해 많은 생물을 희생시키는 것을 부끄러워하지 않는다. 그러나 그 결과는 육체와 영혼 둘 다를 죽이는 것이다. 하나의 병을 제거하려다가 많은 새로운 병을 만들어 내고, 감각기관의 쾌락을 추구하려다가 마지막에는 쾌락을 향수할 힘마저 잃는다. 그리고 이러한 과정은 우리들의 눈앞에서 진행되고 있지만 우리들은 그것을 직시할 것을 거부한다. 식사 실험에 대하여 좀 더 말하고 싶다. 실험을 이해시키기 위해서는 실험의 목적과 배후에 있는 사고방식을 제시할 필요가 있다.

## 28 아내의 결심

카스투르바는 세 번 심각한 병에 걸렸다. 그래도 세 번 모두 가정요법만으로 치료되었다. 첫 번째는 사티아그라하 투쟁을 막 시작할 때였다. 몇 번이나 출혈을 하여 한 의사 친구가 수술시키라고 조언했다. 얼마 동안 망설인 끝에 아내는 수술에 동의했다. 몸이 완전히 쇠약해져 있었기 때문에 마취를 할 수가 없었다. 결국 의사는 마취 없이 수술했다. 그때의 고통은 엄청난 것이었지만 그녀는 견뎌냈고 나는 경탄해 마지않았다. 수술은 무사히 끝났다. 의사와 그의 부인은 카스투르바를 잘 돌봐주었다.

이것은 더반에서의 일이었다. 2~3일 지나자, 카스투르바의 몸은 완전히 회복되지 못할 것이고 침상에서 일어날 수 없을 것이라는 소식이 들어왔다. 그동안 그녀가 한 번 의식을 잃었다고 했다. 의사는 내게 묻기 전에는 카스투르바에게 술이나 고기나 약이나 식사를 줄 수 없다는 것을 알고 있었다. 의사는 요하네스버그에 있는 나에게 전화하여, 아내에게 고기를 넣은 수프나 비프티를 먹일 필요가 있는데 허가를 해 줄 것인지 물었다.

"나는 그런 허락을 내릴 수 없습니다. 그러나 그녀는 내게 구속되어 있는 것이 아니니, 물어볼 수 있는 상태이면 직접 물어보시고 본인이 원한다면 주십시오."

"환자에게 그런 일을 묻는 것은 바람직하지 않습니다. 당신이 여기에 와주셔야 합니다. 만약 당신이 내가 원하는 것을 먹이도록 허락하지 않는다면 당신 부인에 대한 책임은 질 수 없습니다."

나는 그날로 열차를 타고 더반에 도착했다. 의사는 나에게 말했다.

"나는 수프를 먹인 후에 당신에게 전화를 했습니다."

"선생님은 나를 속이셨군요."

"나는 치료를 할 때, 속인다거나 하는 것은 생각하지 않습니다. 우리 의사들은 이럴 경우 환자나 보호자들을 속이는 것도 상관없다고 생각합니다. 우리들의 의무는 뭐니뭐니해도 환자를 구하는 것이기 때문입니다."

의사는 단호하게 대답했다.

나는 굉장한 고통을 느꼈으나 냉정함을 유지했다. 의사는 친구이자 선량한 사람이었다. 그들 부부는 나에게 은혜를 베풀어 주었다. 그러나 나는 그러한 태도를 묵인할 생각은 없었다.

"선생님, 확실하게 해 주십시오. 당신은 어떻게 하고 싶으신 건가요? 나는 내 아내에게 그녀의 의향 없이 고기를 먹이지 않겠습니다. 고기를 먹지 않으면 죽는다고 해도 나는 견뎌 낼 작정입니다."

의사는 말했다.

"당신의 철학은 내 집에서는 통하지 않습니다. 당신의 부인이 내 집에 있는 한, 반드시 고기든 무엇이든 줄 것은 주겠습니다. 그것을 받아들이지 않겠다면 안됐지만 부인을 데리고 가십시오. 이 집에서 부인을 죽게 내버려 둘 수는 없습니다."

"그럼 지금 아내를 데리고 가라는 말씀이십니까?"

"언제 데리고 가라고 말했습니까? 나에게 어떤 제약도 가하지 말아달라고 말한 것입니다. 그러면 우리 두 사람은 가능한 모든 간호를 할 것입니다. 이런 간단한 것을 이해 못하겠다고 하시면 어쩔 수 없이 부인을 여기서 데리고 나가라고 할 수밖에 없습니다."

그때 아들이 함께 있었다. 나는 아들에게 의견을 물었다. 아들은 "아버지 말씀대로입니다. 어머니에게 고기를 드릴 수는 없습니다."

그리고 우리는 카스투르바에게 갔다. 아내는 완전히 쇠약해져 있었다. 무엇을 묻는 것조차 나에게는 고통이었다. 그러나 의무라고 생각하고, 상황을 짧게 설명하고 물었다. 아내는 단호하게 답변했다.

"고기 수프는 안 먹겠습니다. 인간의 몸으로 태어나는 것은 드문 일입니다. 당신 품 안에서 죽는다고 해도 나는 그런 음식으로 내 몸을 더럽히지 않겠습니다."

나는 가능한 한 설득했다.

"당신은 나의 생각을 따를 의무는 없소."

친분 있는 몇 명의 힌두교도가 약으로서 고기나 술을 섭취했었다고 이야기해주었다. 그러나 아내의 결심에는 전혀 변함이 없었다. 그리고 이렇게 말했다.

"나를 여기서 데리고 나가주세요."

나는 무척 기뻤으나, 막상 데리고 나가려 하니 불안해졌다. 그러나 결심하고 의사에게 아내의 결심을 들려주었다. 그는 화를 내며 말했다.

"당신은 상당히 잔인한 남편이군요. 이렇게 중병에 있는 환자에게 그런 말을 하다니 부끄럽지도 않습니까? 말해두겠는데, 당신 부인은 여기서 데리고 나갈 수 있는 상황이 아닙니다. 작은 충격도 견딜 수 없는 몸입니다. 도중에 죽는 일이 생긴다 해도 놀랍지 않겠죠. 그런데도 당신이 고집을 피우고 내가 말하는 것을 듣지 않겠다면 마음대로 하십시오. 만약 환자에게 고기 수프를 처방하지 못한다면 하룻밤도 우리 집에 두는 모험을 하고 싶지 않습니다."

그래서 우리는 곧 그곳을 떠나기로 했다. 보슬비가 내리고 있었고 역은 멀었다. 더반에서 피닉스까지 철도, 피닉스에서 약 2마일 반은 도보로 가야 한다. 위험은 너무나 컸지만 신이 보살펴 주실 것이라고 나는 믿었다. 나는 피닉스에 한 사람을 먼저 보냈다. 피닉스에서 해먹과 따뜻한 물 등을 준비해 역으로 마중 나오도록 웨스트 씨에게 부탁해 두었다. 해먹이란 그물 침대를 말한다. 양 끝에 대나무를 달아 환자를 눕히면 환자는 편하게 흔들리면서 갈 수 있다.

다음 열차의 출발 시간이 가까워 왔기 때문에 인력거를 불렀다. 인력거로 이 위험한 상태에 있는 아내를 데리고 나는 출발했다.

아내는 불안해하는 나를 오히려 격려했다.

"나에게는 아무 일도 일어나지 않을 테니 걱정 말아요."

뼈와 가죽만 남은 그녀의 몸은 체중이 거의 나가지 않았다. 아무것도 먹지 못했기 때문이다. 인력거가 역사 안에 들어갈 수 없어, 열차의 객실까지 긴 플랫폼을 걸어가야 했다. 나는 아내를 안아 객실까지 데리고 갔다. 피닉스에 닿으니 해먹이 도착해 있었다. 그 해먹으로 우리는 환자를 편안히 피닉스까지 옮길 수 있었다. 거기서 물 요법만으로 환자의 용태는 회복되어갔다.

피닉스에 도착하고 2, 3일쯤 지나자 스와미가 오셨다. 우리의 고집스런 이야기를 듣고 자비심이 생겨났던 것이다. 나의 기억에 의하면 스와미가 도착했을 때 마닐랄과 람다스도 그곳에 있었다. 스와미는 육식이 죄가 되지 않는다는 것에 대해서 설법하셨다. 《마누법전》의 슐로카를 증거로 들어 주셨다. 아내 앞에서 이러한 이야기를 하는 것이 탐탁지 않았으나 예의상 이야기를 계속하도록 두었다. 나에게는 육식을 지지하기 위한 《마누법전》의 증거는 필요 없었다. 《마누법전》의 슐로카를 나는 잘 알고 있었다. 그 슐로카를 후대에 삽입한 학파가 있다는 것도 안다. 그러나 그런 내용이 삽입되어 있다고 해도 나의 채식에 대한 생각은 누구의 영향을 받은 것이 아니기 때문에, 법전의 증거를 알아서 어쩌라는 건지 알 수 없었다. 아내에게는 조상들로부터 물려받은 것이 곧 종교였다. 아이들은 아버지의 종교를 믿었기에 스와미의 말을 대수롭지 않게 여겼다. 마지막으로 카스투르바는 이렇게 말하여 스와미의 설법을 끝나게 했다.

"당신이 아무리 말씀하셔도 스와미 님, 나는 고기 수프를 마시고 낫고 싶지는 않습니다. 더 이상 괴롭히지 말아 주셨으면 고맙겠습니다. 나머지는 애들 아버지와 얘기해 주세요. 저는 제 결심을 전했습니다."

## 29 가정에서의 사티아그라하

내가 감옥을 처음으로 경험한 것은 1908년이었다. 그곳에서 알게 된 것은 감옥에서 죄수들이 지키는 몇 가지 규칙을, 금욕하는 사람이나 브라마차리아는 자발적으로 지켜야 한다는 것이었다. 예를 들면 죄수들은 일몰 전 5시까지는 식사를 마쳐야만 했고, 인도인이나 흑인 죄수들에게 차나 커피는 주지 않으며, 소금은 음식과 따로 섭취하도록 하는 등, 어떠한 것도 맛을 즐기기 위해서 먹어선 안 되었다. 내가 감옥 의료관에게 인도인들을 위해 카레가루를 제공할 것과 식염은 조리할 때 넣도록 요구한 바, 이런 말이 되돌아 왔다.

"당신은 여기에 미각을 즐기러 온 것이 아니오. 건강 면에서 본다면 카레 가루는 전혀 필요 없소. 소금도 건강을 위해서는 따로 섭취하던 조리할 때 넣던 마찬가지요."

감옥에서는 많은 노력을 통해 우리들은 결국 필요한 사항을 쟁취할 수 있었지만, 금욕의 측면에서만 보면 그 두 가지 금기는 좋은 것이었다. 강제적으로 강요당하면 이런 금지사항은 열매를 맺지 못하겠지만, 자발적으로 지킨다면 굉장히 유익한 것이 된다. 그렇기 때문에 나는 감옥에서 석방된 후 그 개선을 바로 실행했다. 가능한 한 차는 마시지 않았고 저녁식사를 일찍 끝내는 습관을 들였다. 그것은 오늘날 자연스러운 일이 되었다.

그러나 소금을 먹지 않게 될 만한 사건이 일어났다. 이 소금을 끊는 일은 약 10년간은 중단 없이 계속되었다. 채식주의에 관한 몇 권의 책에서, 인간은 식염을 섭취할 필요가 없고 식염을 섭취하지 않는 편이 건강면에서 더 유익하다는 것을 읽었다. 소금을 먹지 않는 것이 브라마차리아에 더 유익하다는 것도 깨달았다. 몸이 허약한 사람은 달 콩을 먹어서는 안 된다는 것을 읽었고 체험도 하였다. 그러나 나는 바로 그만두지는 않았다. 둘 다 너무 좋아했기 때문이다.

그 수술 후 카스투르바의 출혈은 한동안 멈추었으나 다시 시작되었다. 무슨 방법을 써도 소용이 없었다. 물 요법만으로는 안 된다는 것을 알았다. 아내는 나의 치료를 별로 믿지는 않았지만 그렇다고 물 요법을 싫어하지도 않았고 다른 치료를 강하게 원하지도 않았다. 나는 다른 치료가 별 효과가 없었기에 소금과 달 콩을 끊어보도록 권유했다. 아무리 설득을 해도, 내가 지지하는 글을 아무리 읽어 줘도 아내는 승낙하지 않았다. 드디어 아내가 말했다.

"누가 달 콩과 소금을 먹지 말라고 말해도 당신은 계속 먹잖아요."

나는 유감스럽게 생각했으나 한편 기쁘기도 했다. 나의 사랑을 쏟을 기회를 얻었기 때문이다. 나는 곧바로 말했다.

"당신이 틀렸소. 내가 병이 나서 바이드가 이것저것을 금한다면 분명 그 말을 들었을 것이오. 알겠소? 나는 1년간 달 콩과 소금을 끊겠소. 당신이 끊건 말건 그와는 상관없이 말이오."

아내는 크게 후회하며 이렇게 말했다.

"날 용서하세요. 당신 성격을 알면서 말해선 안 될 말을 했군요. 앞으로 달 콩과 소금을 입에 대지도 않겠습니다. 그래도 당신이 한 말은 물려주세요. 이것이 나에게는 너무나 무거운 죄가 됩니다."

나는 말했다.

"만약 당신이 달 콩과 소금을 먹지 않는다면 그것은 참으로 잘된 일이오. 그것을 끊으면 당신에게 크게 이로울 것이라고 믿소. 그러나 일단 한 맹세를 거두는 것은 있을 수 없소. 그것은 나의 건강에도 이로울 것이오. 무엇이든 인간은 자제하면 좋은 것이오. 그러니까 나에게 그렇게 말하지 말아주오. 그리고 당신도 결심을 했으니 서로 굳건히 지키는 데 도움이 될 것이오."

이후에 아내를 설득할 필요는 전혀 없었다.

"당신은 너무 완고해요. 그 누구의 말도 들으려 하질 않는군요."

이렇게 말하고 양손 가득 눈물을 흘린 뒤 아내는 진정했다. 이것을 나는 사티아그라하의 한 보기로 전하고 싶다. 이 이야기는 내 생애의 흐뭇한 추억 중 하나로 기억한다.

이 이후에 카스투르바의 상태는 완전히 좋아졌다. 소금과 달 콩을 끊은 것이 전적인 이유였는지, 어느 정도까지는 영향을 미친 것인지 아니면 그것들을 끊음으로써 생겨난 식사에 관한 다른 크고 작은 변화가 원인이었는지, 그 모든 것으로부터 생겨난 정신적 기쁨이 원인이었는지는 알 수 없다. 그러나 카스투르바의 쇠약한 신체는 회복되었고 출혈도 멈추었다. 그리고 엉터리 의사로서 나의 명성은 조금 올라갔다.

나 자신에게도 이 두 가지를 끊음으로 인해 좋은 영향이 있었다. 이것들을 끊은 뒤 소금과 달 콩은 전혀 원하지 않게 되었다. 1년이란 시간은 금방 지나갔다. 나는 감각기관이 더욱 잠잠해지는 것을 느낄 수 있었고 자제심은 더욱 강해졌다. 1년이 지나고 나서도 달 콩과 소금을 먹지 않는 일은 인도로 돌아갈 때까지 계속되었다. 단 한 번 1914년 영국에서 그것들을 먹은 적이 있다. 그러나 그 이야기와, 인도에 귀국하고 나서 이 두 가지를 다시 먹게 된 이야기는 나중에 하겠다.

소금과 달 콩을 끊는 실험을 나는 다른 동료들에게도 많이 시도해 봤고 남아프리카에서는 그 좋은 결과가 나왔다. 이 두 가지를 금하는 것에 관해서 의학적으로는 다른 의견이 있을 수 있지만, 자제의 측면에서 보면 이 두 가지를 끊는 일이 유익하다는 것에는 의심할 여지가 없다. 향락자와 금욕자의 식사는 달라야만 한다. 서로가 가는 길도 달라야 한다. 브라마차리아를 지키기를 희망하는 자가 향락자의 생활을 해서는 브라마차리아를 곤란하게만 만들고, 때로는 거의 불가능하게 한다.

### 30 금욕을 향해서

식사의 변화는 카스투르바의 병 때문이었다고 앞 장에서 말했다. 그러나 지금은 매일 브라마차리아를 실천하기 위해 식사를 변화시키고 있다.

처음의 변화는 우유를 금하는 것이었다. 우유는 성욕을 일으키는 음료라는 것을 나는 레이찬드바이를 통해서 처음 알았다. 채식주의에 관한 영어 책을 읽으면서 이 생각은 강해졌다. 그러나 브라마차리아의 맹세를 하지 않았을 때는 우유를 먹지 말아야겠다는 결심이 그다지 생기지 않았다. 체력을 유지하기 위해서 우유는 없어도 된다는 것은 오래 전부터 알고 있었지만 우유는 금방 끊을 수 있는 것이 아니었다. 그러나 감각기관의 억제를 위해 우유를 금해야만 한다고 점점 이해하게 되었다. 그 무렵 암소나 암물소에게 행하는 목장주들의 잔인한 행위를 다룬 문헌들을 캘커타에서 보내왔다. 이 문헌의 영향은 경이적이었다. 나는 이것에 대해서 칼렌바흐 씨와 이야기하였다.

칼렌바흐 씨의 소개를 나는 《남아프리카에서의 사티아그라하의 역사》에서 이미 했고 앞 장에서도 그에 관해서 조금 언급했으나 여기서 조금 더 이야기해 둘 필요가 있다. 그와의 만남은 우연한 것이었다. 그는 칸 씨의 친구였다. 그의 내면 깊은 곳에는 세상과 동떨어진 경향이 있다고 칸 씨는 생각했다. 그래서 그는 나에게 칼렌바흐 씨를 소개했다. 처음 알게 되었을 때 그의 다양한 취미와 낭비벽에 나는 아연했다. 그러나 첫 만남에서 그는 나에게 종교에 대해 질문했다. 거기서 붓다의 자기희생에 대한 이야기가 나왔다. 이 첫 만남 뒤에 우리는 자주 만나게 되었다. 그는 내가 하는 것은 자신도 해야 한다고 마음먹었을 정도였다. 그는 완전한 독신이었는데, 혼자서 집세 이외에 매월 약 1,200루피나 썼다. 나중에는 소박한 생활을 하게 되어 어떤 때는 월 지출이 120루피밖에 안 될 때도 있었다. 내가 집을 처분하고 처음 투옥되었다가 석방된 후 우리는 함께 살았다. 그때 우리 두 사람의 생활은 정말 너무나 힘들었다.

우리가 함께 사는 동안 우유에 대해 앞에 말한 내용이 화제가 되었다. 칼렌바흐 씨는 제안했다.

"우유의 결함에 관해 우리는 자주 이야기하고 있습니다. 그러면 우유를 마시지 말아야 하는 것 아닙니까? 우유는 우리에게 필요 없습니다."

그의 이 의견에 나는 기쁘고 놀랐다. 나는 이 제안을 환영했다. 우리는 그 즉시 톨스토이 농장*29의 우유를 거절했다. 이 일은 1912년에 있었던 일이다.

이렇게 우유를 끊는 일만으로 평안을 얻을 수는 없었다. 우유를 끊고 얼마 후 우리는 과실만을 먹기로 했다. 과실식에서도 가장 싼 과실만으로 생활하려고 마음먹었다. 우리 두 사람은 열의에 가득 차, 가장 가난한 사람들의 생활을 체험하려고 하였다. 과실식의 편리함도 우리는 크게 경험하였다. 과실식을 하는 데는 거의 부뚜막에 불을 피울 필요가 없었기 때문이다. 익힐 필요 없는 땅콩, 바나나, 대추야자 열매, 레몬과 올리브유가 우리의 보통 식사였다.

브라마차리아를 지키려는 사람들에게 여기서 한 가지 경고해 두어야 할 것이 있다. 나는 브라마차리아와 식사, 단식의 밀접한 관계에 대해서 말하고 있지만 그래도 브라마차리아의 주요한 기초가 마음임은 분명하다. 더러워진 마음은 단식으로 정화할 수 없다. 식사는 마음에 영향을 미치지 못한다. 마음의 더러움은 성찰에 의해서, 신을 가까이 하는 것에 의해서, 그리고 최종적으로는 신의 은총에 의해서 지울 수 있다. 그러나 마음은 육체와 밀접하게 관계되어 있어, 성욕을 가진 마음은 성욕을 불러일으키는 음식을 원하는 것이다. 성욕을 가진 마음은 많은 종류의 미각과 향락을 찾게 되어 있다. 나중에는 음식과 향락이 마음에 영향을 미치는 것이다. 그러니 항상 식사 억제와 절식이 반드시 필요하다. 성욕을 가진 마음은 육체와 감각기관을 통제하는 대신에 육체와 감각기관에 지배당한다. 그러니 신체의 정화와, 성욕을 일으키는 식사의 제한과 정기적인 절식, 단식이 필요하다. 그렇기 때문에, 금욕하는 자에게 있어서 식사의 제한이나 단식은 필요 없다고 하는 사람은 식사와 단식이 전부라는 사람과 마찬가지로 틀렸다. 마음이 자제를 향하고 있는 사람에게 식사 제한과 절식은 굉장히 도움이 된다는 것을 나의 체험은 가르쳐 주었다. 그 도움 없이 마음속에서 성욕을 쫓아내는 일은 불가능하다.

### 31 단식

우유와 곡물을 금하고 과실식을 시작할 때 금욕을 위한 단식도 함께 시작했다. 이때도 칼렌바흐 씨는 함께 했다. 처음에는 그저 건강을 위해 단식을 했지만 금욕을 위해서도 단식이 필요하다는 것을 어느 동료를 통해 이해하였다. 나는 바이슈나바 신앙의 집안에서 태어났고 어머니가 엄격하게 단식일을 지키시는 분이었기 때문에 인도에서는 에카다시 등의 단식일을 지켰으나, 그것은 부모님을 기쁘게 하기 위한 흉내에 지나지 않았다. 그러한 단식일을 지키는 것이 무슨 득이 될 지 당시에는 이해하지 못했으며 믿지도 않았다. 그러나 앞에서 말한 동료가 단식을 하는 것을 보고, 나의 브라마차리아에 대한 맹세를 지키기 위해 그를 따르기로 결심하였다. 그리고 에카다시 날에 단식을 하기로 정했다. 일반적으로 사람들은 에카다시 날에도 우유와 과실을 먹고 에카다시 단식을 지켰다고 한다. 그러나 과실식과 단식은 항상 하고 있기 때문에 나는 물만 마시는 완전한 단식을 시작했다.

단식을 시작할 때는 슈라반 달이었다. 그 해 라마잔*30과 슈라반 달이 겹쳐 있었다. 간디 집안은 바이슈나바의 단식일과 함께 샤이바의 단식일도 지키고 있었다. 가족들은 바이슈나바 사원에서 하는 것처럼 샤이바 사원에도 참배했다. 슈라반의 프라도샤*31 단식을 가족 모두 매년 행하고 있었기 때문에 이 슈라반의 단식일을 지키고 싶었다.

이 중요한 체험은 톨스토이 아슈라마에서 시작되었다. 칼렌바흐 씨와 나는 사티아그라하 투쟁의 투옥자 가족을 돌보기 위해 그곳에 있었다. 그 가족 중에는 어린아이들이나 청년들도 있었고 아이들과 청년들을 위한 학교가 있었다. 청년들 중 4, 5명이 이슬람교도였다. 나는 이슬람교도인 청년들에게 이슬람교의 습관을 지키라고 조언도 하고 장려도 했다. 나마즈 등의 편의도 도모했다. 아슈라마에는 힌두교도와 파르시교도와 그리스도교도도 있었다. 이 모든 사람들에게 각자의 종교관습에 따를 것을 장려하는 것이 규칙이었다. 그래서 이 이슬람교도 젊은이들에게 단식을 지키도록 권유했다. 나는 프라도샤의 단식을 하게 되었다. 그러나 나는 힌두교도, 파르시교도 그리고 그리스도교도들에게도 이슬람교도인 젊은이들과 함께 단식을 하도록 제안하면서, 금욕에 모두가 협력하는 것은 신이 기뻐할 일이라고 설득하였다. 아슈라마 주민들 대부분이 나의 제안을 받아들였다. 힌두교도와 파르시교도들은 이슬람교도의 관습을 완전히 따르지는 않았고 그렇게 할 필요도 없었다. 이슬람교도들은 일몰을 기다렸으나 다른 사람들은 일몰 전에 식사를 마쳤다. 이슬람교도들을 위해 특별한 요리를 준비하고 나누어주기 위해서이다. 그 밖의 이슬람교도들은 세리*32를 먹었지만 다른 사람들이 참가할 필요는 없었다. 그리고 이슬람교도들은 하루 종일 물을 마시지 않았지만 다른 사람들은 물을 마셨다.

이러한 시도를 한 결과, 단식과 1일 1식의 중요성을 모두가 이해하게 되었다. 서로에 대한 관대함과 애정이 한층 높아졌다. 아슈라마에서는 채식이 규칙이었다. 이 규칙은 나의 심정을 받아준 것이라고 여기서 감사의 마음을 담아 고백하겠다. 이슬람교도들은 라마잔에 육식을 금하는 것이 괴로운 일이었겠지만 젊은이들 중 누구 한 사람도 나에게 그렇게 말하는 사람은 없었다. 젊은이들은 기꺼이 채식을 실천하였다. 아슈라마에서는 힌두교도 아이들이 모양이 그럴싸한 맛있는 요리를 젊은이들을 위해 마련했다.

나의 단식에 대해서 시작했던 이야기가 딴 방향으로 흘렀으나 그것은 이러한 훈훈한 일을 소개하기 위해 일부러 의도한 것이다. 나는 이 이야기를 통해 나의 한 가지 버릇에 대해서도 말했다. 내가 좋은 일을 하고 있다고 생각하면 함께 사는 다른 사람들도 참가시키려고 노력한다는 것이다. 이 단식과 1일 1식의 실험은 새로운 것이었지만, 프라도샤와 라마잔이라는 구실을 내세워 금욕의 수단으로서 모두를 참가시켰다.

이처럼 아슈라마에는 금욕의 분위기가 자연히 고조되었다. 다른 단식일에
도 아슈라마 주민들은 참가하게 되었고 그 결과는 좋았다고 나는 믿는다. 금
욕이 모두의 마음에 얼마나 영향을 주었는지, 모든 욕망을 억제하는 데 단식
이 얼마만큼의 역할을 했는지는 단정적으로 말할 수 없다. 그러나 단식은 건
강과 금욕에 상당히 좋은 영향을 미친다는 것을 나는 체험했다. 단식이 모든
사람들에게 똑같은 영향을 미친다는 절대 규칙은 없다는 것을 나는 안다. 단
지 감각기관 억제를 위해 행한 단식에 의해서 욕망을 억제하는 결과가 나온
다. 동료 몇 사람이 단식을 끝내고 욕망과 미각이 감소하는 체험을 했다. 즉
말을 바꾸면, 단식 기간 중에 욕망을 억제하고 미각을 둔하게 하려는 부단한
노력이 있어야 좋은 결과가 생기는 것이다. 목적도 없이 마음을 담지 않고 행
하는 신체적 단식 자체가 욕망을 억제하는 결과가 된다고 믿는 것은 큰 오산
이다. 《바가바드기타》 제2장의 슐로카를 여기서 잘 고찰해 볼 필요가 있다.

단식을 하는 자의 욕망은 진정된다
그러나 그 자체의 미각을 잃는 것은 아니다
미각은 신을 바라보는 것으로
신의 은총으로 진정된다[*33]

즉, 단식은 금욕자의 구도에 하나의 수단으로서 필요하다. 그러나 그것이
전부는 아니다. 신체의 단식과 함께 마음의 단식이 없다면 그것은 결과적으
로 위선이고 유해한 것이다.

### 32 학교 교사

《남아프리카에서의 사티아그라하의 역사》에서 말하지 못한 것과 조금밖에
말하지 못했던 것을 지금부터 이야기하겠다. 그것을 독자들은 염두에 두기
바란다. 그러면 앞으로 나올 장들의 상호관계를 이해할 수 있을 것이다.

농장이 발전함에 따라 톨스토이 아슈라마에는 소년소녀들의 교육을 위한
제도가 필요해졌다. 이곳에는 힌두교도, 이슬람교도, 파르시교도, 그리스도
교도 청소년들과 몇 명의 힌두교도 소녀가 있었다. 이들을 교육하기 위해서

특별히 교사를 채용하는 일은 불가능하기도 하였고 또 그럴 필요가 없다고 생각했다. 불가능한 이유는 유능한 인도 교사가 부족하여 찾기도 어려웠을 뿐더러, 찾아냈다고 해도 우리의 자금사정이 윤택하지 못하여 임금을 많이 지불하지도 못하는데 더반에서 21마일이나 떨어진 이곳에 누가 와주겠는가? 또 밖에서 교사를 데리고 오는 것은 불필요하다고 생각한 이유는 현행 교육 방침이 불합리하다고 생각했기 때문이다. 참된 방법이 무엇인가에 대해서는 경험한 바가 없으나, 이상적인 참된 교육은 부모의 보호 밑에서만 행해질 수 있다는 것은 알고 있었다. 이상적인 교육은 외부의 도움을 최소화해야만 한다. 톨스토이 아슈라마는 모두 한 가족이고 그곳에서는 내가 아버지였기 때문에 그 청소년들의 교육을 가능한 한 내가 책임져야 한다고 생각했다.

이 생각을 실현하는 데에는 많은 불리함이 있었다. 아이들은 태어날 때부터 나와 함께 있었던 것이 아니다. 모두 각각 다른 환경에서 자랐고 각자 다른 종교를 가지고 있었다. 이러한 상태에 있는 소년소녀들에게 어떻게 해야 공평한 아버지가 될 수 있겠는가?

그러나 나는 항상 마음의 교육, 즉 인격형성을 우선시하고 있었고, 나이가 몇 살이건 또 어떤 환경에서 자랐건 그것을 조금이라도 가르치기 위해 나는 밤낮으로 이 소년소녀들의 아버지로서 함께 살았다. 나는 인격형성을 아이들 교육의 기초로 했다. 기초가 확실히 확립되어 있으면 다른 것은 기회가 있을 때마다 도움을 받거나 스스로 터득할 수 있다.

그래도 글에 의한 교육을 시켜야 한다는 것을 나는 알았다. 그래서 몇 개의 클래스를 열어 칼렌바흐 씨와 프라그지 데사이 씨의 도움을 받았다.

체험학습의 필요성은 이해하고 있었다. 아이들은 처음부터 그 교육을 받고 있었다.

아슈라마에 고용된 일꾼은 없었다. 화장실 청소부터 요리까지 모든 일은 아슈라마 주민들이 하게 되어 있었다. 이곳에는 유실수가 많이 있었지만 채식을 하기로 결정하여 또 새로운 식수를 하기로 했다. 칼렌바흐 씨는 원예취미를 가지고 있어, 스스로 정부의 모범과수원에 가서 단기간 훈련을 받고 왔다. 요리에 종사하지 않는 어른이나 아이들은 매일 일정시간 과수원에서 작업을 해야 했다. 대부분은 아이들의 일이었다. 큰 구멍을 파고 나무를 잘라 쓰러뜨리고 운반하는 일은 아이들의 신체를 단련시켰다. 그 작업을 아이들은 즐겁게 하였기 때문에 다른 스포츠나 놀이 등은 필요 없었다. 몇 명의 학생이, 때로는 모두가, 변명을 하고 작업을 게을리 하기도 했다. 나는 항상 이런 일을 못 본 척했지만 때로는 엄격하게 꾸짖었다. 엄하게 하면 아이들이 작업을 지겨워한다는 것을 알고 있었다. 그래도 아이들이 나의 꾸중에 반항을 한 기억은 없다. 꾸짖을 때는 언제나 말로 타이르며, 작업 중에 노는 것은 좋지 않다는 것을 아이들이 인정하게끔 만들었다. 아이들은 금방 이해하지만 또 금방 잊어버린다. 그러면 또 타이르는 방법으로 계속해 왔다. 그러면서 아이들의 몸은 건장해져 갔다.

아슈라마에 병에 걸린 사람은 거의 없었다. 이곳의 물과 공기, 규칙적이고 좋은 식사가 건강에 많은 공헌을 했다. 체육과 관련해서 직업교육에 대해 말해 보자. 모두들 무언가 도움이 되는 일을 배우고 싶어 했다. 그래서 칼렌바흐 씨는 트라피스트 수도원에서 채펄*³⁴ 만들기를 배워왔다. 나도 그에게 배워서 이 작업을 자진해서 배우고 싶어 하는 아이들에게 가르쳤다. 칼렌바흐 씨는 목수 일에 조금 경험이 있었고 목수 일을 아는 동료도 한 사람 있었기 때문에 목수 일도 어느 정도까지 가르칠 수 있었다. 요리는 거의 모든 아이들이 배웠다.

이런 모든 작업이 아이들에게는 새로웠다. 아이들은 이러한 작업을 배우리라고는 생각지도 못했을 것이다. 인도의 아이들이 남아프리카에서 받은 교육은 그저 글을 통한 기초 교육뿐이었다. 톨스토이 아슈라마에서는 처음부터 우리 교사들이 하지 않는 작업은 아이들에게도 시키지 않았고, 언제나 아이들과 함께 작업하는 교사가 한 사람 붙어있도록 하였다. 그렇기 때문에 아이들은 열의를 갖고 배웠다.

인격형성과 문자에 의한 교육에 대해서는 다음 장에서 다루도록 하자.


### 33 문자에 의한 교육

앞 장에서, 톨스토이 아슈라마에서 신체단련과 관련된 일을 통해 아이들을 가르치는 일이 어떻게 시작되었는지에 대해서 어느 정도 보았다. 이 교육은 내가 만족할 만한 방법으로 완성된 것은 아니었지만 어느 정도는 성공하였다. 그러나 문자에 의한 교육은 어렵게 여겨졌다. 나는 거기에 필요한 자료를 가지고 있지 않았고, 수업을 할 만한 충분한 시간도 능력도 없었다. 하루 종일 육체노동을 계속하여 지칠 대로 지쳐 조금 쉬고 싶을 때쯤 수업을 해야 했다. 그렇기 때문에 휴식을 취해서 원기를 회복하는 대신 억지로 일어나 있어야만 했다. 오전 시간은 농장 작업과 집안일에 썼기 때문에 정오의 점심식사 후에 바로 학교 수업을 시작했다. 이 이외에 적당한 시간은 없었다.

문자에 의한 교육에 최대한 3시간이 주어졌다. 교실에서는 힌디어, 타밀어, 구자라트어, 우르두어를 가르쳤다. 교육은 아이들 각자의 모국어로 하고자 하는 강한 염원에서였다. 영어도 모두에게 가르쳤다. 그 이외에 구자라트 출신의 힌두교도 아이들에게 산스크리트어를, 그리고 모든 아이들에게 힌디어를 조금씩 가르쳤다. 역사와 지리, 산수는 모두에게 가르쳤다. 교과는 이것뿐이었다. 그 중 타밀어와 우르두어 수업을 내가 담당했다.

나의 타밀어 지식은 배와 감옥에서 학습한 것이었다. 그 학습도 포프의 훌륭한 저서 《타밀어 입문서》에 의한 것이었기 때문에 이 수업은 진전이 없었다. 우르두어 문자에 대한 지식은 배에서 공부한 것이 다였고 특히 페르시아어, 아라비아어 단어 지식은 이슬람교도 친구들과의 교류에서 알게 된 것이 전부였다. 산스크리트어는 고등학교에서, 구자라트어도 학생 때 배운 것이었다.

나는 이러한 밑천을 가지고 어떻게든 변통해 나가야 했다. 학교의 다른 조력자들은 나보다도 더 심각한 상황이었다. 그러나 인도 언어에 대한 나의 애정과 나의 가르치는 능력에 대한 신념, 학생들의 무지와 더 나아가 학생들의 관대함이 나를 도와주었다.

타밀 학생들은 남아프리카에서 태어났기 때문에 타밀어는 조금밖에 몰랐고 글자는 전혀 몰랐다. 나는 아이들에게 글자와 문법의 기초를 가르쳐야 했다. 그것은 쉬웠다. 타밀어 회화에서는 쉽게 나를 앞지를 수 있다는 것을 아이들은 알고 있었고, 타밀어밖에 모르는 사람들이 나를 만나러 오면 아이들은 나의 통역이 되어주었다. 나의 수업은 그런대로 진행되어 갔다. 그것은 내가 학생들 앞에서 나의 부족함을 결코 숨기려 하지 않았기 때문이고, 모든 일에 있어 있는 그대로의 나를 학생들이 잘 알았기 때문이다. 이 때문에 문자에 의한 교육이 너무나 부족했음에도 불구하고 나는 학생들의 애정과 존경을 잃지 않았다.

이슬람교도 아이들에게 우르두어를 가르치는 일은 다른 것과 비교해보면 훨씬 쉬웠다. 아이들은 글자를 알고 있었다. 읽는 것에 대한 흥미를 높이는 것과 필체를 고치는 것이 나의 역할이었다.

거의 대부분의 학생들이 글자를 모르는 채 학교에 다니는 일도 없어졌다. 가르치는 동안 알았는데, 내가 아이들에게 가르치는 것은 얼마 안 되고, 아이들의 게으른 버릇을 고치는 일, 자발적으로 배우게 하는 일, 그리고 학습의 감독이 내가 하는 일의 대부분이었다. 모두 다른 연령과 다른 과목을 배우는 아이들을 같은 교실에 모아놓고 수업을 할 수 있었다는 것만으로도 만족스러웠다.

교과서의 필요에 대해서 사람들이 말하는 것을 들었지만 그때 나는 책이 반드시 필요하다고 생각하지 않았다. 가지고 있던 책을 잘 활용했는지도 기억나지 않는다. 아이들 한 명 한 명에게 많은 책을 주어야 할 필요를 나는 깨닫지 못했다. 교사야말로 학생의 교과서라고 나는 생각한다. 선생님이 책을 통해 가르쳐준 것을 나는 조금밖에 기억하지 못한다. 그러나 선생님의 입으로 가르쳐준 것은 지금도 기억하고 있다. 아이들이 귀로 들은 것은 작은 노력으로 많은 것을 받아들일 수 있어, 눈으로 받아들이는 것보다 효율적이다. 내가 아이들에게 한 권의 책을 끝까지 가르친 기억은 없다.

그러나 나는 많은 책 중에서 내가 소화할 수 있었던 것은 아이들에게 나만의 언어로 이야기해주었다. 아이들은 그것을 지금도 기억하리라. 배운 것을 암기하는 것은 아이들에게는 고통이었다. 그러나 내가 이야기 들려준 것을 아이들은 그 자리에서 어렵지 않게 다시 나에게 들려줄 수 있었다. 읽는 것은 아이들을 지루하게 만든다. 그러나 듣는 것은 내가 피곤하거나 다른 어떤 이유로 재미없게 하거나 지루하게 만들었다면 모르되, 그렇지 않으면 아이들은 흥미를 갖고 들어주었다. 나의 질문에 대한 아이들의 대답을 통해 아이들의 이해력을 측정할 수도 있었다.

### 34 정신교육

나는 학생들의 체력과 학력의 훈련에 비교해 정신교육에 크게 노력을 기울여야 했다. 나는 정신향상을 위해 성전(聖典)에 의존하는 것을 조금 줄였다. 학생들이 자신의 종교의 기본을 알아야 하고 성전에 관해 일반적 지식을 가져야만 한다는 것이 나의 지론이었기 때문에, 학생들이 그 지식을 얻도록 가능한 한 모든 편의를 도모했다. 그러나 그것을 나는 지육(知育)의 일부라고 생각한다. 정신교육 그 자체는 전혀 다른 것이다. 톨스토이 아슈라마의 아이들은 공부를 시작하기 전부터 그것을 알고 있었다. 정신을 향상시킨다는 의미는 인격을 형성시키는 것이고 신을 인식하는 것이며 자신을 인식하는 것이다. 이 인식을 얻는 것에 아이들은 많은 도움을 필요로 하고 있었고 그것이 없으면 다른 지식은 무의미하고 유해할 수도 있다고 나는 믿는다.

자기 인식은 인생의 네 번째 주기(住期)*35에 달성된다고들 한다. 그러나 이 귀중한 것을 네 번째 주기까지 연기하는 사람들은 자기인식을 달성하기는커녕, 쇠약함과 불쌍함만을 불러일으키는 노망난 늙은이가 되어 이 세상의 짐이 되어 살아갈 뿐이다. 이러한 것은 곳곳에서 경험할 수 있다. 1911~1912년에는 이러한 생각을 이렇게 말로 쓰지 못했을 것이다. 하지만 그런 생각을 당시에 가지고 있었다는 것은 확실히 기억한다.

정신교육은 어떻게 하는 것이 좋을까? 나는 아이들에게 찬송가를 부르게 하고 실천도덕의 책을 읽어 들려주었으나 그것으로는 부족했다. 아이들과 접하면서 정신교육은 책으로 할 수 있는 것이 아니라는 것을 알았다. 체육이 신체 훈련이고 지육(知育)이 지식 훈련인 것처럼 정신교육은 정신 훈련에 의해야 한다. 정신 훈련은 교사의 품행에 의해 얻을 수 있는 것이다. 그러니 젊은이들이 곁에 있거나 없거나 교사는 항상 조심해야만 한다. 랑카섬*36에 있는 교사가 자신의 품행에 의해, 여기에 있는 제자들의 정신을 동요시킬 수도 있다. 자신은 거짓말을 하면서 제자들에게는 참되라고 하는 것은 무의미한 일이다. 나약한 교사는 제자들에게 용감함을 가르칠 수 없다. 품행이 나쁜 교사가 제자들에게 어떻게 자기억제를 가르칠 수 있겠는가? 나는 곁에 있는 젊은 남녀의 앞에 모범이 되어야 한다는 것을 알았다. 이러한 이유로 내 제자들이 나의 선생님이 되었다. 나 자신을 위한 것이 아니라 제자들을 위해 반듯하게 살아야 한다는 것을 이해했다. 톨스토이 아슈라마에서의 나의 금욕적인 생활은 이 청소년들 덕에 행할 수 있었다.

아슈라마에는 자주 소동을 일으키고 거짓말을 하고 누구의 말도 듣지 않으며 다른 사람과 싸움만 하는 한 청소년이 있었다. 어느 날 이 아이는 큰 사건을 일으켰다. 나는 당황했다. 학생들에게 벌을 준 적은 결코 없었지만 이때는 매우 화가 났다. 그를 불러 타일렀지만 들으려고 하지 않았다. 나를 속이려고까지 하여, 곁에 있던 자를 들어 그 아이의 팔을 때렸다. 이러한 일을 나의 학생들은 이전에는 한 번도 겪어본 적이 없었다. 그 아이를 때리면서 나는 몸을 떨었다. 그것을 그 아이가 보았는지 울면서 용서를 빌었다. 자가 소리를 내며 살갗에 닿는 것이 아파서 우는 것이 아니었다. 그때 그의 나이가 아마 열일곱이었을 것이다. 몸도 건장했으니 그럴 마음이 있었다면 단숨에 나를 제압할 만한 힘을 충분히 가지고 있었다. 그러나 나의 슬픔을 그는 보았던 것이다. 이 사건 이후에 그는 두 번 다시 나를 거역하지 않았다. 그러나 나는 자로 때린 것을 지금도 후회하고 있다. 내가 두려워하는 것은, 그 사건으로 나의 정신이 아니라 내면의 짐승과 같은 본성을 내보였기 때문이다.

나는 아이들을 때려서 가르치는 일을 항상 반대해 왔다. 내 생의 유일한 사건은 내 아들 하나를 때린 것이다. 자로 때린 것과 이 일이 정당한 것이었는지 어떤지 지금도 결론 내릴 수 없다. 이 벌의 정당성에 대해서 나는 항상 의심이 든다. 그 행위는 노여움에서 비롯되었고 벌을 주어야겠다는 마음이 있었기 때문이다. 체벌로 그저 슬픔만을 드러냈으니 그 행위를 타당한 것이라고 생각할 수도 있다. 그러나 이것에 숨겨진 나의 심정은 복잡했다. 이 사건으로 나는 학생들을 바로잡을 더욱 좋은 방법을 배웠다. 그 청소년은 이 사건을 금방 잊어버렸다. 그 아이가 완전히 달라졌는지 어떤지는 알 수 없다. 그러나 이 일로 나는 학생들에 대한 교사의 의무를 더욱 생각하게 되었다. 청소년들은 그 후에도 그런 나쁜 행동을 했지만 나는 결코 체벌을 하지 않았다. 이렇게 정신교육을 하려는 노력의 과정에서 나 자신이 정신력에 대해서 더욱 잘 알게 되었다.

### 35 선악의 혼재

톨스토이 아슈라마에서 칼렌바흐 씨는 내게 문제 하나를 제시했다. 그가 내놓기 전에는 그 문제에 대해 생각해 본 적이 없었다. 아슈라마에서 몇몇 젊은이는 자주 소동을 일으켰다. 그중에는 나쁜 성격을 가진 이도 있었고 할일 없이 빈둥거리는 이도 있었는데, 나의 세 아들은 그들과 함께 지냈다. 아들처럼 키운 다른 아이들도 함께였다. 그러나 칼렌바흐 씨의 관심은 그런 불량한 아이들과 내 아이들이 어떻게 함께 있도록 내버려두는지에 있었다.

"당신의 이런 방식은 절대 이해할 수 없습니다. 그 녀석들과 당신 아들들을 함께 있도록 그냥 놔둔다면 그 결과는 하나뿐입니다. 그들은 불량소년들에게 동화될 겁니다. 아들들은 나쁜 물이 들 겁니다."

내가 잠시 생각에 잠겼었는지는 기억나지 않지만 그 대답은 기억한다. 나는 이렇게 대답했다.

"내 아들들과 이 불량한 아이들을 내가 어떻게 차별할 수 있겠습니까? 지금 나는 양쪽 모두에게 똑같이 책임이 있습니다. 이 젊은이들은 내가 초대해서 이곳에 와있습니다. 만약 내가 돈을 준다면 지금이라도 요하네스버그로 가서 전처럼 살겠죠. 젊은이들과 부모는 여기에 와준 것으로 내게 은혜를 베풀었다고 생각한다 해도 놀랄 일은 아닙니다. 여기에 온 젊은이들은 고생하고 있으니까요. 그것은 당신도 나도 아는 일입니다. 그러나 나의 의무는 확실합니다. 나는 그 젊은이들을 쫓아낼 수 없습니다. 그러니 우리 아이들도 함께 있을 수밖에 없습니다. 아니면 오늘부터 아들들에게 너희는 다른 사람들보다 뛰어나다고 차별을 가르쳐야 합니까? 그런 생각을 아들들 머리에 심어 넣는 것은 그들을 잘못된 길로 이끄는 것입니다. 이런 상황에 아이들은 단련될 것이고 자연히 선과 악을 구별하게 되겠죠. 만약 내 아들들에게 정말 좋은 점이 있다면 반대로 불량한 소년들을 감화시킬 것이라고는 왜 생각하지 않는 겁니까? 어쨌든 나는 그들을 여기에 그냥 둘 것입니다. 그렇게 하는 것으로 어떤 위험을 초래하게 된다면 그것을 감수할 수밖에 없겠죠."

칼렌바흐 씨는 머리를 내저었다.

이 일의 결과가 나빴다고는 할 수 없다. 내 아들들이 그 일로 무슨 손실을 입었다고 생각하지 않는다. 나중에 알게 되었지만 오히려 아들들은 얻은 것이 있었다. 내 아이들에게 아주 조금이라도 우월감이 있었다면 그것은 그때 완전히 사라졌을 것이다. 아들들은 모든 사람들과 교제하는 것을 배웠다. 이 일을 통해 단련된 것이다.

나는 부모의 감독만 잘 이루어진다면 착한 아이들은 나쁜 아이들과 함께 살면서도 무언가를 배우고 착한 아이들에게는 어떤 해도 없을 것이라고 생각했다. 내 아이는 소중하게 온실 속에서 순수하게 키워서 밖에 내놓으면 타락할 것이라는 생각은 전혀 없다. 그렇지만 이것만큼은 분명하다. 여러 유형의 소년소녀들이 함께 살며 배우는 곳에서 부모와 교사들은 시련이 닥쳤을 때 신중해야 한다는 것이다.

### 36 속죄로서의 단식

소년소녀들을 바르게 양육하고 교육하는 데 있어서 많은 어려움을 날마다 실감했다. 교사 겸 보호자로서 나는 어린이들의 마음속에 들어가야만 했다. 아이들의 마음속에 있는 기쁨과 슬픔을 이해하고, 아이들이 안고 있는 여러 가지 인생 문제를 해결해야 했다. 아이들의 약동하는 젊음의 희망을 바른 길로 인도해야 했다.

옥중에 있던 사람들이 석방되자 톨스토이 아슈라마에는 몇 사람밖에 남지 않았다. 이 사람들은 주로 피닉스의 주민들이었다. 그랬기 때문에 아슈라마를 피닉스로 옮겼다. 피닉스에서 나는 혹독한 시련을 치렀다.

톨스토이 아슈라마에 남겨진 주민들을 피닉스로 옮겨놓고 나는 요하네스버그로 갔다. 그곳에서 며칠 머물던 나는 두 사람이 타락했다는 무서운 소식을 들었다. 사티아그라하 대투쟁에서 무언가 불충분한 부분을 보았을 때도 나는 그렇게 충격을 받지는 않았다. 그러나 이 사건은 나를 벼락처럼 덮쳐왔다. 나는 치명적인 타격을 받았다. 나는 그날 중으로 피닉스행 기차를 탔다. 칼렌바흐 씨는 동행하겠다고 고집을 피웠다. 칼렌바흐 씨는 나의 가련한 상태를 잘 알았기 때문에 내가 혼자 가는 것을 강력히 반대했다. 나에게 타락의 소식을 전한 것은 그였다.

도중에 나는 나의 의무를 이해했다. 또는 이해한 것처럼 생각했다. 자신의 보호하에 있는 사람의 타락에 대해서는 보호자 또는 교사에게 어느 정도 책임이 있다고 생각했다. 이 일로 나는 자신의 책임을 확실히 알았다. 아내는 오래 전에 나에게 주의를 주었었다. 그러나 나는 워낙 남을 잘 믿는 성격이라 아내의 경고에 주의를 기울이지 않았다. 만약 내가 이 타락을 위해 속죄를 한다면, 타락한 자들은 나의 슬픔을 알고 자신들의 죄를 돌아보게 되어 조금이라도 죄의 중대성을 알 것이라고 생각했다. 그래서 나는 7일간의 단식과 넉 달 반 동안 1일 1식만을 하겠다는 맹세를 했다. 칼렌바흐 씨는 나를 말리려고 노력했으나 허사였다. 드디어 그는 속죄의 필요성을 인정하고 나와 함께 단식하겠다고 고집을 피웠다. 나는 그의 순수한 애정을 말릴 수 없었다. 이 결정 뒤에 바로 나는 마음이 가벼워졌고 진정되었다. 죄인들에 대한 노여움이 사라지고 동정의 마음만이 남았다.

이처럼 기차 안에서 마음을 가볍게 하고 피닉스에 도착했다. 더욱 알아야 할 일들을 조사하여 알아냈다. 나의 단식으로 모두가 괴로워했으나 그 때문에 분위기는 정화되었다. 모두가 죄를 범하는 무서움을 알게 되었다. 남녀 학생들과 나와의 관계는 보다 굳건하고 솔직해졌다.

이 사건에서 얼마 지난 뒤 14일간 단식을 할 기회가 또 있었다. 그 결과는 예상한 것보다 훨씬 좋은 결과를 가져왔다고 나는 믿는다.

원래 교사들은 제자들의 죄를 위해 항상 단식 등을 행해야 한다고 정해놓은 것은 아니다. 그러나 어떠한 상황에 의해 이러한 속죄로서의 단식은 반드시 하게 되었다. 그러나 그러기 위해서는 이성과 자격이 필요하다. 교사와 학생 사이에 순수한 애정관계가 없는 경우, 교사가 학생의 죄에 진실로 충격을 받지 않은 경우, 학생에게 교사에 대한 존경의 마음이 없는 경우에 실시하는 단식은 무의미하고 아마도 역효과를 낼 것이다. 설령 이러한 단식과 1일 1식에 의심이 있다고 해도, 학생의 잘못에 대해 교사에게 어느 정도 책임이 있다는 것에는 의심의 여지가 없다.

7일간의 단식과 1일 1식은 우리 두 사람에게 그렇게 고통을 안겨 주는 일은 아니었다. 그 동안 나의 어떠한 일도 중단되거나 늦어지지 않았다. 이때 나는 과실식만 했다. 그러나 그 뒤 14일 동안의 금식은 마지막에 상당히 힘들었다. 그때, 나는 라마나마의 경이를 완전히 이해하지 못했기 때문에 고통을 견뎌낼 힘이 부족했다. 단식 기간 동안 어떻게 해서든 물을 많이 마셔야만 한다는 외적인 방법을 내가 몰랐기 때문에 이 단식은 고통스러웠다. 게다가 처음의 단식이 무사히 끝났기 때문에 14일 동안의 단식을 쉽게 생각했던 것이다. 항상 단식 때는 쿠네의 반신욕을 했으나 그때는 2, 3일 계속한 후에 그만두었다. 그리고 물도 맛없게 느껴져 마시면 토할 것만 같았기 때문에 물은 아주 조금만 마셨다. 그 때문에 목은 완전히 말라버렸고 몸은 쇠약해져 버렸다. 마지막 즈음에는 굉장히 낮은 목소리로밖에 이야기 할 수 없었다. 그래도 구술이 필요한 일은 마지막까지 어떻게든 끝낼 수 있었고 라마야나 등을 마지막까지 들을 수가 있었으며, 몇 가지 문제에 대해서 조언이 필요한 일도 할 수 있었다.

## 37 고칼레를 만나러

남아프리카의 많은 추억을 지금은 생략해야 한다. 1914년에 사티아그라하 투쟁이 종결되자 고칼레의 의향으로 나는 영국을 경유해서 인도에 가기로 했다. 그래서 7월에 카스투르바, 칼렌바흐 씨와 나, 세 사람은 영국을 향해서 출발했다. 사티아그라하 투쟁 기간 동안 나는 3등석으로 여행을 시작하게 되었다. 그래서 배도 3등석 표를 샀다. 이 3등석과 인도의 3등석에는 큰 차이가 있었다. 인도의 3등석에는 자거나 앉을 공간이 겨우겨우 있었다. 청결 같은 건 기대도 하지 않았다. 그런데 이 3등석에는 자리도 넉넉하고 청소도 깨끗이 되어 있었다. 선박회사는 우리를 위해 많은 편의를 제공해 주었다. 누군가가 우리를 괴롭히지 않도록 화장실 하나에 자물쇠를 달고 그 열쇠를 우리에게 넘겨주었다. 우리 세 사람은 과실식을 하고 있었기 때문에 선박의 사무장은 우리를 위해 말린 과일과 신선한 과일을 준비하도록 명령하였다. 일반적으로 3등 객실에는 과일이 조금밖에 제공되지 않고 말린 과일은 전혀 나오지 않는다. 이러한 배려 덕에 우리는 편하게 2주 반의 여행을 할 수 있었다.

이 여행에서의 몇 가지 추억은 정말 알아 둘 가치가 있는 이야기이다. 망원경을 너무나 좋아하는 칼렌바흐 씨는 고급 망원경을 몇 개 가지고 있었다. 이에 관해서 우리는 매일 의견을 교환했다. 이것은 우리의 이상과 우리가 달성하고자 하는 검소한 생활에 어울리지 않는다고 나는 그를 설득하려 했다. 어느 날, 우리들은 이 문제를 놓고 심한 논쟁을 펼쳤다. 우리 둘은 선실 창 옆에 서 있었다.

나는 말했다.

"언쟁을 하는 것보다, 이 망원경을 바다에 던져 더 이상 논쟁을 하지 않도록 한다면 아주 좋을 것 같습니다."

칼렌바흐 씨는 바로 대답했다.

"그럼 그러시죠. 그 불길한 물건을 던져버리십시오."

"그럼 던집니다."

"나는 진심으로 말하는 것입니다. 빨리 던지세요."

나는 망원경을 바다에 던져 버렸다. 그것은 약 7파운드짜리였다. 그러나 그것은 가격 이상으로 칼렌바흐 씨가 열의를 가진 것이었다. 그래도 그는 그 일을 후회하지 않았다. 그와 나 사이에는 이런 경험이 꽤 있었는데 그 중 하나를 예로 든 것이다.

우리들의 관계에서 날마다 새롭게 배워야 하는 것이 있었다. 그것은 두 사람이 진리를 따르려고 노력했기 때문이다. 진리를 따름으로써 노여움, 이기심, 증오 등은 자연히 진정된다. 진정되지 않으면 진리는 얻을 수 없다. 애증으로 가득 찬 인간은 설령 선의가 있거나 진리를 지킨다고 해도 순수한 진리는 얻을 수 없다. 순수한 진리 탐구의 의미는 애증 등 많은 대립으로부터 완전히 해방되는 것이다.

우리가 배 여행을 시작한 것은 내가 단식을 끝내고 얼마 되지 않았을 때였기 때문에 체력은 완전히 회복되지 않았다. 증기선에서 나는 매일 갑판을 걷는 운동을 하고, 잘 먹고, 먹은 것을 소화시키려고 했다. 그러나 걸을 때마다 두 종아리가 아팠다. 영국에 도착해서는 통증이 나아지기는커녕 더욱 심해졌다. 영국에서 알게 된 지브라지 메타 박사에게 단식과 종아리 통증에 대해 이야기 하였더니, 그는 며칠간 푹 쉬지 않으면 다리를 못 쓰게 될지도 모른다고 말했다. 이때 알게 된 사실은, 오랜 기간 단식을 한 사람은 잃어버린 체력을 바로 회복하려 하거나 너무 많이 먹으려 해서는 안 된다는 것이다. 단식을 하는 이상으로 단식을 끝낸 후에 한층 더 주의를 기울이고 한층 더 자제해야 한다.

마데이라에서 우리는 세계대전의 발발은 시간문제라는 뉴스를 들었고 영국만에 도착하자 바로 대전이 발발했다는 뉴스를 들었다. 우리는 쉴 수가 없었다. 가는 곳마다 기뢰가 설치되어 있어 피하면서 가느라 우리는 사우샘프턴에 도착하는 것이 며칠 늦어졌다. 8월 4일에 선전포고가 있었고 우리는 6일에 영국에 도착했다.


### 38 대전에 참전

영국에 도착하니 고칼레에게서, 파리에서 영국으로 오는 교통수단이 모두 끊기는 바람에 발이 묶여서 언제 올 수 있을지 모르겠다는 소식이 들어왔다. 고칼레는 요양을 위해 프랑스에 갔었는데 그곳에서 전쟁에 휩싸인 것이다. 고칼레와 만나지도 못하고 인도로 돌아갈 생각은 없었으나 고칼레가 언제 올 수 있을지는 아무도 몰랐다.

그러는 동안 무엇을 하면 좋을까? 전쟁에 있어서 나의 의무는 무엇인가?

나의 투옥 동료이자 사티아그라하인 소랍지 아다자니아 씨가 영국에서 변호사 공부를 하고 있었다. 최고의 사티아그라하로서 소랍지는 변호사 자격을 따기 위해, 그리고 남아프리카로 돌아가 그곳에서 나 대신 일을 하기 위해 영국으로 보내졌었다. 그의 경비는 프란지반다스 메타 박사가 부담하고 있었다. 지브라지 메타 박사 등 영국에서 공부하는 사람들과 협의해 영국에 머물고 있는 인도인들을 소집했다. 그들 앞에서 나의 견해를 피력했다. 영국에 사는 인도인들은 전쟁에서 자신의 역할을 완수해야 한다고 나는 생각했다. 영국 학생들은 종군의 결의를 표명했다. 인도인들도 똑같이 할 수 있다. 이런 나의 주장에 반대하는 많은 의견이 나왔다. 우리와 영국인들의 입장에는 커다란 차이가 있다. 한쪽은 노예이고 다른 한쪽은 주인이라는 입장에서 노예가 주인이 위험에 처했을 때 어떻게 자발적으로 주인을 도울 수 있겠는가? 예속에서 해방되기를 원하는 노예의 의무는, 주인의 위기를 자신의 해방을 위해서 사용하는 것이 아니겠는가? 이러한 주장을 나는 그때 받아들일 수 없었다. 나는 양자의 입장 차이를 이해하고 있었지만, 그럼에도 불구하고 우리들의 입장이 노예와 같다고는 생각하지 않았다. 영국의 통치체제에 결함은 있지만 그 이상의 결함이 영국인 관리들에게 있다고 생각했다. 그 결함을 우리들은 애정으로 극복할 수 있다. 만약 영국인들에 의해, 영국인들의 도움으로 우리의 입장을 개선하고 싶다면 영국인들의 위기에 협력하여 자신의 입장을 개선해야만 한다. 통치체제는 결함으로 가득 차 있음에도 불구하고 그때는 지금 생각하는 것만큼 참을 수 없는 것이라고는 생각하지 않았다. 그러나 지금은 그 체제를 믿을 수 없게 되었고 그 때문에 내가 오늘날 영국 제국을 원조하지 않는 것과 마찬가지로, 영국인 관리들뿐만 아니라 통치체제 자체를 신용할 수 없게 된 사람들이 어째서 자진해서 원조하려 하겠는가?

반대자들은 그때를, 대중의 요구를 단호하게 표명하고 통치체제를 개혁시키도록 강하게 주장할 기회로 생각했다. 나는 이 영국인들의 위기가 우리의 요구를 관철시킬 시기라고 생각하지 않았고, 전쟁 중에는 모든 권리요구를 자제하는 것이 그들에 대한 예의이자 더 앞날을 내다본 것이라고 생각했다. 그렇기 때문에 나는 의견을 바꾸지 않았다. 그리고 지원자로 등록하도록 독려했다. 꽤 많은 숫자의 사람들이 등록했다. 거의 모든 지역 종교인들의 이름을 볼 수 있었다.

크류 경에게 이 일에 대해 편지를 썼다. 그리고 인도인의 신청을 받아들이기 위해 위생병 간호교육이 필요하다면 그 교육을 받을 용의가 있음을 알렸다. 잠시 동안 협의를 한 후에 크류 경은 인도인의 신청을 받아들였다. 그리고 위기 상황에 제국을 도와줄 용의를 보여준 것에 감사의 뜻을 보였다.

지원자들은 유명한 캔틀리 박사 아래서 부상병을 간호하는 응급처치 훈련을 받게 되었다. 우리들 약 80명이 이 특별반에 들어갔다. 6주간의 짧은 기간이었지만 기간 내에 부상병의 응급처치에 대한 모든 것을 배웠다. 6주 후에는 시험이 행해졌는데 단 한 사람만을 제외하고 모두 합격했다. 정부는 이번엔 합격자들을 대상으로 군사교육을 준비했다. 베이커 대령 아래서 이 교육이 이루어졌다. 대령은 우리 부대 대장으로 임명되었다.

이 무렵 영국은 장관이었다. 사람들은 동요하지 않고 모두 전력으로 군에 지원하려 했다. 건장한 젊은이들은 군사 교련을 받도록 되어있었는데, 노약자나 여성들도 나라를 위해 할 수 있는 일을 찾았다. 즉, 전쟁에서 부상을 입은 군인들을 위해 군복을 재단하거나 봉제하는 일을 맡았다. 여성들의 라이시엄이라는 이름의 클럽이 있었다. 그 클럽의 회원들이 전쟁을 위해 필요한 의복 중 만들 수 있는 만큼의 의복을 만들어 제공하는 일을 받아들였다. 사로지니*37 여사는 그 클럽 회원이었다. 여사는 이 일에 전력을 다했다. 나는 여사와 처음으로 만났다. 여사는 내 앞에 재단된 옷감을 산더미처럼 쌓아두고, 박을 수 있는 만큼 박아달라고 했다. 나는 여사의 부탁을 환영했다. 우리는 부상병 간호교육 기간 중에 만들 수 있는 만큼의 옷을 만들어 여사에게 건넸다.

## 39 의무의 난제

전쟁에 참가하기 위해 영국에 있는 인도인들이 하나가 되어 그 이름을 정부에 보냈다는 뉴스가 남아프리카에 전해지자 바로 내 앞으로 두 통의 전보가 왔다. 그 중 한 통은 폴락 씨로부터 온 것이었다. 그는 물었다.

"이 행동은 당신이 주장하는 비폭력에 반한 것이 아닙니까?"

이러한 전보가 올 것을 나는 어느 정도 예상하고 있었다. 나는 이 문제에 관해서 《인도의 자치》에서 논했고 남아프리카에서 친구들과 자주 토론했기 때문이다. 전쟁의 부도덕성을 우리는 모두 인정했다. 두 나라 사이에서 일어난 전쟁에, 그 전쟁의 옳고 그름에 대해서 모르는 내가 어떻게 참가할 수 있겠는가? 보어 전쟁에 내가 참가했던 것을 친구들은 알고 있었지만 그래도 그 후에 나의 생각이 바뀌었음에 틀림없다고 생각했던 것이다.

사실 나는 그러한 생각에 지배되어 보어 전쟁에 참가했었고 이번에도 그 생각을 따랐다. 전쟁참가는 비폭력과 합치하는 사안이 아니라는 것은 잘 알고 있었다. 그러나 의무감을 가지게 되면 이 일은 언제나 등대처럼 명확한 것은 아니다. 진리에 대한 신봉은 종종 오류를 범할 수밖에 없다.

비폭력(아힘사)은 범위가 넓은 원리이다. 우리는 힘사*38라는 큰 불에 휩싸여 있는 죄 많은 생물이다. '생물은 생물에 의존해 산다.' 이 말은 거짓이 아니다. 인간은 한 순간도 외적인 살생 없이는 살아갈 수 없다. 식사, 기거, 모든 행위에 원하고 원하지 않고에 상관없이 인간은 무언가를 계속 살생하고 있다. 만일 이 살생에서 벗어나기 위해 크게 노력한다면 마음에 동정만이 남으며, 가장 미미한 생물조차 죽이려 하지 않고 가능한 도우려 노력한다면 그 사람은 불살생(아힘사)의 신봉자이다. 그 사람의 행위에 대한 자기억제가 끊임없이 증대되어 동정심이 늘어날 것이다. 그러나 신체를 가진 어떠한 생물도 외적인 살생에서 벗어날 수는 없다.

또한 비폭력의 근원에 불이일원론(不二一元論)이 포함되어 있다. 그러므로 만약 살아있는 모든 생명의 근원이 하나라고 한다면, 어떤 자의 죄는 다른 사람에게까지 영향을 미치기 때문에 인간은 폭력에서 완전히 무관할 수는 없다. 사회적 존재인 인간은 사회의 폭력을 싫어하면서도 가담하게 되어 있다. 두 국가 간에 전쟁이 일어났다면, 비폭력을 신봉하는 사람의 의무는 전쟁을 저지하는 것이다. 그 의무를 지키지 못하는 자, 반대할 힘이 없는 자, 반대할 자본을 가지고 있지 않은 자는 전쟁에 개입할지도 모르지만, 개입하고 있음에도 불구하고 전쟁에서 자기 자신을, 자국을 그리고 전 세계를 구하고자 하는 마음에서 노력한다.

나는 영국 제국에 의해 나의, 즉 자국의 지위를 개선하려고 했다. 나는 영국에서 영국 군함에 의해 보호받고 있었다. 그 무력을 나는 이렇게 사용하고 그 무력이 갖는 폭력성에 직접 가담자가 되어있었던 것이다. 그렇기 때문에 만약 내가 영국 제국과의 관계를 마지막까지 유지하고 제국의 깃발 아래에 있어야만 한다면, 대내외적으로 전쟁을 반대하고 영국의 전쟁에 대한 정책이 바뀔 때까지 사티아그라하의 원리에 따라 전쟁을 거부해야 한다. 또는 영국의 법률이 준수할 가치가 없는 것이라면 비폭력적 불복종을 행해 감옥에 들어갈 길을 찾아야 할 것이다. 또는 내가 영국 제국의 전쟁에 참가하여 전쟁에 대항할 힘과 자격을 획득해야만 한다. 그러한 힘이 우리에게는 없었다. 그렇기 때문에 전쟁에 참가하는 길만이 남아 있다고 나는 생각했다.

비폭력의 측면에서 보면, 대포를 가진 자와 그것을 돕는 자 사이에는 아무런 차이도 없다. 강도단에 들어간 사람이 직접 강도질을 하지 않고, 강도들에게 필요한 도움을 주고 약탈한 물건을 나르거나, 약탈할 때 망을 보거나 부상자를 간호해준다면, 그 사람에게는 약탈에 대해 강도들만큼의 책임이 있다. 그렇게 생각하면 군대에서 그저 부상병의 간호를 하는 사람이라도 전쟁의 죄에서 벗어날 수는 없다.

폴락 씨의 전보를 받기 전에 나는 이러한 것을 이미 생각하고 있었다. 그의 전보를 받고 몇몇 동료들과 의논하였다. 전쟁에 참가하는 것을 나는 의무라고 생각했다. 그리고 지금도 그 문제에 대해 생각해보면 앞에 말한 생각에 어떠한 결함도 발견할 수 없다. 영국 제국에 관한 당시의 생각에 따라 나는 전쟁에 참가했다. 그렇기 때문에 나는 그 일에 대해 후회하지 않는다.

앞에서 말한 생각의 정당성을 그 당시에도 모든 친구들 앞에서 증명할 수는 없다는 것은 알고 있었다. 문제는 미묘하여 의견차를 보일 여지가 있다. 그렇기 때문에 비폭력 사상을 믿는 사람들과 엄밀한 방법으로 지키는 사람들 앞에서 가능한 한 명확하게 나는 자신의 의견을 말했다. 진리를 강하게 주장하는 사람은 인습에 얽매여 어떤 일을 하지 않도록, 자신의 생각을 완고하게 고집하지 않도록, 생각에는 결함의 가능성이 항상 있다는 것을 인정하도록, 결함을 알게 되면 어떠한 위험을 감수하더라도 받아들여 속죄하도록 하기 위해서이다.


## 40 사티아그라하의 작은 폭풍

나는 이렇게 의무라고 생각하고 전쟁에 참가했다. 그러나 운명은 나로 하여금 직접 참가하지 못하게 하고, 이러한 중대사에 조그만 사티아그라하를 불러일으키고 말았다.

우리의 이름이 받아들여져 등록되자 군사 훈련을 위해 장교 한 사람이 임명되었다는 이야기를 나는 이미 썼다. 우리 모두는 이 장교를 군사 훈련만을 위한 우두머리라고 생각했고, 나머지 모든 문제에 대한 우리 부대의 우두머리는 나였다. 동료들에 대한 책임은 내가 지고 있었고 나에 대한 책임은 동료들이 지고 있었다. 즉, 장교는 모든 일을 나를 통해야 한다고 생각했다. 그러나 될성부른 나무는 떡잎부터 알아본다고, 우리는 첫날부터 장교의 생각은 다르다는 것을 알았다. 소랍지는 굉장히 둔한 사람이었는데도 나에게 경고하였다.

"형제여, 주의해 주십시오. 이 사람은 우리를 마음대로 다루려 합니다. 이 사람의 명령은 필요 없습니다. 우리는 이 사람을 교관이라고 생각합니다. 저 젊은이들도 마치 우리에게 명령을 내리기 위해 온 것처럼 보입니다."

이 젊은이들은 옥스퍼드의 학생들로, 군사 훈련을 받기 위해서 왔다. 그 장교는 젊은이들을 우리들의 분대장으로 임명하였다. 나는 소랍지를 달래 걱정하지 말라고 말했다. 그러나 소랍지는 쉽게 말을 들을 사람이 아니었다.

"당신은 사람이 너무 좋습니다. 이 사람들은 그럴듯한 말로 당신을 속일 것입니다. 나중에 그 사실을 깨닫게 되면 당신은 사티아그라하를 하자고 하겠죠. 그리고 우리를 고난에 빠뜨릴 것입니다."

그는 웃으면서 이렇게 말했다.

나는 대답했다.

"나와 행동을 함께 함에 있어서 당신은 고난 말고 다른 경험을 한 적이 있습니까? 그리고 사티아그라하는 속기 때문에 탄생하는 것 아닙니까? 그러니 그 사람이 나를 속인들 어떻습니까? 마지막에는 속이는 자가 속는다고 당신은 몇천 번이나 말하지 않았습니까?"

소랍지는 껄껄 웃었다.

"좋습니다. 계속 속아주십시오. 언젠가 사티아그라하로 죽을 것이고 우리를 데려가겠죠."

이 말을 생각하면서 홉하우스 양이 비협력 운동 시기에 써 보냈던 말을 떠올린다.

"당신이 진리를 위해서 언젠가 교수대에 오른다 해도 나는 놀라지 않을 것입니다. 언제나 신이 당신을 바른 길로 인도하고 지켜주시기를 빕니다."

소랍지와 나눈 이야기는 장교의 황제 즉위식 후 얼마 지나지 않았을 때였다. 이 시작과 끝 사이는 참으로 짧았다. 그러나 그 사이에 나의 늑막은 심하게 부풀어 올랐다. 14일간의 단식 후 나의 몸은 완전히 회복되지 않았으나 군사 훈련에는 꼬박꼬박 참가했다. 집에서 훈련장까지는 거의 도보로 다녔는데 그 거리가 분명 2마일은 되었다. 그 때문에 결국 드러눕고 말았다.

이런 상태에서 우리는 캠프를 배정받았다. 다른 사람들은 캠프에 머물고 나는 저녁이 되면 집으로 돌아갔다. 이것이 사티아그라하의 계기였다.

장교는 자신의 권위를 내세웠다. 모든 일에 대해 자신이 부대장이라는 것을 공언하였다. 자신의 권위를 내보이려고 2, 3가지의 실전 교육을 우리에게 시켰다. 소랍지가 나를 찾아왔다. 그는 이 독재행위를 참을 생각이 없었다. 그는 말했다.

"모든 명령은 당신을 통해 받아야 합니다. 아직 우리는 교련 캠프에 있을 뿐인데 모든 일에 말도 안 되는 명령이 내려지고 있습니다. 우리는 그 젊은 이들과 많은 차별을 받고 있습니다. 이것은 참을 수 없는 일입니다. 차별은 즉시 없어져야 합니다. 그렇지 않으면 우리들의 임무는 쓸모없어질 것입니다. 이 임무에 참가하고 있는 학생들과 학생이 아닌 사람들 모두, 한 인간으로서 이런 바보 같은 명령을 참을 수 없습니다. 자존심을 고양시키기 위한 임무를 수행하면서 모욕을 참아야만 하다니 있을 수 없는 일입니다."

나는 장교를 찾아가, 들었던 불만사항에 대해 말했다. 장교는 편지 한 통을 써서 나에게 모든 불만을 서면으로 제출하라고 하였고 그와 동시에 자신의 권위에 대해서 이렇게 말했다.

"불만이 있는 자는 당신을 통해서가 아니라 분대장을 경유해서 나에게 직접 전해야만 한다."

나는 답장을 보냈다.

"나는 권위를 요구하는 것이 아닙니다. 군의 조직상 나는 일반 병사와 같습니다. 그러나 당신은 나를 우리 부대의 우두머리로서, 부대의 대표로서 인정해야 합니다."

나는 내게 전해진 불만을 썼다.

"분대장들이 우리의 의견과는 상관없이 임명되었습니다. 분대장들에 대해서 엄청난 불만이 퍼지고 있습니다. 그러니 분대장들의 임명을 취소하고 부대원에게 분대장을 선출할 권리를 주십시오."

이 일을 장교는 받아들이지 않았다. 장교는 나에게 이렇게 고했다.

"분대장을 부대원이 선출하는 것은 군의 규정에 어긋나는 것이다. 그리고 만약 임명을 취소하면 지휘계통이 완전히 없어질 것이다."

우리들은 집회를 열었다. 사티아그라하의 중대한 결과에 대해 이야기하였다. 거의 모두가 사티아그라하의 맹세를 했다. 집회에서 우리는, 현재 분대장의 임명이 취소되지 않고 부대원이 분대장을 선출하지 못하면 우리 부대는 군사 훈련과 캠프 입소를 거부할 것이라는 결의를 하였다.

나는 장교에게 편지 한 통을 써서 강한 불만을 표했다. 그리고 권한을 요구하는 것이 아니라 봉사하려는 것이며, 이 임무를 제대로 완전히 완수하고 싶다고 전했다. 보어 전쟁 때 나에게는 어떤 권한도 없었다. 그래도 게르베 대령과 우리 부대 사이에는 어떠한 충돌도 일어나지 않았다. 대령은 우리 부대의 의향에 대해서 나를 통해 알았지만 모든 일은 원만하게 이루어졌다고 전하고 편지에 부대원의 결의문을 동봉했다.

장교에게 이 편지는 아무런 영향을 주지 못했다. 우리 부대가 집회를 열어 결의한 것이야말로 군율의 중대한 위반이라고 장교는 생각했다.

이후에 나는 인도 담당 국무대신에게 편지를 보내 모든 진실을 전하고 집회의 결의문을 보냈다.

인도 담당 국무대신은, 남아프리카에서의 상황은 별개이며 여기에서는 부대장에게 분대장을 선출할 권한이 있다, 그렇지만 앞으로 임명되는 부대장은 당신의 추천을 고려하게 될 것이라는 답장을 보냈다.

이후에도 우리 사이에는 많은 편지가 오갔으나, 그 괴로운 모든 경험을 여기에 늘어놓아 이 장을 길게 끌고 싶지는 않다.

그러나 이것만큼은 말해야겠다. 그 경험은 우리가 매일 인도에서 겪는 것과 다르지 않았다. 부대장은 위협과 회유를 써서 우리를 분열시켰다. 어떤 사람들은 맹세를 했음에도 불구하고 회유 또는 위협에 굴하고 말았다. 이러는 동안에 네틀리 병원에 생각지도 못한 숫자의 부상병들이 실려 왔다. 간호를 위해 우리 전 부대원이 필요해졌다. 부대장의 인솔을 따라 몇 사람은 병원으로 갔다. 그러나 다른 사람들은 가지 않았다. 그것을 인도성(省)은 기분 좋게 생각하지 않았다. 나는 그때 침대에서 꼼짝할 수 없었다. 그러나 부대 사람들은 자주 만나고 있었다. 로버트 씨와 나는 잘 아는 사이가 되었다.

그는 나에게 와서 남은 사람들도 병원으로 갈 수 있도록 해달라고 간청했다. 그는 다른 소속 부대로서 가는 것은 어떻겠냐고 제안했다. 네틀리 병원에서 우리 부대는 병원 부대장의 지휘하에 들어가도록 해주고 그렇게 하면 부대의 명예에는 손상이 없을 것이라는 이야기였다. 남은 사람들이 가준다면 정부는 만족할 것이고, 실려 온 많은 부상병들은 간호 받을 수 있을 것이다. 우리는 이 제안이 마음에 들었다. 남아 있던 학생들도 모두 함께 네틀리 병원으로 갔다. 단 한 사람, 나만이 침대에 누운 채 남아 있었다.

## 41 고칼레의 관용

영국에 와서 늑막이 부었다고 앞에 말했다. 이 병으로 고생하고 있을 때 고칼레가 영국에 도착했다. 칼렌바흐 씨와 나는 그가 있는 곳을 자주 왕래하였다. 이야기는 거의 전쟁에 관한 것이었다. 칼렌바흐 씨는 독일 지리를 거의 외우고 있었고 유럽여행을 많이 했기 때문에, 고칼레에게 지도를 그리며 전쟁의 주요 장면을 설명해주었다.

내가 병이 났을 때, 그것도 화제가 되었다. 나의 식사에 대한 실험은 계속되고 있었다. 그 당시의 나의 식사는 땅콩, 바나나, 레몬, 올리브유, 토마토, 포도 등이었다. 우유, 곡물, 달콩은 전혀 입에 대지 않았다. 지브라지 메타 박사가 나의 치료를 담당하고 있었는데, 박사는 우유와 곡물을 섭취할 것을 강력하게 권했다. 내가 말을 듣지 않자 그에 대한 불평은 고칼레에게까지 전해졌다. 과실식에 관한 나의 주장을 그는 존중하지 않았다. 건강을 유지하기 위해 의사가 말하는 것을 먹어야 한다는 것이 고칼레의 주장이었다.

고칼레의 주장을 묵살하는 일은 참으로 곤란했다. 그가 강하게 주장했을 때 나는 생각할 시간을 하루만 달라고 했다. 칼렌바흐 씨와 나는 집으로 돌아오는 길에 우리의 의무에 대해서 의논을 하였다. 나의 실험에는 항상 그가 함께 했다. 그는 이 식사를 마음에 들어 했으나, 건강을 위해서 내가 이 실험을 중지하는 것이 좋겠다는 그의 마음도 엿볼 수 있었다. 그래서 나는 마음속의 소리를 찾아야 했다.

그날 밤을 생각으로 지새웠다. 만약 모든 실험을 중지한다면 내가 생각해 온 일 모두가 엉망이 되고 말 것이다. 그 생각에는 어떠한 오류도 없다고 생각했다. 고칼레의 애정에 어느 정도까지 보답하는 것이 나의 의무인지, 그리고 이른바 건강유지를 위해 어느 정도까지 양보해야 하는지가 문제였다. 그래서 종교적 의미로서 행하는 실험은 고집하고 나머지 부분은 의사의 말을 따르기로 결심했다. 우유를 끊은 것에는 종교적 이유가 주요했다. 캘커타에서 암소, 암물소에 가해지는 잔인한 가혹행위가 눈앞에 떠올랐다. 나는 고기와 마찬가지로 동물의 젖은 인간을 위한 음식이 아니라고 생각했다. 그랬기 때문에 나는 우유에 대한 고집은 꺾지 않기로 결심하고 아침 일찍 집을 나섰다. 이 결심으로 나의 마음은 가벼워졌다. 고칼레는 걱정을 하겠지만 그는 나의 결심을 존중해 줄 것이라고 믿었다.

저녁에 우리는 그를 만나러 내셔널 리베랄 클럽으로 갔다. 그는 바로 물었다.

"어떤가? 의사가 말하는 대로 하기로 결심했나?"

나는 천천히, 그러나 단호하게 대답했다.

"나는 무엇이든 하겠습니다만 한 가지만은 강요하지 말아주십시오. 우유와 유제품과 고기는 입에 대지 않겠습니다. 그것을 먹지 않아 죽게 된다고 해도 그렇게 하는 것이 종교를 위한 일이라고 생각합니다."

"이것이 최종 결정인가?"

"다른 대답은 할 수 없습니다. 이것이 당신을 괴롭힐 것이라는 걸 알지만 부디 용서하십시오."

고칼레는 조금 괴로운 듯, 그러나 애정을 담아 말했다.

"자네의 결심은 맘에 들지 않아. 그 결심에 어떠한 종교도 나에게는 보이지 않지만 더 이상 강요하지 않겠네."

그는 이렇게 말하고 지브라지 박사를 향해 말했다.

"더 이상 간디를 괴롭히지 맙시다. 간디가 말한 범위 내에서 처방을 내려주십시오."

의사는 반대 의견을 보였지만 어쩔 도리가 없었다. 의사는 멍콩즙을 먹으라는 처방을 내리고 거기에 찻잎을 살짝 볶아 넣으라고 조언했다. 나는 받아들였고 이틀 동안 그것을 먹었으나 통증은 더 심해졌다. 그것은 나에게 맞지 않았다. 그래서 다시 과실식으로 돌아갔다. 의사는 환부에 대한 처치를 해주었고 그것으로 조금 편해졌다. 그러나 내가 가진 제약을 의사는 참으로 곤란해 했다. 그 사이 고칼레는 런던의 10, 11월 안개를 견디지 못하고 인도를 향해 떠났다.

## 42 병을 위해 무엇을 했는가?

늑막의 통증이 없어지지 않아서 나는 불안해졌다. 약을 복용하지 않고도 식사를 바꾸고 환부를 치료하는 것만으로도 통증은 사라진다는 것 정도는 알고 있었다.

나는 1890년에 식사를 바꾸어 병을 고친 채식주의자 앨린슨 박사를 만났었다. 나는 그에게 왕진을 의뢰했다. 박사에게 몸 상태를 보이면서 우유에 반대한다는 이야기를 했다. 박사는 나를 안심시키면서 말했다.

"우유는 전혀 필요 없습니다. 당신은 며칠 동안 지방 섭취를 금해야 합니다."

그렇게 말하고 처음에는 그냥 빵과 생채소, 과일만을 먹도록 조언했다. 생채소로 무·양파·뿌리채소·녹채, 과일은 주로 오렌지를 갈거나 잘게 부수어 먹었다. 나는 어떻게든 3일간을 먹어봤지만 생채소는 나에게 전혀 맞지 않았다. 나는 이 실험을 계속할 수 있는 상태가 아니었을 뿐더러 믿지도 않았다. 이 외에 박사는 24시간 창을 열어놓고 매일 미지근한 물로 몸을 씻고, 환부에 오일 마사지를 하고 15~30분 산책을 하도록 지시했다. 이것들은 모두 마음에 들었다. 집에는 프랑스식 창이 있었다. 완전히 열어 젖히면 빗물이 안으로 들어왔다. 그 위에는 채광을 위한 열리지 않는 창이 있었는데 그 창의 유리를 빼내 24시간 공기가 들어오도록 하고, 프랑스식 창은 비가 들어오지 않을 정도로만 열어 두었다.

이러한 것들을 하는 사이에 상태는 조금 호전되었으나 완전히 좋아진 것은 아니었다. 가끔 세실리아 로버츠 부인이 병문안을 와주어서 부인과는 아주 친해졌다. 내가 우유를 마시지 않는 것을 아는 부인은 우유와 효능이 같은 것을 찾아냈다. 어떤 친구가 부인에게 '맥아 우유'를 가르쳐주었다. 이것은 우유가 전혀 들어있지 않은, 화학처리로 만들어진 우유 효능이 있는 분말이라고 부인은 말했다. 로버츠 부인이 나의 종교적 감정을 크게 존중하고 있음을 알고 있었기에 나는 그녀를 믿고 그 분말을 물에 타서 마셨다. 마셔보니 우유의 맛이 났다. 마시고 나서 병에 붙은 라벨을 읽어보니 이것은 유제품이었다. 그래서 다음부터는 마시지 않았다. 이 사실을 편지로 로버츠 부인에게 알리고 걱정하지 마시라는 당부를 했다. 그러나 부인은 서둘러 찾아와 미안한 마음을 전했다. 부인의 친구는 병에 붙어있는 라벨을 읽지 않았던 것이다. 나는 선량한 부인을 안심시키고, 모처럼 고생해서 가져다 준 것을 먹지 못하게 된 것에 대해 사과했다. 모르고 입에 댄 그 분말에 대해서는 아무런 후회도 없고 속죄할 필요도 없다고 전했다.

로버츠 부인에 대해서는 좋은 추억이 꽤 많이 있지만 여기서는 생략하겠다. 어려운 고난과 불우한 때를 극복할 수 있도록 큰 힘이 되어준 많은 추억이 떠오른다. 신은 불행이라는 쓴 약을 주지만 동시에 우정이라는 감미로운 음료를 주시기 때문에, 겸허한 사람은 그것을 이런 달콤한 추억 속에서 볼 수 있다.

앨린슨 박사는 두 번째 왕진을 와서 제한을 훨씬 줄여주었다. 지방으로 땅콩버터나 올리브유를 섭취하라고 말했다. 생채소가 싫으면 요리해서 밥과 함께 먹어도 좋다고 했다. 이 방법은 훨씬 나에게 잘 맞았다.

그러나 통증이 완전히 없어진 것은 아니었다. 조심할 필요가 있다고 해서 침대를 벗어날 수 없었다. 메타 박사가 가끔씩 상태를 보러 와주었다.

"나의 치료를 받으면 금방 나을 것이네."

그는 입버릇처럼 항상 그렇게 말했다.

이런 식으로 세월은 지나갔다. 로버츠 씨가 어느 날 찾아와서 나에게 귀국을 강하게 권했다.

"이런 상태로 당신은 결코 네틀리 병원에 갈 수 없습니다. 앞으로 추위가 더욱 심해질 것입니다. 그러니 인도로 돌아가서 요양을 하십시오. 그때까지 전쟁이 끝나지 않는다면 다시 지원할 기회는 얼마든지 있습니다. 그렇지 않더라도 당신이 여기서 한 일은 충분히 훌륭한 일이었습니다."

나는 이 조언을 받아들여 귀국 준비를 했다.


### 43 귀국

칼렌바흐 씨는 인도에 갈 결심을 하고 우리와 동행했다. 영국에서 우리는 함께 살았다. 그러나 전쟁 때문에 독일인들은 엄격한 감시를 받고 있었다. 칼렌바흐 씨가 함께 인도에 갈 수 있을지에 대해 우리는 모두 불안해했다. 그를 위해 여권을 취득하려고 나와 로버츠 씨는 여러모로 나서서 노력했다.

인도 총독관에게 모든 사정을 쓴 전보를 보냈으나 돌아온 답변은 간결했다.

"유감이지만 현재 어떠한 위험도 무릅쓸 수 없다."

우리 모두는 답장의 타당성을 이해했다. 칼렌바흐 씨와의 이별은 괴로운 일이었으나 나 이상으로 그가 괴로워한다는 것을 알았다. 만약 그가 인도에 올 수 있었다면 지금쯤 한 사람의 훌륭한 농부, 직공으로서 소박한 생활을 했을 것이다. 그러나 현재 그는 남아프리카에서 원래의 생활로 돌아가 건축 설계 사업을 크게 하고 있다.

우리들은 3등표를 원했으나 P&O 증기선의 3등표를 구할 수 없어 2등표를 사야만 했다. 남아프리카에서부터 가지고 다니던, 배에서는 구할 수 없는 말린 과일을 가지고 가기로 했다. 다른 것은 배에서 구할 수 있었다.

메타 박사는 몸에 고약을 바르고 붕대로 감아 홍해에 도착할 때까지 그대로 두라고 했다. 나는 이틀 동안 참았지만 그 이상은 참을 수가 없었다. 그래서 붕대를 풀어버리고 몸을 씻을 수 있는 자유를 얻었다. 식사는 주로 말린 과일과 신선한 과일로 했다. 나의 몸은 하루가 다르게 나아가, 수에즈 운하에 도착하기 전에 상당히 좋아졌다. 몸은 약해져 있었지만 공포심은 없어졌다. 나는 매일 천천히 운동량을 늘렸다. 이러한 좋은 변화는 단지 온대지방의 신선한 공기 덕이라고 나는 생각했다.

여기서는 오래전부터 해온 체험 때문인지 아니면 다른 이유 때문인지, 영국인 승객과 우리 사이에 크게 거리감이 느껴졌다. 이것은 남아프리카에서 올 때는 느끼지 못한 것이었다. 그때도 양쪽의 거리감은 있었지만 이 배에서는 그때와는 다르게 느껴졌다. 영국인 몇 사람과 이야기를 나누었으나 그것은 형식적인 인사뿐이었다. 마음을 나누는 만남은 없었다. 남아프리카에서 타고 온 배에서는, 또 남아프리카에서는 영국인들과 자연스럽게 마음을 나눌 수 있었다. 이러한 차별의 이유를 나는 이렇게 이해했다. 그것은 배 안에 있는 영국인에게는 자신은 통치자라는 마음이, 그리고 인도인에게는 자신은 외국 통치자에게 종속되어 있다는 마음이 의식적 또는 무의식적으로 작용했던 것은 아닐까 생각했다.

나는 빨리 이런 분위기에서 벗어나 인도에 도착하고 싶었다. 아덴에 도착하자 어느 정도 귀국한 기분이 들었다. 남아프리카에서 우리는 아덴 사람들과 좋은 관계를 갖고 있었다. 그것은 더반에 있을 때 케코바드 카바스지 딘쇼 씨와 그 부인을 잘 알고 지냈기 때문이다. 며칠 후 우리는 뭄바이에 도착하였다. 1905년에 귀국을 희망하여 그로부터 10년 후에 귀국하게 된 것을 생각하니 나는 너무나 감개무량했다. 뭄바이에서 고칼레는 나를 위한 환영을 준비해 주었다. 그는 건강 상태가 그리 좋지 못했으나 뭄바이까지 와주었다. 그와 만나 나를 그의 인생에 몰입시켜 나의 짐을 덜려고 서두는 마음으로 뭄바이에 도착했으나, 신은 다른 계획을 준비하고 계셨다.

### 44 변호사 일에 대한 추억

인도에 돌아온 후에 나의 삶이 어떻게 돌아갔는지 이야기하기 전에, 여기서 남아프리카에 있는 동안 일어난 일 가운데 일부러 생략한 부분을 몇 가지 거론할 필요가 있다. 몇몇 변호사 동료들이 변호사 시절의 추억을 듣고 싶어 했다. 이런 추억은 너무 많아서, 쓰기 시작하면 그것만으로 책 한 권을 내고도 남을 것이다. 그것은 내가 설정한 한도를 넘는 일이다. 그러나 추억 중에서 진리에 관련된 몇 가지 일을 거론하는 정도는 괜찮을 것 같다.

내 기억에 의하면 변호사로서 진리에 반하는 일은 결코 하지 않았고 변호 활동의 태반은 그저 봉사로 하였기 때문에, 변호활동을 하는 데 필요한 적은 돈 이외에는 받지 않았으며 때로는 그 적은 돈조차 받지 않았다는 것은 이미 말했다. 이 문제에 대해서는 이 정도 이야기로 충분하다고 생각했으나 친구들은 그 이상을 요구했다. 친구들은 내가 진리를 지킨 일에 관해서 조금이라도 더 이야기 해주면 후배 변호사들이 그로부터 무언가를 배우게 될 것이라고 생각하였다.

나는 학생 때 변호사는 거짓말을 하지 않고는 해나갈 수 없다는 식으로 들었다. 나는 거짓말을 해서까지 지위를 얻고 싶지 않았고 그렇게 돈을 벌고 싶지도 않았다. 그랬기에 그러한 말은 나에게 영향을 미치지 못했다.

남아프리카에서도 이미 이러한 시련은 여러 차례 받았다. 상대방 측 증인들은 사전에 철저히 교육받았다. 나도 우리 측 증인들에게 조금이라도 거짓말을 하도록 권했더라면 승소할 수 있다는 것을 잘 알고 있었다. 그러나 나는 항상 그런 유혹을 떨쳐버렸다. 그러한 사건을 하나 기억한다. 승소한 후에 의뢰인이 나를 속인 것은 아닐까 의심이 들었다. 의뢰인의 소송이 정당하면 승소하고 거짓이라면 패소한다고 나는 항상 생각했다. 보수를 받을 때 패소, 승소에 따라 액수를 정한 기억은 없다. 의뢰인이 패소하던 승소하던 나는 항상 같은 금액을 요구했고, 승소해도 보너스 같은 것은 기대하지 않았다. 항상 의뢰인에게는 처음부터 소송에 거짓이 있다면 나에게 오지 말고, 증인에게 거짓을 말하게 하는 일은 나에게 기대하지 말라고 말해둔다. 나중에는 거짓 소송은 나에게 오지 않는다고 할 정도로 평판이 나 있었다. 의뢰인들도 스스로 떳떳한 소송은 나에게 의뢰하고 조금이라도 의심스러운 소송은 다른 변호사에게 가지고 갔다.

언젠가 굉장히 혹독한 시련을 받게 되었다. 나의 가장 선량한 의뢰인의 소송이었다. 장부상의 복잡한 문제가 있어 재판은 길어졌다. 부분 부분으로 나뉘어 몇 개의 법정에서 심리되었다. 마지막으로 장부 부분은 재판소가 임명한 회계사의 조정에 위탁되었다. 조정에서는 의뢰인의 전면 승소였다. 그러나 계산상 하나의 작지만 중대한 오류가 남아 있었다. 채무자가 회계사의 부주의로 반대가 되어버린 것이다. 상대방 측은 다른 이유로 이 조정을 각하하도록 주장했다. 그때 의뢰인 측의 변호사인 나는 보조 변호사였다. 주임 변호사는 조정의 이러한 실수를 알고 있었다. 그러나 그의 의견은 조정의 잘못을 받아들이지 않는다는 것이었다. 그 어떤 변호인도 자기 쪽이 불리하게 될 사실은 인정해야만 하는 구속력은 없다고 확고하게 주장했다. 나는 말했다.

"이 소송에서 남아 있는 잘못을 인정해야 합니다."

주임 변호사는 말했다.

"그렇게 되면 법정은 조정을 전면적으로 각하할 우려가 있고, 어떠한 현명한 변호인도 의뢰인을 그런 위험에 처하게 해서는 안 되오. 나는 이런 위험을 감수할 생각은 전혀 없소. 재판을 다시 해야만 한다면 의뢰인은 얼마나 더 비용을 부담해야 하겠소? 최종적으로 어떤 판결이 나올지 누가 알 수 있겠소?"

이때 의뢰인이 곁에 있었다.

나는 의뢰인에게 말했다.

"나는 의뢰인과 우리 두 사람은 이러한 위험을 감수해야만 한다고 생각합니다. 우리가 인정하지 않는다 해도 조정에 잘못이 있었다는 것을 아는데, 법정이 그것을 시인한다는 보장이 있습니까? 의뢰인이 손해를 입는다 하더라도 잘못을 바로잡으려고 노력하는 것에 무슨 문제가 있습니까?"

"그러나 그것은 우리가 잘못을 인정했을 때의 이야기요."

주임변호사는 말했다.

"우리가 잘못을 인정하지 않으면 법정이 그 잘못을 발견하지 못하거나 상대 측이 그것을 찾아내지 못할 것이라는 보장은 있습니까?"

나는 반문하였다.

"그럼 이 재판을 당신이 변론하겠는가? 나는 잘못을 인정한다는 조건으로 법정에 설 생각은 없네."

주임 변호사는 단호하게 말했다.

나는 조심스럽게 말했다.

"만약 당신이 출정하지 않겠다고 한다면, 그리고 의뢰인이 원한다면 내가 변론하겠습니다. 만약 잘못을 우리가 인정하지 않는다면 나는 이 소송에 더 이상 관계할 수 없습니다."

이렇게 말하고 나는 의뢰인을 보았다. 의뢰인은 조금 동요했다. 소송에는 처음부터 내가 함께했다. 의뢰인은 말했다.

"알겠습니다. 그럼 당신이 법정에 서 주십시오. 잘못을 인정하십시오. 지도록 되어 있는 운명이라면 그것은 지는 것이 아닙니다. 바른 길을 선택했다는 것은 신이 알고 계시니까요."

나는 다른 대답을 원하지 않았기 때문에 기뻤다. 주임 변호사는 나에게 다시 경고했다. 나의 완강함을 딱하게 생각했지만 또 한편으로는 감사하기도 했다.

법정에서 어떻게 되었는지는 이 다음에 소개하도록 하겠다.


### 45 악랄한 수법?

내 주장의 정당성에 대해서는 전혀 의심이 없었다. 그러나 나의 이 소송에 관한 변론 능력에 대해서는 많이 위태로웠다. 최고 재판소에서 이렇게 어려운 소송의 변론을 내가 맡는다는 것은 굉장히 위험하다고 모두들 생각했다. 그래서 마음속으로는 떨면서 판사들 앞에 섰다. 내가 그 조정의 오류에 대해 언급하자 한 판사가 갑자기 말했다.

"이것은 악랄한 수법이 아닙니까?"

나는 너무나 화가 났다. 근거조차 없는데 악랄한 수법을 사용했다는 의심을 받는다는 것은 참을 수 없었다. '판사의 심중이 처음부터 나쁜 쪽으로 치우쳐 있는데, 이 어려운 소송을 어떻게 이길 수 있겠는가?' 나는 마음속으로 생각했다.

나는 화를 참고 냉정하게 대답했다.

"당신이 사실을 끝까지 듣기도 전에 악랄한 수법이라고 비난한 것에 나는 놀랐습니다."

"비난하는 것이 아닙니다. 그저 의구심을 표명한 것뿐입니다."

판사는 말했다.

"당신의 그 의구심이야말로 우리에게는 비난이 됩니다. 제가 당신에게 사실을 설명하겠습니다. 그리고 나서도 의심의 여지가 있다면 그때는 비난하셔도 좋습니다."

"도중에 가로막은 것에 유감을 표합니다. 설명하십시오."

판사는 말했다.

나는 설명을 위한 모든 자료를 가지고 있었다. 처음부터 의심을 받아서 판사의 주의를 더욱 변론에 끌어들일 수가 있었기 때문에 용기가 생겼다. 나는 최선을 다해 모든 사실을 상세하게 설명했다. 판사들은 그것을 참을성 있게 들어주고, 잘못은 부주의 때문에 일어났다는 것을 이해하여 주었다. 그래서 나는 각고의 노력을 들여 준비한 조정 각하에는 동의하지 않았다.

상대방 변호인은 잘못이 인정되기만 하면 그 이상 변론할 필요가 없다고 믿었던 것 같다. 그러나 판사들은 이러한 분명하고 수정 가능한 잘못 때문에 조정을 각하할 생각은 전혀 없었다. 상대방 변호인은 노력을 했지만, 의심이 들기 시작한 판사는 나를 지지하였다.

"간디 씨가 스스로 오류를 인정하지 않았다면 당신은 어쩔 생각이었습니까?"

판사는 말했다.

"우리가 임명한 회계사 이상으로 유능하고 성실한 전문가를 대체 어디서 데리고 오면 좋단 말입니까?"

"당신이 자신의 소송을 정확하게 알고 있다는 것을 우리는 인정해야 합니다. 그러나 모든 회계 전문가가 범할 만한 잘못 이외에 당신이 무언가를 지적할 수 없다면, 이 법정은 무의미한 비용을 쌍방에게 지불하게 하지 않을 것입니다. 또 만약 당신이 이 법정이 본 소송을 새롭게 심리해야만 한다고 주장한다 해도 그것을 받아들이지 않겠습니다."

이렇게 해서, 또 이와 매우 비슷한 많은 재판에서 나의 판례가 인용되었다.

나는 무척 기뻤다. 의뢰인과 주임 변호사도 기뻐했으며, 변호사로서 진리를 수호하고 임무를 완수한다는 나의 신념은 더욱 굳건해졌다.

변호사라는 직업에는 근원적인 결함이 있다. 그것은 진리를 지키는 일에 있어서 그 어떤 것도 은폐할 수 없다는 것이며, 이러한 사실을 독자들은 마음에 새겨두어야 할 것이다.

### 46 의뢰인들이 친구가 되다

나탈과 트란스발에서의 변호사 일에는 이러한 차이가 있었다. 나탈에서는 변호사와 사무변호사가 구별은 있어도 양쪽 다 모든 법정에서 동등하게 변호할 수 있었으나, 트란스발에서는 뭄바이처럼 그 역할에 구별이 있어서 그곳에서는 의뢰인과 접촉하려면 사무변호사를 거쳐야만 했다. 법정변호사가 된 후에 변호사나 사무변호사 중 어느 한 쪽으로 등록을 해야 개업할 수 있었다. 나탈에서 나는 변호사로 등록하였고 트란스발에서는 사무변호사로 등록했다. 일반 변호사로서는 인도인들과 접촉할 수 없었고, 백인 사무 변호사가 나에게 소송을 의뢰할 만한 분위기가 남아프리카에는 없었다.

트란스발에서 그렇게 개업하고 있을 때 나는 현(縣) 행정관의 법정에 출정할 수 있었다. 그때 이런 일이 있었다. 공판 중에 안 사실인데, 의뢰인이 나를 속이고 있었다. 소송은 거짓이었다. 증언대에 서 있는 의뢰인은 당장이라도 쓰러질 것처럼 연기를 했다. 그래서 나는 현 장관에게, 의뢰인에게 불리한 판결을 내려달라고 하고 자리에 앉았다. 상대 측 변호인은 깜짝 놀라고 현 장관은 기뻐했다. 나는 의뢰인을 질책했다. 내가 거짓 소송을 맡지 않는다는 것을 의뢰인은 알고 있었다. 의뢰인은 이 사실을 인정했다. 내가 현 장관에게 불리한 판결을 내려달라고 요청했을 때 의뢰인은 화내지 않았다. 어쨌든 나의 행위는 변호사 일에 나쁜 영향을 주지는 않았다. 그리고 법정에서의 나의 활동은 더 쉬워졌다. 진리를 향한 이런 신봉에 의해 동료 변호사들 사이에 나의 명성은 높아졌다. 기묘한 상황에 있으면서도 동료 변호사들 중에 몇 사람의 호감을 얻을 수 있었다.

당시 나는 버릇이 하나 있었다. 그것은 자신의 무지를 의뢰인들에게 숨기지 않고 다른 변호사들에게도 숨기지 않은 것이다. 내가 잘 모르는 일이면 의뢰인에게 다른 변호사를 소개해 주기도 하고, 그래도 나에게 의뢰하고 싶다고 하면 나보다 훨씬 경험이 많은 변호사에게 상담하고 맡는 것이 보통이었다. 이러한 솔직함 때문에 의뢰인들의 끊임없는 사랑과 신뢰를 받을 수 있었다. 주임 변호인에게 가서 상담료를 지불해야 할 때도 의뢰인들은 기꺼이 지불했다.

이러한 신뢰와 애정을 나는 공적인 활동에서도 전면적으로 받았다.

앞 장에서 이미 전했지만, 남아프리카에서 변호사 일을 했던 목적은 그저 사람들에게 봉사하기 위해서였다. 이 봉사를 위해서도 나는 사람들의 신뢰를 받을 필요가 있었다. 관대한 마음을 가진 인도인들은 돈을 받고 한 변호도 봉사로 받아들여 주었다. 그리고 내가 사람들에게 자신의 여러 권리를 위해서 감옥의 고통을 견디라고 조언하면, 많은 사람들은 그 조언을 머리로 이해하여 받아들이기보다 나에 대한 신뢰와 애정으로서 받아들여 주었다.

이러한 것들을 쓰면서 변호사 일을 하는 동안의 이런 훈훈한 많은 추억이 나의 펜 위에 흘러넘친다. 몇백 명의 사람들이 의뢰인이 아니라 친구가 되었고, 공적인 봉사활동을 통해서 나의 진짜 동료가 되었다. 그리고 그것이 나의 척박한 일생을 촉촉하게 적셔 주었다.


## 47 의뢰인이 어떻게 투옥을 면했나?

파르시 루스탐지의 이름은 이 책을 여기까지 읽은 독자들은 잘 알 것이다. 파르시 루스탐지는 의뢰인인 동시에 공적 활동의 동료이다. 그에 관해서는 먼저 친구가 되었고 나중에 의뢰인이 되었다고 할 수 있다. 그 정도로 그는 나를 신뢰했기 때문에 개인적인 가정사도 나에게 상담해 왔고 나의 의견을 따라주었다. 그가 병이 났을 때도 나에게 조언을 구해, 우리의 생활방식은 너무나 달랐음에도 불구하고 그는 나의 치료법을 직접 자신의 몸에 실시했다.

어느 날 이 친구에게 굉장히 큰 시련이 닥쳐왔다. 그는 자신의 사업에 대해서도 많은 이야기를 했었으나, 한 가지에 대해서는 나에게 감추고 있었다. 파르시 루스탐지는 탈세를 했던 것이다. 그는 뭄바이, 캘커타 등에서 상품을 가져왔고 그에 관련해서 탈세를 했다. 그는 모든 세관원들과 친하게 지냈기 때문에 누구 하나 의심하지 않았다. 송장을 제출할 때도 그에 근거해 관세가 매겨졌다. 분명 탈세를 알고도 모르는 척 해준 관리도 있었을 것이다.

시인 아코의 말은 틀리지 않았다.

생 수은을 먹는 것과, 훔친 재산을 먹는 것은 같다.*39

파르시 루스탐지가 탈세한 사실은 발각되었다. 그가 나에게 쫓겨왔을 때는 눈물 범벅이었다. 그는 말했다.

"형제여, 나는 당신을 속여 왔습니다. 나의 죄가 오늘 발각되었습니다. 나는 그동안 탈세를 해 왔습니다. 이제는 감옥에 가야할 운명인가 봅니다. 나는 파멸하고 말 것입니다. 이 역경에서 당신만이 나를 구할 수 있습니다. 나는 당신에게 아무것도 숨기지 않았습니다. 그러나 장사에 있어서 탈세에 관한 것은 당신에게 어떻게 말해야 좋을지 생각하느라 말하지 못했습니다. 지금은 후회하고 있습니다."

나는 그를 달래며 말했다.

"나의 방식에 대해 당신은 잘 알고 있을 것입니다. 구해 줄지 말지는 신의 손에 달려있습니다. 죄를 인정하고 용서를 구한다면 내가 도울 수 있을 것입니다."

이 선량한 파르시교도의 얼굴에 실망의 빛이 떠올랐다.

"그렇지만 당신 앞에서 이렇게 죄를 인정하는 것만으로 충분하지 않습니까?"

나는 조용히 대답했다.

"당신은 정부에 대해 죄를 범했습니다. 내 앞에서 인정한들 무슨 도움이 있겠습니까?"

"나는 결국 당신 말을 따를 것입니다. 그러나 오래전부터 나의 변호사인 ○○씨와 상담해 주시겠죠? 그는 나의 오랜 친구입니다."

조사한 결과, 탈세는 장기간에 걸쳐서 이루어졌지만 적발된 금액은 적었

340 간디자서전

다. 우리는 루스탐지가 오래전부터 거래해오던 변호사에게 갔다. 그 변호사는 사건에 대해 조사해보고 말했다.

"이 건은 배심원이 판결할 것이오. 여기 백인 배심원들이 인도인을 방면할 리가 없지 않겠소? 그러나 나는 결코 포기하지 않을 것이오."

이 변호사를 나는 잘 몰랐다. 파르시 루스탐지가 대답했다.

"당신에게 감사드립니다. 그러나 이 건에 대해서 나는 간디 씨의 조언대로 해야만 합니다. 그는 나를 잘 알기 때문입니다. 당신이 그의 조언이 적절하다고 생각하면 조언을 계속 해주십시오."

이 문제를 그대로 두고 우리는 루스탐지의 가게로 갔다.

나는 설득하였다.

"이 건은 법정에 어울린다고 생각하지 않습니다. 기소할지 말지는 조세 관리의 손에 달려 있습니다. 그리고 조세 관리는 법무총재의 지시에 따르도록 되어 있습니다. 나는 두 사람을 만날 생각입니다. 그러나 나는 두 사람이 알지 못하는 탈세까지도 인정할 것입니다. 당신은 두 사람이 결정할 벌금을 지불해야 합니다. 잘 하면 두 사람은 벌금형으로 끝내 줄 것입니다. 그러나 어쩌면 감옥에 가게 될지도 모르니 각오를 해야만 합니다. 내 생각에, 부끄러워할 일은 감옥에 가는 것이 아니라 탈세를 한 사실입니다. 감옥에 가게 되더라도 속죄라고 생각하십시오. 진정한 속죄는 이제 더 이상 탈세를 하지 않겠다고 맹세하는 것입니다."

이 모든 것을 루스탐지가 납득했는지는 말할 수 없다. 그는 용감한 사람이었다. 그러나 이때는 의기소침했었다. 그의 명예가 실추될 시기가 다가오고 있었던 것이다. 자신이 노력해서 세운 건물이 무너져버린다면 어떻겠는가?

그는 말했다.

"나의 머리는 당신의 품속에 있습니다. 당신이 해야만 하는 일들을 하십시오."

나는 이 건에서 설득에 전력을 쏟았다. 나는 조세 관리를 만났다. 탈세에 관해서 두려움 없이 모든 것을 이야기했다. 장부를 전부 보여준다고 말했다. 그리고 루스탐지가 많이 후회하고 있다고도 말했다.

조세 관리는 말했다.

"나는 그 나이 든 파르시교도를 좋아하오. 그러나 그는 바보 같은 짓을 저질렀소. 당신은 나의 의무를 알고 있을 것이오. 나는 법무 총재가 시키는 대로 해야만 하오. 그러니 설득하는 힘은 그에게 쓰시오."

"파르시 루스탐지를 법정으로 끌어내지만 않는다면 나는 만족합니다."

나는 말했다.

이 조세 관리에게 걱정 말라는 말을 듣고 나는 총재에게 편지를 보내어 면회했다. 나의 진실됨을 그는 이미 알고 있었고, 나는 아무것도 숨기지 않는다는 것을 총재 앞에서 증명할 수 있었다.

이 건에 관해서인지 아니면 다른 건으로 접했을 때였는지 잘 기억나지 않지만 총재는 나에게 이런 말을 했다.

"나는 알고 있습니다. 당신에게는 안 된다는 대답은 통하지 않는다는 것을."

루스탐지는 기소되지 않았다. 그가 인정한 탈세액의 2배를 벌금으로 지불하는 것으로 불기소 처분을 받았다.

루스탐지는 탈세의 이야기를 써서 액자에 넣어 그의 사무실에 걸어, 후계자들과 동업자들에게 경고로 삼았다.

루스탐지의 사업상의 동료들은 나에게 주의를 해주었다.

"그것은 진짜 반성이 아닙니다. 일시적인 감상일 뿐입니다."

이 말에 어느 정도 진실이 있는지는 알지 못한다.

나는 이 말도 루스탐지에게 전했다. 그의 대답은 이러했다.

"당신을 속이면 나는 어디로 가겠습니까?"

〈주〉

＊1 스파리(supari) : 빈랑나무의 열매. 잘게 부수어 빵에 넣는다. 빵은 기호품으로 킨마 잎을 뒤집어 바닥에 깔고 그 위에서 아선약(阿仙藥), 소석탄(消石炭)을 반죽해 스파리, 향신료를 넣어서 삼각형으로 싼 것.

＊2 아파리그라하(aparigraha) : 무소유. 사마바바(samabhava) : 평등, 동일.

＊3 바푸(bapu) : 아버지, 또는 아버지 같은 사람. 여기서는 간디의 애칭.

＊4 《건강에 관한 일반적인 지식》 : [원(原)] 간디의 이 테마에 관해 최종적 생각은 1924년에 쓴 《건강의 열쇠》(출판사 : 나바지반 프라카샨 만딜 아무다 워드 14)에 잘 나타나 있다.

＊5 멍콩 즙(mung pani) : 멍콩을 잘 씻어 많은 물을 넣어 뭉근한 불로 삶은 후에 윗물을

따라서 소금을 조금 넣어 먹음. 향신료는 넣지 않음.

*6 마후아(mahua) : 히말라야 산맥과 판자브를 뺀 전 인도에서 볼 수 있는 교목. 열매에서 짠 기름은 소화에 좋다고 함.

*7 아몬드 즙(badam no ras) : 껍질을 벗기고 즙 상태가 될 때까지 잘게 부순 것.

*8 차라카(Charaka) : 인도 고전의학 아유르베다의 의학서 《차라카 본집》의 개편자.

*9 비프 티(beef tea) : 붉은살 쇠고기를 소량의 물에 삶은 국물 음료.

*10 판차마(Panchama) : 5번째를 의미하고 피차별 카스트.

*11 칼렌바흐(Kallenbach, Hermann) : 1871~1945. 유대계 독일인. 건축가. 불교에 대한 관심으로 시작해 간디와 공동생활을 하게 됨. 사티아그라하 투쟁 중, 1,100에이커의 땅을 톨스토이 농원으로 제공.

*12 크샤트리아(Kshatriya) : 바르나 제도상 제2위의 왕후, 무사계급. 종교적 사회적 의무는 정치나 전쟁에서 인민을 지키는 일.

*13 데드(dhedh) : 배설물, 오물을 청소하는 카스트, 또는 그 성원.

*14 방기(bhangi) : 배설물, 오물을 청소하는 카스트, 또는 그 성원.

*15 데드바도(dhedhvado) : 청소인 부락.

*16 앤드루스(Andrews, Chales Freer) : 1871~1940. 1904년 선교사로 인도에 옴. 델리의 세인트 스티펜스 컬리지에서 교편을 잡음. 선배동료 루돌라에게 감화되어, 인도의 민족운동을 이해하게 되어 간디에게 기움. 가난하고 억제당한 사람들을 위해 헌신하여 '딘반두(Dinbandhu, 가난한 자의 벗)'라고 경애를 담은 호칭으로 불렸음.

*17 사스트리 V.S. 쉬리니바스(Shasti, V.S. Shrinivas) : 1862~1949. 애국자, 정치가. 인도의 봉사자협회 회원. 1927년 인도정부로부터 남아프리카에 주재관으로 파견됨. 《자서전》 영어판의 최종 교열자.

*18 아리아(Arya) : 말이라는 기동력과 철이라는 무기로 선주민을 정복한 수렵 목축민. 전통주의자, 아리아를 '고귀'라는 의미로 해석하고 있음.

*19 나머지 두 사람의 이름 : [전(全)] 군반트라이 데사이와 또 한 명.

*20 폴락(Polak, Henry) : 간디의 조력자. 저서 《Mahatma Gandhi. Madras, G.A. Natesan (1931)》에서 간디를 소개.

*21 도크(Dock, Joseph J.) : 바티스트교회파의 목사.

*22 홀리(Holi) : 힌두교의 봄 축제. 파간 월(月)(2월 중순에서 3월 중순) 만월의 날에 축화(祝花)로 홀리카라는 인형을 태움.

*23 13마일 : [全] 14마일.

*24 만트라(mantra) : 베다 시대 신들에게 드리는 기원찬가. 신의 힘이 된다고 함.

*25 사다그라하(sadagraha) : sat(참됨)을 agraha(집요한 주장, 고집)와 합침. 무성음 't'를 유성음 'd'로 바꾸었음.

＊26 사티아그라하(satyāgraha)：satya(진리)를 graha(집요한 주장, 고집)와 합침.

＊27 《남아프리카에서의 사티아그라하의 역사》：[原] 《남아프리카에 있어서 사티아그라하의 역사》의 영역은 나바지반 프라카샨 만딜에 의해 단행본으로 간행.

＊28 잔마슈타미(janmashtami)：슈라반월(月)(7월 중순에서 8월 중순) 흑반월 제8일. 크리슈나가 탄생한 날. 북인도에서는 바든월(月)(8월 중순에서 9월 중순) 흑반월 제8일이지만 이는 역법의 차이에 의함.

＊29 톨스토이 농장：1910년 칼렌바흐가 요하네스버그 교외에 1,100에이커의 토지를 구입해 사티아그라하에 무상으로 제공. 톨스토이의 허가를 얻어 이 이름을 사용함.

＊30 라마잔(Ramazan)：'금식월'. 이슬람력 제9월 라마잔. 이슬람교도는 일출시부터 일몰시까지 단식함. 물도 마시지 않음.

＊31 프라도샤(Pradosha)：저녁까지의 단식.

＊32 세리(sehri)：단식 월의 기간 중 밤이 되어 식사 전에 먹는 가벼운 음식.

＊33 단식을……진정된다：《기타》Ⅱ-59.

＊34 채펄(chappal)：가죽 샌들. 걸을 때 나는 소리로부터 이런 이름이 붙여짐.

＊35 네 번째 주기：산냐스(sannyas). 숲주기에 이어지는 유행기(遊行期).

＊36 랑카(Lanka)섬：라마야나에서 라바나가 지배한 나라. 여기서는 멀리 떨어진 곳을 의미함.

＊37 나이두 사로지니(Naidu, Salrojini)：1879~1949. 여성 시인, 정치가. 1919년 이후 간디의 협력자. 인도 독립 후 연합주지사.

＊38 힘사(himsa)：살생, 폭력.

＊39 '생 수은을… 같다'：생 수은은 내장을 파괴하고 피부를 뚫고 금방 몸 밖으로 나온다고 하여, 그처럼 훔친 물건은 금방 노출된다는 것을 비유함.

# 제5부

## 1 최초의 체험

내가 인도에 도착하기 전에, 피닉스에서 돌아온 사람들이 이곳에 먼저 도착해 있었다. 원래는 내가 먼저 도착해 있을 예정이었지만 전쟁으로 런던에 체류해야 했기 때문에 늦어졌다. 그래서 피닉스의 주민들을 어디에 머물게 할지가 문제였다. 모두가 함께 모여 피닉스 아슈라마에서처럼 살 수 있다면 좋겠다고 생각했다. 나는 이쪽의 아슈라마 경영자를 한 사람도 몰랐기 때문에 일행에게 어디로 가라고 알려줄 수가 없었다. 그래서 앤드루스 씨를 만나 그가 말하는 대로 하라고 편지를 보냈다.

처음에 일행은 캉그리의 구루쿨*¹에 머물렀다. 그곳에서는 스와미 슈라다난드지*²가 일행을 마치 자기 자식처럼 돌봐주었다. 그 뒤에 일행은 샨티니케탄*³에 체재하였다. 그곳에서는 시인*⁴과 샨티니케탄 사람들이 애정을 쏟아주었다. 이 두 곳에서 경험한 것은 일행에게 있어서도 나에게 있어서도 매우 유익한 것이 되었다.

시인, 슈라다난드지, 그리고 수실 루드라*⁵ 씨를 나는 앤드루스 씨의 '3신(트리무르티)'*⁶이라고 생각했다. 남아프리카에서 그는 이 셋을 끊임없이 칭찬했다. 남아프리카에서 우리의 애정에 가득 찬 만남에 대한 많은 추억 중에 이 세 위인의 이름은 언제나 빠지지 않았던 것을 지금도 선명하게 기억한다. 앤드루스 씨는 나의 피닉스 가족을 수실 루드라 씨가 있는 곳에 머물게 해주었다. 그는 아슈라마는 가지고 있지 않았다. 그가 가진 것이라곤 자택뿐이었다. 그러나 그는 자신의 집을 우리 가족에게 양보해 줬다. 그의 아이들은 하루 만에 우리 가족과 완전히 융화되었고, 피닉스 가족들은 피닉스의 일을 완전히 잊어버렸을 정도였다.

내가 뭄바이 항에 상륙했을 때 이 가족들이 샨티니케탄에 있다는 것을 알았다. 고칼레를 만나고 나면 바로 그곳에 서둘러 가야겠다는 마음뿐이었다.

뭄바이에서 환영을 받는 자리에서 나는 작은 사티아그라하를 행해야 했다. 페티트 씨가 나를 위해 어떤 모임을 개최했다. 그곳에서 나는 구자라트어로 답례를 할 용기가 나지 않았다. 이 궁전과 눈앞이 아찔해질 정도의 호화찬란함 속에서는 계약노동자들과 지내온 자신이 초라하게 느껴졌다. 지금 나의 복장에 비하면 그때 몸에 걸친 옷이나 터번은 비교적 세련된 복장이라고 할 수 있다. 그래도 그렇게 치장하고 나온 무리에는 낄 수 없었다. 그러나 어떻게 그곳에서 잘 해내 페로제샤 메타 경의 비호하에 들어갔다.

구자라트 출신들의 모임도 물론 있었다. 우탐랄 트리베디 씨가 이 모임을 개최했다. 나는 이 모임에 대해 미리 몇 가지를 알아두었다. 진나[*7] 씨도 구자라트 출신이었기 때문에 이 회합에 출석했다. 그가 의장이었는지 주요한 연설자였는지 잊어버렸다. 그러나 그는 짧고 훌륭한 연설을 영어로 했다. 다른 연설들도 대부분 영어였던 것으로 어렴풋이 기억한다. 내가 이야기할 차례가 되어 나는 구자라트어로 답례했다. 구자라트어와 힌두스타니어에 대한 애정을 짧은 말로 표현하고, 구자라트 출신자 모임에서 영어로 말하는 것에 대해 조금 저항을 나타냈다. 마음속으로는 이렇게 하는 것에 망설임이 있었다. 오랜 기간 동안 외국에 있다가 돌아온, 경험 없는 사람이 관행에 역행하는 것은 무분별한 것이 아닌가 생각했던 것이다. 그래도 나는 용기를 내어 구자라트어로 답례를 했으나 누구도 반대의 의사를 취하거나 하지 않았다. 모두가 나의 항의를 참아주는 것을 보고 기뻤고, 새롭고 기이하게 생각할 만한 행동을 대중 앞에 보이는 것은 그렇게 어려운 일이 아니라는 결론을 이 모임에서 이끌어냈다.

이렇게 뭄바이에서 이틀 체재하며 초보적인 경험을 하고 나는 고칼레의 명령으로 푸나로 갔다.

### 2 고칼레와 함께 푸나에서

내가 뭄바이에 도착하자 바로 고칼레에게서 전언이 왔다. 뭄바이 지사가 나를 만나고 싶어하니 푸나로 오기 전에 만나는 것이 어떻겠냐는 이야기였다. 그래서 나는 지사를 만나러 갔다. 형식적인 인사 뒤에 지사는 말했다.

"당신에게 한 가지 약속을 받고 싶소. 정부에 대해 당신이 무언가를 호소하게 되면 그 전에 만나서 이야기를 나눠주기를 원하오."

나는 대답했다.

"그 약속은 굉장히 쉬운 일입니다. 원래 사티아그라하로서 나의 규칙은, 누군가에게 반대하여 어떤 수단으로 호소해야 한다면 우선 먼저 그 사람의 견해를 이해하고 그 사람과 타협이 될 때까지 서로 이야기하는 것이기 때문입니다. 남아프리카에서 나는 언제나 이 규칙을 지켰고 여기서도 그렇게 할 생각입니다."

윌링던 경은 감사하면서 이렇게 말했다.

"만나고 싶을 때는 바로 나를 만날 수 있을 것이오. 정부는 고의로 무언가 나쁜 일을 하지 않는다는 것을 알아주길 바라오."

나는 대답했다.

"그 신뢰야말로 나의 버팀목입니다."

나는 푸나에 도착했다. 그곳에서 있었던 귀중한 시간들을 모두 이야기할 수는 없다. 고칼레와 인도 봉사자 협회의 회원들은 나에게 애정을 베풀어 주었다. 기억에 의하면 고칼레는 회원들을 푸나에 소집했다. 회원들과 많은 일에 대해서 마음을 열고 서로 이야기했다. 고칼레는 내가 입회해 주기를 강하게 원했다. 나의 바람도 같았다. 그러나 협회의 이념과 활동방식이 나와는 다르다고 회원들은 생각했다. 그렇기 때문에 나를 받아들여야 할 지에 대해 회원들은 고심했다. 나에게는 자신의 이념을 고집하면 할수록 그만큼 다른 사람들의 이상과 타협하고 함께 해 나갈 수 있는 성질이 있다고 고칼레는 믿고 있었다. 그는 말했다.

"우리 회원들은 아직 당신의 타협성에 대해 알지 못하오. 자기 이념을 고집하는 자립한 완고한 사상을 가진 사람이라고 생각하여 당신을 받아들이지 않는다 해도 당신에 대한 존경이나 애정이 적다고 생각하지 말아주시오. 이 애정을 무너뜨리지 않기 위해서 무언가 위험을 무릅쓸 우려도 있소만, 당신이 협회의 정식 회원이 되건 아니건 나는 당신을 회원으로 생각하고 있소."

나는 자신의 생각을 고칼레에게 전했다.

"나는 협회 회원이 되건 못 되건 아슈라마를 열어 피닉스 동료들을 불러 정착시키려고 생각합니다. 구자라트 출신자이므로 구자라트를 통해 봉사할 일이 많아야 한다고 믿기에 구자라트 어딘가에 정착하는 것이 나의 소원입니다."

고칼레는 이 생각이 마음에 들어 이렇게 말했다.

"부디 그렇게 하시오. 회원들과 이야기한 결과가 어떻든 당신은 아슈라마를 위한 자금을 나에게서 받게 될 것이오. 당신의 아슈라마는 내 것이라고도 생각하니까."

나의 가슴은 기쁨으로 벅차 올랐다. 자금을 모으는 일에서 해방되었다고 생각하니 너무나 기뻤다. 더 이상 내가 책임지지 않아도 된다. 그뿐인가? 어려울 때에는 언제라도 나에게 길을 제시해 줄 사람이 있다고 믿음으로써 내 위에 얹혀 있던 무거운 짐이 덜어졌다고 생각했다.

고칼레는 데브*8 박사를 불러 이야기했다.

"간디 씨의 구좌를 우리 장부에 열어 놓으시오. 아슈라마와 공적 활동을 위해 그가 필요로 하는 돈을 건네주시오."

푸나를 떠나 샨티니케탄으로 갈 준비를 하고 있었다. 마지막 밤, 고칼레는 특별한 친구들을 초대해 내가 좋아할 만한 파티를 열어주었다. 파티에는 내가 먹던 음식, 즉 말린 과일과 신선한 과일을 가득 준비해 주었다. 파티는 그의 자택에서 얼마 안 떨어진 곳에서 열렸으나 그는 파티에 참석할 수 있는 상태가 아니었다. 그러나 그의 애정은 그를 집에 머물러 있게 하지 못했다. 그는 참가하겠다고 고집을 피워 참석은 했으나 의식을 잃고 쓰러져 자택으로 다시 돌아가야 했다. 그의 이러한 상태는 이따금씩 일어나는 일이었다. 그래서 그는 돌아가서도 파티를 계속하라고 전해왔다. 파티는 협회 아슈라마의 게스트 하우스 옆에 있는 정원에서 열렸다. 깔개를 펼치고 앉아 땅콩, 대추야자 열매를 먹으며 친근하게 이야기를 나누고 서로 마음을 보다 잘 알게 되었다.

그러나 고칼레의 이 졸도는 내 생애에 있어서 일반적인 사건으로 끝날 일이 아니었다.

### 3 그것은 협박인가?

형의 미망인과 다른 친척들을 만나기 위해 뭄바이를 떠나 라지코트와 포르반다르로 향했다. 남아프리카에서 사티아그라하 투쟁 기간 중, 나는 복장을 계약노동자들과 똑같이 하고 있었다. 영국에서도 집에서는 이 복장을 하고 있었다. 인도에 와서 나는 카티아와르식 복장을 하기로 했다. 그것은 남아프리카에서도 언제나 손에 닿는 곳에 두었었다. 그래서 나는 뭄바이에 그 복장으로 상륙했다. 즉 쿠루타, 겉옷, 도티와 흰 터번. 이 모든 것은 인도의 공장에서 만든 옷감이었다. 나는 뭄바이에서 카티아와르까지 3등석을 타고 가기로 했다. 그러는 동안 점점 터번과 겉옷이 거추장스럽게 느껴졌다. 그래서 쿠루타와 도티만을 입고 10안나 정도 하는 캐시미어 모자를 사서 썼다. 이런 복장을 하는 사람은 가난한 사람으로 분류되기 때문이다. 이때 비람감인지 와드완에서 페스트 때문에 3등석 승객에게는 검역이 행해지고 있었다. 나에게는 열이 조금 있었다. 검역관은 나의 손을 잡아보고 열이 있다는 것을 알았다. 그래서 라지코트에서 의무관에게 출두할 것을 명하고 나의 이름을 적었다.

뭄바이에서 누군가 전보나 편지를 보냈는지, 와드완역에 현지 봉사활동가로 유명한 재봉사 모틸랄이 나를 마중 나와 주었다. 모틸랄은 비람감의 세관 검사와 그로 인해 일어나는 재난에 대해서 이야기했다. 나는 열 때문에 괴로워서 별로 이야기할 기분이 아니었다. 나는 짧게 대답했다.

"당신은 감옥에 갈 각오가 되어 있습니까?"

모틸랄도 생각해본 적도 없으면서 열정에 들떠 대답하는 많은 젊은이들과 같을 것이라고 나는 생각했다. 그러나 모틸랄은 단호하게 대답했다.

"우리들은 물론 감옥에 갈 것입니다. 그러나 당신이 우리를 지도해주어야 합니다. 카티아와르 출신자로서 우리들은 당신에 대해 가장 먼저 우선권을 가지고 있습니다. 지금은 당신을 이곳에 붙잡아 둘 수 없지만 돌아갈 때 당신은 와드완에서 내려야 합니다. 이 젊은이들의 활동과 정열을 보면 당신은 기뻐할 것입니다. 당신은 언제고 우리들을 당신의 군대에 넣을 수 있습니다."

나는 모틸랄에게 매혹되었다. 다른 동료들이 모틸랄을 칭찬하면서 말했다.

"이 형제는 재봉사입니다. 솜씨가 뛰어나서 하루 1시간씩 일을 하고 매월 15루피 정도의 생활비를 법니다. 나머지 시간은 전부 공적인 봉사활동을 위해 쓰고 있습니다. 교육 받은 우리 전원을 훌륭하게 이끌며 우리를 부끄럽게 만듭니다."

나중에 나는 모틸랄과 자주 만나게 되었다. 모틸랄에 대한 찬사에는 눈곱

만큼의 과장도 없었다. 사티아그라하 아슈라마가 설립되자 모틸랄은 매월 며칠씩은 그곳에서 지냈다. 아이들에게 재봉을 가르치고 아슈라마의 재봉일을 맡아 해주었다. 비람감의 일에 대해서 매일 나에게 들려주었다. 승객들이 당하는 고난은 모틸랄에게 참을 수 없는 일이었다. 이 모틸랄은 젊은 나이에 병으로 죽고 말았다. 모틸랄을 잃고 와드완은 쓸쓸한 곳이 되었다.

라지코트에 도착한 다음날 명령에 따라 병원에 출두하였다. 그곳에는 나를 모르는 사람은 거의 없었다. 의무관은 부끄러워하며 그 검역관에 대해 화를 냈다. 나는 그가 화를 내는 이유를 알 수 없었다. 출두하도록 명령하는 것은 그 검역관의 의무였다. 그러나 여기에서 나는 잘 알려져 있었기 때문에, 라지코트에서 검사를 받는 대신 검역관들이 집에 찾아와서 검사했다.

이런 문제에서는 3등석 승객에 대한 검역이 필요하다. 사회적인 위치가 높다고 해도 3등석에서 여행을 한다면, 가난한 사람들에게 적용되는 여러 가지 규칙을 자주적으로 지켜야 한다. 공무원들은 차별을 두어서는 안 된다. 그러나 나의 경험에 의하면 공무원들은 3등석 승객을 인간이 아니라 동물로 보고 있었다. 그들에게 '너'라는 호칭 이외에 다른 호칭은 없었다. 3등석 승객들은 얼굴을 마주보고 대답하지도 못하고 말대답은 감히 생각도 못한다. 마치 공무원의 하인처럼 취급당하고 있다. 공무원들은 때리고 차고 강탈하고 기차에 태우지 않거나 표를 사는 것도 힘들게 한다. 이 모든 것을 나는 경험했다. 이런 상황이 개선되기 위해서는, 교육을 받고 유복한 사람이 몇 명 가난한 사람처럼 3등석으로 여행을 하며, 가난한 사람들이 받는 고통·무례·부정·부도덕에 대해 묵묵히 참지 않고 대항해야 한다.

카티아와르에서는 어딜 가나 비람감의 세관검사에 대해서 불만이 많았다.

그래서 나는 윌링던 경이 제의했던 일을 바로 활용했다. 이에 관계된 모든 서류를 손에 넣는 대로 읽었다. 불만들에는 매우 진실성이 있어 보였다. 이에 관해서 나는 뭄바이 정부와 편지 왕래를 시작했다. 비서를 만나고 윌링던 경도 만났다. 경은 동정의 뜻을 나타내면서 델리의 태만을 비난하였다.

"우리 관할이었다면 그 세관은 벌써 폐지되었을 것입니다. 중앙정부로 가세요."

그의 비서는 이렇게 말했다.

이리하여 중앙정부와의 서신왕래도 시작되었다. 그러나 편지를 받았다는 소식 이외에 아무런 답장이 없었다. 쳄스퍼드 경을 면회하게 되었을 때, 즉 약 2년 정도의 서신 왕래 후에 이 건에 대한 조사가 시작되었다. 내가 이야기를 시작하자 경은 깜짝 놀랐다. 경은 비람감에 대해 아무것도 몰랐다. 나의 이야기를 주의 깊게 듣고 즉시 전화하여 비람감의 서류를 가져오게 했다. 만약 당신이 말하는 것에 당국자들의 이의가 없다면 바로 세관을 폐지하겠다고 약속해 주었다. 이 회견 후 며칠이 지나, 나는 신문에서 세관 폐지 공고문을 읽었다.

나는 이 승리가 사티아그라하의 초석이라고 생각했다. 비람감에 관해 뭄바이 정부의 차관과 이야기를 하고 있을 때, 그는 나에게 그 일에 관해서 바가스라에서 한 연설문의 복사본을 가지고 있다고 말했다. 그 연설에서 사티아그라하를 언급한 것에 대해서 그는 불쾌함을 드러냈다.

"당신은 이것을 협박이라고 생각하지 않습니까? 이렇게 강력한 정부가 이런 협박에 굴하겠습니까?"

나는 대답했다.

"이것은 협박이 아닙니다. 이것은 대중을 위한 교육입니다. 사람들에게 자신들이 받는 고통을 없애기 위해서 도리에 맞는 모든 방법을 가르치는 것은 나 같은 사람들의 의무입니다. 자유를 원하는 사람들은 자신을 지키기 위한 최후의 수단을 갖고 있어야 합니다. 일반적으로 이러한 수단은 폭력적입니다만 사티아그라하는 순수하게 비폭력적인 무기입니다. 그것의 사용방법과 규범을 알리는 것은 나의 의무라고 생각합니다. 영국정부가 강력하다는 것에 대해서는 의심의 여지가 없습니다. 그러나 사티아그라하가 최대의 무기라는 것도 나는 의심하지 않습니다."

현명한 차관은 고개를 끄덕이고 말했다.

"사태를 지켜보기로 합시다."

## 4 샨티니케탄

라지코트에서 샨티니케탄으로 갔다. 그곳의 교사들과 학생들이 나에게 애정을 베풀어주었다. 환영 방법도 검소함과 예술과 애정의 훌륭한 융합이었다. 그곳에서 나는 카카사헤브 칼렐카르와 처음 만났다.

칼렐카르가 왜 카카사헤브라고 불리는지 당시에 나는 몰랐다. 그런데 나중에 알고 보니 그는 나와 같은 시기에 영국에 있었는데, 그때 친해진 케샤브라오 데슈판데가 바로다 왕국에서 강가나드 학교를 운영하고 있었다. 그의 많은 생각 중 하나가 학교에 가족적인 분위기가 있어야 한다는 것이어서 모든 교사들에게 별명을 붙여주었다고 한다. 칼렐카르에게는 카카*⁹, 파드케에게는 마마*¹⁰라는 별명이 붙었다. 하리하르 샤르마는 안나*¹¹가 되었다. 다른 교사들에게도 적당한 이름이 붙었다. 카카의 친구인 아난다난드 스와미, 마마의 친구인 파트와르단 압파*¹²가 그 뒤로 가족이 되었다. 이 가족 중 앞에 말한 다섯은 차례차례 나의 친구가 되었다. 데슈판데는 사헤브*¹³로 알려져 있다. 사헤브의 학교가 폐쇄되고 이 가족들은 뿔뿔이 흩어져버렸지만 이들의 정신적인 유대관계는 사라지지 않았다. 카카사헤브는 여러 경험을 쌓았고 그러한 경험 중 하나로 지금 샨티니케탄에 살고 있다. 이 단체의 또 한 사람인 찬타만 샤스트리도 그곳에 살고 있었다. 이 두 사람은 산스크리트어 교사로 활동했다.

샨티니케탄에서 우리 일행은 별도의 건물에 숙박하였다. 이곳에서 마간랄 간디가 우리 일행을 돌봐주었고 피닉스 아슈라마의 모든 규칙을 여전히 잘 지키고 있었다. 마간랄 간디는 샨티니케탄에서도 애정과 지식과 근면으로 자신의 향기를 퍼뜨리고 있었다. 이곳에 앤드루스 씨와 피어슨*¹⁴ 씨도 와있었다. 야가다난드바부, 네팔바부, 산토슈바부, 카시티모한바부, 나겐바부, 샤라드바부, 그리고 칼리바부와 우리들은 매우 친하게 지냈다.

내 성격이 그렇듯, 나는 학생들과 교사들에게 융화되어버렸다. 그리고 자립에 대해서 모두와 의견을 나누었다. 우선 임금을 지불하는 요리사 대신에 교사들과 학생들이 자신들의 식사를 만드는 것이 좋다고 이야기했다. 그러면 교사들이 취사장을 건강하고 도덕적으로 관리할 수 있고, 학생들도 자립과 자취의 실제 교육을 배울 수 있다. 나는 이 일을 그곳 교사들에게 제안했다. 한두 명의 교사는 머리를 저으며 찬성하지 않았지만 몇몇 사람들은 이 일을 굉장히 마음에 들어 했다. 아이들은 어떤 일이든 새로운 일이라면 좋아했기에 무척 마음에 들어 했다. 실험이 시작되었다. 시인 타고르에게 이 일을 제안하자 시인은 교사들이 동의한다면 물론 자신도 이 실험에 동참하겠다고 했다. 시인은 학생들에게 말했다.

"이 실험에 자치의 열쇠가 있다."

피어슨 씨는 실험을 성공시키기 위해 온 힘을 기울였다. 그는 이 일을 굉장히 마음에 들어 했다. 채소를 써는 조와 곡물을 씻는 조가 만들어졌다. 취사장 주위를 위생적으로 청소하는 작업에 나겐바부 등이 참여했다. 이 사람들이 가래 등을 들고 일하는 모습을 보고 나는 가슴이 뛰었다.

그러나 이 작업은 125명의 학생과 교사들이 모두 자신들이 할 일이라고 생각하기에는 아직 무리가 있었다. 그래서 매일 토론을 했다. 피곤에 지친 사람도 있었다. 그러나 피어슨 씨가 피곤에 지치는 일은 없었다. 그는 웃는 얼굴로 취사장에서 할 수 있는 일은 무엇이든 했다. 큰 취사도구를 닦는 것이 그의 임무였다. 집기를 닦는 조의 피로를 달래기 위해 몇몇 학생들이 그곳에서 시타르*15 연주를 했다. 각각의 일을 학생들은 자신의 일처럼 열심히 했다. 샨티니케탄 전체가 꿀벌의 집처럼 붕붕거리기 시작했다.

이러한 변화는 한 번 시작되면 멈추지 않는 법이다. 피닉스의 취사장은 자립했을 뿐더러 식사는 아주 검소한 것이 되었다. 향신료는 쓰지 않았고 쌀, 달*16콩, 채소나 밀가루도 쪄서 조리했다. 벵골의 식사를 개선하자는 생각에서 피닉스 같은 요리법을 시작했다. 그리고 한두 명의 교사와 몇몇 학생이 참가했다. 이러한 여러 실험을 통해서 공동 취사장을 자립시키는 실험을 시작할 수 있었다.

그러나 결국 몇 가지 이유로 이 실험은 중단되었다. 그래도 이 세계적으로 유명한 학교가 단기간 동안 이 실험을 실행하여 잃은 것은 없었고, 실험을 통해서 얻은 많은 체험이 학교에 있어서 유익한 것이 되었다고 나는 믿는다.

나는 샨티니케탄에서 한동안 머물고 싶었으나 신은 나를 억지로 끌고 가셨다. 나는 겨우 일주일이나 있었을까? 그때 푸나로부터 고칼레가 서거했다는 전보를 받았다. 샨티니케탄은 슬픔에 잠겼다. 내게 모두가 조문하러 와주었다. 사원에서 추도집회가 행해졌는데 이런 엄숙한 광경은 지금까지 본 적이 없었다. 나는 그날로 푸나를 향해 출발했다. 나의 아내와 마간랄 간디가 동행했다. 다른 모든 사람은 샨티니케탄에 머물렀다.

앤드루스 씨는 부르드완까지 나와 함께 했다. 그는 나에게 물었다.

"인도에서 사티아그라하를 할 기회가 올 것이라고 생각하십니까? 그렇다면 그건 언제가 되겠습니까?"

나는 대답했다.

"그것은 대답하기 곤란합니다. 1년간 나는 아무것도 안 하기로 되어 있습니다. 고칼레가 서약을 시켰는데, 나는 1년간 여행만을 하고 어떠한 공적인 문제에도 의견을 내지 않고 발언하지 않기로 했습니다. 이 맹세를 그대로 지킬 생각입니다. 나중에 어떤 문제에 대해서 무언가를 말해야 한다면 그때 할 생각입니다. 그러니 5년 동안은 사티아그라하를 할 기회가 없을 것입니다."

여기서 이것만 말해두겠다. 《인도의 자치》에서 내가 표명한 생각을 고칼레는 이렇게 놀렸었다.

"인도에 1년 있어보면 당신의 생각은 자연히 달라질 것이오."

## 5 3등석의 고난

부르드완에 도착해서 우리들은 3등석 차표를 사기로 했다. 차표를 사는 것부터 고생이었다. "3등석 승객에게는 미리 표를 팔지 않는다"는 답변이었다. 나는 역장을 만나러 가기로 했다. 그러나 아무도 역장이 있는 곳을 가르쳐 주지 않았다. 누군가가 불쌍하게 생각하여 역장이 있는 곳을 알려주었다. 그래서 나는 그곳에 갔으나, 역장에게도 똑같은 말을 들었다. 그래서 창구가 열리기를 기다렸다가 표를 사러 갔다. 그러나 표는 좀처럼 손에 넣을 수 없었다. 완력이 있는 승객이 계속 새치기를 하여, 우리 같은 사람들은 자꾸 뒤로 밀려났다. 그러다 드디어 표를 손에 넣었다.

열차가 왔다. 그곳에서도 완력이 있는 자들이 억지로 끼어들었다. 타고 있던 승객들과 끼어든 자들 사이에 온갖 욕설이 오가며 서로 밀고 당기기 시작했다. 이러한 일에 끼어드는 것은 내게는 불가능했다. 우리 세 사람은 이쪽 저쪽을 돌아다녔지만 어느 곳이나 마찬가지였다. 3등칸에는 자리가 없다고 차장에게 가서 말했으나 차장은 "자리가 있으면 타고 없으면 다음 열차로 가라"고 말했다.

나는 정중하게 말했다.

"그렇지만 나에게는 중요한 볼일이 있습니다."

이런 말을 듣고 있을 짬이 차장에게는 없었다. 나는 포기했다. 마간랄에게 자리가 있는 곳으로 가서 앉으라고 말했다. 아내와 나는 3등석 표를 가지고 인터클래스*17 차량으로 들어갔다. 차장은 내가 그곳으로 가는 것을 보고 있었다.

아산솔 역에서 차장은 초과요금을 받으러 왔다. 나는 말했다.

"나에게 자리를 만들어 주는 것이 당신의 역할입니다. 자리가 없기 때문에 우리가 여기에 있는 것입니다. 그곳으로 갈 테니 나에게 3등석 자리를 만들어 주십시오."

"나와 승강이할 생각은 마라. 자리는 없다. 초과요금을 내지 않으려거든 내려라."

나는 어떻게 해서든 푸나에 가야만 했고, 차장과 싸울 용기는 없었다. 할수 없이 요금을 지불했다. 차장은 푸나까지의 요금을 걷어갔다. 나는 이 불공정한 일이 심히 마음에 거슬렸다.

아침이 되어 무갈사라이 역에 도착했다. 마간랄은 3등칸에 자리를 확보했다. 무갈사라이 역에서 나는 3등칸으로 자리를 옮겼다. 나는 검표원에게 사정을 설명하고, 3등칸으로 옮겼다는 증명서를 달라고 했다. 검표원은 거부했다. 나는 초과요금을 돌려주기를 요구하는 편지를 철도 당국에 썼다.

"증명서 없이 초과요금을 반환하는 규정은 없다. 그러나 당신의 건에 대해서는 반환하기로 한다. 부르드완, 무갈사라이 사이의 초과 요금은 반환할 수 없다."

이러한 내용의 답장을 받았다.

이 밖에도 3등석 여행에 대한 경험은 너무나 많아서 책으로 만들어도 될 정도이다. 그러나 이러한 경험을 모두 이 자리에서 이야기할 수는 없다. 신체적으로 무리가 생겨 이제 3등석 열차 여행은 그만 두었다. 이것이 언제나 마음에 걸렸고 앞으로도 그럴 것이다. 3등석 여행에는 철도 당국자의 방자한 태도에서 생겨난 고생도 있지만 3등석에 타는 승객들의 난폭한 행위, 불결함, 이기주의와 무지 때문에 생겨난 고생도 적지 않았다. 안타까운 일이지만 자신들이 난폭한 행동을 하고 있다거나, 더러움을 확산시키고 있다거나, 자신의 편의만을 요구하고 있다는 것을 승객들은 거의 알지 못했다. 자기들의 행동이 모두 자연스러운 일이라고 생각하고 있었다. 우리처럼 교육받은 자들이 그러한 일에 관심을 갖지 않기 때문이다.

녹초가 되어 칼얀 역에 도착했다. 나는 몸을 씻고 싶어서, 마간랄과 함께 역의 수도에서 몸을 씻었다. 그리고 아내가 씻을 준비를 하려고 할 때 인도 봉사자 협회의 카울 씨가 우리를 발견했다. 그도 푸나에 가는 길이었다. 아내를 2등칸 욕실에서 씻을 수 있도록 데리고 가겠다고 말했다. 이 호의를 받아들이는 것에 우리는 조금 망설였다. 아내에게는 2등칸의 욕실을 쓸 권리가 없다는 것을 모두 알고 있었기 때문이다. 그러나 나는 아내가 욕실에서 몸을 씻는 일의 부당성에 눈을 감고 말았다. 진리의 신봉자로서 이것은 참으로 부적절한 일이었다. 아내가 그곳에 가겠다고 강하게 주장한 것도 아니다. 그러나 남편이라는 망령의 금 그릇이 진리에 뚜껑을 덮고 말았다.

## 6 나의 노력

푸나에 도착해서 법요*18를 거행하러 다녀온 뒤 우리들 모두는 인도 봉사자 협회의 운영을 어떻게 할지, 내가 회원으로 들어가야 하는지의 문제를 의논했다. 나에게 무거운 짐이 지워졌다. 고칼레가 살아 있을 때 나는 협회에 들어갈 필요가 없었다. 나는 그저 고칼레의 명령과 의향에 따르면 되었다. 이러한 입장은 내가 원하는 바였다. 인도라는 폭풍우 치는 대해로 뛰어들 때 나는 키잡이를 필요로 했고, 고칼레라는 키잡이 밑에서 보호받을 수 있었다.

그래서 나는 협회에 들어가기 위해서 끊임없이 노력해야만 한다고 생각했고, 고칼레의 영혼은 실로 이것을 원한다고 느꼈다. 나는 겁먹지 않고 단호하게 이 노력을 시작했다. 당시 협회 회원 대부분이 푸나에 있었다. 회원들을 설득하여, 나에 관해 품고 있는 우려를 없애려 하였다. 그러나 내가 알게 된 바에 의하면 회원들 사이에는 의견이 크게 갈라져 있었다. 한편에선 나의 입회를 지지했고 다른 한편에서는 단호하게 반대했다. 나는 양쪽 모두에게서 나에 대한 애정을 볼 수 있었다. 그러나 협회에 대한 충성심은 특별한 것이어서 나에 대한 애정을 훨씬 뛰어넘었다.

이러한 애정이 바탕에 있었기 때문에 우리의 논의는 기분 좋은 것이었고 그저 원칙에 따라 행해진 것이었다. 반대 측 사람들은 많은 문제에서 나와 자신들의 생각에는 양극의 차가 있다고 생각하고 있었다. 더욱이 이 일 이상으로, 고칼레가 협회를 설립했을 때 염두에 두었던 목적이 내가 입회함으로 인해 위기에 처할 가능성이 충분히 있다는 것을 느끼고 있었다. 당연한 일이지만 나는 이런 일은 견딜 수 없다고 생각했다.

오랜 시간에 걸쳐 의논한 후에 해산하였다. 회원들은 최종결정을 다음 번까지 기다리기로 했다.

집으로 돌아가면서 나는 생각의 소용돌이에 휘말리고 말았다. 다수결로 입회를 결정하는 것이 과연 바람직한가? 그것을 고칼레에 대한 나의 충성심이라고 말할 수 있는가? 만약 반대표가 나온다면 협회를 분열시키는 원인이 되지는 않을까? 확실한 것은, 협회원들 사이에 나의 입회에 관한 의견이 갈라져 있는 이상 나 자신은 입회를 강하게 주장하는 것을 그만두어야 하고, 미묘한 입장에 빠진 반대 측을 구해야 한다는 것이었다. 그것이야말로 협회와 고칼레에 대한 나의 충성심이었다. 내 안의 영혼이 이렇게 결정을 내리자 바로, 입회에 관한 회합은 개최하지 말도록 샤스트리 씨에게 편지를 썼다. 반대하는 사람들은 이 결정을 굉장히 환영했다. 딜레마에서 벗어났기 때문이다. 그 사람들과 나 사이의 애정 어린 유대는 더욱 강해졌다. 그리고 협회의 입회 신청을 철회하고 나서 비로소 나는 진정한 회원이 되었다.

내가 정식 회원이 되지 않은 것은 잘한 일이었다. 그리고 나의 입회에 반대한 회원들이 옳았다. 그 사람들과 나의 원칙 사이에 서로 다른 점이 있었다는 것은 경험이 증명하고 있다. 그러나 견해의 차이를 서로 알았음에도 불구하고 우리 사이에 마음의 차이는 생겨나지 않았고, 뒤끝이 안 좋은 일도 결코 없었다. 의견의 차이가 있어도 우리 회원들은 형제이자 친구였다. 협회는 나에게 있어서 순례지였다. 설령 세간의 측면에서 보면 나는 협회원이 아니었을지라도 정신적인 면에서는 회원이었다. 세간적인 관계보다 정신적인 관계는 훨씬 귀중하다. 정신적인 관계 없는 세간적인 관계는 생명이 없는 육체와 같기 때문이다.

### 7 쿰부 멜라*19

나는 프란지반다스 메타 박사를 만나기 위해 랑군에 가게 됐다. 그곳에 가는 도중 캘커타에서 부펜드라나트 바수 씨의 초대를 받아 그 집에 머물렀다. 이곳의 벵골식 환대는 도를 넘어선 것이었다. 그 무렵 나는 과실식만을 하고 있었다. 나와 함께 아들 람다스도 있긴 했지만, 그는 나를 배려하여 캘커타에서 구할 수 있는 모든 종류의 말린 과일과 신선한 과일을 사들였다. 여자들은 밤을 새서 피스타치오 등을 물에 불려 껍질을 벗겼다. 신선한 과일도 가능한 한 아름답게 담겨 있었다. 나의 동료들을 위해서도 많은 요리들이 준비되었다. 나는 이 애정과 환대를 이해는 했지만, 얼마 안 되는 손님을 위해 온 가족이 하루 종일 매달린다는 것은 견디기 힘들었다. 그러나 나는 이 곤란함에서 벗어날 방법이 없었다.

랑군에 갈 때 나는 증기선의 갑판 승객이었다. 바수 씨의 집이 애정에 의한 고생이었다면 증기선은 그 반대의 고생이었다. 갑판 승객의 고생을 뼈저리게 체험했다. 몸을 씻는 곳은 서 있을 수 없을 정도로 불결했고, 화장실은 마치 지옥의 늪처럼 똥 오줌 사이를 피해 걷거나 건너뛰어야 했다. 나에게 이 불편은 엄청나게 괴로운 일이었다. 나는 사무장이 있는 곳으로 갔지만 누구 하나 귀를 기울여주지 않았다. 승객들은 자신들의 오물로 갑판을 엉망으로 만들었다. 곳곳에서 토사물과 씹는 담배 타액을 물대포처럼 뱉어내고, 식사하고 남은 것을 내던지는 등 그 더러운 광경은 말로 다 할 수 없었다. 다들 가능한 한 많은 장소를 차지하려 하였고 누구 하나 다른 사람의 편의를 생각하지 않았다. 혼자서 가능한 한 많은 자리를 차지하려고 필요 이상의 짐으로 자리를 점령하고 있었다. 그 이틀은 심한 고생 끝에 지나갔다.

랑군에 도착한 나는 선박회사에 모든 것을 적어 보냈다. 돌아가는 길도 나는 갑판승객을 자처했다. 그러나 편지와 메타 박사의 수고로 비교적 편하게 돌아갔다. 나의 과실식의 번거로움은 여기서도 꽤나 성가신 것이었다. 메타 박사의 집은 곧 나의 집이라고 생각할 정도로 그와의 관계는 친밀했다. 그래서 나는 음식의 종류에는 제한을 두었지만 가짓수는 정해놓지 않았었다. 이 때문에 여러 가지 말린 과일이 나왔고 나는 그것을 거부하지 못했다. 식사 시간은 자유였지만 나는 빨리 정리하는 것을 좋아하였기 때문에 늦어지는 일은 없었다. 그런데도 금방 밤 8, 9시가 되어버렸다.

1915년에 하르드와르에서 쿰부 멜라가 있었다. 제례에 가고 싶은 마음은 그다지 없었다. 그렇지만 나는 마하트마 문시람지를 만나러 가고 싶었다. 쿰부 때 고칼레의 봉사자 협회는 대부대를 보냈다. 준비는 흐리다야나드 쿤즈루 씨가 하고 있었다. 데브 박사도 그 부대에 있었다. 여기에 협력하기 위해서 나도 한 부대를 데리고 가기로 결정했다. 마간랄 간디는 샨티니케탄에 체류 중인 우리 피닉스 가족들을 데리고 나보다 먼저 하르드와르에 도착하였다. 나는 랑군에서 돌아와 그들과 합류했다.

캘커타에서 하르드와르에 도착하기까지 상당한 고생을 해야만 했다. 기차에서는 가끔 불빛마저 꺼져버렸고, 사하란푸르부터 승객들은 화물이나 가축용 화차에 밀려들어가 있어야 했다. 뚜껑 없는 차는 위에서 정오의 햇볕이 내리쬐고 아래는 철판만 깔린 바닥에서 뜨거운 열기가 올라왔다. 이곳에서의 고통은 말할 것도 없었다. 그래도 경건한 힌두교도들은 심하게 목이 말랐음에도 불구하고, 무살만 파니*20가 오더라도 결코 마시려 하지 않았다. 힌두 파니*21의 부르는 소리가 나면 그때서야 마셨다. 실로 경건한 힌두교도들에게 의사가 약 대신 술을 주거나, 이슬람교도인가 그리스도교도인 약제사가 물이나 고기 수프를 주면 망설임 없이 받아먹었다. 그때는 그 어떠한 것도 따지려 하지 않았다.

샨티니케탄에 있을 때부터 청소부의 일이 우리가 인도에서 할 특별한 일이 된다는 것을 알았다. 봉사원들을 위해 거처하는 곳에는 텐트가 쳐있었지만, 데브 박사는 용변 처리를 위해 몇 개의 구덩이를 파게 하였다. 그러나 그 구덩이의 청소는, 돈을 지불하면 해 줄 사람이 나타날 것이라 생각하고 그때 시키려고 했던 것 같다. 그래서 이 구덩이에 담기는 분뇨에 그때마다 흙을 덮거나 청소하는 작업은 피닉스 대원들에게 분담시키자고 내가 제안했더니 데브 박사는 크게 기뻐하며 동의해 주었다. 이 봉사를 제안한 것은 나였지만 일을 할 부담을 떠안은 것은 마간랄 간디였다.

내가 하는 일이라고 하면 거의 텐트 안에 앉아 접견하는 일, 찾아오는 많은 순례자들과 종교나 정치 같은 이야기들을 하는 것이 다였다. 계속 접견하는 일이 나는 힘들어졌다. 1분의 휴식도 없었기 때문이다. 목욕하러 갈 때도 알현을 원하는 자들이 나를 혼자 두지 않았다. 이런 지경에 식사할 때라고 혼자 있을 수 있었겠는가? 텐트 안에서도 한 순간도 혼자 있을 수 없었다. 남아프리카에서 한 아주 조금의 봉사가 전체 인도인에게 상당히 깊은 영향을 미쳤다는 것을 나는 하르드와르에서 실감했다.

나는 맷돌 사이에서 갈리기 시작했다. 나를 모르는 곳에서는 3등 승객으로 고생하고, 체류하는 곳에서는 알현을 원하는 사람들에 치어 고생한다. 둘 중 어느 쪽 입장이 더 괴로운지 말하는 것은 나에게 거의 불가능하다. 알현을 원하는 사람들의 애정 표현에 대개의 경우는 화가 났고 마음속에서는 그로 인해 더욱 괴로웠던 것만큼은 알고 있었다. 3등석의 고난은 나에게 불편을 주기는 하였으나 화가 난 적은 거의 없었고, 오히려 그에 의해 나는 향상되었다.

그때는 체력이 있었기 때문에 많이 돌아다녔다. 당시에는 걸어다니기 어려울 정도로 유명하진 않았다. 걸어다니면서 나는 사람들의 경건한 감정 이상으로 광기, 경박함, 위선, 무질서를 많이 보았다. 수행승들이 모여 있었다. 수행승들은 그저 푸아*²²나 키르*²³를 먹기 위해서 태어난 것처럼 보였다. 그곳에서 나는 다리가 5개인 암소를 보고 깜짝 놀랐다. 그러나 사정을 아는 사람들이 나의 무지를 깨우쳐 주었다. 다리가 다섯인 암소는 사악하고 탐욕스런 사람들에게 희생당한 것이었다. 이 소의 어깨를 절개하여 거기에 살아있는 송아지의 다리를 잘라서 붙인 것이었다. 이 이중의 도살행위는 무지한 인간들을 속이기 위해서였다. 사람들이 다리가 다섯 달린 암소에게 절을 하고 있으면 대체 어떤 힌두교도가 현혹되지 않겠는가? 절을 하기 위해서라면 아무리 많은 돈을 지불하더라도 아까워하지 않을 정도였다.

쿰부의 날이 되었다. 나에게는 경사스런 날이었다. 나는 순례를 할 마음으로 하르드와르에 온 것이 아니었다. 성지에서 신성한 것을 찾아 돌아다니는 허황된 욕심은 나에게는 없었다. 그러나 170만 명의 사람들이 모두 허황된 위선자라는 것은 아니다. 제례에는 170만 명의 사람들이 찾아왔다고 한다. 이 중 셀 수 없이 많은 사람들이 공덕을 쌓고 정화를 구하기 위해서 왔다는 것을 나는 의심하지 않았다. 이러한 신앙이 영혼을 어느 정도까지 높일 수 있을까 하는 것에 대해서는 불가능하지는 않더라도 어려운 일에 틀림없다.

나는 자리를 깔고 누워 생각의 바다에 잠겼다. 사방팔방으로 펼쳐져 가는 위선 사이에는 앞에 말한 신성한 영혼도 존재한다. 그러한 영혼은 신의 다르바르에서 유죄가 되진 않는다. 만약 하르드와르에 이러한 때에 오는 것이 죄라면 나는 공적으로 반대하고 쿰부 날에 하르드와르를 떠나야 한다. 만약 여기에 오는 일, 쿰부 날에 이곳에 있는 것이 죄가 아니라면 나는 엄격한 맹세를 하며 현행의 죄에 대한 속죄를 해야 하고 자기 정화를 해야 한다. 나의 생애는 맹세 위에 세워져 있기 때문에 나는 다시 엄격한 맹세를 하기로 결심했다. 캘커타와 랑군에서 나를 잘 대접해 준 집주인들이 겪은 불필요한 고생이 떠올랐기 때문에, 식사의 가짓수를 정하고 어두워지기 전에 식사를 하겠다는 맹세를 하기로 결심했다. 만약 제한을 지키지 않으면 그 주인들에게 나는 굉장히 번거로운 자가 되어, 봉사를 하는 대신에 가는 곳마다 사람들을 나에 대한 봉사에 휘둘리게 한다는 것을 알았다. 그래서 24시간 동안 5가지 이상은 먹지 않고, 인도에 있는 동안 밤에는 식사를 하지 않겠다는 맹세를 했다. 이 두 고난에 대해서는 충분히 생각했다. 이 맹세를 철저히 지키겠다는 결심도 하였다. 아플 때 몸을 위해 많은 음식을 먹을지 말지, 약을 음식으로 칠지 말지, 이런 모든 것들을 생각했다. 그리고 어떠한 음식도 5가지 이상은 먹지 않겠다고 마음먹었다. 이 두 가지 맹세를 한 지 13년이 되었다. 이 맹세는 나를 많이 시험했다. 그러나 이 맹세는 나를 위한 방패 역할을 크게 해주었다. 이 맹세가 나의 생명을 연장시켜주었다고 나는 생각한다. 그래서 몇 번이나 병을 이겨냈다고 믿는다.

## 8 라크슈만의 줄다리 (弔橋)

나는 산처럼 듬직한 마하트마 문시람지를 만나기 위해 마하트마의 구루쿨을 방문하여 그곳에서 평안을 느꼈다. 하르드와르의 소란과 구루쿨의 고요함 사이의 차이는 확실히 보였다. 마하트마는 나에게 사랑을 베풀어주었다. 학생들은 내 곁에서 떠나려하지 않았다. 라마데브지와 만난 것은 그때였다. 나는 곧 그의 힘을 알 수 있었다. 우리 사이의 몇 가지 의견차이도 알았지만 그래도 우리는 사랑의 유대로 묶여있었다. 구루쿨에서 공업교육을 시작할 필요성에 대해서도 라마데브지나 다른 교사들과 꽤 많은 토론을 하였다. 나는 금방 이곳을 떠나기가 괴로웠다.

나는 흐리시케슈에서 좀 떨어진 곳에 있는 라크슈만의 줄다리에 대해서 칭송하는 말을 많이 들었다. 흐리시케슈에 가지 말고 하르드와르에 있으라고 많은 사람들이 권해주었다. 나는 그곳에 걸어서 가보고 싶었다. 그래서 처음 목적지는 흐리시케슈, 그리고 다음으로 라크슈만의 줄다리에 가보기로 했다.

흐리시케슈에서는 많은 순례자들이 나를 만나러 찾아왔다. 그 중 한 스와미가 나의 삶에 크게 관심을 보였다. 당시 피닉스의 일행들이 나와 함께 있었다. 그 스와미는 일행들을 보고 많은 질문을 했다. 우리들 사이에서는 종교에 관한 토론이 시작되었다. 내가 종교에 관해 둔하다고 보았기 때문이다. 나는 갠지스 강에서 목욕을 하고 막 돌아온 터라 상반신은 알몸이었다. 그 사람은 나의 머리에 시카*24가 없고 몸에도 자노이가 없는 것을 보고 실망하여 나에게 물었다.

"당신은 유신론자이면서 시카와 자노이가 없으시군요. 그래서 우리 같은 자들이 고통받는 것입니다. 이 두 가지는 힌두교도의 외적인 표식입니다. 모든 힌두교도는 이것을 착용해야 합니다."

내가 이 두 가지 없이 지내게 된 데는 이유가 있었다. 10살 때쯤 포르반다르에 살 때, 브라만들의 자노이 끝에 매달린 열쇠가 서로 부딪히는 소리를 듣고 나는 브라만들이 부러웠다. 나도 소리를 내는 열쇠를 자노이에 묶고 다니면 얼마나 좋을까 생각했다. 당시 카티아와르의 바이샤*²⁵ 가정에서는 자노이를 걸치는 습관이 없었다. 그러나 상위 세 카스트*²⁶는 자노이를 착용해야 한다는 규정이 생겼다. 그 결과 간디 집안의 몇 사람은 자노이를 착용하게 되었다. 우리 형제들에게 라마라크샤를 가르치던 브라만이 우리들에게 자노이를 달아주었다. 그리고 손닿는 곳에 열쇠를 두어야할 아무런 이유가 없었는데도 나는 2, 3개의 열쇠를 달았다. 자노이가 끊겨버리자 그릇된 생각이 사라진 것인지 어떤지는 기억하지 못하지만 나는 새로운 것을 몸에 달지 않았다.

어른이 되자 인도에서도 남아프리카에서도 많은 사람들이 나에게 자노이를 달아주려고 노력했으나 그 사람들의 설득은 나에게 아무런 영향도 미치지 못했다. 수드라*²⁷가 자노이를 달지 않는데 어째서 다른 카스트들은 달아야 하나? 외적인 표식을 다는 습관이 우리 가족에게 없었는데 그것을 시작할 이유는 하나도 없었다. 나는 자노이 다는 것을 싫어하지는 않았지만 그것을 달아야할 이유도 찾을 수가 없었다. 바이슈나바 신도이기 때문에 나는 칸디를 달고 있었다. 시카는 장로들이 우리 형제에게 하도록 시켰다. 그러나 영국에 가서 머리를 드러내게 되면 백인들이 시카를 보고 웃으며 야만적이라고 여길 것이라는 창피함에 나는 시카를 잘라버렸다. 나와 함께 사는 조카 차간랄 간디는 남아프리카에서도 굉장히 경건한 마음을 담아 시카를 하고 있었다. 그 시카가 공적인 활동에 방해가 된다는 잘못된 생각에 차간랄이 괴로워하는데도 불구하고 나는 억지로 시카를 잘라버렸다. 나는 시카를 너무나 창피하게 생각하고 있었다.

그 스와미에게 이런 일들을 이야기했다. 그리고 말했다.

"나는 자노이를 착용하지 않습니다. 무수한 힌두교도들이 착용하지 않고도 힌두교도로 살아가고 있기 때문에 착용할 필요가 없다고 생각합니다. 그리고 자노이를 다는 원래의 의미를 되살리기 위해서는 결의를 하여 자신을 정화하고 향상해야 할 것입니다. 현재 힌두 사회와 인도는 쇠락한 상태입니다. 이러한 상태에서 자노이를 달 자격이 대체 우리에게 있습니까? 힌두 사회가 불가촉제의 더러움을 씻어내고 상하계급을 타파하고, 뿌리 깊은 다른 악제들을 제거하고 사방팔방에 퍼져있는 반종교와 위선을 근절할 때야말로 자노이를 달 자격이 주어지는 것입니다. 그러니 자노이를 달아야 한다는 당신의 의견은 받아들일 수 없습니다. 그러나 시카에 대한 당신의 의견은 물론 생각해 볼 일입니다. 나는 시카를 하고 있었습니다. 그러나 그것을 창피하게 생각해 잘라버렸습니다. 이제 동료들과 그 일에 대해서 생각해 보겠습니다."

그러나 그 스와미는 자노이에 관한 나의 주장을 적절하다고 생각하지 않았다. 내가 착용하지 않기 위해서 말했던 이유를 그는 착용하는 것을 지지하는 것처럼 생각했던 모양이다. 자노이에 대해 흐리시케슈에서 내가 말했던 생각은 지금도 거의 변함이 없다. 서로 다른 여러 종교가 존재하고 각각의 종교에는 특별한 외적 표식이 필요하다고들 생각한다. 그러나 외적 표식이 그저 허식이 되거나 자신의 종교가 다른 종교와 비교해 특별하다는 것을 나타내기 위한 것이라면 그것은 버려야만 한다. 나는 지금도 자노이가 힌두교를 향상시키는 수단이라고 생각하지 않는다. 그렇기 때문에 나는 자노이에 대해서는 관심이 없다.

시카를 버린 것은 나 스스로 부끄러운 일이었으므로 동료들과 의논하여 기르기로 결심했다.

이제 우리는 라크슈만의 줄다리에 대해 이야기해야 한다.

흐리시케슈와 라크슈만의 줄다리의 자연 풍경은 굉장히 훌륭했다. 자연의 아름다움을 식별한 선조들의 힘과, 미에 종교적인 형태를 부여한 선견지명에 대해 나는 진심으로 존경을 느꼈다.

그러나 인간의 행위 때문에 마음은 평온을 찾지 못했다. 하르드와르와 마찬가지로 흐리시케슈에서도 사람들은 길과 갠지스 강의 아름다운 강변을 오염시키고 있었다. 사람들은 신성한 갠지스 강물을 아무 망설임 없이 더럽혔다. 배설을 하는 사람들은 멀리 가지 않고 사람들이 다니는 곳에서 쭈그리고 앉아 용변을 보았다. 그것을 보고 굉장한 충격을 받았다.

라크슈만의 줄다리에 가서 철로 된 흔들리는 다리를 보았다. 사람들이 이다리는 전에는 그물로 되어 있었으며 굉장히 튼튼했었다고 말해주었다. 그러나 그 다리는 망가져, 마르와르 출신의 어느 통 큰 분이 거액을 들여 철로 다리를 만들어 정부에 기증했던 것이다! 그물 다리에 대해서 나는 상상도 할 수 없었지만, 이 철 다리는 자연환경을 더럽히고 있었고 전혀 마음에 들지 않았다. 순례자들의 통행로의 열쇠가 정부의 손에 맡겨졌다는 것은 당시 나의 충성심으로도 견딜 수 없었다.

그곳에서 더욱 참담한 광경은 천계 아슈라마였다. 천계 아슈라마라고 이름 붙인 곳은 함석판으로 된 마구간 같은 오두막이었다. 이곳은 수행자들을 위해서 만들어졌다고 했다. 그러나 그곳에 수행자는 한 명도 없었다. 곁에 있는 본관 사람들도 나에게 좋은 인상을 주지는 못했다.

그러나 하르드와르에서의 경험은 나에게 귀중한 것이었다. 내가 어디에 살고 무엇을 해야만 하는가를 결정하는 데 하르드와르에서의 경험은 상당히 도움이 되었다.

### 9 아슈라마 설립

쿰부 순례, 이것은 나와 하르드와르의 두 번째 만남이었다. 사티아그라하 아슈라마는 1915년 5월 25일에 설립되었다. 슈라다난드지의 희망은 내가 하르드와르에 사는 것이었다. 캘커타의 몇몇 친구들은 바이댜나다담에 살라고 조언하였고 또 몇 명은 라지코트에 살기를 강력하게 주장하였다.

그러나 내가 아마다바드를 지났을 때 많은 친구들이 아마다바드를 선택하라고 말했고 아슈라마의 비용을 자기들이 부담해주었다. 건물을 찾는 일도 알아서 해주었다.

나는 원래 아마다바드를 주목하고 있었다. 나는 구자라트 출신이므로 구자라트어를 통해서 인도에 가능한 한 많은 봉사를 할 수 있다고 믿었다. 아마다바드는 예전에 베틀과 길쌈의 중심지였기 때문에 물레 일은 여기서 더 잘 할 수 있을 것이라고 생각했다. 그리고 구자라트의 수도였기 때문에 이곳의 유복한 사람들이 다른 곳보다 많은 금전적 지원을 해줄 것이라는 기대도 있었다.

아마다바드 친구들과 이야기하다가 불가촉천민 문제가 나왔다. 나는 만약 누군가 적절한 불가촉천민 형제가 아슈라마에 들어오고 싶어한다면 당연히 넣어주겠다고 분명하게 말했다.

"당신의 조건을 지킬 만한 불가촉천민이 길에 떨어져 있기라도 합니까?"

한 바이슈나바 친구는 이런 식으로 말하며 자신의 마음을 달랬다. 그리고 아마다바드에 사는 것이 최종적으로 결정되었다.

한편으로는 건물을 계속 찾아다녔는데, 나를 아마다바드에 정착시킨 주요한 인물인 법정변호사 지반랄 씨가 자기의 코치라브에 있는 집을 빌려주었다.

아슈라마의 이름을 무엇으로 하면 좋을까 하는 문제가 남았다. 친구들에게 상담하자 몇 개의 이름이 후보에 올랐다. 봉사 아슈라마, 고행의 숲 등의 이름이 제안되었다. 봉사 아슈라마는 마음에 들지 않았다. 그것만으로는 봉사의 방법을 알 수 없었다. 고행의 숲이라는 이름도 선택할 수 없었다. 고행은 내가 좋아하는 것이지만 그럼에도 이 이름은 너무 무겁게 느껴졌기 때문이다. 우리는 진리를 신봉하고 진리를 탐구하는 사람들이다. 바로 그것을 강하게 나타내고 싶었다. 남아프리카에서 우리가 사용했던 방법을 인도에 소개하고 그 힘이 어디까지 보급될 수 있을지를 확인하려고 했기 때문에 나와 동료들은 사티아그라하 아슈라마라는 이름을 선택했다. 이 이름으로 봉사와 그 봉사 방법이 자연히 나타나게 되었다.

아슈라마를 운영하기 위해 규율집이 필요했다. 그래서 규율집을 준비하기 위한 의견을 구했다. 많은 의견 중 구루다스 바네르지 경의 의견이 기억에 남는다. 경은 규율집을 마음에 들어했으나, 맹세 중에 겸허함을 넣어야 한다고 제안했다. 우리의 젊은이들에게는 겸허함이 결여되어 있다고 경의 편지는 전하고 있었다. 겸허함이 빠져있다는 것은 나도 느끼고 있었지만 겸허함을 맹세 속에 넣게 되면 겸허함은 겸허함이 아니게 될 우려가 있었다. 겸허함의 참된 의미는 0이다. 0에 도달하기 위한 또 다른 맹세가 있을 수도 있다. 0, 이것은 해탈의 경지이다. 해탈을 원하는 사람이나 봉사자는 모든 행위에 있어서 겸허하거나 오만하지 않아야 한다. 그렇지 않으면 해탈을 추구하는 사람이 아니고 봉사자도 아니다. 그런 사람은 이기주의자이자 오만한 자이다.

아슈라마에는 이때 타밀 출신자가 13명 정도 있었다. 남아프리카에서 5명의 타밀 출신 소년들이 나와 함께 와있었다. 25명의 남녀로 아슈라마는 시작되었다. 전원이 같은 취사장에서 식사를 하고 하나의 가족처럼 생활하기 위해 노력하였다.

## 10 시금석이 되다

아슈라마를 설립하고 몇 달 지나지 않아 우리는 예기치 못한 시련을 만났다. 암리틀랄 다카르의 편지를 받았다.

"가난하고 정직한 불가촉천민 가족이 있습니다. 이 가족의 소원은 당신의 아슈라마에 가서 사는 것입니다. 이 가족을 받아주시겠습니까?"

나는 깜짝 놀랐다. 불가촉천민 가족이 다카르 바파 같은 사람의 추천을 받아 이렇게 빨리 찾아오리라고는 생각지도 못했기 때문이다. 동료들에게 이 편지를 보여주었다. 동료들은 환영하였다. 나는 그 가족이 아슈라마의 규칙을 지킨다면 받아들이겠다고 암리틀랄 다카르에게 알렸다.

두다바이와 아내인 다니벤, 그리고 젖먹이 라크슈미가 왔다. 두다바이는 뭄바이에서 교사를 하고 있었다. 그 가족은 규칙을 지키려고 했기에 우리는 가족을 아슈라마에 받아들였다.

그러자 원조를 해주던 친구들 사이에서 소동이 일어났다. 저택의 집주인과 공유하고 있는 우물에서 물을 긷기가 어려워졌다. 우리가 튀긴 물을 맞으면 물을 긷는 사람이 더러워진다는 것이었다. 온갖 욕설을 내뱉고 두다바이를 괴롭혀 우물에서 내쫓았다. 욕설을 참아내고 꿋꿋하게 물을 긷도록 나는 모두에게 말했다. 우리들이 잠자코 욕설을 듣는 것을 보고 물 긷는 사람은 부끄러워져 그만두었다. 그러나 금전적인 원조는 끊겼다. 아슈라마의 규칙을 지키는 불가촉천민이 있다는 것에 대해 처음부터 의심했던 형제는 아슈라마에 불가촉천민이 들어오리라고는 예상치도 못했다. 지역 사회에서 추방하자는 소문이 나의 귀에 들어왔다. 나는 동료들과 이미 이러한 문제에 대해서 이야기했고 결심도 하고 있었다.

"만약 우리가 지역 사회에서 추방되어 어느 곳에서도 원조를 받지 못한다 해도 아마다바드를 떠나지 않겠다. 차라리 모두 함께 불가촉천민 마을에 가서 살자. 손에 넣을 수 있는 아주 적은 것으로, 또는 육체노동을 해서 생활하자."

마침내 마간랄이 나에게 통보했다.

"다음 달 아슈라마의 경비를 조달할 돈이 수중에 없습니다."

나는 침착하게 대답했다.

"그럼 불가촉천민의 마을에 가서 살자."

이러한 위기가 나에게 닥쳐온 것이 처음은 아니었다. 그러나 항상 마지막에는 크리슈나 신이 도움을 보내주었다.

마간랄이 통고해 온 뒤 바로, 어느 날 아침 한 소년이 알려왔다.

"밖에 자동차가 서 있습니다. 셰드*28 한 분이 당신을 찾고 있습니다."

나는 자동차가 있는 곳으로 갔다. 셰드는 나에게 물었다.

"아슈라마에 원조를 하고 싶습니다. 받아주시겠습니까?"

나는 대답했다.

"당신이 돈을 주신다면 물론 받겠습니다. 솔직히 우리는 지금 사정이 어렵습니다."

"내일 이 시간에 다시 오겠습니다. 당신은 아슈라마에 계시죠?"

나는 그렇다고 대답했다. 셰드는 돌아갔다. 다음날 정해진 시간에 자동차는 경적을 울렸고 그 사실을 아이들이 알려주었다. 셰드가 아슈라마에 들어오지 않아 내가 그를 만나러 나가야 했다. 셰드는 나의 손에 1만 3,000루피 지폐를 건네고 다시 사라졌다.

이 원조는 전혀 기대하지 않았던 것이었다. 그 셰드는 아슈라마에 지금까지 걸음을 한 적이 없었다. 나는 셰드를 그때 단 한 번 만난 것으로 기억한다. 아슈라마에 들어오지 않고, 아무것도 묻지 않고 밖에서 돈을 건네고 사라진 사람은 그가 처음이었다. 이 원조 덕분에 불가촉천민 부락에 가는 일은 면했다. 그 돈은 대략 1년치 경비가 될 만한 돈이었다.

그러나 소동은 밖에서 일어난 것처럼 아슈라마 안에서도 일어났다. 남아프리카에 있을 때도 내 집에 불가촉천민이 방문하고 함께 살며 식사도 했지만, 이곳에 불가촉천민 가족이 와 있는 것은 아내나 아슈라마의 다른 여성들 마음에 드는 일이 아니었다. 다니벤에게 혐오까지는 아니더라도 무관심한 것을, 나는 매우 세세히 지켜보았고 둔한 귀로도 듣고 있었다. 경제적 지원이 없다는 것은 전혀 걱정되지 않았지만, 이 내부의 어색함은 참으로 곤란했다. 다니벤은 평범한 여성이었다. 두다바이가 받은 교육도 평범한 것이었지만 그의 이해력은 뛰어났고 그 강한 참을성이 나는 마음에 들었다. 가끔씩

화를 낼 때도 있었지만 전체적으로 보면 그의 인내심에 대해서 좋은 인상을 갖고 있었다. 작은 모욕은 참도록 나는 부탁했다. 두다바이는 납득해주었고 다니벤에게도 참으라고 일러주었다.

이 가족을 아슈라마에 들이고 나서 아슈라마는 많은 교훈을 배웠다. 아슈라마 설립 초기에 아슈라마에는 불가촉제에 대한 차별의 여지는 없다고 확실히 아슈라마의 규범으로 정했고, 아슈라마의 활동은 그런 방향에서 매우 쉬워졌다. 날이 갈수록 아슈라마의 지출은 점점 늘어 갔지만, 그 비용은 주로 신분제도를 완고하게 고수하는 힌두교도들이 원조해주고 있었다. 그렇다는 것은 아마 불가촉제의 뿌리가 충분히 흔들리고 있다는 것을 확실히 나타내는 반증이다. 이 외에도 증거는 많다. 그러나 불가촉천민과 함께 식사까지 하는 곳에 스스로 정통파라고 자부하는 힌두교도가 원조한다는 것은 발뺌할 수 없는 증거이다.

이 문제에 관련하여 생겨난 껄끄러운 모든 문제의 해결, 몇 가지 생각지도 못한 장애와 직면한 일 등등, 진리를 탐구하는 데 있어 일어난 여러 가지 경험들이 있지만 유감스럽게도 생략해야 한다. 그러나 앞으로 서술할 장에도 이러한 생략은 또 일어날 것이다. 왜냐하면 관련된 등장인물 중 많은 분이 살아계시므로 승낙 없이 그 이름과 관련 장면을 멋대로 쓰는 것은 부적절하다고 생각하기 때문이다. 모든 분의 승낙을 그때마다 구하고 관련된 사실에 대해 써 보내고 수정받는 것은 불가능할 뿐더러 그것은 자서전의 한계를 넘는 것이다. 그렇기 때문에 지금부터 할 이야기는 나의 입장에서 보면 진리의 탐구자들이 알아둘 가치가 있는 것인데 어중간한 형태로밖에 쓸 수 없을까 봐 걱정된다. 그래도 신이 도와주신다면 비협력의 시대까지 꼭 쓰고 싶다고 나는 간절히 원한다.

### 11 계약노동제

새롭게 설립되어 안팎의 폭풍을 견디어 낸 아슈라마를 떠나서 이제 계약노동자 제도에 대해 조금 생각해 볼 때이다. 기르미티야, 즉 5년이나 그 이하의 기간 동안 노동을 제공하기로 계약서에 서명을 하고 인도를 떠난 노동자들. 나탈에서 이러한 기르미티야에게 매겨진 연간 3파운드의 세금은 1914년에 폐지되었지만 실제로 그 제도는 아직 폐지되지 않았다. 1916년에 판디트 말라비야지가 이 문제를 입법참사회(立法參事會)에 상정하였다. 하딩 경은 이를 받아들여, 적당한 때에 이 제도를 폐지하겠다는 확약을 국왕으로부터 받았다고 선언했다. 그러나 이 제도를 즉시 폐지해야 한다고 나는 생각했다. 이 제도를 인도 자신의 부주의로 수년에 걸쳐 존속시켜왔다. 이제 이 제도를 폐지시킬 정도로 사람들은 계몽되었다고 나는 믿었다. 나는 지도자 몇 사람을 만났다. 수많은 신문, 잡지에 이 문제에 대해서 기고하여 이제 여론은 이 제도의 폐지를 지지하고 있다고 보았다. 이 문제에 사티아그라하를 쓸수 있을까? 나에게는 이 일에 대한 어떤 의문도 없었다. 그러나 어떻게 적용하면 좋을지를 나는 알지 못했다.

총독은 적당한 때의 의미를 설명할 기회를 찾기 시작했다. 총독은 다른 조치를 발표할 때 이 제도도 폐지될 것이라고 선언했다. 그래서 1917년 2월에 판디트 말라비야지가 계약노동제를 영원히 폐지할 법안을 입법의회에 제출할 허가를 요구했을 때 총독은 거절했다. 그래서 이 문제와 관련하여 온 인도를 순례하기 시작했다.

나는 유세에 나서기 전에 총독을 만나는 것이 적절하다고 생각했고 총독은 바로 면회 날짜를 통보해주었다. 그 무렵의 머피 씨와 나는 좋은 관계를 맺고 있었다. 쳄스퍼드 경과는 만족할 만큼 대화를 나누었다. 총독은 단정적으로는 말하지 않았지만 나는 도움을 기대할 수 있었다.

유세는 뭄바이에서 시작했다. 뭄바이에서 집회를 개최하는 일은 제한기르 페티트 씨가 맡아주어 제국시민협회 주최로 집회가 열렸다. 집회에 제출할 결의안을 준비하기 위한 위원회도 열렸다. 위원회에는 리드 박사, 랄루바이 사말다스, 나타라얀 씨 등이 있었다. 페티트 씨도 물론 있었다. 결의안에서는 계약노동자 제도 폐지를 청원하기로 했다. 다만 그것을 언제 폐지하는지가 문제였다. '가능한 한 빨리', '7월 31일'*²⁹, 그리고 '즉시'라는 세 가지 제안이 있었다. 7월 31일은 나의 제안이었다. 나는 정해진 날짜가 필요하다고 생각했다. 그 기한 내에 아무것도 변하지 않으면 뒤이어 무엇을 해야만 할지, 또는 어떻게 될지를 생각할 수 있기 때문이다. 랄루바이의 제안은 즉시라는 말을 붙여야 한다는 것이었다. 그는 말했다.

"7월 31일보다 즉시가 더 빠름을 나타내는 말이다."

대중은 즉시라는 말은 이해 못한다고 나는 설득했다. 대중에게 무언가를 시키려고 한다면 대중 앞에 정해진 말을 해야 한다. 즉시라는 의미를 모두가 자기에게 편리한 대로 이해하기 때문에 정부와 대중은 서로 다르게 해석할 것이다. 7월 31일이라고 못을 박으면 그런 오해의 여지가 없어진다. 이날까지 해결되지 않으면 우리들이 다음에는 어떤 수단을 찾아야 할지 생각할 수 있다는 나의 주장을 리드 박사는 받아들여주었다. 끝내는 랄루바이 씨도 동의했다. 결의안에는 그 날짜를 넣었다. 대중 집회에서 이 결의안이 제출되었다. 가는 곳마다 7월 31일의 기한이 붙었다.

뭄바이에서 자이지 페티트 부인의 부단한 노력으로 부인 대표단이 총독을 방문했다. 대표단에는 타타 부인, 딜샤드 베감 등이 있었다. 모든 자매들의 이름을 기억하지는 못하지만 이 대표단은 매우 좋은 영향을 주었다. 총독은 희망적인 대답을 했다.

나는 카라치, 캘커타 등도 순회하였다. 모든 장소에서 훌륭한 집회가 열리고 가는 곳마다 사람들의 열의는 충분했다. 처음 이 운동을 시작했을 때 이렇게 훌륭한 집회가 개최되고 사람들이 이렇게나 많이 참가할 것이라는 기대는 하지 않았다.

이때 나는 혼자 여행을 했기에 참으로 드문 경험을 했다. 공안 경찰 (CID)*30이 내 뒤를 밟았던 것이다. 나에게는 이들과 싸울 이유도 없었고 감출 것도 없었다. 그랬기 때문에 이 사람들은 나를 괴롭히지 않았고 나 또한 이들을 곤란하게 하지 않았다. 운좋게도 이때 나는 '마하트마(위대한 영혼)'라는 칭호를 받지 않았었다. 그래도 내가 알려져 있는 곳에서는 사람들이 반드시 이 호칭을 외쳤다. 어느 날 열차로 이동하는 중에, 지나는 역마다 공안 경찰들이 내 표를 보러 와서 번호 등을 확인했다. 나는 질문을 받으면 바로 대답했다. 옆에 있는 승객들은 나를 세상물정 모르는 수도승 또는 탁발승쯤으로 생각했다. 두어 정거장 가서 또 공안 경찰들이 다가오자 승객들은 화를 내고 욕을 퍼부었다.

"이 불쌍한 수행자를 왜 이유 없이 괴롭히는가?"

그리고 나를 향해 말했다.

"나쁜 녀석들에게 표를 보여주지 마시오."

나는 조용히 승객들에게 말했다.

"이 사람들이 표를 본들 나에게는 아무런 지장도 없습니다. 이 사람들은 자기 일을 하는 것이고 나는 아무렇지도 않습니다."

그러나 승객들은 납득하지 않았다. 승객들은 나를 더욱 동정하여, 죄 없는 사람을 왜 이렇게 못살게 구는지 서로 이야기했다.

공안 경찰들 때문에 고생하지는 않았지만, 나는 열차의 혼잡 때문에 라호르와 델리 사이에서 심한 고생을 했다. 카라치에서 캘커타로 가는 여정은 라호르를 경유하게 되어 있었고 라호르에서 기차를 갈아타야 했다. 그 열차에는 어느 곳에도 틈이라곤 없었다. 승객들은 억지로 올라타고 있었다. 문이 닫히자 사람들은 창문으로 들어가기 시작했다. 나는 캘커타에 정해진 날까지 도착해야만 했고, 이 열차를 타지 않으면 그 시간 안에 도착할 수 없었다. 나는 탈 자리를 찾는 것을 포기했다. 아무도 나를 차량 안에 넣어주려 하지 않았다. 그러다 드디어 한 쿨리가 자리를 찾고 있는 나를 보고 말했다.

"12안나를 주면 자리를 찾아주겠소."

나는 자리를 찾아주면 물론 12안나를 주겠다고 말했다. 불쌍한 쿨리는 승객들에게 애원했다. 그러나 아무도 나를 태워주지 않았다. 기차가 출발하려 하자 한 차량의 승객 몇 사람이 말했다.

"여기에 자리는 없지만 밀려면 밀 수 있다. 그렇지만 선 채로 있어야만 한다."

쿨리는 말했다.

"어떻게 하겠습니까?"

나는 좋다고 말했다. 쿨리는 나를 안아 올려서 창문으로 들여보내 주었다. 그렇게 나는 안으로 밀고 들어갈 수 있었고 그 쿨리는 12안나를 벌었다.

나는 겨우 기차 안에서 밤을 맞았다. 다른 승객들은 어떻게든 바닥에 앉았다. 나는 위의 침대칸 자물쇠를 잡고 두 시간을 선채로 있었다. 그러는 동안 승객 몇 명이 계속해서 위협했다.

"어이, 넌 왜 앉지 않는 거야?"

나는 앉을 곳이 없다고 반복해서 설명했다. 그러나 그 승객들은 침대칸에 몸을 누이고 있었기 때문에 내가 서 있는 것을 참을 수 없었다. 그들은 계속해서 나를 괴롭혔고 그럴수록 나는 조용히 대답했다. 그래서 그 승객들은 조금 조용해졌다. 그들은 나의 이름을 물었다. 나의 이름을 들은 그 승객들은 부끄러워했다. 나에게 용서를 빌며 내가 앉을 자리를 내주었다. '인내의 열매는 달다'는 속담이 생각났다. 나는 너무 지쳐서 머리가 어질어질했다. 앉을 자리가 절실히 필요할 때 신이 주신 것이다.

이런 식으로 지치기는 했지만 시간에 맞춰 캘커타에 도착했다. 카심바자르의 마하라지가 자기 집에 머물라고 초대해 주었다. 이 마하라지가 캘커타에서 개최하는 집회의 의장이었다. 카라치처럼 캘커타에서도 사람들은 열광하였다. 몇 명의 영국인도 참석하였다.

7월 31일 이전에 계약노동자 제도의 폐지 결정이 발표되었다. 1894년 이 제도에 항의하는 최초의 청원서는 내가 준비했었고 그때도 언젠가 이 '노예제'는 반드시 폐지가 될 것이라고 기대하고 있었다. 1894년부터 시작된 이 노력에 많은 사람들이 도움을 주었다. 그러나 이 노력의 배후에 순수한 사티아그라하가 있었음은 말해두어야겠다.

이에 대한 상세한 이야기와 또 여기에 참가한 사람들에 대해서, 독자는 《남아프리카에서의 사티아그라하의 역사》에서 많은 것을 알 수 있다.


## 12 쪽(藍)의 얼룩

참파란은 자나카 왕의 토지이다. 지금 참파란에 망고 숲이 있는 것처럼 1917년 그곳에는 쪽밭이 있었다. 참파란의 농민들은 토지의 3/20에 농장주를 위해 쪽을 경작하도록 법률로 정해져 있었다. 그것이 '틴카디아'*³¹이다. 그곳에서 말하는 20카다란 1에이커에 해당한다. 그 중 3카다에 쪽을 경작하는 것이 틴카디아 제도이다.

사실 나는 그곳에 가기 전에는 참파란이라는 이름조차 몰랐고 쪽이 재배된다는 것도 몰랐다. 쪽이라는 것을 본 적도 없었고, 이것이 참파란에서 재배되며 그 때문에 몇천, 몇만의 농민들이 고생한다는 것도 전혀 몰랐다.

'라지쿠마르 슈클라'라는 참파란의 농민이 있었다. 이 사람에게 고난이 닥쳤다. 그 참을 수 없는 고난을 계기로 라지쿠마르 슈클라에게, 모든 농민들을 위해 이 쪽의 얼룩을 씻겠노라는 격렬한 마음이 생겨났다.

나는 국민의회를 위해 러크나우에 갔는데 이 농민은 그곳에서 나를 붙잡았다.

"변호사 선생님이 당신에게 모두 이야기할 것입니다."

이렇게 말하면서 그는 나에게 참파란에 와달라고 애원했다.

그가 말한 변호사란 참파란에 있는 나의 동료이자 비하르 봉사 운동의 생명, 브라지키쇼레바부였다. 라지쿠마르 슈클라는 그를 나의 천막으로 데려왔다. 그는 검은 알파카 아치칸과 바지를 입고 있었다. 순박한 농민들을 착취하는 변호사의 모습이라고 나는 생각했다.

나는 참파란에 대한 이야기를 그로부터 조금 들었고 나 자신의 소신에 따라 대답했다.

"내 눈으로 보지 않고는 이 문제에 대해서 어떤 의견도 내놓을 수 없습니다. 당신은 대회에서 이야기해 주십시오. 그리고 지금은 나를 자유롭게 두십시오."

라지쿠마르 슈클라는 국민회의의 원조를 필요로 했다. 참파란에 대해 대회에서 브라지키쇼레바부가 연설을 했다. 동의는 동정을 얻어 통과되었다.

라지쿠마르 슈클라는 기뻐했지만 그것만으로는 만족하지 않았다. 나에게 참파란의 참상을 직접 보여주고 싶다고 했다. 나는 말했다.

"여정에 참파란도 넣어서 이틀을 그곳에 할애하겠습니다."

라지쿠마르 슈클라는 말했다.

"하루면 충분합니다. 어쨌든 눈으로 봐주십시오."

러크나우에서 나는 콘포르로 갔다. 그곳에도 라지쿠마르 슈클라가 있었다.

"여기서 참파란은 굉장히 가깝습니다. 하루만 주십시오."

"지금은 그럴 수 없습니다. 그러나 꼭 가겠습니다. 그것만은 약속합니다."

이렇게 말함으로써 나는 더욱 속박당했다.

나는 아슈라마로 갔다. 라지쿠마르 슈클라는 나를 따라서 그곳까지 왔다.

"날짜를 정해 주십시오."

나는 말했다.

"그렇다면 ○○날 캘커타에 가니 그곳에 와서 나를 데려가 주십시오."

어디로 가는지, 무슨 일을 하는지 나는 아무것도 몰랐다. 캘커타의 부펜바부의 집에 도착하니 라지쿠마르 슈클라가 먼저 와서 그곳에 머물고 있었다. 이 교육받지 못하고 투박한, 그러나 결의에 찬 농민이 나를 이겼다.

1917년 초 캘커타에서 우리 두 사람은 출발했다. 우리 두 사람은 똑같이 농민으로 보였다. 라지쿠마르 슈클라가 안내해 준 열차에 우리는 탔다. 아침 일찍 파트나에서 내렸다.

파트나에 간 것은 그때가 처음이었다. 그곳엔 신세를 질 만한 아는 사람이 한 사람도 없었다. 라지쿠마르 슈클라는 투박한 농민이지만 아는 사람이 있겠거니 생각했었다. 열차로 이동하는 동안 나는 그에 대해 많은 것을 알게 되었고 파트나에 대해서도 잘 알게 되었다. 라지쿠마르 슈클라에게는 전혀 죄가 없었다. 친구라고 생각했던 변호사들은 친구가 아니었고 라지쿠마르 슈클라는 그저 변호사의 심부름꾼일 뿐이었다. 농민인 의뢰인과 변호사 사이에는 우기의 갠지스 강 강폭만큼이나 넓은 간격이 있었다.

그는 나를 라젠드라바부*³²의 집으로 데리고 갔다. 라젠드라바부는 푸리인지 어딘지에 가고 없었다. 저택에는 한두 명의 하인이 있었지만 우리에게는 신경을 쓰지 않았다. 나는 음식을 조금 가지고 있었으나 대추야자 열매가 필요했다. 딱한 라지쿠마르 슈클라가 시장에 가서 사다 주었다.

그러나 비하르에서는 불가촉제가 상당히 엄하게 지켜지고 있었다. 내가 긷는 물이 하인들에게 튀면 그들을 더럽히게 된다. 하인들이 내가 어떤 카스트에 속하는지 알 리가 없다. 라지쿠마르 슈클라는 나를 위해 저택 안에 있는 화장실을 사용하게 해달라고 부탁했지만 그들은 바깥에 있는 화장실을 가리켰다. 그러나 나는 이러한 일로 난처해하거나 화낼 이유가 없었다. 이러한 일은 너무나 많이 당해서 완전히 익숙해져 있었기 때문이다. 하인들은 자신의 일을 하는 것이고 라젠드라바부를 위한 의무를 수행할 뿐이다. 이 재미난 체험 덕에 라지쿠마르 슈클라에 대한 존경심이 커짐과 동시에 그에 대해서 나는 더욱 잘 알게 되었다. 파트나부터는 내가 고삐를 잡았다.

### 13 비하르 사람들의 순진함

마울라나 마자룰 하크와 나는 같은 시기에 런던에서 공부했었다. 그 후 우리들은 뭄바이의 1915년 국민의회에서 다시 만났다. 그는 그해의 무슬림 연맹 의장이었다. 옛정을 생각해서, 파트나에 오거든 자기가 있는 곳에 꼭 오라고 초대해 주었다. 이 초대에 나는 그에게 편지를 써서 용건을 전달했다. 그는 바로 자가용차로 나를 찾아왔고 자기 집에 데려가겠다고 고집을 피웠다. 나는 감사를 전했다. 내가 가려 하는 곳에는 다음날 첫 기차로 보내주겠다고 말했다. 그곳의 교통사정에 대해서는 아무것도 몰랐기 때문에 그는 라지쿠마르 슈클라와 의논했다. 우선 무자파르푸르에 가는 것이 좋겠다고 했고, 마침 그날 저녁에 무자파르푸르행 기차가 있었다. 그는 나를 그 기차에 태워주었다. 당시 무자파르푸르에 아차르야 크리팔라니[33]가 살고 있었다. 나는 그를 알고 있었다. 하이데라바드에 갔을 때 그의 위대한 자기희생, 그 생애, 그리고 그의 자금으로 운영되는 아슈라마에 대해 초이드람 박사가 이 야기 해주었다. 그는 무자파르푸르 대학의 교수였는데, 그때는 교수직을 그 만 둔 상태였다. 나는 전보를 쳤다. 기차는 한밤중에 무자파르푸르에 도착했 다. 그는 제자들과 함께 역까지 마중을 나와 주었다. 그에게는 집이 없었고, 말카니 교수 집에 살고 있었다. 그는 나를 그곳으로 데려갔다. 말카니는 그 곳 대학의 교수였다. 그 당시의 분위기로는, 국립대학 교수가 나를 재워주는 일은 이례적이었다.

크리팔라니는 비하르, 특히 티르후트 지구의 비참한 상황에 대해 이야기 해주었다. 내가 하는 일의 어려움에 대한 생각도 이야기해주었다. 크리팔라 니는 비하르 사람들과 친밀한 관계를 갖고 있어서, 그 사람들에게 나의 일에 대해서 미리 이야기해 두었다. 아침 일찍 변호사들이 나를 찾아왔다. 그들 중 람나브미 프라사드를 기억한다. 그의 열성이 나의 주의를 끌었기 때문이 다.

"당신이 하려는 일은 이곳에서는 이루기 어렵습니다. 그러므로 당신은 우 리와 함께 지내야만 합니다. 가야바부는 이곳에서 유명한 변호사입니다. 그 를 대신해 당신이 그의 집에 머물기를 부탁드립니다. 우리 모두는 정부를 두 려워하고 있습니다. 바부 브라지키쇼레 프라사드와 라젠드라 프라사드에게 전보를 쳤습니다. 두 사람 모두 곧 이곳에 올 것입니다. 당신에게 모든 정보 를 제공하고 도울 수 있을 것입니다. 부디 가야바부가 있는 곳으로 와 주십 시오."

이 말에 마음이 움직였으나, 내가 그곳에 머무는 일로 그가 곤란에 처할까 봐 망설였다. 그러나 가야바부는 나를 안심시켜주었다.

나는 가야바부의 집으로 갔다. 그와 가족들이 나를 반겨주었다.

브라지키쇼레바부가 다르방가에서 돌아왔고 라젠드라 바부는 프리에서 돌 아왔다. 여기서 본 브라지키쇼레 프라사드는 러크나우에서 본 그가 아니었 다. 그에게서 비하르 주민의 겸허함과 소박함, 선의와 한결같은 신념을 보고 나는 너무나 기뻤다. 비하르 변호사들의 브라지키쇼레바부에 대한 존경심을 보고 나는 기쁨과 놀라움을 느꼈다.

이 사람들과 나 사이에는 일생에 걸친 끈끈한 유대가 생겼다.

브라지키쇼레바부는 나에게 모든 사실을 알려주었다. 그는 가난한 농민들을 위해 소송을 맡고 있었다. 그러한 소송이 두 건 계류 중이었는데, 그러한 소송은 패소하는 경우가 있음에도 불구하고 이 순박한 농민들로부터 수임료는 이미 받아 챙겨 놓았다. 브라지키쇼레바부나 라젠드라바부 같은, 자기를 희생한다는 사람들조차도 변호사료를 받는 일을 결코 망설이지 않았다. 직업상의 변호사료를 받지 않으면 생계를 유지할 수 없고 사람들에 대한 원조도 할 수 없다는 것이 그들의 주장이었다. 이 사람들의 변호료와 벵골, 비하르의 변호사들에게 건네지는 상상할 수 없는 변호료 액수를 듣고 나는 숨이 막힐 지경이었다.

"○○ 변호사에게 상담료만으로 1만 루피를 지불했습니다."

이런 말이 들렸다. 나는 지금까지 몇천, 몇만 단위의 금액을 들어본 적이 없었다.

이 친구들은 이것에 대한 나의 부드러운 비판을 저항감 없이 들어주었고 악의도 품지 않았다.

나는 말했다.

"이 건에 대해서 조사한 뒤에 소송을 그만두어야만 한다는 것이 나의 의견입니다. 이러한 소송으로 얻을 수 있는 것은 너무나도 적습니다. 소작인층이 이렇게 학대받고 있고 모두가 이렇게까지 겁먹고 있는 사건은 법정에서 해결될 일이 전혀 아닙니다. 우선은 사람들의 공포를 없애는 일이 그들에게 진정한 치료입니다. 이 틴카디아 제도가 폐지되지 않는 한 우리들은 안심할 수 없습니다. 나는 이틀 동안 볼 수 있는 만큼 둘러보려고 왔습니다. 그러나 이제 알게 되었지만 이 사건은 2년이 걸릴지도 모릅니다. 그만큼의 시간이 걸린다 할지라도 나는 해볼 생각입니다. 이 일을 위해서 무엇을 해야 할지를 나는 생각하고 있습니다. 그러나 당신들의 도움이 필요합니다."

나는 브라지키쇼레바부를 굉장히 냉철한 두뇌를 가진 사람이라고 판단했다. 그는 조용히 대답했다.

"우리가 할 수 있는 일은 하겠습니다. 그러나 그것이 무엇인지는 당신이 설명해 주십시오."

이런 대화로 우리는 밤을 지새웠다. 나는 말했다.

"나는 당신들의 변호사로서의 힘은 조금만 빌리고 당신들을 서기와 통역으로 쓰고 싶습니다. 이 일은 감옥에 갈 수도 있는 일입니다. 당신들이 그 모험을 감수해 주신다면 감사하겠습니다. 그러나 그러고 싶지 않다면 안 하셔도 좋습니다. 변호사직을 그만두고 서기가 되라는 것, 기약 없이 직업을 쉬라는 것은 무리한 요구라는 것을 압니다. 그러나 이곳의 힌디어 사투리를 이해하는 일은 나에게는 까다로운 일일뿐더러, 서류는 모두 카이디 문자*34나 우르두 문자로 써 있어서 읽을 수가 없습니다. 그 번역을 나는 당신들이 해주길 기대합니다. 이러한 작업은 돈을 낸다고 될 일이 아닙니다. 이것은 모두 봉사 정신으로 돈을 받지 않고 해야 합니다."

브라지키쇼레바부는 이해했고, 내게 한 것과 마찬가지로 자신의 동료들에게 물었다. 내가 말한 것의 의미를 물었다. 내가 예상한 대로 변호사들은 언제까지 희생해야 하는지, 몇 사람의 변호사가 필요한지, 조금씩 돌아가면서 한다면 그 일이 가능한지 등등의 질문을 했다.

마지막으로 그는 그들의 결의를 전했다.

"우리는 당신이 맡기는 일을 적극적으로 하려고 합니다. 그러므로 당신이 이 일을 하는 동안은 당신이 원하는 만큼의 사람들이 원하는 시간에 당신과 함께 할 것입니다. 감옥을 가게 되는 일은 새로운 문제입니다. 그에 대비해서 우리는 힘을 기르도록 노력하겠습니다."

## 14 비폭력 여신과의 대면?

나는 농민들의 상태를 조사하는 일에 착수했다. 쪽 재배경영자들에 대한 불만에 어느 정도 진실성이 있는지를 보기로 했다. 이 조사를 위해 몇천, 몇만 번이라도 농민들과 만나야만 했다. 그러나 농민들과 그런 식으로 접하기 전에, 쪽 재배경영자들의 이야기를 듣고 지구 장관을 만날 필요가 있다는 생각을 했다. 나는 양쪽 모두에게 편지를 보냈다.

재배경영자들의 사무국장과 면회를 하는 자리에서 그는, 당신은 외부 사람이니 농민들과 자기들 사이에서 빠지라며, 그래도 할 이야기가 있으면 서면으로 제출하라고 했다. 나는 사무국장에게, 나는 자신을 외부 사람이라고 생각하지 않으며, 농민들이 원한다면 농민의 상태를 조사할 자격이 충분히 있다고 정중하게 말했다. 나는 지구 장관과도 만났다. 장관은 이 이상 아무 것도 하지 말고 티르후트를 떠나라고 했다.

나는 이미 동료들에게, 정부는 나의 조사를 방해할 것이며 감옥에 가게 되는 시기가 생각보다 빨리 올지도 모른다고 말했다. 만약 체포된다면 가능한 한 모티하리나 베티아에서 체포되어야 했다. 그래서 한시라도 빨리 그곳에 도착해야만 했다.

참파란은 티르후트 지구의 한 행정구역이고 모티하리는 주(州)행정 소재지이다. 베티아에서 가까운 곳에 라지쿠마르 슈클라의 집이 있었다. 그 주변 쪽 재배경영자들의 저택에 고용된 농민들은 너무나 빈곤한 삶을 살고 있었다. 라지쿠마르 슈클라는 참상을 보여주고 싶어 했고 나도 보고 싶었다.

그래서 동료들을 데리고 그날 안에 모티하리를 향해 출발했다. 모티하리에서는 고라크바부가 우리를 재워주었다. 그의 집은 순례자들의 쉼터가 되어있었기 때문에 우리들은 겨우 들어갈 수 있었다. 도착한 그날에, 모티하리에서 약 5마일 떨어진 곳에 살고 있는 한 농민이 학대를 받았다는 이야기를 들었다. 그 농민을 만나기 위해, 변호사 다라니다르 프라사드를 데리고 다음날 아침에 가보기로 결심했다. 우리들은 아침 일찍 코끼리를 타고 출발했다. 참파란에서는 구자라트에서 우마차를 사용하는 것처럼 코끼리를 교통수단으로 이용하고 있었다. 목적지의 반 정도를 갔을 때 경찰장관의 심부름꾼이 우리를 쫓아와서 말했다.

"장관님이 당신에게 인사를 전하라고 하셨습니다."

그 의미를 나는 금방 이해했다. 다라니다르바부에게 먼저 가라고 말하고, 나는 그 심부름꾼과 함께 그가 빌려온 마차에 올라탔다. 공안은 나에게 참파란을 떠나라고 통고했다. 나를 집까지 데리고 가겠다며 동의의 서명을 요구했다. 나는 참파란을 떠나지 않을 것이며, 조사하기로 되어 있는 것은 조사하겠다고 답변을 썼다. 퇴거 명령을 따르지 않는다는 이유로 다음날 법정에 출두하라는 소환장을 받았다.

나는 밤새워 편지를 써서, 해야만 할 일들을 지시하여 브라지키쇼레바부에게 전달했다.

소환 이야기는 눈 깜짝할 사이에 사방팔방으로 퍼져나갔다. 지금까지 결코 본 적 없는 광경을 모티하리에서 볼 것이라고 사람들은 수군댔다. 고라크바부의 집과 재판소로 엄청난 인파가 몰려들었다. 다행스럽게도 나는 해야 할 일들을 밤사이에 다 끝내놓았기 때문에 이 무리들을 대처할 수가 있었다. 동료들의 가치에 대해서도 잘 알게 되었다. 동료들은 사람들을 통제하는 데에 매달려 있었다. 내가 재판소로 가는 길을 군중들이 따라왔다. 징세장관, 주(州) 행정장관, 경찰장관 등과 나 사이에도 일종의 관계가 성립되었다. 정부의 통고에 대항하여 법적으로 싸우려고 했으면 할 수 있었다. 그러나 나는 반대로 그 모든 것을 받아들임으로써, 또 관리들에 대해서 개인적으로 예의바른 태도를 취함으로써, 관리들은 내가 그들에게 반대하는 것이 아니라 명령에 따르지 않을 뿐이라는 것을 이해했다. 관리들은 나를 두려워하지 않게 되었다. 나를 괴롭히는 대신에, 군중을 통제하는 나와 동료들의 도움을 기쁘게 받아들여 주었다. 그러나 동시에 그날부터 자신들의 권위는 실추되었다는 것을 이해했다. 사람들은 한순간에, 형벌의 공포를 버리고 자신들의 새로운 동료의 사랑의 힘에 복종한 것이다.

참파란 사람들은 아무도 나를 알지 못했다. 농민층은 전혀 교육을 받지 않았던 것이다. 참파란은 갠지스 강을 넘어 히말라야 산맥의 네팔과 접해있는 지방이다. 다시 말해 새로운 세계이다. 여기서는 국민회의 이름을 들을 수 없었고 국민회의 회원의 모습은 찾아볼 수 없었다. 국민회의 이름을 들어본 적이 있는 사람들은 그 이름을 입에 올리거나 가입하는 것을 두려워했다. 오늘날 국민회의파와 봉사원들은 이곳에 국민회의파의 이름을 알리지 않고 들어와 있다. 그렇지만 그들은 국민회의파로서의 일은 충분히 행하고 있다.

동료들과 협의해서 국민회의의 이름으로는 어떠한 활동도 하지 않기로 나는 결심했다. 이름이 아니라 활동에 의미가 있는 것이다. 말이 아니라 행동으로 보여주자는 것이다. 이곳에서 국민회의는 꺼려지고 있다. 이 지방에서 국민회의의 의미는 변호사들의 줄다리기, 법률의 창을 빠져나오는 노력, 국민회의=폭탄, 국민회의=언행 불일치였다. 이것은 정부와, 정부의 정부인 쪽 재배경영자들의 생각이었다. 국민회의는 그렇지 않다는 것을, 국민회의는 다르다는 것을 나는 증명해야 했다. 그래서 우리들은 국민회의의 이름을 꺼내지 않고, 사람들에게 국민회의라는 조직을 알리지 않기로 결심한 것이다. 사람들이 국민회의라는 문자를 모른다 해도 그 정신을 알고 그에 따라 행동하면 충분하며, 그것이야말로 진짜라고 우리들은 생각했다.

그래서 국민회의에서 비밀리에 또는 공공연히 활동가를 보내 활동의 소지를 마련하지는 않았다. 라지쿠마르 슈클라에게는 몇천, 몇만의 사람들 사이에 들어갈 힘이 없었다. 그곳 사람들 중 어느 누구도 그날까지 정치적인 활동을 해본 적이 없었고, 참파란 바깥의 세상에 대해 아무것도 몰랐다. 그래도 이곳 사람들과 나의 만남은 오랜 친구들의 만남 같았다. 그렇기 때문에 내가 종교적으로, 비폭력적으로, 그리고 진리로 그 상황에 대면했다는 것은 과장이 아니라 문자 그대로 진실이다. 이 대면의 자격을 검증해보면 나의 사람들에 대한 애정 말고는 아무것도 찾을 수 없을 것이다. 이 애정이란 결국 비폭력에 대한 나의 확고부동한 신념이다.

참파란의 이 날은 내 생애에 있어서 결코 잊을 수 없는 날이었다. 이것은 나에게, 또 농민들에게 축제날이었다. 법률에 따라 나는 재판에 회부되었다. 그러나 사실을 말하자면 재판은 정부에 대한 것이었다. 지구 장관은 나에게 그물을 던졌지만 그 그물에는 정부가 걸려들었다.

## 15 불기소 처분을 받다

재판이 시작되었다. 검사, 주(州) 행정관 등은 동요하여 어떻게 해야 좋을지를 몰랐다. 검사는 심리 연기를 요청했지만, 나는 참파란에서 퇴거하라는 명령에 따르지 않았다는 기소 사실을 인정하고 있기 때문에 심리를 연장할 필요가 없다고 이의를 제기했다. 이렇게 말하고 준비해둔 아주 짧은 진술서를 읽었다. 그 내용은 이렇다.

형사 소송법 제144조에 의해 내려진 명령에 공공연히 따르지 않는 중대한 조치를 내가 왜 취해야 했는지에 관해, 짧은 진술을 법정이 허락한다면 신청하고 싶습니다. 나의 조심스러운 의견으로는, 그것은 불복종의 문제가 아니라 지방정부와 나 사이의 의견 차이 문제입니다. 나는 민중에 대한 봉사와 국가에 대한 봉사를 목적으로 이 지방에 왔습니다. 쪽 재배경영자인 영국인들이 소작인들을 정당하게 다루고 있지 않다는 이유로 소작인들은 나에게 도움을 강하게 요청했습니다. 그래서 나는 이곳에 와야 했습니다. 모든 문제를 조사하지 않고 어떻게 내가 소작인들을 도울 수 있겠습니까? 그렇기 때문에 나는 그 문제를 가능하다면 정부와 쪽 재배경영자인 영국인들의 도움을 받아 조사하려고 이곳에 온 것입니다. 그 외에는 다른 어떤 목적도 가지고 있지 않을뿐더러, 내가 오는 것으로 인해 공공 질서가 문란해지고 유혈 참사가 일어날 것이라고는 생각하지 않습니다. 이러한 문제에 관해서는 충분한 경험을 가지고 있다고 나는 주장합니다. 그러나 정부의 견해는 나와 달랐습니다. 정부가 안고 있는 곤란한 문제를 나는 이해하며, 정부는 확보한 정보를 믿어야 한다는 것도 인정합니다. 법률을 지키는 한 시민으로서 나에게 내려진 명령을 받아들인다는 당연한 마음이 없어서는 안 될 것이고 그런 마음이 되어 있습니다. 그러나 그렇게 하면, 농민들을 위해서 여기에 왔음에도 불구하고 그 농민들에 대한 의무를 저버리는 일이라고 생각합니다. 농민들에 대한 봉사는 농민들 사이에 있어야만 가능합니다. 그러니 자발적으로 참파란을 떠날 수는 없습니다. 이러한 딜레마에 처한 나는 참파란에서 퇴거하는 문제에 대한 책임을 정부에 전가할 수밖에 없습니다.

인도의 공적인 생활에서 나와 같은 입장에 있는 자는 무언가 조치를 취하여 예를 들 때, 극히 신중해야 한다는 것도 충분히 이해합니다. 그러나 나는 확신합니다. 오늘 우리는 복잡한 상태에 빠져있습니다만 그에 대해 내가 취해야 할 안전하고 자부심 높은 길은 단 하나, 명령에 복종하지 않고 그 대신 조용히 처벌을 견뎌내는 일 뿐입니다.

당신이 내리려고 하는 벌에 정상참작을 구하려고 이 진술을 하는 것이 아닙니다. 명령에 복종하지 않음으로써 법적 권위를 가진 정부를 모욕하는 것이 목적이 아니라 나의 마음에 있는 더욱 높은 법, 즉 영혼의 소리를 받아들이고 따르는 것이 목적이라는 것을 전하고 싶었습니다.

더 이상 심리를 연기할 필요는 없어졌다. 그러나 주(州) 행정장관과 검사는 이러한 결과를 예상하지 못했기 때문에 판단을 내리기 위해 연기하게 되었다. 나는 총독에게 전보를 보내 모든 경위를 알렸다. 파트나에도 전보를 쳤다. 판디트 말라비야지 등에게도 사실을 전보로 알렸다. 판결을 받기 위해 출정할 때가 되었지만, 그 전에 지사의 명령으로 본건은 불기소되었다는 도 행정장관의 통지가 왔다. 동시에 예정되어 있는 조사를 진행하도록, 그리고 조사에 공무원의 도움이 필요하다면 요구하라는 징세 장관의 편지를 받았다. 우리 중 누구도 이처럼 신속하고 좋은 결과가 나올 것이라고 예측하지 못했다.

나는 징세 장관인 헤이콕 씨를 만났다. 선량하고 공정하게 처리할 사람으로 보였다. 그는 서류나 다른 무엇이든 보고 싶은 것이 있다면 요구하라고 하고, 만나고 싶을 때는 언제라도 만나주겠다고 말했다.

이리하여 전체 인도는 사티아그라하 또는 법률불복종의 지방에서의 최초 실물교육을 받았다. 신문에서 이 문제는 크게 논평되었다. 참파란과 나의 조사는 예상치 못한 형태로 명성을 얻었다.

조사를 위해 정부가 중립적 입장을 취할 필요가 있다고 생각했지만 신문 논평과 신문기자는 필요하지 않았다. 그뿐만이 아니다. 과도한 비판과 조사, 상세한 기사는 오히려 우리에게 해가 될 우려가 있었다. 그래서 주요 신문 편집장들에게, 기자를 파견할 경비를 줄일 수 있도록 게재에 필요한 것은 모두 내가 계속 알려주겠다고 전했다.

참파란의 쪽 재배경영자인 영국인들이 완전히 화가 나 있다는 것을 나는 이해했고 관리들도 마음속으로는 좋아하지 않을 것도 알았다.

그런데 신문에 이런저런 뉴스가 나오면 더욱 화를 돋울 것이고, 그 화풀이는 내가 아닌 가난하고 불쌍한 소작인들에게 돌아갈 것이다. 그렇게 되면 내가 알고 싶어 하는 바른 사실을 알아내는 데는 방해가 된다. 쪽 재배경영자들이 악의에 가득 찬 반대 운동을 시작했다. 신문지상에서 나와 동료들에 대한 거짓 선전을 대대적으로 했다. 그러나 나는 매우 신중하게 행동했고 아주 세세한 사항에서도 진리를 고집했기 때문에 그들이 쏜 화살은 빗나갔다. 브라지키쇼레바부를 여러 형태로 비난하기 위해서 쪽 재배경영자들은 모든 수단을 동원했다. 그러나 비난하면 할수록 브라지키쇼레바부의 명성은 높아졌다.

이러한 미묘한 상황 속에서 나는 신문기자들을 오지 못하게 했고 지도자들을 초대하지도 않았다. 말라비야지는 나에게 전언을 보내왔다.

"필요하다면 불러주세요. 나는 그곳에 갈 생각입니다."

그러나 그에게도 폐를 끼치지 않았다. 나는 투쟁을 결코 정치적인 것으로 하지 않기로 했다. 일어난 일에 대한 보고는 주요 지(紙)에 계속 보내고 있었다. 정치활동을 하기 위해서도, 정치의 여지가 없는 곳에서 정치적으로 행동하면 양쪽 모두 엉망이 될 것이고, 문제를 슬쩍 바꾸려고 하지 않는다면 양쪽 모두 잘 될 것이다. 그러한 것을 나는 많은 경험을 통해 알고 있었다. 순수한 민중봉기에 간접적으로 정부가 개입하는 일도 있다는 것을 참파란의 투쟁은 증명해 주었다.

## 16 활동 방법

참파란의 조사에 대해 서술하는 것은 결국 참파란 농민의 역사를 이야기 하는 것이다. 그러한 기술은 이 장에서는 다 할 수 없다. 게다가 참파란의 조사는 결국 비폭력과 진리에 대한 큰 실험이 되었기 때문에 이 일에 대해서 나는 매주 생각나는 것을 써두었다. 참파란 조사의 상세한 내용에 대해서, 독자는 바브 라젠드라 프라사드의 《참파란 사티아그라하의 역사》(힌디어로 간행)와 유구다르마 인쇄소에서 간행된 구자라트어 번역본을 통해 알 수 있 다.

그럼 이 장의 주제에 대해서 쓰기로 하자. 고라크바부의 집에 머물면서 이 조사를 행한다고 한다면 그는 집을 비워주어야 했을 것이다. 모티하리에서 곧바로 자신의 집을 빌려줄 정도로 두려움을 모르는 사람은 없었다. 그러나 현명한 브라지키쇼레바부가 넓은 토지가 딸린 단독주택을 빌려 우리는 그곳 으로 옮겼다.

우리는 돈이 전혀 없었기 때문에 작업을 진행할 만한 상태가 아니었다. 오 늘날까지도 공적인 활동을 위해 민중으로부터 자금을 모집하는 관습은 없 다. 브라지키쇼레바부의 동료들은 주로 변호사들이었기 때문에 필요하다면 자신의 쌈짓돈을 내주었고, 몇몇은 그들의 지인들에게 부탁하기도 했다. 금 전적으로 부족함이 없는 사람들이 어떻게 남에게 돈을 달라고 할 수 있겠는 가? 이것이 그 사람들의 마음이었다. 그래도 참파란의 소작인들에게는 한 푼도 받아서는 안 된다고 나는 굳게 마음먹고 있었다. 그들의 돈을 받는다면 그것은 뇌물이 된다. 이 조사에 있어서 인도에서 공적인 자금을 모아서는 안 된다고 결심하고 있었다. 그렇게 하면 이 조사는 전 인도적이고 정치적인 사 건이 된다. 뭄바이에서 친구들이 1만 5,000루피를 지원하겠다는 전보가 왔 다. 나는 이 친구들의 원조를 감사하지만 거절했다. 참파란 외부로부터, 비 하르의 유복한 친구들로부터 브라지키쇼레바부의 동료들이 원조를 받을 만큼만 받고, 내가 프란지반다스 메타 박사에게 부족한 금액을 요구하기로 했다. 메타 박사는 필요한 돈을 청구하라는 편지를 보내왔다. 덕분에 우리는 금전적으로 안심할 수 있었다. 가난하게 최소 경비로 투쟁해야만 했기 때문에 많은 금액이 필요하지는 않았다. 사실 비용이 별로 들지도 않았다. 합계 2,000 내지 3,000루피 이상 들지 않았던 것 같다. 모인 자금 중에서 500~1,000루피 정도가 남았던 것으로 기억한다.

우리의 당초 생활방식은 기묘하여 나에게 있어서 그것은 매일의 즐거움이었다. 변호사들은 각자 하인과 요리사를 데리고 와서 각자 별도의 식사를 만들었다. 변호사들은 밤 12시에도 식사를 했다. 그들은 자비로 생활하고 있었다. 그러나 나에게 있어 이러한 생활방식은 귀찮음 그 자체였다. 나와 동료들 사이는 애정에 의한 유대로 강하게 연결되어 있어서 우리에게 오해가 생길 일은 없었다. 동료들은 나의 화살과 같은 말을 애정으로 받아들여 주었다. 결국 하인들에게 휴식을 주고 모두가 함께 식사하며 식사 규칙을 지키기로 결정하였다. 전원이 채식주의자는 아니었지만, 취사장을 두 곳 쓰면 비용이 많이 드니 채소 요리만 먹기로 하고 취사장을 하나만 쓰기로 하였다. 식사도 간소하게 할 것을 강조하였다. 이렇게 하여 경비는 크게 절약되었다. 일을 할 힘이 늘어났고 시간은 절약되었다.

우리는 더욱 힘이 필요해졌다. 농민들이 자신의 이야기를 들어달라고 속속 찾아왔기 때문이다. 이야기를 하려고 온 사람들이 한 부대였다. 그랬기 때문에 집의 정원은 사람들로 한가득이었다. 나를 만나게 해달라는 사람들로부터 나를 지키려고 동료들은 분투했으나 소용없었다. 나는 일정한 시간에 접견을 위해 밖에 나갈 수밖에 없었다. 5~7명의 사람들이 이야기를 받아 적는 데에만 매달렸지만 그래도 모든 사람의 증언은 날이 저물도록 끝나지 않았다. 이렇게 온갖 이야기가 다 필요한 것은 아니었지만 사람들은 증언을 받아적으면 만족스러워했다. 나는 그런 사람들의 마음을 충분히 이해했다.

이야기를 쓰는 사람들은 몇 가지 규칙을 지켜야 했다. 한 사람 한 사람의 농민에게 반대 질문을 해야 한다. 질문에 대답하지 못하면 그 사람의 증언은 채택할 수 없다. 그 사람의 이야기가 근거가 없다고 생각되면 증언은 기록하지 않았다. 이러한 규칙을 지키는 일로 조금은 여유 시간이 생겼지만, 대부분의 증언들은 굉장히 진실되고 증거로 인정될 만한 것들이었다.

이 증언을 기록할 때에는 공안 경찰이 곁에 있었다. 이 사람들이 오는 것을 막을 수도 있었지만 우리들은 처음부터 막기는커녕 친절한 태도로 대하고, 제공할 수 있는 정보는 건네기로 이미 정해 놓았다. 모든 증언은 공안 경찰들이 보고 듣는 앞에서 받아 적었다. 이 일에 한 가지 좋은 점이 있었다. 사람들은 공안 경찰을 두려워했었지만 이렇게 이야기하는 자리에 동석하게 되자 두려움이 없어졌던 것이다. 공안 경찰의 눈앞에서 하는 증언에는 과장이 없었다. 거짓말을 했다가는 공안 경찰이 잡아가지 않을까 하는 두려움에 사람들은 조심해서 이야기를 하게 되었다.

나는 쪽 재배경영자들을 화나게 하고 싶지 않았다. 오히려 공손한 태도를 취해 그들의 환심을 사려고 노력하였다. 그랬기 때문에, 특히 불만이 많았던 경영자에게는 편지를 써서 만나려고 노력했다. 나는 쪽 재배경영자 협회 사람들도 만났다. 농민들의 불만을 알리고 그들의 이야기도 들었다. 어떤 사람은 나를 깔보고 또 어떤 이는 무시하였다. 그러나 또 어떤 이는 정중하게 대해주었다.

## 17 동료들

브라지키쇼레바부와 라젠드라 바부는 환상의 조합이었다. 두 사람 없이는 한 발짝도 앞으로 나아갈 수 없을 정도였다. 두 사람의 제자라고 해야 할지 아니면 동료라고 해야 할지, 샴부 바부, 아누그라하 바부, 다라니 바부, 람나브미 바부, 이 변호사들도 거의 항상 나와 함께 있었고 빈댜 바부와 자나크다리 바부도 자주 함께 했다. 그래서 생긴 것이 비하르 출신자 연합. 주로 하는 일은 사람들의 증언을 청취하는 것이었다.

크리팔라니 교수도 이 연합에 참가했다. 교수 자신은 신드 출신임에도 불구하고 비하르 출신자 이상으로 비하르 사람다웠다. 이 사람만큼, 사는 곳에 완전히 동화하여 그 누구도 다른 곳 출신이라는 것을 알아채지 못하도록 하는 능력을 가진 사람을 나는 알지 못한다. 교수의 주요한 임무는 문지기였다. 그는 나를 만나고 싶어하는 사람들로부터 나를 지키는 일에서 삶의 목적을 찾았다. 어떤 사람과는 농담을 하면서 내 곁에 다가오지 못하게 하고 어떤 사람에게는 비폭력적으로 엄포를 놓았다. 밤이 되면 교사로 돌아가 모든 동료들을 재밌게 해주고, 누군가 겁먹은 사람이 오면 격려해주었다.

마울라나 마자룰 하크는 나의 조력자로서 한 달에 한두 번 모습을 나타냈다. 당시 그의 호화롭고 위엄 있던 모습과 오늘날의 소박한 모습은 하늘과 땅 차이다. 그는 우리들 무리에 섞여 하나가 되려고 노력했다. 그러나 영국인 같은 복장과 태도 때문에 외부 사람들 눈에는 우리와 다른 사람처럼 보였던 것 같다.

경험이 쌓임에 따라 생각한 것인데, 참파란에서 제대로 활동하려면 농촌 사람들에게도 교육을 시켜야 했다. 이 사람들의 무지는 불쌍할 정도였다. 마을의 아이들은 하루 종일 그저 배회하거나 일당 2, 3파이사를 위해 부모들이 아이들을 하루 종일 쪽밭에서 일하게 했다. 이 당시 남자의 임금은 10파이사를 넘지 않았다. 여자는 6파이사, 아이들은 3파이사였다. 4안나를 받는 농민은 행운이라고 할 정도였다.

동료들과 이야기해서 우선 6개 마을에 아이들을 위한 학교를 열기로 했다. 마을 주민들이 건물과 교사의 식비를 제공하고 다른 경비는 우리가 부담하기로 했다. 이곳 마을에 현금이 충분하지는 않았지만 곡물 등을 낼 여력은 있었다. 그랬기 때문에 사람들은 곡물 제공을 허락했다.

교사를 어디서 데리고 오면 좋을지가 큰 문제였다. 비하르에서 싼 임금이나 무보수로 일해 줄 유능한 교사를 구하기는 어려웠다. 결코 평범한 교사의 손에 아이들을 맡겨서는 안 된다는 것이 우리의 생각이었다. 교사는 설령 문자에 의한 교육을 충분히 받지 않았어도 인격을 갖춘 사람이어야 했다.

이를 위해 나는 봉사자들에게 호소했다. 그 호소에 응하여 강가다라오 데슈판데는 바바사헤브 소만과 푼달리크를 보내주었다. 뭄바이에서는 아반티카바이 고칼레가 찾아왔고 남부*35에서 아난디바이가 왔다. 나는 초탈랄과 스렌드라나트, 그리고 아들인 데브다스를 불렀다. 마하데브 데사이와 나라하리 파리크와 만난 것이 이때였다. 마하데브 데사이의 아내인 두르가벤과 나라하리 파리크의 아내 마니벤도 왔다. 나도 내 아내를 불렀다. 이 정도 남녀 교사들이라면 충분했다. 아반티카바이의 부인과 아난디바이 부인은 교육을 받은 사람들이었지만, 마니벤과 두르가벤은 그저 조금 구자라트어를 아는 정도였고 내 아내인 카스투르바는 거의 못 배운 것이나 마찬가지였다. 이런 자매들이 힌디어를 쓰는 아이들을 어떻게 가르칠 수 있겠는가?

모두 함께 모여 이야기를 하고 난 후 나는 자매들을 설득하며, 아이들에게 문법이 아니라 생활방식을 가르치고, 읽고 쓰는 것보다 위생 관념을 가르쳐야만 한다고 했다. 힌디어, 구자라트어와 마라트어 사이에는 큰 차이가 없고 초급에서는 기껏 숫자 정도를 가르칠 것이므로 어려운 것은 없을 것이라고 설명했다. 자매들은 자신을 갖게 되었고 가르치는 일을 재밌어했다. 아반티카바이의 학교는 본보기가 되었다. 부인들은 자신의 학교에 생명을 쏟아 부었다. 재능도 충분히 있었다. 이 자매들에 의해 마을 여성들 사이에도 들어갈 수 있었다.

그러나 나는 교육만으로 끝내고 싶지 않았다. 마을의 불결함에는 끝이 없었다. 길에는 음식 쓰레기, 우물 주위에는 진흙과 악취, 공터는 너무 더러워서 눈뜨고 볼 수가 없었다. 어른들에게도 위생 교육을 할 필요가 있었다. 참파란 사람들은 병에 잘 걸렸다. 가능한 한 청소를 하고 사람들 생활의 모든 방면에 관여하고 싶은 마음이었다.

그러기 위해선 의사의 협력이 필요했다. 그래서 나는 고칼레의 협회에 데브 박사를 보내달라고 했다. 박사는 6개월간 이곳에서 봉사를 해주기로 하였다. 남녀 교사들은 박사의 감독하에서 활동하게 되었다.

쪽 재배경영자들에 대한 불평에 관여하지 않을 것, 정치에는 일절 관여하지 않을 것, 불만을 호소하는 사람은 나에게 보낼 것, 누구도 자신의 담당구역 밖으로는 한 발자국도 나가지 말 것, 회원들은 이것만은 명심하고 있었다. 참파란의 이 동료들은 이 결정들을 잘 지켜주었는데 이러한 일은 예전에는 볼 수 없었다. 누군가가 지시받은 결정을 어기거나 한 기억은 없다.

## 18 마을에 들어가다

학교마다 대략, 남자 교사와 여자 교사가 한 명씩 배치되었다. 교사들에 의한 치료, 개선운동이 시작되었다. 여교사들은 마을 여성들 사이를 파고 들어가기로 했다. 치료활동은 극히 간단한 것이었다. 피마자유(油), 키니네와 연고, 이러한 것들만이 각 학교에 구비되었다. 혀를 봐서 설태(舌苔)가 끼어있고 변비 증상이 있으면 피마자유를 마시게 할 것. 열이 있고 피마자유를 마신 후에도 찾아오는 사람이 있으면 키니네를 줄 것. 그리고 만약 종기가 있으면 상처를 잘 씻고 연고를 발라줄 것. 먹는 약이나 연고를 집에 주어 보내는 일은 거의 없었다. 만약 증상을 알 수 없는 환자나 중증의 환자가 있으면 데브 박사의 진찰을 받게 하였다. 데브 박사는 많은 곳을 정해진 시간에 돌아보았다. 이렇게 간단한 치료지만 사람들은 꽤 많은 혜택을 받게 되었다. 유행병이 아닌 경우에는 전문가가 그다지 필요하지 않았다. 이러한 것을 고려한다면 앞에서 말한 방법은 누구도 비웃을 수 없는 일이고 실제로 마을 사람들도 그렇게 생각하지 않았다.

개선 운동은 순조롭지 못했다. 사람들은 청소를 하지 않았다. 밭에서 매일 노동을 하는 사람들이라도 자신의 손으로 더러운 것을 치우는 일은 꺼렸다. 그러나 데브 박사는 금방 포기할 사람이 아니었다. 박사 자신과 봉사원들은 마을의 길을 청소하고 사람들 집 마당에 있는 음식물 찌꺼기를 정리했다. 우물 주변에 구덩이를 메우고 진흙을 없애고, 마을 사람들을 애정을 담아 설득하였다. 몇몇 곳에서는 사람들이 부끄럽게 여겨 자발적으로 활동하기 시작했다. 어떤 곳에서는 나의 자동차가 다닐 수 있게 길을 직접 정비해주기도 했다. 이러한 기분 좋은 결과도 있었지만, 사람들의 냉담함에 마음에 상처를 받기도 했다. 어떤 곳에서는 개선 운동 이야기를 듣고 사람들이 불쾌함을 표하기도 했기 때문이다.

이 경험 가운데 하나를 나는 많은 여성들과의 모임에서 이야기했는데, 여기서 다시 꺼내는 것도 괜찮을 것이다. 비티하르바는 작은 마을인데 그곳에도 우리 학교가 있다. 그 옆에는 더 작은 마을이 있다. 그곳의 몇몇 자매들의 옷이 심하게 더러운 것을 보고, 그 자매들에게 옷을 빨아 입도록 설득하기 위해 나는 아내를 그곳에 보냈다. 카스투르바는 자매들에게 말했다. 그중 한 여인이 카스투르바를 자신의 오두막으로 데려가 말했다.

"보세요. 여기에 옷을 넣어둔 상자나 옷장이 있습니까? 입고 있는 사리 말고는 옷이 없습니다. 그런데 이것을 어떻게 빨 수 있겠습니까? 마하트마 님께 옷을 보내달라고 말씀드려주세요. 그러면 매일 몸을 씻고 옷을 갈아입도록 하겠습니다."

이런 오두막은 인도에 흔히 있다. 헤아릴 수 없는 많은 사람들이 가구, 상자, 의류 하나 없이 그저 몸에 걸치고 있는 옷만으로 생활한다.

또 한 가지 경험에 대해 이야기해야겠다. 참파란에서는 대나무나 풀이 부족하지 않다. 비티하르바에서는 사람들은 대나무와 풀로 학교의 지붕을 이었다. 그런데 누군가 밤에 불을 질러 학교를 다 태우고 말았다. 주변 쪽 재배경영자의 부하들이 의심을 샀다. 또다시 대나무와 풀로 건물을 만드는 일은 적절하지 않다고 생각되어, 소만 씨와 카스투르바 담당인 이 학교를 소만 씨는 손수 벽돌로 짓기로 마음먹었다. 그의 근면함은 다른 사람들에게도 전염되었다. 곧 벽돌 건물이 완성되었다. 건물이 탈 염려는 두 번 다시 없었다.

이처럼 학교와 개선 운동, 치료활동으로 사람들 사이에 봉사자들에 대한 신뢰와 존경이 커져 농촌 사람들에게 좋은 영향을 미칠 수 있었다.

그러나 안타깝게도 이 활동을 영구화 하려는 나의 바람은 이루어지지 않았다. 봉사자들의 참가는 일정 기간뿐이었다. 새로운 봉사자를 찾는 것은 어려운 일이었고, 비하르에서는 이러한 활동에 어울리는 전문 봉사자를 발견하지 못했다. 참파란의 활동이 완전히 끝나기 전에, 준비된 다른 활동이 나를 그곳에서 끌어냈다. 그럼에도 불구하고 6개월에 걸친 활동은 뿌리를 깊이 내려서, 같은 형태로는 아니지만 다른 형태로 활동의 영향은 지금까지 계속되고 있다.

### 19 빛나는 측면

한편에서는 앞 장에서 말한 사회봉사 활동이 전개되었고 다른 한편에서는 사람들의 불만을 청취하는 작업이 대규모로 행해졌다. 몇천, 몇만의 사람들의 이야기를 수집했다. 내가 머무는 집에 출입하는 사람들이 점점 늘어나자 쪽 재배경영자들의 분노도 높아져만 갔고, 따라서 나의 조사를 못하게 하려는 움직임도 격렬해졌다.

어느 날 나는 비하르 정부의 서신을 받았다. 그 요지는 이랬다.

"당신의 조사는 상당히 장기간에 걸쳐 행해졌습니다. 이제 조사를 마치고 비하르를 떠나야 합니다."

편지는 정중했지만 의미는 명료했다. 조사는 아직 계속되어야 하고, 끝난다고 해도 사람들의 불행이 사라지지 않는 한 비하르를 떠날 생각은 없다고 나는 답장을 보냈다.

이 조사를 그만두게 하기 위한 정부의 적절한 방법은 농민들의 불만이 사실임을 인정하고 그것을 개선하던지, 불만을 염두에 두고 조사 위원회를 발족하는 것이다. 어느 날 지사 에드워드 게이트 씨가 나를 불렀다. 그리고 자신은 조사 위원회를 설치하고 싶다고 전했다. 나에게 위원이 되어 달라고 요청했다. 다른 위원들의 이름을 보고 나서 나는 동료들과 이야기했다. 나의 동료들과 의논할 자유가 있어야 하고, 위원이 되어도 농민들을 옹호하는 입장에는 변함이 없을 것이며, 조사가 종료되어도 결과가 만족스럽지 못하면 농민들을 지도하는 일을 그만두지 않을 것이다. 이러한 사항을 정부는 이해해야 하며, 이러한 조건을 수락한다면 위원회에 들어가겠다고 했다.

에드워드 게이트는 이 조건들을 적절하다고 판단하고 받아들여주었다. 프랭크 슬라이 씨가 위원회의 위원장에 임명되었다. 조사위원회는 농민들의 모든 불만을 인정했다. 그리고 영국인 쪽 재배경영자들이 농민으로부터 부당하게 거두어들인 금액의 일부를 반환하고 틴카디아 법을 폐지하라고 권고했다.

이 보고서를 만장일치로 발의하고 최종적으로 법안을 통과시키기까지 에드워드 게이트 씨의 공헌은 대단한 것이었다. 만약 결연한 태도로 일관하지 않았거나 행정능력을 완전히 발휘하지 않았다면, 만장일치로 합의된 보고서는 만들어지지 못했을 것이고 최종적으로 법안도 통과되지 못했을 것이다. 쪽 재배경영자들의 권력 또한 막강했다. 보고서가 제출되었음에도 불구하고 경영자 몇 사람은 법안에 강경하게 반대했다. 그러나 에드워드 게이트 씨는 마지막까지 결연한 태도로 일관했다. 위원회의 권고를 완전히 따른 것이다.

100년 동안 계속되어 온 틴카디아 법이 폐지되자 영국인 쪽 재배경영자들의 지배는 끝났다. 압제당해 온 소작농 계층은 자신들의 힘을 조금 깨달았고, 쪽의 얼룩은 빨아도 지워지지 않는다는 미신은 사라졌다.

참파란에서 시작된 건설적인 활동을 계속하여 사람들 사이에서 몇 년은 더 활동하며 더 많은 학교를 세우고 더 많은 마을을 찾아가기를 나는 원했다. 그 기반은 준비되어 있었다. 그러나 나의 희망을 신은 실현시켜 주시지 않았다. 그것은 신이 나에게 또 다른 활동을 시키기 위해서였다고 생각한다.

## 20 노동자들과의 관계

참파란에서 내가 위원회 일을 아직 정리하고 있을 때 케다에서 모한랄 판댜와 샹카를랄 파리크의 편지를 받았다. 케다에서 농작물의 작황이 좋지 않아 토지세를 면제시키려는 것에 관한 내용이었다. 그곳에 가 농민들을 지도해 달라고 두 사람은 강하게 요청했다. 현장에서 조사하지 않고는 어떤 조언도 할 수 없었을 뿐더러 나에게는 그럴 능력과 용기가 없었다.

한편 아나수야바이의 편지는 노동조합에 관해서였다. 노동자의 임금이 상당히 낮았다. 임금인상 요구는 오래 전부터 계속해 왔다. 이 건에 대해서 노동자들을 지도할 의욕은 있었다. 그러나 비교적 작은 문제라고 생각되는 이런 활동도 멀리에서 성사시킬 능력은 없었다. 그래서 나는 이 일에 착수해야겠다고 마음먹고 아마다바드로 갔다. 나는 이 문제들을 조사하고 빨리 참파란으로 돌아가 건설적인 활동을 할 생각이었다.

그러나 내가 아마다바드에 도착한 뒤 여러 일이 생기는 바람에 나는 당분간 참파란으로 돌아갈 수 없게 되었다. 그러는 사이 학교들은 차례차례 문을 닫았다. 동료들과 나는 공중누각을 지었는데 그것들은 한순간에 무너져버렸다.

나는 참파란에서 농촌학교, 농촌개량 외에도 소 보호 운동을 전개하고 있었다. 나는 여행 중에 낙농 개선 운동과 힌디어 보급 운동을 독점하고 있는 마르와리*36 형제들을 만났다. 베티아에 도착했을 때 한 마르와리 사람이 자신의 순례자 숙소에 나를 머물게 해주었다. 그때 베티아의 마르와리 분들이 목장 개선 운동에 나를 끌어들였다. 소 보호에 관한 지금의 내 생각은 그때 만들어졌다. 소 보호, 즉 소의 번식, 소의 품종개량, 암소를 혹사시키지 않을 것, 목장을 쾌적한 환경으로 만들 것 등등이다. 나는 이 운동을 전면적으로 펼치겠다고 약속했다. 그러나 내가 참파란에 정착할 수 없었기 때문에 그 활동은 중단되었다. 베티아에는 아직 쾌적한 목장이 없고 참파란의 암소는 지금도 혹사당하고 있다. 힌두교도라 칭하는 사람들이 오늘날까지도 암소를 잔인하게 다루어 종교를 더럽히고 있다. 이 아픔은 변함없이 남아 있다. 그래서 참파란을 방문할 때면 언제나 나는 이 중단된 중요한 활동을 떠올리고는 한숨을 짓는다. 그리고 중도에 그만둔 것에 대해 마르와리 형제들이나 비하르 사람들에게 잔잔한 비난을 받곤 한다.

이와는 다르게 학교 설립 운동은 다른 방식으로 다른 곳에서도 행해지고 있지만, 소에 대한 봉사 계획은 뿌리내리지 못했기 때문에 필요한 방향으로 발전하지 못했다.

아마다바드에서 케다의 노동자 운동에 관한 협의가 진행되고 있었는데,

그러는 동안 나는 노동자 운동에 참여하기로 했다.

나의 입장은 조금 난처했다. 공장주들과 나는 좋은 관계를 유지하고 있었기 때문에 공장주들과 싸우는 일은 힘든 일이었다. 아나수야바이 부인의 경우는 친오빠와 싸워야만 하는 더욱 난처한 상황이었다. 그러나 나는 노동자들의 주장에 일리가 있다고 생각했기 때문에 노동자들을 지지하기로 했다.

노동자들과 공장주들 사이의 이 험한 쟁의에 암발랄 사라바이 씨는 공장주들의 대표격으로 참가했다. 공장주들과 이야기한 후에 나는 노동자들의 요구에 대해 조정자를 지명할 것을 제안했다. 그러나 공장주들은 자신들과 노동자들 사이에 조정자가 개입하는 것이 타당하지 않다고 생각했다.

나는 노동자들에게 파업을 제안했다. 그때까지 나는 노동자들과 지도자들 양쪽 모두와 사이좋게 접하고 있었다. 양자에게 나는 파업의 조건을 설명하였다.

1. 평화 질서를 흩트리지 말 것.
2. 작업을 하고 싶어 하는 사람을 강제로 저지하지 말 것.
3. 노동자는 시주받은 음식을 먹지 말 것.
4. 파업이 아무리 길어지더라도 태도를 바꾸지 말 것. 돈이 필요해지면 다른 노동을 해서 음식 살 돈만을 벌 것.

이 조건을 지도자들은 이해하고 받아들였다. 노동자들의 집회가 시작되었다. 집회에서 자신들의 요구가 받아들여지지 않는 한, 그리고 요구가 정당한지 아닌지를 조사하기 위한 조정자가 임명되지 않는 한, 작업에 복귀하지 않을 것을 노동자들은 결의하였다.

나는 발라브바이 파텔과 샹카를랄 반케르 씨를 이 파업 기간 중에 정말 잘 알게 되었다. 아나수야바이 부인과는 이전부터 잘 아는 사이였다.

파업 참가자들의 집회는 매일 강변의 한 그루 나무 밑에서 열렸다. 집회에는 몇천, 몇만의 사람들이 모였다. 나는 사람들에게 매일 맹세를 상기시켰다. 평화 질서를 유지하고 자존심을 지킬 필요성에 대해 설명했다. 노동자들은 자신들의 에크 테크*37 깃발을 가지고 매일 거리를 행진하고 질서 있게 집회에 참가했다.

이 파업은 21일 동안 계속되었다. 그러는 사이에 나는 공장주들을 만나 이야기하고 노동자들에 대해 공정하게 대응하도록 설득했다. 그러나 나는 이런 대답을 들었다.

"우리들에게도 맹세가 있습니다. 우리와 우리 노동자들 사이는 아버지와 아들의 관계와 같습니다. 이 사이에 누가 개입한다는 것은 도저히 참을 수 없습니다. 우리 사이에 어째서 조정자가 필요합니까?"

## 21 아슈라마를 잠시 들여다보다

노동자의 일을 본격적으로 이야기하기 전에 여기서 아슈라마를 잠시 들여다볼 필요가 있다. 참파란에 있을 때도 나는 아슈라마를 잊을 수가 없었고 가끔씩 다녀오기도 했다.

코치라브는 아마다바드 근교의 작은 마을이다. 아슈라마는 이곳에 있었다. 그런데 어느 날 이곳에 페스트가 발생했다. 나는 그 마을 안에서 아슈라마의 아이들을 완전히 지켜낼 수가 없었다. 아무리 위생 규칙을 세심하게 지켜도 주위의 불결함에 아슈라마가 오염되지 않을 도리가 없었던 것이다. 코치라브 주민들에게 위생 규칙을 지키게 하거나 이럴 때 그들을 도와줄 힘이 우리에게는 없었다. 우리의 바람은, 아슈라마를 마을이나 도시에서 떨어져 있으면서도 왕래하기에 그리 멀지 않은 곳으로 옮기는 것이었다. 언젠가 우리의 아슈라마가 아슈라마로서 훌륭한 곳이 되기 전에 우리의 넓은 땅에 정착하고 싶었다.

이 페스트를 나는 코치라브를 떠나라는 계시라고 생각했다.

푼자바이 히라찬드 씨는 아슈라마와 굉장히 밀접한 관계를 가지고 있었고 순수하게 아무 사심 없이 여러 가지 크고 작은 봉사를 해주었다. 그는 아마다바드에서 상업적으로 많은 경험을 가지고 있어서, 아슈라마에 적당한 땅을 찾아주는 일을 맡아주었다. 나는 그와 함께 코치라브의 남북 지역을 돌아다녔다. 그리고 나는 그에게 북쪽으로 3, 4마일 떨어진 곳에 한 필지 정도를 찾아달라고 했다. 오늘날 아슈라마가 있는 곳은 그가 찾아 준 곳이다. 그곳은 감옥과 가까웠다. 그 사실이 나는 특히 마음에 들었다. 사티아그라하 아슈라마의 주민의 운명에는 감옥행이라는 단어가 새겨져 있다고 믿었고, 감옥은 언제나 주위가 위생적인 곳에 설립된다는 것도 매력적이었다.

거의 일주일 안에 거래는 끝났다. 그 땅에는 건물도, 한 그루의 나무도 없었지만 강변과 조용함, 이 두 가지가 장점이었다. 우리는 우선 텐트에서 생활하기로 했다. 취사장은 임시로 함석지붕을 씌우고 점차 영구적인 건물을 지으리라 생각했다.

이때 아슈라마의 주민은 처음보다 늘어 있었다. 아이들과 어른 남녀를 합쳐 약 40명이었다. 모두들 한솥밥을 먹었다. 계획을 구상하는 것이 나의 역할이었고 실행에 옮기는 것은 언제나 마간랄 간디였다.

영구적인 건물이 완성되기 전까지의 고생은 말로 다 할 수가 없다. 우기가 가까웠기 때문에 서둘러 4마일이나 떨어진 마을에서 물건들을 날라와야 했다. 이 황무지에는 물론 뱀도 있었다. 이런 상태에서 아이들을 키우는 일은 위험천만한 것이었다. 관습상 뱀을 죽이지는 않았지만, 뱀을 무서워하지 않는 사람은 한 사람도 없었고 지금도 그렇다.

해로운 생물이라도 죽이지 않는다는 규칙이 피닉스와 톨스토이 농장, 그리고 사바르마티 아슈라마, 이 세 곳에서는 될 수 있는 한 지켜졌다. 이 세 곳은 황무지에 있었고 뱀도 상당히 많았다. 그럼에도 불구하고 오늘날까지 뱀에 의해 목숨을 잃은 사람은 없다. 나처럼 믿음이 깊은 사람은 이러한 일에서 신의 손, 신의 은총을 본다. 신은 결코 편애하지 않으며 인간 일상의 모든 일을 간섭할 정도로 한가하지 않다는 등의 무의미한 의심을 품지 않기를 바란다. 이 일을, 이 체험을 다른 말로 표현할 방법을 나는 알지 못한다. 신이 행하시는 일을 이 세상의 말로 표현하고 있지만, 그래도 신이 행하시는 신비로운 일은 말로 다 표현할 수 없다는 것을 나는 잘 안다. 그래도 만약 미물인 인간이 굳이 말하고자 한다면 아이 같은 말로밖에 표현할 수 없을 것이다. 일반적으로 뱀 등을 죽이지 않았음에도 불구하고 아슈라마 사회가 25년 동안 해를 입지 않은 것은 우연이 아니라 신의 은총이다. 이렇게 믿는 것이 미신이라고 한다면 그 미신은 지킬 가치가 있다.

노동자들의 파업이 행해질 무렵 아슈라마의 토대가 마련되었다. 아슈라마의 주요한 일은 베짜기였다. 실을 잣는 법은 아직 발견하지 못했다. 그래서 우선 처음으로 방적 작업소 건설을 결정하였다. 이렇게 작업소의 토대가 마련되었다.

## 22 단식

노동자들은 처음 2주 동안 많은 용기를 보여주었다. 질서도 잘 지켰다. 매일 집회에는 많은 사람들이 참가했다. 매일 나는 맹세를 상기시켰다.

"우리가 죽는다고 해도 이 맹세는 깨지지 않는다."

노동자들은 매일 이렇게 외쳤다.

그러나 드디어 노동자들은 약해지기 시작했다. 약한 인간들이 폭력적이 되어 가듯이, 약해진 노동자들은 공장에 일하러 가는 사람들을 증오하였다. 일하러 가는 사람들을 폭행하는 것이 아닐까 나는 걱정이었다. 점점 집회에 참가하는 사람들이 적어지고 참가자들의 표정에는 무관심이 번져갔다. 나는 노동자들이 동요하고 있다는 소식을 듣고 고민에 빠졌다. 이럴 때 나의 의무는 무엇인가를 생각했다. 나는 남아프리카에서 노동자들의 파업을 경험했지만 이는 또 새로운 것이었다. 나의 격려로 일어난, 내가 매일 증인이 되었던 이 맹세가 어떻게 깨질 수 있단 말인가? 이 생각은 자존심에 의한 것이라고 생각할지도 모른다. 아니면 노동자들과 진리에 대한 사랑이라고 생각할지도 모른다.

아침이었다. 나는 집회 장소에 있었다. 나는 무엇을 해야만 할지 몰랐다. 그러나 집회가 시작되자 나의 입에서 저절로 말이 나왔다.

"만약 노동자들이 다시 단결하지 않는다면, 그리고 우리의 요구가 해결될 때까지 파업을 계속할 수 없다면 나는 단식을 해야 합니다."

참가했던 노동자들은 깜짝 놀랐고 아나수야벤의 눈에서는 눈물이 왈칵 쏟아졌다. 노동자들은 고함쳤다.

"당신이 아니라 우리가 단식을 하겠습니다. 당신은 그래서는 안 됩니다. 우리들을 용서해주십시오. 맹세를 지키겠습니다."

나는 말했다.

"당신들은 단식을 할 필요가 없습니다. 당신들은 자신이 한 맹세를 지키면 그것으로 충분합니다. 우리에게는 돈이 없습니다. 그렇지만 우리는 노동자들에게 시주 음식을 먹이면서까지 파업을 계속하고 싶지 않습니다. 무엇이든 일을 해주세요. 매일 식량을 살 만큼의 돈을 벌어주세요. 그러면 파업이 아무리 길어져도 안심할 수 있습니다. 나의 단식은 문제가 해결될 때까지 멈추지 않을 것입니다."

발라브바이는 노동자들을 위해 시 당국에서 일을 찾고 있었지만 아무것도 찾지 못했다. 아슈라마의 기계 방직 작업소의 기초공사에 모래가 필요한데 그 작업에 노동자들을 투입하는 것이 어떻겠느냐고 마간랄 간디는 제안했다. 노동자들은 이 작업을 수락했다. 아나수야벤이 그 일을 시작했다. 강에서 모래를 채취해 담은 바구니를 나르는 노동자들의 행렬이 생겼다. 이 광경은 볼만했다. 노동자들에게 새로운 힘이 솟아났다.

　이 단식에는 한 가지 결함이 있었다. 공장주들과 내가 우호적인 관계에 있었다는 것은 앞 장에서도 말했다. 그랬기 때문에 나의 단식은 공장주들에게 영향을 미치지 않을 수 없었다. 사티아그라하로서 공장주들에게 반대하여 단식을 할 수 없다는 것은 잘 알고 있었다. 공장주들에게 영향을 주는 것은 노동자들의 파업이어야만 한다. 나의 속죄는 공장주들의 과실 때문이 아니라 노동자들의 과실 때문이었다. 나는 노동자들의 대표였으므로 노동자들의 과실은 나의 과실과 마찬가지이다. 공장주들에게 반대하여 단식하는 것은 강요하는 것과 다름이 없다. 나의 단식이 공장주들에게 영향을 줄 것을 알고 있었고 사실 영향을 미쳤다. 그렇지만 단식을 그만둘 수 없었다. 이렇게 결함이 있는 단식이지만 나는 거기서 자신의 의무를 보았기 때문이다.

　나는 공장주들을 설득했다.

　"당신들은 나의 단식 때문에 자신의 의지를 버릴 필요가 전혀 없습니다."

　공장주들은 슬며시 야유하여 나를 괴롭게도 했지만 그들은 그럴 자격이 있었다.

　셰드 암발랄은 이 파업에 대항하여 강경한 태도를 취한 지도자였다. 그의 단호한 자세는 경이적이었다. 그의 솔직함도 나는 마음에 들었다. 그와의 싸움은 나에게는 기분 좋은 일이었다. 그러나 나의 단식이 그와 같은 지도자가 인솔하는 상대편에게 미칠 간접적인 영향을 생각하면 괴로웠다. 그리고 그의 아내 사를라데비 부인은 나에게 친누이같은 애정으로 대해주었는데, 그런 사람이 단식으로 인해 받을 고뇌를 나는 보고 있을 수가 없었다.

　단식 첫날에 아나수야벤을 비롯한 다른 많은 친구들과 노동자들이 동참했다. 나는 이 이상 단식을 하지 말라고 겨우 설득했다. 이렇게 주위는 사랑으로 가득한 분위기였다. 공장주들은 그저 나를 가엽게 생각한 나머지 타협의 길을 찾기 시작했다. 공장주들은 아나수야벤에게 가서 상담했다. 아난드샨카르 드루바 씨도 그 자리에 동석했다. 결국 그가 조정자로 지명되었고 파업은 끝났다. 나는 단 3일 동안 단식을 했을 뿐이다. 공장주들은 노동자들에게 과자를 나누어 주었다. 이 파업은 21일째에 협상이 타결되었다. 타결집회에는 공장주들과 북부지구 장관이 출석했다. 장관은 노동자들에게 조언했다.

"언제나 간디 씨가 하는 말에 따라야 합니다."

그러나 이 사건 직후에 나는 장관과 싸워야만 하였다. 시간이 지나자 장관의 태도도 바뀌었다. 장관은 케다의 파티다르*38들에게 나의 조언을 듣지 말라고 말하기 시작했다.

재미있지만 슬픈 한 사건에 대해서 여기서 이야기해야겠다. 과자를 나누어 준 일과 관련된 사건이다. 공장주들이 가져온 과자는 많았다. 몇천 명이나 되는 노동자들에게 어떻게 나누어 주면 좋을지가 문제였다. 노동자들이 맹세를 한 나무 밑에서 나누어 주는 것이 의미 있는 일이라 생각했고, 또 다른 장소에 그 많은 인원을 모이게 하는 것도 어려울 것이기에 나무 주변 광장에서 나누어 주기로 결정했다. 나는 단순하게도, 21일 동안 잘 자제해온 노동자들은 알아서 질서 정연하게 줄을 서서 과자를 받을 것이라고, 서둘러 과자로 달려드는 일은 없을 것이라고 생각했다. 그러나 광장에서 나누어 주는 일은 실패로 끝났다. 처음 2, 3분은 잘 지켜졌지만 금방 줄이 흐트러졌다. 노동자들을 지도하던 사람들은 전력을 다했지만 소용이 없었다. 나중에는 아우성치고 서로 싸워, 과자 일부는 짓밟혀 엉망이 되었다. 광장에서의 분배는 중지해야만 했다. 남은 과자를 겨우 미르자푸르에 있는 셰드 암발랄의 저택으로 옮길 수 있었다. 이 과자들은 다음날 저택의 정원에서 나누어 주어야만 했다.

'맹세를 지키라'는 나무의 바로 옆에서 과자를 나누어 주는 데 실패한 이 사건은 분명히 우스꽝스러운 일이다. 그 이유를 조사해 본 바, 과자를 나누어 준다는 것을 미리 안 아마다바드의 걸인들이 찾아와 줄을 흐트리고 과자를 뺏으려고 했던 것이다. 참으로 슬픈 일이 아닐 수 없다.

이 나라는 기아에 허덕이고 걸인들의 숫자는 나날이 증가한다. 걸인들은 음식을 얻을 수 있는 지극히 당연한 규칙도 깨뜨려 버린 것이다. 유복한 사람들은 일자리를 찾아주는 대신에 생각 없이 이러한 걸인들에게 동냥을 한다.

## 23 케다 사티아그라하

노동자들의 파업이 종결된 후 나는 한숨 돌릴 짬도 없었다. 케다의 사티아그라하 투쟁을 맡아야 했기 때문이다. 파티다르들은 케다에는 흉년이 들었으니 토지세를 면제해 달라는 운동을 벌이고 있었다. 이 문제에 대해서는 이미 암리틀랄 다카르 씨가 조사하여 보고서를 작성했다. 나는 확실한 조언을 하기 전에 지구의 장관을 만났다. 모한랄 판댜 씨와 샹카를랄 파리크 씨는 이를 위해 말로 다할 수 없는 노력을 했다. 두 사람은 고쿨다스 카한다스 파레크 씨와 비탈바이 파텔 씨의 소개로 입법참사회에서 운동을 했다. 정부 측에는 이미 많은 대표단이 찾아갔다.

이때 나는 구자라트 국민회의의 의장이었다. 국민회의는 지구 장관과 지사 앞으로 탄원서를 보냈다. 전보를 보내고 수많은 모욕을 견뎌냈다. 이들이 위협해 올 것을 국민회의는 짐작하고 있었다. 그 시절 장관들의 협박은 지금 생각해도 우스울 지경이다. 당시 관리들의 극단적이기까지 했던 횡포는 지금 같으면 있을 수도 없는 일이다.

사람들의 요구는 너무나 명백하고 당연한 것이었으므로, 이를 위한 투쟁은 사실 있어서는 안 된다. 관습법에서는 만약 수확이 4안나*39 이하일 경우 그 해의 토지세는 면제하도록 되어 있었다. 그러나 관리들의 감정 결과는 4안나 이상이었다. 사람들은 수확량이 4안나 이하인데도 징세를 위해서 4안나 이상으로 평가되었다고 주장했다. 그러나 정부가 이를 인정할 리가 만무하다. 사람들은 조정을 요구했고 정부는 그것을 참을 수가 없었다. 가능한 만큼의 탄원을 하고 나서 동료들과 협의한 뒤 나는 사티아그라하를 하도록 조언했다.

케다의 봉사자들 이외에 발라브바이 파텔*40 씨, 샹카를랄 반케르, 아나수야벤 부인, 인둘랄 야즈니크 등이 주요 동지들이었다. 발라브바이 씨는 변호사로서 큰 인기와 명성을 쌓아가고 있었으나, 그 일을 희생하면서까지 와주었다. 이 일이 있은 뒤에 그는 변호사 일에 전념할 수 없었다.

우리들은 나디아드의 고아원에 살기로 했다. 고아원에 거처를 정한 일에 대해서 특별한 의미를 두지는 말기 바란다. 나디아드에서 이렇게 많은 사람이 들어갈 독립된 건물이 달리 없었을 뿐이다. 마지막으로 다음의 맹세서에 서명을 했다.

'우리들은 우리 마을의 수확이 4안나 이하임을 알기에 토지세 징수를 내년까지 연기해주도록 정부에 청원했습니다. 그럼에도 불구하고 징수는 연기되지 않았습니다. 그러므로 우리들, 아래에 서명을 한 자들은 올해의 토지세 전액 또는 미납분을 납부하지 않을 것을 맹세합니다. 그러나 토지세징수를 위해 정부가 어떠한 법적 조치를 취하더라도 우리는 그저 잠자코, 그로 인해 생겨날 고통을 참아낼 것입니다. 토지가 몰수되더라도 우리는 가만히 있을 것입니다. 그러나 자신의 손으로 납세하여 자존심을 버리는 일은 하지 않겠습니다. 만약 정부가 제2기분 납입을 남은 모든 곳에서 연기한다면 지불할 생각입니다. 우리들 중에 납입할 능력이 있는 자가 세금을 납부하지 않으려는 이유는 이렇습니다. 만약 납부할 능력이 있는 자가 납입하기 시작하면, 납부할 능력이 없는 자는 어쩔 수 없이 가재도구를 팔거나 빚을 져서 세금을 내야할 것이 뻔합니다. 이러한 상태로부터 가난한 사람들을 지키는 것이 납입할 능력 있는 자들의 의무라고 믿기 때문입니다.'

이 투쟁에 나는 많은 지면을 할애할 수 없다. 그러니 많은 추억들은 생략해야만 한다. 이 중요한 투쟁을 깊이 연구하고 싶은 사람은 샹카를랄 파리크 씨가 쓴, 케다의 투쟁에 관한 상세하고 권위 있는 역사를 읽기 바란다.

## 24 양파 도둑

참파란은 인도의 한구석에 있고, 그곳에서의 투쟁에 신문기자들이 몰려드는 것을 막을 수 있었기 때문에 외부사람들이 일부러 보러 오는 일은 없었다. 그러나 케다의 투쟁은 신문에 대대적으로 보도되었다. 구라자트 사람들은 이 새로운 사건에 특히 관심을 갖게 되었고 나아가 금전적으로 지원하려고 했다. 사티아그라하 투쟁은 돈으로 하는 투쟁이 아니다. 돈은 최소한으로 필요한 만큼만 쓴다는 것을 사람들은 곧바로 이해하지는 못했다. 아무리 거절을 해도 뭄바이의 상인들은 필요 이상의 돈을 내놓았다. 투쟁이 끝난 후에는 그 돈이 남았을 정도였다.

한편 사티아그라하 군(軍)도 검소함에 대한 새로운 교훈을 배웠다. 완전히 배울 수 있었다고는 할 수 없지만 자신들의 생활방식을 상당히 개선했다.

파티다르들에게도 이러한 투쟁은 새로운 것이었기 때문에 마을들을 돌면서 투쟁의 원리를 설명해야만 했다. 공무원은 국민의 주인이 아니라 심부름꾼으로, 국민이 낸 돈으로 월급을 받는다고 이야기하여 공포심을 없애는 것이 주된 활동이었다. 그러나 공포심이 없어지더라도 예의는 지켜야 한다는 것을 가르치고 납득시키는 것은 거의 불가능하게 여겨졌다. 공무원들에 대한 공포심이 없어지고 나면 그동안 받았던 모욕에 대해 보복하고 싶은 마음이 누군들 들지 않겠는가? 그러나 사티아그라하가 예의를 분별하지 못하게 되면 우유에 독이 들어간 것이나 마찬가지이다. 나는 파티다르들이 예의에 대한 교훈을 완전히 습득하지 못했다는 것을 나중이 되어 한층 더 절실히 느꼈다. 경험에서 볼 때, 예의는 사티아그라하의 가장 어려운 부분이다. 예의란 그저 공손한 말로 이야기하는 것만을 의미하지 않는다. 예의가 의미하는 것은, 적대적인 관계에 있는 사람에 대해서도 경의와 솔직한 마음과 그 사람이 잘 되기를 바라는 마음을 갖고 그에 따라 행동하는 것이다.

처음에 사람들은 의욕에 넘쳐 보였고 정부의 조치도 조금은 온화했다. 그러나 사람들 사이에 단호한 태도가 보임에 따라 정부도 보다 과격한 조치를 취하게 되었다. 집행관들은 체납자들의 가축을 팔아치우고 집 안의 물건을 닥치는 대로 가지고 가버렸다. 벌금통지가 날라오고, 어떤 마을에서는 농작물을 모두 압수했다. 사람들 사이에 동요가 확산되면서 토지세를 납부하는 사람도 나오기 시작했다. 집행관이 압류한 가재도구가 토지세 대신으로 인정되기를 마음속으로 바라는 사람도 있었다. 그러나 어떤 사람들은 죽음도 불사했다.

그러는 사이에 샹카를랄 파리크의 땅을 소작하는 소작농이 토지세를 납부하고 말았다. 그 일로 큰 소동이 일어났다. 샹카를랄 파리크는 그 땅을 마을 사람을 위해 제공하는 것으로 소작인의 과실을 속죄했다. 그의 명예는 지켜졌고 다른 사람들에게 본보기가 되었다.

나는 겁먹은 사람들의 용기를 북돋아주기 위해서, 부당한 방법으로 압류당한 밭의 수확하지 않은 양파를 파내는 것이 어떠냐고 모한랄 판댜에게 제안했다. 그것은 법률에 위반되는 일이 아니라는 것이 나의 견해였다. 그러나 만약 위반이 된다 해도 소액의 토지세를 위해서 수확 전의 작물까지 전부 다 압류된다는 것은 부당한 일이며, 그것이 법적으로 정당하다 해도 그러한 압류에 복종하지 않는 것이 우리의 의무라고 생각했다. 그렇지만 그렇게 했다가는 감옥에 가게 되거나 벌금형을 받을 위험이 있다는 것도 사람들에게 확실히 설명했다. 모한랄 판댜 씨는 바로 그것을 원하고 있었다. 그는 사티아그라하를 전개함에 있어 그에 어울리는 방법으로 누군가가 감옥에 가지 않고 투쟁이 끝나는 것은 결코 좋아할 일이 아니라고 생각했던 것이다. 그는 나의 이 제안에 찬성했고 7, 8명의 동료들이 그와 행동을 같이 했다.

생각했던 대로 정부는 이 일을 그냥 넘기지 않았다. 모한랄 판댜 씨와 동료들은 체포되었다. 그러자 사람들의 의기는 높아졌다. 사람들이 감옥에 대해 두려워하는 마음이 없어지자 형벌은 사람들을 억압하는 역할 대신, 그들을 용기 있게 만드는 수단이 되었다. 사람들은 재판을 보기 위해서 법정으로 몰려들었다. 모한랄 판댜 씨와 동료들에게는 단기간의 구금형이 내려졌다. 법정의 판결은 잘못되었다고 생각했다. 양파를 파낸 것은 절도에 해당되지 않기 때문이다. 그러나 항소할 마음은 아무도 없었다.

감옥에 가는 사람들을 배웅하기 위한 행진이 벌어졌다. 그날부터 모한랄 판댜 씨는 양파도둑이라는 명예로운 칭호를 사람들에게 받았고 그는 이를 지금까지도 자랑스러워한다.

이 투쟁이 어떠한 것이었고 어떻게 끝났는지를 다음 장에서 설명하고 케다 이야기를 끝내기로 하겠다.

## 25 케다 투쟁의 끝

이 투쟁은 이상한 형태로 끝을 맺었다. 사람들이 모두 너무나 지쳐있다는 것은 분명했다. 나는 단호했던 사람들을 완전히 파멸시켜버릴 것만 같은 두려움에 망설이며, 사티아그라하에 어울릴 만한 명예로운 끝맺음의 길이 보인다면 그 길을 택하려고 생각했다. 그러는 동안에 생각지도 못했던 방법이 제안되었다. 나디아드 군수는, 만약 유복한 파티다르들이 토지세를 지불한다면 가난한 자들의 토지세 징수는 연기해주겠노라고 전해왔다. 이 일에 관해서 나는 서면에 의한 보증을 요구했다. 그는 서면을 보내왔다. 그렇지만 군수란 자신의 군에 대해서만 책임이 있는 직책이지 주(州) 전체에 대한 책임을 가진 것은 징세 장관이기 때문에, 군수가 약속한 내용이 주 전체에서 통용될 수 있는지 나는 징세 장관에게 묻기로 했다. 장관의 회답을 받아보니, 군수가 한 약속과 같은 내용의 명령이 이미 내려져있었다. 나는 그런 사실을 몰랐다. 그렇지만 이런 명령이 내려진 이상 우리들의 목표가 달성되었다고 볼 수 있다. 나는 이런 내용을 맹세서에 명시했기 때문에 그런대로 만족했다.

그렇지만 우리 중 그 누구도 이렇게 끝나는 것에 기뻐하는 사람은 없었다. 사티아그라하 투쟁에 따르는 기분 좋음이 없었기 때문이다. 징세 장관은 마치 아무 일도 없었던 것처럼 행동했다. 가난한 사람들을 구제하기 위한 일이었으나 혜택은 전혀 받지 못했다. 누구를 가난한 사람이라고 하면 좋을지를 정할 권리를 민중은 행사할 수 없었기 때문이다. 민중에게 그런 힘이 남아 있지 않다는 것을 나는 안타깝게 생각했다. 투쟁이 끝난 것을 축하하기는 했지만, 이런 측면에서 보면 그것은 정신이 결여된 것으로 느껴졌기 때문이다.

투쟁이란 시작할 때보다 끝날 때 민중 사이에 한층 더 정기와 활력을 볼 수 있어야만 순수한 사티아그라하의 종결이라고 할 수 있는데, 이번에는 이것을 볼 수가 없었다.

그렇지만 눈에는 보이지 않으나 또 다른 성과라고 할 수 있는 것이 나타나, 그에 대한 혜택을 오늘날에도 받고 있고 볼 수도 있다. 그것은 케다 투쟁을 통해 구자라트 농촌 계층의 각성과 정치교육이 시작되었다는 것이다.

베전트 박사의 '자치'라는 훌륭한 운동이 농촌 사회에 분명히 전해졌지만, 농민 생활에 교육을 받은 계층과 봉사운동원들이 진짜로 투입된 것은 이 투쟁부터라고 할 수 있다. 봉사운동원들은 파티다르의 생활에 동화되었다. 봉사운동원들은 자신의 활동영역을 이 투쟁을 통해서 알게 되었고, 자기희생의 힘도 커졌다. 발라브바이는 이 투쟁에서 자기 자신을 인식했다. 그것은 훌륭한 성과였다. 그러한 것을 우리들은 작년(1927년)의 구조 활동 때와 올해의 바르돌리에서 볼 수 있었다. 구자라트의 민중생활에 새로운 활력과 의욕이 생겨난 것이다. 파티다르들은 자신의 힘을 알게 되었는데 그것은 결코 잊을 수 없는 것이었다. 민중 해방의 기초란 자신에게, 자기희생에 있다는 것을 모두 이해했다. 사티아그라하는 케다를 중심으로 구자라트에 뿌리를 내렸다. 그러므로 투쟁이 이렇게 끝나게 된 것을 기뻐할 수는 없었지만 케다 민중의 기상은 높아졌다. 그들은 자신들의 힘으로 모든 것을 획득할 수 있었고 앞으로도 정부에 의한 탄압을 제거할 방법을 찾아냈기 때문이다. 그것만으로도 민중의 사기는 충분히 높았다.

그러나 케다의 민중들은 사티아그라하의 본질을 완전히 이해하지는 못했다. 그랬기 때문에 얼마나 괴로운 경험을 해야만 했는지 이 다음 장에서 보기로 하자.

## 26 통일을 향한 열망

케다의 운동이 진행되고 있을 때 유럽에서는 세계대전이 한창이었다. 그때 위기가 도래했다. 그에 관련하여 총독은 델리에 지도자들을 초대하고 나에게도 참석할 것을 강하게 요청했다. 총독 쳄스퍼드 경과의 우정관계에 대해서는 이미 말한 대로이다.

나는 초대를 승락하고 델리로 갔다. 그러나 이 회의에 참가할 때 나의 마음에는 한 가지 망설임이 있었다. 주된 이유는 이 회의에 알리 형제*41와 로카만야 등의 지도자가 초대되지 않았던 것이다. 그때 알리 형제는 옥중에 있었다. 나는 한두 번 만났을 뿐이지만 알리 형제에 대해서는 종종 들었다. 모든 사람이 그들의 봉사정신과 용감함을 칭찬했다. 그때 나는 아직 하킴 사혜브와 잘 알지 못했지만 알리 형제에 대한 칭찬은 루드라 교장과 디나반두 앤드루스를 통해 들었다. 캘커타에서 개최된 무슬림 연맹 회합 때 슈아이브 쿠레시와 법정변호사 크와자를 알게 되었고, 안사리 박사와 압두르 라만 박사와도 알게 되었다. 나는 선한 이슬람교도들과 접할 기회를 원해 왔고, 순수하고 애국자라고 알려진 사람들과 교제하여 그 사람들의 생각에 대해서 알고 싶었다. 그랬기 때문에 누가 이슬람교도 사회 어느 곳이든 데리고 가겠다고 하면 거절하는 일 없이 따라갔다.

힌두교도와 이슬람교도 사이에 진정한 우정이 없다는 것은 남아프리카에서 뼈저리게 느꼈다. 둘 사이의 불화를 없애는 방법은 남김없이 써보았다. 이슬람교도건 다른 누구건 입에 발린 말을 하거나 또는 자존심을 버리면서까지 사람들의 비위 맞추는 일은 내 성격에 맞지 않았다. 그러나 남아프리카의 생활 이후 깨달았지만, 나의 비폭력 시련과 광범위한 실험은 이 통일과 관련되어 있다. 오늘날도 나는 그 의견을 바꾸지 않았다. 신은 나를 순간순간 시험하고 있었고 나의 실험은 계속되고 있다.

나는 이러한 생각을 갖고 뭄바이 항에 상륙하였기 때문에, 앞에 서술한 형제들과 만나게 되어 기뻤다. 우리들의 애정은 깊어졌다. 우리가 알게 되고 얼마 지나지 않아, 정부는 알리 형제를 산 채로 매장시켰다. 마울라나 무하마드 알리는 감옥에서 허가를 받고 나에게 장문의 편지를 써 보냈다. 나는 정부에 면회를 요청했지만 그것은 허락되지 않았다.

알리 형제가 감금된 후 캘커타의 무슬림 연맹대회에 이슬람교도 형제들이 나를 데리고 가주었다. 그곳에서 나는 연설을 부탁받아, 알리 형제를 석방시키는 것이 이슬람교도들의 의무라고 말했다.

이 뒤에 이슬람교도 형제들은 나를 알리가르 대학에도 데리고 갔다. 그곳에서 나는 인도를 위한 탁발승이 되라고 이슬람교도들에게 호소했다.

알리 형제를 석방시키기 위해서 나는 정부와 서신을 교환했다. 이를 위해 그 형제들의 칼리프 옹호운동*42에 관한 활동을 연구하고 이슬람교도들과 의논했다. 내가 이슬람교도들의 진정한 친구가 되기 위해서는 알리 형제의 석방과 칼리프 옹호운동 문제의 공정한 해결에 전면적으로 협력해야 한다고 생각했다. 칼리프 옹호 문제란 나에게는 간단한 일이었다. 문제의 공로와 잘못을 각각 따로 볼 필요가 없었기 때문이다. 이슬람교도들의 이 문제에 대한 요구가 만약 부도덕한 것이 아니라면 나는 협력해야 한다고 생각했다. 칼리프 옹호운동에 대한 요구가 도덕에 반하는 것이라고 나는 생각하지 않았다. 그 요구를 영국 수상 로이드 조지가 받아들였기 때문에 나는 수상이 약속을 이행할 수 있도록 노력해야 했다. 약속은 확실하게 못박아놓았기 때문에 타당한 요구의 공적과 잘못을 조사하는 것은 그저 나의 호기심을 만족시키기 위한 것이었다.

칼리프 옹호운동에 관해 이슬람교도들에게 협력한 것에 대해 친구들과 비판자들이 나를 크게 비난하였다. 그 모든 것을 고려해도 자신의 의견, 내가 직접 하거나, 또는 내가 누군가에게 시킨 협력에 관해 아무런 후회도 없었고 무엇도 수정할 것이 없었다. 지금 또 이 같은 일이 일어난다고 해도 나의 태도는 똑같을 것이다.

이런 생각을 품고 나는 델리로 갔다. 이슬람교도들의 고통에 대해서 나는 총독과 의논해야만 했다. 칼리프 옹호 문제는 아직 완전한 형태를 취하지 못했다.

델리에 도착하고 바로 디나반두 앤드루스가 하나의 도덕적 문제를 제기했다. 당시 이탈리아와 영국 사이에 맺은 비밀 협정이 영국신문에 보도되어 있었다. 그것을 지적하면서 디나반두는 나에게 질문했다.

"만약 이러한 비밀 협정을 영국이 어떤 나라와 맺었다면 당신은 이 회의에 조력자로서 어떻게 참가할 수 있습니까?"

나는 이 협정에 대해서는 전혀 몰랐지만 디나반두의 말 한마디로 충분했다. 이런 이유로 회의 출석을 망설이고 있다는 편지를 쳄스퍼드 경에게 보냈다. 그는 이야기를 나누기 위해서 나를 불렀다. 먼저 경과, 그 뒤에 머피 씨와 긴 이야기를 나누었다. 그 결과 나는 회의 출석을 승낙했다. 총독이 말하는 명분은 간단히 말하면 이렇다.

"총독은 영국 내각이 하는 일은 무엇이든 다 알고 있어야 한다고 당신은 믿지 않지요? 나는 영국 정부가 결코 잘못을 범하지 않는다고 이야기하는 것도 아니고 그 누구도 그러한 주장은 하지 않을 것입니다. 그러나 만약 영국 제국의 존재가 세계에 있어서 유익하고 제국의 정책에 의해 전체적으로 이익이 있다는 것을 인정한다면, 제국의 위기에 협력하는 것은 모든 시민의 의무라는 것에 당신은 동의하지 않습니까? 비밀 협정에 관해 당신이 신문에서 읽은 것을 나도 읽었습니다. 나는 당신에게 그 이상은 아무것도 모른다는 것을 약속할 수 있습니다. 신문에 여러 소문이 보도된다는 것은 당신도 잘 알고 있을 것입니다. 신문에 보도된 비난기사 하나 때문에 당신은 이럴 때 제국을 못 본 척하겠습니까? 전쟁이 끝나면 도덕적 문제를 마음껏 거론해서 도전해 주십시오."

이 이야기는 새로운 것이 아니었다. 그러나 제안된 기회와 방법 때문에 나는 새로운 것처럼 느꼈다. 나는 회의에 출석하기로 했다. 칼리프 옹호 문제에 대해서는 내가 총독에게 편지를 보내기로 했다.


### 27 모병

나는 회의에 출석했다. 내가 모병 결의를 지지해 줄 것을 총독은 바라고 있었다. 나는 힌디어와 힌두스타니어로 말하게 해달라고 요청했다. 총독은 이를 허가해주면서 동시에 영어로도 말해줄 것을 부탁했다. 나는 연설을 한 것이 아니었다. 내가 말한 것은 이것뿐이었다.

"나는 자신의 책임을 인식하고 있습니다. 그 책임을 이해하고 나는 이 결의를 지지합니다."

힌두스타니어로 말한 것에 대해 많은 사람들이 감사를 표했다. 감사 인사를 해 준 사람들의 말로는, 이 시절 총독 회의에서 힌두스타니어로 말한 것은 내가 처음이라고 한다. 인사를 받고, 또 그 이야기를 듣고 나는 서글퍼졌다. 자기 나라에서, 그리고 자기 나라에 관계된 문제를 논하는 회의에서 자기 나라 말이 추방당하고 무시당한다는 것은 얼마나 슬픈 일인가? 게다가 힌두스타니어 한두 문장을 이야기했다고 감사 인사를 받는다는 것은 대체 어떻게 된 일인가? 이러한 장면은 우리의 실추된 위상을 나타낸다. 회의에서 한 말은 나에게 굉장히 의미 있는 것이었다. 이 회의와 결의 지지는 나로서는 잊을 수 없는 것이다. 나는 또 다른 나의 책임 하나를 델리에서 완수해야 했다. 총독에게 편지를 쓰는 일이었는데 그것은 쉽지 않았다. 그러나 회의에 출석하는 것이 내키지 않았던 것과 그 이유, 그리고 장래에 대한 기대 등을 총독에게 설명하는 일은 나에게, 정부에게, 또 국민에게 있어서 꼭 필요한 일이라고 나는 생각했다.

총독에게 쓴 편지에 로카만야 틸라크와 알리 형제 등의 부재에 대해 유감을 표하고, 사람들의 정치적 요구와 전쟁으로 인해 생겨난 이슬람교도들의 요구를 언급했다. 또 이 편지의 공개를 허가해 달라고 요구했다. 총독은 기꺼이 허가해주었다.

이 편지는 시믈라로 보내야 했다. 회의가 끝나자 바로 총독은 시믈라로 갔기 때문이다. 그곳으로 우송하면 제때에 전달되지 않을 것이다. 내게 이 편지는 매우 중요한 것이었기 때문에 시간을 절약할 필요가 있었다. 아무에게나 맡겨 보낼 마음은 없었다. 편지는 마음이 청렴한 사람에게 맡겨야한다고 생각했다. 디나반두와 수실 루드라가 선량한 아일랜드 목사를 추천해 주었다. 목사는 읽어보고 내용이 순수한 것이라면 서찰을 전해주겠다고 했다. 편지는 개인적인 것이 아니었기 때문에 목사가 읽도록 허락했다. 그는 마음에 들어 하며 전달해 주기로 했다. 나는 2등석 요금을 지불하도록 준비시켰지만 목사는 그것을 받기를 거부했다. 밤기차임에도 불구하고 중간석 표를 받았다. 나는 목사의 검소함과 순진함, 솔직함에 매료되었다. 이처럼 청렴한 사람이 전해준 덕에 편지는 내게 좋은 결과를 가져왔고 나의 길은 그로써 확실해졌다.

나의 또 다른 책임은 모병이었다. 케다말고는 이 호소를 할 만한 곳이 달리 없었다. 나는 동료들에게 우선 동의를 구해야 했다. 케다에 도착해서 바로 발라브바이 등과 상담했다. 몇 사람은 바로 이해해주지 않았다. 이해해준 사람들도 모병 활동의 성공에 대해서는 의구심을 가졌다. 모병 활동의 대상이 될 계층의 사람들에게는 정부에 대한 애착이 전혀 없었다. 관리들로부터 받은 고통이 아직 선명했다.

그래도 모병 활동을 시작하는 것을 모두가 지지해 주었다. 활동이 시작되자 곧 나의 눈이 뜨였다. 나의 낙천주의는 어느 정도 위축되었다. 케다의 사티아그라하 투쟁 때는 사람들이 자신의 우마차를 무상으로 제공해주었고, 한 명의 봉사원이 필요해지면 3, 4명이 지원했다. 그러나 이제는 돈을 지불한다고 해도 우마차를 손에 넣기란 여간 어려운 일이 아니었다. 그러나 우리는 금방 낙담할 사람들이 아니었다. 우마차 대신 걷기로 결정했다. 매일 20마일을 걸어야 한다. 우마차를 못 구했는데 식사는 어떻게 구할 수 있었겠는가? 여정 중에 구하려고 한 것 자체가 잘못이었다. 봉사 운동원들은 각자 충분한 식료품을 배낭에 넣어 가기로 했다. 계절은 여름이었기 때문에 덮을 것은 필요 없었다.

가는 곳마다 집회를 열었다. 사람들은 모여들었지만 응원하는 사람은 겨우 한두 명뿐이었다.

"비폭력주의자인 당신이 어째서 우리에게 무기를 들라고 하는 것입니까?"

"당신은 정부를 도우라고 합니다만 정부는 인도를 위해서 무슨 일을 해주었습니까?"

이런 식의 질문들이 내 앞에 쏟아졌다.

처음에는 이렇게 반응하던 사람들도 우리들의 부단한 노력에 점차 영향을 받았다. 상당수의 지원병이 등록되었고, 우리들은 만약 첫 부대가 출정하면 다음 부대를 모집하는 길은 열릴 거라고 생각했다. 나는 신병들을 어디에 수용할지의 문제를 지구 장관과 협의하기로 했다. 지구 장관들은 델리에서처럼 각지에서 회의를 개최하려고 했고 그런 회의가 구자라트에서도 개최되었다. 회의에는 나와 동료들이 초대되었고 우리는 출석하였다. 그러나 이 회의에서는 델리보다도 더 내가 설 자리가 없었다.

"고분고분 명령에 복종하라"는 분위기에 나는 마음이 불편해졌다. 여기서 나는 조금 길게 연설을 했다. 그 이야기에는 발림 말 같은 것은 없었다. 그렇기는커녕 쓴소리도 한두 마디 했다.

모병에 관련해서 나는 팜플렛을 발행했다. 그 안에 응모를 호소하는 글 중한 부분이 장관을 불쾌하게 만들었다. 그 요지는 이랬다.

"역사상 영국이 인도를 통치하면서 행한 많은 악행 중에 가장 나빴던 것은 전 국민으로부터 무기를 빼앗은 것이라 할 수 있습니다. 이 법률을 폐지시키고 무기를 사용하는 방법을 배우려 한다면 이것은 절호의 기회입니다. 제국의 위기에 중산 계급이 자발적으로 나서서 돕는다면 불신은 사라질 것이고, 무기를 소지하고 싶은 사람은 간단히 소지할 수 있을 것입니다."

장관은 이것을 지적하면서도, 견해의 차이는 있으나 회의에 출석해준 것에 대해 기쁘게 생각한다고 말해야 했다. 나도 자신의 의견을 가능한 한 온화한 말로 지지해야 했다.

여기서 앞에 말한 총독에게 보낸 편지의 내용을 요약해서 소개하겠다.

전쟁 시의 출석에 관해 마음이 내키지 않았습니다만 그 마음은 당신을 만나고 나서 사라졌습니다. 그 이유 중 하나는 당신에게 존경의 마음을 가졌기 때문입니다. 출석하지 않으려 했던 이유 중 가장 컸던 것은 회의에 로카만야 틸라크와 베전트 부인, 알리 형제가 초대되지 않았기 때문이었습니다. 나는 이분들을 민중의 강력한 지도자라고 생각합니다. 그런 분들을 초대하지 않았다는 것은 정부의 크나큰 실수라고 생각합니다. 주(州) 전시 회의에는 이분들을 꼭 초청하시길 제안합니다. 나의 생각입니다만, 가령 어떠한 견해의 차이가 있다 하더라도 이러한 유력한 지도자들을 그 어떤 정부도 무시할 수 없습니다. 이러한 상황에서 나는 회의의 모든 위원회에 출석할 수가 없습니다. 다른 회의에서는 결의를 지지하기만 하겠습니다. 정부에서 이 제안을 받아들인다면 바로 나의 지지를 실행에 옮길 생각입니다.

앞으로 제국 내에서 우리들이 완전한 협력자가 되기를 희망하므로, 위기에 처한 제국에 전면적으로 협력하는 것은 우리의 의무입니다. 그러나 이것만큼은 말해 두어야겠습니다. 그 의무를 실행하는 데에는, 이런 협력에 의하여 우리들이 원하는 목적에 빨리 도달할 수 있다는 기대가 결부되어 있다는 것입니다. 그러니 바로 실행될 수 있는 개혁 중에 국민회의와 무슬림 연맹이 제시한 주요한 요구가 받아들여졌다는 것을 당신의 연설을 통해 확신할 권리가 사람들에게는 있습니다. 그것이 가능하다면 이러한 때에 자치 등을 입에 올리지는 않았겠지요. 그렇기는커녕 위기에 처한 제국을 위해 모든 건장한 인도인들이 제국 방위에 나서줄 것을 촉구했을 것입니다. 그것은 우리가 제국의 존경받는 협력자가 되었다는 것이고 인종차별과 국가적 차별은 근절되었다는 것일 테니까요.

　그러나 교육을 받은 계층은 그보다 비효율적인 길을 택했습니다. 그 계층은 일반인들에게 상당한 영향력을 가지고 있습니다. 나는 인도로 돌아왔을 때부터 일반인들과 깊은 관계를 가져왔습니다. 나는 당신에게 자치를 향한 열의는 일반인들 사이에 깊이 퍼져 있기 때문에 자치 없이 사람들은 결코 만족하지 않을 것이라는 사실을 전하고 싶습니다. 자치 획득을 위해서는 어떤 희생을 치르더라도 부족하다고 사람들은 생각합니다. 그러니 제국을 위해서는 제공할 수 있을 만큼의 봉사원들을 제공해야겠습니다만 경제적 협력에 대해서는 그렇게 말할 수 없습니다. 사람들의 상태를 알았기 때문에 나는 그런 식으로 말할 수 없습니다. 사람들의 상태를 알고 내가 할 수 있는 말은, 인도가 제공하고 있는 협력은 인도의 능력을 이미 넘어섰다는 것입니다. 그러나 회의에서 지지를 표명한 사람들은 죽을 때까지 협력을 결의했다는 사실을 나는 압니다. 그래도 우리의 상태에는 격차가 있습니다. 우리들은 같은 사업을 하는 동업자가 아닙니다. 우리들 협력의 기반은 미래에 대한 기대 위에 놓여있습니다. 그 기대란 무엇인가를 조금 명확히 말할 필요가 있습니다. 나는 거래를 하고 싶은 것이 아닙니다. 그러나 이것만큼은 말해야겠습니다. 이 일로 실망하게 된다면 제국에 대한 지금까지의 우리 생각은 환상이었다고 생각할 것입니다. 당신은 집안싸움 따위는 잊으라고 말합니다. 그 의미가 학대와 관리들의 악행을 참으라는 것이라면 그것은 불가능합니다. 조직적인 학대에는 전력을 다해 맞서는 것이 의무라고 생각하기 때문입니다. 그러니 당신이 관리들에게 한 명의 인간이라도 경시하지 않도록, 이전에는 한 번도 존중한 적이 없는 '여론을 존중하도록 지시하는 것이 좋을 것입니다. 나는 참파란에서 100년 이상 이어진 학대에 반대하여 영국의 지고한 정의를 증명해 보였습니다. 케다의 농민들은 알았을 것입니다. 진리를 위해 고난을 견뎌낼 힘이 있다면 진정한 정부는 지금까지의 정부와 다른 민중을 위한 정부라는 것을 말입니다. 국민들이 저주하던 정부에 대한 악감정은 적어졌고, 비폭력적인 불복종을 견뎌낸 정부는 여론을 완전히 무시할 수 없게 되었다고 믿습니다. 그러므로 참파란과 케다에서 내가 한 일은 이 전쟁에 대한 나의 봉사라고 믿습니다. 이런 나의 활동을 중지하라는 것은 숨을 쉬지 말라는 것과 같습니다. 만약 영혼의 힘, 즉 사랑의 힘을 무기의 힘으로 바꾸어 사람들이 받아들이게 하는 데 내가 성공한다면, 인도는 전 세계가 곱지 않은 시선으로 본다 해도 그에 맞설 수 있을 것이라 믿습니다. 그러므로 나는 항상 이 고난을 견뎌낼 수 있는 옛날부터의 도덕을 자신의 생활에 엮어 넣기 위해 자신의 영혼을 다잡고 있고, 그 도덕을 다른 사람들도 받아들이도록 계속 호소하고 있습니다. 만약 내가 다른 활동에 참가한다 해도, 그 목적도 그저 그 도덕의 비교할 수 없는 탁월성을 증명하기 위함입니다.

마지막으로 이슬람교도 나라들에 관한 확약을 영국내각에 전해주시기를 나는 당신에게 요청합니다. 아시는 대로 그 일에 대해 이슬람교도 한 사람 한 사람이 걱정하고 있습니다. 나 자신은 힌두교도입니다만 이슬람교도의 감정에 무관심할 수는 없습니다. 이슬람교도의 슬픔은 나의 슬픔입니다. 이 이슬람 제국의 권리를 지키는 것, 이슬람교 성지에 대한 이슬람교도의 감정을 존중하는 것, 인도의 자치에 대한 요구를 받아들이는 것, 이것들이 받아들여져야 제국의 안전도 보장될 것입니다. 이 편지를 쓴 것은 내가 영국인들을 사랑하기 때문입니다. 영국인에게 있는 충성심을 인도인 한 사람 한 사람이 깨닫기를 내가 바라기 때문입니다.

### 28 죽음의 문턱에서

지원병 모집활동으로 나의 몸은 완전히 쇠약해졌다. 당시 나의 식사는 주로 볶거나 갈은 땅콩에 흑설탕을 섞은 것과, 바나나 등의 과실과 2, 3컵의 레몬수뿐이었다. 땅콩을 많이 먹으면 몸에 좋지 않다는 것은 알고 있었다. 그런데도 적당량을 넘고 말아, 조금 설사기가 있었지만 그다지 신경 쓰지 않았다. 아슈라마에는 가끔 들렀다. 어느날 밤 아슈라마에 도착했다. 식사를 한 번 거르면 좋아질 것이라고 믿었기 때문에 그때는 약을 전혀 먹지 않았다. 그래서 다음날 아침 아무것도 먹지 않았고 고통은 거의 멈추었다. 그러나 단식은 계속해야 했기에 먹는 것은 과즙 정도로 해야 한다는 것을 잘 알고 있었다.

그날은 제례가 있는 날이었는데 점심도 먹지 않겠다고 카스투르바에게 말했던 것으로 기억한다. 그러나 아내는 나를 유혹했고 나는 그 유혹에 지고 말았다. 당시 나는 우유를 마시지 않았기 때문에 버터우유도 마시지 않았다. 그래서 나를 위해 밀을 갈아 기름에 볶아 죽을 만들고 특별히 멍콩(녹두)도 준비했다고 말했다. 다 내가 좋아하는 것들이어서 기분이 좋아졌다. 기뻐도 먹으면 안 된다는 것을 알고 있었지만 카스투르바의 성의를 생각해 조금 맛만 보고, 몸의 상태에 신경을 써야겠다고 생각했다. 그러나 악마가 나를 노리고 있었다. 식사를 하기 위해 자리에 앉자 맛만 보기는커녕 배가 부르도록 먹었다. 그 덕분에 염라대왕을 불러들이고 말았다. 식사를 하고 한 시간도 지나지 않아 심한 설사가 시작되었다.

밤에는 나디아드로 돌아가야 했다. 사바르마티 역까지 걸어갔으나 겨우 1/4마일을 걷는 것도 힘에 부쳤다. 아마다바드 역에서 발라브바이와 만났고 그는 내가 아프다는 것을 금방 알아차렸다. 그래도 나는 그나 다른 동료들에게 참을 수 없을 정도는 아니라고 말했다.

10시경에 나디아드에 도착했다. 그곳에서 고아원까지는 반 마일 정도 거리였으나 10마일도 넘는 것처럼 느껴졌다. 겨우 집에 도착했다. 그러나 배의 통증은 더욱 심해지기만 했다. 화장실을 15분 간격으로 들락거렸다. 결국 나는 항복하고 말았다. 견딜 수 없는 아픔에 나는 자리에 눕고 말았다. 그동안 아슈라마에서는 공동 화장실을 사용했었는데, 2층으로 요강을 가져오게 했다. 너무나 창피했지만 어쩔 수 없었다. 풀찬드가 번개처럼 요강을 가지고 왔다. 걱정스런 표정으로 동료들은 나를 둘러쌌다. 애처롭게 바라보았지만 어떻게 이 아픔을 그들이 알 수 있겠는가? 그러나 나는 고집을 피울 힘은 남아 있었다. 의사를 부르지 못하게 하고 약도 먹지 않겠다고 버텼다. 먹지 말아야 할 것을 알면서도 식욕에 져버린 벌을 달게 받겠다고 했다. 이 말에 질린 동료들은 얼굴에서 핏기가 사라졌다. 24시간 동안 3, 40번의 설사를 한 것 같다. 식사는 이미 중지했고 처음에는 과즙조차 입에 대지 않았다. 음식을 먹을 마음이 전혀 없었다.

이제까지 돌처럼 단단하다고 생각했던 내 몸은 젖은 흙덩어리처럼 물러졌다. 체력은 완전히 바닥났다. 카누가 박사가 보러 와서 약을 먹으라고 부탁했으나 나는 거부했다. 박사는 주사를 놓겠다고 말했지만 나는 그것도 거부했다. 당시 나의 주사에 대한 무지는 우스울 정도였다. 주사액이란 일종의 혈청이라고 생각했던 것이다. 나중에 알았지만 주사액은 식물에서 얻은 약이었다. 그러나 그 사실을 알았을 때는 너무 늦었다. 설사는 계속되었고 체력을 너무 소진한 탓에 열이 나 의식을 잃었다. 친구들은 한층 당황하고 다른 의사들도 찾아왔다. 그러나 의사의 말을 듣지 않는 환자에게 어떤 처치를 할 수 있었겠는가?

셰드 암발랄과 부인이 나디아드에 찾아왔다. 동료들과 의논하여 나를 미르자푸르에 있는 저택으로 조심스럽게 옮겨 갔다. 그것은 그 누구도 받아 본 적 없는 맑고 사심 없는 봉사였다는 것만큼은 확신을 가지고 말할 수 있다. 미열이 계속되어 나의 몸은 점점 쇠약해져 갔다. 병은 상당히 길어져 다시는 일어나지 못할 것 같았다. 나는 셰드 암발랄의 저택에서 사랑에 둘러싸여 있었어도 마음이 편하지 않았기에 아슈라마로 데려다 줄 것을 부탁했다. 이 강한 염원에 그는 나를 아슈라마로 다시 돌려보내 주었다.

아슈라마에서 내가 병마에 시달리고 있을 때 발라브바이가 독일의 완전한 패전 소식을 가지고 왔다. 따라서 자원군을 모을 필요가 없다고 각 지구 장관들이 전해왔다는 것이다. 그로 인해 모병에 대한 부담에서 해방되었고 그때서야 마음이 놓였다.

그때 나는 물 요법을 하고 있었다. 그것으로 체력을 겨우 유지하고 있었다. 통증은 사라졌지만 몸은 좀처럼 회복되지 않았다. 바이드 친구들과 의사 친구들은 각기 조언을 해주었지만 나는 그 어떤 약도 먹지 않았다. 두세 명의 친구들은 우유를 마시는 것이 문제가 된다면 고기 수프를 마셔야 한다며, 약이라고 생각하면 고기든 뭐든 먹어도 된다고 베다를 인용해서 조언해 주었다. 어떤 사람은 달걀을 먹으라고 조언했다. 그러나 그 어느 것도 나는 받아들이지 않았다. 나의 대답은 하나뿐이었다.

경전의 슐로카는 다른 생활과 연관되어 있는 것이지, 먹고 안 먹고를 결정하는 것은 경전의 슐로카에 의한 것이 아니다. 어떤 것을 먹어서라도, 어떤 치료를 받아서라도 살겠다는 욕심은 나에게는 손톱만큼도 없었다. 내가 자신의 아들, 아내, 사랑하는 사람들을 위해 지켜온 종교적 생활방식을 어떻게 자신을 위해서 내팽개친단 말인가?

평생 처음인 이 길고 무거운 병을 통해, 나는 종교를 검증하고 가치를 확인하는 얻기 힘든 이익을 얻었다. 희망을 완전히 버리고 있던 어느 날 밤, 죽음이 가까이 온 것을 느꼈다. 아나수야벤 부인에게 전언을 넣어 그녀가 와 주었다. 발라브바이와 카누가 박사도 왔다. 박사는 나의 맥을 짚어보고는 말했다.

"죽음의 징후는 보이지 않습니다. 맥은 제대로 뛰고 있습니다. 당신은 단지 쇠약해져서 동요하고 있는 것입니다."

그러나 나는 납득할 수 없었다. 밤은 깊어갔으나 나는 거의 잘 수 없었다.

아침이 되었다. 죽음은 찾아오지 않았지만 그래도 그때는 살 거라는 희망이 없었다. 죽음은 가까이 있다는 생각에 가능한 한 긴 시간, 동료들의 《기타》 낭송을 들으며 지냈다. 일을 할 힘은 이미 사라지고 없었다. 읽을 힘조차 없었다. 누구와 이야기할 마음도 들지 않았다. 조금만 말해도 머리가 아파졌다. 그 때문에 사는 것에 대해 관심도 없어지고 말았다. 살기 위해 산다는 것은 그때까지 바람직하지 않다고 생각했다. 아무 일도 하지 않고 동료들 신세만 지며 쇠약해져 가는 목숨을 연명하는 일은 너무나 괴로웠다.

그런 식으로 죽음을 기다리고 있을 때, 탈발카르 박사가 기묘한 사람을 데리고 왔다. 그는 마하라슈트라 출신이었다. 인도 사람들은 그에 대해서 잘 몰랐다. 나는 그를 보자마자 나처럼 별난 사람이라는 것을 알았다. 탈발카르 박사가 나에게 소개하기 위해 데리고 온 그는 그랜트 의과대학에서 서양의학을 공부했지만 학위는 취득하지 않았다. 나중에 안 사실이지만 그는 브라모 사마지 회원이었다. 그의 이름은 켈카르. 굉장히 독립적이고 독보적인 기질을 가진 사람으로 얼음 요법의 강력한 옹호자였다. 나의 병에 대해 듣고 얼음 요법을 시술하기 위해서 찾아온 그날부터 우리는 그를 얼음박사라는 별명으로 불렀다. 그는 자신의 의견을 아주 강력하게 주장하는 사람이었다. 자신은 학위를 가진 의사들보다 훨씬 더 많은 발견을 했다고 믿고 있었다. 그 신념을 나의 치료에서는 발견하지 못한 것은 우리 둘 모두에게 안타까운 일이었다. 나는 어느 정도까지는 그의 요법을 믿고 있었다. 그러나 어떤 일에 있어서 그는 너무나 성급하게 결론짓는 경향이 있었다.

그러나 그의 발견이 영험한 것인지 아닌지는 둘째 치고 나는 자신의 몸으로 실험을 했다. 외부로부터의 치료에 의해 건강해질 수 있다면 나에게는 바람직한 일이었고 얼음이란 결국 물이었기 때문이다. 그는 내 몸 전체를 얼음으로 마사지했다. 그에 의해서 그가 기대하는 결과는 나오지 않았으나, 그럼에도 불구하고 매일 죽음을 기다리던 내가 죽는 대신 살아야겠다는 희망을 조금씩 갖게 되었다. 조금 의욕이 생겼다. 마음에 의욕이 생기자 몸에서도 의욕이 느껴졌다. 먹는 양이 조금 늘었다. 매일 5~10분 정도 걷기도 했다.

"만약 날달걀을 먹으면 당신이 느끼는 이상의 의욕이 생길 거라고 내가 보증합니다. 달걀은 우유처럼 해로운 것이 아닐뿐더러 결코 육식이 아닙니다. 모든 달걀에서 병아리가 태어난다는 법칙은 없습니다. 병아리가 되지 않는 무정란이라면 먹어도 무방합니다. 그것을 나는 당신 앞에서 증명할 수 있습니다."

그러나 나는 무정란도 입에 댈 생각이 없었다. 그래도 나의 건강은 조금씩 회복되었다. 나는 주변 활동에 조금씩 관심을 갖게 되었다.

## 29 로울라트 법과 나의 딜레마

마테란에 가면 금방 몸이 나을 것이라는 친구의 권유로 나는 마테란에 갔다. 그러나 그곳의 물은 경수(硬水)였기 때문에 나 같은 병자가 살기에는 적합하지 않았다. 설사 때문에 항문이 굉장히 상처 입기 쉬운 상태였고, 치질에 걸려 배변 시에는 너무나 괴로웠다. 그 때문에 무엇을 먹는 것도 굉장히 조심스러웠다. 일주일도 지나지 않아 나는 마테란을 떠났다. 나의 건강관리는 샹카를랄이 해주고 있었는데, 그는 달랄 박사에게 진찰을 받도록 강하게 권유했다. 달랄 박사가 찾아왔다. 박사의 빠른 판단력은 나를 매료시켰다. 박사는 말했다.

"당신이 우유를 마시지 않는 한 체력을 회복시킬 방법이 없습니다. 몸을 회복시키기 위해 당신은 우유를 마셔야만 합니다. 그리고 철분과 비소 주사를 맞아야 합니다. 이것만 하면 당신의 몸은 다시 건강해 질것을 내가 보증합니다."

"주사는 맞겠습니다. 그렇지만 우유는 마시지 않겠습니다."

"우유에 대한 당신의 맹세는 무엇입니까?"

"암소와 암물소에 푼카*43를 한다는 것을 알고부터 우유가 싫어졌습니다. 그리고 우유는 송아지들을 위한 것이지 인간을 위한 것이 아니라고 계속 믿어왔기 때문에 마시지 않았습니다."

"그렇다면 염소젖은 마실 수 있겠네요?"

침대 옆에 서있던 카스투르바가 느닷없이 이렇게 말했다.

"염소젖으로도 치료는 가능합니다."

박사는 대답했다.

나는 추락했다. 사티아그라하 투쟁을 하고 싶다는 마음이 살아갈 욕망을 낳아, 나는 맹세의 글자만을 지키는 것으로 만족하고 맹세의 정신은 죽여 버렸다. 우유의 맹세를 할 때 나의 앞에 있었던 것은 암소와 암물소뿐이었으나 그래도 맹세는 모든 우유에 해당되어야만 했다. 그리고 가축의 우유는 모든 인간을 위한 음료가 아니라고 간주하는 이상 나는 우유를 입에 댈 자격이 없다. 그것을 알면서도 나는 염소젖을 마시려고 하였다. 진리의 신봉자가 사티아그라하 투쟁을 위해서 살고 싶다고 소원하면서 자신의 진리를 더럽히고 말았던 것이다.

나의 이 행위에 대한 뼈저린 아픔은 지금까지도 계속되고 있으며 염소젖을 끊을 방법을 궁리하고 있다. 염소젖을 마시면서 매일 고통을 느끼고 있다. 봉사를 하겠다는 나의 고집이 나를 잡고 놓으려 하지 않는다. 비폭력의 측면에서 식사에 대한 실험을 하는 것은 내가 좋아하는 부분이다. 실험은 나의 기쁨이다. 염소젖은 지금, 그런 측면에서 나를 괴롭히고 있지는 않지만 진리의 측면에서 나를 괴롭히고 있기 때문에 그것을 보면 나는 비폭력을 이해한 이상으로 진리를 이해했다고 생각한다. 나의 경험에 의하면, 만약 진리를 내팽개친다면 비폭력에 대한 중대한 질문을 결코 해결할 수 없을 것이다. 진리를 지키는 일, 즉 맹세한 육체와 정신을 지키는 일. 그러므로 나는 맹세의 정신을 죽인 것이다. 그것이 나를 괴롭히고 있다. 그것을 알고 있음에도 불구하고 맹세에 대한 의무를 몰랐다. 또는 나에게 맹세를 지킬 용기가 없었다고 해도 좋다. 양자는 똑같은 것이다. 왜냐하면 의심의 근원에는 신앙이 결여되어 있기 때문이다. 신이시여, 제게 신앙심을 내려주십시오.

염소젖을 마시기 시작하고 며칠이 지나 달랄 박사는 치질 수술을 해 주었다. 수술은 굉장히 잘 되었다. 회복이 되자 살고 싶다는 욕망이 강해졌다. 특히 신이 나를 위해 일을 준비해 주셨기 때문에 더욱 그러했다.

침대를 벗어나 일어날 희망을 조금 갖게 되어 신문 등을 읽기 시작했을 때 로울라트 위원회의 보고를 접하게 되었다. 위원회의 권고를 보고 나는 아연

실색하였다. 우마르와 샹카를랄은 무언가 행동을 해야 한다고 했다. 그 달에 나는 아마다바드로 갔다. 발라브바이는 거의 매일 나의 병문안을 와주었다. 그와 이야기했다. 이 문제에 대해 무언가를 해야만 한다고 말했다.

"무엇을 할 수 있을까요?"

그에 답하여 내가 말했다.

"만약 위원회의 권고에 따라 법률이 성립된다면, 적더라도 맹세를 할 사람들을 모아 우리는 그것을 무시하고 사티아그라하를 시작해야 합니다. 만약 내가 병상에 있지 않다면 혼자서라도 투쟁을 시작하여 나중에 다른 사람들도 참가해줄 것을 기대하겠습니다만, 지금 상태로는 혼자서 싸울 힘이 전혀 없습니다."

이 대화의 결과, 나는 자주 접촉하던 소수의 사람들과의 작은 모임을 소집하기로 했다. 로울라트 위원회가 입수한 증거를 기초로 제정하도록 권고한 법률*⁴⁴은 명백히 필요 없는 것이었다. 자존심을 지키려 하는 국민이 그런 법률을 인정할 수는 없다는 것도 확실히 느꼈다.

작은 모임 뒤에 회합이 열렸다. 그 회합에는 20명만을 초대했다. 내가 기억하는 한 그 회합에는 발라브바이 이외에 사로지니 나이두 부인, 호르니만 씨, 우마르 소바니 씨, 샹카를랄 방커 씨, 아나수야벤 부인 등이 참석했었다.

서약서가 작성되었다. 회합에 출석한 전원이 서명했던 것으로 기억한다. 이때 나는 신문을 발간하고 있지 않았다. 가끔 신문에 기고를 하고 있었으나 이때부터 나는 많은 것을 쓰게 되었고, 샹카를랄 방커는 강력한 운동을 추진하였다. 나는 그의 활동력과 조직력을 이때 잘 알게 되었다.

기존의 어떤 조직단체라도 사티아그라하 같은 새로운 무기를 가질 수는 없다고 생각했다. 그래서 사티아그라하 회의를 설립했다. 회의의 주요 회원들은 이름을 뭄바이에서 등록했기 때문에 본부를 뭄바이에 두었다. 서약서에는 많은 서명을 받게 되었기 때문에 케다의 투쟁처럼 소책자를 발행했다. 여기저기서 집회가 열렸다.

이 회의에서는 내가 의장이 되었다. 교육 받은 계층과 나는 원만한 관계가 이루어질 수 없다는 것도 알게 되었다. 회의에서 구자라트어를 쓰겠다는 주장이나 다른 몇 가지 방식이 교육 받은 계층을 곤혹스럽게 만든 것이다. 그래도 많은 사람들은 나의 방식을 관대하게 봐주었다는 것은 인정하지 않을 수 없다. 나는 처음부터 이 회의는 오래 가지 못할 것이라고 보고 있었다. 이 외에도 몇 사람은 진리와 비폭력의 강조가 바람직하지 않다고 생각했다. 그래도 처음에는 이 새로운 활동은 성대하게 행해졌다.

### 30 그 멋진 광경

한쪽에서는 로울라트 위원회 보고서에 반대하는 운동이 고양되어 갔으나, 다른 한쪽에서는 정부가 위원회 권고를 실행에 옮기려고 강경한 자세를 취했다. 로울라트 법안이 발표되었다. 나는 단 한 번 입법 회의에 갔다. 로울라트 법안심의를 방청하기 위해서였다. 샤스트리지는 과격한 연설을 하며 정부에 경고하였다. 샤스트리지의 웅변이 울려 퍼지는 사이에 총독은 그를 계속 지켜보고 있었다. 이 연설은 총독의 마음에 영향을 미친 것이 틀림없다고 나는 생각했다. 샤스트리지의 격정은 높아져만 갔다.

잠들어 있는 사람들을 깨울 수는 있지만, 깨어있으면서 자는 척 하는 사람에게는 귓전에 대고 큰북을 울린들 소용없을 것이다. 입법의회에서는 법안심의라는 미리 짜인 연극을 해야 한다. 정부는 진짜 그 연극을 했다. 정부가 할 일은 이미 정해져 있었다는 것이다. 그러니 샤스트리지의 경고는 무의미한 것이었다.

나의 작은 목소리에 누가 귀를 기울여 주겠는가? 나는 총독을 만나 부탁했다. 몇 통이나 사적인 서신을 써 보고, 공개장도 보냈다. 사티아그라하 밖에 취할 길이 없다고 분명하게 말했다. 그러나 다 허사였다.

법안은 아직 관보에 공시되지 않았다. 몸은 쇠약해져 있었지만 나는 긴 여행의 위험을 감수하기로 했다. 큰 소리로 이야기할 힘은 없었다. 서서 이야기하는 것도 아직 어려웠다. 조금이라도 선 채로 이야기하면 온몸이 떨리고 폐나 위가 아팠다. 그러나 나는 마두라스에서 온 초대를 받아들여야만 한다고 생각했다. 남쪽 주(州)들을 그때 나는 내 집처럼 생각하고 있었다. 남아프리카에서 시작된 관계에 의해 타밀, 텔루구 등 남쪽 지방 사람들에게 약간의 권리를 가지고 있다고 계속 생각해 왔다. 그 생각이 잘못되었다고는 지금도 생각하지 않는다. 초대는 카스투리 랑가 아이엔가르 씨에게 받았지만 그 배후에는 라자고팔라차리*45 씨가 있다는 것을 마드라스에 도착하고 나서 알았다. 라자고팔라차리 씨와는 첫 대면이라고 할 수 있다. 내가 그를 직접 알게 된 것은 이때부터였다.

공식적인 활동에 더욱 참가하고 싶은 마음에서, 또 카스투리 랑가 아이엔가르 씨 등 친구들의 요청으로 살렘을 떠나 마드라스에서 변호사 일을 다시 시작하려고 마음먹었다. 내가 머물 곳은 미리 준비되어 있었다. 이틀 후에 알았으나 나는 라자고팔라차리의 집에 머물고 있었던 것이다. 저택은 카스투리 랑가 아이엔가르 씨 소유로 되어있었기 때문에 나는 아이엔가르 씨 객이라고 생각하고 있었다. 마하데브 데사이가 나의 오해를 바로잡아주었다. 라자고팔라차리는 정면에 나서려고 하지 않았다. 그러나 마하데브는 그를 잘 알고 있었다.

"라자고팔라차리의 얼굴도장을 찍어놓아야만 합니다."

마하데브는 나에게 충고해주었다.

나는 그를 직접 만났다. 그리고 매일 그와 투쟁 전략에 대해서 협의했다. 나는 대중 집회 말고는 떠오르지 않았다. 로울라트 법안이 성립되면 어떤 식으로 불복종할 것인가? 불복종은 정부가 기회를 주어야 할 수 있다. 불복종을 할 수 있는 다른 법률은 없는가? 어디서 선을 그어야 좋을까? 이러한 의논들을 했었다.

카스투리 씨는 지도자들의 작은 집회도 소집했다. 그 회의에서도 많은 의논을 했다. 비쟈야라가바차리 씨가 처음부터 끝까지 함께했다. 그는 나에게 사티아그라하에 대한 상세한 입문서를 쓰라고 제안했다. 나는 나의 능력에는 부치는 일이라고 대답했다.

이런 검토가 계속되는 동안 법안이 법률로서 관보에 공시되었다는 소식이 들려왔다. 이 소식을 들은 날 밤 생각하다가 잠이 들었다. 이른 아침 잠이 깼다. 아직 몽롱한 수면상태였던 것 같다. 꿈속에서 묘안이 떠올랐다. 아침 이른 시간에 나는 라자고팔라차리를 불러 이야기했다.

"지난 밤 꿈에 떠오른 것인데, 이 법률에 대해서 우리는 인도 전체에 하르탈*46을 일으키는 것이 어떻겠습니까? 사티아그라하는 자기를 정화시키기 위한 싸움입니다. 그것은 종교상의 전쟁입니다. 종교 의례의 개시는 정화를 통해 하는 편이 좋다고 생각합니다. 그날 모든 사람들이 단식을 하는 것입니다. 그리고 일이나 상업 활동은 다 쉬는 겁니다. 이슬람교도 형제들은 하루 이상은 단식을 하지 않으니 24시간 단식을 하자고 권할 것입니다. 하르탈에 모든 주(州)가 참여할지 어떨지 장담은 할 수 없습니다만 뭄바이, 마드라스, 비하르와 신드는 기대할 수 있을 것입니다. 이 지역들만이라도 제대로 하르탈이 행해진다면 우리들은 만족해야 합니다."

이 제안을 라자고팔라차리는 상당히 맘에 들어 했다. 그 뒤에 바로 다른 친구들에게도 알렸다. 모두 환영했다. 나는 짧은 호소문을 준비했다. 처음에는 1919년 3월 30일에 결행하기로 했다가 뒤에 4월 6일로 바뀌었다. 사람들에게는 매우 짧은 시간만이 주어졌다. 행동에 바로 옮길 필요가 있었기 때문에 준비를 위한 충분한 시간이 없었다.

그러나 어떻게 된 일인지 이미 준비는 끝나 있었다! 인도 전체에서, 도시와 농촌 가릴 것 없이 하르탈이 실행되었다. 정말 멋진 광경이었다.

### 31 그 일주일-1

남인도에서의 짧은 여행 끝에 4월 4일 쯤, 뭄바이에 도착했을 것이다. 6일, 하르탈을 결행하기 위해 내가 뭄바이에 와 있어야 한다고 샹카를랄 방커 씨로부터 전보가 왔다.

그러나 그보다도 앞서 델리에서 3월 30일에 하르탈이 결행되었다. 델리에서 슈라다난드지와 하킴 사헤브 아즈말 칸 씨의 영향력이란 절대적이었다. 4월 6일까지 하르탈을 연기하라는 연락이 델리에는 늦게 도착한 것이다. 델리에서 3월 30일에 하르탈이 결행되었는데 그것은 지금까지 볼 수 없었던 것이었다. 힌두, 이슬람 양 교도가 일심동체가 되었다. 슈라다난드지는 줌마 예배당에 초대받아 그곳에서 연설을 했다. 이런 모두가 당국자에게는 참을 수 없는 것이었다. 행진은 역을 향하고 있었다. 경찰부대는 저지하고 발포하였다. 많은 사상자가 나왔다. 델리에서 이렇게 탄압이 시작되었다. 슈라다난드지가 나를 델리로 불러들였다. 나는 6일에 하르탈을 결행하고 나서 바로 델리로 가겠다고 전보를 보냈다.

델리와 마찬가지로 라호르나 암리차르의 상태도 참혹했다. 암리차르에서 온 사챠팔 박사와 키틀루 박사의 전보도 나에게 바로 와달라는 내용이었다. 나는 당시 이 두 형제를 전혀 몰랐으나 델리를 경유해서 암리차르로 가겠다는 결심을 전했다.

6일, 뭄바이에서는 아침 이른 시간부터 몇천, 몇만의 사람들이 초파티에 목욕을 하러 몰려들었다. 그곳에서부터 타쿠르드바르*47를 향해 행진이 시작되었다.

행진에는 여성들과 아이들도 참가했다. 이슬람교도들도 상당수 참여했다. 이슬람교도 형제들이 우리를 행진 대열에서 한 예배당으로 데리고 갔다. 그곳에서 사로지니 여사와 나에게 연설을 시켰다. 그곳에서 비달다스 제라자니 씨가 국산품 애용과 힌두, 이슬람 양 교도의 단결을 맹세하자고 제안했다. 나는 성급하게 맹세를 하는 것을 거부했다. 지금 진행하고 있는 것만으로 만족해야만 한다고 조언했다. 일단 한 후에는 깰 수 없는 것이 맹세이니 우리는 국산품애용의 의미를 먼저 이해해야 하고 힌두, 이슬람 양 교도 단결에 대한 맹세의 책임을 염두에 두어야 한다고 말했다. 그리고 맹세를 할 생각이 있는 사람은 내일 아침 일찍 초파티 광장에 모이라고 전했다.

말할 필요도 없이 뭄바이에서 하르탈은 완전히 시행되었다.

여기서는 법률 불복종을 준비해두었다. 폐기할 수 있을 것 같은 법률이 2, 3가지 있었다. 폐기되기에 적합하고 모든 사람이 쉽게 위반하는 것 중에 하나를 사용하기로 결정했다. 소금세에 관한 법률은 평가가 나빴다. 소금세를 철폐하기 위한 많은 노력이 있었다. 나는 사람들이 각자의 집에서 허가 없이 소금을 만들자는 제안을 했다. 또 한 가지 제안은 정부에 의해 출판과 동시에 금서가 된 책들을 인쇄하여 판매하자는 것이었다. 그 중 2권은 나의 저서로 《인도의 자치》와 《모든 이들의 복리》였다. 이 책을 찍어 판매하는 것이 더욱 간단한 불복종이라고 생각했다. 그래서 그것을 인쇄하여, 저녁의 단식을 끝내고 초파티 대집회가 해산한 뒤 팔기로 했다.

저녁이 되어 많은 봉사 활동원들이 이 책을 팔기 위해 출발했다. 나는 자동차로 출발하였고 다른 차로는 사로지니 나이두 여사가 출발했다. 인쇄된 책은 모두 다 팔렸다. 판매금은 투쟁자금으로 쓰기로 했다. 한 권의 가격은 4안나로 정해져 있었다. 그러나 나와 사로지니 여사의 손에 4안나를 건네는 사람은 거의 없었다. 주머니에 있는 돈을 다 내고 사가는 사람들이 대부분이었다. 10루피나 5루피짜리 지폐를 내미는 사람도 있었다. 한 권에 50루피 지폐를 받은 기억도 있다. 사람들에게는 산 사람도 감옥에 갈 우려가 있다고 설명했다. 그러나 사람들은 순식간에 감옥행의 공포를 떨쳐버렸다.

7일이 되어 알았는데, 발매를 금지한 책은 판매되지 않았다는 것이 정부의 견해였다. 팔린 책은 발매 금지본의 재판본이라는 것이다. 재판본은 압수본에 포함되지 않기 때문에 정부 측에서는 재판본의 인쇄, 판매, 구입은 위법이 아니라고 했다. 이 소식을 들은 사람들은 실망했다.

그날 아침 일찍 초파티에서 국산품 애용과 힌두, 이슬람교도 단결의 맹세를 하기 위해 사람들이 모이기로 되어 있었다. 비달다스 제라자니는 처음으로, 번쩍거리는 것이 모두 금은 아니라는 것을 알았다. 사람들은 아주 조금밖에 모이지 않았다. 그중 두세 자매들의 이름이 기억난다. 남성들도 얼마 되지 않았다. 나는 서약서 초고를 준비했다. 모인 사람들에게 맹세의 의미를 충분히 설명한 뒤 맹세를 시켰다. 모인 사람이 적은 것에 나는 놀라지 않았고 서글프게 생각하지도 않았다. 대대적인 운동과 서서히 행해지는 건설적 활동의 차이, 사람들의 전자에 대한 편애와 후자에 대한 혐오를 그때부터 나는 계속 느껴왔다.

7일 아침 나는 델리와 암리차르를 향해 출발했다. 8일에 마투라에 도착하니 내가 체포될지도 모른다는 소문이 들려왔다. 마투라를 통과해 어떤 역에 열차가 정차했다. 그곳에서 아차랴 기드바니를 만나, 나에게 체포명령이 떨어져 있다는 확실한 소식을 들었다. 그는 필요하다면 뒤를 봐주겠다는 말도 해주었다. 나는 감사를 전했다. 그리고 필요하다면 보살핌을 요청할지도 모르니 잊지 말아달라고 전했다.

팔왈 역에 도착하기 전에 경찰간부가 나에게 명령서를 전달했다. '당신이 펀자브에 들어가면 치안이 악화될 우려가 있으니 펀자브 주 경계 안으로 들어서선 안 된다'는 식의 명령이었다. 경찰간부는 명령서를 전달하고 나에게 하차하라고 말했다.

"나는 치안을 악화시키려는 것이 아니라 요청을 받고 진정시키러 가는 것입니다. 그러니 유감이지만 이 명령에는 따를 수가 없습니다."

팔왈에 도착했다. 마하데브가 나와 함께 있었는데, 나는 그에게 델리로 가서 슈라다난드지에게 사람들을 진정시키도록 전하라고 말했다. 명령에 따르지 않기 때문에 내려지는 벌을 받기로 결정했다는 것을 말하고, 벌을 받더라도 사람들이 냉정하게 있는 것이야말로 진정한 승리라는 것을 설득하도록 부탁했다.

나는 팔왈 역에서 하차당하고 경찰에 인도되었다. 나는 델리에서 오는 열차의 3등칸에 경찰들과 함께 태워졌다. 마투라에 도착하자 나를 경찰의 임시막사로 끌고 갔다. 앞으로 내가 어떻게 될 것인지, 나를 어디로 끌고 가는지 아무도 말해주지 않았다. 새벽 4시가 되자 경찰은 나를 깨워 뭄바이로 가는 화물 열차로 끌고 갔다. 정오가 되어 사와이 마도푸르 역에서 내려져 그곳에서 뭄바이행 특급열차로 라호르까지 가서, 그곳부터는 보링 경감이 나의 신병을 인도받았다.

나는 경감과 함께 1등칸에 태워졌다. 그전까지 나는 일반 죄수와 같았지만 그때부터는 '신사죄수'로 취급되었다. 경감은 주지사 미카엘 오드와이어 경을 추켜세우기 시작했다. 미카엘 경은 나에 대한 어떠한 반대도 하지 않지만 내가 펀자브에 가는 일로 치안이 악화될 것을 걱정하고 있다는 이야기를 한 후, 나에게 자발적으로 뭄바이로 돌아가 다시는 펀자브 주 경계를 넘지 않기를 부탁했다. 나는 명령에 따를 수 없고 자발적으로 돌아갈 생각도 없다고 말했다. 그러면 어쩔 수 없이 법적 조치를 취하겠다고 경감은 말했다.

"그런데 앞으로 나를 어떻게 할 생각인지 그것을 말해주시겠습니까?"

나는 물었다. 그랬더니 그는 이렇게 말했다.

"알 수 없습니다. 나는 다음 명령을 기다리고 있습니다. 지금은 당신을 뭄바이까지 데리고 갈 것입니다."

수라트에 도착하자 다른 경감이 나의 신병을 인수했다. 경감은 도중에 말했다.

"당신은 석방되었습니다만 나는 당신을 위해 마린 라인즈 역에서 열차를 정차시키겠습니다. 당신이 거기서 내려주시면 그 다음엔 어디를 가더라도 상관없습니다만 콜라바 역에는 군중들이 몰려 있을지도 모릅니다."

나는 기꺼이 당신이 하라는 대로 하겠다고 말했다. 경감은 기뻐하며 감사하다고 했다. 나는 마린 라인즈 역에서 내렸다. 그곳에서 지인의 마차를 봤다. 지인은 나를 레바샨카르 쟈베리 집으로 데려다 주었다. 쟈베리 씨는 나에게 알려주었다.

"당신이 체포되었다는 것을 들은 사람들은 분노하기 시작했고 이미 반미치광이 상태입니다. 피두니 근처에서 폭동이 일어날 우려가 있습니다. 도 행정장관과 경찰이 그곳에 가 있습니다."

내가 집에 도착하자 곧 우마르 소바니와 아나수야벤이 자동차를 타고 왔다. 나를 피두니로 데리고 가겠다고 말했다.

"사람들은 흥분을 참을 수 없게 되었습니다. 우리들이 진정시키려 했지만 진정시킬 수 없었습니다. 당신을 보면 진정할 것입니다."

나는 자동차에 올랐다. 피두니에 도착하자 거리에는 엄청난 군중이 보였다. 사람들은 나를 보고 크게 기뻐하였고 곧 행렬이 만들어졌다. '반데 마타람'*48과 '알라호 아크바르'*49를 연호하는 소리로 하늘이 무너져 내릴 것 같았다. 나는 피두니에서 기마대를 보았다. 위에서는 깨진 기와가 비처럼 쏟아졌다. 사람들이 진정하도록 나는 합장을 하고 기도했다. 그러나 우리들은 깨진 기와의 비에서 도망칠 생각은 하지 않았다.

압두르 라만 거리에서 크로포드 시장을 향하는 행진을 저지하기 위해 전방에 기마대가 나타났다. 포트 쪽을 향하는 행진을 저지하기 위해서였다. 거리를 꽉 메운 사람들은 저지선을 돌파하고 전진하려고 했다. 나의 목소리를 들을 수 있는 상태가 아니었다. 이런 상태에서 기마대장은 군중들을 해산시키라고 명령하였다. 기마대는 창을 앞세우고 급히 말을 달렸다. 그 창이 우리를 찔러 죽일 것 같은 공포를 느꼈다. 그러나 그 공포는 근거 없는 것이었다. 모든 창은 소리를 내며 열차 같은 속도로 지나쳐갔다. 사람들의 무리는 갈라지고 혼란상태가 되었다. 짓밟힌 사람도 있었고 부상당한 사람도 있었다. 기마대가 통과할 길은 없었다. 사람들이 흩어질 길도 없었다. 되돌아가려 해도 뒤에는 엄청난 사람들이 들어차 있었다. 모든 풍경이 살벌했다. 기마대와 사람들, 양쪽 모두 미친 것처럼 보였다. 기마대는 아무것도 보지 않았던가, 볼 수 없었다. 기마경관들은 상체를 옆으로 눕히고 말을 달리고 있었다. 이 엄청난 군중을 해산시키는 동안 경관들은 아무것도 보지 못하는 것 같았다.

사람들은 이렇게 해산되고 행진은 저지되었다. 우리 자동차는 전진을 허가받았으나 나는 지구 장관의 청사에서 차를 멈추게 했다. 나는 장관을 만나 실력행사에 항의하기 위해서 차에서 내렸다.


## 32 그 일주일—2

나는 그리피스 장관의 집무실로 갔다. 집무실로 가는 계단 옆에는 보이는 곳마다 완전 무장한 병사들이 배치되어 있었다. 마치 전투준비를 하고 있는 것 같았다! 복도에도 분주하게 움직이는 사람들로 가득했다. 내가 온 것을 알리고 집무실로 들어서자 장관 곁에 보링 씨가 앉아있었다. 나는 지금 보고 온 광경을 설명했다. 장관은 간단히 대답했다.

"나는 행진하는 무리를 포트 쪽으로 보내고 싶지 않았습니다. 그곳에 가면 반드시 폭동이 일어날 것입니다. 사람들은 돌아가란다고 되돌아갈 것처럼 보이지 않았습니다. 그래서 말을 달리게 할 수밖에 없었습니다."

"그러나 결과는 아시는 대로 참혹했습니다. 사람들은 말에 짓밟혔습니다. 기마경관을 보낼 필요까지는 없었다고 생각합니다."

"그건 당신이 모르시는 말씀입니다. 사람들에게 당신의 가르침이 얼마나 영향을 미쳤는지는 우리 경찰 당국자들이 당신보다 잘 알고 있습니다. 우리가 처음부터 엄격하게 대처하지 않았으면 피해는 더욱 커졌을 것입니다. 군중들은 당신의 지배하에 있는 것이 아닙니다. 법률을 위반하는 것은 곧바로 이해하지만, 평정심을 가지고 행동하는 것은 사람들의 능력을 넘어서는 일입니다. 당신의 의도는 좋은 것입니다만 당신의 의도를 군중들은 이해 못합니다. 그들은 본능을 따르는 것입니다."

"아뇨, 당신과 나의 의견 차는 바로 여기에 있습니다. 군중들의 본능은 전투적인 것이 아니라 평화를 사랑하는 것입니다."

우리는 논쟁을 벌였다.

마침내 장관은 말했다.

"군중들이 당신의 가르침을 이해하지 못했다는 것을 당신이 깨닫게 된다면 어쩌시겠습니까?"

"만약 그렇다면 나는 이 투쟁을 일시적으로 중지시키겠습니다."

"일시적으로 중지한다는 것은 무슨 의미입니까? 당신은 석방되면 바로 펀자브로 돌아가겠다고 보링 씨에게 말하지 않았습니까!"

"네, 바로 다음 열차로 돌아갈 생각이었습니다. 그러나 오늘은 갈 수 없습니다."

"당신이 잘 참고 있으면 더 잘 알게 될 것입니다. 아마다바드에서 무슨 일이 일어나고 있는지 당신은 아십니까? 아므라차르에서 무슨 일이 일어났는지는 아십니까? 군중들은 미치광이가 되었습니다. 세세한 일까지 다 알지는 못하지만 몇 곳에서는 전선도 절단되었다고 합니다. 당신에게 말해두겠는데, 이 모든 폭동의 책임은 당신에게 있습니다.”

“내가 책임져야 할 곳에 대해서는 책임을 져야겠지요. 아마다바드에서 사람들이 무슨 일을 벌인다면 나는 놀라고 슬플 것입니다. 그러나 암리차르에 대해서는 아무것도 모릅니다. 그곳에는 가 본 적도 없습니다. 그곳에서는 아무도 나를 모릅니다. 그러나 이것만은 알고 있습니다. 펀자브 정부가 내가 그곳에 가는 것을 막지 않았다면 나는 질서 유지를 위해서 온 힘을 다해 협력했을 것입니다. 정부가 나를 저지하는 바람에 사람들이 화가 난 것입니다.”

이런 식으로 우리는 논쟁을 계속했다. 우리의 의견은 일치할 수 있는 것이 아니었다. 초파티에서 집회를 열어 사람들이 평정을 되찾도록 설득하겠다는 의향을 전하고 나는 그곳을 떠났다.

초파티에서 집화가 열렸다. 나는 사람들에게 평화와 사티아그라하 규범에 대해 설명하며 말했다.

“사티아그라하는 진실된 사람의 무기입니다. 만약 사람들이 평정을 지키지 못한다면 나는 결코 사티아그라하 투쟁을 할 수 없습니다.”

아나수야벤에게서 아마다바드의 폭동 소식을 이미 들었다. 누군가가 아나수야벤도 체포되었다는 소문을 흘렸고 이 소문으로 노동자들은 미치광이가 되었다. 파업을 강행했고 폭동도 일어났다. 그러는 와중에 한 경관이 살해되었다.

나는 아마다바드로 갔다. 나디아드 근처에서 철로를 탈선시키려 했다는 것을 알고 있었다. 비람감에서는 공무원 한 명이 살해되었다. 아마다바드에 도착하니 계엄령이 내려져 있었다. 사람들은 공황상태였다. 그것은 이자까지 붙은 인과응보였다.

역에는 나를 프라트 장관에게 데려다 줄 사람이 기다리고 있었다. 가 보니 장관은 많이 화가 나있었다. 살해에 대해 나는 유감의 뜻을 표했다. 계엄령을 내릴 필요는 없다고 주장했다. 그리고 사태를 다시 평화로운 상태로 되돌리는 데 필요한 조치를 진행시킬 생각이라고 말했다. 나는 대중 집회를 허가해 달라고 요청했다. 집회는 아슈라마 땅에서 개최할 것이라고 전했다. 그는 이 의견을 마음에 들어 했다. 내 기억이 맞다면 4월 13일 일요일에 집회가 열렸다. 계엄령도 그날인가 그 다음날 해제되었다. 이 집회에서 나는 군중들에게 자신이 저지른 죄를 알게 하려고 노력했다. 나는 3일간 단식하여 속죄를 했고 군중들에게도 하루 단식할 것을 권했다. 살인에 가담한 사람들에게 자신의 죄를 인정하라고 했다.

나는 자신의 의무를 확실히 알게 되었다. 노동자들 사이에서 이렇게 긴 시간을 보내고 봉사하여 그들이 좋은 태도를 갖게 되기를 기대했던 것이다. 노동자들이 폭동에 가담한 것은 나에게는 참을 수 없는 일이었고 나도 공범이라고 생각했다.

사람들에게 자신의 죄를 인정하라고 한 것처럼 정부에게도 죄를 용서하도록 제안했다. 내가 말하는 것을 두 곳 모두 들어주지 않았다. 사람들은 죄를 인정하지 않았고 정부도 용서하려 하지 않았다.

라만바이 씨와 시민들이 나를 찾아왔다. 그리고 나에게 사티아그라하를 중지하라고 호소하였다. 그러나 나에게 호소할 필요는 없었다. 나는 이미 사람들이 평화의 교훈을 배우지 않는 이상 사티아그라하를 중지하려고 마음먹고 있었다. 라만바이 씨 등은 이것을 기뻐했다.

몇몇 친구들은 심기가 불편해졌다. 만약 내가 가는 곳마다 평화를 기대하고 그것이 사티아그라하의 조건이 된다면 사티아그라하는 결코 대규모로 행할 수 없을 것이라고 친구들은 생각했다. 나는 다른 의견을 내놓았다. 군중들 안에서 활동하며 사티아그라하를 해야 할 사람들이 평화를 지키지 않는다면 사티아그라하는 물론 절대 행하지 않을 것이고, 사티아그라하 지도자들은 그런 규범 있는 평화를 유지할 힘을 획득해야 한다는 것이 나의 논점이었다. 이 생각에는 지금도 변함이 없다.


### 33 산과 같은 잘못

아마다바드의 집회 뒤에 나는 바로 나디아드로 갔다. '산과 같은 잘못'이라는 용어는 지금은 잘 알려졌지만, 나는 이 말을 나디아드에서 처음 썼다. 아마다바드에 있을 때 나는 자신의 잘못을 이미 알고 있었다. 그러나 나디아드에 와서 실상을 보고, 또 케다에서 많은 군중들이 체포되었다는 소식을 듣고 그 사건에 대해서 연설하기로 되어 있던 집회 중에 갑자기 이 말이 떠올랐다. 케다나 그 밖의 지방 사람들에게 법률에 불복종하도록 호소함으로써 나는 성급하게 일을 벌이는 잘못을 범했다. 그러므로 그 잘못은 나에게 산과 같은 것이었다.

잘못을 인정한 일로 나는 많은 사람들에게 조롱당했다. 그렇지만 인정한 것을 결코 후회하지 않는다. 항상 생각해 온 것이지만, 남의 코끼리만한 죄를 티끌처럼 보고 자신의 티끌만한 죄는 산처럼 보는 방법을 배우면 우리들은 자신과 남의 죄에 대해 바르게 알 것이다. 또 이런 당연한 규칙을 사티아그라하가 되고 싶은 사람은 세심한 주의를 기울여 지켜야 한다고 생각했다.

산과 같은 잘못이란 무엇이었는지 보기로 하자. 법률에 대한 불복종은 법률을 겸허하게 자발적으로 존중하는 사람들에게만 가능하다. 우리들 대부분은 법을 어기면 받게 될 벌이 두려워서 법을 지킨다. 이러한 경향은 도덕적인 문제와 상관없는 법률에서 특히 잘 나타난다. 법률이 있건 없건 선량한 사람이 어느 날 갑자기 도둑으로 돌변하지는 않는다. 그렇지만 아무리 선량한 사람이라도 밤이 되면 자전거에 불을 켜야 한다는 규칙을 어기는 것 정도로 괴로워하지는 않는다. 그리고 그러한 규칙은 이를 지켜야만 한다고 누군가 충고를 해도 바로 지키려고는 하지 않는 법이다. 그러나 이런 규칙이 법률이 되어 위반했을 시에 처벌을 받게 된다면 처벌을 받지 않기 위해 밤에는 반드시 자전거에 불을 켤 것이다. 이런 식으로 규칙을 지키는 것은 자발적으로 지켰다고는 할 수 없다.

그러나 사티아그라하는 사회의 법률을 존중하고 자발적으로 지키는 것이 의무임을 충분히 이해하고 있는 사람이다. 사회 규칙을 이처럼 잘 이해하고 지키는 사람에게는 사회 규칙의 도덕, 비도덕을 구별할 힘이 생긴다. 그런 사람만이 규범 있는 상황하에서 규칙을 깰 수 있는 자격을 가지게 된다. 나의 잘못은 이러한 필수적인 제한을 지키지 않았다는 것에 있다. 나는 사람들이 이러한 자격을 갖추기 전에 불복종을 하라고 선동했던 것이다. 이런 내 잘못이 나에게는 산처럼 느껴졌다. 그리고 케다에 가서는 그전에 있었던 케다 투쟁을 떠올렸다. 나는 완전히 잘못된 길을 걷기 시작했다고 생각했다. 민중들이 불복종을 실행하기 전에 불복종의 깊은 의미를 이해해야만 한다고 나는 생각했다. 법률을 매일, 고의로 어기는 사람들과 보이지 않는 곳에 숨어서 위법을 하는 사람들이 어떻게 갑자기 불복종에 대해서 이해할 수 있겠는가? 불복종에 대한 규범을 어떻게 지킬 수 있겠는가?

몇천, 몇만 또는 몇십만의 사람들이 앞에 말한 이상적 상황에 도달할 수 없다는 것은 쉽게 이해할 수 있다. 만약 그렇다면 불복종 저항 운동을 전개하기 전에 민중들을 이해시키고 끊임없이 지도할 순수한 봉사운동원 부대를 발족할 필요가 있었다. 그리고 이 부대는 불복종 운동과 그 규범에 대해서 완전히 이해해야만 한다.

이런 생각을 품고 나는 뭄바이에 도착했다. 그리고 사티아그라하 회의를 통해 사티아그라하 봉사운동원 부대를 발족시켰다. 이 부대를 통해 민중들에게 불복종 운동을 이해시키는 교육을 시작했고 이해를 돕기 위해 소책자를 발행했다.

이러한 활동을 시작하기는 했지만 나는 이 활동이 많은 관심을 불러일으키지 못할 것이라는 것을 알았다. 봉사운동원들은 그다지 많이 모이지도 않았고 또 자원한 사람들 모두가 정해진 훈련을 받았다고는 할 수 없기 때문이다. 이름을 등록한 사람들도 시간이 지날수록 완강해지는 대신 점점 줄어갔다. 불복종 운동이라는 차는 내가 생각하던 속도보다 천천히 굴러간다는 것을 나는 알게 되었다.

### 34 〈나바지반〉과 〈영 인디아〉

느리긴 하지만 평화유지 운동이 한편에서 진행되고 있었고, 다른 한편에서는 정부의 탄압정책이 맹위를 떨치고 있었다. 펀자브에서 그 영향이 눈앞에 나타났다. 그곳에서는 계엄령, 즉 폭정이 시작되었다. 특별 법정, 그것은 법정이 아니라 그저 지사의 명령에만 따르는 것이 되어 있었고 증거도 없이 형벌을 내렸다. 병사들은 죄 없는 사람들을 벌레처럼 엎드려 기어가게 했다. 국민과 세계의 주목을 끈 잘리안왈라 공원 학살 사건*⁵⁰은, 이에 비하면 나에게는 문제도 아니었다.

나는 어떻게 해서든 펀자브에 들어가라는 압력을 받았다. 나는 총독에게 몇 통의 편지를 썼다. 전보도 몇 통이나 보냈다. 그러나 허가는 떨어지지 않았다. 허가증이 없으면 가더라도 주 경계를 넘어 들어갈 수가 없다. 그저 불복종을 했다는 만족감이 있을 뿐이다. 이 딜레마 상태에서 무엇을 해야만 하는가 하는 중대한 문제가 내 앞을 가로막고 서 있었다. 내가 금지령에 불복종하고 들어가면 이것은 비폭력 불복종으로 인정받지는 못할 것이라고 생각했다. 나는 평화적인 분위기를 원하고 있었지만 아직 그런 분위기는 느껴지지 않았다. 펀자브의 폭정은 군중의 분노를 더욱 증폭시켰다. 이런 때에 내가 법을 어기는 것은 불에 기름을 붓는 격이 될 것이라 생각했다. 그랬기 때문에 펀자브에 들어가라는 어떤 제안도 나는 수락할 수 없었다. 이 결단은 나에게는 한 모금의 쓴 약이었다. 날마다 펀자브에서 날아오는 부정적인 뉴스를 들으며 이를 갈고 있을 수밖에 없었다!

그 사이에 〈뭄바이 크로니클〉을 유력지로 키운 호니만 씨를 정부가 유괴했다. 이 유괴에서 맡은 더러운 악취를 나는 지금도 느낀다. 호니만 씨는 무법상태를 원하지 않았다는 것을 나는 알고 있다. 내가 사티아그라하 회의와 상의도 없이 펀자브 정부의 명령을 어겼을 때도 그는 좋게 생각하지 않았다. 불복종 운동을 중단했을 때 그는 전면적으로 지지했다. 불복종을 일시 중단하는 것이 좋겠다는 조언이 담긴 그의 편지가 내 손에 있다. 이 편지는 불복종 운동 중단 발표 후에 받았지만 분명 그 발표 이전에 발송되었다. 아마다바드와 뭄바이 사이의 거리 때문에 늦게 도착했을 뿐이다. 그런 그의 국외추방에 나는 놀랐고 슬펐다.

일이 이렇게 되자 〈크로니클〉의 중역들은 이것을 발행하는 중요한 역할을 나에게 위임하였다. 브렐비 씨가 있어서 내가 할 일은 그렇게 많지 않았지만 그렇더라도 나의 성격상 이 책임은 너무나 무거운 것이 되었다.

그러나 나는 이 무거운 책임을 오랫동안 지지 않아도 되었다. 정부의 호의 덕에 〈크로니클〉은 휴간이 되었기 때문이다.

〈크로니클〉의 경영을 맡고 있던 사람들이 〈영 인디아〉의 경영도 맡고 있었다. 우마르 소바니 씨와 샹카를랄 방커 씨. 이 두 형제가 〈영 인디아〉의 책임을 맡아달라고 나에게 제의해 왔다. 〈영 인디아〉가 〈크로니클〉의 휴간을 조금이라도 보충하려면 주 1회 발행하던 것을 주 2회 발행하여야 한다는 것이 나와 그들의 생각이었다. 나는 그것을 통해 사티아그라하의 깊은 의미를 설명해야겠다는 의욕이 있었다. 나는 펀자브를 위해 달리 할 수 있는 일은 없었지만 이 잡지들을 통해 적어도 제대로 비판할 수는 있었고, 그 비판의 배후에는 사티아그라하라는 힘이 있다는 것을 정부도 알고 있었다. 그래서 이 친구들의 제안을 받아들이기로 했다.

그러나 사티아그라하 교육을 어떻게 국민들에게 영어로 할 수 있겠는가? 나의 주된 활동 무대는 구자라트에 있었다. 인둘랄 야즈니크는 그때 우마르 소바니, 샹카를랄 방커의 그룹에 속해 있었다. 그는 월간지 〈나바지반〉을 간행하고 있었다. 경비도 그 친구들이 모두 부담하고 있었다. 이 잡지를 인둘랄과 그 친구들이 나에게 맡겼다. 그리고 인둘랄은 이 잡지에서 일해 주기로 했다. 이 월간지를 주간지로 바꾸었다.

그 사이에 〈크로니클〉이 부활되어서 〈영 인디아〉는 다시 주간으로 바뀌었고, 나의 제안으로 발행 장소를 아마다바드로 옮겼다. 옮기는 데는 다른 이유도 있었지만, 어쨌든 두 잡지를 서로 다른 장소에서 간행하는 것은 상당한 비용이 들 뿐 아니라 나에게도 크게 불편했다. 〈나바지반〉은 아마다바드에서 간행되고 있었다. 이러한 잡지를 위해서는 그들만의 독립된 인쇄소가 있어야 한다는 것이 〈인디언 오피니언〉의 경험에서 얻은 교훈이었다. 돈을 벌기 위해 인쇄소를 경영하는 경영자들은 인도의 그 당시 출판 조례 때문에, 내가 발표하고 싶은 생각을 인쇄해 주는 것을 망설였다. 이것도 인쇄소를 설립하는 중요한 이유였다. 아마다바드에서는 쉽게 인쇄소를 설립할 수 있었기 때문에 〈영 인디아〉를 그곳에서 발행하기로 한 것이었다.

두 잡지를 통해 나는 국민들에게 할 수 있는 만큼 사티아그라하 교육을 하기로 했다. 처음에 이 두 잡지의 발행부수는 아주 적었지만 점차 늘어나 4만 부 가까이 되었다. 〈영 인디아〉 구독자가 차츰 늘어난 데 반해 〈나바지반〉 구독자는 급격하게 증가했다. 내가 투옥된 후에는 구독자도 줄었다. 오늘날 두 잡지의 구독자 수는 8000명을 넘지 않는다.

이 잡지들에 광고를 싣지 않을 것을 나는 처음부터 주장했다. 그로 인해 어떤 손실이 있었다고는 생각하지 않으며, 잡지의 사상의 자유를 지키기 위해 이 방법은 크게 도움이 되었다고 생각한다.

이 잡지를 통해 나는 안식을 찾을 수 있었다. 왜냐하면 금방 불복종 운동을 개시할 수는 없었지만 그래도 자신의 생각을 자유롭게 발표할 수 있었기 때문이다. 조언이나 제안을 얻기 위해 나를 바라보고 있던 사람들에게 그것을 전할 수 있었다. 그리고 두 잡지는 그 어려운 시기에 국민에게 봉사하고 계엄령의 폭정을 멈추게 할 큰 책임을 졌던 것이다.

## 35 펀자브에서

마이클 오드와이어 경은 펀자브에서 일어난 모든 일에 대해서 나에게 죄가 있다고 했다. 펀자브의 어떤 청년들도 계엄령이 내려진 것에 대해서 나에게 죄가 있다고 주장하는 데 주저함이 없었다. 만약 내가 불복종 운동을 중지하지 않았다면 잘리안왈라 공원 학살사건은 일어나지 않았을 것이고 계엄령도 내려지지 않았을 것이라는 것이 분노에 휩싸인 청년들의 주장이었다. 내가 펀자브에 가기만 하면 나를 제거할 것이라고 협박하는 자도 있었다.

그러나 나는 나의 조치가, 사려 깊은 사람이라면 그런 오해를 할 가능성이 없을 정도로 완전히 바른 것이었다고 믿고 있었다. 나는 펀자브에 가고 싶어서 조바심이 났다. 나는 그때까지 펀자브에 가 본 적이 없었다. 내 눈으로 볼 수 있는 것은 무엇이든 보고 싶다고 늘 염원해왔고 나를 펀자브에 초대해 준 사탸팔 박사, 키츨루 박사, 판디트 람바지두트 초다리를 만나고 싶었다. 그 세 명은 감옥에 있었지만 정부는 그들을 장기간 투옥시킬 수는 없을 것이라고 나는 확신했다. 뭄바이로 나가면 항상 많은 펀자브 출신자들이 나를 찾아왔다. 나는 그들을 격려하고 사람들은 그 격려를 기뻐했다.

그러나 나의 펀자브행은 계속 연기되고 있었다. 총독은 계속 조금만 더 기다리라고 했다.

이러는 사이에 펀자브에 헌터 위원회가 도착했다. 위원회는 계엄령하에 놓인 펀자브 관리들의 행태를 조사하기로 되어 있었다. 앤드루스 씨가 펀자브에 도착하여 나에게 편지를 보냈다. 그의 편지에는 가슴이 찢어지는 묘사가 있었다. 신문에서 보도되는 이상으로 계엄령과 폭정은 심했다고 그의 편지는 전하고 있었다. 그는 나에게 펀자브로 오라고 강력하게 요청했다. 말라비야지도 내가 펀자브에 가야한다는 전보를 몇 통이나 보내왔다. 그래서 나는 총독에게 또다시 전보를 쳤다. 마침내 가도 좋다는 답장을 받았다. 날짜는 정확히 기억나지 않지만 10월 17일경이었다.

라호르에 도착해서 내가 본 광경은 결코 잊지 못한다. 마치 사랑하는 사람이 몇 년이나 떨어져 있다 돌아올 때 가족들이 마중하러 나온 것처럼 역에는 사람들이 꽉 차 있었다. 사람들은 너무나 기뻐했다.

판디트 람바지두트 초다리의 집이 내가 머물 곳이었다. 내가 전부터 알던 사랄라데비 부인에게 순례단장인 나를 받아주는 짐이 지워졌다. 나는 일부러 순례단장이란 말을 쓰고 있다. 그것은 지금도 마찬가지지만 당시에도 내가 머무는 집들은 순례자들의 쉼터가 되기 때문이다.

펀자브에 가서 알았지만 많은 펀자브 지도자들이 감옥에 있었기 때문에 판디트 말라비야지, 판디트 모틸랄지, 스와미 슈라다난드지가 주요 지도자들을 대신하고 있었다. 말라비야지나 슈라다난드지와는 이미 가깝게 지내고 있었지만 판디트 모틸랄지와는 라호르에서 처음 알게 되었다. 이들처럼 감옥에 가는 영광을 누리지 못한 펀자브의 지도자들은 나를 곧 자신들의 동료로 받아들여 주었다. 나는 어디서건 낯선 사람 대우를 받지 않았다.

헌터 위원회 앞에서 어떤 증언도 하지 않을 것을 우리들은 전원 일치로 결정했다. 이 결정의 모든 이유는 당시 공표되었기 때문에 여기서 언급하지는 않겠다. 그 이유는 정당했고 위원회에 대한 거부는 바른 것이었다고 나는 지금도 생각한다.

헌터 위원회를 거부하려면 민중들 편, 즉 국민회의 측에서도 위원회가 설립되어야 한다는 것이 결정되었다. 위원으로 모틸랄 네루[51], 치타란잔 다스[52], 압바스 탸브지 씨, 자야카르 씨와 나를 판디트 말라비야지가 임명하였다. 우리는 조사를 위해 각각 다른 지역으로 흩어졌다. 이 위원회 운영을 내가 맡게 되었고 가장 넓은 농촌 조사 활동은 내 담당이었기 때문에 펀자브와 펀자브 농촌을 볼 수 있는 귀중한 기회를 얻었다.

이 조사를 하면서 나는 펀자브의 여성들과 몇 세대에 걸쳐 알아온 사이처럼 이야기를 나누었다. 여성들은 내가 가는 곳곳마다 무리지어 찾아와 눈앞에 자신이 짠 실을 산처럼 쌓았다. 펀자브가 대규모 면포 생산 지역이 될 수 있다는 것을 나는 조사하는 과정에서 불현듯 깨달았다.

사람들에게 가해진 학대를 조사해감에 따라 정부의 무정부적인 상태, 관리들의 폭정과 전횡에 대한 이야기를 듣고 나는 놀랍기도 하고 고통스럽기도 했다. 펀자브는 정부에 가장 많은 군인들을 보냈는데, 이곳 사람들이 보상은커녕 어떻게 이런 학대를 견뎌왔는지 당시 나는 너무도 놀랐고 그 놀라움은 지금까지도 남아 있다.

위원회의 보고서를 준비하는 일도 나에게 맡겨졌다. 펀자브에서 어떠한 폭정이 행해졌는지 알고자 하는 사람들은 이 보고서를 꼭 읽어야만 한다. 이 보고서에는 한 치의 과장도 없다는 것만큼은 말할 수 있다. 하나하나의 사실에 대한 증거도 첨부했다. 위원회는 이 보고서에 나와 있는 증거 이상의 것을 가지고 있었다. 이처럼 진실만을 염두에 두고 쓴 보고서로부터 벗어나 영국 제국이 권력을 유지하기 위해 어떤 지경까지 갈지, 얼마나 비인간적 행위를 할지 독자들은 이해할 것이다. 지금까지 내가 아는 한, 이 보고서 중 어느 하나라도 거짓이라고 증명된 것은 없다.

## 36 칼리프 옹호운동 대신에 소 보호?

여기서 잠시 펀자브 학살 사건을 접어두기로 하자.

국민회의 측에서는 다이어 장군의 독재에 대해 조사하고 있었다. 그러는 사이에 나는 어느 회의로부터 초대장을 받았다. 초대장에는 하킴 사헤브와 아사프 알리의 이름이 있었다. 슈라다난드지도 출석 예정이라고 적혀있었다. 그가 부의장이었던 것으로 기억한다. 이 초대장은, 델리에서 칼리프 옹호운동에 관련해 발생한 상황을 검토하고, 종전(終戰) 축제에 힌두·이슬람 두 교도가 모두 참가할지 말지를 결정하는 합동회의에 출석해 줄 것을 요구하는 것이었다. 이 회의는 11월에 개최되었던 것으로 기억한다.

이 회의에서는 칼리프 옹호운동에 대해서만 의논하는 것이 아니라 소 보호 문제에 대해서도 토론할 것이며 소 보호를 해결할 절호의 기회가 될 것이라고 적혀있었다. 나는 이 문장에 마음이 끌려 출석하도록 노력하겠다고 답장을 보냈다. 그리고 동시에 칼리프 옹호운동과 소 보호를 하나로 합쳐, 두 가지를 서로 흥정하듯 다룰 것이 아니라 각각의 문제를 그 도덕적인 견해에서 검토해야만 한다고 썼다.

나는 이런 생각을 가득 품고 회의에 출석하였다. 회의에는 상당한 숫자의 참가자들이 모였으나, 뒤에 열린 회의처럼 수만 명이 모여드는 광경은 볼 수 없었다. 이 회의에는 슈라다난드지가 출석해 있었다. 나는 앞에 말한 문제에 대해 이야기했다. 슈라다난드지는 나의 논점을 마음에 들어 하며, 회의에 상정하는 일을 나에게 일임해 주었다. 하킴 사헤브와 나는 이야기를 했다. 나의 논점은 이랬다. 두 문제는 각각의 잘잘못을 가려 검토해야 한다. 만약 강화(講和)조건에서 직접 일어난 칼리프 옹호운동 문제에 정당성이 있고 정부측에서 부정이 행해졌다면, 힌두교도들은 이슬람교도들과 행동을 함께 해야만 한다. 이 문제에 소 보호 문제를 결부시켜선 안 된다. 만약 힌두교도들이 이것을 조건으로 붙였다면 그것은 힌두교도들에게 적합한 일이 아니다. 그리고 이슬람교도들이 칼리프 옹호운동에서 받은 협력의 보답으로 도살을 멈춘다고 한다면 그것 또한 이슬람교도들에게 적합한 일이 아니다. 이웃이자 같은 땅에 사는 사람으로서, 힌두교도들의 감정을 존중하는 입장에서 이슬람교도들이 이 문제와는 상관없이 소 도살을 멈춘다면 이것은 이슬람교도들에게 있어 적합한 일이며 의무이다. 이 두 가지는 별개의 문제이다. 만약 이것이 의무이고 이슬람교도들이 의무라는 것을 이해한다면, 힌두교도들이 칼리프 옹호운동에 협력하든 안 하든 이슬람교도들은 소 도살을 중단해야 한다. 이러한 두 문제는 별개로 검토되어야만 하니 회의에서는 칼리프 옹호운동만을 의논하는 것이 적당하다고 나는 나의 논점을 제출했다. 회의는 나의 제의를 받아들였다. 이렇게 해서 소 보호 문제는 회의에 상정되지 않았다. 그러나 마울라나 압둘 바리 사헤브는 말했다.

"힌두교도들이 칼리프 옹호운동에 협력을 하든 안 하든 우리는 동포이므로, 이슬람교도들은 힌두교도들의 감정을 생각해 소 도살을 중단해야만 한다."

이때는 이슬람교도들이 정말 소 도살을 중단할 것 같았다.

펀자브 문제도 칼리프 옹호운동과 결부시켜야 한다고 몇 사람이 제안했다. 이에 대해서 나는 반대의견을 피력했다. 펀자브 문제는 지방의 문제이고, 펀자브가 고통받는다는 이유로 우리가 정부와 관계된 종전(終戰) 축제에 참가 안 할 수는 없다. 칼리프 옹호문제에 펀자브 문제를 결부시키면 우리는 무분별한 비난을 받는다는 것이 나의 논점이었다. 나의 의견을 모두 받아들여주었다.

이 회의에 마울라나 하스라트 모하니가 참석하고 있었다. 나는 그를 전부터 알고는 있었지만 여기에 와서 그가 얼마나 호전적인 사람인가를 알았다. 우리의 의견 차이는 여기서 시작되었다. 대립은 많은 문제에 대해서 마지막까지 계속되었다.

많은 제안 중 하나는 힌두, 이슬람교도 전원이 국산품 애용을 맹세해야 하며 이를 위해서 외국산 직물을 배척해야 한다는 것이었다. 면포는 아직 재생되지 않았다. 이 제안을 하스라트 사헤브는 찬성하지 않았다. 만약 영국 정부가 칼리프 옹호운동 문제에 대해 공정하게 나오지 않는다면 그는 보복할 생각이었다. 그랬기 때문에 그는 모든 종류의 영국제품을 가능한 한 배척해야만 한다고 주장했다. 모든 영국제품을 배척하는 일의 불가능함과 부적절함에 대해 지금은 잘 알려져 있는 나의 의견을 제시했다. 비폭력의 견해도 제시했다. 나의 논점이 회의에 깊은 영향을 미치는 것을 나는 보았다. 하스라트 모하니의 의견을 듣고 사람들이 환호를 했기 때문에 나의 작은 목소리를 아무도 듣지 않을 것이라고 생각했지만, 나는 자신의 의무를 게을리 해서는 안 되며 숨겨서도 안 된다고 생각하여 발언하기 위해 일어섰다. 사람들은 나의 연설을 굉장히 주의 깊게 들어주었다. 단상에서 나는 전면적인 지지를 받았고 나를 지지하는 연설이 계속해서 이어졌다. 영국제품 배척 제안을 통과시켜도 목적은 무엇 하나 달성되지 않을 것이며 크게 망신만 당할 것이라고 지도자들은 생각했다. 회장 안에도 몸에 영국제품을 걸치지 않는 사람은 아무도 없었다. 회의에 출석한 사람들도 불가능한 일을 하자는 제안에는 얻는 것보다 잃는 것이 많다는 것만은 이해했던 것이다.

"우리는 당신의 외국 직물 배척으로 만족할 만한 사람들이 아니오. 언제 우리가 필요한 모든 직물을 생산할 수 있으며 언제 외국 직물을 배척할 수 있겠소? 우리에게는 영국인들에게 당장 타격을 줄 수 있는 무엇이 필요하오. 당신이 제안한 배척을 한다고 해도 그보다 더 강한 것을 당신은 보여야 할 것이오."

이런 식으로 마울라나는 나를 향해 연설했다. 이 연설을 나는 듣고만 있었다. 외국 직물의 배척 이외에 다른 것, 새로운 것을 제안해야만 한다고 생각했다. 나는 당시, 외국 직물의 배척은 금방 할 수 있는 것이 아니라는 것을 잘 알고 있었다. 모든 면포를 생산할 힘은 원한다면 우리들에게 있다는 것은 나중에 알았다. 단, 당시에도 공장만 있다면 자급자족이 가능하다는 것은 알고 있었다. 마울라나 사헤브가 연설을 끝냈을 때 나는 답변하려고 했다.

그러나 우르두어나 힌두어의 적당한 단어가 생각나지 않았다. 북인도 이슬람교도들의 특별한 회의에서 절차에 따라 연설하는 것은 이것이 처음이었다. 나는 캘커타의 무슬림연맹 대회에서 우르두어로 이야기한 적이 있지만 그것은 짧은 것이었고 게다가 마음에 호소하는 연설이었다. 그러나 여기서는 반대의견을 가진 사람들을 설득해야만 했다. 그러나 나는 부끄러움을 버렸다. 델리의 이슬람교도들을 앞에 두고 순수한 우르두어로 유창한 연설을 하는 것이 중요한 것이 아니라, 생각하는 것을 간단한 힌두어로 잘 설득하는 것이 중요했다. 이것은 생각보다 제대로 되었다. 힌두어, 우르두어가 국어가 되어야만 한다는 것을 직접 증명한 것이 이 회의였다. 만약 내가 영어로 연설했다면 나의 의도는 앞으로 나아가지 못했을 것이다. 그러한 도전의 기회가 없었다면, 또 있었다고 해도 나는 답변을 생각해낼 수 없었을 것이다.

우르두어나 구자라트어 단어가 생각나지 않아서 나는 창피했지만 답변을 했다. 나는 비협력이라는 단어를 생각해냈다. 마울라나가 연설하고 있을 때, 그 자신이 많은 문제에서 협력하고 있는 정부에 반대하는 것은 무의미하다고 생각하고 있었다. 나는 칼로써 정부에 반대하는 것이 아니라면 협력하지 않는 것이야말로 진정한 반대라고 생각했고, 비협력이라는 단어를 이 회의에서 처음으로 사용했다. 나는 내 연설에서 비협력을 지지하는 데 대한 논점을 내놓았다. 이때 이 단어에 어떠한 것들이 포함되어 있는지 깨닫지 못했다. 그랬기 때문에 상세하게 말할 수가 없었다. 그렇지만 나는 이 이야기를 한 것만은 기억한다.

"이슬람교도 형제들은 이미 하나의 중요한 결정을 했습니다. 신이 그러지 않기를 기도합니다만, 만에 하나 종전의 조건이 이슬람교도들의 뜻에 반대되는 것이라면 정부에 대한 지원은 중지하겠습니다. 이것은 국민의 권리라고 생각합니다. 우리는 정부로부터 작위를 받았거나 공무원으로서 정부에 묶여있지 않습니다. 칼리프 옹호 같은 지극히 중요한 종교상의 문제를 놓고 정부가 우리들에게 손해를 끼친다면 어떻게 정부를 지원할 수 있겠습니까? 따라서 칼리프 옹호에 대한 결정이 우리들의 뜻과 반대된다면 우리는 정부를 지원하지 않을 권리를 갖게 됩니다."

그러나 비협력이라는 말이 일반적으로 사용되기까지는 몇 개월이 걸렸다. 몇 달 동안 회의에서는 이 단어를 쓰지 않았다. 한 달 뒤 아므리차르에서 국민회의 연차(年次)대회가 개최되어 내가 비협력을 제안했을 때는 힌두교도, 이슬람교도들에게 실제로 비협력을 행사할 일이 생기지 않기를 기원하고 있었다.


### 37 암리차르 국민회의

계엄령하에서 수백 명의 죄 없는 펀자브 사람들이 이름뿐인 법정의 이름뿐인 증거에 의해 구금형을 받고 감옥에 들어갔으나, 펀자브 정부는 그들을 오래 잡아둘 수 없었다. 이 심각한 불공정에 항의하여 사방팔방에서 성토의 목소리가 높아져, 정부는 죄수들을 오랫동안 감옥에 잡아둘 수 없게 된 것이다. 국민회의 연차대회 개최 전에 많은 죄수들이 석방되었다. 랄라 하르키샨 랄 등의 지도자들이 모두 석방되었다. 대회 기간 중에 알리 형제도 석방되어 찾아왔다. 사람들의 기쁨은 한이 없었다. 판디트 모틸랄 네루가 그 회의 의장이었는데 그는 자신의 직업까지 팽개치고 펀자브에 눌러앉아 있었다. 스와미 슈라다난드지가 환영 위원회 위원장이었다.

그때까지 국민회의에서 나의 역할은 힌두어로 짧은 연설을 하거나 힌두어를 옹호하고 식민지에 사는 인도인들의 문제를 제출하는 것뿐이었다. 암리차르에서는 그보다 특별한 일을 해야 한다고는 생각하지 못했다. 그러나 나에게 이전에도 그랬던 것처럼 책임이 갑자기 몰려왔다.

국왕의 새로운 개혁에 관한 성명이 발표되었다. 그것은 완전히 만족할 만한 것이 아니었고, 다른 사람들은 그것을 전혀 마음에 들어 하지 않았다. 그러나 성명에서 말한 개혁은 결함이 많기는 했지만 받아들일 것도 있다고 그때는 생각했다. 나는 국왕의 성명에 신하 경이 관여하고 있음을 알았다. 성명 문구에서 희망의 빛이 그때 내 눈에는 보였던 것이다. 그러나 경험이 풍부한 로카만야, 치타란잔 다스 등의 투사들은 반대하여 고개를 흔들었다. 판디트 말라비야지는 중립 입장이었다.

말라비야지는 나를 자신의 방에 머물게 해주었다. 말라비야지의 검소함은 카시 대학 정초식 때 얼핏 보았으나, 이때는 그가 자신의 방에 머물게 해주어 일상의 모든 사소한 일까지 볼 수 있었기 때문에 나는 기쁨과 함께 경탄을 느꼈다. 그 방은 가난한 순례자들의 숙소였다. 방 안에는 발 디딜 틈이 없을 정도였다. 온 방 안에 사람들이 누워있었다. 그곳에는 빈 공간이 없었을 뿐만 아니라 혼자 있을 수 있는 공간도 없었다. 누구라도 언제든 찾아와서 원하는 만큼 머물다 갔다. 방 한구석에는 내가 잠잘 때 쓸, 나무로 된 작은 침대(차르파이)가 있었다.

그러나 여기에서는 말라비야지의 생활을 이야기할 여유가 없으니 본론으로 돌아가겠다.

이렇게 지내면서 나는 말라비야지와 매일 이야기할 수 있었다. 말라비야지는 나에게 모든 입장을, 형이 아우에게 하듯이 애정을 가지고 설명해주었다. 나는 나의 의무란 개혁에 관한 결의안에 참가하는 것이라고 생각했었다.

펀자브에 관한 국민회의 보고서의 책임은 나에게 있었다. 그에 관해서 남아 있는 모든 미해결 문제들에 주의를 기울여야 한다고 생각하고 있었다. 펀자브에 대해서 정부와 일정한 거리를 유지해야 했다. 칼리프 옹호운동 문제도 있었다. 몬타구는 인도가 배신당하도록 내버려두지 않을 것이라고 나는 믿었다. 그래서 죄인들의, 특히 알리 형제의 석방은 좋은 징조라고 믿고 있었다. 따라서 개혁 결의안을 받아들여야만 한다고 생각했다. 그러나 개혁은 너무나 불만족스럽고 어설픈 것으로 무시해야만 한다는 것이 치타란잔 다스의 강경한 의견이었다. 로카만야는 어느 정도 중립적이었으나 데샤반두가 선택한 결의안을 지지하기로 자신의 막중한 결심을 하였다.

이러한 오래전부터 경험이 풍부하고 숙련된, 모든 사람들로부터 존경받는 지도자들과 의견이 다르다는 것을 나 자신이 참을 수가 없었다. 그러면서도 한편으로 내 안의 목소리는 더욱 확실해져 갔다. 나는 대회에서 도망치려고 했다. 내가 결석하면 일은 모두 잘 될 것이고, 위대한 지도자들과의 의견 차이를 피력하지 않아도 된다고 판디트 모틸랄 네루와 말라비야지에게 나는 말했다.

그러나 이 제안을 두 장로가 받아들여줄 리 없었다. 이 말이 랄라 하르키샨랄의 귀에 들어가버렸고 그는 나에게 이렇게 말했다.

"결코 그래서는 안 됩니다. 펀자브 사람들은 큰 타격을 받을 것입니다."

나는 로카만야, 데샤반두, 그리고 진나 씨와 의논했다. 아무래도 길은 보이지 않았다. 나는 말라비야지 씨에게 고민을 털어놓았다.

"타협이 성립될 것 같지 않습니다. 만약 내가 결의안을 제출하게 된다면 최종적으로는 투표를 해야 합니다. 그러나 어떻게 투표해야 할 지를 모르겠습니다. 오늘날까지 우리들은 거수를 해왔습니다. 방청객과 대표자 사이에 거수를 하는 데 있어서 어떠한 차별도 없습니다. 이 같은 대집회에서 표결을 할 방법이 없습니다. 그러니 내가 결의안에 대해 투표를 건의한다 해도 방법이 없습니다."

랄라 하르키샨랄은 말했다.

"투표 날에는 방청객을 받지 않겠습니다. 대표자들만 참석할 것입니다. 표를 세는 것은 나의 역할입니다만 그러나 당신은 결석해서는 안 됩니다."

드디어 나는 회의에 참석했다. 나는 결의안을 준비했고 많은 망설임 끝에 제출할 것을 허락했다. 진나 씨와 말라비야지가 나의 결의안을 지지해주기로 했다. 연설이 행해졌다. 우리의 의견 차이에 있어서 첨예하게 대립하는 부분은 없었고, 연설에도 그저 자신의 논점을 피력하는 것 이외에는 아무것도 없었다. 그럼에도 불구하고 국민회의는 의견 차이를 견디지 못하고, 지도자들의 의견 차이에 슬퍼하고 있었다. 국민회의에는 만장일치가 필요하기 때문이었다.

연설이 진행될 때에도 의견 차이를 해결하려는 노력이 있었다. 쪽지를 주고받으며 말라비야지는 어떻게든 타협을 시키려고 노력하고 있었다. 그동안에 제람다스가 자신의 제안을 나의 손에 넘겨 아주 기분 좋은 말로, 투표의 위기에서 대표들을 구하라고 탄원했다. 나는 그의 제안이 마음에 들었다. 말라비야지의 시선은 사방팔방으로 희망을 찾아 움직이고 있었다. 나는 말했다.

"이 결의안은 양쪽 모두의 마음에 들 것입니다."

나는 그것을 로카만야에게 보여주었다. 로카만야는 말했다.

"다스만 찬성한다면 나는 아무런 이견도 없습니다."

데샤반두는 감동했다. 베핀 찬드라 팔*53 쪽을 보았다. 말라비야지는 희망에 부풀어 쪽지를 가로챘다. 데샤반두의 입에서 좋다는 말이 나오기도 전에 발언을 했다.

"여러분은 이 사실을 알면 기뻐할 것입니다. 타협은 성립되었습니다."

무엇이 더 필요할까? 박수소리가 회장에 울려 퍼지고 사람들의 심각한 표정은 기쁨으로 빛났다.

이 결의안이 어떤 것이었는지에 대해서 여기서 언급할 필요는 없다. 결의안이 어떻게 받아들여지게 되었는지, 그것에 관해서만 말하는 것이 내 실험의 주제이다. 타협은 나의 책임을 더욱 무겁게 했다.

## 38 국민회의에 들어가다

이렇게 나는 국민회의에 참가하게 되었으나 이것으로 국민회의에 들어갔다고 인정할 수는 없다. 이전에도 국민회의에는 참가했지만 그것은 그저 충성심의 증거였을 뿐이다. 앞으로도 국민회의 대회에서 내가 일반 참가자로서 활동하는 것 이외의 다른 활동을 하리라고는 생각할 수 없었을 뿐더러 그럴 마음도 없었다.

아슈라마의 경험으로부터 얻은 나의 능력을 국민회의는 사용하려는 것이다. 내가 했던 펀자브 조사위원회의 일을 로카만야, 말라비야지, 모틸랄지, 데샤반두 등이 기뻐했다는 것은 알고 있었다. 그래서 그들은 나를 그들의 사적인 모임이나 협의에 불러들였다. 이런 협의에는 지도자들이 특히 신뢰하거나 의지하는 사람들이 참가했었다.

다음 년도의 활동 중 두 가지에는 나도 관심이 있었다. 왜냐하면 나와 조금 관계있는 일이었기 때문이다.

하나는 잘리안왈라와 공원 학살사건의 기념비. 이에 관해서 국민회의 대회는 제안을 열광적으로 통과시켰다. 기념비를 위해 약 50만 루피를 모아야 했다. 이사직에 나의 이름이 있었다. 인도에서 국민을 위해 희사해 줄 것을 유력자들에게 요청할 수 있는 강한 힘을 가진 사람들 중 필두는 말라비야지였고 현재도 그렇다. 알고 있었지만 나의 지위는 말라비야지로부터 그렇게 멀리 떨어져 있지 않았다. 나는 자신의 이런 능력을 남아프리카에서 보았다. 그러나 나에게는 왕들에게 마법을 걸어 몇십만의 돈을 거두어들일 힘이 없었고 지금도 그렇다. 이 일에 말라비야지만큼 능한 사람은 본 적이 없다. 잘리안왈라 공원 기념비 건립 활동을 위해서는 왕들로부터 돈을 걸을 수 없다는 것을 알고 있었다. 그렇기 때문에 이사 자리를 수락하면 기념비 자금을 모으는 중요한 부담은 내가 지게 될 것을 예상하고 있었다. 정말 일은 그렇게 되었다. 기념비를 위해 뭄바이의 관대한 시민들은 선뜻 기부해주었고, 현재 국민회의는 기념비를 위해 필요한 만큼의 돈을 가지고 있다. 그러나 힌두교도, 이슬람교도, 시크교도[54]들의 피가 섞인 신성한 땅에 어떠한 기념비를 세우는 것이 좋을지, 즉 모금된 돈을 어떻게 쓰면 좋을지가 큰 문제가 되었다. 왜냐하면 3자 사이에, 또는 2자 사이라고 말해도 상관없지만 현재 적의가 느껴지기 때문이다. 그러므로 국민회의는 기념비 기금을 어떻게 쓸 것인지 아주 난처해졌다.

내가 가진 또 한 가지 능력은 서기로서의 능력으로, 이것도 국민회의로서는 쓸모 있는 것이었다. 내가 오랜 시간에 걸친 훈련에 의해 어디에서 무엇을, 그것도 아무리 적은 단어로 쓰더라도 품위를 잃지 않는다는 것을 지도자들은 알고 있었다. 국민회의 당시의 규약은 고칼레의 유산이었다. 그는 몇 가지 조항을 만들었고 그에 근거해서 국민회의는 운영되고 있었다. 그 조항이 어떻게 만들어졌는지 그 기분 좋은 내막을 나는 직접 고칼레에게서 들었다. 그러나 지금은 그 조항만으로는 국민회의를 운영할 수 없다는 것을 누구나 느끼고 있었다. 규약을 만들기 위한 의논이 매년 행해지고 있었다. 그러나 국민회의에서는 일 년 동안에 걸쳐 활동을 하는, 또는 장래의 일을 생각하는 조직이 없었다. 국민회의에는 3명의 간사가 있었으나 실제로는 대행간사가 한 명이 있을 뿐이다. 그 대행간사도 24시간을 다 바쳐 일하는 것은 아니었다. 겨우 한 사람의 대행간사가 사무국을 운영하고 앞으로의 일을 생각하면서, 과거에 국민회의가 계승한 책임을 지금에 와서 어떻게 달성할 수 있겠는가? 그렇기 때문에 이 문제는 이 해에 모든 사람들에게 너무나 중요한 문제가 되었다. 대회에는 몇천, 몇만의 사람들이 모여든다. 그런 곳에서 국민을 위한 활동이 어떻게 가능하겠는가? 대표의 숫자도 정해져 있지 않았다. 어떤 주(州)에서나 원하는 만큼 대표가 올 수 있었다. 누구라도 대표가 될 수 있었던 것이다. 그랬기 때문에 현재의 무질서 상태에 대해서 조직을 정비할 필요를 모두가 통감하고 있었다. 그 규약을 만드는 작업의 짐을 내가 떠맡았다. 나는 이 일을 맡는 대신 한 가지 조건을 내세웠다. 두 지도자 로카만야와 데샤반두의 대중에 대한 장악력을 나는 꿰뚫어 보고 있었기 때문에, 이 두 사람에게 함께 일할 것을 요구했다. 두 사람 자신이 편하게 그 규약을 만드는 일을 할 수 없다는 것을 알고 있었다. 그래서 로카만야와 데샤반두에게 각자 신용하는 사람을 한 명씩 추천하도록 했다. 이 네 사람 이외는 규약 위원회에 다른 누구도 들어갈 수 없다는 것을 제안했다. 이 제안은 받아들여졌다. 로카만야는 켈카르 씨를, 데샤반두는 I.B. 젠 씨를 각각 추천하였다. 이 규약위원회는 한 번도 회합을 가질 수가 없었다. 그럼에도 불구하고 우리는 작업을 의견일치로 완수해냈다. 편지를 통해서만 작업을 진행했던 것이다. 이 규약에 대해서 나는 조금 자랑스럽게 생각한다. 이에 따라 활동이 진행된다면 우리의 뗏목은 목적지에 다다를 수 있을 것이다. 나는 이 책임을 맡음으로 해서 진정한 의미에서 국민회의에 들어갔다고 믿는다.

## 39 카디의 탄생

나는 1908년까지 물레나 손베틀을 본 적이 없었다. 그러면서도 《인도의 자치》에서는 물레에 의해 인도의 빈곤은 해결될 것이라고 나는 믿었다. 빈곤이 해결되면 자치가 달성될 것이라는 것은 모든 사람이 아는 사실일 것이다. 1915년에 남아프리카에서 인도로 돌아왔을 때도 나는 물레를 보지 못했다. 아슈라마를 열고 곧 손베틀을 들여놓았다. 손베틀을 들여 놓는 것도 나에게는 힘든 일이었다. 우리 모두는 아무것도 몰랐기 때문에, 손베틀이 들어왔다고 해서 바로 사용할 수 있는 것이 아니었다. 우리들은 모두 글을 쓰거나 장사를 하는 것만 알았지 물건을 만들 줄 아는 사람은 아무도 없었다. 그랬기 때문에 손베틀을 입수한 후에도 옷감 짜는 방법을 가르쳐줄 사람이 필요했다. 카티아와르와 팔란푸르에서 손베틀을 입수했기 때문에 그곳에서 가르쳐줄 사람을 한 명 불렀다. 그 사람은 자신의 모든 기술을 전수해주지 않았다. 그러나 마간랄 간디는 시작한 일을 금방 그만둘 사람이 아니었다. 그의 손에는 장인의 손재주가 있었다. 그는 옷감을 짜는 기술을 완전히 터득했고 아슈라마에는 차례차례 새로운 장인들이 태어났다.

우리는 직접 만든 옷감으로 옷을 만들어 입기로 했다. 그리고 공장제 옷감은 입지 않고, 인도 공장에서 만들어진 면실로 우리 손으로 짠 옷감으로 옷을 만들어 입기로 아슈라마의 모든 사람들이 결심했다. 이것으로 우리는 많은 것을 배웠다. 인도 직공들의 생활, 수입, 면사를 손에 넣기까지의 노고, 이런 일로 어떻게 남에게 속고 있는지, 마지막으로는 어떻게 해서 매일 빚을 지게 되는지를 알게 되었다. 모두의 옷을 바로 자급할 수 없었기 때문에 우리는 필요한 옷감을 외부 직공들에게 부탁해야 했다. 그러나 인도의 공장제 면사를 사용한 손으로 짠 옷감은 직공들에게서 바로 얻을 수 있는 것이 아니었다. 직공들은 좋은 옷감은 모두 외국제 면사를 사용했다. 왜냐하면 우리들의 공장은 가는 실을 뽑아내지 못했기 때문이다. 지금도 비교적 가는 실을 조금 뽑아내고 있을 뿐으로, 아주 가는 실은 여전히 뽑아내지 못하고 있다. 많은 노력 뒤에 몇 사람의 직공을 찾아냈다. 친절하게도 인도의 면사로 옷감을 짜주었다. 이 직공들에게 아슈라마는 국산 면사로 만든 옷감을 사들이겠다고 보증을 해야 했다. 이처럼 특별히 준비시킨 옷감을 우리는 입었고 친구들 사이에 선전을 했다. 우리들은 방적공장의 무급(無給) 대리점이 된 것이다. 공장과 접촉하게 되자 경영이나 공장이 안고 있는 어려운 문제에 대해 알게 되었다. 공장의 본디 목적은 직접 실을 뽑고 스스로 옷감을 짜는 것이었다. 공장은 손베틀을 자발적이 아니라 마지못해 돕고 있었던 것이다.

이런 모든 것을 보고 우리는 손으로 실을 뽑아야겠다고 성급하게 생각했다. 손으로 실을 뽑지 않는 한 의존상태는 계속될 것을 우리는 알았기 때문이다. 공장의 대리점이 되어서는 인도에 도움이 될 수가 없다.

그러나 우리는 또다시 끝을 알 수 없는 어려움에 직면했다. 물레는 찾아내지 못했고 물레를 쓸 수 있는 사람도 찾아내지 못했다. 실패를 붙이는 물레는 가지고 있었지만 그것으로 실이 자아질지 어떨지 우리는 몰랐다. 어느 날 변호사인 칼리다스가 한 부인을 찾아서 데리고 왔다. 이 부인이 실을 자아내는 것을 보여줄 것이라고 말했다. 부인의 집에 새로운 일을 배우는 데 뛰어난 아슈라마 주민 한 사람을 보냈다. 그러나 기술은 습득할 수 없었다.

시간이 흘러갔고 나는 초조해졌다. 가르쳐줄 만한 사람이 아슈라마를 방문하면 나는 항상 기술을 물었다. 그러나 실을 잣는 기술은 여성만의 것이었고 그 전통도 거의 끊어져 있었으므로, 외진 곳에서라도 방직 기술을 가지고 있는 여성들을 찾아내는 것은 여성 동지만이 할 수 있었다.

1917년, 구자라트 형제들이 나를 억지로 바루치 교육회의에 끌고 갔다. 그곳에서 굉장히 용기 있는 미망인 자매, 강가벤을 만났다. 자매는 많은 교육을 받지는 못한 사람이었으나 용기와 현명함은 교육을 받은 일반 자매들 이상이었다. 강가벤은 일생에 걸쳐 불가촉제를 무시하면서 살아왔다. 망설임 없이 불가촉천민에게 가서 봉사활동을 하고 있었다. 돈은 있었지만 자신을 위해 쓰는 일은 아주 적었다. 탄탄한 몸을 갖고 있어서 어디든 혼자 가는 것을 조금도 두려워하지 않았다. 말도 타고 다녔다. 이 자매에 대해서는 고드라 회의에서 특히 잘 알게 되었다. 나는 내 고민을 자매에게 고백했다. 이 사람은 다마얀티*55가 나라를 찾아 헤맸던 것처럼 우리에게 물레를 찾아다 줄 것을 맹세하여 나의 짐을 가볍게 해주었다.

## 40 발견하다

구자라트를 다 뒤진 후에 강가벤은 바로다 주 비자푸르에서 물레를 찾아냈다. 많은 집에 물레가 남아 있었는데 대부분 다락방에 처박혀 있었다. 짜놓은 실을 누군가가 사주고 슬라이버*56를 공급해 준다면 실을 자아주겠다고 했다는 소식을 강가벤은 알려왔다. 나의 기쁨은 끝이 없었다. 슬라이버의 공급은 어려울 것 같았다. 그러나 우마르 소바니에게 이야기하니 그는 자신의 공장에서 슬라이버를 보내주겠다고 했다. 나는 그 슬라이버를 강가벤에게 보냈다. 실은 굉장히 빨리 만들어져 와서 나는 지칠 정도였다.

우마르 소바니의 관대함은 굉장한 것이었다. 그렇지만 한도라는 것이 있었다. 슬라이버를 돈을 지불하여 사들인다는 결정에 나는 망설여졌다. 게다가 공장에서 만들어낸 슬라이버로 실을 자아내는 것이 나에게는 큰 잘못처럼 느껴졌다. 우리의 선조들에게 공장에서 만든 슬라이버가 있었을까? 선조들은 어떻게 슬라이버를 마련했던 것일까? 이런 것을 생각하여 나는 슬라이버를 만드는 사람도 찾아 달라고 강가벤에게 편지를 썼다. 강가벤은 그런 사람을 찾아냈고, 나는 그 장인에게 월 35루피를 지불하고 그 사람을 고용했다. 그때는 그것도 비싸지 않다고 생각했다. 그 장인이 슬라이버 만드는 방법을 아이들에게 가르쳤다. 나는 뭄바이에서 목화를 구걸했다. 그것을 본 바하이 아슈반트프라사드 데사이가 목화를 제공해주겠다고 했다. 강가벤의 일은 엄청나게 늘어났다. 실을 뽑는 사람들을 데리고 와서 함께 살면서, 자아낸 실로 옷감을 짜기 시작했다. 그로써 비자푸르의 카디는 유명해졌다.

한편, 아슈라마에는 곧 물레가 들어오게 되었다. 마간랄 간디의 연구능력은 물레를 개량하기에 이르렀고 물레와 부속품이 아슈라마에서 만들어졌다. 아슈라마에서 처음 카디를 만드는 데 든 경비는 1가즈*57당 17안나였다. 나는 친구들에게 두툼한 카디 1가즈당 17안나를 받았다. 친구들은 기꺼이 그 돈을 지불해주었다.

나는 뭄바이에서 병상에 누워있었지만 주위 사람들에게 물레에 대해서 계속 물어보았다. 그곳에서 나는 실 잣는 자매 두 명을 찾았다. 자매들은 1세르*58당 1루피를 요구했다. 나는 카디에 대해서는 전혀 몰랐고, 손으로 뽑은 실을 필요로 하고 있었으므로 두 사람을 고용했다. 그러나 강가벤이 지불하고 있는 가격과 비교해보고 나는 속았다는 것을 알았다. 그러나 그 부인들은 가격을 깎으려고 하지 않았기 때문에 해고할 수밖에 없었다. 그래도 부인들은 도움이 되었다. 아완티카바이 부인, 라마바이 캄다르 부인, 샹카를랄 방커 씨의 어머니와 바수마티벤에게 실 잣는 일을 가르쳐주어 나의 방에서도 물레가 돌아가기 시작했다. 그러자 나는 자리에서 일어날 수 있게 되었다. 이 도구가 나를 병상에서 일어나게 했다고 해도 과언이 아니다. 병이 심리적인 것이었다는 것만큼은 분명했다. 도대체 사람을 건강하게 하고 아프게 하는 데 마음의 역할이란 얼마나 큰 것일까? 나도 물레를 시험 삼아 돌려 보았다. 그러나 그때는 그 이상의 진전이 없었다.

이제 슬라이버를 어떻게 조달할지가 문제였다. 솜 트는 사람이 매일 레바샨카르 자베리 씨 저택 옆을 솜활을 울리며 지나다니고 있었다. 나는 그 사람을 불렀다. 그는 이불의 솜을 틀어주었다. 그에게 슬라이버를 만들어 줄 것을 부탁하자 그는 승낙했다. 비싼 임금을 요구했지만 나는 지불했다. 이렇게 준비된 실을 나는 바이슈나브파 신도들에게 신에게 바치는 목걸이로 만들어 돈을 받고 팔았다. 쉬브지는 뭄바이에서 물레 교실을 열었다. 이 사업에 돈이 상당히 들어갔다. 경건한 애국자들은 돈을 지원해 주었고 나는 그 돈으로 교실의 경비를 댔다. 내 생각에 이 경비는 쓸데없는 것이 아니었다. 그에 의해 많은 것을 배우게 되었고 물레의 가능성을 예측할 수 있었다.

이제 나는 그저 카디만을 생각하게 되었다. 나의 도티는 인도 방직공장 옷감으로 만든 것이었다. 비자푸르와 아슈라마에서 짠 카디는 굉장히 두꺼워서 폭이 30인치였다. 나를 위해 폭 45인치 카디로 만든 도티를 한 달 안에 준비해주지 않으면 나는 두껍고 무릎까지 오는 짧은 도티를 입고 일을 보러 다녀야 한다고 강가벤에게 경고했다. 강가벤은 서둘렀다. 기간이 짧다고는 생각했지만 자매는 포기하지 않았다. 한 달 안에 폭 50인치의 도티 2벌을 준비하여 나의 딱한 상태를 해결해주었다.

이때 라크슈미다스가 라디마을에서 불가촉천민 람지와 아내인 강가벤을 아슈라마로 데리고 왔다. 두 사람을 시켜 폭이 넓은 카디를 짜게 했다. 카디 보급에 있어서 이 부부의 역할은 참으로 중요했다. 두 사람은 구자라트와 구자라트 바깥에서 베 짜는 기술을 사람들에게 가르쳤다. 손베틀을 돌리는 강가벤의 모습은 매우 감동적이었다. 교육은 받지 못했지만 절도 있는 강가벤은 손베틀을 돌리면 그것에 몰입해버려, 여기 저기 둘러보거나 누구와 이야기 할 짬도 없었다.


## 41 어떤 대화

국산품 애용이라는 이름으로 알려진 운동이 시작되었을 때 공장 경영자들로부터 우리는 상당한 비판을 받았다. 우마르 소바니 자신이 유능한 공장주였기 때문에 자신의 지식을 나에게 전해주었고 다른 사람들의 의견도 끊임없이 전해 주고 있었다. 공장주들 중 어떤 사람의 주장이 그에게 영향을 주었으니 내가 그 형제를 만나보는 것이 어떻겠느냐는 제안을 했다. 나는 그 제안을 환영했다. 우리는 그를 찾아갔다. 그 사람은 이야기했다.

"당신의 국산품 애용운동이 이번이 처음이 아니라는 것은 알고 계시지요?"

"네."

"벵골 분할 때 국산품 애용운동은 크게 고조되었습니다. 우리 공장은 큰 이윤을 남겼고 직물 가격도 올랐습니다. 몇 가지, 해서는 안 될 일도 했다는 것을 당신은 알고 계십니까?"

"그 일에 대해서는 들었고 유감이라고 생각하고 있습니다."

"당신의 마음은 알겠습니다만 우리는 자선사업을 하려고 장사를 하는 것이 아닙니다. 우리들은 이윤을 남겨야 할뿐더러 주주들의 기대에 부응해야 합니다. 상품의 가격은 수요에 의해서 결정됩니다만 그 법칙을 누가 거스를 수 있단 말입니까? 벵골 사람들은 이 운동으로 국산 직물의 가격이 반드시 오른다는 것을 염두에 두어야 합니다."

"이 불쌍한 벵골인들은 나처럼 남을 잘 믿는 자들이기 때문에, 공장주들이 전혀 이기적이지 않을 것이고 배신행위는 결코 하지 않을 것이라고, 결코 외국산을 국산으로 속여 팔지 않을 것이라고 믿고 있습니다."

"당신이 그런 식으로 생각한다는 것은 알겠습니다. 나는 당신이 순수한 벵골인들처럼 속지 않도록 주의를 드리고 싶어서 여기까지 오시라고 부탁드린 것입니다."

이렇게 말하고 공장주는 사무원에게 견본을 가지고 오라고 지시했다. 질 낮은 면으로 만들어진 모포였다. 그는 그것을 들고 말했다.

"보십시오. 이 상품은 우리가 만든 신상품인데 잘 팔리고 있습니다. 저급한 면을 사용해 만들었기 때문에 가격이 쌉니다. 이 상품을 우리는 북쪽 끝에까지 팔고 있습니다. 우리 대리점들은 사방팔방에 흩어져 있습니다. 그러니 아실 거라 생각합니다만 우리에게 당신 같은 대리점은 필요가 없습니다. 사실을 말하자면, 당신의 목소리가 전달되지 않는 곳까지 우리 대리점과 상품은 가고 있습니다. 게다가 당신이 꼭 아셔야 하는 일입니다만, 우리는 인도가 필요로 하는 만큼의 상품을 생산할 수 없습니다. 그래서 국산품을 장려하는 문제는 주로 생산에 대한 문제가 됩니다. 우리가 필요한 양 만큼의 천을 생산할 수 있고 그 천의 품질을 개량할 수 있다면 외국제 천의 수입은 자연히 없어질 것입니다. 그러니 제가 조언하고자 하는 것은, 당신이 국산품 애용운동을 진행할 것이 아니라 새로운 공장을 여는 방향으로 관심을 돌리라는 것입니다. 우리들에게는 국산품 소비 운동이 필요한 것이 아니라 생산을 늘리는 일이 시급합니다."

"내가 그런 활동을 하고 있다면 당신은 응원해 주시겠습니까?"

내가 말했다.

"어떤 방식으로 그것을 하고 계십니까? 만약 공장을 여는 쪽으로 하고 계신다면 당신은 찬사를 받을 것입니다."

"그것은 하고 있지 않습니다. 그렇지만 나는 물레 활동에 매달려 있습니다."

"더욱더 무슨 말씀인지 모르겠군요. 그것은 무엇입니까?"

나는 물레 이야기를 들려주었다. 그리고 이런 이야기도 더했다.

"당신 생각에 동의합니다. 나는 공장의 대리를 하고 있어서는 안 됩니다. 대리를 하고 있어서는 이익은커녕 손실뿐입니다. 공장에서 만든 제품은 돈이 되지 않습니다. 나는 생산을 늘려 생산한 천을 소비시키는 것에 전념해야 합니다. 지금은 생산 활동에만 전념하고 있습니다. 이러한 국산품 운동을 나는 믿습니다. 왜냐하면 이 일로, 인도의 굶주리고 있는 반 실직상태 여성들에게 일을 줄 수 있기 때문입니다. 여성들이 자아낸 실로 옷감을 짜는 일과 그 카디를 사람들에게 입히는 것이 나의 마음이자 운동의 목적입니다. 물레 활동이 얼마나 성공할지 나는 알 수 없습니다. 이제 막 시작했으니까요. 그래도 나는 굳게 믿고 있습니다. 어쨌든 손실은 전혀 없습니다. 인도산 직물이 이 운동으로 더욱 생산이 늘어난다면 그만큼 더 이익이 있을 것입니다. 그러니 이 노력에 당신이 말하는 그런 잘못은 없습니다."

"만약 그 방식으로 당신이 운동을 계속 해나간다면 나는 할 말이 없습니다. 이 시대에 물레가 통용될지 어떨지는 또 다른 문제입니다. 나는 당신의 성공을 기원하겠습니다."

## 42 비협력 운동의 흐름

카디가 이후에 어떻게 진보되었는지에 대해 여기서는 더 이상 적지 않겠다. 어떤 활동이 국민 앞에 찾아왔는지를 얘기한 뒤에 그 역사에 개입하는 것은 이 글의 영역이 아니다. 개입하면 그 문제에 대하여 한 권의 책이 되고 만다. 여기에서는 진리를 탐구하면서 몇몇 사건들이 나의 인생에 잇달아 불시에 찾아왔다고만 말하겠다.

지금은 비협력 운동에 대해 조금 이야기 할 때가 되지 않았나 생각한다. 칼리프 옹호에 대한 알리 형제들의 강력한 운동이 진행되고 있었다. 나는 마울라나 압둘 바리 등의 이슬람교 학승(學僧)들과 이 문제에 대해 많은 토론을 했다. 이슬람교도는 평화와 비폭력을 어디까지 지킬 수 있는지에 대해서 의논하였다. 결국 어느 정도까지 방책으로써 지키는 것에 이의는 있을 수 없으니 일단 맹세를 한 이상 지키도록 하자는 결론이 내려졌다. 이윽고 비협력 결의안이 칼리프 옹호회의에 제출되었다. 많은 의논 뒤 결의안은 채택되었다. 알라하바드에서 심의를 위해 늦게까지 일했던 것을 기억한다. 하킴 사헤브는 비폭력 비협력 운동의 가능성에 대해 의심하고 있었다. 의심이 없어지자 그는 운동에 참가했고 그의 지원은 귀중한 것이 되었다.

그 뒤에 구자라트에서 회의가 열렸다. 회의에서 나는 비협력 결의안을 제출했다. 결의안에 반대하는 사람들의 논점 중 핵심은, 국민회의가 비협력 결의안을 인정하지 않는 한 주(州) 회의에 결의안을 통과시킬 권한이 없다는 것이었다. 나는 주 회의가 후퇴할 수는 없지만 전진할 권한은 모든 지부기관에 있으며, 뿐만 아니라 용기가 있다면 그렇게 하는 것이 의무라고 주장했다. 그에 의해 모체기관의 명성은 높아진다. 비협력의 시비에 대해 훌륭하고 기분 좋은 토론이 이어졌다. 그리고 투표가 행해졌다. 압도적인 지지로 결의안은 통과되었다. 이 결의안을 통과시키는 데 압바스 탸브지와 발라브바이 파텔이 크게 공헌했다. 압바스 사헤브는 의장이었다. 그의 태도는 비협력 결의안 쪽으로 기울어 있었다.

국민회의 전국 위원회는 이 문제의 검토를 위해 1920년 9월 캘커타에서 특별 대회를 개최할 것을 결정하였다. 준비는 보통 일이 아니었다. 랄라 라즈파트 라이가 대회의장으로 선출되었다. 칼리프 옹호 특별호와 국민회의 특별호가 뭄바이에서 출발했다. 많은 대표와 방청객들이 캘커타에 집결했다.

마울라나 샤우카트 알리의 요청으로 나는 비협력 결의안의 초고를 차 안에서 작성했다. 그때까지 나의 초고에는 '평화적'이라는 말은 거의 사용되지 않았다. 나는 이 말을 연설에서 사용하기 시작했다. 이슬람교도 형제들의 집회에서는 '평화적'이란 말로 설명하려고 했던 것을 나는 설명하지 못했다. 그래서 나는 마울라나 아불 칼람 아자드에게 다른 단어를 부탁했다. 그는 '바아만'이라는 단어와, 비협력에 대해서는 '타르크 이 마발라트'라는 단어를 가르쳐주었다.

　　이렇게 구자라트어, 힌두어, 힌두스타니어로 비협력의 단어가 내 머릿속에서 만들어지는 동안, 앞에 쓴 것처럼 국민회의를 위한 결의안의 초고를 작성하게 되었다. 결의안에 '평화적'이라는 말이 빠져있었다. 나는 초고를 준비하여 차 안에서 마울라나에게 건넸다. 밤이 되어서야 중요한 단어인 '평화적'이 빠져 버린 것을 알아차렸다. 나는 마하데브를 급히 보내, 인쇄할 때 '평화적'이라는 단어를 추가하라고 전달했다. 그러나 단어를 추가하기 전에 결의안은 인쇄되었던 것으로 기억한다. 의제 토론 위원회의 회합은 그날 밤이었기 때문에 나는 그 말을 나중에 추가해야 했다. 만약 내가 결의안을 준비하지 않았더라면 큰 곤란에 처했을 것이다.

　　나의 입장은 참담했다. 누가 결의안에 반대하고, 누가 결의안을 지지할 지도무지 몰랐다. 랄라지의 태도에 대해서도 전혀 몰랐다. 노련한 투사들이 캘커타에 집결했다. 애니 베전트, 판디트 말라비야지, 비자야라가바차리, 판디트 모틸랄지, 데샤반두 등이 그 사람들 속에 있었다.

　　나의 결의안에는 칼리프 옹호와 펀자브의 불공정을 고려하여 비협력에 대한 것을 기술했다. 비자야라가바차리 씨는 이 결의안에 대해 아무런 관심도 없었다. 그는 발언하였다.

　　"만약 비협력을 하려면 왜 하나의 불공정에 대해서만 하는 것인가? 자치가 없다는 것이 가장 불공정한 일이고 그에 대한 비협력을 우리는 할 수 있다."

　　모틸랄지도 자치에 대한 요구를 결의안에 넣고 싶어 했다. 나는 곧 제안을 받아들여 자치 요구를 결의안에 추가했다. 넓은 범위에 걸친 심각하고 격렬한 토론 끝에 비협력 결의안은 통과되었다.

　　모틸랄지는 제일 먼저 참가했다. 그와 나눈 기분 좋은 논의를 나는 지금도 기억한다. 몇 가지 말의 수정을 그는 제안했고 나는 받아들였다. 그는 데샤반두를 설득하는 큰 역할을 수락해 주었다. 데샤반두의 마음은 비협력 쪽에 있었으나, 머리는 국민이 비협력을 받아들이지 않을 것이라고 말하고 있었다. 데샤반두와 랄라지는 나그푸르에서 비협력을 완전히 받아들였다. 이 특별 대회에 로카만야가 없다는 것이 나는 너무나 슬펐다. 지금도 그렇지만, 그가 살아있었다면 캘커타의 사건을 환영했을 거라고 나는 생각한다. 그러나 반대했다 해도 나는 좋게 생각했을 것이며 그로 인해 무언가를 배웠을 것이다. 그와 나의 의견은 언제나 대립했지만 그것은 모두 기분 좋은 일이었다. 이 글을 쓰고 있으니 그의 서거 소식을 접했을 때가 눈앞에 떠오른다. 그때 나는 친구들에게 말했다.

"나에게는 커다란 버팀목이 있었는데 그것이 지금 무너져버렸다."

이때 비협력 운동은 성대하게 진행되고 있었다. 나는 그의 비호를 받고 싶었다. 최종적으로 비협력 운동이 완전한 형태를 취하게 되었을 때 그가 어떠한 태도를 취했을지는 신만이 아시겠지만 국민의 역사상 이 중대한 시기에, 모든 사람들이 그가 없다는 사실에 큰 슬픔을 느꼈다는 것만은 알고 있다.

## 43 나그푸르에서

국민회의 특별대회에서 받아들인 비협력 운동 결의안을 나그푸르에서 개최된 연차대회에서 통과시켜야만 했다. 캘커타처럼 나그푸르에도 수많은 사람들이 모여 있었다. 아직 대표의 수가 정해지지 않았었기 때문에, 내가 기억하는 바로는 1만 4000명의 대표들이 참석하고 있었다. 랄라지의 주장으로, 학교에 관계된 결의에 조그만 수정을 나는 수락했다. 데샤반두도 몇 군데 수정을 원했다. 그리고 마지막으로 평화적 비협력 운동에 대한 결의가 만장일치로 통과되었다.

이 회의에서는 국민회의 규약 결의안도 통과시키도록 되어 있었다. 이 규약을 나는 캘커타 특별 대회에 제출했다. 비자야라가바차리 씨가 이 대회 의장이었다. 규약에 대한 의제 검토 위원회는 한 가지 중대한 변경을 했다. 나는 대표의 수를 1500명으로 제한했는데 의제 검토 위원회는 그것을 6000명으로 바꿨다. 이것은 잘 생각하지 않고 취한 조치였다. 여러 해에 걸친 경험에 의해 나는 그렇게 생각했다. 나는 많은 대표들에 의해 보다 좋은 일이 가능하다거나 민주주의가 잘 지켜질 것이라는 주장은 완전히 잘못되었다고 생각했다. 1500명의 대표가 만약 관대한 마음을 가지고 국민의 권리를 지키며 정직한 사람들이라면, 6000명의 제멋대로인 대표들 이상으로 민주주의를 잘 지킬 것이다. 민주주의를 지키기 위해서는 국민에게 독립, 자존심과 단결의 마음이, 그리고 선하고 참된 대표를 고를 수 있는 강한 의지가 있어야 한다. 그러나 숫자라는 그릇된 함정에 빠진 의제검토 위원회는 6000명 이상의 대표를 필요로 했다. 그랬기 때문에 겨우 6000명 선에서 타협을 했다.

국민회의에서 자치의 목표에 대해 토론이 벌어졌다. 규약의 조항에는 제국 내에 체류하건 제국 밖에 나가있건, 어떠한 형태로든 자치를 달성한다고 되어 있었다. 그 입장을 판디트 말라비야지와 진나 씨가 지지했으나 많은 표는 얻지 못했다. 규약의 조항에는 평화와 진리라는 수단을 통해 자치를 달성한다고 되어 있었다. 그 조항에도 반대가 있었다. 국민회의는 그 반대를 받아들이지 않았고 모든 규약은 국민회의에서 충분한 의논 뒤에 통과되었다. 나는 사람들이 이 규약을 성실하게 열심히 실행한다면 그로 인해 국민들은 많은 교육을 받을 것이라고 생각했다. 규약의 실행이야말로 자치를 달성하는 길이다. 그러나 이 문제는 여기서 말할 것이 아니다.

이 대회에서는 힌두교도와 이슬람교도 단결, 불가촉제, 그리고 카디에 대한 결의를 통과시켰다. 그때부터 불가촉제 철폐를 위한 역할을 국민회의파 힌두교도들은 기대했고, 카디를 통해 국민회의파는 인도의 해골처럼 가난한 사람들과 관계를 맺었다. 칼리프 옹호문제에 관련한 비협력 운동의 결의, 이것이야말로 힌두교도와 이슬람교도의 단결을 실질적으로 행하게 된 국민의회파의 위대한 노력이었다.

## 44 희생의 끝

이제 이 글을 끝마칠 때가 왔다.

지금 나의 인생은 완전히 공적인 것이 되었기 때문에 국민들이 나에 대해 모르는 것은 아무것도 없다. 뿐만 아니라 1921년 이후 나는 국민회의파 지도자들과 매우 친밀하고 깊은 관계를 맺고 있기 때문에 어떠한 이야기라도 지도자들과의 관계를 드러내지 않고는 진실을 말할 수 없다. 이 관계는 아직 얼마 되지 않았으나 슈라다난드지, 데샤반두, 랄라지와 하킴 사헤브는 지금 우리 곁에 없다. 그래도 고마운 것은 다른 많은 지도자들이 아직 생존해 있다는 것이다. 국민회의파 변화 후의 역사는 아직 만들어지는 중이다. 지난 7년 동안의 나의 주요한 체험은 국민회의파를 매개로 행해지고 있기 때문에, 그 실험을 말하는 경우 지도자들과의 관계를 말하는 일은 피할 수 없다. 예의를 생각해서라도 지금은 그것을 언급할 수 없다. 마지막으로, 현재 행하고 있는 실험에 대한 나의 결론은 결정적인 것이라고는 할 수 없다. 그렇기 때문에 이 글을 지금 끝내는 것이 나의 명백한 의무라고 생각한다. 사실 나의 펜은 앞으로 더 나아가기를 거부하고 있다.

독자들에게 이별을 고하는 것은 괴로운 일이다. 나의 실험은 나 자신에게 너무나 귀중한 것이다. 내가 사실에 입각해서 실험을 말했는지는 알 수 없다. 그러나 실수가 없도록 노력해 왔다. 진리를 내가 본 대로 나타내려고 끊임없이 노력해 왔고 그것을 독자들에게 말하면서 마음의 평화를 느꼈다. 왜냐하면 이를 통해 독자들의 진리와 비폭력에 대한 신념이 더욱 강해지기를 나는 기대하기 때문이다.

진리 이외에 다른 신은 없다고 나는 생각한다. 진리에 몰입하기 위해서는 비폭력만이 유일한 길이며, 이 책의 각 항목에서 이것을 보지 못했다면 나의 노력은 무의미한 것이 되고 만다. 노력이 설령 무의미하다고 해도 앞에 말한 것은 무의미하지 않다. 나의 비폭력은 진실이지만 미숙했고 완전하지 못하다. 수만 개의 태양을 모아도 진리라는 태양의 빛과는 비교할 수가 없다. 내가 진리를 살짝 본 것은 이러한 태양의 한줄기 광선을 본 것과 같다. 이것을 완전히 보는 것은 완전한 비폭력 없이는 불가능하다는 것만은 지금까지 나의 실험 결과, 확신을 가지고 말할 수 있다.

이렇게 널리 퍼져있는 진리의 신과 마주하기 위해서는 모든 생물을 자신처럼 사랑하는 것이 무엇보다 필요하다. 또한 그것을 소망하는 사람은 인생의 어떠한 영역의 바깥에도 머물러서는 안 된다. 진리에 대한 신봉이 나를 정치로 끌고 온 것이다. 종교와 정치는 아무런 관계가 없다고 말하는 사람은 종교를 알지 못하는 사람이라고 나는 주저없이 말할 것이며 이는 불손한 행동이 아니다.

자기정화 없이는 모든 살아 있는 것과의 동화를 이룰 수 없다. 자기정화 없이는 비폭력의 법칙을 절대 지킬 수 없다. 부정한 마음은 신을 볼 수 없기 때문에 인생의 길, 모든 영역에서 정화가 필요하다. 이 정화는 주변의 영향을 받게 되어 있고, 개인과 집단과의 사이에는 밀접한 관계가 있기 때문에 한 사람의 정화는 많은 사람의 정화와 같은 가치를 갖게 된다. 그리고 진리의 신은 모든 사람에게 개인적으로 노력하는 힘을 날 때부터 부여했기 때문이다.

그러나 정화의 길이 지극히 어렵다는 것을 나는 순간순간 느끼고 있다. 깨끗해진다는 의미는 마음으로부터, 말로부터, 그리고 몸으로부터 정욕에서 해방되는 것, 애증 등으로부터 해방되는 것이다. 나는 정욕에서 해방된 상태에 도달하기 위해 순간순간 노력하면서도 아직 도달하지 못했기 때문에, 사람들의 칭찬은 나를 곤란하게 만들고 언제나 심한 고통을 준다. 마음의 정욕을 이겨내는 것은 나에게 있어서 세계를 무력으로 정복하는 것보다 훨씬 어렵게 느껴진다. 인도에 귀국한 후에도 나는 내 속에 숨어있는 정욕을 볼 수 있었고 그것을 부끄러워했으나 포기하지는 않았다. 진리를 실험하면서 나는 많이 즐거웠고 지금도 즐겁다. 그러나 나는 고난의 길을 가야만 하며 그를 위해서 '0'이 되어야 한다. 인간은 스스로 가장 낮은 곳에 두지 않는 한 구원받을 수 없다. 비폭력, 이것은 궁극의 겸허함이다. 이 겸허함 없이는 결코 구원도 없다는 것은 경험에 의해 증명되었다. 이 겸허함을 위해 기도하면서, 그를 위한 세계의 지원을 소망하면서 지금 나는 이 글을 마친다.

〈주〉

＊1 구루쿨(Gurukul) : 구루(師)의 쿨(家). 학생이 살면서 공부하는 곳. 고대로부터 이 이상에 따라 설립된 아리야 사마지의 교육기관.

＊2 슈라다난드지 : 스와미/무쉬람  마하트마(Shraddhanand, Swami/Munshiram, Mahatma) 1856~1926. 1902년 베다의 이상을 내걸고 하리드왈 칸구리에 구루쿨을 설립. 1919년, 방랑자가 됨. 1926년 12월23일에 이슬람 광신도에게 살해됨.

＊3 샨티니케탄(Shantiniketan) : 1863년, 20에이커의 토지를 사들여 88년에 명상의 장으로 일반에 제공함. 1901년, 라빈드라나트 타쿠르/타고르가 브라마차리아 아슈라마를 개설. 1921년, 정식으로 비쉬바 바라티 발족(설립은 18년). 간디가 이곳을 처음 방문한 것은 1915년 2월 17일. 이때 타쿠르는 해외에 있어서 만나지 못했음. 간디는 3월 6일 다시 방문하여 타쿠르와 면회할 수 있었음.

＊4 시인 : 라빈드라나트  타쿠르/타고르(Thakur/Tagore, Rabindranath, 1861~1941)를 말

함. 1910년 시집 《기탄잘리》 간행. 1912년, 영역. 1913년, 노벨문학상 수상.

＊5 루드라 : 수실 쿠마르(Rudra, Sushil Kumar) 1861~1925. 1886년, 세인트 스티븐스 대학 교수. 그리스도교도, 애국자, 교장으로써 37년간 훌륭한 학생들을 배출. 서거후 간디는 "루드라 교장은 앤드루스 씨를 우리에게 주었다"고 썼음.

＊6 3신(Ttimurti) : 브라만, 비슈누, 시바 3신.

＊7 진나 : 무하마드 알리(Jinnah, Muhammad Ali) 1876~1948. 변호사, 정치가. 1934년 무슬림 연맹(1906년 창립)의 지도자가 되어 파키스탄 건국연맹을 비타협적으로 추진, 건국의 아버지로 첫 총독이 됨. 간디는 카에데 아자무(위대한 지도자)라고 부름.

＊8 데브 : 하리 쉬리크리쉬나(Dev, Hari Shrikrishna) 인도 봉사자 협회 회원. 참파란의 의료활동으로 간디에게 협력함.

＊9 카카(kaka) : 아버지 쪽 백부/숙부.

＊10 마마(mama) : 어머니쪽 백부/숙부.

＊11 안나(anna) : 타밀어로 형제.

＊12 압파(appa) : 타밀어로 아버지.

＊13 사헤브(saheb) : [히] 사하브(sahab). 영국인 등 외국인이나 유력한 이슬람교도 남성에 대한 경칭. 기관, 집단, 사회 등에 있어서 높은 지위에 있는 남성, 또는 사회적으로 존경받는 직업, 의사, 변호사, 교장 등에 대한 경칭.

＊14 피어슨(Pearson, W.W.) : 선교사로서 인도에 옴. 1914년, 앤드루스와 함께 남아프리카의 간디를 만나러 가서 그에게 감화됨. 그리스도교인으로 살기 위해 교단을 탈퇴. 1923년 철도사고로 사망.

＊15 시타르(sitar) : 6현악기.

＊16 달(dal) : 쪼갠 콩을 향신료와 함께 약한 불에서 조린 수프.

＊17 인터 클래스(inter class) : 2등과 3등칸의 중간. 요금은 3등칸의 1.5배.

＊18 슈라드(shraddh) : 법요(法要). 법요 중 물을 올리는 의식. 허리 위에까지 강에 들어가 양 손바닥으로 물을 떠 고인의 이름을 제창하면서 손가락 끝에서부터 물을 흘려보내기를 10회 반복하는 행위.

＊19 쿰부 멜라(Kumbh Mela) : 12년에 한 번 오는 대제(大祭). 우자인, 나시크, 프라야그, 하리드와르 등의 성지에 목욕하기 위해서 순례자가 방문함.

＊20 무살만 파니(Musalman pani) : 이슬람교도가 마시는 물.

＊21 힌두 파니(Hindu pani) : 정부정(淨不淨)의 생각에서 힌두교도들이 마시는 물.

＊22 푸아(pua) : 밀가루에 설탕, 건포도 등의 말린 과일과 물을 넣고 반죽한 것을 한입 크기로 잘라 기름에 튀긴 것.

＊23 키르(khir) : 설탕, 말린 과일을 넣은 우유 죽. 호사스럽게 먹는 경우는 여기에 크림과 고야(우유를 약한 불에 조려 물기를 완전히 제거한 것)를 넣어 먹음.

*24 시카(shikha) : 힌두교도의 통과의례인 삭발식 때 가마를 남긴 채 그대로 기른 것.

*25 바이샤(Vashya) : 바르나(種姓) 제도에서 제3의 서민계급. 오늘날 상인 카스트 중 다수가 여기에 속함.

*26 상위 세 카스트 : 브라만, 크샤트리아, 바이샤를 지칭함.

*27 수드라(Shudra) : 바르나(種姓)제도에서 제4의 예속민.

*28 셰드(sheth) : [히] 셰드(seth). 주인. 유력한 상인이나 인물의 경칭.

*29 7월 31일 : [全] 5월 31일의 오기(誤記).

*30 공안경찰(CID) : Criminal Investigation Department.

*31 틴카디아(Tinkathia) : 틴(3) 카다의 토지를 경작해야만 하는 제도.

*32 라젠드라바부(Rajendrababu/Prasad, Rajendra) : 1884~1963. 인도 공화국 초대 대통령.

*33 크리팔라니(Kripalani, Acharya J.B.) : 1888~1981. 간디의 참파란 조사활동에 협력. 일생을 민족운동에 헌신.

*34 카이디 문자(Kaithi) : 비하르의 카야스타(서기계급)가 쓰는 문자.

*35 남부 : [全] 구자라트에서 마하라슈트라 출신자를 '남부사람'이라고 종종 부름.

*36 마르와리 : 현(現) 라자스탄의 조드푸르 일대, 마르와르 지방 출신자. 캘커타를 중심으로 상업활동을 하며 지연, 혈연으로 집단을 형성, 비를라 재벌 등을 배출.

*37 에크 테크(ek tek) : '하나의 맹세'. 맹세를 지키라.

*38 파티다르(Patidar) : 구자라트의 자작농.

*39 안나(ana) : 토지세징수에는 화폐단위를 사용한 '안나 기분'이 있음. 평년작의 수확량을 1루피요(16안나)라고 하는 것으로, 이해 수확량이 4안나였다면 평년작의 1/4이라는 감정방법.

*40 파텔 발라브바이(Patel, Vallabhbhai) : 1875~1950. 1918년 이후 간디의 오른팔이 되어 활동함. 1928년 바드리 전쟁에서 보여준 지도력에 의해 사르다(Sardar, 지도자)라고 불림. 독립 후 부수상, 내부 장관으로써 왕국 통합을 단행함.

*41 알리 형제 : 샤우카트 알리(Shaukat Ali)와 무하마드 알리(Muhamad Ali). 이슬람교도의 저명한 지도자. 칼리프 옹호운동을 지휘하고 1920년대의 민족운동에서 중요한 역할을 수행했다. 동생 무하마드는 1924년 회의파 의장.

*42 칼리프 옹호운동(Khilafat) : 제1차 세계대전에서 터키가 독일 측에 섰다가 패전하자 연합국은 터키의 술탄이 겸하고 있던 칼리프(세계 이슬람교도의 교주) 제도를 폐지시키려고 함. 이에 반대하여 일어난 칼리프를 옹호하는 운동.

*43 푼카(phunka) : 강제로 우유를 짜기 위해 대나무 대롱에 고춧가루 등을 넣어 소의 젖에 불어 넣는 것.

*44 로올라트 위원회가…… 법률 : 로올라트 법(Rowlatt Act). 1919년 3월에 시행되기로

되어 있던 전시 중의 인도 방위법 대신 영장 없이 체포, 재판 없이 감금이 가능하도록 한 치안 유지법.

＊45 라자고팔라차리(Rajagopalachary, C.) : 1879〜1972. 철학자, 정치가. 독립 후 인도인으로서 처음이자 마지막 인도 총독을 역임함.

＊46 하르탈(hartal) : 공무원들이 부정행위를 저지를 때 상인들이 hat(시장, 바자르) 내의 상점에 tal(자물쇠)을 건 것에서 유래. 일반적으로는 파업을 의미.

＊47 타쿠르드바르 : [原] 여기서 타쿠르드바드 대신에 마다브바그로 읽기 바람. 당시 동행했던 마두라다스가 정정해주었음.

＊48 반데 마타람(Vande Mataram) : 반킴찬드라차토파디아야(1838〜1894)의 벵골어 소설 《환희의 승원(僧院)》에 있는 '아름다운 어머니 대지에게 경례한다'가 민족 독립운동의 고양과 함께 노래되어 인사말, 슬로건이 되었음.

＊49 알라호 아크바르(Allaho Akbar) : '알라신은 위대하다.'

＊50 잘리안왈라 공원 학살사건 : 1919년 4월13일, 펀자브주(州) 암리차르의 잘리안왈라 공원에서 일어난 사건. 출입구는 1개뿐이고 사방이 건물의 벽으로 둘러싸여 있는 공원에서의 집회 중 어린이를 포함한 시민을 향해 약 10분간 합계 1650여발의 총탄을 발사하여 사망자 379명, 부상자 1137명을 낸 사건.

＊51 네루, 모틸랄(Nehru, Motilal) : 1861〜1931. 1921년 간디와 함께 교원, 학생 모두가 독립운동에 참가하는 카시 비디아피트를 창설. 1922년 치타란잔 다스와 함께 스와라지 당을 결성. 인도 공화국 초대수상 자와할랄 네루의 아버지.

＊52 다스, 치타 란잔(Das, Chit Ranjan) : 1870〜1925. 1922년 스와라지 당을 결성. 데샤반두(Deshbandhu, 나라의 친구)라고 경애를 받았음.

＊53 팔, 베핀 찬드라(Pal, Bipin Chandra) : 1858〜1932. 벵골 분할 반대투쟁에서 인도 국민회의 급진파 지도자로서 틸라크나 라이와 함께 주도적 역할을 함.

＊54 시크교도(Sikkh) : 구루(지도자)라고 불리는 초대 나나크(재위 1469〜1539)로부터 10대 고빈드 싱(재위 1675〜1708), 및 그 지위를 계승한 성전 《구루 그란드 사히브》의 가르침을 따르는 자들.

＊55 다마얀티(Damayanti) : 서정시 《마하바라타》에 나오는 〈날라왕 이야기〉의 여주인공. 날라왕은 악신 칼리의 저주로 도박에 져서 왕국을 잃음. 왕비 다마얀티와 산과 들, 숲을 유랑. 다마얀티가 친정으로 돌아가도록 날라는 스스로 몸을 숨긴다. 다마얀티는 오로지 그를 찾아 헤매다 재회하고, 날라는 왕관을 다시 손에 넣는다는 이야기.

＊56 슬라이버(sliver) : 소면(梳綿), 이대. 방적 공정의 중간제품으로 양질의 섬유를 평행으로 모아 끈 상태로 만든 것. 이것을 꼬아 면사를 만듦.

＊57 가즈(gaz) : 길이의 단위. 약 90센티미터.

＊58 세르(ser) : 중량의 단위. 약 3/4 파운드.

간디의 생애와 사상

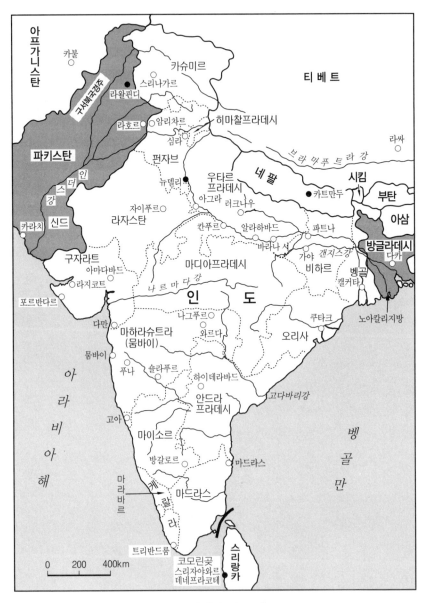

간디 시대의 인도 전도

# I. 간디의 생애

## 간디의 100년

간디는 1869년에 태어났으므로 1969년은 정확히 탄생 100주년에 해당한다. 이 100년이 인도와 세계에 무슨 의미가 있으며, 그 사이에 어떠한 일들이 있었을까. 이는 그의 생애와 사상을 알아볼 수 있는 중요한 기회이다.

1961년은 인도의 유명한 문학자 타고르의 탄생 100주년이었으며, 그보다 앞서 1956년에는 인도의 정치가 로카만야 틸라크의 탄생 100년제가 열렸다.

### 세 개의 100년 기념제

타고르와 틸라크는 간디와 끊으려야 끊을 수 없는 밀접한 관계에 있던 사람들이다.

'로카만야'란 간디의 마하트마(위대한 영혼)처럼 민중이 붙인 경칭으로, '명예로운 민중지도자'라는 뜻이다. 발 간가다르 틸라크는 그때의 뭄바이 주(현재의 마하 라슈트라 주) 콘칸 지방의 아라비아 해와 접한 소도시 라트나기리에서 1856년 7월 23일에 태어났다.

틸라크는 처음에는 인도문학을 공부했으나 점차 법률학으로 발길을 돌려 정치 분야로 뛰어들었다. 인도 독립운동의 지도 세력이자 추진력이었던 인도 국민회의파(1885년 창립)에서도 틸라크는 급진파에 속했으며, 민족주의 입장을 견지하며 분투했다.

특히 유명한 사건은 1905년의 벵골 분할통치에 대한 반대 투쟁이었다. 당시 영국의 인도 총독 커즌 경이 캘커타를 중심으로 한 벵골 지방에 반영 테러가 격화하자 이를 막기 위해 인구 과밀이란 표면적 이유를 내세워 벵골을 동서로 분할했다. 그러자 전 인도가 들고 일어나 이에 반대하며 항쟁했다. 훨씬 훗날인 1947년 8월, 인도가 파키스탄과 분리하여 독립했을 때 이슬람교도가 많은 동벵골은 동파키스탄, 서벵골은 인도공화국으로 귀속되었다. 그 분할선이 42년 전의 커즌 라인과 거의 일치하는 점을 보면 영국의 분할 통치선이 얼마나 깊은 의미를 지니는지 상상할 수 있다.

급진파인 틸라크는 민족운동의 선두에 섰다. 이에 대항한 것이 온건파 혹은 대영(對英) 접근파이며, 여기에는 고칼레, 바네르지, 나오로지 등이 속했다. 간디는 원래 이 온건파의 고칼레를 구르(⒓)로 모시며 남아프리카 시절부터 그의 지도를 받았지만, 인도 독립운동을 강력하게 추진했던 점에서는 오히려 틸라크의 영향을 많이 받았다.

틸라크는 간디가 지도하는 새로운 대영 비협력운동이 개시된 1920년 8월 1일에 병으로 세상을 떠났지만, 1905년의 벵골 분할을 정점으로 하는 1920년까지의 인도 민족운동은 틸라크의 시대였다. 틸라크는 마라타 정신이 넘치는 마하라슈트라 출신으로, 뒷날 영국인을 상대로 한 소송 때문에 런던에 갔을 때를 제외하면 인도를 벗어난 적이 없는 토착 사상가이며, 인도의 땅에서 싹튼 정치적 자각의 소유자였다.

간디는 인도의 고전 《바가바드기타》를 일생 동안 '행동의 사전'으로 삼았다. 틸라크도 이 뛰어난 인도의 고전 속에서 사상과 행동의 원천을 발견했다. 버마(﹅)의 만달레이 형무소에 수용되었던 1908년부터 1914년에는 《바가바드기타》의 주석서 《기타 라하스야》를 완성했으며, 인간 의식의 힘을 특히 강조하는 독자적 견해를 내세웠다.

간디도 《기타》를 1946년에 간행했다. 틸라크의 100년, 간디의 100년이 중복되는 부분과 전후에 이어지는 부분을 자세히 조사하면 두 사람의 뛰어난 지도자로서의 생애를 알 수 있을 뿐 아니라, 인도 근대화와 독립을 향한 행보를 살피는 데에 큰 도움이 된다. 여기에 또 하나의 100년제를 살펴보자.

### 여명의 시인

라빈드라나트 타고르는 1861년 5월 6일 캘커타에서 저명한 명상적 사상가였던 데벤드라나트 타고르의 아들로 태어났다. 시인의 천성이 풍부하여 7, 8세 때부터 시를 습작하고, 12세 때 이미 잡지에 시를 발표했다. 처녀시집 《들꽃》은 11세부터 15세까지의 작품을 모은 것이다.

1877년 17세 때 변호사인 둘째형과 함께 영국으로 건너가 케임브리지 대학에서 청강했다. 귀국 후 샘이 솟아나듯 시와 시극, 소설을 잇달아 발표했다. 1887년에 그는 다시 영국을 방문한다. 1901년에는 캘커타 근교의 아버지 별장이 있는 산티니케탄에 몇몇 학생들을 모아 일종의 야외학교를 세웠다. 이것이 현재의 비스바바라티<sup>(국제평화)</sup> 대학의 시작이었다. 그곳은 녹음이 우거진 넓은 부지와 나무숲이 울창한, 시작과 명상 그리고 젊은이들의 야외 댄스와 극과 합창이 어울리는 목가적인 곳이었다.

1912년, 52세의 타고르는 일찍이 벵골어로 쓴 시집 《기탄잘리》를 직접 영어로 번역하고 시인 예이츠의 서문을 달아 맥밀란 사를 통해 출판했다. 이것이 세계적인 반향을 일으켜 이듬해인 1913년에 노벨문학상을 받고, 타고르는 아시아, 아니 세계의 계관시인이 되었다.

틸라크가 더없이 토착적이라고 여겨지는 데 반해 타고르는 극히 국제적인 인물로 평가되었다. 동서의 조화, 동과 서를 잇는 다리가 그에게 붙여진 형용사였다. 과연 그러했을까.

틸라크와 타고르 그리고 간디는 인도 독립운동의 발단으로 여겨지는 유명한 '세포이 항쟁'<sup>(1857)</sup>—이 '항쟁'의 100년 기념제도 인도에서 거행되었다—이후 19세기 후반부터 20세기 전반의, 이른바 인도의 근대적 맹아(萌芽)의 시기를 살았던 인물들이다. 그들 모두가 훌륭하고 정당한 내셔널리즘을 내면에 간직하고 있었다. 인도의 근대적 맹아는 영국 식민지주의에 대한 저항 과정에서 성립되었으므로 이는 지극히 당연한 것이다.

제1차 세계대전 후인 1922년에 암리차르<sup>(인도 북부 편자브 주)</sup>에서 영국군이 인도인 집회 군중을 학살하는 사건이 발생하자, 영국으로부터 받은 훈장을 반납하고 항영(抗英) 불복종운동에 나선 간디에게 타고르가 '마하트마'의 칭호를 보낸 것도 그의 내셔널리즘을 웅변적으로 나타내는 증거이다.

사실 타고르는 〈인도 내셔널리즘〉, 〈서양 내셔널리즘〉, 〈일본 내셔널리즘〉이라는 세 편의 논문을 썼으며, 이들은 《내셔널리즘》<sup>(1917)</sup>에 수록되어 있다. 게다가 타고르는 1916년에 일본을 방문하여 강연을 했다. 그때 이미 신속하게 진행된 일본의 '근대화'가 서양제국주의<sup>(서양문명)</sup>의 피상적인 모방에 불과함을 날카롭게 경고했다.

1924년에는 중국에서 젊은 청년과 학생들에게 "새벽은 아직 어둡지만 부지런한 새가 울며 일출을 알린다"며 제국주의와 봉건제도를 타파하고 '위대한 미래'의 도래에 대비하라고 호소했다. 타고르 자신이야말로 인도의, 중국의, 그리고 아시아의 여명을 고하는 듬직한 새벽새였다. 간디는 틸라크를 계승함과 동시에 타고르로부터도 많은 부분을 이어받아, 타고르가 이루지 못했던 위업의 일부를 완수할 수 있었다.

## 독립의 새벽에 죽다

내셔널리스트 틸라크가 잡초 무성한 인도의 땅을 고르고, 시인 타고르가 인도의 기도를 담아 아름다운 문장으로 새로운 아침의 도래를 노래했다면, 그 아침 이슬을 상쾌한 맨발로 밟고 그 아침 이슬을 진홍의 피로 물들이면서 독립 인도의 여명 도중에 스러져간 사람이 바로 간디였다.

일찍이 타고르의 맹우(盟友)였다가 일본의 중국 침략을 계기로 격렬한 논적(論敵)이 된 일본의 한 시인은, 병든 간디를 방문했을 때의 시 〈마하트마 간디〉의 첫머리를 이렇게 노래했다.

> 그는 병든 구렁이가 아니다.
> 그는 알몸의 성자, 웃는 산양(山羊)이다.
> 여윈 귀뚜라미, 단단한 강철.
> (간디는 병들어 옥상의 텐트에 누워 있다. 사랑스런 햇빛이 빗줄기처럼 그에게 쏟아진다. )
> 머리에 쓴 무명 모자를 가리키며 그는 말한다.
> "흙 속에서 튀어나온 인간이다. 인도의 진흙탕이 내게 왕관을 씌워 준다."(이하 생략)

틸라크는 강한 의지와 정치적 노선으로 인도의 새벽을 향한 길을 제시했다. 타고르는 포용적인 자세와 포부, 아름다운 문장으로 인도의 새벽 하늘과 풀숲의 이슬을 노래했다. 두 사람보다 늦게 태어나 더 오래 살았던 간디는 틸라크의 길을 걸으며, 타고르가 보지 못했던 여명의 하늘을 바라보고 풀숲의 이슬을 맛보았다.

틸라크는 제1차 세계대전 뒤에 죽었고, 타고르는 제2차 세계대전이 한창일 때(1941년 8월 7일) 세상을 떠났다. 두 차례의 대전에서 살아남아 조국의 독립을 눈으로 확인한 사람은 간디뿐이었다. 그러나 그 독립은 하나의 인도가 아닌 이슬람교의 파키스탄, 힌두교의 인도로 분리된 씁쓸한 독립이었으며 씁쓸한 아침이슬이었다. 간디는 무엇보다도 하나의 인도를 원했으며, 이슬람교도와 힌두교도의 융화를 원했고, 불가촉천민(untouchable)에 대한 차별 없는 세계를 기도했다. 하지만 그로 인해 간디는 반동적인 힌두교 광신자의 흉탄에 스러지고 말았다.

79세의 늙고 '여윈 귀뚜라미'가 온몸으로 그린 생애의 궤적은 무엇인가. 여전히 거세게 파도치는 인도현대사의 조류 속에 하나의 수맥으로 남은 간디의 사상과 행동의 본질은 무엇인가.

세 개의 100년제의 마지막에 해당하는 간디의 백 년, 그 발자취를 더듬어 보자.


## 유소년 시절 그 배경

### 호기로운 아버지와 경건한 어머니

모한다스 카람찬드 간디는 1869년 10월 2일, 인도 서해안 구자라트 주 카샤와르 지방의 포르반다르에서 태어났다. 간디는 그것을 '새하얀 마을 성벽 속 낡은 집에서의 일'이라고 기억했다. 아버지는 카람찬드, 어머니는 푸틀리바이. 집안은 인도의 네 개 중 세 번째에 해당하는 바이샤로 일반적으로 상업계급을 말하지만, 간디의 아버지는 그 지방 작은 토후국의 재상(宰)이었다. 어린 간디에게 가계와 분가에 대해 줄줄이 암송하도록 시켰을 정도의 지방 명문가였다.

간디 자신은 훗날 최초의 법정에서 자신의 직업을 '농민 겸 실 잣는 일'이라고 썼을 정도로 신분이나 지위에 연연하지 않았으며 '스스로 땀 흘려 일하는' 것에 최대의 긍지를 느꼈다. 그러나 간디의 생애 전체를 놓고 보면 호기로운 성격의 아버지로부터 정치가로서의 자질을, 경건한 힌두교(毘濕奴派) 신자로서 단식 의무를 게을리한 적이 없는 어머니로부터 종교적인 자질을 이어받았다고 볼 수 있다. 이러한 양친 사이에 태어난 4남 1녀 중 간디는 넷째아들이자 막내였다.

간디의 생가

아버지와 어머니, 어느 쪽의 유전이 더 강한가는 쉽게 답할 수 없는 문제이다. 그러나 인도를 불교(佛敎)의 나라, 간디를 비폭력의 '성인(聖人)'이라고 단정해 버리는 일반적인 견해를 가지고는 그의 성격과 그를 낳은 인도의 환경을 설명할 수 없다. 인도 하면 곧바로 종교를 떠올리는 사고로 보면, 간디는 결코 종교가가 아니다. 종교적인 말투와 종교적으로 보이는 행동—예를 들어 비폭력이나 단식—이 두드러져도 그것은 단순한 종교상의 목적으로 이루어진 것이 아니다. 결국 간디의 생명까지 빼앗은 힌두교와 이슬람교의 통일 문제만 보더라도, 이는 단순히 두 종교의 융화와 통합을 말하는 것이 아니다. 간디는 조국—하나의 인도—실현을 위해 모든 것을 희생하여 헌신한 것이다.

진리의 사도 간디가 그 피와 살을 바친 것은 조국 인도의 독립이라는 정치 제단이었다. 이는 그 생애의 발걸음과 사상을 통해 앞으로 서서히 밝혀질 것이다.

### 13세의 결혼

유년 시절 간디는 아버지의 임지를 따라 거주지를 옮기고 학교도 바꾸었다. 이 시절의 사건 중에 간디가 자서전에서 특필했던 것은, 열세 살 때 같은 열세 살인 카스투르바와 '약혼'이 아니라 '결혼'한 일이다. 간디의 결혼은 당시 힌두교 세계에서 결혼 연령이나 당사자의 의사와는 관계없이 일가 친척의 사정에 따라 정해지고 행해짐을 나타내는 전형이었다.

게다가 적은 비용으로 화려하게 보이기 위해 간디의 둘째형, 간디, 간디의 사촌, 이렇게 세 쌍의 결혼식이 동시에 거행되었다. 간디는 '커튼을 내리고 이 이상 이야기하고 싶지 않다'고 부끄러워하면서도 상당히 세밀하게 열세 살 신랑 신부의 첫날밤에 대해 기술했다.

요컨대 간디는 이 결혼에 심취해 있었으며 '아내에 대한 남편으로서의 권위'를 세울 수 있었다. 중학생 신랑이다. 위험한 줄타기이긴 했지만 어쨌든 결혼과 학업을 병행해 나갔다. 하지만 중학교 한 학년 위인 둘째 형은 결국 졸업을 포기하고 말았으며, 당시 인도에서는 이러한 경우가 상당히 흔했다.

간디의 아버지 카람찬드 간디

간디는 이 '동혼(童婚)'을 '비극'이라 불렀다. 간디 본인에게는 '비극'인 동시에 '희극'이었을 수도 있지만, 자세히 살펴보면 여기서도 간디의 유소년 시절 배경을 엿볼 수 있다.

비용의 절약, 게다가 화려하게 보이기 위함은 당시 꾸준히 성장했던 인도 부르주아지의 입장을 반영하는 것이다. 이러한 부르주아지는 간디의 고향 구자라트뿐 아니라 틸라크가 태어난 마하라슈트라(뭄바이), 타고르가 난 벵골 지방에서도 성장하며 대두되고 있었다. 영국에 대항하여, 또는 영국을 뒤쫓아 추월하려는 민족 부르주아지의 호기는 간디 아버지의 것임과 동시에 간디 일가의 것이었으며, 구자라트 사회의 일부를 대표하는 것이었다. 이를 뒷받침하는 또 하나의 사실을 들어 보자.

## 첫 육식 시련

간디는 13세의 결혼으로 인생의 육욕적 시련은 이미 극복한 상태였다. 다음으로 맞닥뜨린 것은 문자 그대로 육(肉)—육식의 시련이었다.

간디의 중학 시절 구자라트에는 이런 노래가 유행하고 있었다.

보라, 힘센 영국인을,
그들은 작은 인도인을 지배한다.
그들은 육식을 하기 때문에
키도 칠 척이 넘는다.

형의 동급생 친구가 간디에게 처음으로 육식을 권유했다. 뱀을 자유자재로 만지고 어둠을 무서워하지 않으며, 유령의 존재를 믿지 않는 대담한 친구는 그것이 전부 육식을 하기 때문이라고 했다. 가족과 아내의 충고를 무시하고 약간 불량스러운 이 친구와 교제하던 간디는, 산기슭의 외딴 곳을 찾아 영국식으로 구운 빵과 함께 산양고기를 먹었다. 육식파였던 친구는 멀쩡했지만 간디는 속이 이상해져 중간에 그만두었다. 그날 밤 간디는 뱃속에서 살아 있는 산양이 메~ 메~ 우는 것처럼 느껴졌다.

그러나 이것으로 육식을 포기한 것은 아니었다. 간디는 '의무를 다하는 것이다'라고 자신을 타이르며 강한 인도인이 되기 위해 시련을 견뎌냈다. 이번에는 외딴 산기슭이 아니라 주정부 청사 빌딩의, 식탁과 의자가 있는 어엿한 식당에서 고기를 먹었다. 이 불량스런 친구의 말처럼 중학교 선생님들도 몰래 육식을 하며 술을 마셨고, 이 지방의 저명 인사들도 비밀스레 고기와 술을 즐기고 있었다. 부르주아지의 성장에 따른 근대화—영국화 풍조가 이 지방에도 바짝 밀어닥치고 있었던 것이다.

그러나 부모님과 아내를 피해 비밀스런 식사를 계속한 것에 대한 죄책감, 특히 '속이 좋지 않다'고 거짓말을 하며 가족과의 식사를 피해야 하는 고통을 끝내 견디지 못한 간디는 육식을 그만두었다. 그래도 강한 의지력으로 친구와의 교제는 계속했다.

이 친구로부터는 추잡한 매음굴로 유혹당하기도 했다. 간디는 이것도 극복했다. 다음에는 담배를 배웠다. 담배 살 돈이 없어 하인의 푼돈을 빼앗기도 했고, 담배 대용품인 마약을 둥글게 말아 피우기도 했다. 이 담배 친구는 역시 아내를 둔 친척이었다. 만사가 귀찮아져서 둘은 함께 자살을 시도하기도 했다. 독말풀 열매가 잘 듣는다기에 이를 찾아 숲으로 들어갔다가 저녁 무렵에 사원 구석에서 죽기로 했다. 하지만 둘 다 죽는 것이 겁나서 결국 그 만두고 말았다.

둘째형의 팔찌에서 금을 훔치기도 했다. 명백한 절도이다. 간디는 이런 잘못들을 모두 편지에 적어 고백했다. 호기로운 아버지는 괘씸한 아들을 때리고 때리고 또 때릴 것이라고 단단히 각오했으며, 간디 스스로도 죄에 합당한 벌을 원하고 있었다. 병상에 누워 있던 아버지는 똑바로 앉아 그 편지를 읽었다. 간디는 부들부들 떨며 그 앞에 앉아 있었다.

끝까지 읽은 아버지는 눈물을 뚝뚝 흘리며 편지를 찢고 다시 누웠다. 아버지의 고뇌가 사무쳐와 간디도 눈물이 쏟아졌다. 아버지와 아들, 이 두 사람의 눈물로 죄가 씻겨 나가고 정화되는 것 같았다.

고기를 먹지 않고, 담배를 피우지 않고, 도둑질을 하지 않는다. 간디는 굳게 결심했다. 그리고 실행에 옮겼다. 유소년기의 비밀을 고백한 자서전의 이 부분은 간디다운 정직함과 성실함이 넘쳐흐른다. 동시에 간디의 유소년 시절의 역사적 배경이 다채롭게 묘사된 부분이기도 하다.

육식을 함으로써 강해지려던 포부는 '개혁'으로 이어졌다. 영국인처럼 함으로써 영국에 저항하려는 기운, 그것이 바로 간디 초기의 정신적 자세였다. 이 정신은 영국 유학 초기나 그 뒤의 아프리카 시절을 지나 제1차 세계대전 때까지 영향을 미치게 된다.

## 부정 (否定) 하는 길로의 첫걸음

1888년 9월, 간디는 영국 유학을 위해 런던에 첫발을 내딛었다. 인도의 대학이 그와 맞지 않고 가족과 친구의 권유와 형의 협력이 있기는 했지만, 그래도 이는 오늘날과 비교하여 결코 쉬운 일이 아니었다.

신심 깊은 어머니에게는 술과 여자, 육식을 하지 않겠다는 세 가지 맹세를 했다. 그럼에도 보수파 사람들은 해외로 나가는 것을 반대했으며, 결국 뭄바이에서 간디는 카스트에서의 추방 처분을 받았다. 그렇게 하지 않으면 해외 유학은 불가능했다.

간디가 영국에 도착하자마자 영국풍 신사 흉내를 내려고 했던 것은 너무나 유명한 이야기이다. 먼저 댄스와 프랑스어를 배웠다. 춤을 출 때 율동적인

런던 유학 시절의 간디

움직임이 안 나오는 것은 음감이 없기 때문이라는 말을 듣자 '우화 속의 은둔자'—쥐를 쫓기 위해 고양이를 키우고, 고양이에게 우유를 먹이기 위해 소를 키우고, 소를 키우기 위해 인간을 고용한다는 이야기—처럼, 간디는 바이올린을 배우기로 결심했으며, 연설 선생님을 찾아 강의를 받기로 했다. 이를 위해 벨의 《표준연설법》이라는 책을 교재로 구입했다. 자서전에는 이 벨의 책이 간디의 귀에 '경보 벨을 울려 주었다'고 기술되어 있다.

그러한 것들의 한심함과 허무함을 깨달은 것이다. 그리하여 착실한 인도인 학생의 생활로 다시 돌아오면서 내면적인 생활로 깊이 발을 내딛었다. 채식 생활에 접어들었으며, 영국 접신론자(接神論者)들과 교류하면서 처음으로 인도의 고전 《바가바드기타》를 읽었다. 하나의 전환기를 맞이한 것이다.

그 뒤로 간디는 평생 금주·금연·금욕의 길을 걸었으며, 방법론적으로는 불복종·비협력 등 모두를 부정하는 자세로 온갖 악—영국 제국주의도 포함하여—과의 투쟁을 계속했다. 말하자면 이러한 부정의 길을 향한 첫걸음이 영국에서 시작된 것이다. 그것은 내면으로의 첫걸음이지만, 머지않아 행동을 위한 강인한 발판이 된다.

젊은 간디는 그렇게 행동을 통한 외부 세계와의 결합을, 남아프리카에서 보낸 20년의 생활 속에서 발견하여 사상과 행동의 원형을 만들게 된다.


## 남아프리카 시대

영국에서 변호사 자격을 얻어 인도로 돌아온 간디는 비로소 유학 중에 어머니가 죽었다는 소식을 들었다. 어머니와 했던 '세 가지 맹세'를 지켰던 것이 그나마 작은 위안이 되었다.

영국에서 돌아온 신참 변호사로 뭄바이에 사무소를 열었지만 사업은 순조롭게 풀리지 않았다. 변호사라는 직업에는 흥정 능력이나 다소간의 허세가 필요한데 간디에게는 그런 부분이 전혀 없었기 때문이다.

뭄바이의 사무소를 닫고 고향으로 돌아와 실의에 빠져 있을 때, 남아프리카에서 성공을 거둔 인도인 상사로부터 고문변호사가 되어 달라는 요청을 받고 이에 응했다. 1893년 4월이었다. 이때부터 1914년 7월까지의 21년에 이르는 남아프리카 생활은, 간디를 인도인 해방과 인도 독립을 위한 위대한 변호인으로 성장시켰다.

### 터번 사건

남아프리카 나탈 주 더반에 도착한 간디는 곧바로 소송의뢰인인 인도인 실업가 압둘라 셰드를 만났다. 그는 배운 것은 없지만 실력가인 이슬람교도였다.

이 셰드와 함께 더반의 법정으로 갔다. 간디는 그때 프록코트를 입고 머리에 두르고 있었다. 법정의 판사는 간디에게 터번을 벗으라고 했다. 이유가 명확하지 않았으므로 간디는 그것을 거절하고 법정으로 나갔다. 그 지역 재판소의 습관상 이슬람교도는 모자를 써도 상관없지만 다른 인도인은 모자를 벗어야 한다는 것이었다.

이는 명백한 인도인에 대한 멸시였다. 영국 식민지인 남아프리카연방(현재의 남아프리카공화국)에는 같은 영국의 식민지인 인도에서 많은 빈민들이 계약노동자로 건너와 있었다. 그들은 한마디로 '쿨리'라 불렸다. 간디도 '쿨리 변호사'에 불과했다. 이를 알고 있던 간디는 일부러 모자를 벗지 않았던 것이다.

더반 법정에서의 터번 사건은 간디가 남아프리카에서 맞닥뜨린 최초의 사건이었다. 《자서전》에 쓰여 있는 것처럼 그는 이겨내는 자세로 인종 차별의 관문을 헤쳐 나갔다. 이 관문을 지나지 않으면 남아프리카의 주민이 될 수 없다고 생각한 듯했다.

정당하게 1등표를 사서 기차를 타도 1등칸에서 쫓겨났고, 그것에 항거하자 짐과 함께 한밤중에 역에 혼자 내동댕이쳐졌다. 마차를 타면 마부석 옆에 앉혀졌으며, "비켜!"라는 말을 거부하면 마차에서 끌려 내려져 몰매를 맞았다. 백인 호텔에도 묵을 수 없었다. 그저 경영자나 숙박인 (백인)의 이해와 호의 아래 머물 수 있었을 뿐, 식당에서 같이 식사할 수도 없었다.

지금도 남아프리카는 인종 차별이 극심한 곳이다. 제2차 세계대전 전의 독립국은 겨우 4개국 (라이베리아, 남아프리카연방, 아랍연방, 에티오피아)에 불과했던 아프리카에 지금은 42개의 독립국이 있다. 남아프리카공화국에 가까운 베추아날란드 (보츠와나), 바수톨란드 (레소토), 스와질란드도 독립했다. 이들 중에 남아프리카공화국과 짐바브웨 (옛 이름은 로데시아)는 지금까지 인종 차별이 남아 있는 곳이다. 얼마 전까지만 해도 이른바 아파르트헤이트 (격리정책)로, 남아프리카공화국에서 흑인은 백인 거주 지역에서 멀리 떨어진 곳에 강제적으로 격리되어 있었다.

그러니 그 시절에는 얼마나 더했겠는가. 간디 시대에는 가난한 백인도 아닌, 가난한 유색 인종인 인도 노동자의 생활은 부당한 억압의 연속이었다. 간디는 이 인종 차별과 인권 무시의 도가니 속에서 사상과 행동을 단련시켜 나갔다.

## 기본적인 인권을 지키는 투쟁

인권 차별에 대한 시련의 문을 빠져나와 다음으로 맞이한 것은 인도인의 기본적 인권을 지키기 위한 투쟁이었다.

1894년 간디가 소송 업무를 마치고 인도로 귀국하려 할 때 인도인의 선거권 제한 문제가 터졌다. 남아프리카에 머무는 인도인들은 간디에게 당분간 남아서 이 문제를 처리해 달라고 간청했다. 이어서 인도인에 대한 인두세(人頭稅) 문제가 일어났다. 이리하여 간디의 남아프리카 생활이 본격적으로 시작되었다. 만약 인도 귀국 직전의 환송회에서 간디가 그날 신문에 실린 인도인 선거권 문제에 대한 기사를 보지 못하고 그대로 귀국했더라면, 간디의 생애는 크게 달라졌을 것이며 당연히 간디가 이끄는 인도 독립운동도 전혀 다른 양상을 보였을 것이다. 그만큼 귀중한 체험—그것을 간디는 '진리를 동반한 체험'이라 부른다—이 차례차례 시작된다.

물론 간디가 남아프리카에 줄곧 그대로 머물렀던 것은 아니다. 도중에 가족을 데리러 6개월 정도 인도로 돌아가거나(1896), 인도인 선거권 투쟁에 승리한 뒤 '필요할 때는 언제든 남아프리카로 돌아온다'는 조건으로 일단 인도로 돌아가지만(1901), 1년이 채 되기도 전에 그가 필요해져 다시 되돌아오기도 했다.

그 사이에 간디는 영국인과, 네덜란드인의 자손인 보어인 사이에 일어난 보어 전쟁$\binom{1899~}{1902}$에 인도인 야전 간호부대를 이끌고 종군했으며, 그 뒤 줄루족의 반란(1906)이 일어났을 때에도 부상자 간호를 위해 인도인 간호부대를 이끌고 참가했다. 그때 그는 준위 계급이었으며, 훗날 비폭력주의 때와는 전혀 다른 군복 입은 간디를 볼 수 있다.

러스킨(1819~1900) 영국의 사회비평가

이러한 '전장에서의 대영 협력'에 대해 간디에게는 생각하는 바가 있었다. 남을 돌보기 좋아하는 그의 성격 탓도 있지만, 인도인의 기본적인 인권옹호를 위한 것이기도 했다. 한마디로, 위험에 빠진 영국인을 도움으로써 영국인과 대등한 입장에 서려고 했던 것이다. 그것을 영국 숭배자의 '영국에의 종속'이라 할 수도 있지만, 간디 자신은 진정으로 영국인과 대등한 입장에 설 수 있는 기회를 거기서 찾아내려 했음을 《자서전》을 통해 확인할 수 있다.

주목할 점은, 요하네스버그에서 변호사를 개업하여 많은 인도인의 생활권을 위해 봉사하면서 간디가 자신의 내면으로 시선을 돌렸다는 점이다.

간디는 그리스도교의 《성서》와 이슬람교의 《코란》을 읽었다. 그리고 인도의 고전 《바가바드기타》를 보고 그것을 '행동의 사전'으로 삼았다. 모르는 단어의 의미를 분명히 하기 위해 사전을 펼치듯, 일상적인 행위, 특정한 때의 행위들을 《바가바드기타》의 정신에 비추어 생각하며 일생의 지침으로 삼았다. 그 시작이 바로 남아프리카에서였다.

예술과 생활의 일치를 설명하는 러스킨의 《최후의 사람에게》에 감격하여 그 정신을 구현하기 위해 농원을 만들었다. 톨스토이를 읽고 그의 무저항주의에 감동하여 농원을 '톨스토이 농원'이라 이름지었다. 그리고 주간 기관지 〈인도평론〉$\binom{인디언}{오피니언}$을 창간하여 매호 글을 실었다. 훗날 옥중에서는 미국의 불복종 철학자 소로를 읽었다. 이 다면적인 독서와 친구와의 교류 속에서 간디는 내면 생활의 계단을 한 걸음 한 걸음 단단히 디디며 나아갔다. 종교도 예술도 생활과 밀착시켜 생각했다. 간디는 그 험난한 계단을 다 올라간 곳에서 깊고 넓은 하나의 좌표를 발견했다. 그리고 그 좌표 위에서 일생을 살았다.

### 순결한 생활(브라마차리아)

줄루족 반란 진압을 위해 영국 측의 간호부대에 종군했을 때였다. 간디의 부대가 간호한 것은 줄루족 전상자만이 아니었다. 일부는 혐의자로 체포된 사람들이었으며, 영국군은 그들에게 심한 구타를 자행했다. 구타로 인해 큰 상처를 입고 치료도 제대로 받지 못하자 열대의 더위 속에서 상처가 곪고 말았다.

간디의 표현을 그대로 빌리면 그것은 전쟁 따위가 아니라 '영국인의 인간 사냥'이었다. 먼 계곡 사이로 가끔씩 인가가 드문드문 보일 뿐인 인적 드문 곳으로 부상자들을 옮길 때면 간디는 깊은 생각에 잠겼다.

간디를 깊은 사색으로 끌어들인 것은 브라마차리아, 즉 순결한 생활·금욕 생활이었다.

간디는 생각했다.

'이제까지 자기억제가 자기실현을 위해 얼마나 필요한지 생각한 적이 있는 가. 인류에 봉사하려면 자기억제 없이는 불가능하지 않은가. 만약 가정 생활의 기쁨에 도취되어 아이를 낳아 키우는 것에만 전념하면 인류에 대한 봉사는 도저히 실현할 수 없다. 우리—적어도 내게는 육체와 정신의 생활을 동시에 꾸려나갈 능력이 없다. 브라마차리아를 실행하지 않고서 가정과 국가(社會)에의 봉사는 양립될 수 없다. 인간이 인간인 것은 자기억제가 있기 때문이 아닌가. 브라마차리아는 육욕의 억제에서 시작하지만 거기서 끝나는 것이 아니며 끝나서도 안 된다…….'

간디는 《자서전》 속에서도 당시를 회상하며 순결한 생활을 향한 결의를 기술하고 있다. 거기서 주목할 점은 이러한 사색과 결의가 고요한 서재나, 낮은 폭포소리와 작은 새의 지저귐이 한층 정적을 더하는 깊은 산속도 아닌, 40도가 넘는 뜨거운 태양 아래 어깨에 짐을 지고 하루 60킬로미터를 도보로 행군해야 하는 전장에서 이루어졌다는 것이다.

더반에 상륙했을 때 간디는 이미 9살과 5살 아들과 10살짜리 딸을 데리고 있었다. 간디와 그의 아내 카스투르바도 37세인 한창때였다. 그럼에도 그는 가정이 아니라 사회, 인류를 위한 무한한 봉사를 생각하며 확고한 결의를 다졌던 것이다.

### 진리 관철(사티아그라하)의 싸움

자신을 억제하고 순결한 생활을 지키지 않고는 타인에게 봉사할 수 없으며, 많은 사람들로 하여금 행동으로 실천하도록 지도할 수 없다. 그것은 간디에게 자격의 문제가 아니라 신념의 문제였다. 신념은 곧 힘이었다.

요하네스버그 시대의 간디

간디에게 몸을 순결하게 유지하는 것은 단순한 자기 정화를 의미하지 않는다. 그것에 의해서만 천하의 진리를 붙잡고, 현대 세계의 악을 멸절시킬 수 있는 것이다.

이 순결한 생활 다음에 오는 것은 진리 관철의 싸움이다. 즉 진리 관철 투쟁을 위해 자신을 순화시키는 정진이 필요했던 것이다.

언제나 현실적인 자세를 잊은 적이 없는 간디의 주위에서 인도인의 기본적 인권에 관한 문제가 연달아 일어났다. 나탈의 인도인 선거권 투쟁은 승리로 끝났지만(1897), 인도인에게 부과된 3파운드의 인두세는 여전히 그대로였다. 줄루족 반란 때(1906)는 인도인의 남아프리카 이민을 제한하고, 재류 인도인에게는 지문 등록을 강제하는 신아시아법이 상정되었다. 또한 1913년에는 케이프 식민지에서 그리스도교 방식을 통한 결혼 이외에는 모두 비합법으로 간주하는 결혼법이 실시되었다.

이는 인도인의 기본적 인권에 관한 문제임과 동시에, 조국 인도에 대한 중대한 모욕이었다. 이 모든 문제가 인도가 영국의 식민지라서 발생하는 것이었다. 그 무렵의 간디에게는 영국 제국주의, 영국 식민지주의에 반대한다는 명확한 이론이나 자각도 없었지만, 인도인 차별과 조국 모욕만은 결코 참을 수 없다는 신념이 강하게 불타올랐다. 남아프리카에 있는 대다수 인도인의 심정도 이와 마찬가지였다.

브라마차리아로 자기 자신을 단련하면서 인도인을 단결시키고 조직하여

**톨스토이** (1828~1910) 러시아의 대문호

결국 광산 노동자의 파업으로 발전시킨 것이 간디의 사티아그라하 투쟁이었다.

사티아(<sup>샅</sup>)는 진리, 그라하는 굳게 고수한다는 뜻이므로 이는 비폭력 투쟁으로 알려져 있다. 간디는 톨스토이에 심취해 있었기 때문에 먼저 '수동적 저항'을 떠올리고, 자신의 운동에 그런 의미의 구자라트어 표현을 사용했다. 그러나 간디가 말하는 비폭력은 단순히 폭력에 대치되는 것이 아니라, 폭력의 부정(<sup>비</sup><sub>진리</sub>)에 대한 진리를 대표하는 것이었다.

진리는 힘이다. 그것도 순결한 생활이라는 샘에서 펑펑 솟아나는 일종의 '영혼의 힘'이다.

이런 의미에서 비폭력은 약자의 무기가 아니라 강자의 무기이며, 아무것도 두려워하지 않고 진리를 고수하는 입장을 나타내는 것이다.

이것이 간디의 사티아그라하 투쟁이었다.

### 부인과 노동자도 궐기하다

비폭력, 진리, '영혼의 힘'이라 하면 추상적인 정신주의가 연상되지만, 브라마차리아나 사티아그라하가 어느 날 어느 한적한 곳에서 갑자기 튀어나온 것이 아니듯, 그 투쟁도 매우 격렬하고 조직적이며 대중적이었다.

간디가 이끈 최초의 조직적인 사티아그라하 투쟁은 남아프리카 재류 인도인에게 지문 등록을 강요한 신아시아법에 반대하여 전개되었다(1907).

이 투쟁으로 간디는 징역 2개월을 선고받았다. 최초의 투옥이었다. 스무츠 장군과 등록 문제를 타협하고 출옥했지만, 이를 비난하는 인도인의 습격을 받아 부상당했다. 이때도 그는 가해자가 처벌받지 않도록 마음으로 빌었다.

그러나 스무츠 장군이 약속을 어기자, 이를 항의하는 사티아그라하 투쟁은 재개(1908)되었다.

1913년 신결혼법으로 인도식 결혼이 불법으로 취급되자 재류 인도 부인들은 일제히 반대하며 들고 일어났다. 부인들이 일으킨 사티아그라하였다. 이

때 간디는 아내 카스투르바가 아닌 다른 부인에게 이 투쟁을 제의하여 아내의 항의를 받았다.

"투쟁에는 조금의 강제도 있어서는 안 되기 때문에……"

라는 것이 간디의 변명이었다. 카스투르바도 이때 체포되었다. 카스투르바가 출옥했을 때는 위독한 상태였다.

부인들은 용감하게 싸웠다. 이에 자극받은 인도인 탄광 노동자들이 부인들의 투쟁을 지지하며 파업을 결행하고, 탄광 노동자 2,000명이 뉴캐슬에서 나탈까지 '대행진'을 결행했다. 간디는 이를 지휘하여 4월에 세 번째 체포되었으며, 결국 9개월의 징역과 3개월의 중노동형을 선고받았다.

간디는 이러한 대투쟁 중에도 농원 동료가 도덕적 타락 행위를 저지르면 스스로 절식과 단식을 했다.

그리하여 1914년 6월에 힌두, 파르시(<sup>배화</sup>교), 이슬람교에 따른 인도인 결혼의 합법성을 인정받고, 한 사람당 3파운드였던 인두세도 폐지되어 사티아그라하는 완전한 승리를 거두었다. 이와 함께 20여 년에 이르는 간디의 남아프리카 생활도 끝을 맺는다.

생각해 보면 이 남아프리카 생활에서 간디의 사상과 생활, 투쟁의 원리가 모두 완성되어 있었다. 금욕, 비폭력, 단식, 봉사, 그리고 사티아그라하까지 모두가 여기서 만들어지고 단련되었다. 나머지는 조국 인도에서 확대 재생산되었을 뿐이다.


## 인도로 돌아와서

긴 남아프리카 생활을 끝내고 세계대전이 한창이던 런던을 경유하여 조국 인도로 돌아온 간디는, 곧바로 인도의 정계에 등장하지 않았다. 귀국 뒤의 진로에 대해서는 스승으로 모신 고칼레의 지시를 따랐다. 고칼레는 간디에게 먼저 인도 국내를 여행하라고 했다. 그리고 "귀를 열고 입을 닫으라"고 주의를 주었다.

그 무렵의 인도 사정은 남아프리카에서 갓 돌아온 간디가 갑자기 뛰어들 수 있을 만한 정치 상황도 아니었을뿐더러, 간디 자신도 정치가가 될 뜻은

간디가 고칼레에게 보낸 편지

없었다. 간디는 벵골에 있는 타고르의 산티니케탄(캘커타 근교의 타고르가 설립한 학교)으로, 동료들을 자신보다 한발 먼저 보내어 기다리게 했다. 남아프리카에서 했던 것처럼 조국 인도에서도 일종의 아슈라마(āśrama, 수도원)를 만들고 거기서 뜻이 같은 사람들과 사티아그라하의 공동 생활을 함께 하는 것이 일생의 소원이었다. 고칼레도 이에 동의하고 협조를 약속했다.

## 아슈라마의 역사

간디는 남아프리카에서 두 개의 공동 생활을 조직했었는데, 사실 그것은 일종의 아슈라마였다. 아슈라마란 인도의 정신적 지도자들이 자신의 정신을 구현하기 위해 제자나 협력자들과 함께 꾸려 나가는 공동 생활을 의미한다.

간디는 남아프리카에서 1904년에 더반 부근에서 피닉스 농원, 1910년에 요하네스버그 근처에 톨스토이 농원을 경영했다.

이 경험을 기초로 1915년에 간디는 고향 구자라트에서 그리 멀지 않고, 구자라트어가 통용되는 아마다바드 근처의 코티라브에 방갈로를 빌려 뜻을 함께한 25명과 아슈라마를 시작했다.

참고로 이 코티라브의 아슈라마는 페스트가 발생하여, 1917년에 아마다바드에서 강을 하나 사이에 둔 사바르마티로 옮기고, 간디가 일시적으로 정치 운동의 일선에서 물러난 1933년까지 그의 풍부하고 다채로운 활동의 본거지가 되었다.

이해에 간디는 사바르마티의 아슈라마를 불가촉천민(不可觸賤民 : 인도의 카스트 체제에 속하지 않는 최하층의 신분)을 위한 센터로 삼고, 중앙 주의 소도시 와르다에 새로운 아슈라마를 건설했다. 1936년에는 와르다 근처의 시가온이라는 부락을 방문하여 그곳으로 아슈라마를 옮겼다. 1940년에 이곳을 세바그람이라 개명했으며, 마지막 아슈라마가 되었다.

아슈라마를 거점으로 활동했다는 점에서 확실히 간디는 수도자나 구도자적인 면모를 풍긴다. 그러나 그것과 인도에 대한 기성의 (종교적) 이미지를 그대로 중복시켜 그를 종교가 또는 정신주의 지도자로만 보면, 간디의 간디다운 부분은 대부분 사라지고 만다.

간디가 고열(苦熱)의 식민지 남아프리카에서 몸에 익힌 것은 그보다 훨씬 직접적·정치적이며, 기본적인 인권 옹호로 이어지는 것이었다. 그런 의미에서 간디는 어디까지나 인도의 정치적 지도자이다.

물론 간디 자신도 "아무리 위대한 일이라도 종교적인 배경이 없으면 진정으로 번영하지 못한다"고 말하기도 했지만, 곧바로 종교란 무엇인가에 대해 반문하여, 그것은 세계의 고전을 독파한다고 해서 얻을 수 있는 것이 아니고, 머리로 헤아리려 하지 말고 마음으로 파악해야 한다고 덧붙였다.

간디의 예사로운 윤리철학에 다분히 경제적·현실적인 강령이 포함되어 있듯이, 간디의 종교적 분장 속에는 더없이 대중적인 정치성이 포함되어 있음을 간과해서는 안 된다. 이는 아슈라마에 대한 그 자신의 견해 속에서도 엿볼 수 있다.

### 아슈라마의 맹세

간디는 아슈라마의 문을 열고 그와 함께 아슈라마 생활을 나누는 자의 조건으로 다음 사항들을 내걸었다.

(1) 진리의 맹세

어떠한 희생을 치르더라도 진리의 법칙을 지킨다. 진리를 위해 아버지에게 반대한 고대 인도 소년 프라라드의 생활 방식을 본받으라.

(2) 불살생($^{아힘}_{사}$)의 원리

단순히 '죽이지 않는다'는 뜻이 아니라, 그 이상의 무한히 높은 비폭력의 원리이다. 따라서 그것은 무한에 다가가야 하는 이상이기도 하다.

(3) 금욕의 맹세

국민에게 봉사하고 진정으로 종교적 영광을 위해 살려면, 기혼자든 미혼자든 금욕 생활을 해야 한다. 앞에서 말한 브라마차리아의 생활을 말한다.

(4) 미각 제어의 맹세

동물적 욕망을 제어하려면 미각을 제어해야만 한다. 식욕의 제어는 가장 어려운 맹세 중 하나이다.

(5) 훔치지 않겠다는 맹세

단순히 도둑질하지 않는다는 뜻이 아니다. 필요 이상의 물질을 갖는 것은 다른 누군가로부터 훔친 것과 마찬가지라는 뜻으로, 필요 이상의 것은 갖지 않는다는 의미다.

(6) 스와데시의 맹세

스와라지(<sup>자</sup><sub>치</sub>)와 함께 스와데시(<sup>국산품</sup><sub>애용</sub>)라는 말이 있다. 그러나 본디 의미는 자신의 주변에서 벗어나 다른 곳에서 그 욕망을 충족시키는 것은 인간 존재의 신성한 법도에서 벗어난다는 뜻이다. 마을에 이발소가 있다면 거기서 머리를 잘라야 하며, 솜씨가 더 뛰어나다고 해서 마드라스에서 온 이발사를 찾아가서는 안 된다. 마을의 이발사가 서툴면 능숙해질 수 있도록 다 같이 마드라스에 수행을 보내주면 된다. 이것이 간디의 스와데시 맹세이다.

(7) 두려워하지 않음의 맹세

인도에는 일종의 두려움이 가득하다. 자유로이 자기 의견을 말하지 않는다. 진리의 맹세에 충실하려면 두려워하지 않음이 절대적으로 필요하다.

(8) 불가촉천민에 관한 맹세

불가촉천민이 있다는 것은 힌두교의 씻을 수 없는 오점이다. 인도의 온갖 불행은 이 부당한 차별에서 유래한다.

(9) 토착어를 통한 교육

인도의 언어 문제 해결을 위해 아슈라마에서는 되도록 많은 인도의 토착어 공부에 힘써야 한다.

(10) 손으로 짠 옷(<sup>카</sup><sub>다르</sub>)의 맹세

노동의 권위를 나타내기 위해서라도 손으로 직접 짠 옷을 입어야 한다.

진리에의 충성부터 토착어 사용, 하얀 무명 카다르에 이르기까지 간디와 간디주의의 실천에 필요한 대도구와 소도구가 전부 여기에 망라되어 있다. 아슈라마는 간디주의 학교이며 아슈라마의 맹세는 그 행동 강령이다.

사바르마티(아마다바드 인근) 아슈라마

## 두 가지 첫 체험

어떤 맹세나 강령도 모두 실천 속에서 단련된다. 앞에서 말한 아마다바드 부근의 코티라브에 아슈라마를 건설한 지 겨우 2, 3개월 만에 첫 시련이 찾아들었다.

한 불가촉천민 가족이 아슈라마를 찾아와 함께 살고 싶다고 요구한 것이다. 후대의 간디 문하생들에게는 큰 문제가 되지 않았을 일이지만, 그때의 아슈라마 사람들은 그 정도로 훈련되어 있지 않았다.

불가촉천민 일가는 뭄바이(마하라슈트라)에서 교사를 했다는 두다바이와 그의 아내 다니벤, 그리고 딸 라크슈미였다. 아슈라마 사람들은 맹세에 따라 일가를 받아들이기로 했지만 곧바로 말썽이 생겼다. 우물을 관리하는 남자가 불가촉천민과 함께 물 사용을 반대한 것이다.

아슈라마 내부의 반대는 설득으로 해결할 수 있다. 그러나 이를 알게 된 외부 협조자가 자금 협조를 중단했다. 간디는 놀라지 않았다. 여차하여 무일푼이 되면 불가촉천민이 사는 곳에 가서 살자. 이것이 간디의 신념이었다. 그러던 어느 날 갑자기 모르는 사람이 아슈라마를 찾아와 간디에게 거금을 협조하겠다고 밝혔다. 간디는 이 낯선 사람의 '신의 은총'으로 위기를 넘길

베나레스에 있는 힌두대
학교(1916년 창립)

수 있었다.

그 무렵 간디는 베나레스(우타르프라데시 주 힌두교 7개 성지)의 힌두 대학 개교식에 초청
가운데의 하나. 바라나시·바나라스
되어 강연했다. 개교식에는 하딩 총독을 비롯한 저명 인사가 참가했으며, 유
명한 접신론자이자 훗날 회의파를 통한 민족운동 지도자가 된 베전트 부인
이 사회를 보았다.

간디는 매우 솔직하게 의견을 밝혀 사회자로부터 '중지'를 당했을 정도였
다. 이 연설에서도 외국어인 영어로 이야기해야 하는 굴욕을 호소했다.

또한 인도의 유명한 과학자로 식물도 동물과 같은 생명 메커니즘이 있음
을 밝힌 보스 교수나, 역시 과학자인 라이 교수의 업적을 접하고는, 이들의
뛰어난 연구가 대중의 공동 재산이 되지 못하는 것은 언어의 장벽 때문이며
이는 부끄러운 일이라고 말했다.

아울러 간디는 자치정부 수립에 대해 호소했다. 어떠한 연설이나 문서상
의 공헌도 자치정부를 향해 인도인을 훈련시켜 주지 않으며……우리의 경제
는 단순히 농민을 통해서만 이루어진다. ……우리의 행동, 오직 행동만이 자
치정부에 적합하도록 인도인을 단련시킨다고 말했다.

인도로 돌아와서 겪은 이 두 가지 첫 체험은, 간디의 다가올 생애의 방향
을 나타내는 더없이 인상적인 사건이었다.

# 농민과 함께

인도로 돌아온 간디는 아슈라마 안에서만 생활하지 않았다. 그가 인도의 대지를 맨발로 내딛는 계기는 우연처럼 찾아왔다.

1916년 12월, 간디는 러크나우에서 열린 인도 국민회의파의 연차대회에 출석했다. 그때 비하르 주의 참파란에서 온 라지쿠마르 슈클라라는 농민이 꼭 참파란에 와서 농민의 고통스러운 실상을 봐 달라고 호소했다. 거듭 사절했지만, 슈클라가 간디가 가는 곳이면 어디든 따라와 열심히 간청하자 결국 승낙했다. 이듬해 1917년, 간디는 네팔과 가까운 히말라야 산기슭의 참파란으로 향했다.

## 쪽 소작인의 투쟁 지도

거기서는 쪽〔藍 : 마디풀과의 남빛 염료용 식물. 인디고〕을 재배하는 소작인들이 영국의 지배와 지주의 착취라는 이중고에 시달리며 극빈 생활을 하고 있었다. 농민들은 토지의 15퍼센트에 쪽을 심고 그것을 땅값 대신 강제적으로 지주에게 내놓아야 했다. 화학 염료가 보급되기 전 인도의 쪽은 매우 귀중한 염료였다.

간디는 몇백 몇천 명의 소작인들로부터 경작과 생활의 실상을 상세히 들었다. 이러한 세심한 조사를 근거로 그는 농민의 정당한 권리를 주장했으며, 탄압 속에서도 끝까지 그 뜻을 관철했다. 간디와 농민의 직접적인 접촉이자, 동시에 간디와 인도의 만남이었다. 농민에 의거하여 농민과 함께 싸운 간디의 첫걸음은 이렇게 시작되었다.

인도 각지에서 많은 사람들이 이 투쟁을 응원하러 달려왔다. 그 중에는 간디의 한평생 친구이자 인도공화국 초대 대통령이 된 라젠드라 프라사드도 있었다. 또한 20여 년 동안 간디가 가장 신뢰했던 비서 마하데브 데사이와 만난 것도 이때였다.

1917년은 러시아 혁명이 일어난 해였다. 이때 인도에서는 극소수의 지식인 사이에만 약간의 영향을 끼쳤을 뿐 아직 직접적인 반응은 나타나지 않았다. 혁명 소식이 인도인들 귀에 들어가지 않도록 영국이 필사적으로 억누른 탓이었다.

이듬해 1918년, 간디는 아슈라마가 있는 아마다바드에서 지인이 경영하던 섬유공장의 파업을 지도했다. 노동자들이 스스로 서약을 지키게 하고 그것을 관철하기 위해 간디가 단식으로 호소한다는 약간 독특한 방식으로 싸워 노동자들을 승리로 이끌 수 있었다. 그리고 이 투쟁에서 유력한 변호사 발라브바이 파텔을 알게 되었다. 파텔은 간디의 측근 중 한 명으로, 후에 인도 부수상이 된 인물이다. 농민에 이어 노동자와의 접촉, 이러한 움직임은 이제까지 국민회의파 중심의 정치 운동에서는 찾아볼 수 없었다. 간디는 이러한 발판을 다진 뒤 본격적으로 전인도적인 항영(抗英) 운동을 지도하게 된다.

### 최초의 불복종 투쟁

간디는 남아프리카 시절에 보어 전쟁과 줄루족의 반란 때 영국에 협력했던 것처럼, 제1차 세계대전 때도 영국에 봉사했다. 간디의 가슴 속에는 이러한 협력과 봉사를 통해 영국과 대등한 지위를 얻고 인도인의 권리를 인정받을 수 있으리란 신뢰와 기대가 있었다. 이는 비굴하다고 할 수는 없지만 일종의 정치적 미숙함이었다.

제1차 세계대전을 통해 그 기대는 무참히 깨졌다. 영국은 인도의 언론·사상·집회의 자유를 완전히 억압한 전시 입법(戰時立法)을 전후에도 계속하여 적용시킨다는 악명 높은 로울라트법을 실시하여 인도인의 전시 협력에 보답했던 것이다. 로울라트란 이 법안을 작성한 위원장의 이름이다.

간디의 전 인도적인 항영 투쟁은 이 로울라트법 반대로 시작되었다. 그것은 극히 간디적인 방법으로 진행되었다.

1919년 4월 6일을 하르탈(파업)의 날로 정하고, 인도 전체가 상(喪)을 당했을 때처럼 문을 닫고 일을 하지 않으며 기도와 단식으로 영국에 항의한다는 것이다.

어떻게 이런 생각이 떠올랐을까. 이에 대해 간디는 《자서전》에서, 아침 일찍 눈을 떴으나 아직 자고 있는지 깨어났는지 분명하지 않은 멍한 상태에서 꿈이라도 꾸는 것처럼 갑자기 떠올랐다고 기록했다.

이슬람교도는 단식을 하루 이상 하지 않으므로 24시간이라도 하면 다행이라고 생각했다. 인도의 모든 주가 이 부름에 응할지 확신이 있었던 것도 아니다. 단지 뭄바이·마드라스·비하르·신드(현 파키스탄 남부 인더스 강 유역) 주만은 틀림없이 봉기하리라 생각했었다.

그런데 그날 온 인도의 도회지와 시골 구석구석까지 일제히 하르탈을 결행했다. 정말 경이로운 광경이었다. 시민적 불복종을 온 인도가 결행한 것이다.

간디가 첫째로 노린 것은 제염이었다. 정부의 전매인 소금에 대한 세금에 인도인들은 극도의 불만을 품고 있었으며, 이전에도 이에 대해 대대적인 반대 운동이 일어났었다. 간디는 제염법을 무시하고 각자가 자신의 집에서 바닷물을 퍼올려 소금을 만들도록 했다.

또 하나는 발매 금지된 간디의 책을 판매하는 것이었다. 남아프리카 시절(1906)에 쓴 《인도의 자치(힌두스와라지)》와 역시 남아프리카 시절에 감격하며 읽었던 러스킨의 《최후의 사람에게》가 《사르보다야(만인의행복)》라는 제목의 구자라트어로 번역되었으나 모두 인도 정부로부터 발매금지당했다. 이 책들은 날개 돋친 듯 팔렸다.

여기서 명심할 점은 불복종운동은 언뜻 보기에 평화롭고 부정적 방법의 투쟁 같지만, 정부의 법률을 무시하고 법률에 도전하며 권력에 대한 저항이었다는 점이다. 이는 영국 측에 큰 타격을 주었다.

4월 13일, 영국군이 암리차르(펀자브주)의 잘리안왈라 공원에서 집회 중인 군중을 향해 별안간 기관총을 난사하여 379명의 사망자와 1137명의 부상자를 낸 대참사를 연출한 것도, 영국이 받은 충격이 얼마나 컸었는지 증명하는 한 예이다.

## 농민의 넓은 지지를 밑바탕으로

온 인도가 떠들썩한 가운데 1920년 8월 1일 간디는 영국으로부터 받은 카이자리힌드 훈장을 반환하고, 누구나 할 수 있는 대중적인 반영운동으로 대영 비협력운동에 착수했다. 법정과 공립학교의 보이콧, 영국 상품 불매 등이 저항 운동의 근간이었다.

이 대중적인 반영운동이 시작되던 날, 회의파의 지도자 틸라크가 병사한 것은 인도에 간디 시대가 도래했음을 알리는 사건이었다.

이 간디 시대의 특징은 지식계급이나 민족자본가 중심의 운동이 농민을 밑바탕으로 한 대중적인 것으로 확대되었다는 점, 운동의 성격과 색채 자체가 극히 인도적·민족적인 점, 힌두교도와 이슬람교도의 제휴, 불가촉천민과의 융화와 통합이 진행되었다는 점이다.

간디는 대영 전시협력 시기였던 1918년, 재차 병으로 쓰러졌을 때 산양 우유를 마시고, 회복기에는 차르카(<sup>물</sup><sub>레</sub>)를 돌리며 실 잣는 법을 배웠다. 또한 대영 비협력운동 때는 영국제 셔츠와 모자를 버리고 인도 고유의 하얀 허리 감개를 착용하면서 모든 것을 토착적으로 바꾸었다. 회의파 대회에서도 영어가 아니라 인도어가 등장하게 되었다.

그러나 간디가 생활을 토착적으로 바꾸고 농민에 바탕을 둔 운동을 전개한 것은 농민계급의 입장에 섰기 때문이 아니라, 인구의 대다수를 차지하는 농민의 에너지를 그러모아 광범위한 민족주의 입장을 명확히 하기 위해서였다. 이 시기에 간디가 인도의 대표적인 민족자본가 빌라를 알게 되고 (1920) 그와 일생의 친구가 된 것도 민족적으로 입장을 같이 했기 때문이었다. 간디의 영국 제품 불매(<sup>국산품 애용·</sup><sub>스와데시</sub>)는 인도 민족자본가의 이익으로 이어지는 것이었다 (<sup>이에 대해서는 Ⅱ '간디주의와 사회</sup><sub>주의' '간디와 농민' 등의 항목 참조</sub>).

간디는 자신의 정신주의와 운동의 방법론에 제약을 두었다. 그는 농민을 포함한 인도 민족주의의 지도자였지, 농민과 노동자의 계급적 입장을 대표한 것은 아니었다.

그것은 대중운동이 고양되어, 대중 스스로가 영국의 폭력에 맞서 혁명적인 폭력을 폭발시키는 계급적인 입장을 띠면, 간디는 언제나 이를 억제하는 쪽에 서는 것에서 노골적으로 나타난다.

### '산과 같은 잘못'

그런 태도는 불복종·비협력의 반영 투쟁이 격화된 1922년 2월, 인도 북부 (<sup>현재의</sup><sub>우타르프라데시 주</sub>)의 차우리차우라에서 인도 민중이 경찰관을 학살하는 사건이 발생했을 때, 즉 운동의 최고조 순간에 매우 극적으로 나타났다.

간디는 진리에 충실해야 하는 비폭력운동에 폭력이 발생했다는 이유로, 이것은 '우유에 비소가 든' 것과 같다고 말하고, 자신은 '산과 같은 잘못'을 범했다고 하면서 비협력운동을 중지시킨 것이다. 지도자와 대중의 실망은 매우 컸다. 급제동이 걸리자 온 인도가 혼란에 빠졌다.

'산과 같은 잘못'이란 말은 이때부터 퍼졌지만 실은 예전에 이미 쓰였던 표현이다. 최초의 하르탈 때 간디는 아마다바드의 집회 후 나디아드(<sup>구자라트 주</sup><sub>에 있는 도시</sub>)라는 곳에서 처음으로 '산과 같은 잘못'이라는 표현을 사용했다. 사티아그라하의 불복종운동을 전개하기 위해서는 그만한 훈련이 필요한데, 그러한 훈련을 거치지 않고 대중을 선동한 것이 큰 실패였다는 뜻으로 '산과 같은 잘못'이라고 말한 것이다.

이 거창한 표현에는 그만한 이유가 있었다. 자신의 잘못은 볼록렌즈에 비추어 확대하고 남의 잘못은 오목렌즈로 축소시켜 봐야 한다는 것이 간디의 신념이었던 것이다.

그러나 영국은 간디의 잘못을 오목렌즈로 보지 않았다. 비협력운동을 중지함에 따라 대중의 발걸음은 혼란스러워지고, 영국이라는 맞서야 할 상대를 잃게 되자 상황은 이른바 종파적인 내부 분쟁으로 진행되었다. 이 틈을 타 인도 총독은 간디를 체포하여, 혁명적 위기를 전환시켜 준 은인에게 금고 6년형을 선고했다. 이유는 기관지 〈영 인디아〉에 실은 세 편의 논문이었다.

영국이 인도인의 잘못을 볼록렌즈로 보는 것에 대해 간디는 전혀 무관심해 보였다. 법정에서 간디의 태도는 당당하고 훌륭했으며, 재판장이 간신히 영국 제국주의의 권위를 지켰을 정도였다.

게다가 피고 간디는 이 '최초의 심판'에서 자신의 직업을 '사바르마티의 아슈라마에 사는 농민 겸 실 잣는 일'이라고 말하여, 인도 농민으로서의 긍지를 내비쳤다.


## 간디와 타고르

### 같은 시대를 산 두 사람

타고르는 간디보다 8살 위였다. 그리고 1913년에 시인 및 소설가로 노벨문학상을 수상했다. 인도가 낳은 이 두 위대한 동시대인은 종종 대조적으로 비교되었다.

하이네스 호르메스는 이 두 사람을 마찬가지로 동시대의 그리스도교인이던 에라스무스(1467~1536, 폴란드의 종교학자)와 루터(1483~1545, 독일의 종교개혁가)에 비교했고, 자와할랄 네루는 타고르를 귀족주의적 예술가이자 프롤레타리아를 동정하는 민주주의자, 간디를 고대 인도의 전통을 대표하는 인도 농민의 인도자로 보았다. K.R. 클리파라니는 1940년 2월 산티니케탄에서 이루어진 이 두 사람의 회견을 가장 감격적이며 아름다운 만남이라 칭송했다. 또한 타고르와 간디의 중개자였던 그리스도교인 앤드루스도 두 사람 사이의 깊은 우정과 함께 날카로운 차이점을 지적했다.

이런 비교에서 알 수 있듯이 간디와 타고르는 기질적으로 일상생활 면에서 매우 대조적이었다. 물론 두 사람은 매우 절친한 사이였다. 간디가 남아프리카에서 한발 먼저 인도로 돌려보낸 아슈라마 사람들이 가장 먼저 머물렀던 곳은 타고르의 산티니케탄이었으며, 간디에게 마하트마(위대한/영혼)라는 칭호를 보낸 사람도 타고르였다.

그러나 간디의 대영 불복종·비협력의 호소에 대해 타고르는 동조하면서도 한편으로 그 원리에 의문과 비판을 제시했다. 타고르는 세 번에 걸쳐 간디에게 편지를 보냈고, 간디는 이에 대해 기관지 〈영 인디아〉로 답했다. 이를 타고르가 자신이 주재하는 잡지 〈모던 리뷰〉에서 재론했고, 간디는 다시 〈영 인디아〉에서 반론했다.

이 논쟁은 두 사람의 개성적인 기질 차이라기보다는 그 시대적 배경과 그 것에 관여하는 방식의 차이를 나타낸다는 점에서 매우 흥미롭다.

### 비협력의 부정적인 면에 대해

타고르가 가장 우려했던 것은 비협력운동의 부정적인 측면이었다. 그것은 분리·배타성·편협·부정의 원리에 따른 것이 아닌가. 즉 이는 인도와 서양 사이에 만리장성을 쌓는 격이 아닌가라는 점이다.

간디는 비협력에 타고르가 우려할 점은 조금도 없으며, 인도가 비협력운동을 추진하면서 부끄러워해야 할 점 또한 전혀 없다고 강조했다. 간디에 따르면 그것은 상호간의 존경과 신탁에 기초하며, 진정 존경해야 하는 자주적인 협력으로의 길을 열기 위한 것이다. 당면한 투쟁은 '강제된 협력, 일방적인 결합, 문명의 반대면 아래 근대적인 방법으로 착취를 행하는 무력적인 억압에 반대하기' 위한 것이다. 비협력이란 이러한 무의식의, 원하지 않는 악에 대한 참가를 거부하는 것이다.

더욱이 타고르는 학생 문제에 대해 걱정했다. 비협력운동에 의하면 학생들은 국공립학교를 나와야만 했다. 다른 학교로 옮길 예정도 없이 학교를 그만둬서는 안 된다고 타고르는 주장했다. 이 점에서 간디는 말 그대로 견해를 달리했다. 그는 학교에서의 학문이 최고라고 생각하지 않았다. 그의 경험에 따르면 '학문적인 훈련만으로는 도의적인 곳으로 눈곱만치도 올라가지 못한다. 성격 형성과 학문상의 훈련은 다른 것이다.' 그 시절의 국공립학교의 교육은 인도인을 실망시킬 뿐이라는 것이다.

보수적인 간디가 이렇게 철저한 사상을 지닌 것은 교육 그 자체에 대한 근본적인 사고가 있었기 때문이다.

그러나 간디와 타고르의 견해 차이 속에는 더욱 깊은 대립의 골이 있었다. 예를 들어 타고르는 인도 힌두이즘의 본질, 즉 무크티(Mukti)는 '해방'이지만, 불교에서는 이를 열반(Virvana) 즉 '소멸'이라고 한다. 무크티는 우리의 관심을 적극적인 것으로 향하게 하고, 열반은 우리를 진리의 부정적인 면으로 향하게 한다. 그러므로 타고르는 비참한 어두운 면을 피해 도달해야 하는 환락의 면을 강조한 것이다.

간디는 그렇게 생각하지 않았다. 그에 따르면 인도의 고전 《우파니샤드》의 궁극적인 말은 'No'이다. '아니다'(Neti)라는 것이 《우파니샤드》의 저자들이 브라만을 위해 발견한 최상의 표현이다. 타고르는 비협력의 부정적인 면을 지나치게 경계하고 있다. 우리 인도인은 'No'라고 말할 힘을 잃고 말았다. 정부에 대해 'No'라고 말하는 것은 불충한 것이며 대부분 그것은 신에 대한 모독으로 여겨져 왔다. 그러나 진중하게 생각하여 협력을 거부하는 것은 마치 경작자가 씨를 뿌리기 전에 잡초를 뽑는 것과 같다. 제초는 씨뿌리기와 마찬가지로 농업에 꼭 필요한 작업이다.

비협력은 더 이상 보호에 만족할 수 없다는 민족적 자각의 발로이며, 그것이야말로 시인(<sup>탈곡</sup>)이 추구해야 하는 애국심에 진정한 의미를 부여하는 것이다.

"유럽의 발치에 엎드린 인도는 인류에게 희망을 부여할 수 없다."

이렇게 보면 타고르는 적극적으로 환희의 면을 강조했고, 간디는 이 적극적인 면을 드러내기 위해 필요한 과정으로의 부정적인 면을 내세웠다. 그것은 인도의 사상, 인도의 전통에 따라붙는 두 가지 측면의 반영이기도 했다.

### 외국제 의류 불태우기

타고르와 간디의 대립은 이러한 철학적 논쟁에서 끝나지 않았다. 문제는 더욱 구체적이었다. 앞에서 말했듯이 타고르는 〈모던 리뷰〉지에 〈진리의 사명〉이라는 논문을 써서 간디의 비협력운동, 특히 영국제 직물 불태우기에 반대했다.

이 논문에서도 타고르는 간디를 향한 경의와 애정을 말한 뒤, '사랑의 진리를 그 순수성에서 습득해야 하며, 스와라지(ᅀ재)를 건설하기 위한 과학과 예술 또한 광범위한 과제'임을 지적하고 의류 불태우기를 언급했다.

특정 제품(영국제품)의 의류를 입고 안 입고의 문제는 주로 경제학에 속한다. 따라서 이 문제에 대한 인도인의 토론은 경제학에 입각해야 한다. 즉 흥분하여 광기에 휩싸인 행동을 취해서는 안 된다는 것이다. 타고르는 두 가지 반대 이유를 들었다.

첫째는, 맹목적으로 복종하는 방식에 과격하게 투쟁하는 것이 나의 첫째 의무이다.

둘째는, 불탄 옷이 내 것은 아니나, 그것은 가장 필요한 사람들에게 돌아가야 하지 않는가.

즉 간디의 명령에 맹목적으로 복종하여 의류를 불태우는 만행을 멈추고, 가난한 사람들에게 나누어 주면 되지 않느냐는 것이다.

간디는 이에 대해 〈위대한 충고〉라는 논문으로 답했다. 간디도 명령에 대한 맹종은 반대한다. '사랑에 의한 맹목적인 종속은 폭군의 채찍에 의한 강제적인 복종보다도 해롭다.' 그러나 의류를 불태우는 것은 그런 차원의 문제가 아니다.

간디는 조국 인도를 화재 현장에 비유했다. 집이 불타고 있다면 안에 사는 모든 사람들이 해야 할 일은 뛰쳐나와 불을 끄기 위해 양동이로 물을 붓는 것이다. 자기 주변의 모두가 굶어 죽어갈 때 그 사람에게 허락된 유일한 일은 배를 채워주는 것이다. 여기서 간디는 인도 각지의 궁핍한 실정을 언급하며, 그 걷잡을 수 없이 번지는 불길을 막는 것이 유일한 최고의 의무라고 말했다.

'우리의 도시는 인도가 아니다. 인도는 전국 75만 개의 마을 속에 있다. 도시는 이들 마을 위에 존재한다. 그들은 외국에서 부를 가져오는 것이 아니다. 도시 사람들은 외국의 브로커이며 중개대리업자다……'

## 물레에 대한 비원 (悲願)

간디가 기댔던 인도는 농촌이자 농민이며, 굶어 죽기 직전의 사람들이다. 이제 영국제 의류를 불태우는 일과 단단히 연결되어 차르카(<sub>물</sub>레)가 등장한다.

'인도를 물레로 몰아붙이는 것은 굶주림이다. 물레의 사명은 모든 것 중에서도 특히 고귀하다. 그것은 사랑의 사명이므로……. 그리고 사랑이야말로 스와라지(<sub>자</sub>치)이다.'

간디는 '물레에 대한 비원'은 '노동의 권위에 대한 비원'이라고도 했다. 물레, 이 인도의 토착적인 것에 대한 간디의 애정과 고집은 열정마저 띠고 있다.

'물레를 원래 있어야 할 권위 있는 장소에서 쫓아낸 것이 우리의 외제 의류에 대한 기호이다. 그러므로 나는 외국제 의류를 입는 것은 죄악이라고 생각한다.'

타고르가 지적한 경제 문제에 대해서는 "나는 경제와 윤리 사이에 '날카로운' 또는 어떠한 구별을 하지 않았음을 고백해야 한다"고 말했다. 정치와 경제와 사랑이 일체화된 것이 간디의 비폭력이며, 불복종이며, 저항의 무기로서의 물레였다.

간디는 적과 아군은 물론 적의 소재에 대해서도 정확한 목표를 정하고 있었다.

'우리의 비협력은 영국과의 비협력이 아니며, 서방과의 비협력도 아니다. 우리의 비협력은 영국이 만들어 낸 제도에 대한 비협력이며, 물질 문명 및 그로 인한 탐욕과 약자에 대한 착취와의 비협력이다. ……물에 빠진 자는 남을 구할 수 없다. 남을 구할 수 있으려면 먼저 나 자신을 구하기 위해 힘써야 한다. 인도의 민족주의는 배타적이지도, 공격적이지도, 파괴적이지도 않다. 그것은 건전하고 종교적이며, 따라서 인도주의적인 것이다.'

그리고 이어서 '나는 고뇌하는 인도 사람들의 마음을 15세기 직공 카빌의 노래 한 편으로 달랠 수 없음을 알았다. 굶주린 수백만의 사람들은 한 편의 시—연명할 수 있는 음식을 원한다. 그러나 그것은 누군가 주는 것이 아니다. 스스로 손에 넣어야 하는 것이다. 그들은 이마에 땀을 흘림으로써만 그것을 얻을 수 있다'고 쓴 것은, 높은 곳에 있는 시인 타고르에게 보내는 친애의 정과 함께 약간의 비아냥이 섞여 있다.

## 소금 행진

차우리차우라(인도 북부 우타르프라데시 주) 폭력사건으로 비협력운동을 돌연 중지하고 체포되어 투옥된 간디는 맹장염으로 병원에 옮겨져 수술을 받았다. 정치범 간디에게 만일의 경우가 생기면 큰일이라며 상당히 야단스러운 소동이 벌어졌다. 수술은 무사히 끝났으나 예후가 좋지 않았으므로 간디는 형기를 남긴 채 석방되었다. 그 무렵 간디는 맹우인 이슬람교 지도자 무하마드 알리의 집에서 이슬람교도와 힌두교도의 융합을 위해 21일간의 극적인 단식을 결행했다. 전 인도 길쌈협회 결성에도 관여했다.

그러나 인도 민족운동의 주류에서 벗어난 것은 아니었다.

### 완전독립 결의

네루는 간디의 지도에 따르면서도 그 사상과 정치투쟁 방법에 큰 모순과 불만을 느끼고 있었는데, 네루 자신이 인도 농민과 직접 접촉함으로써 정치적으로 눈이 뜨였다. 그러자 간디에게는, 그 방법이 매우 낡았음에도 불구하고 인도적이며 현실적인 에너지가 흐름을 알 수 있었다. 그것은 책에서만 유효한 마르크스주의나 사회주의에서는 결코 얻을 수 없는 것이었다.

그러한 젊은 네루를 보는 간디 또한 그를 단지 친구 모틸랄 네루의 아들로만이 아니라 동료로서 신뢰하고 기대했다. 그 구체적인 예는, 간디와 네루의 협력 아래 이루어진 1928년의 국민회의파 회의에서 "앞으로 1년 이내에 인도에 헌법과 자치령의 지위를 인정하지 않으면 제3차 전국민적 불복종을 개시한다"고 결의한 것이다. 불복종운동의 시기와 방법에 대해서는 간디에게 일임했다.

당연히 1년 이내에 이 요구는 받아들여지지 않았다. 간디가 천거한 네루 의장을 중심으로 1929년 국민회의파 회의는 예정대로 완전 독립을 요구하고, 1월 26일을 인도 독립을 위한 맹세의 날로 정했다. 이 독립 맹세의 문장은 간디가 직접 작성했다. 독립을 상징하기 위한 삼색기도 제정되었다. 간디는 힌두교도와 이슬람교도의 융화를 나타내는 귤색과 초록색 사이에 기타 사회층을 대표하는 흰색을 추가하고 한가운데 물레를 넣는 것도 잊지 않았다.

이듬해인 1930년 1월 30일, 간디는 당시의 인도 총독 어윈 경 앞으로 11

개 항목의 요구서를 제출했다. 제1조의 전면적인 금주부터 제11조의 호신을 위한 화기 사용 허가까지였다. 제4조에는 소금세 폐지가 들어 있었다.

## 간디 만세

간디는 수수한 정신주의자이며 수양론자에 가까웠다. 그러나 그의 뒤에는 몇백만의 굶주린 인도 대중이 있었다. 대중의 지도자라면 반드시 대중운동의 하나인 무대를 가져야 한다. 그렇지 않으면 진정한 대중 지도자라고 할 수 없다. 간디는 이 무대에 그 특유의 모습과 경쾌한 발걸음으로 등장한다. 인도 대중의 필수품이자 성스러운 소의 귀중한 사료인 소금을 들고 나타난 간디의 모습은 상쾌하게 바람을 가르고 서 있었다.

온순한 인도인을 노예로 추락시킨 것은 영국 통치가 선택한 근대적인 착취제도이다. 인도가 독립하면 종래의 제도를 개혁하고 농민의 생활을 최우선적으로 해결해야 한다. 지금 인도인이 살아가는 데 필요불가결한 소금에까지 부당한 과세가 책정되어 있다. 소금은 부자보다 가난한 사람에게 더욱 필요한 것이다. 대영 불복종·비협력 저항운동의 연장선으로, 간디는 이 소금을 들고 나타난 것이다.

1930년 3월 12일 동이 트기 전, 간디는 이른바 '비다야피트'<sup>(정부계 학교를 보이콧</sup> 학생을 포함한 79명의 제자를 이끌고 아슈라마를 떠나 단디 해변으로 향했다. 단디는 당시의 뭄바이 주 잘랄푸르 부근의 해안에 있으며, 사바르마티의 간디 아슈라마에서 약 322킬로미터 떨어진 거리에 있었다.

만 60세를 넘은 간디는 지팡이를 짚고 대열의 선두에 섰지만 그 경쾌한 발걸음은 젊은 사람들보다도 빨랐다. 행진 중에도 간디는 집회를 열어 사람들에게 연설하고, 물레를 돌리고, 일기를 썼다. 길가에는 간디의 얼굴을 보고 옆에 있는 것만으로 축복을 받을 수 있다고 믿는 소박한 사람들이 옥상과 나무 위에까지 빽빽하게 매달려 있었다.

"간디 만세!"라는 외침이 행진하는 하늘에 메아리쳤다.

날이 갈수록 대열이 늘어나 2, 3킬로미터가 넘도록 이어졌다. 어떤 사람은 그것을 모세를 따라 이집트를 탈출한 이스라엘 사람들에 비유했으며, 어떤 사람은 엘바 섬에서 귀환한 나폴레옹의 파리 진군에 비유했다.

많은 사람들의 신념과 기백만큼은 누구에게도 지지 않을지 모르나 여기는 영국 통치하의 식민지 인도이며, 간디가 목표로 하는 것은 바닷바람에 몸을 정화하고 영국 법률을 타파하여 소금을 만드는 것이었다. 이는 누구나가 알 수 있는 극히 구체적이자 대중적인 행동 전개였다.

길은 마을에서 마을로 이어졌다. 민중은 물을 뿌리고 나뭇잎을 깔아 간디가 지나는 길을 청소했다. 그 위를 한 발씩 디디며 간디는 자신과 사람들에게, 이 한 걸음 한 걸음은 스와라지(自治)를 향한 걸음이라고 호소했다.

### 법률을 타파하자!

간디 일행은 4월 5일 아침에 목적지 단디에 도착했다. 소금 제조를 통한 불복종은 다음날인 6일 아침 6시 반을 기점으로 감행하기로 되었다. 4월 6일은 인도인에게는 잊을 수 없는 암리차르 학살 기념일로, 인도는 1919년의 그 사건 이래 영국에 대한 항의의 뜻으로 이 날을 속죄와 정화의 날로 정했다.

아침 기도를 끝내고 6시에 간디는 일행들과 함께 몸을 정화하기 위해 바닷물 속으로 들어갔다. 천천히 엄숙하게 바닷물로 발걸음을 옮길 때 "마하트마 간디 만세!"의 외침이 터졌다. 간디는 오랜 동지인 압바스 탸브지 부인과 여류 시인 사로지니 나이두 여사의 어깨에 기대어 있었다.

간디와 그 제자들은 해변에 굳어 있는 소금을 집어 올리며, 소금세법 불복종 행동을 시작했다. 나이두 여사가 큰 소리로 "법률을 타파하자!"라고 외치며 간디를 축복했다. 해변에는 단 한 명의 경관도 없었으며, 간디와 제자들은 바닷바람을 맞으며 법률 타파를 계속 외쳤다. 이는 영국 권력에의 직접적인 도전이라는 점에서 온 인도 국민의 정치적 각성을 촉진시킨 획기적인 사건이었다.

그러나 영국 당국이 간디와 그 일행에게 자유로운 법률 타파를 허락한 것은 아니었다. 소금 행진은 인도 전역으로 파급되어 소금이 생산되는 곳에서는 소금 제조 법률을 타파하고, 그렇지 않은 곳에는 외국제 의류를 파는 가게 감시에 전 인도인이 동원되었다. 여기에는 집 깊숙한 방에 머물며 평소에 거리로 나간 적 없는 인도 부인들까지 참가했다.

이 운동이 최고조에 이른 시기를 노려, 5월 5일 한밤중에 영국 경찰은 단디 근처의 망고 숲 속에 임시로 설치한 아슈라마에서 간디를 체포했다.

소금과 간디. 이 두 상징을 중심으로 세계공황하의 전 인도를 뒤흔든 혁명적 횃불은 상징을 잃자 마치 썰물이 빠져 나가듯 잠잠해지며, 부분적으로 저항의 물결을 칠 뿐이었다. 대중과 밀착된 간디의 지도력이라는 장점과, '위대한' 지도자 간디에 대한 대중의 종속이라는 단점이 이 제3차 불복종운동에도 여실히 드러났던 것이다.

이는 간디의 전 생애에 걸친 문제였으며, 따라서 간디 지도하의 전 인도 민족운동 전체에 나타난 문제점이었다.


## 원탁회의와 그 주변

### 영국과의 휴전 협정

간디가 소금법을 어겨 옥중에 있을 때, 그러니까 1930년 11월, 영국은 인도의 각 대표들을 런던에 초대해 제1회 원탁회의를 개최하였다. 그와 더불어 조사 중인 인도 헌법상의 진보에 관한 문제, 혹은 자치령의 위치 등에 대해서도 토의하고자 하였다. 간디는 자유를 잃었고 이미 '완전한 독립'이라는 기치를 내건 국민회의파는 이 원탁회의에 반대해 대표를 보내지 않았다.

그러나 간디 출석 없는 영·인 원탁회의가 얼마나 무의미한지는 누가 보아도 분명했고, 영국에게도 그것은 아무런 효과가 없었다.

1931년 1월 26일, 독립기념일에 간디는 조건 없이 석방되었다. 그리고 간디와 어윈 총독 사이에 교섭이 시작되었다. 결국 3월 5일에 성립된 이 협정은 인도측이 대중적 불복종운동을 중지하고 원탁회의에 참가하는 것을 인정, 영국 측은 10만 이상에 이르는 인도인 정치범을 석방하고, 해안부터 일정 거리 이내에 사는 사람은 세금 없이 소금만드는 것을 인정한다는 요지였다.

소금에 대한 간디의 열의에서 미루어 짐작할 수 있듯이, 이 간디-어윈 협정은 인도측의 무조건 항복에 가까운 휴전협정으로, 간디의 타협 경향을 스스로 폭로한 것이라 하겠다.

원탁회의에 출석한 것은 회의파의 본심이 아니었고, 간디 자신도 영국이 소집한 회의가 무엇인지 잘 알고 있었다. 그러나 협정에 근거해 간디가 회의파를 대표해 참가하게 되었다. '소금 행진'으로 봉기된 대중 행동은 영국 당국을 겁먹게 할 정도의 타격을 주었으나, 간디는 이것을 맹렬하고 지속적인 투쟁으로 발전시킬 수는 없었다. 앞의 '산과 같은 잘못'에 이은 간디의 커다란 정치적 실점이라 하겠다.

### 원탁회의

제2회 원탁회의는 1931년 9월 12일부터 개최되어 사이를 두고 12월 1일까지 이어졌다. 원래 원탁회의라는 것은 6세기 무렵 영국 국왕 아더가 자신의 가신들을 커다란 원탁에 둘러앉히고 회의한 것에서 유래했다고 한다. 제2회 원탁회의의 출석자 112명 중 20명이 영국 정부의 대표, 22명이 영국 이사관(理事官) 산하의 주(State) 대표, 65명이 영국령 인도 각 주의 대표였다.

인도 독립 문제, 연방 구성 문제, 이슬람교도나 최하층인 불가촉천민 등 인도 소수파 문제까지 의제는 복잡다난하게 이뤄져 몇 개의 분과회가 생겨났다. 간디는 당시 영국 수상 맥도널드의 사회로 한 총회에서도 연설하고, 각 분과회에서도 각각의 의제에 대해 발표하였다. 그는 남아프리카 시대 이래, 일관되게 인도를 '하나의 전체'로서 생각하고 있었다. 그 하나로 인도의 정치적 요구를 대표하면서도 국민회의파 일원이자 그 국민회의파의 대표자가 간디 자신이라는 점에 책임감을 느끼고 있었다.

게다가 그 하나된 인도의 목표는 완전한 독립이자, 민족의 자유였다. 그 외의 문제는 그 중심적인 목표가 달성되면 꽁꽁 얽혔던 실매듭이 풀리듯 해결될 터였다.

그러나 영국 측에서는 그렇지 않았다. 이슬람교도나, 영국령 산하의 군주나 불가촉천민 등 이른바 소수자의 문제는 인도의 본질적인 난제였다. 이 문제들을 해결하거나 그 대책을 세우지 않고는 독립도 자유도 없었다. 회의파를, 그리고 하나의 인도를 대표해 더욱 기본적인 문제에 부딪치고자 한 간디의 발언은, 이와 대립하는 소수파의 발언에 무마되고 사그라졌다. 이리하여 인도의 분열된 부분이 죄다 들추어져 '이것이 인도다!'라는 것이 인도와 세계의 눈앞에 드러났으니, 바로 영국 특유의 이른바 분할통치정책(Divide and Rule)이었다.

간디는 교활한 영국이 쳐놓은 계략에 그대로 걸려든 것이다. 그러나 간디는 맥도널드가 출석한 폐회 총회에서 모든 토의를 총괄했을 뿐만 아니라 영국과 인도 관계의 본질을 찌르는 발언을 한다.

런던 원탁회의

　"외국(英國)의 지배라는 쐐기가 박혀 있는 한 종단(宗團)은 종단대로, 계급은 계급대로 분열되어 있을 것이오. 그 속에서는 진정한 해결도 없고 종단 사이에 존재했던 우호도 없소."

　"영국의 지배가 사라졌을 때, 영국인의 얼굴이 (인도에서) 보이지 않는 시대에도 힌두교도, 이슬람교도, 시크교도는 서로를 적대시할 것인가. 힌두교 역사가도, 이슬람교 역사가도 우리는 서로 평화롭게 살아왔음을 명백히 기록한 것을……."

　그러나 이 모든 것이 허무한 울림이었다. 원탁회의는 결국 맥도널드 수상의 제안에 따랐다. 이로써 인도 연방통치도, 인도인이 선거를 통해 참가하는 것도, 힌두교도와 이슬람교도 그리고 다른 불가촉천민 등 각각의 종단에 따르는 유권자와 의석수를 다시 검토해 배당하게 되었다.

　원탁회의에서 명백하게 드러난 것은 온전한 인도의 독립이 아닌 인도 분열화의 촉발이었다.

### 원탁회의 밖에서

　원탁회의에 출석한 간디는 런던의 빈민가 이스트 엔드(East End)에 있는 세틀멘트(Settlement), '킹슬리 홀'에 머물렀다. 회의장에서도 먼 거리인 이러한 장소를 선택한 까닭은 간디가 영국 빈민들과의 접촉을 좋아해서이기도 했지만, 호텔에는 인도에서 데려온 산양과 함께 머물 수 없었기 때문이다.

이 빈민가의 사회 시설인 세틀멘트에서 간디는 이웃 아이들에게 '간디 아저씨(Uncle Gandhi)'라고 불리며 함께 친하게 지냈다.

이 빈민가 아이들은 간디의 62세 생일에 소박하지만 마음이 가득 담긴 케이크를 마련했고, 촛불을 밝혀 축하해 주었다고 한다.

원탁회의에 참여한 기회에 간디는 영국 각계 각 방면의 사람들과 만났다. 그 중에는 영국 여왕, 극작가 버나드 쇼, 영국 국교회의 중심지 캔터베리의 대주교, 마리아 몬테소리 부인, 해롤드 래스키, 그리고 남아프리카 시절 오래 전부터 정적이었던 얀 크리스티안 스무츠 장군 등이 포함되어 있었다.

이러한 이들을 만나거나 그다지 중요하지 않다고 생각되는 각종 회의에 출석한 것은, 간디가 그 에너지를 원탁회의에 집중할 수 없도록 영국 측이 계략을 쓴 것이라고 하는 사람도 있다. 그러나 간디 측에서 보면 기쁘게 그런 회견이나 회합에 참가하는 경향이 있었고, 또는 거절하지 못해 나가는 경우도 있었다. 간디가 런던에서 얼마나 유명세에 시달렸는지는 다음 스케줄을 보면 확연히 알 것이다. 이것은 특별한 하루 일과가 아닌, 평소의 일상이다.

| | |
|---|---|
| 오전 1시 | 킹슬리 홀 도착 |
| 1시 45분 | 160야드(약 146미터) 실잣기 일과 |
| 1시 50분 | 그날 하루 일기 쓰기 |
| 2~3시 45분 | 수면 |
| 3시 45분~5시 | 세수와 기도 |
| 5시~6시 | 휴식 |
| 6시~7시 | 산보하면서 인터뷰 |
| 7시~8시 | 아침 목욕 |
| 8시~8시 반 | 아침 식사 |
| 8시 반~9시 15분 | 자동차로 사무실에 |
| 9시 15분~45분 | 저널리스트·예술가, 원탁회의의 시크교도 대표, 실업가와 회견 |
| 10시 45분~11시 | 세인트 제임스 궁전(원탁회의 회의장)으로 |

| 11시~오후1시 | 원탁회의 |
|---|---|
| 오후 1시~2시 45분 | 미국 저널리스트 오찬회에서 강연 |
| 3시~5시 | 이슬람교도와 회의 |
| 5시~7시 | 인도성(省) 대사와 회의 |
| 7시~7시 반 | 킹슬리 홀에 돌아와 기도, 저녁식사 |
| 8시~9시 10분 | 금주운동 활동가와 회의 |
| 9시 10~45분 | 이동 |
| 9시 45~12시 | (인도) 보팔 재상과 회의 |
| 12시 반 | 킹슬리 홀로 이동 |

아무리 잘나가는 배우라도, 아무리 다망한 정치가라도 이보다 바쁜 일정은 짤 수 없으리라. 수면 시간이 고작 1시간 45분이다.

이 가운데 회견이나 그 외의 사무에 관해서는 원탁회의의 회의장에서 가까운 나이트브리지(Knightsbridge)에 사무실을 설립해 그곳에서 처리하도록 했다.

## 랭커셔(Lancashire) 방문

이 일정 안에는 인도에게도 간디에게도 그리 중요치 않은 일이 포함되어 있다. 그것을 스스로 정리하지 않고 하루 2시간도 못 미치는 수면 시간을 쪼개 메우고 있음을 다른 이들이 알지 못한다는 점이 간디의 비극일지 모른다. 다망함의 헛됨은 제삼자의 눈으로만 엄정하게 비판할 수 있으리라.

나이트브리지의 사무실에서 간디의 통역 겸 비서를 수행한 해리슨 양의 기록이 있다. 그녀는 방의 구석에서 간디의 모습을 보고 '연약한 어깨 위에 무거운 짐(荷)을 짊어진 아틀라스(그리스 신화의 신)가 떠오른다'라고 썼다.

이토록 바쁜 간디와의 회견을 거절하는 사람은 영국군 실력자 처칠과 교황 둘뿐이었다. 처칠은 독립이다 자유다 쓸데없는 말을 하는 '반라의 미친 스님'에 진절머리쳤고, 교황은 지상에 '성자'로 불리는 사람이 등장하는 것을 못마땅하게 여겼기 때문이다.

이렇게 다망한 사이에 간디는 라디오에서 미국을 대상으로 한 방송을 했다.

"만약 인도가 과거 영광을 되돌리겠다면, 그것은 자유를 얻었을 때만이 가능하리라. 인도의 투쟁이 세계의 주목을 받는 이유는 인도가 자유를 위해서 싸우는 사실 안에 있는 것이 아니라, 그 자유를 획득하기 위한 인도인의 방법이 다른 누구도 행한 적 없는 독자적인 것이기 때문이다."

간디는 전례에 따라 초고 없이 즉석에서 그 방송을 내보냈다. 그러나 방송 경험이 없는 탓에 이미 방송이 시작되었음에도 마이크를 가리키며 "여기에다 말하면 되는 건가요?"라는 소리가 들어갔고, 또 마지막에 시간이 되어 기술자가 신호를 보내 말을 끝내달라고 알렸을 때도 "좋아요. 이걸로 마치죠"라고 대답해 버렸다. 이 목소리는 대서양을 넘어 미국으로 전해졌다. 다음 날 미국 신문은 이 방송을 크게 보도했으나 영국 신문에서는 완전히 묵살되었다. 자주 있는 일이었다.

원탁회의 밖에서 생긴 일로 특히 기록해 둘 필요가 있는 것은 무엇보다 영국 섬유업 중심지 랭커셔를 방문했을 때 일이다. 일찍이 영국은 랭커셔 제품으로 인도 경제를 파괴했었다. 그러나 지금 간디가 이끄는 외국제 의류 보이콧으로 인해 랭커셔는 불황의 구렁텅이로 빠져들고 있었다. 이른바 간디는 랭커셔 섬유 자본가는 물론 그 종업원에게도 적이 되어 있었다.

그런 것에 관계없이 간디의 태도는 당당했고, 조금의 겉치레 말이나 속임수 없이 그의 주장을 굽히지 않았다. 그리고 불황 전부를 인도 탓으로 돌리는 것은 그릇된 일이라 지적했다.

"이곳에도 실업자가 있다는 사실에 나도 마음이 아픕니다. 그러나 이곳에는 기아도 궁핍함도 없습니다. 인도에는 이 두 가지가 모두 존재합니다."

간디는 이곳에서도 인도 농촌의 실정을 호소하였다. 세계 공황 아래 영국의 실업자가 300만 명 있다 하면, 인도는 실업자 3억 명에 더해 반년($^6$개월)의 반실업자가 있다. 게다가 인도는 영국의 동인도회사가 침입하여 수공업을 파괴하기 전까지는 모두 자급자족하고 있었다.

연설 중에 간디는 자신이 너무나 "경제와 윤리와 정치를 밀접하게 연결시키는 것이 아닌가?"

반성하면서도, 더욱 열성적인 어조로 굶주린 자, 배고픈 자에게 "신은 빵과 버터의 모습으로 온다"고 말했다.

"우리가 훌륭한 아침을 먹고, 더욱이 훌륭한 점심을 먹을 수 있는 상황에서 여기에 앉아 신을 이야기한다면 이로써 충분하다. 하루에 두 끼니도 먹지 못하는 수백만 명의 사람들에게 어떻게 신에 대해 설득하면 좋을까. 그들에게 신은 그저 빵과 버터의 모습으로만 올 뿐이다."

간디는 반드시 관념적으로 신을 설명한 것은 아니다.

원탁회의 뒤 간디는 스위스의 레만 호반으로 로맹 롤랑을 찾아가서 6일 동안 머물었다. 그러고 나서 1931년 해가 끝나갈 무렵 인도로 돌아왔다.


## 죽음에 이르는 단식

원탁회의를 마치고 인도로 돌아온 지 얼마 지나지 않아 이유도 불분명한 채, 기간도 없이, 간디는 다시 체포되었다. 1세기 전부터의 법률—정확하게는 1827년 조례 제35호에 따라 다시금 예라브다 감옥에 투옥된 것이다.

여기서 간디는 그 유명한, 죽음에 이르는 단식을 행하게 된다. 간디는 평생 동안 남아프리카에서 2회, 인도에 돌아와서 10회의 역사적 단식을 행한 바 있으나 이때 예라브다에서의 단식이 가장 극적인 것이었다. 《간디의 생애》의 저자 루이스 피셔는 '클라이맥스'라는 한 장을 따로 두어 그 단식에 관해 기록했다. 중복을 피하기 위해 여기서는 피아렐랄(pyarelal)의 저서 《단식서사시(The Epic Fast)》(1932)를 통해 그 모습을 전하고자 한다.

### 생명

이때의 단식은, 영국이 원탁회의의 결과를 바탕으로 힌두교도와 이슬람교, 그리고 불가촉천민 계급의 분리 선거를 법적으로 제정하고자 하는 것에 대한 반대의 표명이었다.

1932년 9월 20일 간디는 단식을 시작하였다. 아침이라고는 하지만 한밤중에 가까운 시간에 자리에서 일어난 간디는 그가 애호하는 인도 고전 〈베이슈나바쟈나〉를 암송하는 것으로 아침 기도를 하고, 언제나 그랬듯이 우유와 과일로 아침 식사를 끝마쳤다.

6시 반부터 8시까지는 《기타》를 소리 높여 읊고, 11시 반 레몬주스와 따뜻한 물에 탄 벌꿀로 마지막 식사를 했다. 구자라트 출신의 나이 많은 집주인, 압바스 타브지의 첫째 누이가 간디에게 아름다운 찬가를 바쳤다.

"오 여행자여. 일어나라
아침이 밝았다.
당신은 언제나
잠들어 있느뇨……"

감옥의 시계가 12시를 울렸다. 이것을 신호로 단식이 시작되었다.
단식은 간디에게 드문 일이 아니었으나, 죽음에 이를 때까지의 단식으로
언제까지 버틸 수 있을지에 사람들의 근심과 걱정은 깊어갔다. 1924년 무하
마드 알리의 집에서 단식했을 때의 상황과는 사정이 달랐다. 지금 간디의 나
이는 벌써 60세를 넘어서고 있었다. 8년 전과 비교해서 육체의 시련이라는
점에서도 단식은 힘난한 일이었다. 하물며 이번은 옥중에서의 일이었다.
단식 이틀째, 즉 9월 21일 아침 간디는 감옥 안에 있는 특별한 장소로 옮
겨졌다. 낮게 늘어진 망고나무 아래 놓인 딱딱한 철제 침대 위에 그는 누워
있었다. 측근으로는 발라브바이 파텔과 비서인 마하데브 데사이가 그의 곁
에 있었다. 나이두 여사도 여자 감방에서 이곳으로 옮겨 왔다. 밤에는 하늘
에서 별자리가 보였다.
21일에는 침대에서 욕실까지 걸어갔다. 주변 사람들의 손을 빌리기는 했
으나 22일까지 같은 일상이 이어졌다. 델리에서의 단식은 시간을 정해 이른
바 과학적으로 물을 마셨으나, 이번엔 그런 문제에 개의치 않았다. 단식이
진행될수록 몸이 타들어가는 듯이 아파왔다. 델리에서는 마사지 등으로 아
픔을 풀어 주었지만, 그것은 간디 자신을 위한다기보다 부인의 걱정을 덜어
주기 위함이었다.
육체의 피로는 심해져갔다. 목소리도 가늘어졌다. 그저 열의를 담아 이야
기할 때 빛나는 눈빛만이 그의 강인한 정신력을 말해 주고 있었다. 22일부
터는 에너지 소모를 조금이라도 줄이기 위해 들것에 실려 이동하였다.
24일에는 뭄바이(봄베이, 1995년 '뭄바이'로 개칭)에서 온 의사들이 감옥 주치의와 함께 상담해, 불
필요한 면담이나 대담을 그만 두게 하지 않으면 그의 상태가 위험하다고 판단
하였다. 혈압도 높았다. 정부는 밤에도 두 사람이 시중을 들도록 허가하였다.
26일에는 상태가 위험해져, 관장할 때 2번에 나눠 탄산수소나트륨을 물에
희석해 주사하였다. 그날 캘커타에서 시인(탈고)이 찾아왔다.

타고르와 간디

## 시와 음악의 축복

타고르가 찾아온 것은 26일 오전이었다. 이 만남은 너무도 감동적인 장면이었다. 타고르는 피곤해 누워 있는 간디 옆에 아무 말 없이 다가갔다. 그리고 간디의 가슴 부근에 걸쳐져 있던 천을 자신의 얼굴에 감싸고 고조된 감정을 억누르듯 잠시 그대로 서 있었다.

"저는 희소식의 파도를 타고 왔습니다. 아주 좋은 시기에 올 수 있어 마음 깊이 기쁘게 생각합니다."

타고르는 겨우 목소리를 되돌려 이렇게 말했다. 간디가 옥중에서 단식을 계속하는 동안에 뭄바이 비르라 저택에서 힌두교도와 불가촉천민의 지도자들이 교섭을 계속했다. 26일 아침, 간디의 단식을 '정치적 곡예'라 말했던 불가촉천민 지도자 안베도카와 힌두교도 사이에, 물론 간디의 동의를 얻어 분리선거 폐지가 타협되었다. 타고르는 그 소식을 이미 들어 알고 있었던 것이다.

시인과 간디는 여러 가지 문제에 대해 이야기를 나누었다. 시인은 불가촉천민 문제의 사회적 측면에 관한 한 간디의 부담을 조금이라도 덜어 주고 싶다고 말했다.

여기서 그보다 주목해야 할 사항이 한 가지 있다. 간디와 음악에 대한 에피소드이다. 간디는 타고르가 자작시를 읊조릴 때 하나도 빠짐없이 귀를 기울였다. 음악이 아픔을 덜어 준다는 사실을 알았기에 타고르는 간디가 다시금 육체적으로 고통을 받을 때는 필요한 의약적 수단으로서 그에게 음악을 들려 주고 싶다고 생각했고, 그것에 대해 허가를 받았다. 27일과 28일 밤, 그가 좋아하는 성가(聖歌)가 거리 악사들의 악기 연주 아래 울려퍼졌다.

간디는 음악엔 소질이 없는 음치라 알려져 있다. 그런데 이 기록을 보면 완전히 그런 것만은 아닌 듯싶다. 또 그는 농담도 즐길 줄 알았다.

한번은 원탁회의 때 기자 회견에서 왜 인도적인 의상(허리감개)을 입었는지 질문을 받자, 간디는 그 자리에서 이렇게 대답했다.

"당신이 큰 사이즈의 헐렁한 반바지를 입었다면 난 작은 사이즈의 헐렁한 옷을 입은 것뿐이외다."

### 단식 뒤

26일 아침에는 영국과 인도 양국에서 동시에 성명이 발표되었다. '예라브다 협정'이 체결된 것이다. 그러나 단식 중지는 간디가 성명 내용을 충분히 조사하고, 그 자신이 완전히 납득할 때까지 미루어졌다.

오후 4시 15분에 형무소장이 서류를 들고 와 간디에게 건네며 조용히 검토하도록 했다. 간디의 측근들도 그리하겠노라 뜻을 맞추었고, 간디도 만족해하였다.

그러나 간디는 소장에게 말했다.

"단식을 중지하기로 마음을 정했소. 그러나 그 전에 한 가지 확실히 해 두고 싶은 것이 있소. 단식 중지 뒤 다시 예전처럼 제약이 가해진다면, 그건 지금 막 시작코자 하는 개혁을 중단하는 꼴이오. 내가 옥중에 남는다 해도 나의 불가촉천민에 대한 일을 이어가기 위해서라면 필요한 모든 수단을 강구할 것이오."

죽음에 이르는 단식은 이렇게 일주일 만에 중지되었다. 이미 3주간 단식한 경험이 있던 간디에게 이 단식은 그리 특별한 일은 아니었을지 모른다.

그런데 왜 간디는 스스로 단식의 고통을 이어가는 것일까. 그것은 무의미한 일이 아닐까. 이런 비판도 있었다. 확실히 단식은 일종의 자기부정이다. 그러나 그 자기부정을 통해 정신 문화를 가늠해 볼 수 있으리라.

"전제군주에게는 단식이 통하지 않는다"고 간디는 말했다. 이러한 자기

부정, 이른바 생명을 건 도전이 당사자 혹은 적의 양심까지도 흔들어 놓는 것이 단식의 효과이기 때문이다. 이 효과가 없다면 단식은 단순히 개인의 목적으로 끝날 것이다. 현재 이런 단식으로 인해 압도적 다수의 힌두교도들은 불가촉천민이 힌두교 사원에 들어오는 것과 우물의 공동 사용을 인정했고, 힌두교도와 불가촉천민의 혼인 역시 이룰 수 있게 되었다. 간디는 이런 결혼식에 초대장을 받은 것이다.

이 부분에서 보자면, 루이스 피셔의 지적대로 단식은 확실히 동양적 커뮤니케이션 수난이다. 특히 불가촉천민에 대한 차별 폐지와 힌두교, 이슬람교도 융화를 위해 글자 그대로 비장한 암살을 당하기까지 간디는 이런 단식 커뮤니케이션을 이어간 것이다. 육체가 쇠퇴하고 약해지는 만큼 정신이 이상하리만치 흥분되고 둔화가 심화되어 가는 것, 이렇게 자기 정화가 되어 가는 것을 무기삼아 적과 싸우는 것이 간디에게는 삶을 멈추게 할 수 없는 성스러운 과제였을지 모른다(Ⅱ '간디의 삶-부정(否定)의 길' 참조).


## 정치 일선에서 은퇴

누군들 그렇지 않겠느냐마는 간디의 생애는 유독 우여곡절로 가득하다. 1930년 소금 행진, 1931년 원탁회의, 1932년 체포와 연이은 단식, 그리고 1934년 대중적 불복종 중지, 이런 잇단 일들을 더듬어 보면 항상 간디 생애의 한 골짜기—돌멩이 가득한 골짜기—에 떠밀려 가는 듯한 기분이 든다. 강한 지진이 발생했을 때 지진계 그래프처럼 지그재그의 굴곡을 느끼게 하며, 태풍에 시달리는 큰키나무의 모습을 떠올리게 한다. 그 울퉁불퉁하고 지그재그한 자취를 더듬어 보자.

### 정치 폭풍

1932년 2월 간디가 이유 없이 체포되기 직전, 즉 1931년 1월에 영국 정부는 국민회의파에 비합법을 선고한다. 마침 그 시기는 공황기 중심에 들어서서 불경기의 먹구름이 전 세계를 감싸고 있을 때였다. 식민지 본국은 이 불황의 타격을 식민지에 떠넘김으로써 조금이라도 벗어나고자 필사적이었다.

영국이 인도에 취한 경우가 가장 전형적인 모습이었다. 덕분에 영국은 미국과 프랑스에 비해 불황의 타격을 어느 정도 완화할 수 있었다.

　인도 내외의 이러한 폭풍 속에서 간디가 힌두교도와 이슬람교도의 융화, 특히 불가촉천민을 위해 분리 선거에 반대하며 목숨을 건 단식을 시도했다. 그런데 거기서 인도 사회의 관심을 집중시켜 더욱 대중적인 불복종운동을 하지 않고 그 운동을 간디 개인의 직접 지도하에 둔 것은 커다란 파문을 불러일으켰다.

　간디에 대한 비판적인 입장에서 그 〈사람과 사상〉을 논설한 남부디리파드는 이때도 이렇게 썼다.

　'반제국주의 정치 활동의 최고 지도자가 비교적 작은 사회 문제에 열중하고 그 추종자에게도 같은 태도를 요구하고 있음을 알았을 때, 그들은 배신당했다고 생각하고 분개했다'.

　네루도 간디와 연이 딱 끊어진 것 같았다고 고백했다.

　이 시기 간디의 심경을 살피기에 앞서 간디를 둘러싼 회의파 내외의 소용돌이를 살펴보자.

　1932년 4월에 회의파는 비합법인 채로 델리의 인도인의 큰 거리(찬도니초크, 은의 거리)에서 대회를 열었다. 경찰들은 무장한 채 회장을 포위했다. 참가자는 약 500명으로 보통 다른 대회와 비교해서 절반이나 3분의 1에 해당하는 수였다. 그곳에서 1929년 결의한 완전 독립의 재확인, 시민적 불복종의 재개 유지, 간디에의 신뢰 등이 결의되었다.

　1933년 대회는 캘커타에서 열렸다. 전과 다름없이 정부와 관청의 심한 탄압으로 대회 직전 약 1,000명이 체포되었다. 그러나 대회에는 약 1,100명이 참가하였다. 여기서도 전년도와 같이 완전 독립의 재확인, 시민적 불복종의 강화·확대, 외국제 의류 보이콧과 카디(인도제 의복)의 애용 등이 결의되었다.

　간디가 이끄는 시민적 불복종이나 보이콧 운동은, 불가촉천민 폐지 지지와 함께 태풍 안에서도 하나로 통하고 있는 것이다.

　동시에 1933년 12월에는 전(全)인도공산당센터가 설립되었다. 이미 인도 곳곳에 공산주의 아래 모인 집단이 있었고, 1929년에는 미라트에서 공산당을 탄압하는 사건(미라트 반역사건)이 일어나기도 했지만, 이들이 하나로 연합되어 연락망을 구축하게 된 것은 이번이 처음이다. 물론 영국 정부는 그 몇 개월 뒤에 이들을 비합법 단체로 규정했다.

반면, 옥중 간디는 1933년 2월 그때까지 영국 정부가 발행 금지시킨 기관지 〈영 인디아〉 대신에 새로운 주간지 〈하리잔〉을 발간하고 그 산하의 봉사단체를 결성하였다. '하리잔'은 '신의 아이'라는 의미로, 현세에서 가장 천대받는 불가촉천민이 후세에는 '하리잔'으로 환생할 것이라는 기대와 함께 간디가 붙여 준 이름이다.

이리하여 이제까지 불가촉천민, 파리아, 혹은 손가락질 받는 계급 등으로 불리던 사람들은 새로이 하리잔으로 거듭나게 된 것이다.

## 회의파 사회당의 결성

전인도공산당센터 결성에서 보이는 혁명과 진보의 운동은 회의파 내부에도 대두하고 있었다. 앞서 1900년대 초부터 회의파에는 급진파와 온건파의 두 흐름이 있었다고 서술한 바 있는데, 1920년대에는 온건파의 주류를 이룬 사람들이 입헌파 혹은 의회파로서 스와라지스트(Swarajist)라는 이름으로 불리었다.

반면 급진파라고는 불리지 않았으나, 의회 밖에서 대중 활동을 중시하고 특히 노동자계급을 지도 세력으로 민족독립운동과 사회운동을 결합하고자 한 세력 역시 활발하였다. 물론 아직 노동자는 대중으로서 자각을 충분히 하지 못해, 이런 운동을 보이는 것은 정치 활동을 계속해 온 지식계층이 주류였다. 1929년 회의파가 그 완전 독립을 결의하였을 때 의장 네루가 동시에 전인도 노동조합회의 대회의 의장을 겸하고 있었던 것은, 그 무렵 조류의 한 부분을 보여 주고 있다. 그리고 1932년 회의파 카라치(Karachi) 대회에서는 노동자의 임금, 농민의 대금, 지세의 인하 등 사회, 경제적 개혁에 대해 결의를 채택하였다.

이리하여 회의파 내부 좌파세력에 속한 사람들은 1934년 5월에 회의를 열어 회의파 사회당을 결성하게 된 것이다. 이때 간디는 다시금 '하리잔'을 위해 옥중에서 단식을 선언, 당황한 영국 정부는 간디를 석방하나 간디는 선언대로 옥외에서 단식을 완수했다.

간디는 회의파 좌파의 리더로 있는 네루를 통해 사회주의에 관심을 기울이고 있었다. 사회주의 공부를 하고 싶다고 말하며 문헌을 주문하여 읽곤 했

네루와 간디

다. 그러나 과학적 사회주의의 좋은 이해자이자 지도자라고는 말할 수 없었다.

그것은 남부디리파드가 비판했듯이 '간디는 인도 부르주아의 완벽한 정치 지도자'란 계급적 한계에서 오는 동시에, 간디의 관심이 좀 더 직접적이고도 인도적인 것—즉 하리잔의 농민 생활 그 자체에 있었기 때문이기도 하다. 이러한 인도를 향한 관심 안에는 그 무렵 인도 부르주아도 있었다. 그러나 인도의 '민족과 계급'의 문제 및 간디의 사상에 대해서는 뒤에서 따로 이야기하고자 한다. (Ⅱ. 간디의 사상 참조)

문제는 회의파 사회당의 결성에 좌파 지도자 네루가 참가하지 않았다는 점이다. 네루는 회의파 사회당의 결성기금 모금운동을 하면서도 사회당의 일원으로 참여하지 않았다. 왜일까. 적어도 좌파에 소속되어 마르크스주의만을 지지함을 보여 온 네루가 확실히 '배반적인 생각'에 스스로 마음이 끌린 상태에서 굳이 사회당에 관여하지 않은 것에 대해서는 갖가지 비판과 억측이 난무하고 있다.

그 중에서도 간디에 대한 배려와 회의파에 대한 배려, 이 두 가지 추측이 생각해 볼 만하지 않을까? 회의파 내부의 커다란 정치적 태풍 속에서 간디는 제법 외골수적인 생각을 하고 있었다. 단식 선언 직후에 석방된 간디는 비밀활동을 모두 중단하고 자신의 요새인 아슈라마의 해산을 선언한 바 있다. 강한 자기 반성 전에 간디는 무언가를 결의하고 있다. 아니 결의의 내용을 네루에게 확실히 보여 주고 있다.

회의파에 대한 배려는 이런 것이다. 간디가 맥도널드 재정(裁定)에 반대하여 단식한 이후, 간디는 의회(選舉) 길을 막는다는 이유로 회의파 내에서 입헌파 스와라지스트들로부터 심한 공격을 받을 일이 있었다. 이른바 회의파에서는 급진파, 온건파로 나뉜 이래의 대립이 원탁회의 이후인 1930년대에 모습을 변형해 부활, 재현되고 있었다. 거기에 지금 다시 회의파 좌파가 결성된 것이다. 네루는 간디의 길동무로서 회의파의 주류, 즉 '일종의 중도(中道)'를 선택하고자 한 것은 아닐까.

고난과 희생이 많을 때에는 자취를 감추고 '정치가 안전하게 되었을 때 전면에 등장한다'. 이것이 스와라지당 사람들의 모습으로, 네루는 1934년 간디 앞으로 보낸 서신에서 '가련하게 뒤섞인 인간들'이라고 경멸하였다.

이른바 좌우파로부터 뒤흔들리는 회의파 주류를 지키는 일을 네루는 스스로 떠맡기로 결의한 것이고, 주위 사정도 그쪽으로 움직여가고 있었던 것이다. 그런 까닭에 정계 일선에서 간디의 은퇴 성명이 나온 것이다.

## 간디의 정계 은퇴

앞서 언급한 남부디리파드는 간디에 관한 책에서 확실히 은퇴(Retirement)라는 제목에 한 장을 할애했다. 그것은 어떤 형태의 은퇴일까.

1934년 9월 간디는, 그의 측근이자 회의파에는 우파적 보수 성향에 속해 있는 발라브바이 파텔 앞으로 보낸 편지 안에서 네루를 지도자로 하는 사회주의 세력에 대해 언급하며, 그들은 가까운 미래에 반드시 영향력과 중요성을 늘릴 것이라고 지적한 후 이렇게 썼다.

'……그들의 공식 소책자에 발표된 프로그램에 관해서 나는 근본적으로 의견이 다르네. 그러나 내가 관여할 수 있는 도덕적 압력(moral pressure)으로써 그들이 생각을 문서로 내보이거나 전파해 가는 것을 억압하지는 않으려네. 그러나 내가 그 회의파 내부에 머무르는 것은 결국 그러한 압력을 가하는 결과가 될 걸세.'

계속해서 간디는 긴 성명을 발표, 비폭력으로 일관한 신조, 물레나 직접 짠 직물에 대한 그의 신앙을 피력하고, 이것을 단순히 일종의 정책으로밖에 보지 않는 지식계급자와 입장을 달리함을 명백히 하였다. 간디에게는 민족 문제, 계급 문제도 인도적인 형태로밖에 보이지 않고, 반대로 인도적인 형태를 통하지 않고서는 민족 문제, 계급 문제도 해결할 수 없는 것이었다.

간디는 좌파 그룹에 대해서만 태도를 표명한 것이 아니다. 성명은 우파 즉, 간디가 말하는 '의회정당'에 대해서도 언급하고 있다. 원래 '의회에서의 계획은 언제나 국가 활동의 최소한의 것이라는 점이 나의 지론이다. 가장 중요하고 항구적인 작업은 의회 밖에서 행해지고 있다'라는 것이 간디의 신념이다.

그리고 이 의회정당의 성장에도 같은 도덕적 압력을 가하고 싶지 않다는 점 또한 간디의 생각이었다. 결국에 이때 회의파 내부에 있는 존재가 좌우 모든 세력에 대해 '도덕적 압력이 됨'이라는 생각, 그것이 나름으로 잘난 체하는 것처럼 생각될 수 있으나 그런 자부심을 가진 간디는 전 인도—좀더 정확하게 말하면 전 인도적인 것을 짊어진 영국을 상대로, 적을 농락하고 혹은 타협, 거래도 해 온 것이다. 이것은 자타가 인정한 방자함일지도 모른다. 이제 간디가 은퇴함으로써 의회파는 다시 합법화되었고, 의회 정당파 사람들은 선거에 관여할 수 있게 되었다.

### 은퇴의 본질적 의미

회의파에선 설득해도 효과가 없었으므로 본의 아니게 그의 은퇴를 승인할 수밖에 없었다. 다만 '언제고 필요할 때 그는 회의파의 조언자요 지도자가 된다'는 약속을 덧붙였다.

그러나 간디 없는 의회파라는 것이 있을 수 있을까? 그의 은퇴는 무엇을 의미한 것일까? 비판자 남부디리파드는 간디가 하리잔이나 물레, 직접 짠 직물, 촌락 공업, 국어 보급, 위생 개선 등 그의 이른바 건설적 일에 종사하는 한 정치에서 은퇴한다는 문제는 '애초에 없었다'고 말한다. '자유인도 건설을 위한 비폭력 투쟁 프로그램의 불가분의 구성 요소'이기 때문이다.

남부디리파드의 결론은 더없이 명확한 판단이다.

'간디의 전술은, 그 자신은 조언을 주고, 좌우 양쪽의 정책에 영향을 끼치며 배경 뒤로 숨는 것이다. 그리고 한편으로는 회의파 내부 우파 여러 세력을 강화하고 다른 한쪽으로는 자와할랄 네루의 지도하에 좌파 세력을 성장시켜 통합시키고자 하는 것이다. 이것이 결국 그(간디)가 적극적인 의회파 활동에서 은퇴한 본질적인 의미이다.'

그 자신이, 국민회의파에서 회의파 사회당을 거쳐 인도 공산당에 들어가 좌파를 형성한 남부디리파드의 비판은 간디주의 정치적 본질에 접근하기는 했으나, 과연 간디 은퇴의 의미는 이에 해당하는 것일까. 속단은 금물, 그 뒤 역사의 흐름과 간디의 생애 속에서 설명을 구할 수밖에 없다.


## 간디의 견해
─산아제한과 흑인 문제

정계 일선에서 일단 은퇴한 간디는 강연이나 성명이나 혹은 기관지 〈하리 잔〉에서도 정치 문제를 언급하지 않았다. 회의파 좌파 지도자 찬드라 보스의 표현에 따르면, 이 시기는 정치지도자라기보다는 세계 교사로서의 간디의 일면이 크게 발휘된 때였다.

여기에서는 이 시기에 간디를 보려 아슈라마를 방문한 사람들 중에 특히 국제적인 인물을 선택해 소개해 두었다. 정계의 표면에 서 있을 때도, 무대 를 내려와 있을 때도 간디의 내면을 지탱한 것은 무엇이었을까.

### 생어 부인과의 회담

미국의 마거릿 생어(Margaret Sanger) 부인은 산아제한 운동에 열의를 다 한 지도자로서 유명하다. '빈곤자의 많은 아이들'이라는 말이 이만큼 딱 들 어맞는 나라가 인도 말고 또 있을까? 그 정도로 간디의 나라는 가난하고 인 구 과잉에 골머리를 썩이고 있었다.

무엇보다 산아제한이 급선무인 나라, 게다가 '성자' 간디의 말이라면 당장 이라도 따를 수백, 수천만의 인구가 있는 나라. 간디가 산아제한 운동을 지 지하고 협력만 해 준다면 얼마나 멋지겠는가!

생어 부인은 1935년 12월 와르다의 아슈라마에서 간디와 회견하였다. 회 견 모습은 비서인 데사이가 기록하여 〈하리잔〉지에도 소개되었고 생어 부인 《자서전》에도 수록되어 있다.

간디는 자신의 깊숙한 사생활까지 털어놓으며 열성적으로 이야기하였다. 무엇보다도 부인이 해방되고 남편에 대해 확실히 "아니오"라고 말할 수 있게 되어 자기 운명의 주인공이 되어야 한다는 점에서는 두 사람의 의견이 일치했다. 그러나 생어 부인이 제창하는 산아제한, 특히 기구를 설치해 제한하는 것에 간디는 반대 입장을 표명했다. 이는 간디가 기계를 싫어한다기보다는 좀더 근본적인 견해에 접근했기 때문이다.

"만약, 나(ガ)에게 남아 있는 세월을 통해, 내가 인도 부인들의 마음에 부인은 자유롭다는 진리를 전달할 수 있다면, 인도에도 산아제한 문제는 일어나지 않겠지요."

"남녀 쌍방이 자신들 행위의 결과에 대해 생각하지 않고 동물적인 정욕을 만족시키고자 하는 것은 사랑이 아니라, 쾌락입니다."

"만약 사랑이 순수하다면 그것은 동물적 욕정을 초월하고 제어하는 것이겠지요."

"사랑은 모두가 그것을 동물적 필요를 만족하는 수단으로 할 때, 순식간에 쾌락이 됩니다."

요컨대 생어 부인이 말하는 '성애'는 간디의 사랑의 진리라는 벽을 부수지 못하였다. 좀더 간단하게 말해 간디 주장은, 자손을 남기는 것은 '필요'한 일이기 때문에 그 필요만큼의 부부관계는 용인된다. 그 다음엔 자제하는 길밖에 없다는 것이다.

"부부가 평생에 고작 서너 번밖에 관계할 수 없다는 말인가요?"

생어 부인이 놀라움을 드러내며 질문하였다.

금욕주의자 간디의 성 가치관이 서술되었기에 문답 내용 자체가 흥미 깊었지만, 생어 부인은 회담 때 간디의 인상을 다음과 같이 묘사했다.

'그는 말 한마디 빠짐없이 정직한 억양과 저음의 목소리로 유창하게 영어로 말했다. ……그러나 인상부터 말하자면 강렬하지는 않았다. 당신이 그의 질문에 대답하는 사이, 그는 자신의 사상이 담긴 어떤 생각을 하다가, 당신이 이야기를 멈추자마자 마치 당신의 말은 듣지도 않았다는 듯이 자신의 생각을 밝힐 것이다. 당신은 거듭 그가 당신의 뜻에 따라준다고 믿어 본다. 그러면 그때 종교다 정열이다 경험이다 하는 돌벽이 나타나고, 당신은 그 장애를 뛰어넘어 그의 생각을 깨부수지는 못할 것이다. 실제로 그는 속속들이 드러내는 사람이라 불림에도 불구하고 자신의 의견을 바꾸지 않는 것에 자긍심을 느끼고 있다.'

여기서는 항상 대중에게 봉사하는 것을 염두에 두고, 대중과 함게 있어도 결국 홀로 고결한 자리를 지키는 사람 특유의 모습이 그려진 듯하다.

## 흑인 대표와의 회견

간디는 20살이 넘은 청년 시절에 인종 차별로 떠들썩했던 남아프리카에서 생활했고, 그 자신도 유색인종이므로 인종 문제에도 일찍이 관심을 두고 많은 경험을 하였다. 그리하여 미국 흑인에게서도 깊은 존경을 얻게 되었다.

1937년 페르프 스토크스 기금 이사 커닝 토비어스 박사와 무어하우스 대학 총장 벤자민 메이스 박사가 간디를 방문했다. 토비어스 박사는 메이스 박사 방문 뒤에 간디를 찾아왔는데, 그날이 마침 침묵의 날이라 필담으로 이야기를 나누었다. 메이스 박사와의 제법 긴 회담은, 딱 토비어스 박사의 질문에 답해 써 주었던 짧은 문장의 해설에 해당된다고 비서 데사이는 기록하였다.

1936년에 흑인 트루먼 박사 부부가 간디를 방문하였을 때도 대담의 중심 화제는 비폭력이었다. 이번 두 흑인 신사도 비폭력에 대해 간디를 찾아온 것이다. 특히 메이스 박사와의 회담은 천천히 시간을 들여, 비서 데사이의 기록에 따르면 간디는 마치 육감(六感)을 발동시킨 듯 힘을 다해 그의 생애의 신조에 대해 설명했다.

"……수동적인 저항이라는 것은 비폭력에 대해 잘못 일컫는 말입니다. 비폭력은 폭력보다도 더욱 적극적입니다. 직접적이고 휴식이 없는 것이지만 그 4분의 3은 눈에 보이지 않습니다. 그저 4분의 1이 보일 뿐입니다. 보이는 부분에서는 아무런 힘이 없어 보입니다. 예를 들어 내가 비폭력의 상징으로 부르는 물레가 그렇습니다. ……모든 기적은 그 눈에 보이지 않는 힘의 침묵의 작용에 따른 것입니다. 비폭력은 가장 눈에 보이지 않지만, 가장 힘있는 것입니다……."

어떤 의미로는 매우 합리적이고 실행파인 간디는 '기적'이라는 말은 그다지 사용하지 않는다. 그러나 여기서는 그 말을 꺼내어 끊임없이 비폭력의 의의를 강조하고 있다. 데사이가 육감적이라 한 말은 이 부분을 지칭한 것이리라.

메이스 교수의 질문은 구체적이고 더욱 절실한 것을 포함하고 있다. 한 사람 한 사람이 비폭력을 훈련하기는 쉽다. 그러나 사랑의 입장에서 대중의 마음을 훈련하기란 쉽지 않은 일이다.

"만약 대중이 비폭력(의 원칙)을 짓밟아버렸을 땐 어떤 전략을 취해야 할까요? 저희는 물러서야 할까요, 아님 더욱 진행시켜야 할까요?"

간디는 이렇게 대답했다.

"나에게도 인도 운동에서 그런 경험이 있습니다. 인간은 설교하여 훈련되지 않습니다. 비폭력은 설교할 수 있는 것이 아닙니다. 그것은 실행해야 하는 것입니다. ……폭력에는 눈에 보이지 않는 부분이 없습니다. 반면 비폭력은 4분의 3이 눈에 보이지 않습니다. 그리고 눈에 보이지 않는 부분이 많으면 많을수록 거꾸로 그 효과는 위대해지는 것입니다."

확실히 간디는 비폭력 실천가이다. 실천가가 아니면 알 수 없는 실제 체험한 느낌을 담아 말하고 있다. 도덕은 설교로 몸에 익히는 것이 아니다. 수영은 수영을 통해 익혀야 하는 것처럼 실행해 봐야만 몸에 배는 것이다. 폭력과 비폭력, 그 방법은 정반대이나 간디의 대답은 대중 안에서 개혁의 실천가만이 말할 수 있는 '어록'의 울림을 낸다.

메이스 박사는 다시 질문한다.

"폭력은 언제나 사랑의 정신으로 관리하는 것이 가능합니까?"

"아니오. 결코 그렇지 않습니다. 나의 경험으로 설명하지요. 절름발이 송아지가 있었습니다. 심한 종기가 생겨 먹지도 못하고 숨쉬기조차 힘들어 했습니다. 나는 3일간 나 자신과 토론한 뒤 그 숨을 거두어 들였습니다. 그 행위는 비폭력입니다. 그것은 완전히 비이기적인 마음에서, 오로지 송아지를 고통에서 구제하는 것만을 목적으로 한 행위이기 때문입니다. 그것을 어떤 사람들은 폭력 행위라 말들 하지만, 나는 일종의 외과수술이라 말했습니다. 만약 같은 궁지에 몰린다면, 내 아이라도 똑같이 처치했을 것입니다. 그러니까 내 말은, 인류 최고 법칙으로서의 비폭력은 당신이 예외에 대해 말할 때 존재하길 그만둔다는 것입니다."

어디까지나 비폭력이자, 동시에 '비겁자가 되느니 칼을 들라'고 말한 예전의 '칼의 교의'를 상기시키는 것이 여기에 있다.

특별한 경우를 보편화하는 것은 경계해야 할 일이나, 목적을 하나로 하고 그것이 이루어지길 한결같이 바라고 원할 때 폭력과 비폭력은 일치할 것이다. 조금 더 겸허하게 말해, 폭력과 비폭력은 종이 한 장 차이가 아닐까. 비폭력을 예찬해서가 아니라, 진리를 지키고자 할 때 인간에게는 그런 면이 있지 않을까 하는 것이다.

전에 말한, 정치가이자 저술가인 트루먼 박사와의 대담에서도 간디는 비폭력이 직접 행위의 한 형태가 아닌 유일한 형태로서 세상에서 가장 적극적인 것이라는 점을 강조하고 있다.

이러한 대담에서 나타낸 간디의 '눈에 보이지 않는 힘'은 훗날 '눈에 보이는 힘'이 되어 나타났다. 토비어스 박사와 메이스 박사가 간디와 회담하고 3년 뒤 미국 시카고 대학에서 작은 모임이 형성되어 인종문제 해결을 위한 비폭력의 제3, 제4의 방법이 도입된 것이다.

이 운동은 미국 각지의 도시에서도 발전되어 '인종평등회의(CORE)'로 알려지게 되었다.

또 1968년 암살된 마틴 루터 킹 목사가 지도한 '남부 그리스도교 지도회의(SCLC)'에서도 간디의 비폭력주의 정신이 이어지고 있다. 미국의 흑인문제는 단순한 인종문제, 민족문제가 아니다. 그것은 계급문제로서 노동자운동과 연계되어, 처음으로 해결되었다고 말한 단계까지 흑인의 자각을 계속해서 높인 것이다.

미국 흑인문제의 원류에는 간디의 비폭력주의가 영향을 끼치고 있다. 물을 마시는 사람들은 그 근원을 잊지 않는 것이다.


## 아슈라마의 안과 밖

간디가 정계 일선에서 물러난 뒤 아슈라마의 안팎, 인도의 안팎에선 격한 시대의 파도가 높아지고 있었다. 간디는 가끔 건강상의 이유로 어쩔 수 없이 요양을 하긴 했지만 심신을 쉴 만한 짬이 없었다.

### 인도 안에서

1935년에는 원탁회의의 성과를 담은 영국의 인도통치법(1935)이 공포되었다.

1937년에는 이 통치법에 근거하여 버마(미얀마)가 인도에서 떨어져 나갔다. 물론 독립한 것이 아니라 식민지 인도에서 식민지 버마가 분리된 것이다. 영국이 3차에 이르는 버마 전쟁에 개입하여 버마를 인도에 합병시킨 것이

1886년이다. 그러나 버마는 약 반세기 만에 다시 인도에서 분리되어, 전후 (戰後) 인도가 독립하고 약 4개월 뒤인 1948년 1월에 독립했다.

이 1937년에는 마찬가지로 1935년 통치법에 근거한 주(州)선거가 행해졌다. 이때 국민회의파는 11개 주 중 8개 주에서 승리하고 주 내각을 조직했다. 인도 총독이 임명한 주지사의 권한이 워낙 막강하여, 주 내각이라 해도 인도인의 의향을 완전히 반영하는 일은 없었다. 단 이때의 선거전을 통해 간디도 네루도 국민회의파의 승리보다는 영국으로부터 인도의 독립을 민중에게 호소했는데, 이것이 큰 지지를 얻었다.

그리고 1937년에 간디는 노동교육을 강조한 이른바 와르다 교육계획을 발표했다. 그 요지는 다음과 같다.

1. 7년의 의무교육을 온 인도에서 무상으로 실시할 것.
2. 가르칠 때는 모국어(인도)를 사용할 것.
3. 교육은 어떠한 형태로든 공작(工作) 및 생산적 작업과 병행할 것.

여기에 일관되게 흐르는 사상은 노동과 교육의 연관이지만, 커리큘럼 그 자체는 지극히 인도적이고 간디적인 것이었다.

가령 수학과 기초적 공작, 즉 손으로 실을 잣거나 수직을 결부시킨 커리큘럼으로써 1학년에서는 수를 세는 방법이나 십진법 등을 실타래의 실을 가지고 배우고, 2학년에서는 그것을 더욱 큰 수로 넓혀간다. 3학년에서는 농촌, 지방, 온 인도에 놓인 면화 산출량 등을 조사하고 목화송이를 쌓아 분수의 개념을 심어 주고, 4학년에서는 공작으로 얻는 보수를 통해 더욱 복잡한 계산을 가르치고, 5학년에서는 공작의 성과를 학교에서 공동 판매할 때의 상세한 계산법을 습득한다. 6학년에서는 이익과 손실의 문제, 물레의 제작에 필요한 목재의 계산 방법, 7학년에서는 이자의 계산법, 단위당 노동량과 노동 능률 등의 실제 문제로부터 그래프 작성에 이른다는 식이다.

기초교육의 보급은 간디식 건설 사업의 중요한 항목이지만, 그 방법에는 인도적인 독자성과 더불어 동시에 사회주의 국가에서 볼 수 있는 노동 존중의 진보성도 볼 수 있다.

간디는 1937년에 불가촉천민 문제로 인도 남단의 트라반코르(현재의 케랄라) 지방을

연단에 선 간디(1947년 아시아 회의)

여행하고, 다음해에는 서북 국경 주(州)를 다녀왔다. 인도의 역대 정치가 중에 간디만큼 인도를 돌아보고 간디만큼 대중에게 접촉했던 사람은 없다. 국민의 간디에 대한 존경과 인기의 비결이 바로 여기에 있다.

간디는 인도의 국내 정치에 관해 직접적인 발언은 삼갔다. 그 무렵 국민회의파는 네루, 계속해서 찬드라 보스 등 좌파 또는 전위파의 비교적 젊은 세대들이 선두에서 지휘하고 있었다. 물론 간디의 은연 중의 정치력과 그 영향력을 무시할 수는 없었지만…….

### 인도의 바깥에서는

눈을 인도 바깥으로 돌려보자. 유럽에도 아시아에도 불길한 먹구름이 떠다니기 시작했다.

인도공산당센터가 창립된 1933년에는 독일에서 히틀러의 독재정권이 수립되었고 일본은 국제연맹을 탈퇴했다. 간디는 유대인 문제에 대해서는 일찍부터 관심이 있었다. 남아프리카 시절부터 간디의 가장 친한 동료 중에 유대인이 3명이나 있었기 때문이다. S.L. 폴락과 헤르만 칼렌바흐, 소니야 슐레진

이 그들이다. 이 중 칼렌바흐는 나중에 간디가 있는 세바그람의 아슈라마에 찾아와 여기서 함께 살았다.

따라서 간디는 유대인 문제를 잘 이해하고 있었다. 그것은 마치 인도의 힌두교도와 불가촉천민의 문제와 닮았다고 생각했다. 유대인을 박해하는 히틀러에 대해서는 "고대의 전제 군주도 그렇게 심한 짓은 하지 않았다"고 격렬하게 비난했다.

그러나 독일 또는 세계의 유대인이 아라비아인의 땅인 팔레스티나를 고향이라고 생각해서 영국이나 미국의 군사력을 동원해 그곳에 유대인의 나라를 건설하는 것에 대해서는, 그 목적에 대해서나 수단에 대해서나 굉장히 비판적이었다. 그는 기관지 〈하리잔〉에 〈시오니즘과 반유대주의〉 〈유대인의 문제〉 〈유대인 친구에게 주는 대답〉 〈유대인과 팔레스타인〉 등의 논문을 실었는데, 종교적으로도 정치적으로도 공평한 입장에서 견해를 밝혔다.

유럽에서 독일과 이탈리아, 아시아에서 일본이 군국주의적, 침략주의적 경향을 점점 노골적으로 드러냈고, 1936년에는 에스파냐 내란이 촉발되었다. 인도의 민중은 에스파냐의 인민 통일전선, 일본의 침략과 싸우는 국민당 정부(蔣介石)를 지지했다. 중국에서는 1936년 시안사건 후 항일 민족통일전선이 결성되었다.

1938년 영국, 프랑스, 독일, 이탈리아의 뮌헨회의가 열렸다. 영국은 히틀러의 공세 앞에서 수세에 몰린 듯 보였다. 간디의 표현에 따르면 "체임벌린에게는 아무래도 방책이 없었다."

다음해인 1939년 9월 3일, 드디어 제2차 세계대전이 발발했다. 간디는 70세로, 10월 2일 생일에는 세계 저명 인사들과 공동 집필로 《고희기념 논문집》을 냈다.

간디는 이제 정치 일선에서 물러나 있지 않았다.

인도는 간디가 필요했다. 이리하여 간디는 베테랑 투수가 자기편이 위기에 처하면 마운드에 오르듯이 세 번째로 '조국의 위기'에 등장하게 되었다.

# 장개석에게 보낸 편지

## 전화는 서쪽에서 동쪽으로

간디는 스스로 인정한 것처럼 지금까지 몇 번이나 영국의 전쟁에 협력해왔다. 제1차 세계대전 때도 그랬다. 그러나 제2차 세계대전 때는 간디의 태도도 인도의 태도도 달랐다.

대전 발발과 동시에 영국은 인도와 한마디 상의 없이 "인도도 전시 상태에 들어갔다"고 선언했지만 이것은 일부 특정인을 제외하고는 인도인이 승복할 수 없는 것이었다.

간디는 당시 총독 린리스고에게 즉각 "영국을 괴롭힐 생각은 없지만 전쟁에는 협력할 수 없다"고 말했다. 국민회의파의 집행위원회도 1939년 9월 14일, "자유롭고 민주적인 인도는 침략에 대한 상호방위를 위해 다른 자유로운 모든 국가와 기꺼이 협력할 것이다"라고 선언했다.

만약 영국이 인도의 전쟁 협력을 얻고 싶다면 인도의 자유, 인도의 독립을 인정하라, 그러면 자유로운 인도는 기꺼이 영국에 협력할 것이라는 말이었다. 제1차 세계대전 이후 인도 국민의 정치적 자각은 상당히 높아져 있었다.

1940년 7월 나치스 독일의 침략에 프랑스가 항복했을 때도 국민회의파의 이 의지는 거듭 표명되었다. 동시에 국민회의파의 지도권은 재차 간디에게 맡겨졌다. 간디는 일종의 시민 불복종 형태로 영국에 대한 인도의 입장을 고수했다.

1941년 6월 22일 독일은 독·소 불가침조약을 깨고 소련을 침공했다.

1941년 12월 8일 일본도 드디어 '진주만 기습'으로 태평양 전쟁에 돌입했다.

간디는 눈을 세계 서쪽과 동쪽 모두에 둘 수밖에 없었다. 대전의 바람은 인도에도 불어오는 것처럼 보였기 때문이다. 일본군은 버마($^{미얀}_{마}$)를 향해 진격하고 독일군은 북아프리카를 침공했다. 이 두 세력이 인도에서 합류할 것이라는 소문도 있었다.

1942년 영국은 네루와 친한 스탠포드 크리프스를 특사로 인도에 파견했다. 인도를 회유하기 위해서였다.

크리프스의 제안은 전후 인도의 자치령 지위를 인정하고, 또 이슬람교도 연맹이 요청한 이슬람교도를 위한 분리국가에 대해서도 길을 열어 두겠다는 것이었다. 인도 각 당, 각 파는 토론을 거친 뒤, 이렇게 애매모호한 약속은 안 된다는 데 의견을 모아 크리프스의 제안을 거절했다.

인도가 원하는 것은 지금 곧 임시중앙정부를 수립하여 독립 인도로서 영국에 협력하는 것이었다.

그 무렵 중국 공산당과 통일전선을 결성하고 일본군의 침략에 맞서 싸우던 중국의 장개석은 인도의 독립을 미국의 루스벨트 대통령과 영국 정부에 제의했다. 그때 중국은 그 정도로 인도에 우호적이었다.

## 장 총통에게 보낸 편지

1942년 3월에는 장개석 부부가 원조를 얻기 위해 인도를 방문했다. 간디는 일부러 장개석과 특별 면담을 하기 위해 캘커타로 가서 며칠간 대담을 했다. 그리고 몇 개월 뒤 1942년 6월 장개석에게 편지를 썼다.

그것은 당시 간디의 중국 및 일본에 대한 입장을 보여 주는 것으로, 그 뒤에 쓴 〈루스벨트에게 보낸 편지〉나 〈모든 일본인에게 보내는 공개장〉과 함께 귀중한 자료가 되고 있다.

간디는 오래 전 남아프리카 시절에도, 모리셔스 섬에 있을 때도, 또 인도 국내에 들어와서도 화교들과 친하게 지낸 경험이 있다는 것을 말하고는 이렇게 썼다.

……중국에 대한 이 감정, 또 이 위대한 두 나라가 더욱더 밀접한 관계가 되어 상호 이익을 위해 협력해야만 한다는 강한 희망으로 당신에게 호소합니다. 영국 권력은 인도로부터 철퇴해야 합니다. 나의 이 요구는 인도가 어떠한 형태로도 일본에 대한 방위력을 줄이는 일은 없으며, 중국의 싸움에 폐를 끼치는 일도 없을 것이란 결의임을 말하고 싶습니다.

인도는 어떠한 침략자도 침입자도 용서해서는 안 되며 오히려 그들에게 저항해야 합니다. 나는 내 나라 인도의 자유를 당신 나라 중국을 희생시켜 손에 넣을 생각은 없을뿐더러 그러한 방법으로 인도가 자유를 얻으리라 보지도 않습니다. 일본의 인도 또는 중국 지배는 양국 모두에게 유해할 뿐만 아니라 세계 평화를 위협한다는 것은 너무나도 명백하므로, 그러한 지배는 저지시켜야만 하고, 나는 인도가 그러기 위해 당연히 바른 역할을 해야만 한다고 믿습니다.

그러나 인도가 예속 상태에 있는 한 그것은 불가능합니다. (중략)

효과적인 행동을 할 수 있는 길이 우리 앞에 놓여 있는 이때에 절망하거나 상황을 그대로 방치해 두는 것은 옳지 못할뿐더러 남자답지 못한 일이라고 생각하는 사람은 많습니다.

이 사람들은 독립과 자유를 위하여 할 수 있는 모든 노력을 해야만 한다고 생각합니다. 이것이야말로 내가 영국과 인도 사이의 부자연스러운 관계를 바로 끝내기 위해 영국의 권력에 호소한 것입니다.

그런 노력을 하지 않으면 잘못된 방향으로 흘러갈 수 있는 위험한 대중 감정이 인도에는 있습니다. 인도에 놓인 권력을 약화시키고 쫓아내기 위해 일본을 동정하는 경향이 눈에 보이지 않는 곳에서 단순 소박하게 성장하고 있습니다. 이러한 감정은, 우리의 자유를 외부의 힘을 빌려 쟁취하는 것이 아니라 자신의 능력으로 이룬다는 건전한 확신을 품고 바꾸어야만 합니다.

우리는 자주 독립으로 자신의 힘을 발휘해야만 하고, 그것은 우리가 예속의 둥지로부터 자유로워지기 위해 스스로 결정적인 노력을 했을 때에만 가능한 일입니다. (중략)

우리가 모든 방법을 동원하여 일본의 침략을 저지하려 한다는 것을, 그리고 이를 완전하고 명백하게 하기 위해서, 나 개인으로서는 연합군이 우리와의 협정하에 그 군사력을 인도에 두고, 인도를 위협해 오는 일본의 침략을 저지하기 위한 작전기지로 사용한다면 그것에도 동의할 생각입니다. (중략)

나는 영국 당국자와 분쟁을 일으키지 않도록 극도로 조심하고 있습니다. 그러나 지금 당면한 자유 옹호를 위해서라면 아무리 크나큰 위험이 도사리더라도 결단을 망설이는 일은 없을 것입니다. (이하 생략)

### '인도 철수' 결의 채택

간디는 장개석 앞으로 편지를 보낸 다음 달, 1942년 7월 1일자로 미국의 루스벨트 대통령에게도 편지를 보냈다. 이것은 직접 보낸 것이 아니라, 미국의 저널리스트로 나중에 《간디전》을 쓴 루이스 피셔의 손을 거친 것이다. 1942년 봄 피셔가 세바그람의 아슈라마에서 일주일 동안 간디와 함께 생활을 한 다음 뉴델리로 떠난 뒤, 간디는 그를 뒤따라가 이 편지를 맡겼다. 그때 간디는 피셔에게 "만약 당신의 마음에 들지 않는다면 찢어 버려도 좋다"고 말했다.

그 무렵 루스벨트는 인도에 동정을 표하고 있었다.

"처칠은 전쟁이 끝나고 나면 인도에 자치를 인정하겠다고 말하면서 왜 전쟁 중에는 그것을 인정하지 않느냐"고 루스벨트는 처칠을 향해 말했다.

간디는 그러한 미국의 입장을 고려하여 편지를 쓴 것으로, 여기서도 미국에 많은 친구가 있다는 것을 말한 뒤 이렇게 덧붙였다.

"인도와 아프리카 그리고 미국의 흑인을 계속 착취 예속한 연합국이 개인의 자유와 민주주의를 위해 싸운다고 하는 것은 공허한 울림일 뿐이다."

그리고 간디가 장개석에게 쓴 것처럼, 일본의 침략을 막고 중국을 방위하기 위해서라면 연합국의 군대가 그들의 비용으로 인도에 주둔하는 것은 용인한다고 말하고 있다. 그러나 이 모든 것은 인도의 자유와 독립이라는 전제 하에서만 가능하다는 점에서는 동일하다.

그 뒤 1942년 7월 26일자 〈하리잔〉지에는 '모든 일본인에게'라는 공개장이 실렸다.

"……만약 전해진 것처럼 당신들이 인도의 독립을 열망하고 있고 영국이 인도의 독립을 승낙한다면, 당신들이 인도에 공격을 가할 구실은 일체 없어질 것입니다……내가 읽는 모든 매체는 당신들이 이러한 호소에 귀를 기울이지 않고 검에만 귀를 기울인다는 것을 가르쳐 주고 있습니다……."

물론 전시하의 일본에는 이러한 공개장이 제출되었다는 사실이 전혀 알려지지 않았다. 그러나 간디는 일본의 '성전'의 실태가 무엇인지 간파하고 있었다. 서쪽을 향하고 있는 눈길은 분명 동쪽으로도 향하고 있었다.

그리고 드디어 8월 7일 밤, 국민회의파는 뭄바이에서 위원회를 열고 그 유명한 '인도 철수(Quit India)!' 결의를 채택했다. 인도의 태도가 확실히 국내외에 결정적으로 표명된 것이다. 그와 동시에 간디, 네루를 필두로 지도자들을 일망타진하려는 체포령이 내려졌다. 전시하에서 인도의 이른바 '피와 눈물의 시대'가 시작된 것이다.

# 사랑하는 사람의 죽음

전시하였던 1942년 8월 9일 이른 아침, 네루 등 다른 국민회의파 지도자들과 함께 체포된 간디는 노령이었기 때문에, 보통의 형무소가 아니라 푸나 (당시 뭄바이주의 도시) 가까이 있는 아가칸 궁전에 수용되었다. 간디의 생애를 통해서 약 10번에 가까운 감옥 생활 중 마지막 수감이었다.

여기에서 간디는 사랑하는 두 사람을 잃었다. 그만큼 황량한 전시(戰時)의 감옥 생활이었다.

## 비서 데사이의 죽음

간디가 체포되었을 때 비서인 마하데브 데사이와 시인 사로지니 나이두 여사도 함께 끌려갔다. 아내인 카스투르바 부인은 하루 늦게 아가칸 궁전에 수감되었다. 그런데 데사이가 아가칸 궁전에 갇힌 지 6일째 되는 날, 갑자기 심장 발작으로 쓰러졌다. 자기보다 스무 살도 더 어린 비서가 갑작스런 병으로 죽는다는 것은 간디로서는 생각지도 못한 일이었다.

"눈을 뜨고 나를 보기만 했다면 살 수 있었을 텐데……."

간디는 정말 그렇게 생각했다. 그러나 결국 이 젊고 충실한 비서는 스승의 모습을 눈에 담지 못한 채 세상을 떠나고 말았다.

"마하데브! 바브(간디)가 부르고 있어요……."

카스투르바 부인이 귀에 대고 이렇게 소리쳤지만 그 목소리도 전해지지 않았다. 간디는 지팡이를 빼앗긴 노인처럼 망연해하였다. 데사이는 단순히 간디 주변의 잡무를 정리하는 비서가 아니었다. 《간디전》의 저자 루이스 피셔가 말한 것처럼 데사이는 24년에 걸쳐 간디의 비서, 부하, 연대기 작가이자 친구 겸 아들이었다.

노령의 간디에게 그토록 가까웠던 젊은이의 죽음은 너무나도 큰 충격이었다. 그 뒤 궁전 안의 정원 한 구석에 데사이를 묻고 그 곁에 혼자 서서 방황하는 간디의 모습을 자주 볼 수 있었다.

## 린리스고 총독에게 보내는 편지

간디가 감옥 안에서든 밖에서든 인도 총독에게 편지를 쓰는 것은 연례 행사와 같아서 전혀 이상한 일이 아니었지만, 이번에는 사정이 조금 달랐다.

영국이 전쟁 협력을 구하면서도 임시중앙정부 수립을 인정하지 않을뿐더러, 간디를 비롯한 국민회의파 지도자들을 일망타진하기 위해 모두 체포해 버리자 온 인도가 떠들썩해졌다. 그러는 사이 동쪽에서는 일본군의 침략이 조용히 다가오고 있었다.

지도자들을 잃은 민중은 정치와 전쟁에 대한 불안 속에서 영국 권력에 전력을 다해 맞서고 있었다. 영국의 관료는 무력으로 이를 가차없이 탄압했다.

경찰서와 정부 청사를 습격하고 방화, 전화선 절단, 철도 파괴, 영국인 관료에 대한 테러 등 피비린내 진동하는 폭동이 인도 전역에서 일어났다. 그러나 이러한 폭동이 일어난 까닭은 지도자가 없었기 때문이 아니라, 체포를 면한 국민회의파 사회당원들이나 마르크스주의를 신봉하는 젊은 세력이 비합법적으로 대중을 선동하고 민중은 이에 휩쓸렸기 때문이다.

린리스고 총독은 간디가 이런 폭력 행위를 묵인한다고 비난했다. 그러나 간디 쪽에서 보면 모든 원인은 영국 측에 있었다. 원래 간디는 체포되기 전부터 총독과의 면담을 요구했으나, 그 요구는 총독의 방침뿐만 아니라 간디를 싫어하는 처칠의 탄압 정책에 짓밟히고 말았기 때문이다.

간디는 총독과 편지를 주고받으면서 이 점을 시종일관 분명히 했다. 사실 간디는 감옥 밖의 민중운동에 간섭을 하기는커녕 그들과 접촉조차도 하지 않았다. 8월 8일 '인도 철수' 결의에서는 국민회의파 지도자를 앞세워 모든 군사력 및 비폭력적 수단으로 침략에 맞선다고 되어 있으나, 군사력은 물론 비폭력 수단을 통한 저항도 간디는 지도할 수 있는 처지가 아니었다.

결국 간디는 체포 후 반 년 만인 1943년 2월 3일부터 3주 동안 단식을 결행한다. 이것은 '죽음에 이를 때까지' 하는 단식이 아니라 '신의 뜻이 이루어진다면 고난을 극복하고 살아남고 싶다'는 기원이 담긴 것이었다. 그러나 73세의 노인에게는 그 자체가 결사의 뜻을 담은 것이었다. 그 무렵 간디의 몸은 단식에 임박해 물을 그냥 마시지 않고 그 속에 과즙을 넣어 몸이 수분을 받아들이도록 배려해야만 했다. 이 단식의 결의를 전한 편지에 대해서도 린리스고 총독은 '정치적 협박행위'라고 말했다. 단식이 의미하는 바가 무엇인지를 누구보다 잘 알았던 간디는 단호하게 이에 대한 반론을 썼다.

"당신은 그것을 정치적 협박이라고 말하지만, 나에게 그것은 당신으로부터 지켜내지 못한 정의를 위해 최고 법정에 호소하는 것입니다. 만약 내가 이 시련을 살아서 견뎌낼 수 없다면, 나는 자신의 무죄에 대한 전폭적인 신뢰를 안고 심판석에 앉을 것입니다. 모든 권력을 갖춘 정부의 대표인 당신과 단식으로써 조국과 인류에 봉사하려 하는 조심스러운 한 인간으로서의 나 사이의 문제는, 후세의 역사가 심판할 것입니다."

무엇보다도 간디가 육체와 정신의 시련을 감당하고, 한편 영국 측도 만전의 대비를 했던 간디의 3주간의 단식이 드디어 끝나자 세계는 그제야 안심했다.

그러나 인도 내외의 사태는 전혀 호전되지 않았다. 분명 간디는 '단식에는 이겼지만 영국에는 이기지 못했다.'

### 사랑하는 아내 카스투르바의 죽음

정치적으로 효과가 있었든 없었든 간에 고령의 몸으로 감옥 안에서 싸웠던 간디에게 또다시 힘든 시련이 찾아왔다.

1944년 2월 22일, 카스투르바 부인이 옥중에서 병으로 숨진 것이다.

그것은 긴 여정의 끝이었다. 순례자의 우산에는 두 사람의 동행이 있다고 한다. 불행을 등에 진 사람과 부처, 그 둘이다. 그러나 간디 부부는 둘 다 13살에 결혼해서 글자 그대로 동행한 두 사람이었다. 젊은 시절 간디는 아내를 열렬히 사랑했다. 그 때문에 아버지의 임종을 지키지 못한 것이 간디에게 일생의 한이었다고 스스로 고백하고 있다.

줄루족의 반란 때부터 간디는 금욕의 맹세를 내세워 부부가 각방을 썼으나 처음엔 실패했었다. 그러나 간디의 생애를 통해 이 맹세를 지킬 수 있었던 것은 아내의 내조가 있었기 때문이다.

학대당하는 남아프리카의 인도인 노동자들이 들고 일어섰을 때도 카스투르바는 남편과 함께 싸웠다. 사티아그라하 투쟁에 부인들의 참가를 구했을 때, 남편이 맨 처음에 자신이 아닌 다른 부인들에게 먼저 제안한 것조차 카스투르바는 불만스러워했을 정도였다. 남편과 함께 바른 진리의 길을 향해 나아간 카스투르바는 그런 인도 부인들의 전형이었다.

그러나 간디가 하리잔 운동으로 아슈라마에 하리잔을 불러들여 함께 생활했을 때만은 카스투르바도 좀처럼 승낙하지 않았다. 하리잔의 배설물을 치

카스투르바 부인

우는 것에 거부감이 들었던 것이다.

간디가 반영(反英) 불복종운동을 전개해 '소금 행진'을 지휘했을 때 부인은 항상 남편의 발밑을 지키고 글자 그대로 후회를 남기지 않도록 힘썼다. 몇 번이나 투옥되고 몇 번이나 단식을 하는 등 부인도 항상 남편과 함께 있었다. 간디의 '진리와 함께하는 생활'은 모두 '아내와 함께하는 생활'이었다.

이번에 간디가 체포되어 아가칸 궁전에 들어갔을 때 카스투르바는 함께 체포되지 않았었다. 그녀는 국민회의파의 간부가 아니었기 때문이다.

그러나 그 다음날 간디가 연설하기로 되어 있던 장소에 카스투르바가 대신 나타나 연설을 하겠다고 선언을 해서 일부러 체포되었다. 아내도 결국 남편과 함께 감옥에 들어가게 된 것이다.

그때 이미 카스투르바는 몸 상태가 좋지 않았기 때문에 아가칸 궁전 형무소에 들어갈 때 주치의를 데리고 들어갔다.

비서인 데사이가 갑자기 죽고 나자 노부부의 곁은 쓸쓸해졌다. 옥중에서 노부부의 일과란, 어릴 때 충분히 배우지 못한 카스투르바에게 간디가 인도의 지리나 그 밖의 지식들을 가르치는 것이었다. '만학'이라는 말이 있지만, 그러나 밖에는 전쟁과 탄압이 소용돌이치는 상황에, 정치 활동 때문에 함께 투옥된 74세의 노부부가 옥중에서 조국의 지리를 가르치고 배우는 풍경이 어디 흔한 일이겠는가?

편자브의 주도(州都) 라호르를 캘커타(벵골의 주도)라고 대답하는 늙은 아내를 끈기 있게 가르치는 간디의 모습을 생각하면 이것이야말로 세상의 참된 본보기인 듯하다. 아마 이 일과는 노년 부부에게 하나의 즐거움이었을 것이다.

카스투르바는 만성기관지염을 앓고 있었지만 1943년 말 갑자기 중태에 빠지게 된다. 일과였던 공부는 물론 중지하고 간디는 아내의 병상을 지켰다. 그러나 자신을 대하듯 자신과 가장 가까운 사람을 대하는 간디의 태도는 한

결같았고 완고했다. 처음에는 약과 음식을 주는 것을 반대하고 주사도 거절했다. 꿀과 물, 그리고 신의 인도로 중병을 낫게 하려고 했다.

영국 측과 가족의 설득으로 약간의 페니실린을 투약하였지만 차도는 없었다. 간디에게는 4명의 아들이 있었는데 먼저 4남인 데브다스가 찾아왔고, 임종 전날 2월 21일에서야 카스투르바가 계속해서 보고 싶어했던 장남인 하릴랄이 겨우 찾아왔다. 아버지의 엄한 교육에 반항하여 엇나가 술에 찌든 생활을 하고, 때로는 아버지 간디를 향해 화살을 돌린 장남이 어머니는 너무나 가엾어 항상 마음에 걸렸던 것이다.

가족이나 친척, 지인들의 눈이 걱정스레 지켜보는 가운데 카스투르바는 남편 간디의 무릎 위에 머리를 올려놓은 채로 숨을 거두었다.

달에 가까이 있어 항상 빛났던 작은 행성 카스투르바.

75년의 생애도 생각해 보면 격동의 인생이었다.

데사이에 이어 카스투르바를 잃은 간디의 앞에는 더욱 고단한 노년의 몇 해가 기다리고 있었다.


## 극적인 생애

### 하나의 인도

옥중에서 카스투르바 부인을 잃은 간디는 그 해(1944) 5월 5일에 석방되었다. 이 생애 마지막 옥중 생활 뒤 역시 간디는 체력도 기력도 쇠약해졌다. 회복을 위해 그는 뭄바이 근처의 해변에서 요양했다.

아라비아 해의 파도 소리를 들으며 간디가 생각한 것은 죽은 사람에 대한 추억도, 긴 생애의 회상도 아니었다. 그의 뇌리를 잠시도 떠나지 않는 것은 조국 인도의 미래였다. 75세의 많은 나이였지만, 그는 살날이 얼마 남지 않은 자신보다는 조국의 독립과 장래의 비전으로 고뇌하고 있었다.

사실 제2차 세계대전의 형세가 결국 연합국 측에 유리해지면 영국은 식민지 인도에 독립을 선언하기로 예정되어 있었다. 하지만 그것만 바라보기에는 인도 자체에서 너무나 복잡한 움직임이 보였다.

앞서 말한 1937년 주 선거에서, 이슬람교도 측이 참패하고 회의파의 힌두교도가 압승한 때부터 그 둘 사이에는 커다란 틈이 생겼다. 이슬람교도들 사이에서는 자신들만의 길을 간다는 움직임이 나타나고 있었는데, 그 길이란 바로 이슬람교도만의 '순수의 나라(<sup>파킨</sup><sub>스탄</sub>)'로 가겠다는 것이었다.

얄궂게도 인도 서북부를 제외한 벵골을 이슬람교도 지역과 힌두교도 지역으로 나누는 경계선은, 1905년 벵골 분할 때의 커즌 라인과 거의 똑같았다. 말하자면 분할통치에 자신이 있는 영국이 인도 독립의 때를 맞아서도 여전히 분할통치를 고수하려고 했는지 어떤지는 의문이지만, 적어도 결과적으로 인도는 분할통치 선상에서의 독립이라는 방향으로 나아가고 있었다.

하지만 이것은 간디가 가장 바라지 않는 결과였다. 바라지 않는다기보다 그렇게 분할된 인도를 그는 생각해본 적도 없었다.

간디는 하나의 조국을 생각하고 있었다. 젊어서 영국 유학 시절에도 머리에 그렸던 것, 긴 남아프리카 생활에서도 항상 꿈꾸었던 것, 또 현실에서 멀리 내다보았던 것, 그것은 오직 하나의 인도였다. 간디는 종합적인 사고방식을 타고났다. 그런 의미로 카스트 외 계층으로서의 하리잔의 존재는 인정하기 힘들었고, 이슬람교도와 힌두교도도 하나의 인도 안에서 같이 평화롭게 지내야 했다.

그러나 인도를 둘러싼 안팎의 움직임은 그런 방향으로 향하지 않았다. 이슬람교도 연맹은 어디까지나 힌두교도와 교제를 끊고 파키스탄 건설 준비를 착착 진행시키고 있었다. 그 지도자는 M.A. 진나였다. 1944년 9월 9일 간디는 진나와 회견했다. 회담은 오후 3시 55분부터 7시까지 계속되었지만 합의점은 찾을 수 없었다.

힌두교도와 이슬람교도 문제는 하나의 인도 안에서 어떻게든 유연하게 처리될 수 있는 것이 아닐까 하는 간디의 신념과는 달리, 이슬람교도와 힌두교도는 결코 하나가 될 수 없고 또 그렇게 되어서도 안 된다는 것이 진나의 신념이었다.

그 뒤에도 간디는 물론 네루도 진나를 만났지만, 하나의 인도를 실현한다는 점에서는 항상 평행선을 걸을 뿐이었다.

### 적지에서의 순례행

이탈리아와 독일이 차례로 패하고, 마지막으로 1945년 8월 15일 일본이

이슬람의 지도자 진나와 간디

무조건 항복함으로써 제2차 세계대전은 종지부를 찍었다. 영국의 승리를 이끈 처칠 수상은 국민에게 V자를 손가락으로 그리는 승리의 인사를 보내고는 시가(옙궎먼) 연기와 함께 정계를 은퇴했다. 대신 등장한 것이 노동당의 애틀리 수상이었다. 일찍이 그는 영국 노동당의 맥도널드 수상 시절에 간디와 같이 원탁회의에 출석한 적이 있는데, 인도의 독립도 노동당 시절에 시행하기로 했었다. 영국 사회주의와 인도 독립과의 사이에는 뭔가 인연이 있는지도 모르겠다. 그렇지만 영국 노동당의 '진보성'이 인도에 독립을 안겨 준 것은 아니다. 독립은 어디까지나 인도 국민이 끊임없이 싸운 투쟁의 결과였다.

인도가 하나가 될까, 인도와 파키스탄 둘로 나뉠까. 문제의 해답은 여전히 남겨져 있었다. 1946년 2월 21일에는 인도 해군이 봉기하여, 마스트에 붉은 기를 내걸고 독립을 외쳤다. 뭄바이와 캘커타 이외의 인도 각지에서 노동조합도 들고 일어나 이를 지지했다. 전시하의 임시중앙정부 수립 때 보인 민중의 요구는 내리는 눈 속에서도 계속 타오르는 성화처럼 꺼지는 일 없이 활기를 띠었다. 이 현실을 헤아리고 이미 처칠도 정부 사절단 세 명을 인도에 파견해 '완전한 자치의 조기 실현'을 조사시켰다. 애틀리 수상이 그것을 진전시킨 것이다.

인도 독립을 전제로 애틀리 수상은 네루와 진나를 시작으로, 인도의 주요 인물들을 1946년 11월 런던으로 불러 모았다. 그것은 이슬람교도 연맹의 요구 중 일부를 받아들여 인도를 ABC의 세 주군(州群)으로 나누자는 것이었다. 이렇게 되면 인도는 사실상 둘도 아닌 셋으로 나뉘어 버린다.

간디는 물론 이것을 반대했다. 진나도 처음에는 이 안을 승인하는 듯했지만 결국 반대했다.

그즈음 간디는 주 선거에도, 임시정부에도, 헌법제정회의의 구성에도 거의 관심을 보이지 않고 오로지 힌두교도와 이슬람교도의 융화 통일, 그리고 하나의 인도 실현을 호소하는 것에만 전념했다. 한 사람 한 사람의 영혼과 접촉해 하나의 조국 인도에 눈뜨게 하는 것, 이것이 간디에게 주어진 거룩한 사명이라고 생각했다.

그러기 위해서는 힌두교도와 이슬람교도의 적의가 가장 격심한 곳에 몸소 뛰어들어 '싸움을 멈춥시다' 하고 호소하는 수밖에 없었다. 간디는 벵골 주 델타 지대의 가장 불편하고, 이슬람교도의 반 힌두교도 감정이 가장 들끓는 노아칼리 지방으로 갔다.

그는 자신의 키보다 큰 지팡이를 들고 맨발에 샌들 차림으로, 1946년 11월부터 다음해 3월까지 약 5개월간, 이슬람교도의 노여움과 증오가 들끓는 곳을 몸소 걸었다. 그리고 이슬람교도 가정의 문간에 서서 이슬람교·힌두교 융화를 설명했다. 밤 집회에서는 명백히 살의를 품은 광신자와 무릎을 맞대고 허물없이 이야기했다. 아마 그것은 대화의 극한이었을 것이다. 어지간한 용기가 없고서는 못하는 일이었다.

오로지 비폭력과 하나의 인도 실현에 대한 신념으로 불타는 순례 여행이었다. 순례 여행은 1947년 3월 뒤로는 비하르·펀자브 지방에 걸쳐 계속되었다.

1947년 8월 15일은 인도 독립과 동시에 인도와 파키스탄 분리의 날이었다. 분리 독립을 축하할 기분이 아니었던 간디는 뉴델리에서의 식전에 출석하지 않았고 메시지도 보내지 않았다.

간디는 분리에 따른 양쪽 교도 사이의 살육, 폭행, 약탈, 방화, 그리고 소란 속에서 벌어질 민족대이동의 비극을 눈앞에 두고, 캘커타의 슬럼가에서 여전히 이슬람교도·힌두교도의 융화와 통일을 설명하고 있었다.

### 비폭력의 패배인가

온 인도에 폭풍처럼 휘몰아치는 폭력 사태 속에서, 간디는 여전히 마지막 용기를 불러일으키고 있었다. 이슬람교·힌두교 융합을 위해 1947년 9월 사흘간의 단식을 결행했다. 격렬한 폭력 속에서도 간디의 단식에는 역시 '양심을 뒤흔드는' 효과가 얼마간 있었다.

간디가 암살당한 비를라 하우스 정원

간디는 분리 독립된 인도의 수도 뉴델리에 갔다. 여기에도 이슬람교·힌두교 살육, 폭행의 폭풍이 거칠게 불고 있었다. 게다가 독립 인도를 조종해야 할 인도 정부의 네루 수상과 파텔 부수상의 사이에도 대립 감정의 차가운 바람이 불고 있었다.

1월 13일 간디는 이슬람교·힌두교 융합을 위해 다시금 닷새 간의 단식을 했다. 이것이 마지막 단식이었다. 과연 힌두교도의 지도자들과 이슬람교도의 지도자들이 간디의 머리맡에 모여 협의하고 사태의 완화를 약속했다. 아직 간디의 단식은 설득력이 있었다.

기도하러 가는 간디(사망하기 직전)와 사촌의 손녀 아바와 마누

그런데 1월 20일 빌라 저택 뒤뜰에 있는 여관 앞에서의 저녁 기도 때 누군가가 폭탄을 던졌다. 간디를 노리는 것이었다. 간디를 향한 적의는 이슬람

흉탄에 쓰러진 간디

간디의 유품

교도 측에서도 있었고, 간디가 이슬람교도를 힌두교도와 똑같이 취급한다는 이유로 힌두교도 측에서도 있었다. 저녁 기도에서 간디가 힌두교의 교전과 마호메트의 《코란》, 그리스도교의 《성서》에서 '신을 향한 기도의 말'을 꺼낸 것은, 간디가 '용서'를 빈다고 해도 힌두교도의 일부 광신도들에게는 용서할 수 없는 일이었다.

1월 30일 오후 4시 반 간디는 최후의 만찬을 즐겼다. 만찬이라고는 하나 산양유, 야채, 오렌지, 버터뿐인 조촐한 식탁이었다. 식사를 하면서 파텔 부수상과 회담했다. 네루에게는 그날 밤 그가 있는 곳으로 오도록 영문으로 쓴 메모지를 건넸다.

무엇이든 한데 모으길 좋아하는 간디는 이 둘 사이를 '통일'시키는 것에 힘쓰고 있었다.

5시 기도 시간에 10분 정도 늦었다. 간디는 붉은 흙길을 지나고 잔디밭을 가로질러 약간 낮은 기도 단상으로 조금 서둘러 갔다. 양쪽에서 간디 사촌의 손녀인 젊은 아바 부인과, 똑같이 사촌의 손녀인 마누가 시중을 들어, 간디는 둘의 어깨에 팔을 얹고 걸었다.

그때 갑자기 모여 있는 사람들을 비집고 다가온 젊은 남자 하나가, 간디에게 합장하며 인사를 하는 것처럼 무릎을 약간 굽힘과 동시에, 숨겨두었던 소형 자동 권총으로 겨우 두 발짝 거리에서 세 발을 연속해서 쏘았다.

반라에 가까운 간디의 몸은 흰 겉옷에 피를 물들이며 쓰러졌다. 안경과 샌들이 잔디밭 위로 나뒹굴었다.

쓰러진 간디는 곧 방으로 업혀 갔지만 의사가 오기도 전에 이미 숨이 끊어졌다. 비폭력주의의 '성자'가 저녁 기도의 자리에서 폭력자의 암살 흉탄에 쓰러진 것이다. 거기에는 얄궂게도 너무나 애처로운 정치의 현실이 있다.

비폭력주의자 간디의 나체가 탄환 세 발에 꿰뚫려 살해당했다. 이것은 비폭력주의의 패배를 보여 주는 것일까.

그렇다, 비폭력주의는 너무나도 많은 모순과 시대에 뒤떨어진 일면이 있다. 그것은 더없이 명백하다. 하지만 간디의 극적인 죽음은 그 신조를 넘어 인도의 민중에게, 그리고 전 세계 사람들에게 강력히 무언가를 호소하고 있지 않은가.

간디는 비폭력과 단식의 서사시로 스스로 지은 생애의 마지막을, 더욱 극적인 죽음으로 장식했다. 이 극적인 죽음에 비추어 그의 극적인 생을 더듬어 볼 때, '진리에 대한 충성'으로 살았던 이 사람의 79년 생애는, 우리에게 숱한 교훈을 무언 속에서, 더욱 강력히 호소하는 것 같다.

# II. 간디의 사상

## 간디주의에 대하여

정신력의 보고요, 시인 타고르가 내린 경칭 마하트마(위대한 영혼)의 이름으로 전 인도 민중에게 친숙한 간디. 그가 정신주의자이면서 관념론자인 것은 말할 것도 없다.

그런 의미로 간디주의라고 불리는 것에는 비판할 만한 내용이 많이 포함되어 있다. 단지 간디를 경외하고 찬미하는 것만으로는 불충분할 뿐만 아니라 잘못된 평가를 내리게 된다.

생애의 행보가 가리키는 대로 간디는 인도 역사에 위대한 발자취를 남기고, 특히 인도 독립운동 사상 커다란 역할을 완수했다. 간디의 문을 빠져 나가지 않고는 인도 현대사를 말할 수 없다.

그렇다면 간디의, 즉 간디주의의 무엇이 인도 민중에게 어떤 종류의 구제를 베풀었고, 또 인도 독립에 공헌한 것일까.

### 네 개의 방정식

그것을 생각할 때마다 언제나 간디 측근 중에서 유일한 그리스도교도였던 쿠마라파의 방정식 네 가지를 떠올린다.

공산주의−폭력=간디주의
공산주의+비폭력=간디주의
간디주의−비폭력=0
간디주의+폭력=X

공산주의에서 폭력을 빼거나 공산주의에 비폭력을 더한다는 것이 엄밀히 무엇을 의미하는 것인지는 잘 모르겠다. 하지만 무언가 막연히 이해는 된다.

간디주의에서 비폭력을 빼면 0이 된다는 공식은 가장 간단히 이해될 것처럼 보인다. 하지만 이것도 사실은 잘 모르겠다.

어차피 문제는 간디주의에 폭력을 더하면 어떻게 되는가이다. 쿠마라파는 그것을 X로 표현했다. X란 무엇인가.

이 X에는 여러 가지 가치를 대입할 수 있다. 단 주관적인 아무것이나 다가 아니라, 다른 세 개의 방정식과 관련된 것이어야 한다. 이를 위해서는 간디 생애의 공적 중 무엇이 X에 가장 어울리는지를 찾아내야 한다.

간디는 폭력에 비폭력을 대치하고 무엇보다도 비폭력에 가장 큰 가치를 두었다. 비폭력은 인간과 인간 이외의 동물을 구별하기 위한 가치 판단의 척도였다. 그것은 폭력과는 차원이 다른 것처럼 보인다. 과연 그럴까.

비폭력이 폭력의 부정임은 말할 것도 없지만, 간디에 따르면 그것은 폭력 이상의 것이다. 게다가 그것은 지상의 폭력과 맞서기 위한 폭력 이상의 '무기'로 여겨져 행사되었다. 그런데 일체의 악을 폭력의 탓으로 돌리고 일체의 선을 비폭력의 탓으로 돌리면 그걸로 충분할 만큼 단순한 문제인가. 간디의 말과 행동에서 그것을 판정해갈 수밖에 없다.

## 검(劍)의 가르침

간디가 비폭력에 최고의 가치를 두었음은 의심할 여지가 없다. 이것은 네 개의 방정식 중에서 세 번째까지가 증명하고 있는 그대로이다. 하지만 마지막 하나에 나타난 X를 풀기 위해서는 비폭력의 의의를 확인하고, 그 위에 간디가 폭력의 의의를 언급한 몇 장면을 떠올려 보는 것이 하나의 실마리가 될 것이다.

하나는 제1차 세계대전 직후, 간디가 인도의 정치 운동에 등장한 시기에 쓴 논문, 곧 1920년 8월 11일자 〈영 인디아〉에 발표한 〈검의 가르침〉이다.

"나약함과 폭력 중 어느 하나를 골라야 한다면, 나는 틀림없이 폭력을 택할 것이다. ……나는 인도가 비겁하게 자기 불명예의 목격자로 머무르기보다는 오히려 그 명예를 지키기 위해 무기를 들고 일어서는 모습을 보는 편을 고를 것이다. ……하지만 비폭력은 폭력보다 훨씬 훌륭하고 관용은 보복보다 훨씬 남자다운 것이라 믿는다……."

문장의 중점은 마지막 행에 있겠지만, 여기에는 확실히 비겁자가 되기보다는 폭력을 고르겠다고 말하고 있다. 좀더 단적으로 간디는 "나는 지배자의 폭력에 구속되어 노예 상태로 있기보다 오히려 폭력으로써 자유로워진 인도를 보는 것이 좋다"고도 말했다. 이러한 사례는 그 밖에 간디의 생애 전체에 걸쳐 있다.

그 중 〈장개석에게 보내는 편지〉와 〈모든 일본인에게 보내는 공개장〉, 또 영국에 대한 '인도 철수'의 결의가 있다.

〈장개석에게 보내는 편지〉에서는 영국에 대한 반감에서 일본에 대한 동정심이, 소박한 민중 감정으로 인도가 성장해 있는 사실을 들고, 그 위에 인도는 자주독립의 입장으로 일체의 노력을 기울여야 한다는 것을 지적한 뒤, '연합군이 인도와의 협정 아래 그 군사력을 인도에 두고, 인도를 일본의 침략을 막기 위한 작전 기지로 사용하는 것에도 동의한다'는 간디 자신의 견해가 서술되어 있다.

간디의 말을 빌리면, "우리(인도인)가 예속의 바구니에서 그들을 자유롭게 하기 위한" 결정적 수단으로서, 또 일본 군국주의의 침략에서 그들을 지키기 위해 연합국의 군사력, 곧 인도에서의 폭력 활용을 용인한 것이다.

〈모든 일본인에게 보내는 공개장〉도 이와 비슷하다. 만약 영국이 인도에서 철수한 뒤, 거기에 만약 일본군이 들어가려는 생각을 품고 그것을 실행한다면 간디는 "인도는 가능한 모든 힘을 끌어올려 반드시 저항한다(Resisting you with all the might that our country can muster)"고 말하고 있다. 이 모든 힘에는 물론 비폭력과 폭력의 모든 힘이 포함되어 있다.

### 민족의 독립과 폭력

'인도 철수' 결의는 더욱 명료하다. 1942년 8월 8일의 결의는 인도에 대한 영국통치의 즉시 종결과 임시정부의 수립을 목표로 한 것인데, 인도통치의 종결에 대해서는 이렇게 말하고 있다.

"……계속되는 영국의 통치는 인도의 퇴폐와 약체화를 불러와, 인도가 자국을 방위하는 한편 세계 자유의 목적을 위해 공헌하는 능력을 더욱더 감퇴시키고 있다.……근대적 제국주의의 고전적 국토인 인도는 지금은 그 문제(영국 제국의 유지)의 총이 되었다. 인도의 자유를 통해서야말로 영국이 부른 연합국의 진가는 판단되어, 아시아·아프리카의 모든 민족은 희망과 감격으로 가득할 것이다.”

임시정부의 수립에 대해서는 비폭력적 세력은 물론, 일체의 무력을 동원한 인도 방위가 서술되어 있다.

“우선 그 정부(임시중앙정부)의 첫째 임무는 연합국과 함께, 그 지배하에 있는 비폭력적 세력은 물론 일체의 무력을 동원해 인도를 방어하고 침략에 저항해야 한다. 또 본질적으로 일체의 권력과 권위가 귀속되어야 할 농촌과 공장, 그리고 그 외의 어떤 장소이든지 똑같이 타락 근로자의 복지와 진보를 증진해야 한다.”

여기서는 복지와 진보라는 표현을 쓰긴 했지만, 근로자의 생활도 언급하고 있다. 일찍이 비겁자이기보다 검을 선택하겠다고 말한 간디는, 조국의 독립과 방위를 위해서는 비폭력을 포함한 일체의 힘, 아니, 폭력을 포함한 일체의 힘에 의존해야 함을 명백히 하고 있다.

이것에 대해서는 당시 간디의 가장 친한 측근이었던 네루가 따뜻한 마음씨와 외경의 마음으로 간디를 평가했다. 네루에 따르면, 한쪽에는 간디에게 생존의 의의라고도 할 만한 비폭력주의의 원칙이 있고, 다른 쪽에는 지금까지 생애의 염원인 인도의 자유가 있는데, 이것을 이른바 역사의 저울에 달아 보았을 때 후자가 기울어진 것을 네루는 높게 평가했다.

간디 생애의 사례 중에서 비폭력주의에 폭력을 더하는 공식에 어울리는 장면을 들자면 대체로 이 정도일 것이다.

하지만 이 중 어느 경우도 비폭력을 첫째 의의로 하는 것이어서, 방정식의 의미를 이렇게 푸는 것이 정답인지 아닌지는 여전히 의문이다. 다만 간디는 단순히 종교적 윤리나 마음속의 원칙으로서 비폭력·폭력을 문제로 삼는 것이 아니라 인도 민족의 해방, 인도 국가의 독립이라는 커다란 정치 과제에 대해서도 비폭력을 생각하고 실천해 온 것만은 분명하다. 그런 선상에서 폭력과 비폭력이 만나는 것으로, 그런 의미의 가감승제는 생각해 볼 필요가 있다.

간디 사상의 밑바탕에 비폭력이 있다는 것과 간디의 행동 방향에는 항상 조국의 독립·자유가 있다는 것은 관계가 있다.

간디주의의 첫째가는 과제를, 우선 이런 민족의 해방이라는 점에서 살펴보자.

# 간디가 보는 진리와 아름다움
## —한 학생의 네 가지 의문

1924년 11월 13일자 〈영 인디아〉에 '한 학생의 네 가지 의문'이라는 논문이 실려 있다. 이 학생은 산티니케탄(<sup>국제</sup>)에서 타고르와 앤드루스에게 배우고 있는 라마찬드란으로, 그는 앤드루스의 소개로 간디를 만나 간디주의에 대해 평소 품고 있던 네 가지 의문을 드러내 그 해답을 구했다.

그 문답은 여느 때와 마찬가지로 비서 데사이가 기록했다. 처음 질문은 진리와 아름다움의 관계, 두 번째는 기계에 대한 반대에 대해서, 세 번째는 결혼 제도와 금욕에 대해서, 네 번째는 간디가 물레 실 잣기를 회의파의 사람들에게 '강제'하고 있는 문제에 대해서이다. 이것으로 간디주의에 대한 모든 의문이 다 나온 것은 아니지만, 학생의 지극히 단순하고 질박한 질문에 대한 간디의 해답도 지극히 단순하고 질박해, 간디의 생각을 아는 데 도움이 된다.

### 예술에서의 진리와 아름다움

이 학생은 마지막에 다시 한 번 이 질문으로 되돌아와 진리와 아름다움의 관계에 대해 끝까지 밝혀내려고 했다.

**학생** 당신(<sup>간</sup><sub>디</sub>)을 사랑하고 존경하는 사람들도, 당신은 모든 예술에 대해 단지 민족의 갱생이라는 견지에서만 생각하고 있다고 합니다만……

**간디** 나는 오해받고 있습니다. 설명하지요. 거기에는 외적인 것과 내적인 것의 두 가지 면이 있습니다. 외적인 것은 내적인 것에 도움이 된다는 것을 빼면 나에게는 의미가 없습니다. 모든 참된 예술은 영혼의 표현입니다. 겉모습은 인간 내부 정신의 표현이라는 것에 한해 가치가 있습니다.

**학생** 위대한 예술가들은, 예술은 예술가들의 영혼 속 충동과 불안을 말, 색, 형태로 담아낸 것이라고 말합니다.

**간디** 그렇습니다. 그런 성질의 예술은 나에게 최대의 박력을 호소하는 힘이 있습니다. 하지만 자기 자신을 예술가라 부르는 사람들의 작품에는 영혼을 향상시키는 충동과 불안의 흔적이 절대로 없다는 것을 나는 알고 있습니다.

여기서 학생이 그 실례를 들어 주길 원하자, 간디는 영국 작가 오스카 와일드의 이름을 들었다. 와일드는 간디가 런던에서 유학하고 있을 즈음 화제가 되었던 사람이기 때문이다. 와일드는 현대의 가장 위대한 작가 중 하나이지 않느냐는 학생의 질문에 간디는 '그것이 문제다'라며 설명을 이었다.

**간디**  와일드는 단지 최고의 예술을 외적인 형식 속에서만 찾았지요. 그래서 부도덕한 것을 미화하는 데 성공한 겁니다. 모든 진정한 예술은 내면적인 것 그 자체를 실현하기 위해 영혼을 구하는 것이어야만 합니다. 나 자신의 경우, 나는 외적인 형식이 전혀 없어도 영혼의 실현이 가능하다고 생각합니다……

그리고 간디는 "나의 방은 벽이나 지붕이 없어도 좋다. 그러면 무한한 아름다움이 끝없이 펼쳐진 속에서, 별이 가득한 하늘을 언제나 올려다볼 수 있기 때문이다"라고 말했다.

질문은 계속된다. 학생은 많은 예술가들이 말하는 것처럼, 외적인 아름다움을 통해 진리를 찾는 것이 가능하지 않은가 주장한다. 그에 대해 간디는 반대한다. 간디는 단지 진리를 통해서만 아름다움을 발견한다고 주장한다.

**간디**  모든 진리, 단순히 진리의 개념뿐만 아니라 진실한 얼굴, 진실한 그림, 진실한 노래는 모두 고상하고 아름다워요. 사람이 진리 속 아름다움을 보기 시작했을 때, 그것이 언제이든 거기서 예술이 발생하는 겁니다.

이러한 이야기를 간디는 1931년 로맹 롤랑과의 회담 속에서도 말하고 있다. 진리는 가지각색으로 표현되지만 진리로 결부되지 않는 예술은 예술이 아니라는 것이 간디의 주장이다.

그런데도 학생은 아름다움은 진리에서, 진리는 아름다움에서 떨어뜨릴 수 없는 것이 아닌가 하고 집요하게 물고 늘어진다. 이것에 대해 간디는 아름다

로맹 롤랑의 서재에서 간디

움이 무엇인지를 정확
히 알아야 한다고 말
한다. 아름다움이라는
것이 일반적으로 이해
되는 것과 같은 것이
었다면, 이 둘은 매우
동떨어진 것이다. 거
기서 간디는 '아름다운
용모의 부인은 아름다

운가'라고 물었고 학생은 '네'라고 대답했다. 그러자 간디는 '만약 그 부인이
저열한 성격의 사람이라도 그런가' 하고 반문한다. 학생 라마찬드란은 망설
인 뒤 '그런 경우 그녀의 얼굴은 아름답다고 말할 수 없다'고 답한다.

진정한 예술가에게도 얼굴이 아름답다는 것은, 그 외면과는 별개로 영혼
속 진리가 빛나고 있을 때뿐이라는 것이 어디까지나 간디의 신념이다. 간디
는 또 소크라테스를 예로 들어, 그는 그리스에서 얼굴이 가장 못생겼음에도
그 무렵 가장 진실한 인간이었음을 설명한다. 결국 아름다움은 감각이 아니
라 진리라는 간디의 신념이 끊임없이 거듭 강조된 것이다.

### 기계 반대에 대해서

간디는 문명, 특히 기계 문명을 부정한 것으로 유명하다. 그 가장 대표적
인 예는 1909년 11월 유럽에서 남아프리카로 돌아오는 배 안에서 구자라트
어로 쓴 《힌두 스와라지 (인도의 자치)》(영역본은 1919년 마드라스에서 출판)이다. 거기서는 근대문명이 일종
의 병―다시 말해 인생의 목적이 육체적 행복을 위해서만 준비된, '도덕과
종교에는 시선을 주지 않고' '돈이 갖고 싶고 또 돈으로 살 수 있는 좋은 생
활을 원해 (사람들이) 노예가 되고 있는' 상태라며 철저히 비판되어 있다.
또 병원이나 철도도 비난당한다. 나쁜 병이 퍼지는 것은 병원이 있기 때문이
라는 논법이다. 물론 거기에는 간디식의 풍자도 있지만 이것에 대해 학생은
단적으로 질문한다.

**학생** 당신은 모든 기계를 반대합니까?

**간디**  어째서 그런 생각을……나는 인간의 신체도 기계의 가장 섬세한 부품이라고 생각하고 있습니다. 실 잣는 물레 자체도 기계예요. 나는 그런 기계가 아니라, 기계를 광신하는 풍조를 반대하는 겁니다.

이것은 지극히 상식적인 해답이다. 기계는 인간의 시간과 노력을 덜어 준다고 하는데 그것은 일부 인간이 아니라 모든 인간에게 해당되어야 한다. 간디는 '소수 인간의 수중이 아니라 모든 사람의 손에 부가 집중되기를 바란다'고 말했다. 부 그 자체, 또는 부의 집중 그 자체를 부정하는 것이 아니다. 하지만 현재 기계는 극히 소수의 사람이 수백만의 등에 올라타 지배하는 것을 거들고 있다. 간디는 바로 그 부조리에 반대하는 것이다.

인간을 기계보다 위에 두는 것은 지극히 온당하고 상식적인 사고방식인데, 특히 흥미 있는 것은 많은 기계를 부정하면서 간디가 싱어(Singer)의 재봉틀만은 예외로 한 것이다. 게다가 그것에는 로맨스마저 깃들어 있다고 한다.

싱어 씨는 자신의 부인이 따분하고 힘든 손바느질을 하는 것을 보고, 부인을 향한 애정에서 불필요한 노동인 바느질품을 덜기 위해 재봉틀을 고안했다. 그것은 단순히 부인의 노동을 절약한 것뿐 아니라 재봉틀을 살 수 있는 모든 사람의 노동을 절약하게 되는 것이었다. 하지만 재봉틀이 인간의 수고를 던다면 다른 기계도 똑같이 인간의 수고를 더는 것이 아닐까.

게다가 '싱어 씨의 로맨스'와 같은 과장된 표현을 써서까지 재봉틀만을 예외로 한 것은 왜일까. 간디의 논리에는 그만큼 설득력이 없을지도 모른다. 단지 오늘날 인도에서도 다른 아시아에서도 또 아프리카에서도, 부인이 변변치 못한 집의 입구 가까운 곳에 길을 향해 재봉틀을 설치하고, 식구들 것이나 타인에게서 부탁받은 옷을 짓는 풍경은 발 닿는 곳에서마다 볼 수 있다. 간디 시대의 인도에서도 길모퉁이의 가난한 집이나 농가의 앞마당에서 그런 풍경을 볼 수 있었던 것이 아닐까. 이 얼마나 아기자기한 로맨스인가! 여기에 로맨스라는 이름으로 간디의 진짜 리얼리즘이 새겨져 있는 듯한 느낌이 든다.

### 결혼에 대하여

남녀의 성애에 대해 간디는 산아제한 운동가 싱어 부인과의 대화에서 꽤 열성적인 의견을 말했다. 이것에 대해서는 앞에서 말한 바 있다. 학생은 세 번째 질문에서 간디가 '결혼 제도에 반대인지 아닌지 알고 싶다'고 물었다. 간디는 '이 문제에 대해서는 조금 시간을 들여 설명해야만 한다'며 그의 결혼관을 말했다.

인류 생활의 목표가 구제에 있다면 인간으로서 또 인도인으로서, 육체의 속박을 끊고 신과 일체화하는 것이 무엇보다 바람직하다. 결혼은 육체의 결합을 강화하는 한, 이 숭고한 목적의 달성을 위해서는 방해가 된다. 신에게 완전히 헌신하기 위해 독신 생활에 따라야 한다. 아이를 낳고 다음 대를 잇는 것 이외에, 결혼의 목적은 무엇일까.

**학생** 독신 생활을 모든 사람에게 권해야 한다는 겁니까?
**간디** 그렇습니다.

이 대답에 학생 쪽이 오히려 당혹해하였다. 그렇게 되면 창조의 종말이 되지 않는가. 간디는 "아닙니다" 하고 말했다. 극단적으로 논리적인 결말로서도 그것은 인류의 씨가 소멸되지는 않고, 다만 좀더 높은 평면에의 인류 향상이 있을 뿐이다.

학생은 질문을 계속한다.

"예술가나 시인, 위대한 천재는 자신의 아이들을 통해 그 천재의 유산을 남기지 않겠습니까?"

간디의 대답은 이것도 "아닙니다"이다.

"그들은 자신의 아이를 낳기보다는 더 많은 제자를 두겠지요. 이 제자들을 통해 그들의 세계를 향한 선물은 그것 외에는 달리 전달할 수 없는 방법으로 이어져 가겠지요. 그것은 영혼과 정신의 결혼일 겁니다. (이 경우) 자손은 제자이고 일종의 신성한 생식이 거기에 있는 것입니다."

이것은 너무 정신적이어서 이해가 잘 안 되는 느낌도 든다. 간디가 말하고자 하는 것은 결혼에 의존하지 않아도 인류의 유산 계승은 가능하다는 것이다. 사실 간디에게는 아들 넷이 있지만 간디와 같은 길을 간 자식은 하나도 없다. 장남 하릴랄은 간디에게 굳이 반항해, 술을 마시고 이슬람교도가 되거나 하며 아버지에게 거역하기까지 했다. 아버지의 뜻밖의 죽음에도 그는 다른 사람 뒤에 숨어 관을 배웅하고, 그 뒤 요양소에서 쓸쓸히 생애를 마쳤다.

간디가 자신의 자손이나 다른 많은 사람이 아니라, 소수의 훈련된 자에게 의지한 것과 이 결혼관은 관계가 있을지도 모른다. 그와 동시에 이 결혼관이 정신적으로 엄격한 점은 잘 이해할 수 있지만, 문명과 기계 부정의 경우와 마찬가지로 풍자적으로 이해하지 않으면 파악할 수 없는 면도 있는 듯한 느낌이 든다.

### 손으로 실을 잣는 것에 대해서

마지막은 손으로 실을 잣는 것에 대해서이다. 간디의 주장에 따라 자신의 손으로 실을 잣지 않으면 국민회의파의 일원이 될 수 없었다. 말하자면 '손으로 실을 잣는 것의 특권'에 대한 질문이다. 학생 자신도 손으로 실을 잣는 것의 의의를 이해하고 몸소 실천하고 있었지만, 그 행위를 다른 사람에게 '강제'하는 것에는 의문이 들었다.

여기에는 간디가 예를 들어 매우 단순명쾌하게 반론했다.

> **간디** 나는 당신에게 묻겠어요. 회의파는 그 당원에게 술을 못 마시게 할 권리가 있을까요? 그럼 그것도 개인의 자유 억압이 되는 걸까요? 만약 회의파가 금주에 대해 권리를 행사해도 거기에는 반대가 없겠지요. 왜냐, 음주의 해는 명백하기 때문입니다. 그래요, 오늘날 인도에서는 수백만의 사람들이 굶어 죽고 있어요. 아마 그것은 외국산 의류를 들여오는 것보다 더 나쁠 것입니다. 오리사 주의 굶주린 사람들을 생각해 보아 주세요.

거기서 간디는 인도의 비참한 현실을 언급하고, 약간의 식량을 손에 넣기 위해서라도 모두가 스스로 실을 잣는 것이 얼마나 중요한지 순순히 설명했다.

여기서 문제는 다시 아름다움과 진리로 바뀌어 학생이 반복하는 질문에 대해 간디는 "진리·진실이야말로 추구해야 할 최초의 것이다"라는 것을 끊임없이 거듭 설명했다.

이 긴 문답을 주고받은 다음날 아침, 라마찬드란 학생은 산티니케탄의 대학으로 돌아갔다. 데사이의 기록에는, 학생은 그의 스승 타고르의 설명과 간디의 설명이 어떻게 다른지, 또 그것은 얼마나 근본적인 차이가 있는 것인지 다분히 의아스러워하며 돌아갔다고 쓰여 있다.

## 종교적 융화의 문제

인도는 종교의 나라라고 불린다. 그것은 어떤 의미로는 옳고, 어떤 의미로는 그르다. 간디는 종교적인 사람이라고 불린다. 그것도 어떤 의미에서는 옳고, 어떤 의미에서는 그르다. 그르다는 것은, 인도나 간디라는 현실의 존재를 처음부터 종교적이라는 베일로 가리면 그 실체를 놓쳐 버리게 되기 때문이다.

이런 오해 내지 몽상은 여태까지 자주 인도에 대해서도, 간디에 대해서도, 게다가 인도와 간디의 관계에 대해서도 넘쳐났다. 간디가 열심히 이끌고 실행한 힌두교·이슬람교 융화, 곧 힌두교도와 이슬람교도의 융화 문제에 대해서도 정당한 평가는 내려지지 않은 것 같다.

이론과 실천의 두 가지 측면에서 이 문제를 생각해 보자.

### 헤겔이 본 인도적 성질

헤겔이 《역사철학》에서 중국을 '산문 같은 오성(悟性)'의 나라라고 하고, 인도를 '공상과 감각'의 나라라고 한 것은 유명하다.

또 "정신과 자연의 몽상적 통일이 인도의 정신 원리이다"라고도 했다.

게다가 헤겔은 이 '인도 성질의 보편적 원리인 몽상적 정신'에 대해, 그것은 '구상력에 의한 범신론'이라며 다음과 같이 말했다.

"몽상적인 인도인은 우리가 유한자·개별자라 부르는 것의 전부인 것과 동시에 무한적 보편자·무제약자로서 그 자체가 정신적 존재이다. ……그것은 구상력(構想力)에 의한 범신론이다."

여기에 '몽상적'이라고 불리는 것에는 오늘날 우리들이 인도에 대해 '종교적'이라고 말하는 것과 공통되는 것이 있다. 확실히 인도인은 몽상적인 면이 있고, 또 인도에는 신들의 수가 많다. 그것은 태양에 육체를 노출하고 춤추는 신의 모습이기도 하다. 힌두교는 신들의 '인구'도 '과밀'이다.

인도의 감각적인 일면에 대해서 헤겔은 그 자신도 감각적인 비유를 써서, "분만 후 며칠, 출산의 고통스럽고 무거운 짐과 일에서 해방되는 것과 동시에, 사랑하는 아이를 낳은 것에 대해 마음의 기쁨을 지닌 여성을 볼 수 있다"는 여성 특유의 '신경적인 아름다움'을 찾아내고 있다. 확실히 이것도 열대 태양의 나라, 열대 그늘의 나라 인도의 일면이다.

헤겔(1770~1831)

게다가 헤겔은 단순히 두 가지 측면을 병렬적으로 들고 있는 것이 아니라, 이런 인도에서는 어쩌면 '자연이 그 지배자인' 혹은 '일체의 것이 구별 속에 화석화되어, 그 화석화 위를 방자함이 지배한다'는 엄청난 정신적·현실적 풍경이 보이는 것을 지적하고 있다. 카스트별·지방별·직업별·가족별·계급별 암상(岩床)이 뒤엉킨 인도 사회와 그 위로 세차게 불어 들어오는 지배와 맹종의 바람을 생생히 떠올릴 수 있다. 이것이 헤겔의 '세계 정신'에서 본 인도의 정신적 풍토이다.

## 마르크스의 인도관

헤겔로부터 그 방법론(<sup>변증</sup><sub>법</sub>)을 계승했다는 마르크스의 인도관도 중국관과 함께 유명하다. 마르크스는, 말하자면 생활비를 벌기 위해 그 무렵 시사해설로서 인도와 중국의 문제를 〈뉴욕 트리뷴〉지에 기고했다. 그 문장이 지금도 고전적인 문헌으로서 살아 있는 것도 놀랍지만, 헤겔의 '거꾸로 서 있던' 변증법을 유물론의 토대 위에 옮겨놓았다고 알려진 마르크스가, 인도관에서는 헤겔과 약간 공통의 견해를 보이고 있는 점도 흥미롭다.

그렇지만 마르크스는 어디까지나 유물사관의 입장에 서서, 헤겔이 범신론이라고 부른 것의 실태, 특히 자연 지배의 이면을 마치 달의 이면을 보듯이 훌륭하게 드러내고 있다.

"우리는 이 야비하고 비작동적이며 식물적인 존재, 이 수동적인 존재(<sup>목가</sup><sub>적인</sub> <sub>촌락공동체를</sub> <sub>가리킨다</sub>)가 대조적으로 힌두스탄에게는 난폭하고 제멋대로이며, 방자한 파괴력을 불러 일으켜 살인마저 종교 의식으로서 행한 것을 잊어선 안 된다. 우리는 이 작은 공동체가 카스트와 노예제로 오염되어 있는 것, 인간을 외력의 지배자의 지위로 높이지 않고 외적 관계에 종속시킨 것, 스스로 발전하는 사회적 상태를 불변의 자연적 운명으로 바꾸어, 이로써 자연의 지배자인 인간이 하누만, 곧 신화적 원숭이 왕이나 사바라, 즉 신성한 암소 앞에 정중히 무릎 꿇는다는 사실이 그 타락을 보여주는 거친 자연숭배에 도달한 것을 잊어선 안 된다."<sup>(마르크스-엥겔스 선집)</sup>

이처럼 헤겔과 마르크스가 그린 인도의 자연과 정신 풍경 속에서, 간디는 어떻게 행동하고 어떻게 생각했을까.

간디는 하누만이 등장하는 인도 신화와 교전(敎典)을 찬미하고 거기서 일상의 길잡이를 찾아냈으며, 사바라(소)를 인간에 가장 가까운 것으로서 중요시했다. 그에 따르면 소는 '인간이 동맹조약을 맺고 있는 인류 이하의 전 세계'를 상징하는 것이며 또 '인간과 모든 짐승과의 우애의 상징'이기도 했다. 그래서 간디는 우유를 마시는 것조차 꺼리며 산양유를 마셨다.

하지만 그런 인도적 범신론, 거친 자연숭배 또는 인간의 외적 관계에 종속된 삶을 살며 그런 풍속에 온몸을 바치면서도, 간디는 단지 그것에 그치지 않았다.

헤겔과 마르크스가 묘사하고 간파한 인도 속에 간디는 살았지만, 간디 안에는 또 하나의 인도가 살아 있었다. 간디는 그 인도를 호흡하고 있었다.

## 힌두교·이슬람교 융화의 문제

인도 종교와 관련해 말하면 간디가 일찍부터 제창하고, 죽음에 이를 때까지 한 치의 양보 없이 소중히 지켰던 것은 힌두교·이슬람교 융합이었다.

간디는 힌두교도의 농업·상업 카스트인 바이샤의 가정에서 태어났다. 아버지로부터 위엄, 어머니로부터 자애를 받았다고 하는데, 어머니가 힌두교도 중에서 특히 사랑이 깊은 비슈누파에 속했었다는 것도 뒷날 간디가 대중에게 자애의 마음을 베풀 수 있었던 먼 원류의 하나일 것이다.

간디의 친구이자 전기와 논문 편집자이기도 한 앤드루스도, 간디의 출생과 가계에 주목했다. 간디가 종교적 전통과 구속에서, 어떤 의미로 비교적 '자유'로웠던 것은 확실히 바이샤 카스트에서 유래하는 부분이 크다.

간디는 종교와 밀착한 카스트의 규정에 대해서는, 런던에 유학하던 때 추방 처분을 받은 일에서부터 이미 저항을 경험했다. 런던에서는 채식주의자와 동시에 그리스도교도와도 교우했다. 인도 고전도 읽었다.

마르크스(1818~1883)

남아프리카에서는 《성서》, 《코란》, 톨스토이를 읽고, 러스킨과 함께 소로의 《시민적 불복종》을 옥중에서 읽었다. 이들 독서의 배경에는, 힌두교도와 이슬람교도의 연합, 인도인 계약노동자의 인권과 생활 보장의 싸움이 있었다. 남아프리카 20년의 생활은 단순한 정신 편력이 아니었다. 그들은 간디가 인도에 돌아와서부터 인도의 토양에서 꽃을 피운 것이다.

제1차 세계대전 후 인도의 반영(反英) 운동 속에는 터키의 칼리프(회교<br>종주)에 대한 영국의 부당탄압 반대(이른바<br>키라파트 운동)의 기운도 크게 작용하고 있었다. 뒤에 서술할 불가촉천민에 대한 차별 반대와 함께 이슬람교도에 대한 차별 내지 대립 감정은 간디에게는 없었다.

간디의 반영 운동은 이슬람교도의 지도자로 유명한 알리 형제와의 제휴 속에서 발족하고, 힌두교·이슬람교 양교도의 협력으로 전진한 것이다.

1920년 6월 간디는 알라하바드에서의 이슬람교도 회의에서도, 9월의 캘커타, 12월의 나그푸르 회의파 대회에서도 비협력운동을 강하게 호소했다. 게다가 1924년에는 코하트(현 파키스탄 노스웨스트<br>프런티어 주에 있는 도시)에서의 이슬람교도와 힌두교도의 폭동에 대한 보상으로서 간디는 모하메드 알리의 집에서 21일간의 '대(大)단식'을 결행했다.

하누만에 절하고 소를 숭배하면서도 간디는 광신이라는 태도를 취하지 않았다. 그는 말하자면 신교의 자유와 연결된 시민적 상식이 몸에 밴 사람이었다. 인도의 세습적 카스트와 식민지적인 계급 대립과 결착한 종파적인 문제에 대해, 특히 일파에 치우치지 않는 면이 간디에게는 있었다. 그것이 힌두교도와 이슬람교도 종파의 흐름을 서로 인정하면서 민족적 입장(특히 영국에 대한)에서 제휴하고 협력해 간다는 인도적 토대를 구축하고 있었다.

자연숭배와 자연의 지배에 대한 인간의 종속이 아니라, 인간(민족)에 대한 인간의 지배·종속에 반대하는 정치적 자각은 간디의 힌두교·이슬람교 융합의 견고한 지반이었다.

## 국가와 종교

이것은 간디의 늘그막, 곧 인도 독립 직전, 벵골의 노아칼리 지방에서 결사적 행각으로 나타났다.

1946년 11월 7일부터 다음해, 즉 독립된 해의 3월 2일까지 간디가 힌두교·이슬람교 대립이 격심한 노아칼리 지방을 두루 돌아본 것은 앞에도 언급했지만, 이것은 쉽지 않은 결사적 행동이었다. 도중에 몇 번인가 생명의 위험에 처했던 간디는, 그러나 '만약 필요하다면 암살자의 손에 죽어도 좋다'고 말했다.

간디는 국가와 종교에 대해서는 매우 명확하고 진보적인 사고방식을 지니고 있었다.

"모든 집단이 하나의 종교를 믿는 시점에도, 나는 국가의 종교인 것을 믿지 않을 것이다. 국가의(종교에 대한) 간섭은 언제나 환영할 수 없다. 종교는 순수하게 개인적인 것이다. 나는 부분적이건 전체적이건 종교 단체를 향한 국가의 원조에는 반대이다."

이런 의미에서 간디는 종교적 기조에 개인적 자유를 두고 있다. 인도가 종교적으로 보이는 것처럼 간디도 종교적으로 여겨져 왔다. 하지만 간디는 종교에 대한 국가의 간섭에는 완강하게 반대했고, 인도를 '힌두교(도)의 국가'로 만들려는 생각도 하지 않았다.

하누만과 소의 숭배가 뿌리 깊은 나라 인도에서는, 이런 신교의 자유를 고수하는 것만으로도 목숨을 걸어야 했다. 간디는 생애를 건 비폭력의 힘으로, 그 신교의 자유를 그저 1, 2센티미터 들어올렸다. 그것을 하누만의 신도는 기뻐하지 않아, 헤겔이 말한 '화석화된 개별화' 위의 방자함—다시 말해 암살의 테러가 세차게 불어댔던 것이다.

게다가 간디는 힌두교·이슬람교 융합 신교의 자유 저편에 '라무라지'(신의 지배)라는, 극히 막연하지만, 일종의 사회복지국가를 생각하고 있었다. 그것은 자연이 지배하는 운명의 난폭한 세력 앞에서는, 때로 '사회주의'의 나라를 생각하게 하기도 했다. 물론 인도적이고 간디적인 의미에서의, 바람에 흔들리는 등불 같은 '사회주의'이긴 하지만.


## 간디주의와 사회주의

간디는 제2차 세계대전 발발 후 아가칸 궁전에 갇혔을 때, 마침내 마르크스의 《자본론》을 다 읽었다고 한다. 또 피아렐랄에 따르면, 간디는 마르크스의 다른 책이나 엥겔스·레닌·스탈린 그리고 중국 공산주의에 대한 책 등도 읽은 적이 있다고 한다.

타고르와 네루는 초청을 받아 소비에트 연방(러시아)을 방문한 적이 있는데, 간디는 그런 적이 없다. 그리고 초고도의 정신주의자인 간디가 공산주의자일 리가 없다. 그럼에도 불구하고 간디주의와 공산주의는 자주 비교된다. 앞서 얘기한 네 개의 방정식은 그 결과이다.

간디의 사회주의관·공산주의관은 루이스 피셔와의 회담에서도 엿보이고, 전기 속에도 묘사되어 있다. 그것에 대해서는 뒤에 언급하기로 하고, 먼저 피아렐랄과 비노바 바베의 기록부터 보자.


### 아메바 사상

피아렐랄의 기록에 의하면, 간디는 피셔와의 대담에서 "나는 우리 사회주의자 친구들의 자기 부정이나 희생 정신에 최대의 찬사를 보내지만, 그들의 방법과 나의 방법 사이의 예리한 차이를 감춘 적은 없다"고 말하며 그들의 '폭력'에 맞대어 자신의 '비폭력'을 들고 있다.

그것은 틀림없지만, 결연한 이 판정에 이르기까지는 상당한 우여곡절이 있었다. 간디는 그들의 다수가 태어나기 전부터 자신은 '사회주의자'였다고 말한다. 남아프리카 시절에 요하네스버그에서 열렬한 사회주의자를 설득했다는 것이다.

"사회주의란 무엇입니까?"라는 물음에 간디는 '이 이후의 사람에게(unto this last)'의 일이라고 대답한다. '나는 맹인이나 벙어리인 사람들을 발판으로 삼을 생각은 없다.' 여기에는 이른바 인도적 사회주의의 편린이 있다.

그리고 특징적인 점은 간디가 '국가가 모든 것을 소유'하는 데 강력히 반대한다는 것이다. 그러는 한, 간디의 눈에는 미국도 소비에트 연방도 다를 바가 없다. 그 자신이 말한 '변형된 사회주의'에서는 국가가 모든 것을 소유하지 않는다.

"사회주의는 독재이거나 아니면 안락의자 철학에 지나지 않는다."

"나도 자신을 공산주의자라 부른다"고 간디는 말한다.

"그런 말을 하는 것은 좋지 않다"고 피셔는 타이르듯 경고한 뒤 "레닌에 대해서 어떻게 생각하는가" 하고 물었다.

"레닌은 그것(공산주의)을 전진시키고 스탈린이 그것을 완성시켰다."

결국 간디 말은, '내 공산주의는 사회주의와 공산주의, 둘의 조화로운 절충이다. 내 해석에서 공산주의는, 사회주의의 자연스러운 귀결이다'라는 것이다.

제멋대로의 무책임한 발언이라고도 할 수 있을 대화의 단편을 소개했는데, 역시 반공주의이자 정신주의자인 비노바는, 간디주의와 공산주의는 서로 절대 섞일 수 없는 것이며, 따라서 네 개의 방정식에 쓴 것처럼 간디주의에 폭력을 더하거나 공산주의에 비폭력을 더해 뭔가가 합성되는 것이 아니라, 양자의 차이는 기본적이라고 말하고 있다.

여기서 흥미로운 것은 그때 비노바가 '만약 공산주의를 견고하고 장대한 화강암이라고 한다면, 간디주의는 끊임없이 변화하는 아메바다'라고 말한 점이다. 이것은 측근으로서의 실감나는 말이다.

게다가 비노바는 간디가 앞서 말한 것과 나중에 말한 것 사이에 모순이 있을 때—자주 있는 일이지만—그것을 무리해서 통일하려고 고심하는 일 없이, 앞서 말한 것을 부정하고 나중의 것을 받아들이며 더욱 전진했다고 말한다.

이것만을 전제로 해두고 주제인 간디주의와 사회주의, 다시 말해 사회주의(특히 인도의 사회주의)에 대해 간디 또는 간디주의가 어떤 관계를 맺었는지 살펴보자.

## 커다란 불평등 앞에서

인도에는 영국과 인도, 영국인과 인도인이라는 불평등 외에 위로는 큰 부자·대지주에서부터 아래로는 빈농·하리잔에 이르기까지의 커다란 불평등이 존재했다. 인도는 아시아 식민지 중에서도 일찍부터 민족 자본이 성장한 곳이며, 식민지로서는 공업화도 어느 정도 진행되고 있었다.

높은 산봉우리에서 깊은 골짜기에 걸쳐 사회적 경사를 이루고 있는 이 나라에서는, 가난한 대부분의 사람들이 도시나 농촌의 골짜기 속에서 꿈틀거리고 있었다.

간디가 이런 경사를 위에서가 아니라 밑에서 올려다보고, 비교적 '공정한' 입장에서 고찰할 수 있었던 까닭은, 본디의 성격 외에 그가 카스트 안에서 이른바 중산층에 속하는 바이샤 출신이라는 부분에서 기인했을 것이다. 그와 동시에 간디는 개인적인 소유나 부에 대해서도 관념적이긴 하나 그만의 견해를 지니고 있었다.

간디는 부에 대해서 개인적 소유를 인정하지 않았다. 부는 신으로부터의 일시적 기탁(trust)에 지나지 않는, 본래 신에게 소속되어야 하는 것이라고 생각했다. 그것은 지주가 소유하는 토지에 대해서도 마찬가지였다. 지주는 '소작인의 재산 관리인' 또는 '신탁을 받은 친구'여야만 한다. '이를테면 부의 소유로 얻을 수 있는 기쁨은 착각이다'라는 것이 그의 신념이었다.

게다가 간디에게 '돈과 소유에 대한 집착은 공포의 산물'이었다. 폭력과 부정직이 공포의 결과인 것처럼, 돈과 물건에 집착하는 것도 전부 공포에서 온다. 이는 간디가 '무외(無畏 : $^{두려움이}_{없음}$)'를 설명하며 영국인을 두려워하지 말라고 한 것과 일맥상통하는 부분이다.

그의 신념은 '진정한 인도는 농촌에 있다'는 것이었다. 거기서 가장 중요한 것은, 일하는 농민이 토지를 소유해 자신의 노동으로 생산한 것이 자기 소득이 되는 것이었다. 이것이 빈곤을 물리치고 국가와 민족의 독립을 보장하는 가장 기본적인 요건이었다. 제2차 세계대전 후 연달아 생겨난 아시아·아프리카 제국 중 사회주의 체제를 향해 간 여러 나라($^{중국·북한}_{·북베트남}$)에서는 토지 혁명이 완수되어, 토지가 일하는 농민의 것이 되고, 농업협동조합 또는 중국의 인민공사처럼 집단소유가 되었다.

하지만 토지 혁명을 충분히 행하지 못한 채 민족·민주 혁명이 끝난 지역,

또는 그것조차도 완수되지 못한 여러 나라(버마, 인도네시아, 필리핀, 파키스탄, 인도 등)에서는 농업과 농민이 안정되지 못한 채 정치 불안이 뒤를 이었다. 토지 문제는 독립을 노리는 여러 나라, 독립 다음의 건설을 진행하는 각국의 정권이 견고한지 취약한지를 시험하는 리트머스 시험지 같은 것이었다.

간디는 '토지는 신의 것이므로, 고로 거기에서 일하는 사람들의 것이다'라는 것이 이상임을 인정했다. 신의 것은 국민의 것이다. 하지만 현실적으로는 '그 이상적인 상태가 오기까지는 지주가 얻는 분량을 삭감하는' 운동이 정당하다고 했다.

이 일은 노년의 노아칼리 지방 순례 때, 그 고장 사람들로부터 "지주가 갖는 몫은 수확의 반이나 삼분의 일로 하면 된다고 생각하는가?" 하는 질문을 들었을 때 한 대답에도 나타나 있다. 그는 구체적으로 어느 쪽이 적당하다고 말할 수는 없지만, '지주가 취득하는 분량을 삭감하는' 것을 환영하고 지지한다고 대답했다.

부와 소유에 대한 이런 간디의 사고방식, 인도에 존재하는 커다란 불평등에 대한 그 비판은 비록 그것이 신의 이름을 두고 행해진 일일지라도 간디에 대해 사회주의자, 적어도 사회개혁가로서의 인상을 강화하는 데 한몫했다.

## 사회개혁가로서

간디가 사회개혁가로서의 인상이 강한지 약한지 상관없이 그는 실제로 "저는 사회개혁가입니다"라고 말했다. 이것은 루이스 피셔가 1946년 6월, 두 번째로 간디를 방문했을 때 '인도를 카스트도, 계급도 없는 사회로 만들기 위해서 노력하는 것이다'라고 말한 뒤에 덧붙인 이야기이다. 물론 비폭력을 수단으로 하는 사회개혁가이지만.

그것뿐만 아니라 남아프리카에서 인도에 돌아와 얼마 안 되었을 때, '나 자신도 무정부주의의 일원이지만 (오늘날 인도에 있는 한 떼의 사람들과는) 다른 부류입니다'라는 의미의 말을 어느 대학의 강연에서 발언한 적이 있다.

신을 시작으로 비폭력을 최상의 것으로 하는 한편, 자연을 설명하고 자연 요법을 몸소 시험해 사람들에게 베풀며, 기계 문명의 나쁜 일면을 격렬히 공격하는 간디에게선 일종의 아나키스트 같은 면모가 보인다.

그것은 인간의 지성에 앞선 감정, 머리보다 앞서 가슴에 호소하려는 발상

법과도 통하는 것이었다. 사실 1920년대에 들어서 영국제품 불매운동을 했을 때, 간디는 영국제 섬유제품뿐만 아니라 네루 수상의 사랑하는 딸 인디라<sup>(전인도수상)</sup>의 영국제 봉제 인형까지 불에 던져 태웠다. 이때 그는 '파괴의 논리'를 설명하고 영국인에의 노여움을 영국의 물건에 돌린다는 '파괴의 논리'를 실천하여 타고르와 논쟁한 적이 있었다. 그때 타고르는 "의복은 입어야 하는 것으로, 태우기보다는 빈민이나 의복이 부족한 사람에게 주어야 한다"고 말했다. 이것에 대해 간디는 "내가 태워버리길 바라는 것은 당신 자신의 의복이다"라고 하며 "나는 외국제 의류를 태움으로써 나의 부끄러움을 태우고 있다"고 반박했다. 그때 간디는 하루에 고가의 의류 약 15만 벌을 태웠다고 한다. 간디를 장군이라 한다면 타고르는 궁중 의전관이며, 간디가 보리밭이라면 타고르는 장미 정원이라고 불리는 것은 그 때문이다. 전기 작자도 지적하듯이 간디에게는 확실히 '보수적인 전통주의자와 급진적인 우상파괴자가 견딜 수 없을 만큼, 예기하기 못할 정도로 뒤섞여 있는' 것이다.

거기에 또 하나, 간디는 정치적으로는 온건한 개량파 고칼레의 계보에 속하면서 의회에 의한 활동, 입헌 수단에 의한 정치 활동에 가장 의의를 두거나 주력하지 않았다. 이는 매우 상징적인 모습이다.

'의회에서의 계획은 항상 국가 활동의 최소의 것이라는 것이 나의 지론이다. 가장 중요하고 항구적인 작업은 의회 밖에서 행해진다.'

이것은 1942년에 기관지 〈하리잔〉에 쓴 문장의 한 구절이다. 간디는 시종 '권력정치에 참가하는' 것을 바라지 않았다. 무엇보다도 개인적 생활에 무게를 두고 자기 자신의 실천을 첫째로 한 것이다. 그는 몸으로 이끄는 정치적 선동가이며 그런 의미에서의 정치 지도자였지만, 조직자는 아니었다. 조직자의 임무, 권력정치에의 참가는 모두 네루의 업무로서 이 역할은 독립 후에도 이어졌다.

### 사회주의와 사회 건설 활동

지금까지 약간 목가적인 사회혁명가로서의 간디에 대해 언급해 왔다. 그러나 1930년대에 들어서면 간디도 단지 막연한 사회주의, 사회개혁이 아니라 좀더 이론적인 사회주의와 접촉할 수밖에 없게 된다.

1933년에는 이미 인도 각지에 결성되어 있던 공산당 세력이 연합해 전 인도 중앙조직으로서 인도공산당을 창립한다. 다음 해에는 인도 국민회의파 내의 사회주의 세력이 이른바 회의파 사회당을 결성한다. 사회주의에 대해서라면 간디는 다른 사람에게서 권유받아 몇 권인가 시회주의 문헌을 읽었다.

그리고 1937년에는 기관지 〈하리잔〉에 '맘몬(<sup>부의</sup><sub>신</sub>) 숭배를 철저히 가르쳐 약자의 희생 위에 강자의 축재를 가능하게 하는 경제는 허위의 참담한 과학이다'라고 써, 참된 경제로서의 사회주의와 윤리가치를 언급하고 있다. 거기까지 간디의 인식은 나아갔고, 여기에는 주변 사람들, 특히 네루 등의 영향도 컸을 것이다.

이 문제에 관한 루이스 피셔와의 대담이 흥미롭다.

"회의파가 재계에서 자금을 받는 것이 정책에 영향을 미치지 않겠느냐?"고 피셔가 묻자 간디는 "무언의 부채는 되겠지만 실제로 영향을 받는 일은 없다"고 대답했다. 더욱이 피셔가 "사회 문제와 경제 문제를 거의 제외하고 민족주의에 전념한다는 것은 그런 영향의 결과 중 하나가 아닌가" 하고 추궁한 것에 대해 간디는 부정하며 다음과 같이 답했다.

"회의파는 지금까지, 특히 판디트 네루의 영향 아래에 있어, 경제 계획을 위한 진보한 사회 정책과 계획을 채용해 왔다."

다시 말해 과학적인 사회주의, 또는 그 경제 계획은 '네루의 영향 아래에서' 한데 모여 진행되는 한, 간디의 관할 밖에 있다는 것이다. 뒤집어 말하면 인도 독립과 통일은 간디가 추진해 온 역사적 역할이었다.

그럼 독립을 바라보며 간디가 더욱 자각하고 진행시키는 분야는 무엇인가. 그것이 이른바 '사회 건설 활동'이다. 그것은 인도 민중에 대한 직접 봉사 작업이었다. 이 활동가들은 '사회 건설 활동가'들이며 그 주요한 목표는 다음과 같다.

1. 불가촉천민제 철폐(<sup>하리잔</sup><sub>운동</sub>)
2. 국어로서 힌두어 보급
3. 기초교육 보급
4. 식량 생산 개선
5. 농촌산업(<sup>촌락</sup><sub>공업</sub>) 진흥
6. 손으로 실 잣기 장려

이 활동가들은 도시에서도 일했지만 농촌에 들어가 헌신적으로 활동했다. 간디의 사후, 간디주의자라 불리는 사람들은 이 사회 건설 활동에 종사하는 사람들이다.

겨우 비노바 바베가 예의 '토지 헌납' 운동에서 비폭력 수단을 통해 매우 특수한 토지 분배에 착수한 것 외에는, 간디주의자들의 작업은 사회 복지적인 사업에 한했다.

간디의 사회주의, 사회개혁의 실태는 결국 사랑(<sup>비</sup><sub>폭력</sub>)의 수단을 통한 사회 건설로 끝난 것처럼 보인다. 스스로 '권력에 참가하길' 바라지 않았던 간디와 간디주의자에게 이것은 일종의 심오한 단계이기도 한데, 그 뒤 인도가 당면한 문제는, 네루 무리에 맡겨진 과학적 사회주의에 따른 개혁과 변혁이 정체, 좌절, 반동화해 수포로 돌아간 것이다.

예를 들어 인도 민중을 아사의 경지로 몰아넣고 있는 식량기근 문제에서도, 간디는 1946년 10월 6일자 〈하리잔〉에 쓴 '공산주의자에 대한 해답' 속에서 이렇게 말하고 있다.

"……나는 외부의 힘에 의존하는 것을 찬성할 수 없다. 이미 지금의 식량기근에 부딪혀도 러시아 밀에 의지해서는 안 된다고 한 적이 있다. 우리는 외부의 동정에 의지하기보다는 우리의 땅이 부여해 주는 것으로 살아가는 능력과 용기를 발휘해야 한다. 그렇지 않으면 우리는 하나의 독립국가로서 존재할 가치가 없다. 이것은 외국의 이데올로기에 대해서도 똑같이 말할 수 있다."

독립을 위해 '순수하고 사심 없는 봉사'에 계속 힘썼던 간디는, 민족에 강하고 계층에 약했다. 사회주의와 공산주의에 대한 이해가 얕음은 그 결과일 것이다. 하지만 독립을 위한 헌신 속에는 씩씩한 울림이 깃들어 있었다. 이렇게, 민족에 강한 면을 계승하면서 계급에 약한 면을 보강하는, 참으로 뛰어난 정치가·사회혁명가가 없는 것은 간디가 죽은 뒤 인도의 불행이다.


## 간디와 농민

간디는 '1901년에 약병에 이별을 고하고'부터 자연요법과 식사, 수면의 규칙적인 습관을 몸에 익혔다.

자연요법을 스스로 행할 뿐만 아니라 다른 사람에게도 베풀었다. 철도와 가까운 작은 마을에 일종의 진료소를 설치한 적도 있다. 주로 농민을 상대로, 처방은 대개 물을 마시는 것, 일광욕을 하는 것, 반신욕을 하는 것, 신의 이름을 여러 번 복창하는 것 등이었다.

아플 때도 머리에 흙을 얹었던, 머리부터 발끝까지 인도의 흙에서 태어나 인도의 땅을 밟고 살았던 간디, 그에게는 농민적 풍모와 농민적 사고가 있다.

## 농민의 합리주의

간디를 레닌과 비교한 《레닌과 간디》의 저자 퓨렙 뮬러도 둘의 공통 요소로서 농민적 성격을 들고 있다.

뮬러는 이렇게 말한다.

"레닌은 다분히 농민적이었다. 그의 단순하고 신뢰할 수 있는 성격, 실제적 이익에 대한 진중한 관찰은 모든 러시아 농민에게서 볼 수 있는 특징이다."

"레닌의 유일한 목적은, 교육 받지 못해 정치적 사색에 익숙하지 않은 러시아 농민조차도 이해할 수 있도록, 농민이 알고 일어서 행동할 수 있도록 그의 이론의 과학적 내용을 가능한 한 설명하는 것이었다. 그의 어떤 말도 그 목적 아래 직접행동을 노리는 것이었다. 따라서 의지력이 충만한 그의 모든 말은 곧 말 자체의 힘으로 행동화되었다."

간디의 이론에 레닌 같은 '과학적 내용'이 있었는지는 의문이지만, 여기서 말하는 내용은 레닌보다도 간디에게 더욱 어울리는 듯하다. 간디가 처음 기관지 〈영 인디아〉, 뒤에 〈하리잔〉에 쓴 논설은 짧지만 항상 모든 말이 그대로 행동화된 것뿐이었다.

뮬러는 그때 레닌에 대한 트로츠키의 비평도 아울러 실었다.

"레닌은 항상 같은 가락의 노래를 부르고 있다. 그 노래는 인간과 인간 사이의 사회적 차이를 기초부터 변혁하려는 필요, 특히 이 목적에 도달하기 위한 최선의 방법이다."

이 내용 또한 그대로 간디에게 들어맞는 것 같다. 항상 같은 가락의 노래, 그것은 간디에게 비폭력을 통한 인간성의 밑바탕부터의 변혁과 인도의 영국으로부터의 해방이다. 그리고 그 에너지를 간디도 인도 농민에게서 얻으려

했다.

뮐러는 더욱이 레닌의 '본성 그대로의 단순성' 또는 '항상 실제를 노리는 농민의 합리주의'가 레닌의 정치적 활동 속에 나타나 있는 것, 그리고 그것은 레닌의 천성에 깊이 뿌리박혀 있는 것임을 지적하는데, 이것 역시 그대로 간디에게 들어맞는다.

특히 그것은 간디의 '물레'와 손수 지은 인도 전통 옷 사용에 대해 말할 수 있다. 이것에 대해서는 나중에 다시 한 번 문제로 삼고 싶다.

뮐러는 보편적인 정치가로서, 정치적 지도자로서, 혁명가로서의 레닌과 간디를 비교했다. 그때 농민적 요소를 거의 첫째로 들고 있는 것은, 1920년대의 한 시기에 이 두 명이 적어도 혁명가로서 동일선상에서 다루어졌다는 역사적 사실과 함께 아직도 중시해야 할 만한 것을 포함하고 있다.

하지만 그때에도 그 뒤에도 일관되게 둘에게는 서로 섞일 수 없는 점이 한 가지 있다. 그것은 뮐러가 '레닌과 농민의 공통점은 단지 농민적 예민함뿐만이 아니라 농민의 폭력적 경향이기도 했다. 그는 민중의 모든 원시적인 힘을 본질적으로 가진 한 사람이었다. 그리고 그가 일대 혁명을 일으킬 수 있었던 것은 그 힘 때문이다'라고 말한 것에 비해, 간디의 농민적 예민함과 함께 그가 설명한 것은 비폭력, 가능한 한 비폭력의 '혁명'이었다.

간디는 인도 농민이 일찍이 봉건적 지배자를 향해 자주 시험했던 하르탈(비협조운동), 즉 카마드의 불을 끄고 들에 나가 저항의 생활을 이어가는 방법을 선택했는데, 그것은 도시와 농촌도 포함해 모든 비폭력의 불복종 저항으로써였다.

간디에게는 아나키스트(무정부주의자)적인 면이 있었음에도 불구하고 농민 폭동적인 언동은 없었다. 오히려 그런 폭동적인 폭발에 대해서는 '산과 같은 잘못'으로 급브레이크를 걸었다. 간디는 지극히 목가적으로 보이면서도 어디까지나 합리적·조직적인 일면도 강했다고 할 수 있다.

### 회의파를 농촌의 기반 위에

인도 민족 운동의 추진력이자 추진 기관이었던 인도 국민회의파를 인도 농촌의 기반 위에 둔 것은 다름 아닌 간디였다.

1920년 12월, 중부 인도의 나그푸르에서 열린 회의파 연차대회에서 간디는 회의파 말단의 저변 조직을 촌락위원회에 두었다. 그리고 거기에서 직접 인도 민중, 즉 인도 농민과 밀착하면서 촌락 위에 지구(地區)·정(町)·분구(分區)·구(區)·주(州)의 각 위원회를 두었다. 나아가 그 위에 350명으로 이루어진 전인도 회의파위원회(AICC) 및 그 집행부로서 운영위원회를 두어 최고결정기관으로서의 회의파 연차대회와 결부시켰다.

회의파는 처음엔 인도인의 불만 배출구로서, 인도 각 지방의 이른바 '명망가'들을 모은 간담회 성격의 모임에서부터 출발했다. 그러다 변호사·의사·인도의 관료 내지 전직 관료 등 소부르주아지·민족부르주아지를 주력으로 하는 정치적 발언기관이 되었다. 1890년 즈음부터는 강경하고 유연한 양 파의 내셔널리스트를 포함한 민족적 정당이 되었으나, 직접 민중의 기반 위에 세운 것은 아니었다.

간디 자신이 농민의 마음으로 농민의 소작 투쟁을 지도하고, 농민의 정치적 자각을 위해 최대한의 노력을 기울인 끝에 비로소 회의파를 농촌의 토대 위에 둘 수 있었다. 이것은 동시에 회의파의 전국 조직화를 실현한 것이었다. 그러나 단순히 여기에 머무르지 않았다.

제1차 세계대전 뒤 간디가 이끄는 대영 비협력, 불복종운동이 전국적으로 격렬하게 전개되어, 농민이 신사복이 아닌 인도인의 일상복 그대로 회의파 대회에 참가하고, 영어가 아닌 인도의 지방어로 발언하게 되었다. 이것이 처음으로 조직의 전국화가 가능해진 이유이기도 했다.

운동(鬪爭)에 앞서 조직이 있는 것이 아니라, 조직화에 앞서 운동(鬪爭)이 있다는 정치적 원칙은 간디에게도 예외는 아니었다.

회의파의 근본을 농촌에 두는 동시에, 간디는 주의 행정적 구획을 언어별로 재편성해야 한다고 제창했다. 그때까지 인도에는 영국이 임명하는 이사관 아래 꼭두각시 같은 존재로 인정받았던 수백의 번왕국과 자치주, 비자치주 등 각각의 행정 구획이 있었다. 특히 주의 경계는 인도가 정복당했던 때의 것 그대로 영국이 통치하기에 편리하도록 만들어진 것이었다.

이에 간디는 그 각각의 지방에 통용하는 언어를 기준으로 주 경계를 고치도록 제안했다. 이 언어주의 원칙은 1947년 인도 독립 뒤, 몇 년이 더 지나서야 거의 실현되었다. 이 점에서 회의파보다는 간디의 선견지명을 자랑할 만하다.

## 농민의 한 사람으로서

1922년 3월 18일 간디가 인도 법정에서 '최초의 심판'에 임했을 때도 간디는 자신의 직업이 농민 겸 실 잣는 일로서, 스스로 농민임을 자랑스러워했다. '농촌이야말로 진정한 인도'이며 '농촌이야말로 자신이 사는 보람인 인도'라는 것이 간디의 신념이었다. 진정한 인도, 사는 보람인 인도를 간디는 자신의 발로 자주 걸었다. 북으로는 히말라야부터 남으로는 코모린 곳까지, 간디는 거의 걸어다님으로써 곳곳을 알고 있었다. 간디만큼 인도의 땅을 사랑했던 사람은 없다고 말해도 좋다.

그 정도로 간디는 인도 그 자체이며 특히 인도 농민 그 자체였다. 그의 반영 독립운동은 '인도 농민 대 (영국의) 국가 권력'이라는 직접 대결 형태를 취하지는 않았다. 간디는 국가권력을 상대로 정치투쟁을 했지만, 그것은 직접적으로 농민의 저항력에 의거한 것은 아니었다.

국가권력을 직접 대적하고 농민의 반대세력에 맞서기 위해서는 농민 가운데 가장 억압당하고 학대당한 자, 즉 고농(雇農 : 농업 프롤레타리아트)·빈농, 또는 토지가 거의 없는 가난한 중농에 의거할 수밖에 없었다.

그러나 간디는 그러지 않았다. 농민이라는 이름에 모든 것이 포괄되고 농촌이라는 이름에 전 인도가 포괄되었다. 공장 노동자를 주로 하는 프롤레타리아와 다르게 농민 가운데에는 광범한 부르주아지가 포함된다. 간디는 그런 계층적 구조는 문제삼지 않았다. 그에게는 영국 대 인도라는 민족적 입장이 가장 먼저였다. 간디의 견해가 좋게 말하면 '유동적', 나쁘게 말하면 '타협적'인 것은 그 때문이다.

하지만 '민족에 강하고 계층에 약하다'는 치명적인 결함이 있다고 해도, 이제까지 인도 독립운동사에서 농민의 이름을 대고 농민의 이름으로 인도를 위해 나선 정치적 지도자가 거의 없었던 것을 생각하면—폭동과 특수한 농민운동을 제외하고—간디의 역할을 과소평가할 수는 없다.


## 카다르 윤리

간디 이전에도 영국제품 불매운동을 하고 인도제품, 즉 국산품을 애용하자는 운동은 진행되고 있었다. 이른바 스와데시운동이다.

하지만 이 스와데시운동을 간디만큼 상징적으로 높여 통일적으로 수행한 사람은 없었다. 카다르(khaddar : 인도의 수직 무명) 애용은 그 대표적인 것이다. 카다르는 인도 솜을 '물레'로 실을 자아서 손으로 만든 무명옷이다. 농민을 비롯한 인도의 모든 사람은 이 옷을 입는다. 그 외에 수제 무명으로 만든 흰 모자도 있는데, 모두 이것을 간디 모자로서 애용했다. 간디는 자신의 머리에 '샤포(모자)'를 쓰는 것은 재미없어 보여 모자를 쓰지 않은 것 같지만, 그 뒤 프라사드 대통령도, 네루 수상도, 그 외 간디의 의발(衣鉢)을 물려받은 사람들은 모두 평생 이것을 애용했다.

뒷날 회의파가 크게 타락해 회의파 출신 정치가의 독직이 묵과할 수 없을 정도가 되고부터, 한동안 간디 모자가 부패·타락의 상징으로서 공격당한 일조차 있었다.

## 카다르 경제와 윤리

간디 이해자이며 간디주의 신봉자인 그레기(R.B. Gregy)라는 사람은 《카다르 경제(Economics of Khaddar)》라는 책을 썼다. 아마 간디주의 입장에서, 국산품 애용 외의 경제에 대해 썼을 것이다.

이 《카다르 경제》를 따라, 역시 간디의 친구 중 하나인 앤드루스가 《카다르 윤리(Ethics of Khaddar)》를 편집했다. 물론 이것도 '물레'와 국산품애용에 의거한 간디의 도덕적 주장을 모은 것인데, 앤드루스는 주된 저서의 하나인 《마하트마 간디의 사상》에서 다음과 같이 말하고 있다.

"인도의 가난한 인민을 구제하기 위한 경제적 강령을 만드는 것이, 간디의 종교의 본질적인 부분이라는 것이 얼마나 자연스러운지는 이 관점에서만 이해할 수 있을 것이다."

이 '관점'이란 바이샤의 카스트에 태어난 간디의 가계와 환경이 간디의 '완고한 이상주의자'의 일면에 지극히 '독자적인 공리주의자'의 일면을 부여했다고 지적한 앤드루스의 관점을 가리킨다.

간디의 언행과 정치적 활동에서 때때로 매우 현실적인 것을 발견해 놀랄 때가 있다. 간디를 이상주의자, 더구나 종교가·도덕가로서 보아서는 도저히 파악하기 어려운 것이 곳곳에서 보인다. 오히려 이것은 간디로 대표되는 인도 특유의 것이라고 말해도 좋을지도 모르겠다.

간디가 '물레'를 권하고 그것을 교육과정으로 한 것도 단순히 '노동의 신성함'이라는 추상적인 목적을 위해서가 아니었다. 그 노동에 대해 얻을 수 있는 현실적 수입을 간디는 고려하고 있었다. 그것은 현실적·민중적 의미에서의 '노동'인 것이다. 게다가 이 '노동'은 간디 자신에게도 각자에게도 '개인 윤리와 공공활동이 하나 된 상징'으로서 추진되었다. 이런 지극히 현실적인 축 위에 간디의 장대하고 자기억제적인 이상주의가 구축한 점을 간과하면, 간디 및 간디주의를 이해했다고 할 수 없다. 또 이 점을 무시하고 간디를 '비판'해도 진정한 '비판'이 될 수 없다.

### 부족한 여가의 이용

그것을 전 인도적인 규모로 말하자면, 자연(<sup>계</sup><sub>절</sub>)과 토지소유의 관계로 1년에 4개월이나 있는 '농한기'의 여가를 이용한다는 것이 포함되어 있다. 가만히 있어도 더운 계절에 일을 한다는 것은 인도에서 불가능했다. 부처님조차 숲속 나무 그늘에서 깨달음을 얻지 않았는가.

뜨거운 햇볕이 내리쬐는 여름에는, 진흙으로 만들고 소의 분변으로 벽을 바른 집의 한쪽 구석이나 거리의 나무 그늘, 처마 밑에서 조용히—부족한 에너지를 되도록 소모하지 않고—엎드리거나 누워 있을 수밖에 없다. 그것이 자연에 대처하는 가장 좋은 방법이다.

하지만 거기에서도 할 수 있는 일이 있으니, 바로 '물레'를 돌리는 것이다. 열과 더위 아래 금이 간 땅 위에 설 수도 없고, 선다고 해도 아무것도 할 수 없을 때 집이나 나무 그늘에 틀어박혀 할 수 있는 것은 '물레'를 돌리는 일이었다. 그 고대적 울림 속에는 혹독한 인도, 식민지 인도에서 사는 것의 생명의 리듬이 표현되어 있다. 그것은 인도의 정치와 자연과의 '타협' 아래 행해진 것이었는지도 모르지만, 그만큼 현실적이었다.

가난한 인도의 가정, 농가의 주부들이 얼마나 '물레'를 돌리고, 그 일로 얼마만큼의 현금 수입을 손에 넣었을까. 또 그 현금이 식비 말고도 얼만큼 아이들의 옷과 학용품, 문방구의 일부가 되었을까! 간디는 인도의 그런 부분에 살아있다. 따라서 온 인도에 살아 있는 것이다!

간디는 그런 현실적 기초 위에 서서 '카다르는 아히무사(<sup>불</sup><sub>살생</sub>)의 근원이며 상징이다'라고 말할 수 있었던 것이다. 아니 '물레'는 국민회의파의 당기(黨旗)로서 독립운동의 상징이 되었다. 비밀이라고 하기에는 부족할지도 모르지만 거기에 아시아의, 인도의 비밀이 하나 있었다. 그 비밀을 언급하지 않고는 인도에 대해서는 물론 간디에 대해서도 얘기할 수 없다. 우리 한 사람한 사람의 마음속에 있는 '물레'는 무엇일까. 간디는 이렇게 끊임없이 우리에게 호소하는 무엇을 가지고 있다.

지금 생각하면 그런 무수한 작은 비밀의, 궁색한 현실주의 안에 선 민족해방운동이, 그 나름대로 약점을 지닌 것이 명백하다. 그래도 인도는 영국에 반기를 들고 일어서야만 했다.

### 촌락공업에 대해서

간디의 유명한 촌락공업도 이런 '물레'와 같은 선상에 있었다. 간디는 그런 인도를 근대 식민지주의의 영국(제국주의)에 대립시킨 것이다.

이것도 언뜻 보기에는 간디다운 목가적이지만, 그 의미는 단순히 목가적인 것에 머무르지 않는다.

마르크스는 인도문제에 대한 유명한 논문, 특히 〈인도에 대한 영국의 지배〉 속에서 영국의 자본과 기술에 물든 인도 촌락공업, 즉 '인도 농업과 수공업의 결합'의 파괴에 대해 지적하고 있다.

"인도의 수직기를 때려 부수고 물레를 부순 것은 영국 침입자였다. 영국은 먼저 인도의 면제품을 유럽 시장에서 밀어내는 일부터 시작했다. 그로부터 방적사를 힌두스탄(인도)에 들여보내, 결국 면사 원산지에 면사가 범람하게 했다. 1818년부터 1836년까지 영국의 인도를 향한 수출은 1대 5,200의 비율로 증가했다. 영국 모슬린(mousseline, 얇게 짠 모직물)의 인도를 향한 수출은 1824년 100만 야드(약 914.4 킬로미터)에 미치지 못했는데, 1837년에는 이미 6,400만 야드(약 58,521.6 킬로미터)를 넘고 있다. 반면 같은 기간에 다카 시(현재의 동뱅골)의 인구는 15만 명에서 2만 명으로 감소했다. 그러나 직물제품으로 유명한 그 인도 도시의 쇠함과 가난함도 아직, 결코 최악의 결과는 아니었다. 영국의 증기력과 과학이전 힌두스탄에서 농업과 수공업의 결합을 깨뜨린 것이다."

영국에 지배당하기 전까지 인도에서는 직물업이 번영하고 그 솜씨도 훌륭해, 인도 부인의 연약한 손가락에 낀 반지 구멍으로 몇 야드의 직물제품을

물레(charkha)를 돌리는
소녀

둥글게 뭉쳐서 빠져 나가게 할 수 있을 정도였다고 한다. 그런데 증기력과
영국 과학이 이 기술을 완전히 분쇄했다. 질보다 양이기도 했지만, 동시에
양보다도 양의 귀결이었다. 여기에 영국의 인도 지배의 근원이 있었다.

그런 의미에서 간디의 촌락공업 부활운동은 그 화근을 자극했다. 확실히
그것은 둑에 생긴 첫 틈에 흙을 메우는 움직임이었다.

하지만 모든 파괴와 같이 영국의 인도 파괴에도 역사적 의의가 하나 있었다.
마르크스는 다음과 같이 말했다.

"사회 조직의 이 작은 스테로판적(版的)인 형태(인도촌락공동체)는, 영국의 징세
관리와 영국군의 잔혹한 간섭 때문이라기보다는 오히려 영국의 증기기관과
자유무역 덕택에 대부분 해제되어 소멸했다. 이런 종류의 가족공동체는 수
직(手織)과 실 잣기와 수공업적인 농경의 독특한 결합으로 이루어진다. 그
런데 그들을 자급자족할 수 있게 해 주는 가내공업에 바탕을 둔 방적공(紡
績工)을 랭커셔로, 직공(織工)을 벵골로 각각 이주시키고, 또 힌두 방직공
장과 힌두 직공의 양자를 쫓아버린 영국의 간섭은, 그 경제적 기초를 깨부숨
으로써 이들의 작은 반야만적·반개명적 공동체를 해체시켜 아시아가 일찍이
본 적 없는 가장 크고 진실한 것을, 말하자면 유일한 사회적 혁명을 완성했
다."

사태는 명백하다. 영국을 통한 구인도의 해체는 그 자체가 사회혁명이었
다. 인도에 의한 영국(제국주의)의 해체를 노린 간디는 문제의 원류까지 거슬러
올라가 생각했다. 생각했다기보다 일종의 직감으로 그것을 시험했다.

하지만 문제의 해결책은 인도의 사회혁명을 계승하고 발전시키는 수밖에 없었다. 촌락공업·가내공업의 부활은 문제의식을 근원적으로 파악시키는 요인은 있지만, 인도의 새로운 사회혁명을 대행할 수는 없었다.

간디는 문제의 소재를 보였지만 그 해결 방법은 제시하지 않았다. 모든 것은 간디 사후, 즉 인도 독립 후의 '사회주의'에 맡겨졌다.

간디의 리얼리즘은 문제 해결의 에너지를 집결하는 데는 부족했다. 그는 단지 문제의 소재와 인도 독립의 방향성을 가리키는 것에 머물렀다. 즉, 민족 독립의 원점을 보이는 것이 동시에 간디의 리얼리즘의 한계였다.


## 불가촉천민의 문제

간디라고 하면 먼저 비폭력, 그리고 힌두교·이슬람교 융화와 불가촉천민이 떠오른다. 비폭력은 간디 평생의 사상과 행동을 관철하는 것이다. 그와 동시에 생애 마지막 날까지 간디가 시종 생각하고 그를 위해 바쁘게 뛰어다닌 것은, 힌두교·이슬람교 융화를 통한 하나의 인도 실현과 불가촉천민의 차별 폐지에 따른 평등한 인도가족 실현이었다.

### 다섯 손가락의 첫째로
루이스 피셔의 묘사에 따르면, 간디는 연설 때 자주 왼손을 들어 다섯 손가락을 벌리고 오른손 손가락 두 개로 왼손 손가락을 잡아 꺾으면서 청중에 호소했다고 한다.

다섯 손가락의
첫째는 '불가촉천민의 평등'
둘째는 '물레'(차르카)
셋째는 술(알코올)과 아편 금지
넷째는 힌두교도와 이슬람교도 융화
다섯째는 여성의 평등
그리고 다섯 손가락을 한데 모아 주먹을 쥐고 몸에 바싹 대면 그것이 비폭력이라고 했다.

즉, 다섯 개의 덕이 비폭력을 통해 각자의 신체를, 그리고 인도를 해방한
다는 것을 이렇게 설명한 것이다.

간디는 다섯 손가락의 첫 번째로 들 정도로 불가촉천민의 문제를 중요시
하고 일찍부터 이 문제에 몰두했다. 하지만 다른 문제와 같이 불가촉천민에
대해서도 이론적인 연구와 특별한 고찰을 했던 것은 아니다. '행동 먼저'로
이런 불합리·부도덕을 폐지하기 위해, 스스로 차별을 철폐하고 평등한 입장
에서 교제하고 태연하게 생활을 함께하는 일부터 간디는 시작했다.

그것은 이미 남아프리카 시절에도 실천했고, 인도에 돌아와서 얼마 지나
지 않아 연 아슈라마에도 기꺼이 불가촉천민을 맞아들였다. 이 일이 카스투
르바 부인과 다툼의 원인이 된 적도 있다. 경건한 힌두교도인 부인에게는,
이때까지 차별의 대상으로밖에 취급하지 않았던 카스트 외의 사람들과 생활
과 식사를 함께할 뿐만 아니라, 그 오물 처리까지 해야만 하는 상황이 처음
에는 견딜 수 없었다.

하지만 간디의 차별 폐지의 신념과 행동은 꿈쩍도 하지 않았다. 간디 부부
는 불가촉천민 출신의 여자아이를 맡아 양녀로 키웠다. 간디가 기관지 〈영
인디아〉를 〈하리잔〉이란 이름으로 바꾼 것은 1933년 2월이었다. 다시 말하
지만 〈하리잔〉은 '신의 아이'란 의미로, 이 세상에서 부당한 차별과 억압을
받는 불가촉천민이야말로 다음 세상에서는 '신의 아이'로서 환생할 것을 기
대하고 확신하며 간디가 불가촉천민에 붙인 이름이다.

그즈음 간디는 소금 행진, 원탁회의, 그리고 세계공황과 커다란 민족운동
고양의 파도를 극복하고, 그 후의 이른바 침체기에 직면해 있었다. 이때 그
자신도 인도 정계의 제일선을 물러나 하리잔 운동에 전념하고 싶다는 결의
를 표명할 정도였다.

하지만 이렇게 불가촉천민 폐지에 헌신하면서도, 이런 부정·불합리를 허
용해 온 인도의 카스트 제도에 대해선 철저한 비판은커녕 오히려 용인하고
있다.

이것은 간디다운 모순의 하나인 동시에 사회계급 문제에 대한 간디의 한
계를 보여준다.

## 카스트 제도에 대해서

인도를 잘 모르는 사람이라도 '인도는 카스트의 나라'란 소리는 많이 들어 봤을 것이다. 또 인도를 여행한 사람들은 말하길, 그곳에서 밤낮으로 보고 듣는 것이 '복잡한 카스트'라고 한다.

그러나 인도에서도, 인도 이외의 나라에서도, 카스트의 기원과 실태에 대해 정말 과학적인 해명을 시도한 책은 드물다. 카스트에 대한 사회과학적 입장에서의 학문적인 정설은 없다고 해도 좋을 정도이다.

인도의 고전 《리그베다(Rig-veda)》에 입각한 카스트의 기원, 즉 조화의 신에서 브라만은 머리 부분, 크샤트리아는 팔, 바이샤는 허리, 수드라는 다리로부터 태어났다는 것이 현실의 지배·피지배를 그대로 반영한 일종의 픽션(擬制)임은 말할 것도 없다.

카스트의 어원은 포르투갈어의 카스타(casta)로 출생(breed), 인종(race), 종족(kind)을 의미하고 게다가 어원적으로는 '피의 순결'을 뜻하는 라틴어 카스타스(castus)까지 거슬러 올라간다고 한다.

여기는 어려운 카스트론을 전개하는 것은 아니지만 이런 차별의 기원에 대해서도 가지각색이다. 외부 종족이 침입해 원주민(드라비다족)과의 피부색 차이에 따라 세웠다는 것, 카스트가 '힌두교도임을 보이는 최대의 표지'라는 것부터 종교상의 체제에 의한다는 것, 또 카스트의 체제가 그대로 직업·직분을 가리키는 것처럼 직업·직분에 따른다는 것, 그 뒤 아리아 인종이 인도에 들어간 것보다 꽤 이전부터 있었다는 설도 등장했다.

카스트의 기원 그 자체에 대해서도 이렇게 주장하는 바가 제각각이니 이른바 '아웃 오브 카스트'(Out of caste)에 대해서도 의견이 분분하다. 단지 카스트 간 차별의 학대를 당한 것이 카스트와 '아웃 오브 카스트', 즉 불가촉천민의 차별임은 변함없다. 물론 후자는 양적으로 또 질적으로 언어가 단절된 혹독한 차별에 입각한 것이지만.

카스트 연구에 풍부한 자료와 방법을 제공해 준 저서는 다음과 같다. 메이어 《말라바르의 토지와 사회(A.C. Mayer ; Land and Society in Malabar, 1952)》, 허튼 《인도의 카스트(J.H. Hutton ; Caste in India, 1946)》, 스리니바스 《쿠르그족의 종교와 사회(M.N. Srinivas ; Religion and Society among the Coorgs of South India, 1952)》, 더트 《카스트의 기원과 발전(N.K. Dutt ; Origin and

Growth of Caste in India)》

이들이 주장하는 바를 종합·요약해서 카스트 원리의 최대공약수라고 해야할 공통점을 들면 다음의 세 가지이다.

(1) **재생**(reincarnation) 현상을 긍정하고 우월한 자에게 복종하는 것을 통해 좀더 좋은 내세를 약속한다.
(2) **오염**(pollution) 보다 낮은 카스트의 사람은 보다 높은 카스트의 사람보다 더럽혀져 있어, 접촉하면 그를 더럽히는 것이 된다(특히 정신적·의식적인 의미에서).
(3) **인과응보** 바르고 도덕적으로 살면 정당한 보답이 따른다.

이 중 (1)과 (3)은 공통되므로, 카스트의 원리는 재생과 오염의 둘로 요약할 수 있다.

다만 앞에 기술한 여러 가지 설 중에서 스리니바스는, 카스트는 거기에 더해 자티라고 불리는 서브 카스트(regional sub-caste)로 나뉘어, 이 서브 카스트가 각각의 언어 지역에 약 2,000개 있다는 점을 지적하고 있다. 함께 식사나 혼인을 하지 않는 등 차별이 행해지는 것은 단순히 카스트의 네 단계 사이에서의 일이 아니라, 약 2,000개의 서브 카스트의 단계 사이에서도 있는 일이다.

스리니바스가 설명하는 것을 더욱 구체적, 사회과학적으로 분석한 책이 파니카르의 《기로에 선 인도사회(K.M. Panikkar ; Hindu Society at Cross Road, 1955)》이다. 파니카르는 이 서브 카스트가 인도의 또 하나의 특징적 사회조직인 대가족(joint family)과 결합해 인도 사회의 근본을 이룬다고 한다. 이 근본의 파괴 없이는 카스트를 시작으로, 인도의 제도·사회 조직의 개혁은 있을 수 없다고 강조한다.

### 간디와 카스트

간디는 불가촉천민의 문제를 인도와 힌두이즘의 오점으로서 격렬히 규탄하고 차별 타파를 몸소 실천하면서도, 이런 오점을 일으킨 카스트 제도에 대해서는 비난하기는커녕 오히려 옹호하고 있다.

1921년 10월 6일자 〈영 인디아〉지에는 간디의 〈힌두이즘〉이라는 논문이 실렸다.

그 논문의 첫머리에서 간디는 그 자신이 어엿한 힌두교도인 이유를 여섯 가지 들고, 그 가운데 카스트의 종교(Varnashrama dharma)를 믿는다고 말했다. 그것은 평범한 의미에서가 아니라, 엄밀하게 베다적 의미에서라는 조건을 달고 있긴 하지만.

그 바로 뒤에 간디는 힌두교도를 다른 종교로부터 구별하는 것으로서 '암소 보호'를 들며, 암소 보호가 얼마나 의미 있는 일인지를 역설, 강조하고 있다.

그것은 어떻든 간에, 소가 아닌 인간에게 엄연한 계급적·신분적 차별을 들이대고 그것을 고수하는 카스트 제도에 간디가 반대하지 않은 이유, 아니 그것을 긍정한 이유는 뭘까.

간디는 카스트의 구별이 신의 창조의 뜻에 따른 것으로서, 브라만은 지식을 가지고, 크샤트리아는 그 방위의 힘을 가지며, 바이샤는 상업상의 능력으로, 수드라는 육체의 힘으로 각각 봉사해야 하는 것이라고 말한다. 차별이 아니라 '조화'를 위한 억제가 거기에 작용한다고 보는 것이다. '카스트는 자기 억제, 보존, 에너지의 경제를 의미한다.'

그런 의미에서 '혼인과 회식의 금지는 영혼의 급속한 진화에서 본질적인 것이다'라고 말하기를 주저하지 않는다. 물론 간디는 다른 카스트 간의 혼인과 회식을 금지하고 자기 카스트의 우월성을 보이는 사고방식에는 반대하고, 만약 그런 자기우월의 입장에서 다른 사람과의 회식을 거부하는 인도인이 있다면 그는 인도의 종교를 잘못 대표하는 것이라고는 말한다. 또 육식을 피하는 것에 대해서도, 그것 자체에 의미가 있는 것이 아니라 아무리 고기를 안 먹어도 행동으로 신을 모독한다면 아무 의미가 없다고 말한다.

하지만 간디는 카스트의 해체에 대해서는 어디에서도 주장하지 않았다. 게다가 이 논문의 마지막 부분에 재차 불가촉천민 문제에 대해서는 소리를 높여, 이것은 인도 사회의 오점으로서 "암소를 숭배할 정도의 종교가 이런 인간 무시를 인정하는 일이 어떻게 가능한가" 하고 호소하고 있다.

카스트는 괜찮지만 불가촉천민은 나쁘다. 반대로 말하면 불가촉천민의 존재는 용서할 수 없지만 카스트는 옹호해야 한다. 그렇다는 것은 카스트 사회

길거리의 성스러운 소

는 그 자체만으로도 '조화로운' 사회이며, 단지 '아웃 오브 카스트'에 대한 차별은 인정하지 않도록, 그리고 '조화' 속에 받아들이자는 뜻이다. 이 극히 한계성이 있는 것이 간디의 힌두관으로, 여기에서도 간디주의의 두꺼운 '벽'이 드러난다.

더욱이 루이스 피셔는 간디의 카스트론에는 여러 변동이 있는 것을 들고 있다. 즉, 앞서 말한 1921년 10월의 논문에서 간디는 카스트를 크게 옹호했지만, 1932년 11월에는 혼인과 회식의 금지가 '힌두 사회를 약체화하고 있다'고 비난하고, 게다가 만년이 되자 다른 카스트 간의 혼인만을 승인하고 그런 결혼식에는 기꺼이 출석하는 정도로까지 변해 온 점을 지적했다.

하리잔 운동은 간디 평생의 사명이었다. 인간성 풍부한 평등을 사랑하는 간디의 헌신은 높이 평가해야 마땅하다. 하지만 그것을 카스트 전체 속에서 평가한다면, 역시 간디는 '계급에 약했음'이 여기서도 드러남을 인정해야만 한다.


## 간디에게 있어서 다수와 소수

간디는 인도 농민 편으로서, 그리고 국민회의파를 인도 농촌의 기반에 두었다. 이 점에 대해서는 이미 말한 대로이다. 더불어 그는 스스로 인정했듯이 민주주의자였다.

"나는 민중의 마음속에서 나온 신 이외에는 어떠한 신도 인정하지 않는다."

"만약 배고파서 아무것도 할 수 없는 민중 앞에 신이 나타난다면, 그들이 신으로서 인정하는 유일한 형태는 일과 거기에 보답하는 임금으로서의 음식을 약속하는 것이다."

이러한 말을 하는 사람이 민주주의자가 아니라고 할 리 있겠는가. 간디는 인도의 민주주의자였다. 계급적인 기반에서도 간디는 인도 자본가의 대변인이었다. 그리고 개인의 의의의 중요함을 인정했다.

하지만 민주주의자 간디에게 다수자와 소수자의 문제는 결코 간단하지 않고, 역사적으로도 현실적으로도 깊이 생각할 만했다.

## 성자인가 정치가인가

간디가 종교적인 성자인지, 민주해방의 정치가인지 하는 문제는 예전부터 있어 왔다. 그것은 처음으로 남아프리카에서 인도인 인권 옹호를 위한 투쟁 지도자로서 등장한 이래의 문제였다.

남아프리카 시대의 간디에 대해서는 《자서전》과 《남아프리카에서의 사티아그라하의 역사》 외에 도크의 《남아프리카의 한 인도인 애국자(J.J. Doke ; An Indian Patriot in South Africa, 1909)》, 폴락의 《남아프리카의 수동적 저항운동(H.S.L. Polak ; Souvenir of the Passive Resistance Movement in South Africa, 1914)》 등이 있다.

이 중에서 폴락은 남아프리카에서 간디의 말, '사람은 나를 정치에 방황하는 성자라 부르지만, 성자란 전력을 다하는 정치가라고 하는 편이 맞을 것이다'라는 것을 들었다고 한다.

확실히 젊을 적 간디는 그렇게 말했을 것이다. 하지만 '성자란 전력을 기울이는 정치가'라는 말은 아무래도 어색하다. 남아프리카에서의 싸운 경험이 많은 간디는 "결국 '성자'라는 말만이 지금까지 남았다"고 생각하게 되었다.

따라서 간디는 유명한 '최초의 심판' 때에도 자신의 직업은 '농민 겸 실 잣는 일'이라고 했다. 그의 삶의 목표는 종교가 아니라 민중의 현실생활이다. 간디가 그것을 인도 농촌에서 발견했다는 점은 이미 말한 대로이다.

그러므로 성자인지 정치가인지 하는 것이 문제가 아니다. 간디는 어떠한 의미에서도 동굴이나 사원에서 성자로서 민중을 구제하려고 했던 것이 아니다. 인도, 특히 인도 농촌을 무대로 정치가로서 민중에게 봉사하려고 했던 것이다.

그가 수도했던 곳은 모방한 사원이 아니라 농업국 인도의 축도였다. 그 안에서 기도하고, 물레를 돌렸다. 간디에게 다수자와 소수자의 문제는 어디까지나 정치가—보통은 종교란 액세서리를 가진 정치가로서의 문제이다.

## 회의파를 다수자의 것으로

간디는 민주주의 지도자 틸라크의 뒤를 이어 인도 민족운동을 지도했다. 그 지도의 특색은 민족운동을 대중화한 점에 있다.

간디가 기초교육 보급을 일찍부터 제창하고, 영어를 대신하여 각각의 지방어나 힌두어의 보급을 생각한 것은 민족운동을 일부 소수자들부터 농민을 비롯하여 전 인도 민중의 것으로 확대시키는 데에 도움이 되었다.

예를 들면 1924년 회의파 전인회의에서 강령·규약이 문제가 되었을 때, 첫 번째 입당 규약 중 '1년에 4안나를 얻은 자는 누구라도'로 할지, '일정 양의 실을 가진 자'로 할지에 대해서 간디는 실 몇 야드를 고집했다. 이는 단순히 '물레' 운동을 중시했기 때문이 아니라 민중의 몸에 가까운 것, 돈보다 물건을 첫째로 보았기 때문이다. '물레는 죽음에 임박한 수백만 남녀 동포를 살린다'는 것을 간디는 잘 알고 있었다. 또 민족 자본가 출신과 지식계급에게 하루에 몇 시간, 혹은 일 년에 수십 야드의 실을 잣는 것은 육체 노동의 의의를 이해하기 위해서도 효과적이고 필요한 것이었다.

이 '물레'를 회의파 당기의 상징으로 함으로써 회의파는 다수자의 것이 되었다. 물론 여기에서 말하는 대중노선이 정말 계급(農工)적인 의미에서 대중노선인지 어떤지 하는 것에 대해서는 의문이다. 특히 대중화를 위해 간디가 사용한 수단과 견해는 혁명적·진보적이긴커녕, 오히려 반동적이기까지 하다. '간디와 간디주의(The Mahatma and the Ism)'의 비판자는 사회적·경제적·문화적 문제에 대한 간디의 견해는 '반동적'이었으나, 그 특성이 '농민대중과 근대적, 민족·민주운동의 인텔리 대표자와 지도자 사이에 다리를 이어 주는 역할을 했다'는 점을 주시하고 있다.

간디의 '반동적인' 견해가 대중의 민족·민주운동을 촉진하는 것에 도움이 되었다는 말은 무엇을 의미할까?

"사회관이 '반동적인' 간디가 매우 혁명적인 현상—농촌의 가난한 사람들을 근대적 민족·민주운동의 무대로 끌어내는 일을 도왔다고 말하면 모순처럼 들릴지도 모른다. 그러나 이 모순은 민족·민주운동이 봉건제와 결합한 자본가의 지도를 받았다는 사실에서 생긴 민족 현실의 정치 생활에서 모순이다."

이것에 따르면 민족·민주운동을 봉건제와 결합한 자본가가 지도했다는 인도 그 자체 모순을 간디는 체현했다. 즉 간디의 모순은 인도의 모순일 것이다.

하지만 그러한 모순 속에서 민족·민주운동을 대중노선에 올린 의의는 부정할 수 없다. 남부디리파드가 인정한 '이상주의'를 간디는 민중의 것으로 하기 위해, 적어도 민중의 것에 가까워지도록 하기 위해 최대의 노력을 기울였다.

자본가마저도 봉건제와 (더구나 영국과도) 맞서지 않고, 봉건제와 (더구나 영국 권력과) 결합하였던 때와 장소에서 그것을 실행했던 의의는 과소평가할 수 없다.

단 거기에는 모순과 마찬가지로, 아니 모순 그 자체에서 오는 한계가 있었다. 자신의 의도와 행동에 상관없이 간디는 끊임없이 한계에 부딪히고, 그때마다 타협하고, 정체하고, 후퇴했다. 따라서 단지 회의파를 다수자의 것으로 한 것으로써 인도 및 회의파 문제가 해결된 것은 아니다.

인도의 대다수가 힌두교도와 이슬람교도의 가난한 농민이라고 하면, 이 가난한 농민에게 공통적인 인도를 실현하는 문제에서도 간디는 성공하지 못했다.

## 소수자의 회의파

인도 독립운동 역사상 말 그대로 사제 관계인 간디와 네루가 어느 날 산보하다 회의파의 문제, 특히 그 장래에 대해 한 이야기가 전해진다.

네루가 말했다.

"인도가 독립을 하면, 회의파는 그 역할을 다했으니 해산해야겠지요."

간디가 답했다.

"고쳐서 훈련받은 소수의 것으로 하는 편이 좋다."

회의파를 통해 운동의 대중화를 추진하고, 회의파 조직을 대중의 기반 위에 세운 간디였다. 그러나 회의파의 지도자로서 스스로 권력을 잡을 마음은 조금도 없었고, 또 회의파의 다른 지도자들이 그대로 권력자 지위에 서는 것에도 찬성하지 않았던 것이다.

바라던 '하나의 인도' 실현의 꿈이 부서지고, 힌두교도의 인도와 이슬람교도의 파키스탄으로 국가가 분리하여 탄생될 것이 결정적이 됨에 따라 간디는 정당으로서의 회의파에 큰 실망을 느꼈다. 의회주의에 많은 기대를 걸지 않았던 간디는 '누구라도 자신의 마음속에 많은 증표를 갖고 싶어하는' 꾸민 민주주의는 신뢰하지 않았다. 그것은 추락—관리주의나 부패의 시작이라는 것을 인도의 현실에서 배웠기 때문이다.

그것보다도 회의파는 소수의 특별히 훈련된 사람들의 조직으로서, 거기에 속한 사람들은 오로지 비폭력으로 사회건설 일에 몰두한다는 것이 간디의 생각이었다. 그래서는 분리·독립한 인도의 권력기구를 어떻게 하는가에 대한 발언은 볼 수 없지만, 간디는 사회봉사 활동을 중시하는 한편 '권력 밖에 있는 사람만이 정권을 잡은 사람들을 억제하고, 균형을 이룰 수 있다'고 보았다.

예전에는 다수자의 것이었던 회의파를 지금은 소수자의 것으로 바꾸려고 했던 것이다.

하지만 역사는 뜻대로 흘러가는 것이 아니다. 그때 회의파의 해산을 주장했던 네루는 다른 회의파 유력자들과 마찰을 빚으면서 회의파를 정권의 자리에 앉혔다. 그리고 간디는 독립의 기쁨을 무시한 채 힌두교·이슬람교 융화를 위해 노력했을 뿐이다.

단, 식민지 인도가 종교를 하나의 계기로서 분리·독립한다는 현실이 절박함에 따라 노년의 간디에게는 예전의 이상주의가 다시 부활한 것처럼 생각되었다. 그 이상은 조국 땅에서 '봉건제와 결합한 자본' 체제의 철저한 파괴와 해체를 노린 것은 아니었다.

말하자면 간디는 회의파가 정당이 되려고 했던 것을 반성하고, 사람들의 감성에는 호소하나 그들의 이성에는 호소할 수 없었던 자신의 한계를 스스로 비판했다. 그러면서 소수자의 진정한 자기억제를 통한 봉사를 근거로 인도의 '소금'이 되려고 했던 것이다.

그러나 자기억제 위에 세운 이상주의조차도 국내 적의 목표가 되었다. 민족·민주운동의 지도자로서 '반동성'을 비판받는 것이 더욱 극단적인 우익 국수파의 목표가 되었다.

비폭력주의자 간디는 폭력자의 손에 살해되었다. 그 이상주의가 공격당한 것이다. 그것은 냉정하게 말하면 간디 자신 속에 있는 모순의 중독적인 것이었다.


## 간디의 삶
### ―부정(否定)의 길

간디의 죽음은 동시에 간디의 삶을 나타낸 것이다. 간디는 오로지 부정의 길을 걷고, 부정 위에 커다란 이상을 실현하고자 했다. 게다가 그 이상은 파괴되고, 그 자신, 생명을 부정당한 것이다. 그럼 부정의 길이란 무엇인가?


### 브라마차리아(Brahmacharya)

뜻은 금욕, 성적(性的) 자제, 신에 다다르는 것이 그 목적이다. 먼저 생애편에서 말했듯이 간디는 1906년 남아프리카에서 줄루족의 반란 때 부상자 간호를 위해 종군했을 무렵, 금욕생활을 결심하고 실행에 옮겼다. 당시 간디도 카스투르바 부인도 모두 37세였다. 아무리 의지력이 강한 간디라도 처음부터 완전한 금욕생활을 할 순 없었다.

예로부터 성자로 불리거나 불문에 입문한 사람들은 아무래도 처음부터 금욕생활을 했을 것이다. 그러나 간디가 금욕을 결심한 것은 인도 관습에 따라 13세에 결혼하여 이미 자식 넷을 둔 아버지로서 인도 노동자 인권을 옹호하는 과감한 사회운동에 나선 때이다.

그는 무엇을 위해 금욕생활을 한 것일까? 그 무렵 인도의 고전은 물론 《성서》나 《코란》을 읽은 뒤, 종교적인 교의에서 인간의 욕구를 억제하고, 가능한 한 모든 육체적 욕망을 끊는다는 신념에 사로잡혔던 것이다. 그는 개인적으로 그러한 맹세를 하고, 지키고, 실행한다는 데 의의를 두었다. 이것이 간디의 실천 방법이었다. 영국 유학 때 술과 여자와 고기를 금한다는 세 가지 맹세를 한 것이나, 런던 시절부터 채식 생활을 한 것에도 이러한 그의 방법이 나타나 있다.

하지만 남아프리카 시대부터 브라마차리아 생활에 들어간 것에 대해서는 또 하나의 요인이 있다고 생각된다. 그것은 사람에게 호소하고, 사람을 일어서게 하고, 사람을 지도하는 사람은 그 자체가 순결해야 한다는 사상이요 신념이다. 스스로 양심에 따르고, 스스로 순수를 지키는 자만이 사람에게 고난을 통해 일어서라고 요청할 수 있는 것이다. 유럽에서 그리스도교도가 일요일마다 교회에 가고, 기도하고, 참회하고, 저마다 구원받으려는 것과는 달리 간디는 자기 자신을 순결하게 하는 것으로써 비로소 사람들과 함께 있고, 사람에게 호소할 수 있다고 믿었던 것은 아닐까? 민중과 함께 하는 것은 간디의 습성이자 동시에 아시아의 습성이기도 하다. 또한 간디에서부터 모택동으로까지 미치는 습성 중 하나이다. 이는 간디가 무엇보다도 행동하는 사람인 것과도 무관하지 않다. 간디의 강고한 신념은 단순히 머릿속에서 생각하고 마음에 담아두는 관념이 아니라 기어이 행동하는 것이다.

신념은 행동으로 결정된다. 그 신념에 불순한 것이 있어서는 안 되듯이, 그러한 신념을 가지고 사람들에게 호소하려는 사람은 일상생활에서도 아주 순결해야만 한다. 남아프리카 시대를 간디의 인간형성 시대라고 부르는 까닭은 신념과 행동이 하나로 결합한 행태가 여기서 확실히 드러나기 때문이다.

금욕―이것이 간디의 부정 그 첫 번째 길이었다. 방황과 유혹을 극복하면서 간디는 결국 그것을 일생 동안 지켜냈다.


## 단식

간디의 두 번째 부정의 길은 단식이다. 금욕과 채식을 위해 음식에 제한을 둔 것도 부정의 일종이지만, 간디는 자신의 위기, 즉 자신의 친구들이 비폭력과 사티아그라하의 길에서 폭력에 치우칠 때 자기 순화의 참회를 위해 단식했다. 나아가 인도의 위기, 즉 힌두교도와 이슬람교도가 대립하고, 그것이 폭동으로 번진 이른바 집단대립적인 문제가 일어났을 때 힌두·이슬람 융화를 위해 단식했다. 죽음에 이르기 직전까지.

게다가 간디는 힌두·이슬람 융화 문제와 함께 일생 동안 불가촉천민의 인권을 위해 반복해서 단식했다. 말만이 아니라 행동으로, 문장이 아니라 육체로 그는 비폭력의 서사시를 쓴 것이다.

간디는 말했다.

"나의 단식은 이를테면 눈과 마찬가지로 나에게 꼭 필요한 것이다. 눈이 밖의 세계와 접하듯이 단식은 안의 세계와 접한다."

밖을 보는 눈, 안을 보는 단식. 간디는 자신과 인도에 문제가 있을 때 그 것을 자신의 안에 있는 세계에 물어보고 그 대답을 구한다. 간디가 제1차 세계대전 뒤부터 제2차 세계대전 뒤의 인도 독립까지 약 3분의 1세기 동안 싸운 상대가 '첫 번째로 자기 자신, 두 번째로 인도인, 세 번째로 영국'이라고 하면 이들 싸움에서 공통된 무기는 단식이었다. 간디의 단식 역사를 보면 이 점이 분명해진다.

게다가 그 과정에서 간디는 자주 투옥되었다. 때로는 특별대우를 받았다 고는 하나 열대 식민지에서의 감옥생활은 혹독했다. 그 옥중에서 단식을 시도한 것도 여러 번이었다. 간디가 감옥에 들어가서는 "신랑이 신부 방에 들어가듯이 들어간다" "자유는 형무소의 벽 안에서만, 때로는 교수대에서만 얻어지는 것이다"라고 말한 것은, 자신과 싸우는 이상주의적인 '사상범'이요 '정치범'이었기 때문이다.

간디의 단식 기록을 보면 단식에 들어가서도 때때로 관장을 했음을 알 수 있다. 밖으로부터 음식이 들어오지 않아도 인간의 몸 속에서는 전부터 먹다 남은 찌꺼기나 내장의 자기 작용으로 오물을 형성한다. 그것을 씻어서 오로지 육체를 순결하게 하고, 거기에 사상을 영위하고 신념을 단련하는 것이 간디의 단식이었다.

이러한 매우 부정적이고 소극적인 수단 속에는 끊임없이 자기에게 묻는 자기희생적 저항의 변증법적 과정이 있다. 이렇게 보는 것도 이상주의의 도를 넘은 생각일까?

### 비협력·불복종 (Non-Co-operation, Dis-obedience)

간디가 이끈 항영 운동은 영국에 대한 비협력·불복종으로 전개되었다. 이 두 원칙 앞에는 모두 '비'나 '불'이라는 부정관사가 붙는다. 간디주의의 근본은 본디 비폭력(Non-violence)이나 불살생(Ahimsa)이다. Ahimsa의 A도 인도어의 부정관사이고, 부처나 비슈누의 제자들, 자이나교 창립자 마하비라 등을 통해 오래 전부터 전해진 것으로, 간디는 이것을 인도 고유의 진리로까지 높게 평가했다.

불복종은 미국 자연철학자 소로도 제창하고 있다. 소로는 세금 거부 등의 시민적 불복종의 형태로 이것을 전개했다. 간디는 남아프리카 시대에 옥중에서 소로의 책을 읽고 매우 공감했는데, 그것은 이미 간디의 마음속에 일종의 불복종운동의 개념이 있기 때문이지 그것을 계기로 이 발상을 얻은 것은 아니다. 사티아그라하(진리<br>파악) 운동이 그 명칭으로 정착하기까지 막연하게 '수동적 저항(Passive resistance)'이라 불렸던 때부터 비협력·불복종의 요소는 있었다.

하지만 이것이 대중적 투쟁으로서 전개된 것은 주로 간디가 인도로 돌아오고 나서이다. 그 사이 간디는 다섯 번에 걸쳐서 전국민적인 모범으로서의 대영 비협력·불복종 즉 사티아그라하 투쟁을 지도했다.

첫 번째로, 1919년 봄 악명 높은 로울라트법, 즉 언론·출판·집회 등 시민의 자유를 두드러지게 제한한 전시 입법이 전후에도 그대로 유지되자, 간디는 전국적인 사티아그라하 투쟁을 인도에서 처음으로 시도했다.

두 번째로, 1920년 8월 간디는 남아프리카에서의 종군 공로로 영국으로부터 받은 '카이자리힌드' 훈장을 반환하고, 대영 비협력운동을 이슬람교도와의 제휴 아래에서 전개했다.

세 번째로, 1929년 12월 때마침 불어닥친 세계경제공황 아래 인도의 완전 독립을 요구하며, 1월 26일을 '인도 독립(달성의)기념일'로 정하고, 강력한 전 인도적 사티아그라하 투쟁을 전개했다.

네 번째로, 1931년 12월 런던에서의 원탁회의에 실패하고 인도에 돌아온 뒤, 회의파 공인하에 전 인도적 반영 투쟁이 재개되었다.

마지막 다섯 번째로, 1942년 8월 유명한 '인도 철수' 결의 아래 전 인도적인 투쟁이 결정되었다. 하지만 이때 간디를 비롯한 지도자들이 모두 체포되어서, 이 투쟁은 지도자 없이 심한 탄압과 혼란 속에서 이루어졌다.

확실히 간디 투쟁의 방향은 부정적인 표현을 내포한다. 하지만 그것은 양에 대한 음이 아니라, 양에 대한 반대를 내세운 것이었다. 어느 철학자의 설명을 빌려 말하면 이 '비(非)'나 '부(否)'는 이율배반(Antinomie), 변증법(Dialectic), 모순(Contradiction)의 Anti & Dia & Con에 해당하는 것이다.

간디에게는 관념적이지만 부정·파괴·반체제의 요소가 있다. 하지만 그 자신과의 싸움을 빼고, 그것은 인도인과의 싸움에서도, 영국과의 싸움에서도 도중에 너무 자주 타협을 했다. 단, 간디 자신과의 싸움에서만은 이 '비'나 '부'의 부정의 길이 계속 이어졌다. 스스로 생명을 끊는 일은 하지 않았지만, 흉탄에 쓰러진 그 장렬한 '죽음'에선 부정의 길을 스스로 정한 자만의 운명적이고 비극적인 기운조차 느껴진다.

## 죽음

간디는 살면서 몇 번이나 큰 병을 앓았다. 어느 때는 감옥에 있을 때 중태에 빠졌고, 거듭된 단식으로 옥중에서 발병하기도 했다. 그러면 감옥 밖으로 나가 수술한 뒤 그대로 몸과 마음을 안정시켰다. 이렇게 생명의 위기를 넘긴 것이 여러 번이다. 또 독립운동이 한창일 때 은밀히 죽음을 결의한 적도 있었다. 희생을 두려워하지 않고 고난을 넘어 대중운동에 앞장선 그에게 이 각오는 당연한 것이었다.

서양 문명과 더불어 서양 의학도 거부하고 오로지 자연치료법만을 강조한 간디는 혹독한 자기 억제의 금욕 생활로 125세까지 장수할 수 있다고 말했다. 하지만 죽음이 가까워 올수록 이 말은 줄어들었고, 비관적인 말들이 그의 입에 오르기 시작했다. 인도가 힌두교도와 이슬람교도의 두 나라로 분리되어 독립하는 것이 거의 결정되자 그는 힌두·이슬람 융화를 열심히 설명하는 한편, 대립 격화의 참상을 보고 더욱더 실망하고 비관하게 되었다. 여기서는 주로 노년의 생사관이라기보다는 죽음에 대한 태도를 들어보고 싶다. 거기에는 '의연한 태도' 따위보다는 더 엄격하고 늠름한 것이 있으므로.

### 굴욕보다는 죽음을 선택하라

간디는 타인에게 죽음에 대한 결의를 요구하지 않았다. 항상 그 스스로 그러한 구렁을 걸으면서 살아왔다. '행동하거나 죽거나(Do or Die!)'는 전시하의 반영 운동의 슬로건이었다.

게다가 이 '행동하거나 죽거나'는 인도 독립을 눈앞에 두었을 때에도 간디의 뇌리를 떠나지 않았다. 앞서 'I. 간디의 생애' 편 마지막에 쓴 노아칼리 지방 순례도 간디에게는 그 자체가 '결사적인 업적'이었다. 이때쯤 간디가 죽음에 대해서 가장 많이 말했다.

간디는 이 순례를 하며 왜 힌두교도와 이슬람교도가 서로 죽이는가에 대해 고민했다. 그리고 모든 마을에서 이슬람교도와 힌두교도를 한 명씩 선택해서 책임자로 하고, 주민 모두의 보호를 위해서 필요하다면 그 책임자가 죽음으로 헌신하는 것이 좋겠다고 생각했다.

노아칼리 지방으로의 순례

이 순례에 같이 나선 제자 하나가 마을에 가서 말라리아로 중태가 되어, 간호사를 보내면 어떨지를 편지로 간디에게 요청했을 때, 간디는 이렇게 대답했다.

"마을에 들어간 사람은 거기서 살지 죽을지 결심해야 한다."

비정하게 보이지만, 그가 그렇게 대답한 이유는 스스로 죽음을 각오하지 않으면 힌두·이슬람 융화 사업은 물거품이 된다는 것을 잘 알았기 때문이다.

게다가 이 순례로 기도 집회 때 여러 질문이 나왔다. 부인이 공격당하면 어떻게 해야 좋을지, 모욕을 받을지, 자살을 할지 하는 질문에 대해 간디는 "우리에게 굴복이란 없다. 부인도 굴복하기보다는 자살을 택하는 편이 좋다"라고 답했다.

이 지방 순례를 계속하여 간디는 펀자브 지방으로 여행했다. 여기에서도 대립의 광기와 살기가 불어댔다. 많은 죽음을 눈으로 직접 보았을 뿐만 아니라, 그것은 간디에게도 죽음에 가까운 여행이었다.

그것만으로 죽음·암살·자살 등이 자주 간디의 입에 올랐을 것이다. 게다가 그것은 세계 종교가가 말한 발상과는 완전히 다른 것이었다. '태연한 죽음'이 아니라 저항의 죽음이고, 항의의 죽음이고, 희생과 순교의 죽음이었다. '비겁자가 되기보다는 검을 뽑아라'와 비슷한 의미로 '모욕을 받기보다는 죽음을 택하라'가 간디의 신념이었다.

이 신념의 자성에 의한 것인지, 간디 자신도 희생과 순교의 죽음에 한 발 한 발 다가가고 있었다.

### 눈물 골짜기보다 탈출

1947년 8월 15일, 인도는 파키스탄과 분리되어 독립했다. 알고 있듯이 간디는 이 식전에 참가하지 않았다. 간디를 위해 준비된 의자는 공석인 채 있었다. 그는 오로지 힌두·이슬람 융화를 위해 헌신했던 것이다.

그해 10월 2일 간디는 78세의 생일을 맞이했다. 인도 내외의 많은 사람들로부터 축하를 받았다. 돈이 있는 사람은 돈을 내고, 파키스탄으로부터 쫓겨난 힌두교도 난민들, 인도공화국에 남은 소수의 이슬람교도들로부터도 축하를 받았다. 간디에게는 독립 뒤 처음이자 생애 마지막 생일이었다.

간디가 지금까지 반은 농담 반은 진담으로 입버릇처럼 말한 '125세까지 살기'를 포기한 것은 생일을 계기로 해서였다.

마음속에 싸움을 가진 사람은 외면적으로 기쁜 날에 오히려 불안을 느끼는 것이지만, 간디도 의지와 행동을 하는 사람으로서 드물게 약한 마음을 보였다.

"……대중이 나의 말이라면 무엇이라도 따르던 시대가 있었다. 지금 나의 목소리는 고독하다. ……오래 살려고 했던 의욕도 모두 잃어버렸다. 125세는 이제 그만두자……."

"……나는 모두를 안는 신에게 야만인으로 변한 인간의 학살 행위를 목격하게 하는 것보다는 이 '눈물의 계곡'에서 휩쓸려 내려가듯 도움을 애원한다. ……신이 바란다면 나를 땅 위에 남겨 두겠지만, 그것도 잠시뿐이다."

여기에서는 힌두·이슬람 대립의 폭풍우보다는, 그 밑바닥에 깔린 인도의 모순 앞에서 고독을 느끼고 무력을 맛보는 간디의 약한 일면이 드러난다. 죽음에 대한 도전은 없고, 신의 도움으로 '눈물의 계곡'에서 탈출하길 바라고 있다. 하지만 여기서 말하는 '눈물의 계곡'은 간디 개인의 일은 아니다. 그

라지 가트(Raj Ghat)에 있는 간디의 무덤(인도 북부 델리에 있는 간디 추모공원)

것은 하나의 인도가 두 개로 갈라져서 일어난 민족의 비극적인 계곡이었다.

간디가 자각한 대로, 신이 지상에 간디를 남겨 두었던 시간은 짧았다.

1947년 10월 2일 생일부터 3개월 동안 간디는 힌두·이슬람 융화, 불가촉천민, 인도 신정부의 내부 대립 문제 등을 위해 의연하고도 바쁘게 일했다.

1948년 1월에는 힌두·이슬람 융화를 위해 13일부터 5일간 마지막 단식을 하였다. 20일에는 저택에 폭탄이 던져졌다. 단식과 테러로 간디의 죽음이 가까워졌다. 그리고 그 죽음은 죽음에 대한 도전자에 어울리는 장렬한 죽음이었고, 진리에 대한 순교자의 이름에 걸맞은 것이었다.

간디는 '진리의 신에 대한 충성은 다른 모든 충성보다 낫다'는 말을 그 삶과 죽음으로 인도 독립운동사에 새겼고, 몸과 선혈로 마지막을 맺었다.


비판을 위한 1장
—간디 탄생 백년에


지금까지 살펴보았듯이, 간디의 생애와 사상이 보여 주는 바는 그가 '민족에 강하고, 계급에 약하다'는 것이다. '위대한 영혼' 간디, 그러나 그 역시 인간으로서 위대했지만 완전할 순 없었다.

"나는 나의 자서전을 쓰려는 것이 아니다. 나의 수많은 진리 실험 이야기를 해 보자는 것이다."

그가 《자서전》에서 말했듯, 그의 삶은 진리 그 자체가 아니라 진리를 실험하는 길이었다. 그를 추앙하는 동시에 그의 한계점을 짚어 보는 것이 신이 아닌 한 인간에 대한 최대 예우일 것이다.

## 인도 통일의 기초는 무엇이던가

간디는 인도 통일을 위해 헌신했다. 단지 힌두교도와 이슬람교도가 하나 된 인도 실현을 위해 마지막까지 싸웠을 뿐만 아니라, 기초교육과 국어·지방어의 보급, 언어별 주 경계 제정, 불가촉천민 폐지, 회의파의 기반을 농촌에 두고 농민의 정치적 자각을 높이는 데 힘썼다. 이 모든 것이 인도 통일을 위한 일이요 영국에 대한 무기였다.

이 점으로도 명확하듯이 간디는 독립을 위해 통일을 노리고, 독립운동의 과정에서 통일을 촉진했다. 여기에는 간디가 젊은 시절을 영국 식민지(남아프리카)에서 보내고, 거기서 차별받는 모든 인도인을 위해 봉사했던 것과 동시에 항상 해외로부터 '하나의 전체로서(as a whole)' 조국 인도를 바라보는 입장에 있었던 점도 강하게 작용하고 있다. 그리고 영국과의 전쟁이나 협상에서도 항상 '하나의 전체로서'의 인도를 대표하는 태도를 취해 왔다. 간디는 남아프리카에 살고 있는 아프리카인 자신의 문제에 대해서는 관심을 보이지 않았다. 즉 인도인과 남아프리카 농민과 노동자의 연대는 문제가 되지 않았다. 이것은 시대의 역사적 조건이 거기까지 미치지 않기 때문이지만, 간디 이론이 내면적인 동시에 민족적인 한계를 두었음을 말해 준다.

그런데 문제는 그 인도 통일의 기초가 어디에 있는가이다. 간디의 주관적 의도가 좋은지 나쁜지에 상관없이, 객관적으로 '하나의 전체로서'의 노선에는 역사적·사회적인 한계와 계급적 제약이 있었다. 간디가 불가촉천민 폐지를 생애의 사명으로 삼고 개인적·사회적으로 많은 헌신을 한 것에 대해서는 앞서 이야기했다. 하지만 한편으로 간디는 카스트 제도의 파괴와 해체를 생각하긴커녕 그것을 변호했다. 부당하게 억압당한 '카스트' 밖의 사람들, 즉 불가촉천민들의 압력으로 카스트 제도 그 자체를 동요시키는 일은 하지 않았다.

말하자면 간디가 이끄는 인도 통일 기초는 인도 자본가였다. 자본가란 계급적 기반에 선 그것이 '하나의 전체로서'의 인도를 대표한다고 보였던 이유는 무엇일까.

인도의 뛰어난 수학자·과학자요 역사가이기도 한 코산비 교수는 유명한

《인도고대사》 첫 부분에서, 인도의 다양성에도 불구하고 거기에는 '이중의 통일성'이 있고, 그것은 인도 자본가계급에서 유래하는 공통 특징에 근거한다고 지적한다.

그에 따르면, 인도 자본가는 다음 두 가지 내지 세 가지 계층으로 나뉜다.

(1) 진정한 자본가
　　─재정과 기계를 만드는 공장 생산을 장악하고 있다.
(2) 상점주인 소자본가
　　─주로 생산물을 배분하고, 그 수는 매우 많다.
(3) 농민
　　─압도적으로 영세한 토지에서 식료 생산을 하거나, 세금을 내고 공장에서 만든 직물을 구입하는 데 필요한 현금을 얻기 위해 이 일을 맡는다. 보통 농업 잉여물도 중매인과 대금업자 손에 맡겨져, 그들은 일반적으로 큰 자본가로 성장할 수 없고, 그 구분이 확실하지 않다.

(《인도고대사》 3쪽)


또한 교수는 "정치 무대에서는 이 두 자본가가 전면적으로 지배하고, 입법기관과 행정기관을 결합하는 고리로서 전문가(일법가 등)와 사무노동자 계급이 여기에 이어져 있다"고 분석한다.

간디의 인도 통일, 독립운동의 기반도, 본질적으로는 이 인도 자본가, 즉 진정한 자본가부터 영세 농민을 포함한 작은 자본가이고, 여기에 대부분이 농업노동자인 최하층민이 더해진 것이었다. 그래서 인도 밑에 이를 때까지 모두를 대표하는 듯이 보였다.

하지만 영국제품 불매와 국산품 애용으로 가장 기뻤던 사람들은 인도 자본가였다. 가난한 농민이나 노동자계급에게는 외국 제품이든 아니든 애초에 상관이 없었다. 단 전 인도적인 민족운동과 민족감정의 고양 속에서 그들 자신의 의식이 높아지고, 궁핍한 생활에 대한 불만의 배출구를 발견했던 것이다. 사실 그 운동의 스폰서이자 자금과 생활 제공자였던 진정한 자본가와 간디가 알게 된 것은 1920년 스와데시 운동을 시작했을 때였다.

대자본가가 될 가능성이 희박하고 가난한 인도 농민을 통일과 독립전쟁의 주체로 삼은 것은 간디의 커다란 공헌이고, 실제로 그것이 인도 독립운동사상 결정적인 역할을 했다. 그러나 비로소 간디 지도 아래 회의파에 들어가고 회의파 사회당을 거쳐 인도 공산당(책파) 지도자가 된 남부디리파드도 비판하듯이, 거기에 간디의 타협과 후퇴의 일면이 있었던 것도 부정할 수 없다.

## 비폭력은 무엇을 얻었나

간디의 순결한 생활과 희생과 봉사에도 불구하고 중대한 정치적 시기에 그가 자주 영국과 타협, 즉 인도 총독과 거래함으로써 전쟁에 큰 혼란을 초래한 것은 간디 측근들로부터도 자주 비판되었다.

그 비판자들이 철저한 혁명가였는지 어땠는지에 대해서는 아직 의견이 분분하다. 때로 노선을 바꾸어 간디 이상으로 거래와 타협을 한 예도 적지 않기 때문이다.

말하자면 간디와 간디주의의 부정적 측면이 그 주요한 방법론, 아니 간디주의의 모든 것(간디주의─비폭력＝0)인 비폭력주의와 굳게 맺어져 있는 것도 잊어서는 안 된다.

물론 간디에게 비폭력주의란 단지 폭력에 대립하는 것만이 아니라는 점은 앞에서도 말했다. 중요한 시기에 그는 몇 번이나 비폭력의 이상으로서 힘의 교의(敎義), 검의 교의를 인정했다.

하지만 그것은 예외적이다. 간디가 수단을 목적 이상으로 중요시하고, 따라서 단순한 수단으로서가 아니라 목적으로서의 비폭력을 설명하고, 평화라는 목적에는 평화라는 수단이 필요하다는 점을 강조한 것은 알려진 그대로이다. 비폭력을 톨스토이의 무저항주의 혹은 수동적 저항 이상의 것으로 하고, 특히 인도적 명칭 '사티아그라하'(진리파악)로 불리는 것에도 간디의 비폭력주의에 대한 신념과 경지가 엿보인다.

다소 한계는 있지만, 영국의 식민지주의·제국주의를 인도에서 몰아내는 데는, 인도 자본가의 혁신성과 진보성을 비롯한 모든 '인도적인 것'이 힘이 되고 무기가 되었다. 비폭력도 포함되어 있을 정도로 모두 유효했다. 이 점은 정당하게 평가받아야만 한다. 하지만 그것은 인도 문제의 근본적인 해결을 위해서는 유효하기는커녕 유해했다.

특히 여기서 인도 사회의 특수성을 고려할 필요가 있다. 인도는 중국과 나란히 가장 오래된 문화 발상지의 하나이면서, 마르크스가 지적한 대로 영국 자본과 기계가 지닌 파괴력의 세례를 받으면서 영국의 식민지가 되었다. 보기에도 역사가 무참히 파괴됐음을 알 수 있지만, 그렇다고 역사의 잔해로 남은 것은 아니었다.

인도에선 '많은 형태의 모든 사회계층 속에서 과거의 매우 여러 계층을 재편성할 수 있는 존재를 볼 수 있다'고 앞서 말한 코산비 교수는 지적한다. 그는 이 점이 지금껏 역사가가 다루지 않은 큰 이점이라고 말한다. 단순히 '여러 계급'을 보이는 것만이 아니라, 이것 또한 먼저 카스트에 대해 소개한 《기로에 선 인도사회》의 저자 파니칼처럼 인도의 모든 문물제도에 의해 대가족 및 이것과 떨어지기 어려운 카스트 제도를 든 학자도 있다.

비폭력 사상도 그러한 형태로, 즉 계급적 혹은 암상으로서 보이는 인도적인 것이다. 그것은 인도적인 것에 한해서 영국과 대립하고, 때로는 영국과의 각축에 도움이 되었다. 암소 숭배가 그러하다. 유아결혼 또한 거기에 간섭하는 것에 대한 반대를 계기로 반영에 도움이 되었다. 간디의 선배격인 틸라크가 이를 실증해 주었다.

사상적으로는 비폭력, 생활의 무기로서는 '물레', 간디는 이것에 바탕을 두고 이것을 활용했다. 그것은 인도 구석구석에 남아 있는 것이고, 전 인도를 대표하는 것이자 통일의 상징이 되었다. 그러나 '물레'는 1920년대 인도에서조차 시골이 아니고서는 볼 수 없었고, 나중에는 많은 돈을 들여 이것을 만들어 보급할 정도였다.

비폭력은 지배자 영국의 식민지 권력에 대치하는 것으로서, '물레' 또한 영국 자본의 거대한 기계에 대립하는 것으로서 가난하고 무지한 사람들이 민족 감정을 위탁하는 데 맞는 것이었다. 마법 노파가 아이들을 데리고 가는 것처럼 간디가 민중을 지도한 이유는 그 때문이다.

그것은 외부의 적 영국을 무너뜨리고, 이것과 경쟁하는 의미에서의 내부의 소리, 내부의 무기로서의 역할을 했지만 근본적으로 인도를 구하지는 못했다. 간디의 결사적인 순례에서도 또 거듭되는 단식에도 불구하고 분리되어 독립된 비폭력 사상은 힌두교도와 이슬람교도들을 진정시키지 못했다.

간디는 자신의 신념, 맹세를 의지적으로 실천한 사람이고 그러한 신념과 맹세의 특징을 필요로 했다. 또 그 순결하고 희생적이고 봉사적인 생활은 그

효과를 높였다. 특징은 대중의 행동 속에서 그 가치를 발휘했기 때문이다.

하지만 거기에 한계가 있었던 것은 통일 기초로서의 자본가의 입장과 마찬가지이다. 오래되었지만 철저한 해체가 아니라 부활, 그것도 다소 신성하고 상징적인 의미에서의 부활에는 영세하고 현실적인 증거—물레에 따른 현금 수입이 있었고, 역시 많은 제한이 있었고, 반동적인 요소가 들어 있었다.

비폭력의 이름에서 대중의 혁명적 행동이 자주 억압되었던 것은 그 때문이다.

### 회의파는 무엇을 했는가

인도 독립운동의 추진력이었던 인도 국민회의파의 창립은 1885년으로 간디가 16세 때의 일이므로, 물론 간디는 창립에 관여하지는 않았다. 다만 1894년 5월 남아프리카에서 나탈 인도 국민회의파를 조직하는 데는 그도 있었다.

남아프리카에서 인도로 돌아온 뒤, 간디의 대영 비협력·불복종운동은 주로 회의파를 발판으로 행해졌다. 회의파가 막연한 회의 조직에서 정당적인 조직이 된 것은 1890년대 즈음이나, 그 사이에 고칼레와 같은 온건파와 틸라크와 같은 급진파의 대립과 분란·결합이 있었고, 간디가 지도의 선두에 나서게 된 것은 제1차 세계대전이 지난 1920년 즈음부터이다.

회의파는 정당적이라고 해도 단순한 민족주의 정당에 그치지 않았다. 앞서 기술했듯이 인도 부르주아지가 주체가 된 일종의 통일전선적인 성격을 띠고 있었다. 1920년대에도 그 와중에 영국과의 협의나 회의를 중시하는 입헌파와 비입헌파의 대립이 있었다. 1930년대 초반엔 회의파 사회당이 생기면서 공산당원도 드나들게 되었는데, 그에 대해 회의파 국민당을 결성한 것은 회의파가 부르주아지를 주체로 하면서도, 각 당·파 세력으로 결성되어야만 하는 통일 전선이란 성격에서 나온 것이다.

실제로 회의파와 혁명적 노동조합과의 제휴·협력이 네루의 지도하에서 실현된 적도 있었다. 따라서 회의파를 순수한 정당으로 보는 것은 결코 정당하지 않다.

결국 간디는 사실상 회의파의 최대 지도자로서, 영국과의 투쟁도 타협도 회의파를 무기와 무대로 삼아 행하였다. 하지만 1920년대부터 간디는 네루의 아버지 모틸랄 네루 등이 한때 제창한 입헌주의, 즉 입법참사회에 다수의 대표를 파견하여 자치나 독립 달성의 수단으로 하는 사고방식에는 거의 동조하지 않았다. 그것은 앞에서도 지적한 바와 같다.

독립운동에 있어서 회의파의 공과(功過)는 간디에게도 중대한 책임이 있다. 하지만 앞서 서술한 바와 같이, 인도 독립 뒤 회의파의 진로에 대해 간디와 네루 사이에 의견이 달랐다. 인도 독립 뒤 회의파의 존재 방법에 있어서 네루는 해산을 주장했고, 간디는 소수자 훈련의 장소로 삼아 그 소수자가 의회 세력을 지도하면 된다고 생각했다.

어쨌든 인도 독립—그것도 영국 노동당을 통해 인도 독립이 인정된다는 정치적 과정을 거치며, 독립을 기회로 종래의 회의파가 아무런 자기 변혁 없이 그대로 정부 여당이 되면서부터는 점점 간디적인 것에서 멀어져 갔다.

그것은 1949년 3월 4일 네루 수상의 유명한 '일종의 중도(a some middle way)' 정책을 내건, 인도 상공회의연맹 제22회 총회에서 한 연설의 전반에서 고백적으로 진술한 바와 같다.

"정치적으로 우리는 간디의 교양을 바탕으로 생겨났고 키워져 왔다. 그러나 비폭력이라는 면에서도 경제면에서도 완전히 간디의 견지를 실행하지는 않았다. 하지만 그것들의 많은 부분을 인도에 어울리게 바꾸어 가슴 깊이 받아들였다……."

"우리는 간디를 논하면서도, 조금씩 못마땅해하며 속여 왔다. 그것은 매우 고통스러운 기억이다. 하지만 이 나라의 현실이 우리에게 특수한 방법을 선택하도록 했다. 우리는 자신의 지혜에 따라 항상 간디가 우리에게 준 사명의 정당성과 진실에서 눈을 돌리지 않도록 행동했으나, 동시에 또한 우리가 할 수 없다고 생각한 것을 실행해 왔다. 이 문제는 형태를 바꾸어 돌아올 것이다……."

인도 독립 뒤에 독립인도의 정책, 즉 네루 시대에 네루의 정책이 나타나는 것은 당연하다. 네루 수상이 말한 대로 그때 '조금씩 못마땅해하며 속여 왔다'는 것도 간디와 간디주의의 부정적인 면에 관해서라면 어쩔 수 없었던 것이 아니라 당연한 일이다.

## 나크사르바리의 봉화

예를 들면 독립 인도의 회의파 정부가 인도 민중, 특히 그 대부분을 차지하는 농민을 위해서 착수해야 할 문제로서 토지개혁이 있었다. 일하는 농민에게 토지를 주는 것, 그것은 식민지 인도를 지배한—그리고 독립 후에도 경제적으로 지배하던—영국 제국주의와 강하게 연결된 인도 봉건제를 타파하여 민주화 인도를 실현하기 위해서도 즉각 실시해야만 했다.

그것은 독립 직전에 노아칼리 지방을 순례했을 때, 농민이 토지 문제에 대해 질문하자 이상적으로는 간디도 승인했었다. 적어도 실제적으로 '토지 주인이 차지할 몫을 줄이기 위한 운동'을 인정하고 있었다. 독립 뒤 새 인도 건설의 힘은 그 토지개혁에서부터 시작될 터였다.

회의파 정부는 얼마 안 되는 영국 통치 이래, 부재 대지주제도인 자민다르제를 폐지하기만 하고 '토지를 일하는 농민에게' 주는 토지개혁은 실행하지 않았다. 더욱 나빴던 것은 토지보유 제한이나 토지개혁을 주 입법으로 하여 서류 위에서는 승인하면서도 실제로는 그 무엇도 실행하지 않았다는 점이다.

네루 수상은 '새로운 동력의 원천은 공업과 같이, 우리의 농업을 완전히 혁명하는 것에 있다'라고 했다. 그러면서도 농업혁명, 즉 토지개혁이 인도 공업화의 원동력인 동시에 땅이 종자가 되리란 사실을 깨닫지 못했던 것일까? 아니면 깨달았지만 실행하지 않았던 것일까? 여하튼 이 토지개혁은 '간디의 교양을 바탕으로 생겨났고, 키워져' 그 정신에서 빗나가 있었다.

그 결과 잇따른 5년 계획을 통해서 농업과 공업 간의 불평등이 생겼고, 식량 부족으로 외국의 구조에 기대어야만 하는, 간디뿐만이 아니라 네루 수상의 원칙이기도 했던 중립에서도 이탈했다. 주변의 중국, 파키스탄과 교전하여 그 결과 더욱더 외국에 의존하게 되었고, 잉여농산물의 유입으로 농업은 쇠퇴했으며, 식량 부족은 만성이 되는 악순환의 절정에 처하게 되었다. 네 번에 걸친 선거, 특히 1967년 선거 뒤 정치 정세에 대한 회의파 정부의 비민주적 조치는 논외이다. 적어도 그 악순환을 끊을 수 있는 것은 토지개혁을 실시하는 것뿐이었다.

역시 1967년 3월 인도 서벵골 주 북부, 다르질링에서 농민무장 투쟁의 봉화가 있었다. 면적 690평방킬로미터, 인구 8만을 거느린 나크사르바리, 하리바리, 판시데와 세 마을에서 농민이 봉기한 것이다. 지도자 세 명 중 두 사람은 성이 산탈이었다. 산탈은 산야의 개간이나 농경에 종사해 온 특수 카스트를 나타내는 성이며, 한때 산탈폭동을 일으킨 적도 있었다. 불가촉천민은 아니나, 인도 최저변에서 에너지가 폭발한 것이다. 중국에서는 이것을 '인도 봄날의 우레'라고 불렀다.

일단 이 '우레'는 진압되었지만, 나크사르바리와 같은 모순은 온 인도 곳곳에 존재하여 암의 전이와 같은 무시할 수 없는 영향력을 내뿜었다.

### 최대 최고의 과제

간디의 비폭력을 폭력혁명의 정반대라고 볼 순 없다. 오히려 폭력주의를 부정하는 곳에 간디와 간디주의는 자리잡아 왔다.

간디가 너무도 인도적·고대적인 방법에 의존하고, 많은 좌절과 정체, 혼란을 야기했다고 해도 인도 독립에 적잖이 공헌한 측면은 부정할 수 없다. 만약 이를 부정한다면 쓰레기 버리려다 보물까지 버리는 격이 된다.

'칼을 뽑아 물을 베어도 물은 흐른다'는 이백의 시가 있다. 역사는 흐름을 멈추지 않으며, 간디가 인도 부르주아지에 기대어 싸운 비폭력이 이룬 독립 달성에는, 아직도 숙제가 많이 남겨져 있다. 이것이 굳이 "간디는 민족에 강하고, 계급에 약하다"라고 말한 이유이다.

그러나 이러한 간디의 가장 약한 부분에 새로운 강력한 변화가 생기고 있다. 지금도 '바람은 마을에서 불어오고' 있다. 처음에는 미풍이었지만, 결국에는 마을에서 도시를 향하는 이 강한 바람을 똑바로 보아야 한다. 공업화나 자금지원 같은 외면적으로 화려한 것이 아니라, 인도는 감춰져 있는 밑바닥에서 의연하게 움직이고 있다.

간디를 비판하는 사람은, 이런 인도의 상황을 조명하면서 간디를 추월해 갈 것이다. 단, 그때 비폭력에 폭력을 기계적으로 대치하여 교조주의(敎條主義)적으로, 그야말로 '폭력적'으로 이를 말살할 것이 아니라, 비폭력적으로 내장되어 거기서 왜곡된 에너지가 폭력이란 형태로 전화(轉化)하는 과정에 정밀한 분석과 바른 통찰을 더해야 한다.

간디를 뛰어넘기 위해서라도, 사람과 이상(理想)이라는 점에서 그에게 접근하고 맞서서 평가해야 한다. 간디 혼자 고립되어 살아 온 것은 아니다. 남아프리카 시대의 17, 18세 소년인 나라야나스, 17세 소녀인 바리안마, 그리고 인도로 돌아가 만난 UP(연합)주의 75세 노인 할바우트 싱 등 뒷날 간디가 이름을 거론하며 회상한 사람들도 적지 않다.

간디 한 사람 주위에도, 모든 세대의 희생적인 삶과 죽음이 겹겹이 쌓여 가득 차 있다. 가정적인 간디였지만 항상 행복했던 것은 아니다. 그리고 간디 자신이 장렬한 죽음을 맞이함으로써, 그 많은 희생들 중 하나가 되었다. 범인은 힌두교 광신자로 우익국수주의 조직에 속한 청년인 나투람 고드세였다.

간디를 비판하는 자는 간디 그 자신보다도, '간디가 민중에게 얼마나 바르고 크게 봉사했는지'라는 점에서 그에게 맞서야 한다. 이것은 특이한 방법이긴 하지만, '모든 인도인의 눈에서 눈물을 거두자'라는 비원(悲願)을 품은 채 쓰러진 사람의 삶과 죽음에서, 우리가 배워야 할 최고의 것이자 최대의 과제를 찾아야 할 것이다.

# 간디 연보

| | |
|---|---|
| 1857년 | 1월 24일, 캘커타 대학 창립. 뭄바이 대학, 마드라스 대학도 이 해에 창립된다. 5월 10일, 멜라토에서 인도인 용병, 반란. 인도 대반란이 시작된다(~59년 10월). |
| 1858년 | 8월 2일, 인도 통치법 성립. 영국 동인도 회사의 인도 지배가 끝나고, 영국에 의한 직접지배 개시. 무굴제국 멸망. 11월 1일, 빅토리아 여왕의 선언. 영국의 인도 직접지배. |
| 1860년 | 11월 16일, 최초 인도인 계약노동자, 나타르에 상륙. |
| 1861년 | 5월 18일, 〈타임스 오브 인디아〉지, 뭄바이에서 창간됨. |
| 1862년 | 7월 1일, 캘커타고등재판소 개설. |
| 1865년 | 3월 2일, 런던과 캘커타 사이에 전신개통. |
| 1867년 | 3월 31일, 뭄바이에서 사회개혁단체 사마지가 설립된다. |
| 1869년 | 10월 2일, 아버지 카람찬드와 어머니 푸틀리바이의 4남, 막내로 구자라트 주 포르반다르에서 태어난다. 11월 17일, 수에즈 운하 개통식. |
| 1870년(1세) | 12월 30일, 캘커타와 뭄바이 사이에 철도개통. |
| 1875년(6세) | 4월 10일, 다야난다 사라스바티는 뭄바이에서 사회종교개혁단체 아리아 사마지 개설. 5월 24일, 아흐마드 칸이 무슬림 앵글로 오리엔탈 칼리지(알리가르 무슬림대학)를 창립한다. 포르반다르 초등학교로 전학. |
| 1876년(7세) | 7월 26일, 바네르지는 캘커타에서 인도인 협회를 설립한다. 라지코트로 이사. 초등학교 전학.<br>발칸 대동란. |
| 1877년(8세) | 1월 1일, 빅토리아 여왕, 인도 황제즉위를 선언. 인도제국성립. |

| | |
|---|---|
| 1878년(9세) | 9월 20일, 마드라스에서 〈더 힌두〉지 창간. |
| 1881년(12세) | 중학교 입학. |
| | 러시아, 알렉산더 2세 암살. |
| 1883년(14세) | 카스투르바 마칸지와 결혼. |
| 1885년(16세) | 아버지 카람찬드(63세) 사망. 첫 아들도 태어난 지 3, 4일 후에 사망. 12월 28일, 뭄바이에서 인도국민회의 창립대회. 제1회 인도 국민의회개최(국민의회파 창립). |
| 1887년(18세) | 11월, 사말다스 대학에 입학하지만 1학기로 그만둔다. |
| | 영국, 제1차 식민지의회 개최. |
| 1888년(19세) | 첫 아들 하리가 태어남. 7월 4일, 앨프레드 고등학교에서 연설. 8월 10일, 형과 뭄바이로 간다. 외국 유학계획 만류명령을 거부하고, 카스트에서 추방당한다. 9월 4일, 영국으로 출발. 10월 28일, 런던 도착 11월 6일, 이너 템플 법과대학 입학. |
| | 영국, 북 보르네오를 보호령으로 한다. |
| 1889년(20세) | 채식주의에 흥미를 가지고, 인도고전을 읽는다. |
| 1891년(22세) | 6월 10일, 변호사 면허 취득. 6월 11일, 런던 고등법원에 등록. 6월 12일, 인도로 귀향. 뭄바이와 라지코트에서 법률사무소 개업. 유럽의 복장과 생활양식을 즐김. |
| | 노불동맹성립. |
| 1892년(23세) | 7월 6일, 다다바이 나오로지가 영국 하원으로 선출된다. |
| 1893년(24세) | 4월, 인도인 상사 고문변호사로서 남아프리카로 여행을 떠난다. 인도인에 대한 차별을 처음으로 느낀다. 인도 이주민들의 정치적 지도자로 부상. 5월, 더반에 상륙. |
| | 접신론자 애니 베전트 부인은 인도에서 신성협회 성립. |
| 1894년(25세) | 8월 22일, 나탈 인도인 의회(대표자 회의)결성. 인도인 선거권 박탈 법안에 대한 반대투쟁 개시. |
| | 청일전쟁(~1895). |
| 1895년(26세) | 인도인 인두세 반대투쟁 개시. |
| 1896년(27세) | 6월 5일, 가족을 데리러 일시 귀국. 7월 4일, 캘커타 도착. |

10월 12일, 푸네에서 티라크와 고칼레와 만난다. 티라크는 40세, 고칼레는 30세. 10월 26일, 마드라스에서 대집회. 11월 16일, 푸네 집회에서 연설. 11월 30일, 아내와 두 아들, 미망인이 된 누이의 아들을 데리고 남아프리카로 향한다.

1897년(28세) 1월 13일, 더반 상륙 때 인도에서 남아프리카 문제에 대해 쓴 것에 대한 유럽인의 반감으로 폭주들에게 습격당한다. 5월 1일, 비베카난다는 라마크리슈나 미션을 설립한다. 나탈의 인도인 선거권 투쟁 승리.
런던에서 제3회 식민지의회.

1899년(30세) 10월 11일, 제2차 보어 전쟁(~1902년 5월 31일). 첫 전쟁에서 영국 참패. 레이디스미스까지 철수함. 콜렌소 함락. 윈스턴 처칠이 포로가 된다. 12월 14일, 인도인 위생 간호부대를 끌고 종군.
커즌 경 인도 총독으로 취임(~1905).

1901년(32세) 1월 16일, 라나데 사망. 10월 8일, 더반을 떠나 일시 인도로 귀국. 12월 27일, 인도국민의회 칼리카타 대회에 참가. 남아프리카에서 인도인 문제에 대해 호소한다.
노벨상 제1회 수여.

1902년(33세) 6월 10일, 뭄바이에서 법률사무소 개업. 7월 4일, 비베카난다 사망. 11월 20일, 남아프리카로 감.
영일동맹체결.

1903년(34세) 2월 16일, 요하네스버그에서 법률사무소 개업. 존 러스킨의 《나중에 온 이 사람에게도》를 읽고 크게 감명을 받음.

1904년(35세) 2월 10일, 일본이 러시아에 선전포고. 11월~12월, 피닉스 농장을 개설. 12월 24일, 주간지〈인디언 오피니언〉간행 개시.
러일전쟁(~1905).

1905년(36세) 10월 16일, 인도 관청, 벵골 분할. 반대운동 격화.

1906년(37세) 2월 28일, 줄루 반란 시작. 6월 21일, 위생 간호부대를 이끌고 종군. 자기 절제(브라마차리아) 맹세를 한다. 9월 11일,

요하네스버그에서 집회를 열어 정부의 신 아시아인 등록법안에 반대하고, 사티아그라하 투쟁을 조직. 10월 3일, 영국 정부에 진정을 위해 런던으로 감. 12월 1일, 남아프리카로 돌아가던 도중, 마딜라 섬에서 '트란스발 반아시아인을 허가하지 않는다고 식민지 장관이 선언했다'는 전보를 받는다. 12월 6일, 영국 정부는 트란스발 자치를 허가한다. 12월 26일, 인도국민회의 제22회 대회에서 보이콧, 스와데시, 스와라지, 민족교육 4대 결의를 채택한다. 12월 30일, 다카에서 전인도·무슬림 연맹창립대회.

1907년(38세) 1월 1일, 트란스발 자치정부 수립. 정부의 결정이 영국 식민지성 결정에 우선하게 된다. 3월 22일, 아시아인 등록법 성립. 3월 29일, 저항운동 협회를 조직. 대집회를 개최. 7월 1일, 아시아인 등록개시. 12월 26일, 인도국민회의 제23회 대회에서 온건파과 급진파로 분열.

1908년(39세) 1월 10일, 금고 2개월형으로 감옥에 들어감(첫 징역). 1월 30일, 요하네스버그 경찰장관에게 스머츠 장관과 회견시키기 위한 프리토리아로 안내받는다. 스머츠는 '인도인이 자발적으로 등록하면 아시아인 등록법은 철폐한다'고 말한다. 2월 10일, 처음으로 등록하기 위해 사무소를 나오자마자 파탄 출신 사람들에게 습격당한다. '간디는 인도인 사회를 배반하고, 스머츠에게 1만 5천 파운드에 팔렸다'라는 오해 때문이었다. 6월 24일, 티라크에서 선동죄로 체포당한다. 8월 24일, 요하네스버그의 예배당에서 청중으로부터 모은 2천 매 이상의 등록증명서가 불태워진다. 10월 13일, 징역 2개월. 감옥에서 소로의 《시민 불복종》 읽음.

1909년(40세) 7월 10일, 영국도착. 10월 11일, 런던에서 톨스토이 앞으로 편지를 보낸다. 11월 13일, 트란스발로 돌아가는 길에 선박회사의 편지지 271장을 사용해서 《인도의 자치》를 집필. 12월 11일, 주간지 〈인디언 오피니언〉에 〈힌두·스와라지〉를 게재.

몰리-민토개혁법 발포.

1910년(41세)  4월 4일, 요하네스버그에서 톨스토이 앞으로 두 번째 《인도
의 자치》를 보낸다. 5월 30일, 칼렌바흐는 요하네스버그 교
외에 1100에이커 토지를 매입하고, 사티아그라하에 무상으로
제공한다. 톨스토이 농원이라 이름 붙인다. 5월 31일, 남아
프리카 연방성립. 7월 1일, 남아프리카 연방, 영국 연방 내
의 자치령으로. 8월 15일, 요하네스버그에서 톨스토이에게
세 번째 편지 보냄.

1911년(42세)  12월 12일, 조지 5세, 델리에서 접견식. 벵골 분할을 철회,
캘커타에서 델리로 수도를 옮긴다는 것을 발표.

1912년(43세)  10월 22일, 고칼레는 런던에서 케이프타운에 도착한다. 남아
프리카를 방문. 보터 수상은 '악법을 철폐하고, 3파운드 세
금을 폐지한다'고 고칼레에게 약속한다.

1913년(44세)  3월 13일, 케이프타운 식민지 최고재판소는 그리스도교식 교
회만이 합법이라고 재정한다. 여성들이 투쟁에 참가한다. 11
월 6일, 기도를 끝내고 신에게 맹세하고 행진을 개시한다.
아침 6시 반. 남자 2030명, 여자 127명, 아이 57명. 간디는
4일간 세 번 체포된다. 11월 13일, 타고르는 노벨문학상을
받는다. 11월 17일, 간디, 칼렌바흐, 폴락은 중노동 3개월
형을 받는다. 11월 24일, 인도총독 하딩은 남아프리카 연방
을 비난한다. 12월 18일, 간디, 칼렌바흐, 폴락은 석방된다.
12월 21일, 탄광노동자들의 파업 중 무장경관의 발포로 죽은
사람들을 기리면서 하루 한 끼를 선언한다.

1914년(45세)  1월 1일, 정부는 계엄령을 선포한다. 간디는 행진을 연기한
다. 6월 27일, 스머츠와 간디가 회담을 한다. 힌두교도, 이
슬람교도들의 결혼은 유효하다고 인정하고, 3파운드 세금은
폐지하고, 미지불금은 불문으로 하고 1920년까지 계약노동은
폐지한다는, 양측이 완전한 의견 일치를 확인하는 서문을 교
환한다. 7월 18일, 간디 부부와 칼렌바흐는 고칼레와 만나기
위해 영국으로 향한다. 7월 28일, 제1차 세계대전. 8월 4일,

독일은 영국과 개전.

1915년(46세)  1월 9일, 간디 부부, 뭄바이에 도착. 칼렌바흐는 독일인이기 때문에 인도도항은 불허가되었다. 2월 17일, 산티니케탄을 방문한다. 2월 19일, 고칼레 사망. 3월 5일, 산티니케탄을 재방문한다. 타고르와 만난다. 5월 20일, 아마다바드에서 사티아그라하 아슈라마를 설립한다. 불가촉천민 가족을 수용 (~1917년에 아슈라마를 사바르마티 강변으로 옮긴다).

1916년(47세)  2월, 바라나시의 힌두 대학 개교식에서 연설. 12월 26일, 러크나우에서 국민의회 연차대회. 참파란 농민이 지역시찰을 간청.

의회파, 온건파와 급진파로 재분열.

1917년(48세)  참파란(비하르 주) 소작민 권리를 보호하는 사티아그라하 투쟁에 성공. 4월, 참파란 퇴각명령을 거부하고 모티하리에서 체포된다. 참파란 조사 활동개시(~1918년 3월). 12월 10일, 인도정청, 급진적 민족운동 조사를 위해 로울라트 위원회를 임명한다.

러시아 대혁명.

1918년(49세)  2월 22일, 아마다바드에서 방적공장 노동자의 파업을 지도 (~3월 18일). 3일간의 단식(인도에서의 제1차 단식) 뒤, 공장주가 조정에 응해 승리. 3월, 케다 농민을 위해 사티아그라하 투쟁. 7월 8일, 인도 정치개혁에 관한 몬터규 쳄스퍼드 개혁안이 발표된다. 11월 11일, 독일이 휴전협정에 조인.

일본, 시베리아 출병.

1919년(50세)  3월 21일, 로울라트 법 성립. 4월 6일, 제1차 사티아그라하 운동 계획. 4월, 펀자브로 향하는 도중 델리에서 체포, 뭄바이로 후송된다. 민중 훈련이 부족하고, 간디가 말하는 '오산' 으로 사티아그라하 투쟁 연기. 9월 7일, 구자라트어 주간지 〈나바지반〉 간행. 10월 8일, 영어주간지 〈영 인디아〉가 간디 편집으로 간행. 12월 24일, 인도 통치법(몬터규 쳄스퍼드 개혁) 실시.

암리차르에서 대학살 사건 발생.

1920년(51세)  4월, 전 인도 자치연맹총재로 선출된다. 7월 31일, 티라크 사망. 8월 1일, 비협력운동 개시. 1년 이내에 독립 약속이 이루어진다. 9월 4일, 캘커타에서 인도국민의회 특별대회. 12월 26일, 나그풀에서 인도국민의회 35회 대회.

1921년(52세)  2월 10일, 관립학교 보이콧을 외친다. 교원·학생 전원이 독립운동에 참가한다. 8월, 뭄바이에서 외국제 옷을 태운다. 9월, 허리에 감는 천을 옷으로 선택. 이 옷이 스와라지와 스와데시의 상징이 됨. 11월 17일, 영국 황태자 뭄바이에 도착. 종파적 폭동으로 뭄바이에서 5일간 단식. 12월 27일, 아마드바드는 인도 국민의회 제36회 대회에서 비협력운동의 구체안을 채택한다.
중국공산당 창립.

1922년(53세)  2월 4일, 북인도의 차우리차우라에서 농민들이 경찰서를 습격, 방화. 2월 12일, 운동 중지를 지시. 5일간 단식. 3월 10일, 심야 1시 30분, 사바르마티 아슈라마 밖에서 체포당한다. 3월 18일, 6년의 금고형.
이집트 독립을 선언.

1923년(54세)  감옥에서 《남아프리카에서의 사티아그라하의 역사》와 자서전 일부를 쓴다.
스와라지당 결성.

1924년(55세)  1월 12일, 예라브다 감옥에서 푸네에 있는 병원으로 가 영국인 외과의사에게 맹장염 수술을 받는다. 2월 5일, 석방된다. 9월 17일, 힌두, 이슬람 양교도의 우호를 위해 21일간 단식에 들어간다.
레닌 사망.

1925년(56세)  8월 6일, 바네르지 사망. 11월, 아슈라마 사람들의 부정행위로 사바르마티에서 7일간 단식. 11월 29일, 〈나바지반〉지에 《자서전》 게재 개시(~1929년 2월 3일). 영어로 번역한 것은 〈영 인디아〉지에(1925년 12월 3일~29년 2월 7일).

1926년(57세)  5월 17일, 월요일을 침묵의 날로 한다. 본인이 하루 즐거워
지고 싶었을 뿐이다. 12월 23일, 슈라다난드 사망. 12월 24
일, 고하티의 국민의회 연차대회로 향하는 도중, 캘커타에서
슈라다난드 소식을 듣는다.

1927년(58세)  파텔 지도 아래에 세금불납 사티아그라하 투쟁 개시.

1928년(59세)  2월 3일, 사이몬 위원회(위원장 존 사이몬, 다른 6명의 영국
상하원 의원)가 조사와 정치제도개혁을 제안하기 위해 뭄바
이에 도착한다. 2월 12일, 파텔은 시장을 그만두고, 8만 7천
명의 농민을 지도한다. 11월 17일, 라지파트라이 사망. 10월
20일 라호르에서 사이먼위원회에 항의하는 데모를 지도 중,
경관의 폭행이 있었기 때문이다. 12월, 캘커타의 회의파대회
에서 1년 이내의 완전독립, 만약 그것이 실현되지 않으면 전
인도적 사티아그라하 투쟁 개시라는 절충적 결의제창.

1929년(60세)  3월, 캘커타에서 외국제 의류를 불태워 체포, 1루피의 벌금.
12월 29일, 국민의회는 라호르 대회에서 완전독립결의를 채
택한다. 1월 26일을 독립기념일로 결정. 제3차 전인도 사티
아그라하 투쟁이 시작된다.
세계대공황 시작.

1930년(61세)  1월 18일, 사바르마티 아슈라마를 방문. 1월 26일, 국민의회
파는 '독립선서'를 채택한다. 3월 12일, '소금 행진'을 감행
하여 기도를 올린 뒤 78명의 아슈람 남녀와 함께 단디를 향
하여 출발한다. 390킬로의 거리이다. 4월 5일, 단디에 도착
해 밤새 기도를 드린다. 4월 6일, 이른 아침 해안으로 가서
소금을 얻는다. 소금법을 파괴한다. 독립달성까지 사바르마
티 아슈라마에 돌아가지 않는다고 맹세한다. 5월 5일, 1827
년 조례 제35조에 의해 체포된다. 재판 없이 예라브다 감옥
에 투옥된다. 수만 명이 체포당하고 12월 회의파대회는 지도
자부재로 열리지 않는다.
제1차 원탁회의 개최.

1931년(62세)  1월, 30명의 지도자들과 함께 석방된다. 3월, 어원—간디 협

정 체결. 운동정지와 정치범 석방, 소금생산 허락으로 제2차 원탁회의 출석을 결정한다. 8월 29일, 영국으로 향한다. 9월 7일, 제2차 원탁회의(~12월 1일). 12월 28일, 아무런 성과 없이 빈손으로 귀국한다. 회의파 승인 아래에 제4회 전국적 사티아그라하 투쟁을 준비.

만주사변 발발.

1932년(63세)  1월 4일, 뭄바이에서 체포되어, 재판도 없이 1827년의 조례 35항에 의해 예라브다 감옥에 투옥된다. 국민의회파 운영위원회는 비합법화된다. 8월 16일, 영국수상 맥도널드는 인도 종교사회와 다른 의석배분에 관한 재정을 한다. 9월 20일, 이 재정에 항의해 감옥에서 단식에 들어간다. 9월 25일, 재정이 수정되어 푸나 협정 성립. 9월 26일, 단식을 끝낸다. 9월 30일, 전 인도 반불가촉제 연맹결성. 11월 17일, 제3차 원탁회의가 런던에서 개최된다(~12월 24일).

상하이사변 발발.

1933년(64세)  2월 11일, 〈영 인디아〉를 〈하리잔(신의 자식들)〉으로 이름 바꿔 간행. 5월 8일, 불가촉제에 반대하여 3주간 단식에 들어간다. 첫째 날 석방된다. 푸나에서 3주간의 단식종료. 7월 25일, 사바르마티 아슈라마 해산, 불가촉천민을 위한 센터가 된다. 8월, 32명의 아슈라마 사람들과 함께 체포된다. 사바르마티 아슈라마는 하리잔 아슈라마로 개명된다. 8월 4일, 석방되지만 반시간 뒤에 다시 체포된다. 1년형. 8월 16일, 단식에 들어간다. 8월 20일, 몸 상태가 위험해져 병원으로 후송된다. 8월 23일 석방된다. 9월 20일, 애니 베전트 사망. 11월, 하리잔 운동을 위해 10개월간 전국 순회. 12월, 인도 공산당 결성.

1934년(65세)  1월 15일, 비하르를 중심으로 대지진이 일어난다. '불가촉제에 대한 신의 징벌이라 한다.' 4월 7일, 제2차 사티아그라하 운동 중단. 6월 25일, 하리잔(신의 자식들) 불가촉천민 평등에 반대하는 힌두교도가 폭탄을 던진다. 8월 7일, 1월 15일

과 6월 25일의 죄로 7일간 단식(~13일). 9월 17일, 국민의
회파로부터의 은퇴 성명.
의회파사회당 결성.

1935년(66세)  4월 30일, 중앙 인도의 와르다에 세바그람 아슈라마를 개설
한다. 8월 2일, 인도 통치법 성립.

1936년(67세)  4월 11일, 무슬림 연맹대회, 통치법반대결의를 채택. 12월
10일, 국민의회파 운영위원회, 통치법 거부를 결정.

1937년(68세)  1월, 주 의회 선거에서 국민의회파 대승, 무슬림연맹 패배.
11개 지방 중 9개 지역에서 인도인이 장관을 차지.

1938년(69세)  국가계획위원회 설치. 국민의회 의장 보세와 대립.
뮌헨회담.

1939년(70세)  3월, 사티아그라하 투쟁의 일부로서 단식 시작. 단식은 4일
로 끝나고, 총독은 중재자를 임명했다. 9월 1일, 독일군, 폴
란드에 침공. 제2차 세계대전 발발. 9월 14일, 국민의회파
전쟁협력거부를 결정.

1940년(71세)  3월 23일, 무슬림 연맹 라호르대회는 무슬림 국가(파키스탄)
독립요구결의를 채택한다. 6월, 의회파에서 제명된다. 7월
28일, 국민의회파 전국위원회는 완전독립과 민족정부수립을
요구하는 결의를 채택한다. 8월 8일, 총독은 제헌의회 개설
등을 제안한다. 10월, 영국이 인도인이 제2차 세계대전에 대
해 자유롭게 의견을 발표하는 것을 인정하지 않는 것에 반대
하고, 언론·출판·집회의 자유를 요구하고, 개인적 불복종 투
쟁을 개시. 1년 동안 2만 3천명이 투옥된다.
무슬림연맹, 파키스탄요구를 선언.

1941년(72세)  12월 7일, 일본군은 하와이 진주만을 공격한다. 12월 31일,
일본군의 포로가 된 영인군(英印軍) 장교가 인도국민군
(INA)을 결성한다. 12월, 비폭력 원칙성명.
태평양전쟁 시작.

1942년(73세)  35개월만의 〈하리잔〉 재간. 3월 22일, 영국 사절은 전후 자
치령 지위를 제안(~4월 2일). 의회파는 거부. 4월 24일, 일

본군은 안다만, 니코바르 모든 섬을 점령한다. 나중에 자유 인도 반정부로 이양. 스바스 찬드라 보스는 이 두 섬을 스와 라지(독립), 샤히드(순교자)로 명명한다. 7월 14일, 전쟁에 협력한 인도 공산당, 합법화된다. 8월 8일, 국민의회파는 '영국 철수 결의문'을 채택한다. 8월 9일, 체포되어 푸나의 성에 감금된다. 인도 각지에서 반란. 8월 15일, 마하데브 데 사이가 심장발작으로 사망.

1943년(74세) 2월 10일, 단식에 들어간다(~3월 2일). 10월 21일, 스바스 찬드라 보스는 싱가폴에서 자유 인도 반정부수립. 12월 24 일, 무슬림 연맹은 '분할 철수' 슬로건을 채택한다. 이 해부 터 다음 해에 걸쳐 벵골은 기아로 350만 명이 사망한다.

1944년(75세) 2월 22일, 아내 카스투르바 사망. 3월 8일, 일본군은 임팔 작전을 개시. 5월 6일, 건강이 나빠져 석방된다(이것이 마지 막 옥중생활이 되었다. 간디는 평생 2,338일을 감옥에서 보 냈다). 9월 9일, 뭄바이에서 간디·진나(회교도 연맹총재) 회 담(~27일).

연합군, 노르망디 상륙작전 성공.

1945년(76세) 6월 14일, 총독 웨이벌은 인도 정국에 대해 제안. 6월 15일, 네루와 아자드 등이 석방된다. 6월 25일, 총독 웨이벌은 각 파의 대표를 부르고, 심라 회담을 시작한다(~29일). 8월 18 일, 스바스 찬드라 보스는 대만에서 비행기사고로 사망한다. 9월 19일, 총독 웨이벌은 중앙·주 의회 선거실시와 제헌의회 개설을 발표한다. 11월 5일, 인도국민군(INA) 장교재판 델 리에서 시작(~12월 31일).

제2차 세계대전 종결.

1946년(77세) 3월, 뉴델리에서 영국 정부 사절단과 회견. 4월 9일, 무슬림 연맹, 무슬림 국가수립을 결의. 5월 5일, 영국 내각사절단과 인도 모든 정당과의 사이에서 심라 회담이 시작된다. 7월, 제헌의회의원선거. 8월 16일, 무슬림 연맹, 직접행동. 캘커 타에서 4일간에 걸친 폭동. 공식적으로는 사상자 5천명, 부상자 1만 5천명. 10만 명 이상이 집을 잃었다. 9월 2일, 중간정부 성립. 무슬림연맹, 입각을 거부. 네루가 수상에 오른다. 진나는 추도의 날로서 조기를 걸도록 지시한다. 10월 26일, 무슬림 연맹에 의해 중간정부에 5명 입각. 10월 30일, 캘커타에 도착. 11월 6일, 이슬람교도가 힌두교도를 공격했다. 캘커타에서의 유혈사태가 벵골과 비하르로 확산된다. 11월 12일, 말비야 사망. 12월 9일, 제1차 제헌의회, 무슬림 연맹 불참가.

1947년(78세)  2월 20일, 영국 수상 애틀리는 48년 6월말 이전에 주권이양 계획과 새로운 총독 임명을 발표한다. 3월 2일, 비하르로 향한다. 6월 3일, 인도·파키스탄 분할을 내용으로 하는 마운트바튼 안이 발표되고, 회의파, 무슬림 연맹은 수락한다. 8월 9일, 캘커타에 도착한다. 8월 14일, 파키스탄은 영국 연방의 자치령으로서 독립한다. 초대총독은 진나. 8월 15일, 인도는 영국 연방의 자치령으로서 독립. 간디는 축전에는 참가하지 않고, 캘커타에서 폭동과 싸우고, 단식과 기도를 한다. 562 왕국 중 세 나라를 뺀 559 왕국이 인도에 병합된다. 286 왕국이 구자라트에 집중된다. 8월 17일, 국경선도안 위원회가 인도와 파키스탄의 국경선을 결정한다. 9월 1일 캘커타가 회복할 때까지 단식에 들어간다(~4일). 9월 7일, 펀자브에 가기 위해 델리로 간다. 9월 20일, 기도 집회. '……힌두교도와 시크교도의 난민들의 줄이 장장 57마일에 이르고 …… 이러한 사건은 세계 역사에 전례가 없다. 나는 부끄럽다고 생각한다…….'

10월, 카슈미르 왕은 인도에 대한 합병문서에 서명한다. 제1차 인도·파키스탄 전쟁. 11월 15일, 국민의회파 의장 크리파라니는 간디의 운영위원회에 대한 사표제출에 입회한다.

1948년(79세)  1월 13일 단식에 들어간다. 1월 18일 서약서에 각 종파 대표가 서명하고, 단식 중지를 간청한다. 1월 20일 펀자브 출신 난민 청년이 수류탄을 던진다. 1월 30일 예배당으로 가는 도

중 힌두교 광신자인 나투람 고드세에 의해 뉴델리에서 암살
당한다.

미얀마 독립.

1968~1969년  간디탄생백년축제, 인도 및 세계 각지에서 이루어진다.

박석일(朴錫一)

전남대 사학과를 거쳐 인도 델리대 대학원 사학과를 졸업하다. 한국외국어대학 힌디어
과장을 지내다. 지은책 《인도사 개설》《인도 사정》 등이 있고 옮긴책 《갈리아전기/내전기》
《네루 자서전》 인디라 간디의 《인도의 진로》 크리팔라니 《타고르》 등이 있다.

*World Book* 99
Mohandas Karamcand Gandhi
SATYANA PRAYOGO ATHVA ATMAKATHA
간디자서전
M.K. 간디/박석일 옮김
1판 1쇄 발행/1979. 10. 10
2판 1쇄 발행/2009. 1. 10
2판 4쇄 발행/2017. 8. 1
발행인 고정일
발행처 동서문화사
창업 1956. 12. 12. 등록 16-3799
서울 중구 다산로 12길 6(신당동 4층)
☎ 546-0331~6 Fax. 545-0331
www.dongsuhbook.com

＊

사업자등록번호 211-87-75330
ISBN 978-89-497-0508-8 04080
ISBN 978-89-497-0382-4 (세트)